本书为 2012 年度国家社会科学基金重大项目

《金沙遗址祭祀区考古发掘研究报告》

（批准号：12&ZD192）的阶段性研究成果

金 沙 遗 址

——阳光地带二期地点发掘报告

成都文物考古研究院
成都金沙遗址博物馆　编著

文物出版社

图书在版编目（CIP）数据

金沙遗址：阳光地带二期地点发掘报告 / 成都文物考古研究院，成都金沙遗址博物馆编著. -- 北京：文物出版社, 2017.10

ISBN 978-7-5010-5196-0

Ⅰ.①金… Ⅱ.①成… ②成… Ⅲ.①巴蜀文化—文化遗址—考古发掘—发掘报告—成都 Ⅳ.①K872.711.5

中国版本图书馆CIP数据核字（2017）第203243号

金沙遗址——阳光地带二期地点发掘报告

编　　著：成都文物考古研究院　　成都金沙遗址博物馆

封面设计：李　红
责任编辑：秦　彧
责任印制：梁秋卉

出版发行：文物出版社
社　　址：北京市东直门内北小街2号楼
邮　　编：100007
网　　址：http://www.wenwu.com
邮　　箱：web@wenwu.com
经　　销：新华书店
印　　刷：北京荣宝燕泰印务有限公司
开　　本：889mm×1194mm　1/16
印　　张：40.75　　插页：5
版　　次：2017年10月第1版
印　　次：2017年10月第1次印刷
书　　号：ISBN 978-7-5010-5196-0
定　　价：450.00元

Jinsha Site:

The Excavation of Yangguang Didai Erqi Construction Site

by

Chengdu Institute of Cultural Relics and Archaeology

Chengdu Jingsha Site Museum

Cultural Relics Press

内容简介

金沙遗址阳光地带二期地点位于成都市西郊金牛区营门口乡黄忠村六组，地处金沙遗址的西北部，东南距离金沙遗址祭祀区约 1000 米，它是金沙遗址聚落群的重要组成部分。该地点发现了丰富的遗迹并出土了大量的遗物。

阳光地带二期地点遗存丰富，遗迹主要有灰坑、陶窑、墓葬等。灰坑往往集中分布于陶窑周边和建筑遗存附近，它可能与陶窑或建筑有着密切的关系。陶窑是目前金沙遗址中发现最为集中的地点，陶窑均为小型馒头窑，由窑室、火膛、操作坑组成。墓葬是该地点发现数量最多的遗存，有船棺葬与竖穴土坑墓，葬式有仰身直肢葬和屈肢葬；葬法有一次葬和二次葬；头向以西北东南向和东南西北向常见。随葬品一般置于死者两端，亦有少量置于两侧或生前佩戴和使用的部位。墓主人既有成人，亦有未成年人或儿童。

出土遗物主要为陶器、另有少量玉、石器、青铜器等。陶器有平底器、圈足器、尖底器、三足器、圜底器等。尖底器和圈足器是最多见的器形，其次为平底器，三足器和圜底器非常少见，尤其是圜底器，仅见陶钵。器形以束颈罐、高领罐、瓮、盆、缸、尖底杯、尖底盏、器盖、壶、篮形器、纺轮等为主，另有少量的尖底罐、钵、尊、盉、高柄豆等。玉、石器和青铜器无论数量和种类上均非常少见。玉、石器有工具、装饰品及半成品，器形有锛、斧、凿、磨石、耳玦等，这些玉、石器多为半成品，几乎不见完整器，少数玉器边沿有切割痕迹，除了磨石和条石常见随葬墓葬外，其余少见墓葬。铜器有兵器、工具、装饰品、铜块等，兵器和工具是最多的器类，兵器形制单一，以铜镞最多见，另有少量剑；工具有刻刀、刀、凿等；装饰品仅见蝉形饰。

植物和动物考古分析认为水稻和粟可能是当时居民主要食物来源，家养的猪和水牛是其主要的动物蛋白来源，同时野生动物也是其必要的食物补充，这些居民不从事农业生产，他们主要从事专门的制陶工业和相关生产。

阳光地带二期地点商周时期的遗存的时代距今 3400~2900 年。该地点早在距今 4000 年左右就已经有人群在此活动，在距今 3400~3330 年，制陶作坊开始出现于该地点，随后制陶业得到缓慢发展；在距今 3300~3200 年，该地点局开始出现了墓葬。在距今 3200~3100 年，陶窑和墓葬大量出现于该地点，距今 3100~3000 年，该地点的制陶工业急剧萎缩，墓葬数量较之前有了极大地增长，尤其是船棺葬较此前逐渐增多。距今 3000~2900 年左右，制陶工业已经消失，船棺葬聚族而葬，形制更加丰富，而且集中分布，形成专门的墓地。土坑墓数量剧减，随葬品缺乏，个别墓葬随葬有青铜器。

　　阳光地带二期地点商周时期的遗存，无论是从文化内涵，还是时代特征均属于成都平原商周时期的十二桥文化，该地点的发掘与整理为研究金沙聚落群的内部结构和文化特质以及聚落发展演变提供了重要的考古材料，同时也延展了十二桥文化内涵与时代的宽度与厚度。

Abstract

Yangguang Didai Erqi Construction Site is located to the sixth group of Huangzhong Village, Yingmenkou Township, Jinniu District, western suburbs of Chengdu, Sichuan Province. As an important part of Jinsha site settlements, it lies to some 1000 meters northwest to the scarifying and worshiping area of Jinsha site, where found abundant cultural remains yielding a number of ancient articles.

The remains at this site mainly include ash pits, pottery kilns, tombs and so forth. The ash pits scatter around the pottery kilns and architectural remains, probably with close ties to them. With a concentrated distribution at Jinsha site, the pottery kilns consist of chamber, hearth and operating part. Tombs are most commonly found at this site, including boat-coffin burial and tomb of vertical earthen shaft. As for the burial system, some tomb occupants lay in an extended supine position, and others are contracted burials with heads mostly pointing to southwest or northwest. Some tombs are twice burials. The funeral objects are usually put on the two sides of the occupant's head. Some articles are found on the positions they used to be hung or used. The tomb occupants include adults, juveniles and children.

Unearthed are mainly pottery wares, jade or stone articles and bronzes. Among the pottery wares, there are flat-bottomed, pointed-bottomed, ring-footed, tripod, round-based vessels and so forth. Pointed-bottomed and ring-footed vessels are most commonly seen, and the flat-bottomed ones come the next. Tripod and round-based vessels are very rare at this site, especially the round-based ones among which there is only pottery bowl. As for the shape of pottery wares, there are mostly jars with a contracted neck or long neck, urn, basin, vat, pointed-bottomed cup, pointed –bottomed small bowl, vessel's lid, kettle, gui (rice container)-shaped vessel, spindle,etc., with small amount of pointed-bottomed jar, bowl, zun (liquor container), he (liquor container) and long-stemmed dou and so forth. Jade or stone article and bronze vessels are relatively rare either in number or in variety. Among the jade articles, there are tools, ornaments and semi-finished products, which include ben (adz) , axe, chisel, grinding stone and jue (jade ring). Most of the jade or stone articles are semi-finished. Cutting marks can be observed on the edge of some jades. Except grinding stones, other kind of stone articles have seldom seen among the funeral object. Among the bronzes, there are weapons, tools, ornaments and bronze pieces, with the bronze weapons in the majority. The categories of bronze weapon are very simple, with a small quantity of sword and the arrowheads in the majority. The tools include graver, knife and chisel. Among the ornaments, there are only cicada-shaped ones.

According to the analysis of plants and animal archaeology, it is thought that rice and millet had been the major grains for the local residents and the famed swine and buffalo were the main sources of animal protein, with the wild animal as the necessary supplement of food. These residents were occupied in specialized potter manufacture and other handicraft industry instead of agricultural production.

The remains of Shang and Zhou period at this site dated from 3400 BP to 2900 BP. From some 4000 years ago, humans had already lived here. From 3400 BP to 3330 BP, pottery workshops appeared at this site and the ceramic industry developed very slowly hereafter. From 3300 BP to 3200 BP, tombs turned up in some places. From 3200 BP to 3100 BP, pottery kilns and tombs flourished at this site. From 3100 BP to 3000 BP, there was a sharp contraction in the ceramic industry but the number of tombs increased dramatically especially the boat-coffined tombs. From 3000 BP to 2900 BP, the ceramic industry disappeared in this site. But at the same time, clansmen were buried together in the boat-coffined tombs, which developed richer tomb types and more dense distribution and formed the specific cemetery. Tombs with earthen shaft decreased sharply with few funeral objects but some tombs buried with bronzes.

Judged either from the cultural contents or the epoch feature, the Shang and Zhou remains of Yangguang Didai Erqi Construction Site should belong to Shierqiao (Twelve Bridge) Culture of Shang and Zhou in the Chengdu Plain. The excavation and sorting of this site will provide important archaeological materials for study of the inner structure, cultural feature, development and evolution of the settlements of Jinsha settlement groups, broadening the time span and enriching the cultural content of Shierqiao Culture.

目　录

插图目录

插表目录

彩版目录

第一章　绪论

　　金沙遗址坐落于四川省成都市区的西北部，分布范围大致于成都市西二环路与三环路之间。金沙遗址地处成都平原的东南边缘地带，北侧依托故郫江，横跨摸底河，平面形状呈方块状，东距市中心约5千米。地理坐标为北纬30°41′01″，东经104°00′41″（图一）。

　　金沙遗址规模宏大，分布范围广阔，其范围东起青羊大道，西至迎宾大道，南达清江路，北抵老成灌路。遗址南北长约3、东西宽约2千米，总面积约500公顷。遗址范围内地势平坦，起伏较小，整体地势呈西北高，东南低，相对高差不到5米，海拔高度504~508米。金沙遗址文化遗存大多分

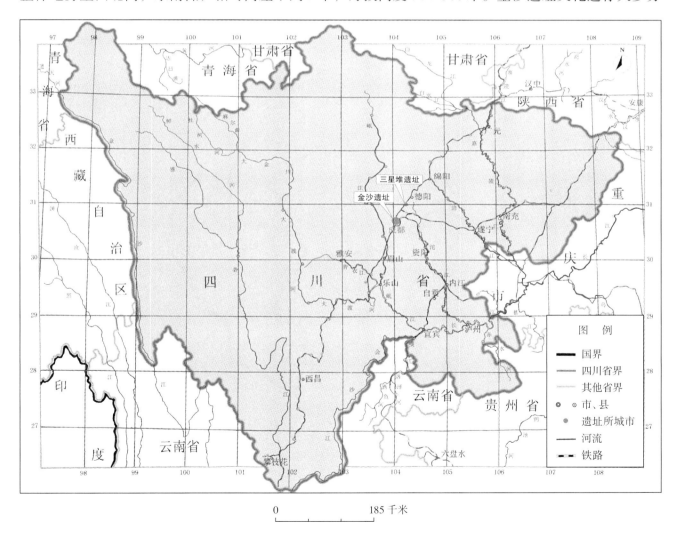

0　　　　　　　185千米

图一　金沙遗址地理位置示意图

布在地势略高的台地上，摸底河由西向东横穿遗址中部，将遗址分为南、北两部分。此外，遗址周围还发现许多古河道遗迹，这些古河道成为不同时期聚落范围的自然边界。从行政区划而言，商周时期的文化遗存主要分布在青羊区的金沙村、龙嘴村，金牛区的黄忠村、红色村、郎家村、跃进村和茶店子街道办事处（图二）。目前已知的文化遗存分布点达 70 余处，其中以南部的金沙村、中东部的黄忠村等地点最为重要，其遗迹、遗物十分丰富。遗址内具有一定的空间布局结构，黄忠村宫殿区在遗址的东部，金沙村祭祀区位于遗址的东南部，两者隔摸底河遥相对望，遗址的中、东部还分布有几处大型墓地，遗址的南部、中部、北部、西部还发现有若干居址区，是成都平原商周时期一处非常重要的聚落群[1]，其文化内涵丰富，聚落结构复杂和时代特征突出。金沙遗址是目前长江上游地区规模仅次于三星堆遗址，其延续时间绵长、文化堆积保存较好的先秦时期古文化遗址，在中国先秦时期历史文化中占有十分重要的地位和作用，它的发现延伸了古蜀文化的历史厚度和空间维度。

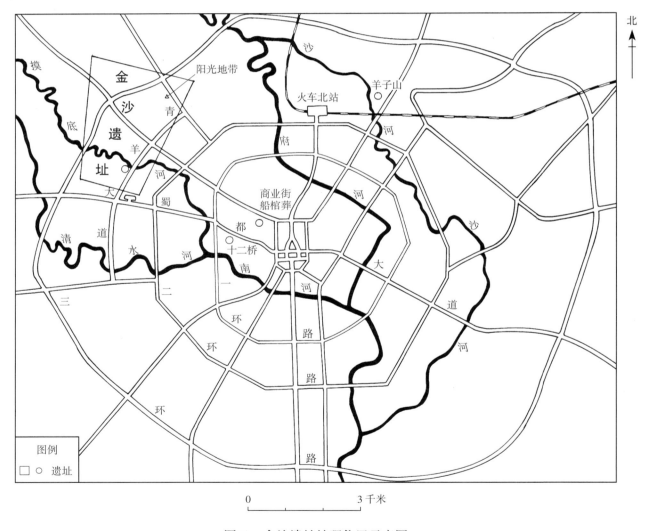

图二　金沙遗址地理位置示意图

[1] 周志清：《金沙遗址聚落形态的初步认识》，《中国聚落考古的理论与实践（第一辑）——纪念新砦遗址发掘 30 周年学术研讨会论文集》，科学出版社，2010 年。

第一节　地理环境

成都市地处中国西南四川省中部，成都平原的腹心地带，位于四川盆地西部边缘的岷江中游，东临龙泉山，西靠邛崃山，是一个沿北东—南西向延伸的半封闭状况的平原，可谓盆中之盆[1]。地理位置为北纬30°5′~31°26′，东经102°54′~104°53′之间，面积12390平方千米，成都市城区面积228平方千米。成都一带地貌丰富，平坝、丘陵、山区均有，地势呈西北高东南低。境内河网稠密，西南部为岷江水系，东北部为沱江水系。全市现辖10区、4市、6县，即锦江区、成华区、青羊区、金牛区、武侯区、高新区、青白江区、龙泉驿区、新都区、温江区、都江堰市、彭州市、崇州市、邛崃市、郫县、双流县、金堂县、大邑县、新津县、蒲江县，总人口约10003.56万人，其中城区人口330万人。

古蜀文化遗址所在的成都平原位于四川盆地的西部，介于龙门山和龙泉山之间，西面是青藏高原东缘的龙门山脉与邛崃山脉，东部是龙泉山脉与川中丘陵相隔。北起安县、绵阳一带，南抵乐山南面的五通桥，长约200、宽40~70千米，面积约9500平方千米。成都平原是发育在东北—西南向的向斜构造基础之上，由发源于川西北高原龙门山出口的岷江、渝江、石亭江、绵远河、西河、斜江、末都江、南江共八条主要河流重叠连缀而成复合的冲积扇平原[2]。成都平原四周尚有台状浅丘分布。古蜀文化遗址主要分布于内地表出露层为第四系松散堆积物之上，其基底为上更新统冰水堆积层，后经河流切割形成长堤形二级阶地，冰水堆的灰黄色黏性土（广汉黏土）覆盖于含泥砂卵石层之上，形成再积黄泥水稻土，河流两侧的漫滩和二级阶地之间的一级阶地，为全新世岷江和沱江水系冲积形成的灰棕冲积水稻土。古蜀文化遗址位于平原内一、二级阶地上，地貌岩性多由红棕色或棕黄色黏土夹砾石和砂层组成，它属于第四纪冰川和冰水作用的产物。

成都平原是以岷江冲积扇为主体的倾斜扇形平原，地表松散，沉积物巨厚，平原中心地带沉积物厚度达300米，第四纪沉积物之上覆盖有粉砂和黏土，结构良好，宜于耕作，是四川盆地最肥沃的土壤，极为适合农业和城市的发展。成都平原地势西北高，东南低，为岷江、渝江、石亭江等河流出山口冲积的扇状洪积平原，海拔高度为450~750米，地势平坦，由西北向东南微倾，平均坡度仅3‰~10‰，地表相对高差都在20米以下。平原上河网交错，渠汊密布，有利于发展自流灌溉。由于降水量较多，河流水量充沛，地表水、地下水资源丰富。岷江进入平原后，水势减缓，多出汊道，有大小支流数十条，呈纺锤形河网，每隔3~5千米就有一条较大河流，是四川盆地河网最为稠密的地区。

成都平原属亚热带湿润季风气候，雨量充沛，干湿明显。四季分明，气候温和，夏无酷暑，冬无严寒，全年霜雪少，风速小，阴天多，日照少，气压低，湿度大，云雾多。主要大气参数多年均值为：年均气温16.2℃，年均日照时数1071小时，低于0℃或高于35℃的天数极少，温差变化较小，极端最高气温38.3℃，极端最低气温−5.9℃，年均无霜期280天，年均相对湿度82%，年均降雨量938.9毫米，主要集中在夏季，易引发洪涝灾害。究其原因是成都平原的地势呈西北东南倾斜，其斜

---

[1] 李孝聪：《中国区域历史地理》，北京大学出版社，2004年，第122页。

[2] 西南师范学院地理系编：《四川地理》，1982年7月，第59页。段渝：《成都通史卷一（古蜀时期）》，四川人民出版社，2011年，第9、10页。

坡状的地形非常有利于发展自流灌溉，同时容易积水成湖或沼泽，遇洪必成灾。四川盆地地处亚热带，气候属于典型亚热带季风湿润性气候，冬季温暖，夏季湿热，秋季多雨，具有鲜明的气候特点[1]。在距今 8000~3000 年，四川盆地气候属于暖热阶段，温度和湿度均比现在高[2]。这个时期也是该区域洪水较为泛滥的时期。同时由于四川河流水情变化的特征是水位涨落急骤，水位、流量呈连续峰型，洪水猛烈，洪峰陡峭。水位涨落急短，形成连续峰型，具有山区河流的特征。再加上四川盆地位于长江上游强度最大、面积最广暴雨区，既属于山区性河流，又无湖泊调节径流，由暴雨产生的洪水猛烈异常，洪峰很高[3]，对古人的生产与生活造成极大的危害。在都江堰修建之前，防洪成为当地先民一项最为重要的议题，因此对古蜀文化遗址选择具有一定的影响，同时也深刻影响古蜀文化的社会结构。因无霜期长，雨量充足，成都自古以来即是山清水秀、葱茏绿郁、适宜农耕的富庶之地，孕育丰富的古代文化，并遗留众多的文化遗存。

古气候研究表明金沙遗址当时的自然面貌与现代成都平原相似，气候温暖湿润，森林广布，土壤肥沃、河网密布。遗址的孢粉分析复原分析结果显示当时成都平原的植被以草本植物占优势，局部地区存在低洼的湿地，生长着大量喜湿的蕨类植物，在较高的山地和丘陵上也生长着高大的乔木，总体而言以生长着热带和亚热带植被为主，属于热带和亚热带的温暖湿润气候，存在着温暖湿润和温暖干旱交替的现象。土壤地球化学分析遗址区的古气候变干旱化的趋势，古河道剖面采样的粒度分布，也认为当时的古河流是一条反映温暖干旱的曲流河，其分析结果和孢粉及微量元素分析结果一致。结合遗址出土的古动物种属和组合特征分析，说明商周时期，成都平原温暖湿润，土壤肥沃，林木茂盛，野生动物繁盛，反映出金沙先民的生业经济中既有家畜饲养活动，仍有广泛的狩猎活动存在，河流纵横、湖泊众多，大量湿地广泛存在，非常适宜鸟类和大型动物的生存，而大量象牙和少量象牙制品的出现，显示其亦有可能是亚洲象的栖息地。而后期祭祀遗存中象牙的少见，可能是气候变干使然，这也和孢粉分析揭示的气候变化一致。这说明可能是随着气候干旱化而导致了该聚落的衰变[4]。

成都平原位于中国三大阶梯中第二级阶梯向第三级阶梯过渡的四川盆地内部，处于黄河上游和长江上游的交汇地带，其地理位置非常重要，处于多边联系的节点之上，具有得天独厚的区位优势。其地处长江上游，西临青藏高原东麓，实现与西北地区交通，向东通过长江三峡与长江中游地区实现交流，向南辐射通过横断山区影响云贵高原和东南亚地区，北逾秦岭，沟通汉水上游地区，实现与中原地区的文化交流，这样独特的地理位置和区位优势，对成都平原古代文化的形成与发展有着重要意义。

成都平原优越的自然生态环境和广阔的平原以及独特的地理区位使得该地区很早就成为早期人类繁衍生息的理想之地，为古代文化发育生长提供了良好的温床，境内丰厚的古文化遗存正是这一境况的反映。从微观地理条件看，成都位于岷江和沱江两大水系的低分水岭上，地势稍高于周围的河道，既有利于解决城市供水，又能防止水灾侵害。同时成都还具有明显的交通区位优势，沿着川西高原和成都平原结合部的山麓地带，是斜贯四川盆地最为便利的通道，成都正位于这条道路的中央，

[1] 柳又春：《四川盆地的几个气候特色》，《地理知识》1980 年第 8 期。
[2] 陈淑全：《四川气候》，四川科学出版社，1997 年。
[3] 西南师范地理学院地理系编：《四川地理》，1982 年，第 159~161 页。
[4] 傅顺、王成善、江章华、刘建、李奎：《成都金沙遗址区古环境初步研究》，《江汉考古》2006 年第 1 期。

即位于川西地区交通冲会点上，成都以下的岷江河道成为四川盆地沟通长江的重要途径，成都正处于整个盆地物资外运的出发点，在川峡航运没有发展起来以前，正是成都自身具有广阔经济腹地和城市经济的发展有着相对空间的体现，成都平原独特的地理特质对于成都地区形成大规模中心聚落提供了优越的地理条件。"低海拔的大河平原，平坦的地势，受气候变化影响程度相对较小，聚落、人口密度相对较大，聚落位置比较稳定。由于其在地理、环境、气候、资源配置等诸多方面的优势，很早起就发展出较高水平的农业文明。对周边地区的古代文化产生强大的吸附力，增大文化的兼容性，导致文化的辅集与人口聚集，长次以往的文化碰撞与融合，必将会在某些条件适宜区形成较大规模的聚落中心[1]。"

第二节　历史沿革

成都简称"蓉"或"锦"，别称"蓉城"或"锦官城"，其历史悠久，文化底蕴深厚，它是古蜀文明的起源地，也是商周以来古蜀地区的政治、经济、文化中心，其有籍可查的历史可追溯至传说时代。皇帝为其子昌意娶蜀山氏女，昌意降居若水，生颛顼。封其支庶于蜀。禹生于石纽，家于四川。及禹治水，治水江州。"蜀山氏"与古蜀文明的起源有着密切的关联，其时代大致在龙山时代前期。

成都平原目前的考古发现与研究表明，宝墩文化是该地区最早的新石器文化[2]，其已经出现大型聚落，出现了城，它与古蜀历史上的蚕丛、柏灌和鱼凫"三代蜀王"争雄的时间相对应。新津宝墩、都江堰芒城、温江鱼凫城、郫县古城等距今约 4500~3700 年成都平原史前城址群的发现与研究，表明成都平原是长江上游的古代文明中心，也是中华文明的重要发源地之一，极大丰富中国多元新石器晚期的文化内涵。

"蜀"的名称来源很早，最初见于甲骨文，象虫形。《尚书·牧誓》记载了"蜀"曾参与武王伐纣之战。关于古蜀国历史在《山海经》《汉书》《后汉书》《水经注》等文献中都有简略记载。最早详细记录古蜀国历史的是汉代扬雄的《蜀王本纪》，惜该书早已失传，只有零星片断转录于其他古籍中。现存世较为详尽记载古蜀国历史的是晋代常璩的《华阳国志》。《华阳国志》是中国现存的一部最早且较为完整的地方志，它记载了公元 4 世纪中叶以前今四川、云南、贵州三省以及甘肃、陕西、湖北部分地区的历史、地理，具有极高的史料价值，是一部研究古蜀国历史的重要史籍。

文献记载古蜀国历史上曾有五代蜀王：蚕丛、柏灌、鱼凫、杜宇、开明。《华阳国志·蜀志》载："有蜀侯蚕丛，其目纵，始称王……次王曰柏灌。次王曰鱼凫……后有王曰杜宇……遂禅位于开明……开明（位）。[立]，号曰丛帝……周慎王五年秋（公元前 316 年），秦大夫张仪、司马错、都尉墨等从石牛道伐蜀。……开明氏遂亡。凡王蜀十二世。"

有关古蜀国历史的文献记载极其简略，几近神话传说，就连唐代诗人李白在《蜀道难》中也感慨："蚕丛及鱼凫，开国何茫然"。认识古蜀国历史，目前主要依赖于考古发掘的新资料和考古研究的新成果。广汉三星堆遗址、成都金沙遗址和商业街船棺合葬墓的发现、发掘与研究，展现了古蜀国

[1] 李水城：《区域对比：环境与聚落的演进》，《考古与文物》2002 年第 6 期。
[2] 江章华、严劲松、李明斌：《成都平原的早期古城址群——宝墩文化初论》，《中华文化论坛》1997 年第 4 期。江章华、王毅、张擎：《成都平原先秦文化初论》，《考古学报》2002 年第 1 期。

丰厚的历史文化和凸显了古蜀国青铜文明的辉煌成就，并使虚无缥缈的古蜀国历史成为信史，新石器时代晚期宝墩文化的发现与研究对于古蜀文明起源与发展提供了想象的空间。

古蜀文化遗存主要分布于今四川省和重庆市，陕西省南部和湖北省西部也有少量发现，数量达300余处。考古发现揭示，古蜀文明起源于新石器时代晚期盛行于成都平原的宝墩文化，夏商之际是古蜀王国的形成时期，商周之际是古蜀王国繁盛时期，春秋战国之际是其衰落期，战国晚期，随着秦在公元前316年灭蜀，古蜀文明的发展历程就此中断，从此退出历史舞台，而其移民和遗民文化则在西南广大地区内长期以来泽被后世。金沙遗址无论在遗址的规模和等级、遗址保存的完好程度、文化堆积的厚度、遗迹的丰富度、遗物的数量和规格、时间延续长度等方面，都是成都平原其他同期和同类遗址所无法比拟的，它反映的正是古蜀文明最为辉煌的时期，其丰富的文化遗存和发达的祭祀传统以及超大型聚落群的存在，因此它的发掘与研究将极大地拓展古蜀文明内涵与外延的空间维度与时间厚度。

距今3700年前后，成都平原进入青铜时代，广汉三星堆古城代表该时段的辉煌，开启古蜀文明的发展历程。2001年成都金沙遗址的发现与研究，揭示了成都早在距今3000年前后就已经成为继三星堆后川西地区古蜀文明的中心，其聚落规模和结构以及物质遗存的等级和数量均是同时期其他遗址无可比拟的，它可能是古蜀王国的都邑所在地。金沙遗址的发现，将成都的建城史向前延伸了数百年，此后成都一直作为古蜀王朝的政治、经济中心未有更改。

公元前316年，秦灭蜀，设成都县。公元前311年，始筑成都城，成都被纳入中原大一统，成为中原王朝行政体系的一部分。

秦汉时期，成都经济文化发达。公元前221年，秦分天下三十六郡，蜀郡及成都县因先秦之旧，成都城为郡县治所。汉初，成都县属蜀郡，仍为郡所所在，公元前106年，汉武帝在成都置益州刺史部，分管巴、蜀、广汉、犍为四部。西汉末年，公孙述称帝，定成都为"成家"。光武帝灭公孙述后，复益州及蜀郡之名，郡治仍在成都。东汉末年，刘焉做"益州牧"，从原广汉郡雒县移治于成都，用成都作为州、郡、县治地。西汉时期，成都的织锦业已十分发达，设有"锦官"，故有"锦官城"即"锦城"之称，秦汉成都的商业发达，秦时成都即已成为全国大都市，成为全国六大都市之一。延康二年（公元221年），刘备在成都称帝，益州、蜀郡成都县均治成都，其为蜀汉京师。

公元263年，曹魏灭蜀汉，继以其地位梁、益、宁等州，蜀郡及成都县仍旧，郡属益州。晋太康年间，巴蜀之地为益州，蜀郡属其一，州、郡治在成都。公元304年，李雄于成都称王，公元326年，李寿改国号为汉，史称"成汉"晋永和四年（公元348年），范贲称蜀帝于成都，次年为东晋所灭。终东晋之世，蜀郡及成都县名称及治所均无更改。宋、齐、梁时，蜀郡、成都县仍东晋之旧。公元553年，西魏于成都置益州总管府，以辖州郡。北魏取代西魏，仍有其旧。隋开皇三年（公元583年）在成都改置西南道行台，益州为其辖境，后大业三年（公元607年），益州为蜀郡，成都县如故。唐代成都成为益州总管府、益州都督府、剑南道等治所所在之地。隋唐时期，成都经济发达，文化繁荣，佛教盛行。

公元908年，王建称帝于成都。国号大蜀，史前"前蜀"。公元934年孟知祥在成都称帝，史称"后蜀"。宋乾德三年（公元965年）以唐剑南道之地为西川路，成都府属于西川路，路、府、县治所均在成都。终宋之世，成都府路、成都府、成都县三级行政区划均以成都二字为名，并均以成都城为治所。

元至元二十三年（公元1286年），元朝中央政府在成都设置"四川等处行中书省"，后简称"四川省"，省治成都。

明洪武四年（公元 1371 年），明军攻灭明玉珍所建的大夏国政权，在成都设四川承宣布政司，其中成都为首府。明洪武四年（公元 1371 年）灭夏，改元代四川省辖地为四川布政使司，治成都。明崇祯十七年（公元 1644 年），张献忠率军攻入成都，自立为帝，国号大西，称成都为西京。康熙年间，朝廷实施"湖广填四川"大移民，成都逐渐恢复生气，省会迁回成都。清置四川省，以成都为省会，设四川布政使司于成都。

1912 年 3 月 12 日，成都之大汉军政府改为四川军政府，军政府驻成都，尹昌衡任都督。1914 年，北洋政府通令在成都设置西川道，领成都、华阳等 31 县，后废道复省，成都仍为四川省会。1921 年，置成都市，1922 年，市政筹备处改名为市政公所。

1949 年 12 月 27 日，成都成为川西行署区的驻地。1952 年中华人民共和国中央人民政府撤销各行署、恢复四川省建制后，成都市一直为四川省省会[1]。

第三节 考古历程

一 金沙遗址考古概述

自 20 世纪 50 年代以来，成都平原丰厚的历史和丰富的文化遗存，在今成都市区域最为突出，它体现了成都市区自商周以来，就是成都平原政治与经济以及文化中心，它得到了该地区近年考古发现与研究的证实，尤其是该地区先秦时期一系列重要考古发现，如十二桥遗址[2]、商业街船棺葬[3]、羊子山土台遗址[4]、新繁水观音遗址[5]等，这些发现与研究极大延伸和拓展成都市先秦时期的历史与文化。这些先秦遗址主要分布于今成都市的西边和南边，其中以西边最为丰富，如化成小区遗址[6]、抚琴小区遗址[7]、新一村遗址[8]、方池街[9]、指挥街遗址[10]、岷江小区遗址[11]等，上述遗址数量除化成村遗址为宝墩文化外，其余均属于商周时期的文化遗存，以十二桥文化时期居多（图三、四）。

目前发现的这些遗址主要分布于古郫江西岸，古郫江自成都市西北向东南流，至通惠门折而向东流，其与古检江平行流经成都南部。相较而言，过去成都先秦时期的工作主要集中于成都市老城区，老城区外的考古工作相对较少，而金沙遗址所处的成都西郊在 21 世纪以前，一直未有先秦时期的重

［1］四川省文史研究馆：《成都城坊古迹考》，成都时代出版社，2006 年，第 2~9 页。

［2］四川省文物考古研究院等：《成都十二桥》，文物出版社，2009 年。

［3］成都文物考古研究所：《成都商业街船棺葬》，文物出版社，2009 年。

［4］四川省文物管理委员会：《成都羊子山土台遗址清理报告》，《考古学报》1957 年第 4 期。

［5］四川省博物馆：《四川新繁水观音遗址试掘简报》，《考古》1959 年第 8 期。

［6］刘雨茂、荣远大：《成都市西郊化成村遗址 1999 年发掘报告》，《成都考古发现（1999）》，科学出版社，2001 年。

［7］2011 年资料现存成都文物考古研究所。

［8］成都文物考古研究所：《成都十二桥遗址新一村发掘简报》，《成都考古发现（2002）》，科学出版社，2004 年。

［9］成都市博物馆考古队等：《成都方池街古遗址发掘报告》，《考古学报》2003 年第 2 期。

［10］成都市博物馆等：《成都指挥街周代遗址发掘报告》，《南方民族考古（第一辑）》，四川科学技术出版社，1987 年。

［11］李明斌、王方：《岷江小区遗址 1999 年第一期发掘》，《成都考古发现（1999）》，科学出版社，2001 年。

北 ←

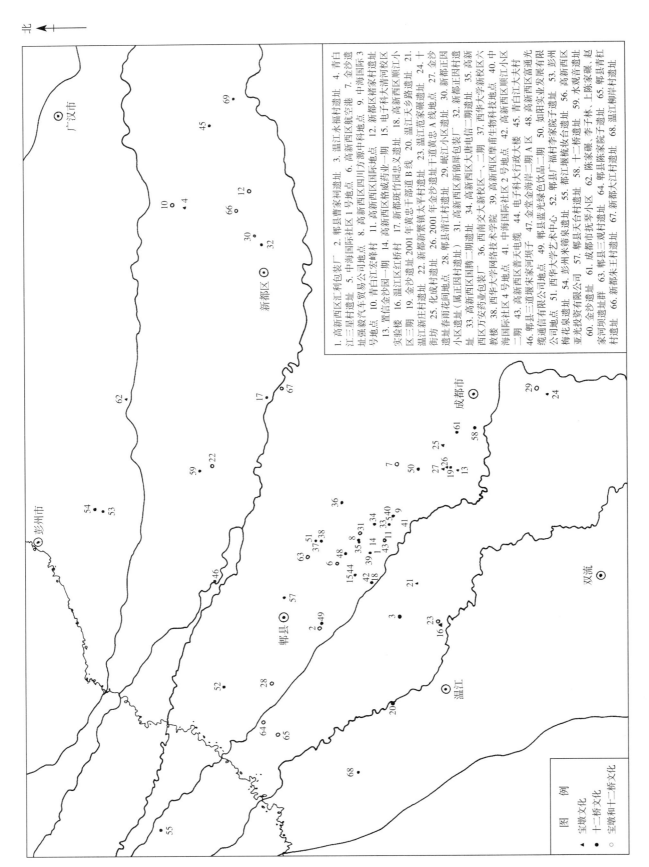

1. 高新西区汇利包装厂　2. 郫县曹家祠遗址　3. 温江水福村遗址　4. 青白江三星村遗址　5. 中海国际社区1号地点　6. 高新西区航空港　7. 金沙遗址　8. 高新西区四川方源中科地点　9. 中海国际3号地点　10. 青白江宏峰村　11. 高新西区国际地点　12. 新都区格家村遗址　13. 实验楼　14. 温江区红桥村　15. 高新西区格威砖业一期　16. 电子科大清河校区小区三期　17. 新都繁镇大平村道B线　18. 高新西区顺江天小区　19. 金沙遗址2001年黄忠干部道B线　20. 温江天乡路遗址　21. 十温江新庄村遗址　22. 新都新繁镇大平村遗址　23. 温江范家碾地点　24. 十遗址春防　25. 亿成村遗址　26. 2001年金沙遗址干道黄忠A线地点　27. 金沙遗址春雨花园地点（属正因村遗址）　28. 郫县清江村遗址　29. 岷江小区二期遗址　30. 新都正因村遗遗址　33. 高新万安药业厂　31. 温江区清白江村遗址（属正因村遗址）　32. 新都正因村遗址　35. 高新西区万安药业包装厂　34. 高新西区大唐电信二期地点　37. 西华大学新校区六教楼　38. 西华大学网络技术学院　36. 西南交大大唐电信　40. 中海国际社区4号地点　39. 高新西区新韶屏包装厂　42. 高新西区顺江小区六海国际社区4号地点　41. 中海国际社区2号地点　42. 高新西区峰甫科技地点　40. 中海国际社区4号地点　43. 郫县三道堰末家河坝子　44. 电子科大行政大楼　45. 青白江大村西区万安药业包装厂　46. 郫县三道堰末家河坝子　47. 金堂全海绿色饮品二期　48. 郫县蓝光缆通信有限公司地点　49. 西华大学网络技术地点　50. 金沙蓝光绿色饮品二期　51. 西华大学艺术中心　52. 郫县蓝瑞妆台遗址　53. 高新西区如阳实业发展有限公司梅花泉遗址　54. 彭州天台遗址　55. 都江堰瑞妆台遗址　56. 水观音遗址　57. 郫县天台遗址　58. 十二桥遗址　59. 青白江大村亚光投资有限公司　61. 成都市拆芬小区　62. 陈家碾、李子林、上陈家碾、赵60. 金沙遗址　62. 陈家碾、李子林、上陈家碾、赵家河坝遗址群　63. 郫县三观村遗址　64. 郫县青杠家河坝遗址群　68. 新都未王村遗址　66. 新都大江柳岸村遗址群　67. 新都大江柳岸村遗址

彭州市

广汉市

成都市

新都区

郫县

温江

双流

图 例
▲ 宝墩文化
● 十二桥文化
○ 宝墩和十二桥文化

图三　成都平原先秦时期遗址分布示意图

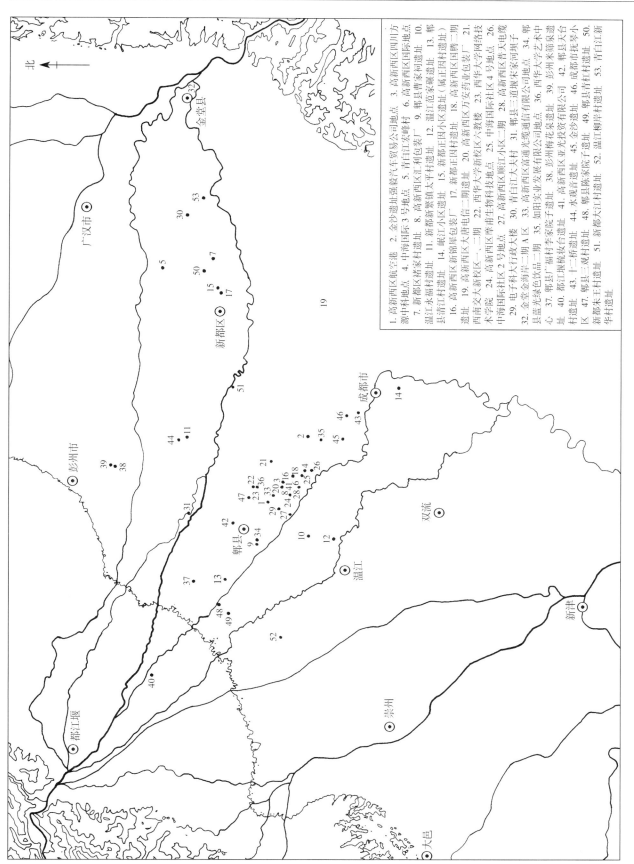

图四 成都平原商周时期遗址分布示意图

1. 高新西区航空港 2. 金沙遗址强毅汽车贸易公司地点 3. 高新西区四川方源中科地点 4. 金沙遗址国际公司地点 5. 青白江弘峰村 6. 高新西区国际地点 7. 新都区绪家村遗址 8. 高新区绪家村遗址 9. 郫县曹家利遗址 10. 温江永福遗址 11. 新都新繁镇太平村遗址 12. 温江范家碾遗址 13. 郫县清江村遗址 14. 高新西区新铝犀包装厂 15. 新都正四村遗址（属正四村遗址）16. 高新西区新校区一二期 17. 新都正四村遗址二期遗址 18. 高新西区国腾二期 19. 高新西区万友药业包装厂 20. 高新西区药业包装厂 21. 西南交大新校区六教楼 22. 西华大学新校区科技城 23. 西华大学网络科技木学院 24. 高新国际社区 2 号地点 25. 西华大学甫生物科技科技网络技木学院 26. 中海国际社区 2 号地点 27. 高新西区甫甫大唐电信二期 28. 高新区普天电缆 29. 电子科大行政大楼 30. 青白江大大村 31. 郫县三道堰末家河埂子 32. 金堂金海岸二期一期 33. 高新西区富通通信有限公司地点 34. 郫县三道堰末家河埂子 35. 郫县李家院坝子遗址 36. 西华大学艺木中心 37. 郫县广福村李家院坝子遗址 38. 如阳实业发展有限公司 39. 彭州梅花泉遗址 40. 都江堰航坡村遗址 41. 高新西区亚光投资有限公司 42. 彭州米硫泉遗址 43. 郫县三桥遗址 44. 水观音遗址 45. 金沙遗址 46. 成都市抚琴小区 47. 郫县陈家院子遗址 48. 郫县青村坡遗址 49. 金沙遗址埂子遗址 50. 新都王村遗址 51. 新都大江村遗址 52. 温江柳岸村遗址 53. 青白江新华村遗址

要遗存发现，考古基础工作薄弱。金沙遗址片区在 20 世纪 90 年代以前未曾进行过正式的考古发掘工作，该区域一直没有商周时期的遗存发现。随着成都市城市建设的发展，此种现象得到了极大改观。该区域考古发现与研究从发展历程而言可分两个阶段，以 2001 年金沙遗址"祭祀区"发现为界。

1. 第一阶段：初始期

即 20 世纪 90 年代末期。

1995~1996 年为配合基本建设，在金牛区黄忠村的"黄忠小区"地点发现了商周时期遗存，随即进行了考古发掘，当时命名为黄忠村遗址，这是对金沙遗址的首次考古发掘[1]。

1999~2000 年在黄忠村的"三和花园"地点进行了大规模的考古发掘[2]，发掘面积达 2000 余平方米，发现了一组大型建筑基址，认识到黄忠村遗址是一处分布面积约 100 公顷的重要商周遗址。

2000 年在金牛区金都和御都花园地点也进行发掘，发现大量灰坑及少量墓葬和陶窑[3]。该阶段工作主要只是对单体遗址进行发掘与研究，未能从整体进行系统调查与研究，对其遗址重要性亦估计不足。

在 1995 年以前，金沙遗址地处成都市郊区，多为农田，自然村庄多，但相对集中，没有遭受到后世城镇建设的破坏，基本保持着遗址废弃后的自然状态，保存相对完整。

2. 第二阶段：兴盛期

即 21 世纪初金沙遗址发现至 2011 年大规模发掘的结束。

自 2001 年对金沙村地点进行了考古发掘，发现了很多与祭祀活动相关的遗迹，出土了数以千计的铜、金、玉、石等珍贵文物，确认是一处大型专门祭祀场所后。对周边地区进行了大规模的考古钻探与调查，相继发现了"兰苑"居址区[4]、"燕沙庭院"墓地[5]、"金沙上城"[6]等地点。因为认识到这些文化遗存与黄忠村遗址应属同一文化体系下大型聚落遗址的不同部分，故将其纳入同一遗址，统一命名为金沙遗址。金沙遗址"祭祀区"的发现，确认该遗址是古蜀王国中心聚落的一个组成部分，该遗址是一处分布面积达 500 公顷的古蜀中心聚落遗址。

1995 年以前，该地区属于城乡结合部的农业区，随着成都市城市化的快速发展，金沙遗址所在范围迅速成为成都市区的一部分，城市建设对遗址的保护产生了巨大影响，期间，大规模建设在其周边进行，它同时也促进了该遗址的发掘与研究，许多抢救性考古发掘也就从这个时期开始。存在的问题是由于基建任务的繁重，致使许多材料没有及时消化和修正，致使发掘与研究存在许多缺憾，该阶段整体特征是重发掘，轻研究。

---

[1] 资料现存成都市文物考古研究所。
[2] 成都文物考古研究所：《成都市黄忠村遗址 1999 年度发掘的主要收获》，《成都考古发现（1999）》，科学出版社，2001 年。
[3] 资料现存成都市文物考古研究所。
[4] 成都市文物考古研究所：《成都市金沙遗址"兰苑"地点发掘简报》，《成都考古发现（2001）》，科学出版社，2003 年。
[5] 资料现存金沙遗址工作站。成都文物考古研究所：《成都市金沙遗址"黄河"地点发掘简报》，《成都考古发现（2012）》，科学出版社，2014 年。成都市文物考古研究所：《金沙村遗址人防地点发掘简报》，《成都考古发现（2003）》，科学出版社，2005 年。成都市文物考古研究所：《金沙遗址蜀风花园城二期地点发掘简报》，《成都考古发现（2001）》，科学出版社，2003 年。
[6] 资料现存金沙遗址工作站。

3．第三阶段：整理期

即从 2012 年至今，随着金沙遗址周边地区大规模基本建设的减少，勘探与发掘工作也相应急剧减少，金沙遗址整理研究工作随之提上日程。目前正在集中整理的报告有"祭祀区""三和花园"阳光地带二期等报告，其他地点的报告也正在推进。这个时期的特点是系统整理和研究严重滞后于发掘，没有形成有影响的成果，金沙遗址的文化内涵与时代特质没有得到充分的挖掘。

2001~2012 年，为配合城市基本建设，在金沙遗址范围内近 70 余个地点进行了抢救性考古发掘，其中较为重要的地点有"兰苑"[1]、"雍锦湾"[2]、"金沙国际"[3]、"万博置业"[4]等地点，这些地点主要分布于摸底河南北两岸，沿摸底河两岸呈带状分布（图五）。在这些地点新发现了大型建筑区（多称为"宫殿区"）和一批居址区、墓地、作坊区等重要遗迹，极大丰富了金沙遗址的文化内涵和时间维度。从空间上而言，该聚落内部有着明显的结构分层，聚落体系复杂，共时和异时性特征突出，对于了解金沙遗址聚落的空间分布和功能体系提供了极好的考古材料；从时间上而言，遗址存在着不同时段的古蜀文化遗存，历时性特征明显，对于该遗址不同时期聚落边界变迁的研究提供了重要的信息，是成都平原商周时期一个较为完整而连续的聚落体系，它的发掘将极大促进该地区商周时期聚落考古的发展。金沙遗址的发掘与研究极大丰富了古蜀王国的历史，凸显了成都平原在古蜀文明发展史上举足轻重的地位。阳光地带二期地点的抢救性考古发掘正是这个时期金沙遗址系统发掘与研究工作的一个重要组成部分。

目前的考古发掘与研究表明，金沙遗址是一处年代上起约公元前 25 世纪，下至约公元前 5 世纪，时间跨度长达 2000 多年的古文化遗址。约公元前 12 世纪，古蜀国迁都于此，开始了古蜀历史上一个全新的统治时代，其势力范围包括整个四川盆地，北到陕南的汉中盆地[5]，东至渝东鄂西之际，即夔门巫山之间[6]，西南至大渡河和青衣江流域[7]，深刻影响了周边地区古代青铜文明。《尚书·牧誓》中所记载的参与武王伐纣之战的"蜀"，正是同金沙遗址所代表的古蜀王国时期相对应，目前金沙遗址聚落群没有发现城垣和高等级墓葬，有"祭祀区"和大型礼仪性建筑[8]。

二 发掘经过

阳光地带二期地点位于成都市西郊金牛区营门口乡黄忠村六组，地理坐标为北纬 30°41′38.4″，东经 104°00′31.3″，海拔 488 米（VT3530 西北角）。该地点地处摸底河北岸，北临金都花园，东接芙蓉苑，

[1]成都市文物考古研究所：《成都市金沙遗址"兰苑"地点发掘简报》，《成都考古发现（2001）》，科学出版社，2003 年。

[2]资料现存成都文物考古研究所。

[3]成都文物考古研究所：《金沙遗址"国际花园"地点发掘简报》，《成都考古发现（2004）》，科学出版社，2006 年。

[4]成都文物考古研究所：《成都金沙遗址万博地点勘探与发掘收获》，《成都考古发现（2002）》，科学出版社，2004 年。

[5]西北大学文博学院：《城固宝山——1998 年发掘报告》，文物出版社，2002 年。西北大学文博学院、陕西省文物局编：《城洋青铜器》，科学出版社，2006 年。

[6]李学勤：《论繁蜀巢与西周早期的南方经营》，《南方丝绸之路研究论集》，巴蜀出版社，2008 年，第 3~5 页，东南到达乌江流域。重庆市文物考古所等：《西阳清源》，科学出版社，2009 年。

[7]段渝：《成都通史·古蜀时期》，四川人民出版社，2011 年，第 61 页。

[8]部分发掘者和研究者认为此类建筑属于宫殿，笔者以为证据链不足，未发现与其相对应的器物或附属物，而礼仪性建筑的证据略为充分，其位于祭祀区的北面，为不同祭祀对象体现，它周围有祭祀或礼仪痕迹，其建筑体量大，形制特殊同周原凤雏"宫殿"建筑相类似，凸显了其特殊地位，其功能可能更像"宗庙"，而非"宫殿"建筑，尚需进一步资料确证。

图五　金沙遗址发掘点分布图

1. 黄忠村一组　2. 三和花园　3. 金都花园　4. 金沙村一组　5. 御都花园　6. 兰苑　7. 置信金沙园一期　8. 金沙上城　9. 将王府　10. 博雅庭韵　11. 是正　12. 人防　13. 芙蓉苑北区　14. 芙蓉苑南区　15. 燕沙庭院　16. 金牛区路灯管理处　17. 春雨花间　18. 家在回廊　19. 汉隆　20. 金港湾　21. 阳光金沙　22. 金沙国际　23. 千和馨城　24. 祭祀区第二次发掘地点　25. 郎家村精品小区配套地点　26. 金沙遗址博物馆游客接待中心　27. 金域港湾　28. 金沙遗址博物馆陈列馆　29. 西延雅舍　30. 蓝光雍锦湾　31. 龙嘴六祖拆迁房地点　32. 金沙遗址博物馆停车场及文保中心　33. 金牛区城乡一体化3号地点　34. 泰基花语廊　35. 金牛区城乡一体化5号A地点　36. 金牛区城乡一体化5号B地点　37. 迎宾路小学　38. 金牛区城乡一体化5号A地点　39. 西城天下　40. 龙嘴五组拆迁房地点　41. 华润房产　42. 尚瑞天韵　43. 金沙朗寓　44. 金牛区残联培训中心　45. 中环西岸观邸　46. 华置西锦城　47. 金牛区城乡一体化5号C地点　48. 龙嘴G线　49. 红色村小学

西临御都花园，南接龙嘴小区（图六），总面积约 33000 平方米。该地点原来地貌为菜地，地势平缓，因后期周边地区开发建设，现地表覆盖有一层建筑垃圾，给发掘工作带来较大困难。

　　阳光地带二期地点是金沙遗址的重要组成部分，东距离金沙遗址"祭祀区"约 1000 米，地处金沙遗址的西北部，在其周边地区发现大量同时期的遗存。该地点的北部为 2000 年度发掘金都和御都花园地点[1]，该地点发现大量灰坑和少量墓葬和陶窑，从地理边界而言，该地点与阳光地带二期当为一体，而"西城天下"地点[2]与"金都花园地点"仅有一路之隔，二者应为一个整体。东接"芙蓉苑"地点[3]，距离黄忠村宫殿区约 500 米[4]，西南临博雅庭韵地点[5]、春雨花间地点[6]、南部隔龙嘴小区地点[7]。这些遗址点与其有着密切的关联，只是由于后期人为建设将其条块分割，淹埋其地理自然边界，在做具体研究时需要将其置于金沙遗址当时的地理背景予以长时段历史维度的解读。

　　由于 2001 年金沙遗址"祭祀区"的发现和周边地区城市化建设的快速发展，使得金沙遗址的保护遇到空前的压力，主要表现为配合基本建设的任务繁重，发掘地点周围同时上马数个工地，给发掘工作造成了巨大压力，其特征表现为发掘面积大，时间周期短，人员少。为了金沙遗址的保护和配合基本建设，成都文物考古研究所从"祭祀区"发现之时，便制定了统一的考古发掘计划，在金沙遗址保护范围内进行统一的分区和编号，并在各区内进行系统的考古勘探，从而确认各地点遗存的现存状况、规模、性质等，为期后的考古发掘提供翔实的信息。2003 年 12 月初，为了配合成都市集建公司对阳光地带二期地点的开发，成都文物考古研究所对该地点进行了考古勘探。勘探结果显示该地块除了东南角和西南角外，其余部分均有商周时期遗存分布，分布面积约有 28000 平方米。由于现行建设规划造成的条块分割，使得该遗址范围被人为分割，对于我们了解该遗址的范围、聚落结构与功能等造成极大困扰。在该地点的发掘分布区内未见古河道存在，在该地点的东北侧"柳杨新屯"地点发现有一条古河道自西北而东南流过，而在其西南的"春雨花间"西北亦有一条古河道流过，这两条古河道可能构成了该遗址的自然地理边界，这些信息需要引起研究者的重视。

　　2003 年 12 月底至 2004 年 5 月初，在前期考古勘探的基础上，为了了解该地点遗存的文化内涵与时代以及其在金沙遗址聚落结构中的位置等相关信息，成都文物考古研究所随即进场进行抢救性考古发掘。由于场地狭小，周边地区已经为在建楼盘，土方转运受限，故采取分区轮替发掘。发掘地点位于金沙遗址的 V、Ⅷ区内，布方按正北向布方，共布 10 米 ×10 米探方 158 个。共计发掘面积 15800 平方米，实际发掘 14200 平方米（图七；彩版一～四）。遗址代码为 CJY（C：成都，J：金沙遗址，Y：阳光地带）。探方编号按坐标统一编号，VCJYT3301~VCJYT4030。该地点的考古发掘揭露的遗存丰富，有着丰富的遗迹现象，共发现灰坑 102 个、墓葬 288 座、窑址 49 座以及少量的建筑遗迹（图八、九；彩版五～九），另外，出土了大量的陶器和少量的玉、石器。参加本次发掘的工作人员有程远福、姜世良、杨永鹏、高攀、李福秀、段炳刚、王天佑、何锟宇、朱章义、周志清，领队王毅。

　　[1] 资料现存成都文物考古研究所。
　　[2] 成都文物考古研究所：《成都市金沙遗址"西城天下"地点发掘（2005）》，科学出版社，2007 年。
　　[3] 成都文物考古研究所：《金沙村遗址芙蓉苑南地点发掘简报》，《成都考古发现（2003）》，科学出版社，2005 年。
　　[4] 成都文物考古研究所：《成都市黄忠村遗址 1999 年度发掘的主要收获》，《成都考古发现（1999）》，科学出版社，2001 年。
　　[5] 成都文物考古研究所：《成都金沙遗址万博地点考古勘探与发掘收获》，《成都考古发现（2002）》，科学出版社，2004 年。
　　[6] 成都文物考古研究所：《成都市金沙遗址"春雨花间"地点发掘简报》，《成都考古发现（2004）》，科学出版社，2006 年。
　　[7] 资料现存成都文物考古研究所。

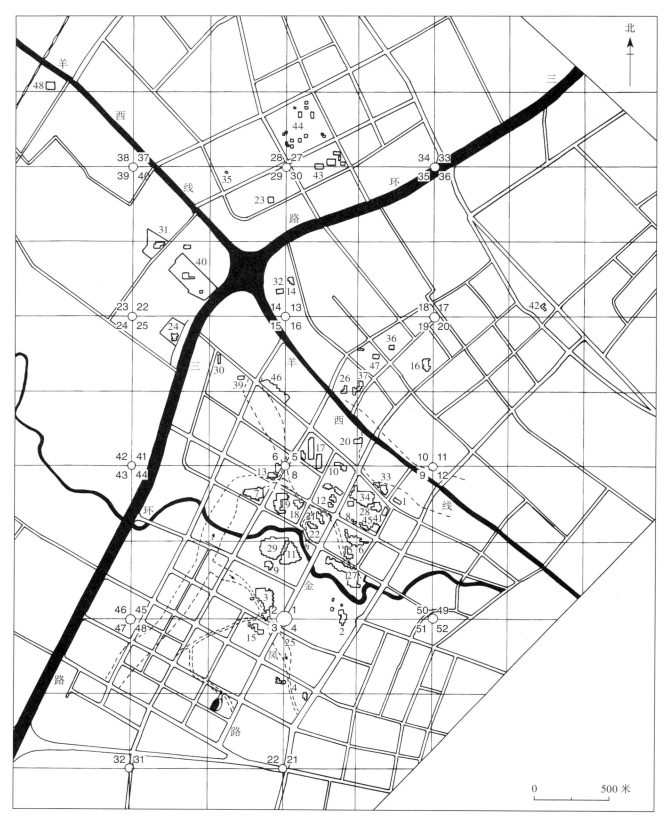

图六 金沙遗址发掘点分布图

1. 三和花园 2. 祭祀区 3. 兰苑 4. 金沙园 5. 将王府 6. 金煌 7. 博雅庭韵 8. 是正 9. 人防 10. 芙蓉苑 11. 燕沙庭院 12. 交通局 13. 春雨花间 14. 家在回廊 15. 汉隆 16. 金港湾 17. 集建阳光 18. 佳园 19. 金沙国际 20. 千和馨城 21. 紫桂花园 22. 金沙古韵 23. 郎家精品房小区 24. 金牛区城乡一体化 2 号 25. 游客接待中心 26. 金域港湾 27. 陈列馆 28. 西延雅舍 29. 雍景湾 30. 龙嘴六组拆迁安置房 31. 金牛区城乡一体化 3 号 32. 泰基花语廊 33. 金牛区城乡一体化 5 号 A 34. 金牛区城乡一体化 5 号 B 35. 迎宾路小学 36. 金牛区城乡一体化 7 号 A 37. 西城天下 38. 铸信 39. 龙嘴五组拆迁安置房 40. 尚瑞天韵 41. 金沙朗寓 42. 金牛残联培训中心 43. 中环西岸观邸 44. 爱美高 45. 金牛区城乡一体化 5 号 C 46. 青羊兴城建 47. 红色村小学 48. 文殊坊拆迁安置房

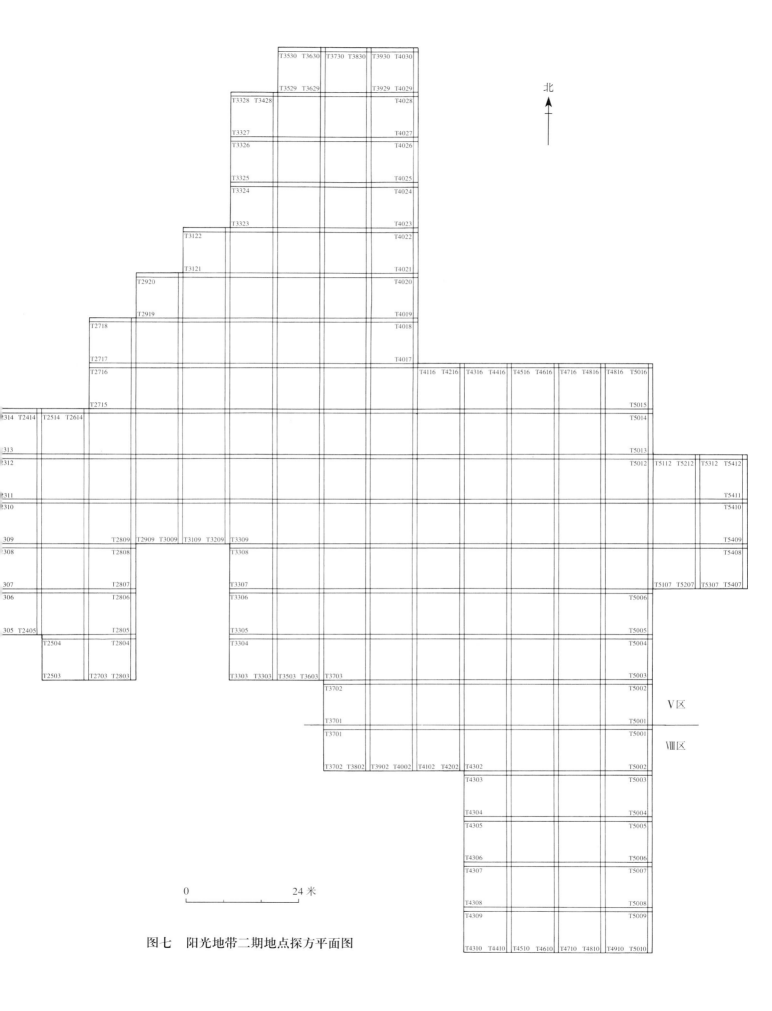

北

图七 阳光地带二期地点探方平面图

三　整理经过

　　2004 年由于阳光地带二期地点发掘结束后，在其周边地区随即开始了"金沙国际""浩源""广富"等地点的抢救性发掘，当时对该地点整理只是完成了陶片的清洗工作。随后的几年时间，由于发掘者相继调离金沙遗址工作站，致使整理工作一直未能有效进行。期间（2004~2006 年）完成该地点出土陶器的修复工作。2008 年成都文物考古研究所制定了金沙遗址系统的整理计划，将各个发掘区的整理制定了统一计划，期间"三和花园"和"祭祀区"报告的整理先行，阳光地带二期地点因人员调离再度搁置。

　　2012 年 12 月底，阳光地带二期的报告整理才正式开始。12 月底从金沙遗址博物馆借调工地资料，2013 年 1 月开始熟悉资料，2 月下旬开始清理北湖基地陶片，4 月上旬完成所有陶片的清洗、转运以及浮选工作，4 月中旬开始陶片拼对和统计，6 月开始陶器类型学研究，7~9 月开始绘图工作，10~11 月器物描述，12 月至 2014 年 7 月完成全稿。自 2015 年 4~5 月排版，6~8 月最后一次统稿，9~10 月最终定稿。

　　参加本次室内整理人员有：宋世友、刘翔宇、何锟宇、杨颖东、姜铭、闫雪、周志清，绘图人员有：寇加强、李福秀、钟雅丽、杨永鹏，拓片制作有戴福尧、严兵。

第二章　综述

第一节　地层综述

阳光地带二期地点由于位于城乡结合部，多年的农业耕种和频繁的建设对于地貌改变较大，现地表地势整体平坦，小区域内地表起伏不明显。各时期地层堆积从整体而言起伏亦不显著，各时期堆积之间相对平缓，总体而言，堆积形状呈西北高东南低的地势起伏。整体地势西北高，东北低，发掘区的东北部多被现代建筑垃圾覆盖或垃圾坑破坏，这些现代遗存严重破坏了该地点东北部的地层堆积序列，该地点东北部因被现代人类活动的扰动而缺失明清至商周时期的地层序列。第④层堆积在发掘区东北较厚，西南较薄，且开口于该层下的灰坑多分布于发掘区的东北部，并打破或扰动商周时期的堆积。第⑤层在整个发掘区均有分布，第⑥层下未见遗迹现象。该层在发掘区除了西南角的 VT2309~VT2809 以南和 VT2909 以西未见外，其余均有分布。

为了描述的方便，报告将发掘区的所有地层堆积进行了统一的划分。由于发掘区面积较大，涵盖了两个区，因此介绍该地点发掘区地层堆积时，将发掘区内的西壁和北壁的连续剖面举例进行介绍。

一　VT2310~VT5310 北壁

第①层：耕土层，为黑灰色腐殖土，土质疏松内含大量植物根须和近现代垃圾，因后期周边建设，其上覆盖有大量建筑垃圾。进场前，建设方平整了土地，整体地表地势较为平缓。地层堆积大致呈坡状，起伏不大，西高东低，在发掘区中部相对较薄，该层厚 0.15~0.30 米。开口于该层下遗迹少见，该层在发掘区东部多被现代垃圾坑打破（图一〇）。

第②层：灰色砂土，结构疏松，包含物较少，内含少量的明清瓷片，时代推测为明清时期。该层堆积形状大致呈水平状，该层厚 0.10~0.35、距地表 0.25~0.65 米。在发掘区中部开口于该层下的遗迹有窑和灰沟及灰坑，其中以灰坑较多，其对第③、④层扰动较大。

第③层：灰黄色黏砂土，结构较硬，质地纯净，内含少量唐宋瓷片，时代推测为唐宋时期。该层堆积大致呈坡状，西低东高，西厚东薄，尤其在发掘区的中部偏西较厚，该层厚 0.25~0.45、距地表 0.50~1.05 米。开口于该层下的遗迹有灰沟和井，对第④层破坏较大。

第④a层：青灰色黏砂土，质地略硬，黏性大。包含有少量的绳纹瓦片和砖块，时代推测为汉代。该层堆积大致呈坡状，西高东低，西薄东厚，尤其在发掘区的东北部堆积相对较厚，西南则相对薄，在发掘区西部则有缺失的现象，该层厚 0.10~0.35、距地表 0.60~1.45 米。开口于该层下的遗迹有灰沟和井及大量墓葬，其中灰坑和灰沟对于商周时期的破坏较为突出，许多遗迹直接打破第⑤、⑥层。

第④b层：灰褐色砂土，结构略疏松。包含有少量的夹砂陶片，时代推测为商周时期。该层堆积大致呈水平状，间断分布，仅少量分布于发掘区的西北部。该层厚0.05~0.20、距地表0.65~1.65米。该层被开口于第③层或④a层下的灰沟和灰坑严重扰乱。

第⑤层：红褐色砂土，结构疏松，内含大量的夹砂灰褐陶片，陶片大都残碎，器形多不可辨。可辨器形有纺轮、罐、尖底杯、瓮等。时代推测为商周时期。该层堆积形状大致呈坡状，地表略有起伏，西高东低，堆积西部较厚，东部略薄，厚0.05~0.25、距地表0.70~1.90米，该层在发掘区西部偏南略厚，但整体保存不佳，在发掘区的不同部位被唐宋和汉代堆积破坏严重。开口于该层下的遗迹主要为灰坑、陶窑及少量墓葬和建筑遗存。

第⑥层：黄褐色黏砂土，结构较硬，出土陶片较少，且更为残碎。时代推测为商周时期。该层堆积大致呈水平状，尽管仍然是西高东低，但地表起伏不大，厚0.05~0.15、距地表0.75~2.05米。该层下未见遗迹现象，多被开口于第④、⑤层下遗迹打破。该层在发掘区除了西南角VT2309~VT2809以南和VT2909以西外，其余均有分布。

第⑥层下为质地紧密的褐黄色生土。

二　VT3901~T3930、Ⅷ T3901~T3902 西壁

第①层：耕土层，黑灰色腐殖土，土质疏松内含大量植物根须和近现代垃圾，因后期周边建设，其上覆盖有大量建筑垃圾。整体地表地势较为平缓。地层堆积形状大致呈水平状，地势略有起伏，南高北低，在发掘区北部相对较厚，该层厚0.10~0.60米。该层在发掘区东北部被现代垃圾坑严重破坏，残缺不全（图一一）。

第②层：灰色砂土，结构疏松，包含物较少，内含少量的明清瓷片，时代推测为明清时期。该层堆积形状大致呈水平状，该层厚0.05~0.50、距地表0.15~0.50米。在发掘区东北部多被开口于打破第①层下的现代垃圾坑破坏。

第③层：灰黄色黏砂土，结构较硬，质地纯净，内含少量唐宋瓷片，时代推测为唐宋时期。该层堆积形状大致呈坡状，南高北低，北厚南薄，尤其在发掘区的北部偏东略厚，该层厚0~0.60、距地表0.50~0.80米。开口于该层下的遗迹有少量灰坑，对第④层略有破坏，但被现代垃圾坑和开口于第①、②层下的近现代坑扰动。

第④a层：青灰色黏砂土，质地略硬，黏性大。包含有少量的绳纹瓦片和砖块，时代推测为汉代。该层堆积形状大致呈坡状，南高北低，中部略薄、南北较厚，尤其在发掘区的东北部堆积相对较厚，西南则相对薄，该层厚0.05~0.55、距地表0.58~0.75米。

第④b层：灰褐色砂土，结构略疏松。包含有少量的夹砂陶片，时代推测为商周时期。该层堆积大致呈水平状，仅少量分布于发掘区的东南部。该层厚0.02~0.20、距地表0.80~1.15米。被开口于第③层或④a层下的灰沟和灰坑打破。

第⑤层：红褐色砂土，结构疏松，内含大量的夹砂灰褐陶片，陶片大都残碎，器形多不可辨。可辨器形有纺轮、罐、尖底杯、瓮等。时代推测为商周时期。该层堆积形状大致呈水平状，地表略有起伏，南高北低，堆积北部略厚，厚0.05~0.25、距地表0.80~1.50米，该层在发掘区北部偏南略厚。开口于该层下的遗迹主要为灰坑和少量墓葬，在发掘区东北部该层被开口于第④层下墓葬打破。

第⑥层：黄褐色黏砂土，结构较硬，出土陶片较少，且更为残碎。时代推测为商周时期。该层堆积大致呈水平状，尽管仍然是南高北低，厚0.05~0.15、距地表1.10~1.75米。在发掘区东北部该层被开口于第④层下墓葬打破，该层下未见遗迹现象。

第⑥层下为质地紧密的褐黄色生土。

三　ⅦT4501~T4508、Ⅷ T4501~T4510 西壁

第①层：耕土层，为黑灰色腐殖土，土质疏松内含大量植物根须和近现代垃圾。地层堆积形状大致呈水平状，地表平缓，起伏不大，整体南略高，北低，该层厚0.10~0.25米。该层在发掘区东南部多被现代垃圾坑打破（图一二）。

第②层：灰色砂土，结构疏松，包含物较少，内含少量的明清瓷片，时代推测为明清时期。该层堆积形状大致呈水平状，该层厚0.10~0.25、距地表0.10~0.30米。

第③层：灰黄色黏砂土，结构较硬，质地纯净，内含少量唐宋瓷片，时代推测为唐宋时期。该层堆积形状大致呈坡状，南低北高，南厚北薄，发掘区中部较厚，该层厚0.20~0.55、距地表0.25~0.50米。

第④a层：青灰色黏砂土，质地略硬，黏性大。包含有少量的绳纹瓦片和砖块，时代推测为汉代。该层堆积大致呈坡状，南高北低，北薄南厚，尤其在发掘区的东南部堆积相对较厚，东北则相对薄，该层厚0.15~0.32、距地表0.45~0.72米。多被开口于第③层下的灰沟打破。

第④b层：灰褐色砂土，结构略疏松。包含有少量的夹砂陶片，时代推测为商周时期。该层堆积大致呈水平状，间断分布，南高北低，北薄南厚，主要见于发掘区的东南部。该层厚0.05~0.15、距地表0.50~0.80米。被开口于第③层或④a层下的灰沟和灰坑打破。

第⑤层：红褐色砂土，结构疏松，内含大量的夹砂灰褐陶片，陶片大都残碎，器形多不可辨。可辨器形有纺轮、罐、尖底杯、瓮等。时代推测为商周时期。该层堆积形状大致呈坡状，地表略有起伏，南高北低，堆积北部较厚，南部略薄，厚0.05~0.20、距地表0.75~1.00米，该层在发掘区西部偏南略厚。

第⑥层：黄褐色黏砂土，结构较硬，出土陶片较少，且更为残碎。时代推测为商周时期。该层堆积大致呈坡状，但相对平缓，尽管仍然是北低南高，厚0.05~0.20、距地表1.05~1.20米。未见开口于该层下的遗迹现象。

第⑥层下为质地紧密的褐黄色生土。

第二节　遗物综述

阳光地带二期地点商周时期遗存出土器物的种类众多，根据质地不同可分为陶器、铜器、石器。

陶器器类主要有尖底杯、尖底盏、尖底罐、高领罐、瓮、盆、缸、篦形器、篮、束颈罐、器盖、盂、壶、纺轮等。

石器数量较少，仅见磨石石器，以磨石居多，另有少量锛、斧、凿等。

铜器不仅数量较少，种类也较少，仅见铜剑、铜饰件、铜刀、铜镞等。

为了描述的方便，现将各类器物进行统一的类型学研究。

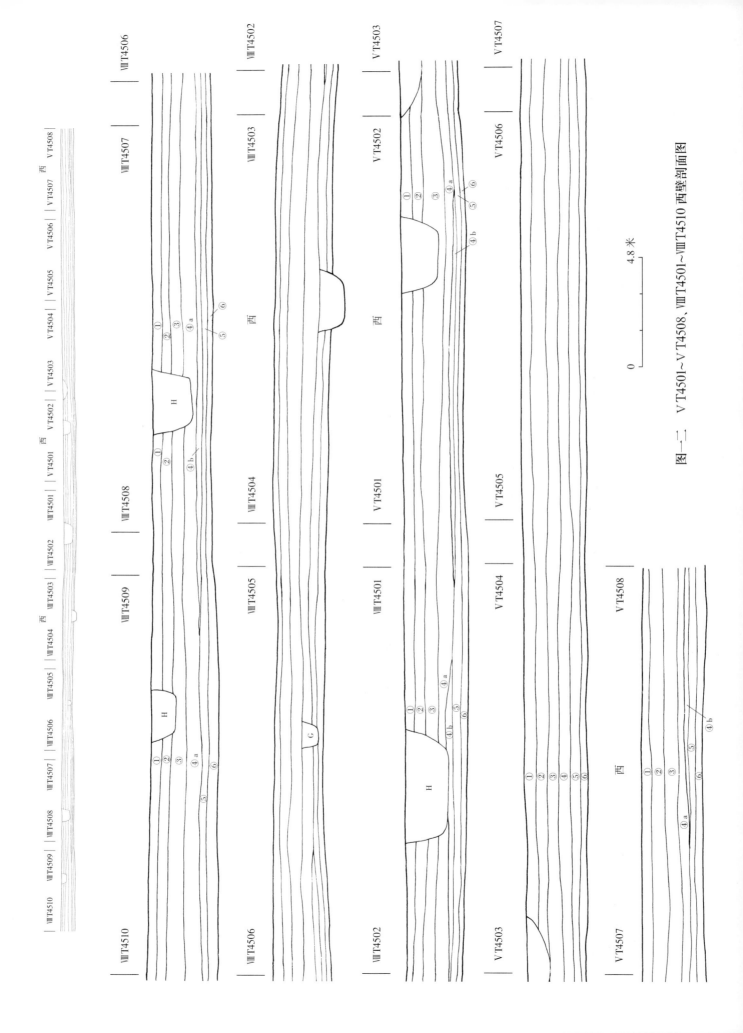

图一二 ⅤT4501~ⅤT4508，ⅧT4501~ⅧT4510 两壁剖面图

一　陶器

1. 尖底杯

76 件。根据杯身形制差异，分五型。

A 型　26 件。罐形杯，俗称大口杯。侈口，弧腹。根据肩部和颈部形态的差异，分三亚型。

Aa 型　11 件。鼓肩，弧腹，小平底，平底内凹。根据底部和腹部及颈部变化，分两式。

Aa 型 Ⅰ 式　6 件。底部略大，长颈，深腹。标本 H1371：2（图一三，1）。

Aa 型 Ⅱ 式　5 件。底部变小，短颈，浅腹。标本 T4301 ⑤：1（图一三，2）。

Ab 型　6 件。弧肩，乳头状器底。根据腹部及颈部变化，分两式。

Ab 型 Ⅰ 式　5 件。长颈，深腹。标本 H1371：1（图一三，3）。

Ab 型 Ⅱ 式　1 件。短颈，浅腹。标本 T4805 ⑤：11（图一三，4）。

Ac 型　9 件。折肩，弧腹，小平底。根据底部和腹部及口部变化，分三式。

Ac 型 Ⅰ 式　6 件。长颈，大口，腹部较胖。标本 H1156：1（图一三，5）。

Ac 型 Ⅱ 式　2 件。小平底，短颈，小口，腹部略瘦，腹部变浅。标本 M447：1（图一三，6）。

Ac 型 Ⅲ 式　1 件。底变小，小口，腹部瘦长。标本 M419：1（图一三，7）。

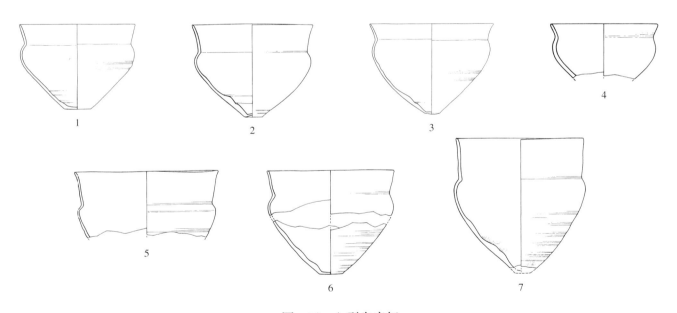

图一三　A 型尖底杯

1. Aa 型 Ⅰ 式 H1371：2　2. Aa 型 Ⅱ 式 T4301 ⑤：1　3. Ab 型 Ⅰ 式 H1371：1　4. Ab 型 Ⅱ 式 T4805 ⑤：11　5. Ac 型 Ⅰ 式 H1156：1　6. Ac 型 Ⅱ 式 M447：1　7. Ac 型 Ⅲ 式 M419：1

B 型　43 件。炮弹形杯。敛口。根据底部差异，分两亚型。

Ba 型　13 件。小平底，器身瘦长。根据腹部变化，分两式。

Ba 型 Ⅰ 式　6 件。底部略大，上、下腹分界突出，深腹，体胖。标本 H1367：1（图一四，1）。

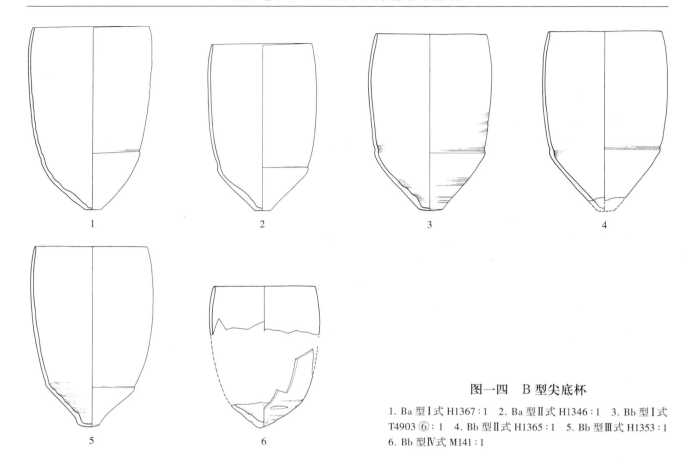

图一四　B型尖底杯

1. Ba 型 I 式 H1367：1　2. Ba 型 II 式 H1346：1　3. Bb 型 I 式
T4903 ⑥：1　4. Bb 型 II 式 H1365：1　5. Bb 型 III 式 H1353：1
6. Bb 型 IV 式 M141：1

Ba 型 II 式　7 件。浅腹，体瘦。标本 H1346：1（图一四，2）。

Bb 型　30 件。乳头状尖底，器身略胖。根据腹部和器底变化，分四式。

Bb 型 I 式　2 件。底部直径较大，腹部较宽，下腹较长，上下腹分界突出。标本 T4903 ⑥：1（图一四，3）。

Bb 型 II 式　23 件。直径略小，腹部略宽，下腹较长，上下腹分界突出。标本 H1365：1（图一四，4）。

Bb 型 III 式　4 件。直径更小，腹部变窄，下腹变短，上下腹分界浑然一体，底部尚未变成，锥状底。标本 H1353：1（图一四，5）。

Bb 型 IV 式　1 件。锥状尖底，器身瘦长，腹部浑然一体，无上下腹分界。此式与 Aa 型 III 式或 Ab 型 III 式间有着较大缺环。标本 M141：1（图一四，6）。

C 型　2 件。直口，深弧腹，上腹壁较直，下腹外弧。标本 H1153：6（图一五，1）。

D 型　1 件。角杯。体量较小，近直口，浅腹，角状底。标本 H1352：30（图一五，2）。

E 型　4 件。形制呈罐形，此类器亦称尖底罐，其特点是体量较小，器壁较厚，圆唇，浅弧腹，锥状尖底。根据口部形态的差异，分三亚型。

Ea 型　2 件。侈口。标本 T3916 ⑤：1（图一五，3）。

Eb 型　1 件。敞口。标本 T3916 ⑤：2（图一五，4）。

Ec 型　1 件。敛口。标本 M142：1（图一五，5）。

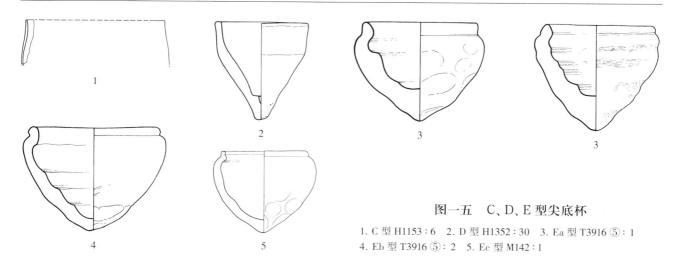

图一五 C、D、E 型尖底杯

1. C 型 H1153：6　2. D 型 H1352：30　3. Ea 型 T3916⑤：1
4. Eb 型 T3916⑤：2　5. Ec 型 M142：1

2. 尖底盏

58 件。根据器物形态的差异，分两型。

A 型　40 件。钵形。全部为敛口，圆唇，弧腹，乳突状底。根据肩部和腹部形态差异，分四亚型。

Aa 型　9 件。鼓肩，深腹。根据腹部变化，分四式。

Aa 型 Ⅰ 式　2 件。腹部较深，乳头状尖底。标本 H1328：4（图一六，1）。

Aa 型 Ⅱ 式　4 件。腹部略浅，下腹内弧，乳头状尖底。标本 H1331：1（图一六，2）、T3415⑤：1。

Aa 型 Ⅲ 式　2 件。腹部较浅，下腹内收，乳头状尖底略尖。标本 M419：2（图一六，3）。

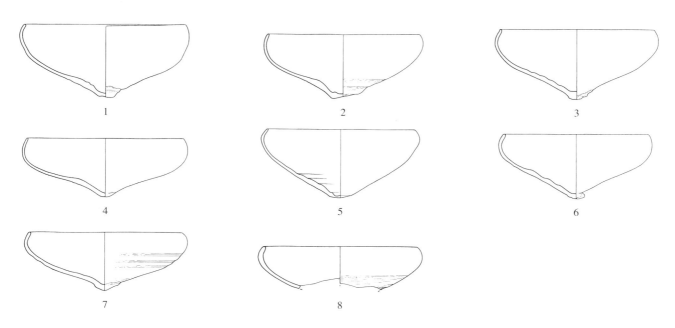

图一六 Aa、Ab 型尖底盏

1. Aa 型 Ⅰ 式 H1328：4　2. Aa 型 Ⅱ 式 H1331：1　3. Aa 型 Ⅲ 式 M419：2　4. Aa 型 Ⅳ 式 M477：2　5. Ab 型 Ⅰ 式 H1353：9　6. Ab 型 Ⅱ 式 H1350：1　7. Ab 型 Ⅲ 式 M643：1　8. Ab 型 Ⅳ 式 M372：3

Aa 型Ⅳ式　1件。浅腹，锥状底。标本 M477：2（图一六，4）。

Ab 型　15件。圆鼓肩，深腹。根据腹部变化，分五式。

Ab 型Ⅰ式　3件。腹部较深，乳头状尖底。标本 H1353：9（图一六，5）。

Ab 型Ⅱ式　4件。腹部略浅，下腹内弧，乳头状尖底。标本 H1350：1（图一六，6）、M491：1、M493：1。

Ab 型Ⅲ式　1件。腹部较浅，下腹内收，锥状尖底。标本 M643：1（图一六，7）。

Ab 型Ⅳ式　7件。浅腹，锥状底。标本 M372：3（图一六，8）。

Ac 型　7件。弧肩，浅腹，盏状。根据肩部和腹部及口径变化，分四式。

Ac 型Ⅰ式　2件。长肩，腹部较深，大口，乳头状尖底。标本 H4612⑤：1（图一七，1）。

Ac 型Ⅱ式　1件。肩部略短，腹部略浅，下腹微内弧，口径略小，乳头状尖底。标本 H1362：1（图一七，2）。

Ac 型Ⅲ式　3件。短肩，腹部较浅，下腹内收，口径略小，乳头状尖底。标本 M376：1（图一七，3）。

Ac 型Ⅳ式　1件。肩部更短，浅腹，下腹内收，小口，锥状尖底。标本 T3221⑤：2（图一七，4）。

Ad 型　9件。折肩，浅腹，盏状。根据肩部和腹部变化，分四式。

Ad 型Ⅰ式　5件。长肩，直腹，乳头状尖底。标本 H1320：1（图一七，5）、H1370：12。

Ad 型Ⅱ式　1件。肩部略短，口径较大，腹部略浅，乳头状尖底。标本 M157：1（图一七，6）。

Ad 型Ⅲ式　2件。肩部更短，浅腹，口径变小，下腹微内收，锥状尖底。标本 T3324⑤：1（图一七，7）。

Ad 型Ⅳ式　1件。短肩，腹部较浅，口径较小，下腹内收，乳头状尖底略尖。标本 M381：1（图一七，8）。

B 型　9件。罐形盏。此类器物保留更多罐形的痕迹，数量较少，部分形制同 A 型尖底杯极相近，也有差异，其形制与盏更接近，且与相近器物共出，未有清晰的演变关系，故将其归于盏类予以分析。根据口部和肩部的形态差异，分三亚型。

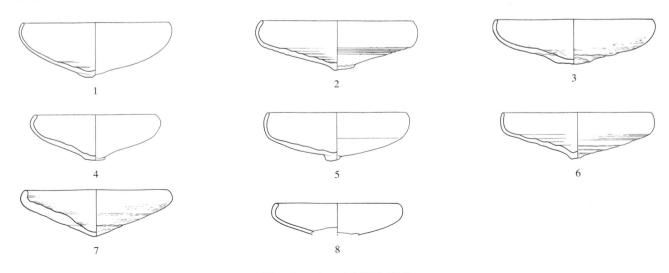

图一七　Ac、Ad 型尖底盏

1. Ac 型Ⅰ式 H4612⑤：1　2. Ac 型Ⅱ式 H1362：1　3. Ac 型Ⅲ式 M376：1　4. Ac 型Ⅳ式 T3221⑤：2　5. Ad 型Ⅰ式 H1320：1　6. Ad 型Ⅱ式 M157：1　7. Ad 型Ⅲ式 T3324⑤：1　8. Ad 型Ⅳ式 M381：1

Ba 型　2 件。敛口，鼓肩，下腹内收。该型发现较少，其与罐类最接近，但底部不规则，形制较小。标本 H1153：1（图一八，1）。

Bb 型　5 件。侈口，鼓肩，下腹内收，不规则尖底。根据腹部和底部变化，分两式。

Bb 型 I 式　3 件。口微敛，鼓肩突出，腹部略浅，不规则器底近平底。标本 H1156：6（图一八，2）。

Bb 型 II 式　2 件。鼓肩略弧，腹部变深，乳头状尖底。标本 M378：2（图一八，3）。

Bc 型　2 件。侈口，弧肩，不规则尖底。根据腹部和肩部变化，分两式。

Bc 型 I 式　1 件。肩部突出，腹部斜直。标本 H1362：2（图一八，4）。

Bc 型 II 式　1 件。肩部略弧，下腹内收。标本 M701：1（图一八，5）。

C 型　9 件。浅盆状盏。侈口，弧腹，乳头状尖底。根据口部形态的差异，分两亚型。

Ca 型　8 件。鼓肩，尖圆唇。根据腹部和口径及颈部变化，分两式。

Ca 型 I 式　6 件。大口，深腹，长颈。标本 H1335：18（图一九，1）。

Ca 型 II 式　2 件。口变小，短颈，浅腹。标本 M7：9（图一九，2）。

Cb 型　1 件。弧肩，短颈，尖圆唇，弧腹，乳头状尖底。标本 H1353：4（图一九，3）。

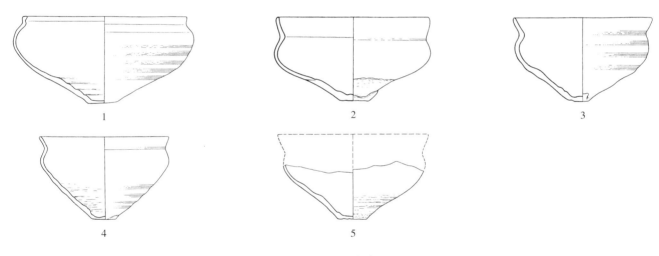

图一八　B 型尖底盏

1. Ba 型 H1153：1　2. Bb 型 I 式 H1156：6　3. Bb 型 II 式 M378：2　4. Bc 型 I 式 H1362：2　5. Bc 型 II 式 M701：1

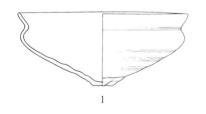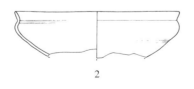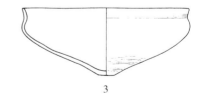

图一九　C 型尖底盏

1. Ca 型 I 式 H1335：18　2. Ca 型 II 式 M7：9　3. Cb 型 H1353：4

3．尖底盂

3 件。器形较小，多为泥质灰陶，少量为夹砂陶。手制。器形不规整。侈口或盘口，宽沿，方唇，弧腹，尖底。根据口部形态差异，分两型。

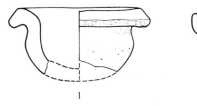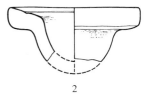

图二〇　尖底盂

1. A 型 T3926 ⑤：6　2. B 型 T3824 ⑤：11

A 型　2 件。侈口，厚唇，卷沿外翻。标本 T3926 ⑤：6（图二〇，1）。

B 型　1 件。盘口，厚唇，近平沿。标本 T3824 ⑤：11（图二〇，2）。

4．尖底罐

11 件。根据口部和领部形态差异，分两型。

A 型　6 件。侈口，高领，圆鼓肩，底部不规整。根据腹部和体量变化，分三式。

A 型 I 式　4 件。近小平底，肩部近折，浅腹，体略瘦。标本 M397：2（图二一，1）。

A 型 II 式　2 件。深腹，体胖，近尖底。标本 M424：1（图二一，2）。

B 型　5 件。矮领，敞口。根据肩部形态差异，分两亚型。

Ba 型　2 件。折肩，下腹内弧，体量小，可能为明器。标本 T4801 ⑤：25（图二一，3）。

Bb 型　3 件。鼓肩，弧腹。标本 M482：1（图二一，4）。

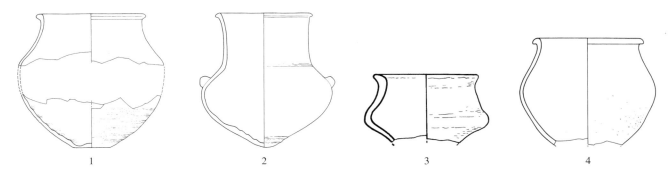

图二一　尖底罐

1. A 型 I 式 M397：2　2. A 型 II 式 M424：4　3. Ba 型 T4801 ⑤：25　4. Bb 型 M482：2

5．高领罐

1420 件。陶质以夹砂陶为主，另有少量泥质黑皮陶。此类器物出土数量较多，形制多样，完整器较少，多数仅见口沿。根据领部高矮差异，分两型。

A 型　511 件。高领。根据口部、沿部和颈部形态差异，分七亚型。

Aa 型　104 件。侈口，圆唇，折沿外翻。标本 T2305 ⑤：1（图二二，1）、T3305 ⑤：5。

Ab 型　63 件。子母口，尖唇，平沿。标本 T4408 ⑤：32（图二二，2）。

Ac 型　47 件。近直口，尖圆唇。标本 T4705 ⑤：1、T3426 ⑤：10（图二二，3）。

Ad 型　22 件。敞口，圆唇，卷沿。标本 T5007 ⑤：40（图二二，4）、T4107 ⑤：24。

Ae 型　7 件。敛口。标本 T3905 ⑤：30（图二二，5）。

Af 型　11 件。敛口，方唇，束颈。标本 T3905 ⑤：38（图二二，6）。

Ag 型　257 件。喇叭口。标本 T2312 ⑤：1（图二二，7）。

B 型　909 件。矮领。根据口部、沿部和颈部形态差异，分亚型。

Ba 型　101 件。侈口，折沿外翻。标本 T4606 ⑤：18、T5007 ⑤：11（图二三，1）。

Bb 型　273 件。子母口，折沿。标本 T4403 ⑤：69（图二三，2）、T3121 ⑤：13。

Bc 型　84 件。直口，尖圆唇。标本 T3711 ⑤：27（图二三，3）、T3518 ⑤：13。

Bd 型　128 件。敞口。标本 T4005 ⑤：36（图二三，4）、T4808 ⑤：76。

Be 型　225 件。敛口。标本 T4302 ⑤：14、T4016 ⑤：10（图二三，5）。

Bf 型　6 件。敛口，束颈。标本 T3905 ⑤：13（图二三，6）。

Bg 型　92 件。喇叭口。标本 T3412 ⑤：15（图二三，7）。

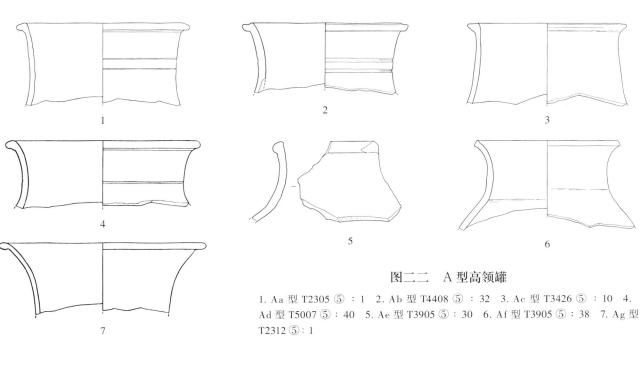

图二二　A 型高领罐

1. Aa 型 T2305 ⑤：1　2. Ab 型 T4408 ⑤：32　3. Ac 型 T3426 ⑤：10　4. Ad 型 T5007 ⑤：40　5. Ae 型 T3905 ⑤：30　6. Af 型 T3905 ⑤：38　7. Ag 型 T2312 ⑤：1

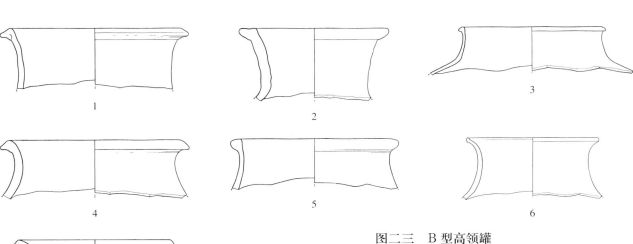

图二三　B 型高领罐

1. Ba 型 T5007 ⑤：11　2. Bb 型 T4403 ⑤：69　3. Bc 型 T3711 ⑤：27　4. Bd 型 T4005 ⑤：36　5. Be 型 T4016 ⑤：10　6. Bf 型 T3905 ⑤：13　7. Bg 型 T3412 ⑤：15

6. 束颈罐

1003 件。束颈，颈部有长短之分，出土数量较多，几乎无复原之物，器物多存腹部以上部位，尤以肩部最多，此类器物中以圈足器最为多见。根据口部形态的差异，分五型。

A 型　376 件。敛口。此类器物几乎全为圈足罐，以素面居多，少量肩部饰有绳纹，出土数量最多，口径标准在 12~16 厘米，个别至 11 厘米。根据肩部和沿部、腹部及颈部形态差异，分八亚型。

Aa 型　165 件。广弧肩，折沿，唇部断面多呈 T 字形。标本 T3323 ⑥：3（图二四，1）。

Ab 型　96 件。弧肩，折沿，尖唇。标本 T3815 ⑤：7（图二四，2）。

Ac 型　32 件。鼓肩，折沿，尖唇。根据腹部变化，分两式。

Ac 型 I 式　12 件。深腹，最大径在肩部以上。标本 H1346：2（图二四，3）、H1328：3。

Ac 型 II 式　20 件。浅腹，最大径下移。标本 T3905 ⑤：1（图二四，4）。

Ad 型　14 件。折肩。尖唇，浅弧腹。标本 M376：1、T3527 ⑤：10（图二四，5）。

Ae 型　16 件。圆鼓肩或球腹。根据口径和腹部变化，分三式。

Ae 型 I 式　1 件。深腹，大口。标本 Y15：2（图二四，6）。

Ae 型 II 式　13 件。腹部变浅，口径变小。标本 T3928 ⑥：7（图二四，7）。

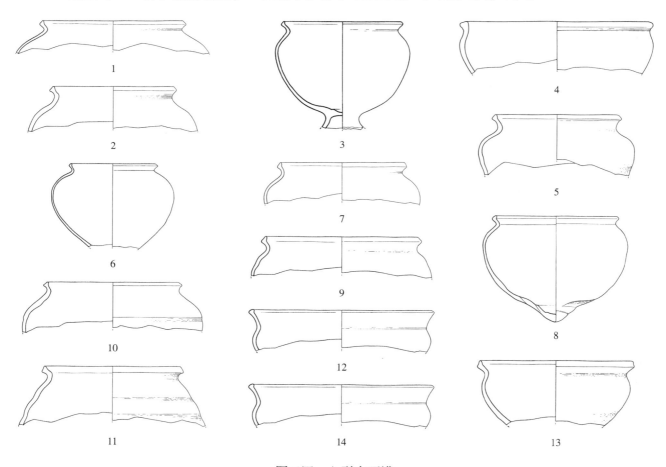

图二四　A 型束颈罐

1. Aa 型 T3323 ⑥：3　2. Ab 型 T3815 ⑤：7　3. Ac 型 I 式 H1346：2　4. Ac 型 II 式 T3905 ⑤：1　5. Ad 型 T3527 ⑤：10　6. Ae 型 I 式 Y15：2　7. Ae 型 II 式 T3928 ⑥：7　8. Ae 型 III 式 M430：1　9. Af 型 I 式 T4807 ⑥：39　10. Af 型 II 式 T4203 ⑤：57　11. Af 型 III 式 T3326 ⑤：7　12. Ag 型 I 式 H1353：8　13. Ag 型 II 式 T3011 ⑤：11　14. Ai 型 T3422 ⑥：9

Ae 型Ⅲ式　2 件。浅腹，小口。标本 M430：1（图二四，8）。

Af 型　40 件。曲腹，卷沿，尖唇多见。根据肩部变化，分三式。

Af 型Ⅰ式　16 件。肩部较短，近弧肩。曲腹不突出。标本 T4807⑥：39（图二四，9）。

Af 型Ⅱ式　21 件。肩部较长，近溜肩，曲腹略突出。标本 T4203⑤：57（图二四，10）。

Af 型Ⅲ式　3 件。长溜肩，曲腹突出。标本 T3326⑤：7（图二四，11）。

Ag 型　11 件。近簋形。长颈，折沿，弧肩。根据腹部变化，分两式。

Ag 型Ⅰ式　1 件。深腹。标本 H1353：8（图二四，12）。

Ag 型Ⅱ式　10 件。浅腹。标本 T3011⑤：11（图二四，13）。

Ai 型　2 件。敛口，近盆状，长颈，鼓腹。标本 T3422⑥：9（图二四，14）。

B 型　204 件。侈口，以圈足罐居多，少量平底罐。根据肩部和唇部及沿部形态差异，分五亚型。

Ba 型　69 件。广弧肩，卷沿，多为方唇。根据颈部和口径变化，分两式。

Ba 型Ⅰ式　46 件。短颈，大口。标本 T2709⑥：22（图二五，1）。

Ba 型Ⅱ式　23 件。长颈，小口。标本 T5005⑤：50（图二五，2）。

Bb 型　26 件。弧肩，折沿，唇部以方唇居多。根据颈部和口径变化差异，分三式。

Bb 型Ⅰ式　14 件。短颈、大口。标本 T3625⑥：22（图二五，3）。

Bb 型Ⅱ式　7 件。颈部变长，颈部和肩部突出，口径变小。标本 T4410⑤：13（图二五，4）。

Bb 型Ⅲ式　5 件。长颈，小口。标本 T2911⑤：78（图二五，5）。

Bc 型　23 件。鼓肩，折沿，圆唇。根据腹部和口径变化，分两式。

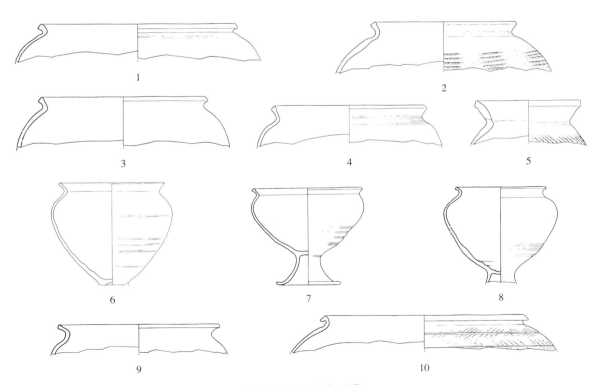

图二五　B 型束颈罐

1. Ba 型Ⅰ式 T2709⑥：22　2. Ba 型Ⅱ式 T5005⑤：50　3. Bb 型Ⅰ式 T3625⑥：22　4. Bb 型Ⅱ式 T4410⑤：13　5. Bb 型Ⅲ式 T2911⑤：78　6. Bc 型Ⅰ式 H1154：1　7. Bc 型Ⅱ式 M707：1　8. Bd 型Ⅰ式 H1335：3　9. Bd 型Ⅱ式 T3611⑤：55　10. Be 型 T2710⑥：27

Bc 型 Ⅰ 式　20 件。深腹，大口。标本 H1154：1（图二五，6）、H1371：5。

Bc 型 Ⅱ 式　3 件。腹部变浅，小口。标本 M707：1（图二五，7）。

Bd 型　57 件。折肩，卷沿，方唇。根据腹部和口径变化，分两式。

Bd 型 Ⅰ 式　20 件。深腹，大口。标本 H1335：3（图二五，8）。

Bd 型 Ⅱ 式　37 件。腹部变浅，小口。标本 T3611 ⑤：55（图二五，9）、T4101 ⑤：86。

Be 型　29 件。折沿外翻，尖唇，广溜肩。标本 T2710 ⑥：27（图二五，10）、T3418 ⑤：6。

C 型　403 件。近子母口，圆唇，唇部内凹。根据肩部形态差异，分三亚型。

Ca 型　75 件。鼓肩，卷沿。根据肩部和腹径变化，分两式。

Ca 型 Ⅰ 式　43 件。肩部突出，腹径远大于口径，且上移。标本 T5308 ⑥：6（图二六，1）、T2918 ⑤：2。

Ca 型 Ⅱ 式　32 件。肩部不突出，腹径近口径，下移。标本 T5002 ⑤：12（图二六，2）。

Cb 型　226 件。弧肩，折沿。标本 T4802 ⑤：74（图二六，3）。

Cc 型　102 件。溜肩，折沿。标本 T4101 ⑥：67（图二六，4）、T4101 ⑤：50。

D 型　15 件。敞口。根据肩部形态差异，分两亚型。

Da 型　8 件。鼓肩，圆唇。折沿。标本 T4106 ⑤：55（图二七，1）。

Db 型　7 件。弧肩，卷沿，器形较小。标本 T2313 ⑥：18（图二七，2）。

E 型　5 件。近直口。根据肩部形态差异，分两亚型。

Ea 型　2 件。溜肩，唇部内侧有一凹槽，形似子母口，束颈不明显。标本 T3530 ⑤：21（图二七，3）。

Eb 型　3 件。圆鼓肩，口为侈，束颈明显。标本 T3221 ⑤：1（图二七，4）。

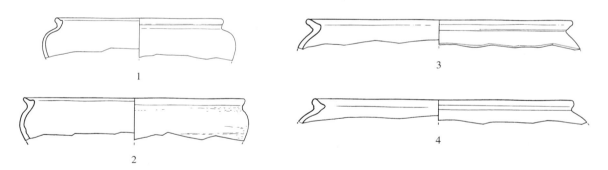

图二六　C 型束颈罐

1. Ca 型 Ⅰ 式 T5308 ⑥：6　2. Ca 型 Ⅱ 式 T5002 ⑤：12　3. Cb 型 T4802 ⑤：74　4. Cc 型 T4101 ⑥：67

图二七　D、E 型束颈罐

1. Da 型 T4106 ⑤：55　2. Db 型 T2313 ⑥：18　3. Ea 型 T3530 ⑤：21　4. Eb 型 T3221 ⑤：1

7．钵

3件。泥质灰陶，器壁表面不光滑。底部均为圜底，器形多不规整。圆唇，弧腹。标本 H1363：1（图二八，1）、H1363：2。

8．钵形器

2件。标本 T4707 ⑥：3、T4105 ⑤：4。

9．豆

1件。标本 H1335：4。

10．尊

4件。根据口部形态的差异，分两型。

A 型　2件。盘口。依据沿部宽窄形态差异，可分二亚型。

Aa 型　1件。宽卷沿。T4710 ⑤：10（图二八，2）。

Ab 型　1件。窄折沿。T3427 ⑤：35（图二八，3）。

B 型　2件。喇叭口。T3627 ⑤：41（图二八，4）、T4605 ⑤：11。

图二八　钵、尊

1. 钵 H1363：1　2. Aa 型尊 T4710 ⑤：10　3. Ab 型尊 T3427 ⑤：35　4. B 型尊 T3627 ⑤：41

11．尊形器

34件。根据口部形态的差异，分三型。

A 型　17件。侈口，弧腹。根据沿部和腹部形态差异，分两亚型。

Aa 型　12件。折沿、弧腹外弧。标本 T3121 ⑤：14（图二九，1）。

Ab 型　5件。卷沿、弧腹内弧。标本 T3627 ⑤：51（图二九，2）、T4311 ⑤：3。

B 型　13件。敛口。根据腹部、唇部和沿部形态差异，分三亚型。

Ba 型　7件。圆唇、弧腹，折沿。标本 T2911 ⑤：84（图二九，3）。

Bb 型　4件。尖唇、斜直腹，折沿。标本 T4805 ⑤：8（图二九，4）。

Bc 型　2件。方唇、弧腹，宽卷沿。标本 T3328 ⑤：56（图二九，5）。

C 型　4件。直口。标本 T2507 ⑤：32（图二九，6）。

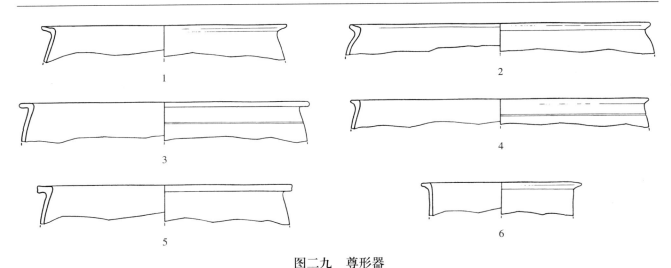

图二九　尊形器

1. Aa 型 T3121 ⑤：14　2. Ab 型 T3627 ⑤：51　3. Ba 型 T2911 ⑤：84　4. Bb 型 T4805 ⑤：8　5. Bc 型 T3328 ⑤：56　6. C 型 T2507 ⑤：32

12. 杯形器

1 件。标本 H1156：16，圆唇，口微敞，弧腹，腹部装饰有梯形錾手。

13. 壶形器

2 件。未见完整器，仅见肩部及腹部，制作精致，纹饰复杂，应为陶质"礼器"。标本 T2609 ⑥：1。

14. 簋形器

251 件。以敛口居多，侈口少见。簋形器数量相对较少，主要是十二桥遗址常见的形制[1]。郫县曹家祠遗址五期遗存（即第④层）中 C 型簋、重菱纹罐（D 型罐）。在阳光地点亦有大量发现，但 A 型瓮则在阳光少见，发掘者认为该期遗存同新一村同类器相近，时代为十二桥文化晚期[2]，但该期遗存以较晚形态居多，反映两地有时代上差异。根据形制、唇部、肩部形态差异，分两型。

A 型　152 件。敛口，直壁。根据腹部弧度变化，分三式。

A 型 I 式　26 件。上腹部外弧，敛口较甚。标本 T4004 ⑤：20（图三〇，1）。

A 型 II 式　70 件。标本 T3528 ⑤：1（图三〇，2）。

A 型 III 式　45 件。标本 T4209 ⑤：21（图三〇，3）。

A 型 IV 式　11 件。标本 T3529 ④b：115（图三〇，4）。

B 型　99 件。敛口，罐形。根据肩部形态差异，分四亚型。

Ba 型　17 件。折肩。标本 T3630 ⑤：84（图三〇，5）。

Bb 型　18 件。弧肩。标本 T3710 ⑤：1（图三〇，6）。

[1] 四川文物考古研究院等：《成都十二桥》，文物出版社，2009 年，第 90 页中 1、5。

[2] 成都文物考古研究所：《郫县天台村遗址先秦文化遗存试掘简报》，《成都考古发现（2010）》，科学出版社，2012 年，第 138 页。

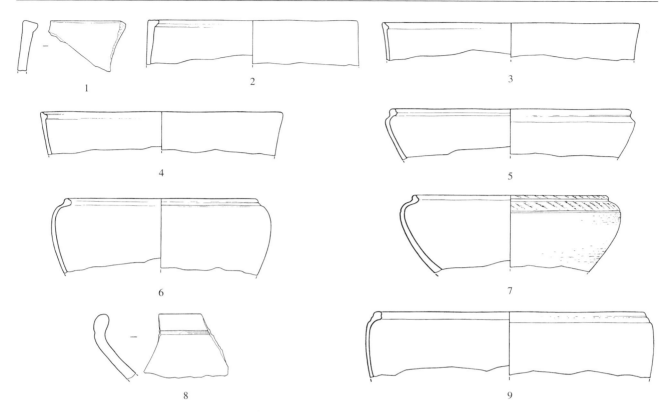

图三〇　篮形器

1. A 型 I 式 T4004 ⑤：20　2. A 型 II 式 T3528 ⑤：1　3. A 型 III 式 T4209 ⑤：21　4. A 型 IV 式 T3529 ④b：115　5. Ba 型 T3630 ⑤：84　6. Bb 型 T3710 ⑤：1　7. Bc 型 I 式 T3828 ⑥：5　8. Bc 型 II 式 H1360：20　9. Bd 型 T3830 ⑥：1

Bc 型　23 件。鼓肩。根据腹部深浅和肩部变化，分两式。

Bc 型 I 式　6 件。鼓肩突出，深腹。口径远大于肩径。标本 T3828 ⑥：5（图三〇，7）。

Bc 型 II 式　17 件。近弧肩，浅腹，口微侈。口径和肩径相近。标本 H1360：20（图三〇，8）。

Bd 型　41 件。溜肩，微折，长筒状。标本 T3830 ⑥：1（图三〇，9）。

15. 筒形器

2 件。标本 T3621 ⑥：11，夹砂灰褐陶。整体呈筒状。

16. 盒形器

1 件。标本 T4810 ⑤：3，平面形状呈不规则 U 形，弧底，中空。

17. 壶

164 件。均为泥质陶。口径普遍较小，领部较高。

A 型　119 件。子母口，高领。根据沿部形态差异，分两亚型。

Aa 型　78 件。宽沿外翻，大喇叭口。标本 T3321 ⑤：33（图三一，1）。

Ab 型　41 件。窄平沿，小喇叭，近敞口。标本 T4401 ⑤：1（图三一，2）。

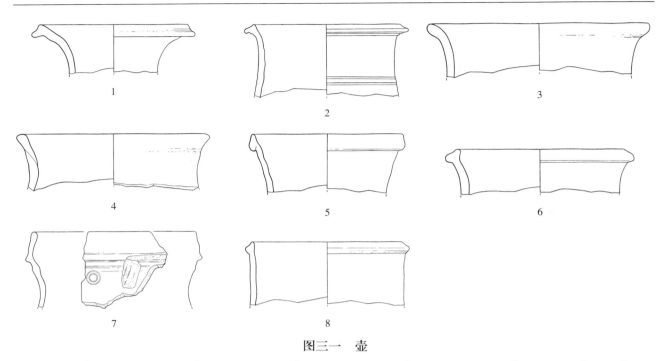

图三一　壶

1. Aa 型 T3321⑤：33　2. Ab 型 T4401⑤：1　3. Ba 型 T4101⑤：68　4. Bb 型 T3424⑤：12　5. Ca 型 T2411⑤：14　6. Cb 型 T3905⑥：11
7. Cc 型 T3012⑤：106　8. D 型 T5002⑥：5

B 型　26 件。侈口。根据沿部形态的差异，分两亚型。

Ba 型　15 件。宽沿外翻。标本 T4101⑤：68（图三一，3）、T4113⑤：11。

Bb 型　11 件。窄沿。标本 T3424⑤：12（图三一，4）、M397：2。

C 型　15 件。喇叭口。根据领部和口部形态差异，分两亚型。

Ca 型　9 件。口微内敛，唇部饰凸棱，近子母口，小喇叭口。标本 T2411⑤：14（图三一，5）。

Cb 型　3 件。敛口较甚。标本 T3905⑥：11（图三一，6）。

Cc 型　3 件。敛口，高领，唇部外侧饰有折棱，一般有鼻纽耳。标本 T3012⑤：106（图三一，7）。

D 型　4 件。直口。标本 T5002⑥：5（图三一，8）。

18. 瓶

2 件。口微敞，矮领，卷沿，折肩，近直壁。标本 T4604⑤：1。

19. 盆

412 件。根据器口部形态差异，分五型。

A 型　200 件。侈口，折沿，弧肩、圆唇。根据肩部形态差异，分四亚型。

Aa 型　64 件。鼓肩，深弧腹。标本 T3313⑤：2（图三二，1）。

Ab 型　58 件。弧肩，深弧腹。标本 T3803⑤：1（图三二，2）。

Ac 型　51 件。溜肩，深弧腹。标本 T4515⑥：6（图三二，3）、T4805⑤：4。

Ad 型　27 件。折肩，浅弧腹。标本 T3507⑤：3（图三二，4）、T5307⑥：3。

B 形　58 件。敞口，圆唇，弧腹。根据肩部形态差异，分三亚型。

Ba 型　37 件。弧肩。深腹。标本 T2710 ⑥：59（图三二，5）。

Bb 型　20 件。鼓肩，深腹。标本 T3425 ⑤：4（图三二，6）。

Bc 型　1 件。折肩，浅腹。标本 T3927 ⑥：7（图三二，7）。

C 型　135 件。敛口，圆唇，折沿。根据肩部和沿部的形态差异，分三亚型。

Ca 型　65 件。罐状，沿部略宽，肩部略鼓，深腹。标本 T3512 ⑤：17（图三三，1）、T3418 ⑤：7。

Cb 型　44 件。盆状，沿部略宽，弧肩，浅腹。标本 T4501 ⑤：8（图三三，2）。

Cc 型　26 件。钵状，无沿，近直口，折肩，浅腹。标本 T3801 ⑤：86（图三三，3）。

D 型　10 件。喇叭口。根据腹部和沿部形态差异，分两亚型。

Da 型　8 件。宽沿，腹部外弧。标本 H1332：2（图三三，4）。

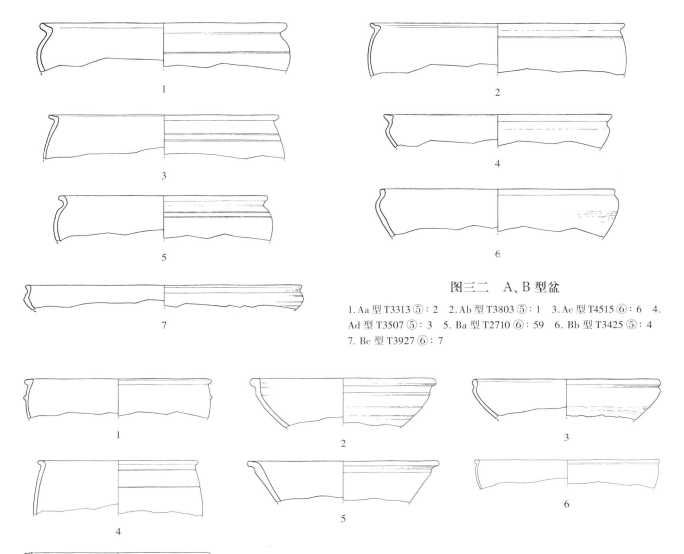

图三二　A、B 型盆

1. Aa 型 T3313 ⑤：2　2. Ab 型 T3803 ⑤：1　3. Ac 型 T4515 ⑥：6　4. Ad 型 T3507 ⑤：3　5. Ba 型 T2710 ⑥：59　6. Bb 型 T3425 ⑤：4　7. Bc 型 T3927 ⑥：7

图三三　C、D、E 型盆

1. Ca 型 T3512 ⑤：17　2. Cb 型 T4501 ⑤：8　3. Cc 型 T3801 ⑤：86　4. Da 型 H1332：2　5. Db 型 T4507 ⑥：76　6. Ea 型 T3619 ⑥：1　7. Eb 型 T4213 ⑥：2

Db 型　2 件。窄沿，斜弧腹。标本 T4507 ⑥ : 76（图三三，5）。

E 型　9 件。子母口，圆唇。折沿，弧腹。根据肩部和腹部形态差异，分两亚型。

Ea 型　6 件。鼓肩，窄沿，深腹。标本 T3619 ⑥ : 1（图三三，6）。

Eb 型　3 件。弧肩，窄沿，浅腹。标本 T4213 ⑥ : 2（图三三，7）。

20．瓮

1182 件。根据领部形态的差异，分三型。

A 型　498 件。高领。根据口部形态差异，分五亚型。

Aa 型　129 件。喇叭口。标本 T4107 ⑤ : 21（图三四，1）。

Ab 型　167 件。侈口，方唇，平沿。标本 T4703 ⑤ : 81（图三四，2）。

Ac 型　109 件。敞口。标本 T3427 ⑤ : 3（图三四，3）。

Ad 型　90 件。子母口。标本 T4310 ⑤ : 1（图三四，4）。

Ae 型　3 件。盘口。标本 T4401 ⑤ : 42（图三四，5）。

B 型　271 件。矮领。根据口部形态差异，分四亚型。

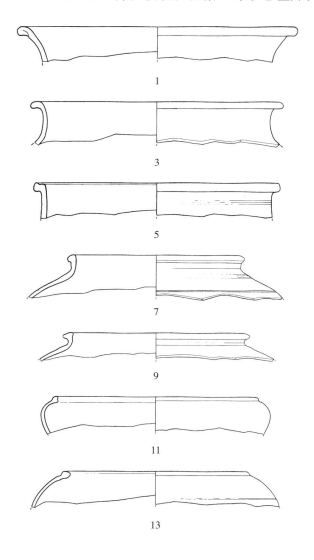
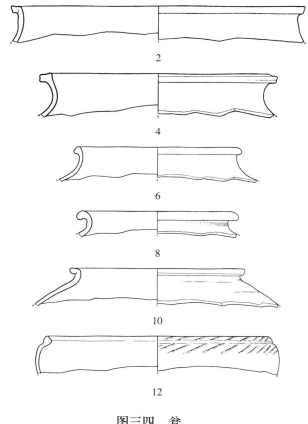

图三四　瓮

1. Aa 型 T4107 ⑤ : 21　2. Ab 型 T4703 ⑤ : 81　3. Ac 型
T3427 ⑤ : 3　4. Ad 型 T4310 ⑤ : 1　5. Ae 型 T4401 ⑤ : 42　6. Ba
型 T3011 ⑤ : 19　7. Bb 型 T4007 ⑤ : 8　8. Bc 型 T3628 ⑤ : 23
9. Bd 型 T5112 ⑥ : 5　10. Be 型 T4108 ⑥ : 13　11. Ca 型
T3704 ⑤ : 1　12. Cb 型 T3417 ⑤ : 6　13. Cc 型 T4404 ⑤ : 16

Ba 型　100 件。侈口。标本 T3011 ⑤：19（图三四，6）。

Bb 型　90 件。直口，圆唇。标本 T4007 ⑤：8（图三四，7）。

Bc 型　77 件。敞口，圆唇。标本 T3628 ⑤：23（图三四，8）。

Bd 型　3 件。敛口，广溜肩。标本 T3322 ⑤：97、T5112 ⑥：5（图三四，9）。

Be 型　1 件。子母口。标本 T4108 ⑥：13（图三四，10）。

C 型　413 件。无领。此类器物口部全为敛口，均为平底器，陶器残片大多仅存口沿，多数器物肩部或唇部装饰有绳纹，以肩部饰绳纹最多，另有少量素面。根据肩部形态的差异，分三亚型。

Ca 型　59 件。鼓肩。标本 T3704 ⑤：1（图三四，11）、T4501 ⑤：2、T4807 ⑤：3。

Cb 型　304 件。弧肩。标本 T3417 ⑤：6（图三四，12）、T5005 ⑤：2、T2513 ⑥：18。

Cc 型　50 件。溜肩。标本 T4404 ⑤：16（图三四，13）。

21. 缸

258 件。方唇，厚胎。体量较大，腹部一般饰有弦纹，另有少量装饰乳钉纹。根据口部形态的差异，分六型。

A 型　118 件。侈口，折沿，方唇，弧腹。根据沿部宽窄差异，分两亚型。

Aa 型　63 件。宽折沿，圆唇。标本 T4504 ⑤：19（图三五，1）。

Ab 型　55 件。仰折沿，方唇。标本 T3609 ⑤：62（图三五，2）。

B 型　70 件。敛口。根据沿部和唇部形态差异，分两亚型。

Ba 型　32 件。折沿，圆唇。标本 T4027 ⑥：4（图三五，3）。

Bb 型　38 件。卷沿，方唇，近子母口。标本 T2510 ⑤：4（图三五，4）。

图三五　缸

1. Aa 型 T4504 ⑤：19　2. Ab 型 T3609 ⑤：62　3. Ba 型 T4027 ⑥：4　4. Bb 型 T2510 ⑤：4　5. C 型 T4909 ⑥：8　6. D 型 T3707 ⑤：50　7. E 型 T3425 ⑥：2　8. F 型 T4405 ⑤：23

C 型　15 件。敞口，卷沿，圆唇，弧腹。标本 T4909 ⑥：8（图三五，5）、T3627 ⑥：3。

D 型　25 件。盘口，卷沿，方唇。标本 T3707 ⑤：50（图三五，6）、T4313 ⑤：2。

E 型　8 件。子母口，宽卷沿，弧腹。标本 T3425 ⑥：2（图三五，7）。

F 型　22 件。直口，无沿，直腹。标本 T4405 ⑤：23（图三五，8）。

22．器盖

106 件。根据平面形状的差异，分六型。

A 型　33 件。平面形状呈导致覆盆状，深腹。根据腹部形态差异，分三亚型。

Aa 型　13 件。覆盆状，平沿。标本 T4028 ⑤：1（图三六，1）。

Ab 型　18 件。覆碗状，卷沿外翻。标本 H1346：4（图三六，2）。

Ac 型　2 件。曲腹，卷沿外翻。标本 T2309 ⑤：10（图三六，3）。

B 型　62 件。大喇叭口状。根据腹部形态差异，分两亚型。

Ba 型　38 件。斜直腹，口外侈，宽卷沿。标本 T4901 ⑥：20（图三六，4）。

Bb 型　24 件。弧腹外弧，口内敛，平沿。标本 T4902 ⑤：25（图三六，5）。

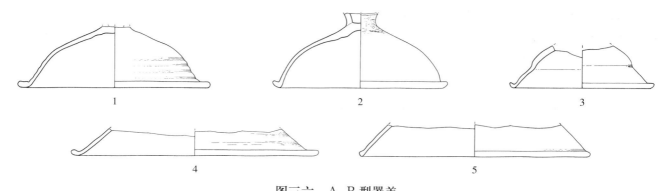

图三六　A、B 型器盖

1. Aa 型 T4028 ⑤：1　2. Ab 型 H1346：4　3. Ac 型 T2309 ⑤：10　4. Ba 型 T4901 ⑥：20　5. Bb 型 T4902 ⑤：25

C 型　6 件。无捉手，平面形状呈倒置盏形，器形较小，陶胎中含有较多石英砂砾。依顶部和腹部形态差异，分亚型。

Ca 型　1 件。近平顶，弧壁。标本 T2803 ⑤：34（图三七，1）。

Cb 型　3 件。尖顶，呈斗笠状，壁偏斜平面形状呈倒置尖底盏。根据腹部深浅变化，分两式。

Cb 型Ⅰ式　1 件。浅腹，体矮。标本 H1349：1（图三七，2）。

Cb 型Ⅱ式　2 件。深腹，体高。标本 T3804 ⑤：22（图三七，3）。

Cc 型　2 件。浅盘状，乳头状顶部。根据腹部和直径变化，分两式。

Cc 型Ⅰ式　1 件。体较高，直径大。标本 H1349：57（图三七，4）。

Cc 型Ⅱ式　1 件。体矮，直径缩小。标本 M738：1（图三七，5）。

D 型　2 件。捉手呈乳突状，纽部和腹部不规整。手制。标本 T4116 ⑤：1（图三七，6）。

E 型　1 件。捉手呈钩状，形制不规整。泥质灰陶。标本 T4604 ⑤：13，泥质灰陶。残高 7.0 厘米。

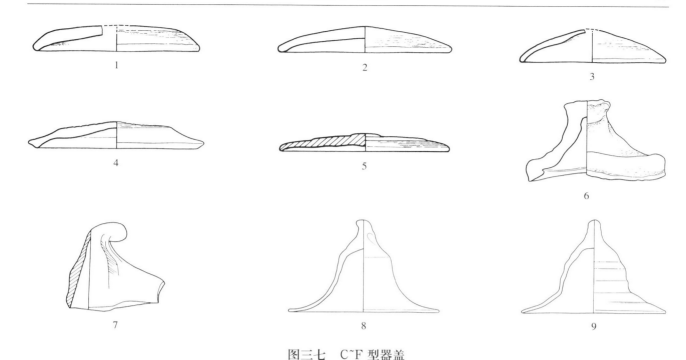

图三七　C~F 型器盖

1. Ca 型 T2803⑤：34　2. Cb 型Ⅰ式 H1349：1　3. Cb 型Ⅱ式 T3804⑤：22　4. Cc 型Ⅰ式 H1349：57　5. Cc 型Ⅱ式 M738：1　6. D 型 T4116⑤：1　7. E 型 T4604⑤：13　8. Fa 型 H1356：1　9. Fb 型 H1355：1

F 型　2 件。整体呈葫芦状，乳头状捉手，喇叭状盖身。泥质灰陶，器壁略粗糙。根据盖身形态差异，分两亚型。

Fa 型　1 件。弧腹。标本 H1356：1（图三七，8）。

Fb 型　1 件。折腹。标本 H1355：1（图三七，9）。

23. 盉形器（臼形器）

3 件。标本 T4209⑤：25、T4410⑤：33。

24. 陶臼（或研磨器）

2 件。2 件。标本 T4503⑤：1。

25. 坩埚

20 件。此类器物质地均为夹砂红褐陶，胎土细腻。因高温烘烤，器物外壁泛红。根据其平面形态的差异，分两型。

A 型　1 件。钵形。浅盘状，侈口，浅弧腹，圜底，愈近底部，器壁愈厚。标本 T4404⑤：15（图三八，1）。

B 型　19 件。杯形。未见完整器，多数仅存底部，底部较厚，似为泥片层层包裹而成。根据底部形态差异，分三亚型。

Ba 型　6 件。尖底。内壁浮游物同 A 型相似。标本 T3117⑤：1（图三八，2）。

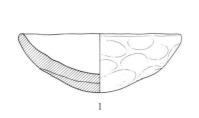
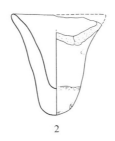
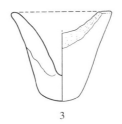

图三八　坩埚

1. A 型 T4404 ⑤：15　2. Ba 型 T3117 ⑤：1　3. Bb 型 T2715 ⑤：12　4. Bc 型 T4101 ⑤：61

Bb 型　8 件。近柱状。标本 T2715 ⑤：12（图三八，3）。
Bc 型　5 件。近圜底。标本 T4101 ⑤：61（图三八，4）。

26．纺轮

75 件。根据平面形状的差异，分六型。

A 型　8 件。算珠形，上、下部直径差异相对较小。根据腰部形态差异，分两亚型。

Aa 型　4 件。上小下大，腰部呈梯形，腰部最大径处斜折。标本 T4004 ⑤：8（图三九，1）。

Ab 型　4 件。腰部呈饼状，腰部最大径处对折。标本 T5110 ⑤：39（图三九，2）。

B 型　8 件。帽形。标本 T3802 ⑤：29（图三九，3）。

C 型　3 件。截尖锥形。根据腰部形态的差异，分两亚型。

Ca 型　2 件。腰部内弧。标本 M477：1（图三九，4）。

Cb 型　1 件。束腰。标本 T4913 ⑥：1（图三九，5）。

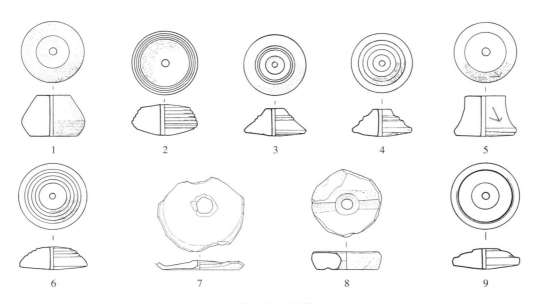

图三九　纺轮

1. Aa 型 T4004 ⑤：8　2. Ab 型 T5110 ⑤：39　3. B 型 T3802 ⑤：29　4. Ca 型 M477：1　5. Cb 型 T4913 ⑥：1　6. D 型 T3629 ⑤：2　7. Ea 型 T3627 ⑤：27　8. Eb 型 T4615 ⑥：10　9. F 型 T3227 ⑤：6

D 型　7 件。圆丘形，上小下大，顶部呈隆起之帽状。上端往往装饰有凸棱或凹弦纹。标本 Y63∶1、T3629 ⑤∶2（图三九，6）。

E 型　48 件。圆饼形，胎厚。系利用废弃陶片二次制作而成。钻孔为单面钻，周缘稍加磨制。穿孔陶片平面形状多呈圆形，少量略不规整。陶片中部有一圆形穿孔，穿孔方式多为对穿，亦有少量为单穿，周缘稍加磨制。此类陶片制作材料多用夹砂废弃陶片。结合民族学资料认为此类穿孔陶片同纺轮的功能相近，这在新疆的考古材料中可寻。根据其使用陶片部位差异，分两亚型。

Ea 型　21 件。利用器物底部制成。标本 T3627 ⑤∶27（图三九，7）。

Eb 型　27 件。利用器物腹部陶片制成。标本 T4615 ⑥∶10（图三九，8）。

F 型　1 件。纽扣形。标本 T3227 ⑤∶6（图三九，9）。

27．支柱

98 件。装烧窑具，少见完整器物，多见残器。此类器物均为夹砂陶，以黄褐和灰褐居多，器表粗糙，含沙重，表面未加休整。形制多成筒形，多存底部，底部表面未见人工加工痕迹。其形制同唐宋时期发现的支柱如出一辙。结合此类器物一般多见于陶窑集中地区或陶片居中区域，因此，笔者推测此类器物当属于窑具，而其的存在也是陶窑烧制技术中裸烧技术痕迹的遗留，在华阳工地陶窑中[1]可见其与烧制成品叠放的个案。根据器物形态差异，分两型。

A 型　26 件。筒状，近直壁，足部内壁内弧。根据弧壁形态差异，分两亚型。

Aa 型　13 件。弧壁。标本 T2913 ⑤∶67（图四○，1）。

Ab 型　13 件。直壁，底部外弧。标本 T4405 ⑤∶19（图四○，2）。

B 型　52 件。柱状，束腰，足部内敛突出。根据腰部装饰、底部形态差异，分两亚型。

Ba 型　43 件。足部微内敛，素面。标本 T4401 ⑤∶19（图四○，3）。

Bb 型　9 件。束腰，饰有圆形穿孔。标本 T4303 ⑤∶4（图四○，4）。

C 型　20 件。梯形，足部外侈。根据底部形态差异，分两亚型。

Ca 型　5 件。足跟宽沿，敛口。标本 T4505 ⑤∶1（图四○，5）。

Cb 型　15 件。足跟窄沿。标本 T3905 ⑤∶18（图四○，6）。

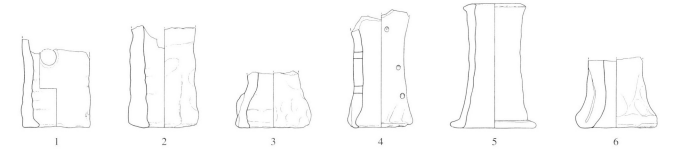

| 1 | 2 | 3 | 4 | 5 | 6 |

图四○　支柱

1. Aa 型 T2913 ⑤∶67　2. Ab 型 T4405 ⑤∶19　3. Ba 型 T4401 ⑤∶19　4. Bb 型 T4303 ⑤∶4　5. Ca 型 T4505 ⑤∶1　6. Cb 型 T3905 ⑤∶18

[1] 资料现存成都文物考古研究所。

28．器座

38件。体量普遍较大，未见有修复者，器物多数仅存底部。根据器物高矮个体量大小差异，分两型。

A型　18件。体量大，器物较高。根据平面形态差异，分两亚型。

Aa型　8件。钟罩状，器壁一般饰有镂孔。其中部分形态与金沙遗址祭祀区"L11"出土的器座形态相近。由于该地点出土物多为本地烧制，为祭祀区同类器物的生产来源提供根据。标本T4403⑥：18、H1153：2（图四一，1）。

Ab型　4件。鼓柱状，亚腰、腰部细长，四壁多饰镂孔。标本T3614⑤：5（图四一，2）。

Ac型　6件。筒形。标本T3820⑤：3（图四一，3）。

B型　4件。器形较矮。平面形状呈箍状。根据口部大小和制作差异，分两亚型。

Ba型　1件。器形小，亚腰，口径和形态上下均等。标本H1362：26（图四一，4）。

Bb型　2件。器形略大，亚腰不明显，口径和形态上下不一，系利用高领罐颈部以上废弃陶片稍加磨制二次利用。标本M726T：1（图四一，5）。

Bc型　1件。圆箍状，器形较大。标本T3426⑥：11（图四一，6）。

C型　4件。杯状，腹部束腰。根据口部形态差异，分两亚型。

Ca型　1件。夹砂灰褐陶，侈口。标本H1395：21（图四一，7）。

Cb型　2件。葫芦口状。标本Y57：13（图四一，8）。

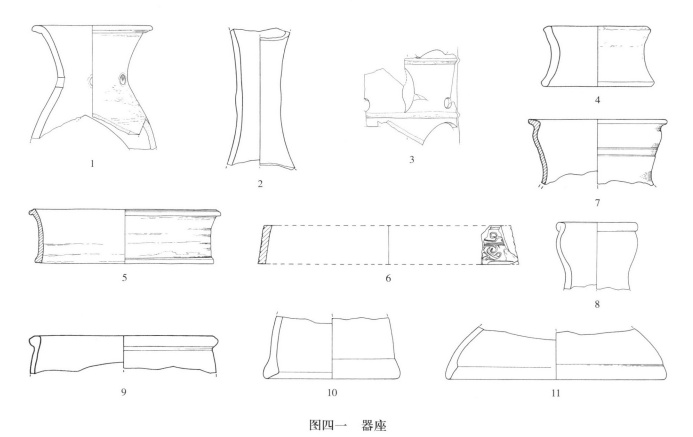

图四一　器座

1. Aa型 H1153：2　2. Ab型 T3614⑤：5　3. Ac型 T3820⑤：3　4. Ba型 H1362：26　5. Bb型 M726T：1　6. Bc型 T3426⑥：11　7. Ca型 H1395：21　8. Cb型 Y57：13　9. Cc型 H1372：5　10. D型 T4403⑥：14　11. E型 T2710⑥：1

Cc 型　1 件。敛口。标本 H1372：5（图四一，9）。

D 型　4 件。柱状，壁呈圆柱。标本 T4403⑥：14（图四一，10）。

E 型　8 件。圈足呈覆盆状。标本 T2710⑥：1（图四一，11）。

29. 器纽

142 件。数量丰富，形制多样，根据捉手平面形状的差异，分六型。

A 型　14 件。菌首状，器纽较小。根据首部口部形态差异，分两亚型。

Aa 型　13 件。敞口。标本 T3526⑥：20（图四二，1）。

Ab 型　1 件。大喇叭口。标本 T4408⑤：30（图四二，2）。

B 型　104 件。盘状。根据首部直径和口部形制差异，分两亚型。

Ba 型　39 件。敛口。标本 T3806⑥：12（图四二，3）。

Bb 型　65 件。侈口。标本 T3627⑥：9（图四二，4）。

C 型　11 件。首部呈花瓣状，如横"8"字形。标本 T3516⑥：16（图四二，5）。

D 型　8 件。首部多残，柄部呈柱状。标本 T4601⑥：17（图四二，6）。

E 型　1 件。首残，纽柄部为三根泥条缠绕而成。标本 T4404⑤：65（图四二，7）。

F 型　1 件。首部形态不规则，用手捏制而成。标本 T3627⑤：13，泥质灰陶（图四二，8）。纽部为手捏制呈不规则弯钩状，纽部器形不规整。此类器盖十二桥 12 层有同类器出土[1]郫县天台村第 7 层出土同类，质地有差异，为泥质灰黄陶[2]。

G 型　1 件。杯状，深腹。标本 H1332：11（图四二，9）。

H 型　2 件。喇叭状。标本 H1365：1（图四二，10）。

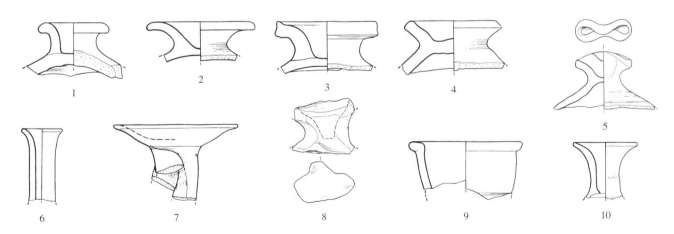

图四二　器纽

1. Aa 型 T3526⑥：20　2. Ab 型 T4408⑤：30　3. Ba 型 T3806⑥：12.　4. Bb 型 T3627⑥：9　5. C 型 T3516⑥：16　6. D 型 T4601⑥：17　7. E 型 T4404⑤：65　8. F 型 T3627⑤：13　9. G 型 H1332：11　10. H 型 H1365：1

[1] 四川文物考古研究院等：《成都十二桥》图六三，3、4，文物出版社，2009 年，第 85、88 页。

[2] 成都文物考古研究所：《郫县天台村遗址先秦文化遗存试掘简报》，《成都考古发现（2010）》，科学出版社，2012 年，第 138 页。

30．器耳

53件。根据平面形态的差异，分六型。

A型　6件。桥形耳。标本T3409⑤：4（图四三，1）。

B型　7件。宽錾耳。标本T4802⑤：67（图四三，2）。

C型　2件。柱足耳。标本T4807⑥：14（图四三，3）。

D型　2件。条形耳。标本T4101⑥：5（图四三，4）。

E型　34件。贯耳。根据立面和穿孔方式差异，分三亚型。

Ea型　7件。立面呈等腰梯形，两端经过削磨处理。标本T3905⑥：10（图四三，5）。

Eb型　18件。管状。标本T4515⑥：9（图四三，6）。

Ec型　9件。鼻耳。标本T2710⑥：261（图四三，7）。

F型　2件。环耳，立面呈环状，此类器耳多为壶上器耳。标本T4607⑤：8（图四三，8）。

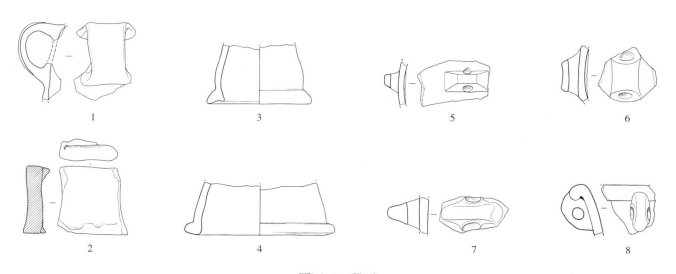

图四三　器耳

1. A型 T3409⑤：4　2. B型 T4802⑤：67　3. C型 T4807⑥：14　4. D型 T4101⑥：5　5. Ea型 T3905⑥：10　6. Eb型 T4515⑥：9　7. Ec型 T2710⑥：261　8. F型 T4607⑤：8

31．器底

1465件。根据底部形态的差异，分两型。

A型　675件。平底。根据底部直径大小差异，分三亚型。

Aa型　157件。大平底，底部直径大于10厘米。标本T3830⑥：2（图四四，1）。

Ab型　484件。中平底，底部直径大于5厘米，而小于10厘米。标本T5307⑥：19（图四四，2）。

Ac型　34件。小平底，底部直径大于2厘米，小于5厘米，此类器物多为小平底罐的器底，此类罐小平底多不规整，同三星堆和十二桥文化典型小平底罐的器底有着显著差异。标本T4203⑤：110（图四四，3）。

B型　790件。尖底。根据底部直径大小和形态差异，分四亚型。

Ba型　89件。尖底，近小平底。底部直径小于2厘米，平底内凹，盘筑轮磨痕迹明显。此类尖底杯为罐形杯。以泥质黑皮陶多见，少见夹砂灰褐陶。根据底部直径的变化，分两式。

Ba 型 I 式　71 件。底部直径略大，一般在 2 厘米左右。标本 T3828 ⑥：43（图四四，4）。

Ba 型 II 式　18 件。底部直径变小，小于 2 厘米。标本 T2313 ⑥：11（图四四，5）。

Bb 型　691 件。尖底，近乳头状。平底突出，盘筑轮磨痕迹明显。此类尖底杯为深腹杯。以泥质黑皮陶多见，不见夹砂灰褐陶。根据底部直径的变化，分四式。

Bb 型 I 式　567 件。底部直径在 2.0 厘米以上，近平底。标本 T1327：13（图四四，6）。

Bb 型 II 式　119 件。底部微凸，直径约 1 厘米左右。标本 T4816 ⑤：14（图四四，7）。

Bb 型 III 式　3 件。底部圆钝，呈乳头状。标本 T3215 ⑤：5（图四四，8）。

Bb 型 IV 式　2 件。锥状底。标本 T4604 ④ b：8、T4411 ④ b：29（图四四，9）。

Bc 型　1 件。底部形态不规整，多为按捺而成。标本 T4808 ⑥：72（图四四，10）。此类器物多为尖底盏。

Bd 型　8 件。不规则锥状底，底部胎壁较厚。此类器多为尖底罐。标本 T4407 ⑥：26（图四四，11）。

Be 型　1 件。锥状。标本 T3015 ⑤：24（图四四，12）。

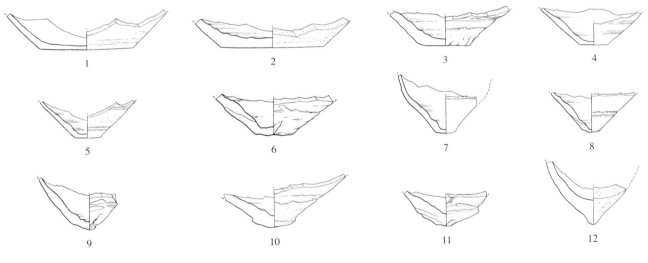

图四四　器底

1. Aa 型 T3830 ⑥：2　2. Ab 型 T5307 ⑥：19　3. Ac 型 T4203 ⑤：110　4. Ba 型 I 式 T3828 ⑥：43　5. Ba 型 II 式 T2313 ⑥：11　6. Bb 型 I 式 T1327：13　7. Bb 型 II 式 T4816 ⑤：14　8. Bb 型 III 式 T3215 ⑤：5　9. Bb 型 IV 式 T4411 ④ b：29　10. Bc 型 T4808 ⑥：72　11. Bd 型 T4407 ⑥：26　12. Be 型 T3015 ⑤：24

32. 圈足器

3143 件。此类器物是属于既无圈足，亦无口部的器物，仅存圈足和器底结合而成的"腰部"，根据器物体量大小和腰部直径差异分三型。

A 型　293 件。体量较大，腰径在 5 厘米以上。此类器体形较大，胎厚，属于簋形器的可能性较大。标本 T3901 ⑤：60（图四五，1）。

B 型　960 件。体量相对略小，腰径在 4 厘米以上，5 厘米以下。此类器多属于圈足罐。标本 T2509 ⑤：9（图四五，2）。

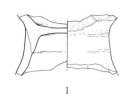 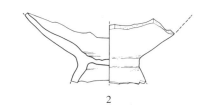 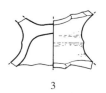

1　　　　　　　　　　　　2　　　　　　　　　　　　3

图四五　圈足器

1. A 型 T3901 ⑤：60　2. B 型 T2509 ⑤：9　3. C 型 T5108 ⑤：18

　　C 型　1890 件。体量最小，腰径小于 4.0 厘米。此类器形既可能为圈足罐，亦有部分可能属于器盖。标本 T5108 ⑤：18（图四五，3）。

33.圈足

　　954 件。出土数量较多，形制多样，多为圈足罐、簋形器的足。本圈足以底部完整者分类，不含仅存圈足与底部连接的圈足器。根据形态差异，分七型。

　　A 型　489 件。圈足较矮，倒置如浅盘状，足部外壁有凸棱装束，同心圆轮制。根据底部直径大小差异，分两亚型。

　　Aa 型　383 件。足径大于 10 厘米。标本 T3013 ⑤：2（图四六，1）。

　　Ab 型　106 件。足径小于 10 厘米。标本 T5006 ⑤：3（图四六，2）。

　　B 型　121 件。假圈足，形制同 A 型接近，足部外壁无凸棱装饰。足部与底部紧密连接为一体，足跟不在同一水平线上，略外侈。根据足径大小差异，分两亚型。

　　Ba 型　72 件。足径大于 10 厘米。标本 T3012 ⑤：25（图四六，3）。

　　Bb 型　49 件。足径小于 10 厘米。标本 T4911 ⑤：5（图四六，4）。

　　C 型　162 件。喇叭状，足部外侈，内壁有折棱。根据圈足高矮形态差异，分两亚型。

　　Ca 型　68 件。高圈足。标本 T4003 ⑤：38（图四六，5）。

　　Cb 型　94 件。矮圈足。标本 T4806 ⑤：22（图四六，6）。

　　D 型　27 件。圈足略高，倒置如杯状，足部外侈。根据形态差异。分两亚型。

　　Da 型　16 件。足部外翻。标本 T3423 ⑤：1（图四六，7）。

　　Db 型　5 件。筒状，圈足高。标本 T4322 ⑤：3（图四六，8）。

　　Dc 型　6 件。足径大。标本 T4027 ⑤：1（图四六，9）。

　　E 型　44 件。覆盘状，足部内壁内敛，较 A 型深。根据足径大小差异，分两亚型。

　　Ea 型　24 件。足径小于 8 厘米。标本 T4405 ⑤：17（图四六，10）。

　　Eb 型　20 件。足径大于 8 厘米。标本 T4504 ⑤：84（图四六，11）。

　　F 型　43 件。覆碗状。根据足径大小差异，分两亚型。

　　Fa 型　33 件。足径小于 8 厘米。标本 T3015 ⑤：23（图四六，12）。

　　Fb 型　10 件。足径大于 8 厘米。标本 T2812 ⑤：1（图四六，13）。

　　G 型　68 件。足部束腰，足跟内折。根据跟部形态差异，分两亚型。

　　Ga 型　2 件。足跟略平，厚凸棱。标本 T3529 ⑤：146（图四六，14）。

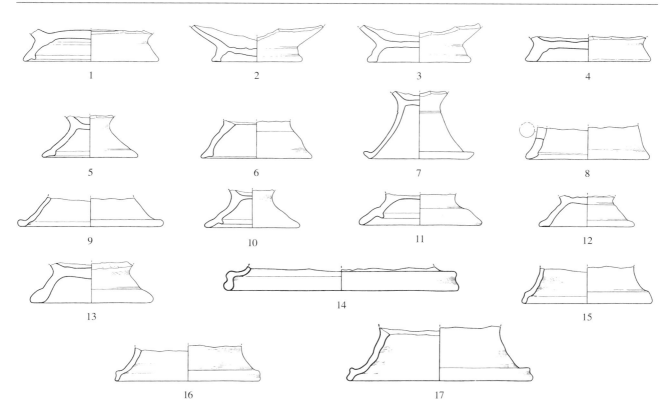

图四六　圈足

1. Aa 型 T3013 ⑤：2　2. Ab 型 T5006 ⑤：3　3. Ba 型 T3012 ⑤：25　4. Bb 型 T4911 ⑤：5　5. Ca 型 T4003 ⑤：38　6. Cb 型 T4806 ⑤：22　7. Da 型 T3423 ⑤ ：1　8. Db 型 T4322 ⑤ ：3　9. Dc 型 T4027 ⑤ ：1　10. Ea 型 T4405 ⑤ ：17　11. Eb 型 T4504 ⑤ ：84　12. Fa 型 T3015 ⑤：23　13. Fb 型 T2812 ⑤：1　14. Ga 型 T3529 ⑤：146　15. Gb 型Ⅰ式 T3322 ⑤：78　16. Gb 型Ⅱ式 T4509 ⑤：5　17. Gb 型Ⅲ式 T3530 ⑤：109

　　Gb 型　66 件。足部内折突出，呈盘状。根据折棱变化，分三式。

　　Gb 型Ⅰ式　12 件。折棱不显著。标本 T3322 ⑤：78（图四六，15）。

　　Gb 型Ⅱ式　10 件。折棱突出。标本 T4509 ⑤：5（图四六，16）。

　　Gb 型Ⅲ式　44 件。折棱较突出。标本 T3530 ⑤：109（图四六，17）。

34 . 袋足

14 件。出土数量较少，形制丰富。根据足根平面形状及足身形态差异，分四型。

　　A 型　1 件。足跟呈锥形。足尖与足身浑然一体，根部和足身无清晰分界。标本 T3409 ⑤：18（图四七，1）。

　　B 型　7 件。乳头状足跟。足尖与足身有清晰的分界。根据足身和足尖的变化，分两式。

　　B 型Ⅰ式　3 件。足尖长，足身肥硕。标本 T2513 ⑥：1（图四七，2）。

　　B 型Ⅱ式　4 件。足尖短，足身瘦长。标本 T4804 ⑤：1（图四七，3）。

　　C 型　2 件。小柱足，足跟呈柱状，平底。足部短小，足身制作为包足，足跟底部经削磨处理。标本 T3905 ⑤：56（图四七，4）。

　　D 型　4 件。条状足，仅存足跟。标本 T4504 ⑤：74（图四七，5）。

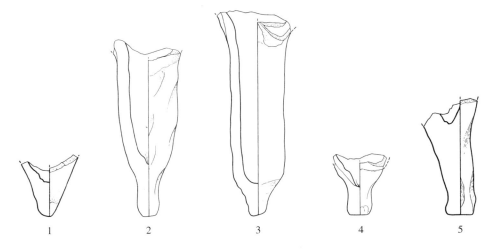

图四七　袋足

1. A 型 T3409 ⑤：18　2. B 型 I 式 T2513 ⑥：1　3. B 型 II 式 T4804 ⑤：1　4. C 型 T3905 ⑤：56　5. D 型 T4504 ⑤：74

35. 豆柄

63 件。根据柄部装饰形态差异，分两型。

A 型　43 件。柱状。标本 T4714 ⑥：19。

B 型　20 件。竹节状。标本 T2710 ⑥：241。

二　玉石器

（一）玉器

4 件。该地点出土玉器更是少见，仅有寥寥几件，器形单一，仅有斧、锛、半成品、玉条，半成品上遗留有加工时的切割痕迹。数量最多的是玉条，此类器物常常成堆随葬于墓葬中，这些条石上遗留明显的切割痕迹，可能多系加工时废弃的边角料。

1. 玉斧

1 件。标本 V T2513 ⑥：1（图四八，1）。

2. 玉锛

2 件。根据平面形状的差异，分两型。

A 型　1 件。平面形状呈长方形。标本 H1397：1（图四八，2）。

B 型　1 件。平面形状呈梯形。标本 H1397：2（图四八，3）。

3. 玉料半成品

1 件。标本 T4910 ⑤：1。

（二）石器

该地点出土的石器数量和
形制较少，且多为残断之器物，
几乎不见完整器，器形有斧、
石斧半成品、耳玦、锛、磨石、
石料、凿等，其中磨石是船棺
葬最为常见的随葬品。

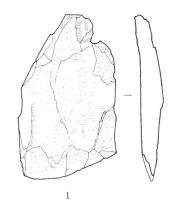

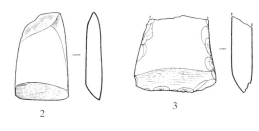

图四八　玉器

1. 玉斧 VT2513 ⑥：1　2. A 型玉锛 H1397：1
3. B 型玉锛 H1397：2

1. 石斧
1件。标本 M371：2（图四九，1）。

2. 石斧半成品
1件。标本 M381：1（图四九，2）。

3. 石锛
2件。分两型。
A 型　1件。平面形状呈梯形。标本 V T4508 ⑤：1（图四九，3）。
B 型　1件。平面形状呈长方形。标本 H1369：1（图四九，4）。

4. 石凿
3件。分三型。
A 型　1件。平面形状呈窄长方形，平顶，近顶部有两圈凹弦纹。标本 M378：1（图四九，5）。
B 型　1件。平面形状呈条形。标本 T4302 ⑥：19（图四九，6）。

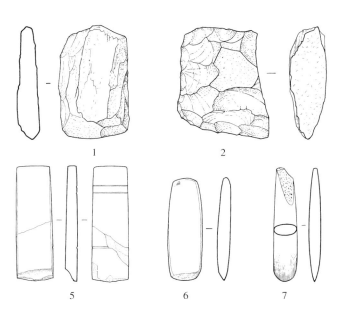

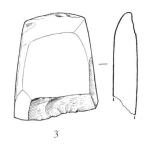

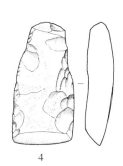

图四九　石器

1. 石斧 M371：2　2. 石斧半成品 M381：1　3. A 型石锛
V T4508 ⑤：1　4. B 型石锛 H1369：1　5. A 型石凿 M378：1
6. B 型石凿 T4302 ⑥：19　7. C 型石凿 T4910 ⑤ c：1

C 型　1 件。条形，舌状刃。标本 T4910 ⑤ c：1（图四九，7）。

5.耳玦

4 件。器形较小，磨制较精。其中 3 件出土于墓葬中，1 件处于地层中，从形制和制法以及风格而言，不同埋藏环境中出土的器物如出一辙，推测地层中出土的耳玦当系墓葬中随葬品，因被扰动而致。标本 M714：1。

6.磨石

主要出土于墓葬中，仅个别出土于地层中（其可能是墓葬中随葬品被扰乱混入）。一般置于死者胸部附近。无一定规则形状，表面光滑。它是用自然冲刷圆钝的灰色或灰绿色卵石一面或两面稍加磨制形成，其中以一面磨制居多，也有少量多面磨制的。标本 M770：1。

7.石芯

1 件。平面形状呈圆形。标本 M808：1。

8.石料

3 件。此类器物皆出土于墓葬之中，表面光滑，无人工加工之痕迹。形状、质地及色泽同磨石成品一致，当为有意挑选之，其随葬位置同磨石位置一致，其随葬之用意亦可能同磨石相近。标本M799：1。

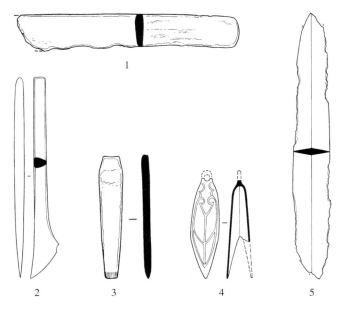

图五〇　铜器

1. 铜刀 T3529 ⑤：11　2. 铜刻刀 T4302 ⑤：1　3. 铜凿 H1381：1
4. 铜蝉 M777：1-1　5. 铜剑 M777：2-2

三　铜器

该地点出的铜器数量较少，形制单一，不见容器或礼器，仅有少量的小型铜器，如铜刻刀、铜镞、铜凿、铜刀、铜剑、装饰品等，另有少量铜块和铜渣浮游物。

1.铜刀

1 件。平面形状呈长条状，锈蚀严重。标本 T3529 ⑤：11（图五〇，1）。

2.铜刻刀

1 件。弧刃，直柄。截面呈水滴状。标本 T4302 ⑤：1（图五〇，2）。

3.铜凿

1 件。平面形状呈长条形，窄平刃。标本

H1381：1（图五〇，3）。

4．铜蝉

5件。尾部多残，中空。头部有须，形成穿孔，便于佩戴。头部为复眼，躯体阴刻出翅膀、腹部和尾部。形制大小一致，蝉造型简单抽象，为圆雕。用阴线区分出头、腹、翅等部分。标本M777：1–1（图五〇，4）。

5．铜剑

3件。平面形状呈柳叶形，首部无穿孔。刃部锈蚀严重，前锋呈尖叶状，中部有脊。标本M777：2–2（图五〇，5）。

6．铜镞

7件。根据镞身平面形状差异，分三型。

A型　2件。镞身修长，呈三角形。双翼较窄，翼较长，后锋突出，距离关近。脊、铤分界显著，中脊较厚且突出。左右分出三角形两翼，凸起的脊直通前锋。根据两翼形状差异，分两亚型。

Aa型　1件。两翼突出，呈勾刺状。标本ⅧT4809⑤：1（图五一，1；彩版一六，4）。

Ab型　1件。两翼不突出。标本T4026⑤：1（图五一，2；彩版一六，5）。

B型　1件。镞身扁平，呈矛形，两翼圆收无倒刺，铤部残。标本M153T：1（图五一，3）。

C型　2件。镞身圆钝，两翼圆收无倒刺，圆柱形长铤。标本T5014⑥：1（图五一，4）。

D型　2件。平面形状呈尖叶形，无翼，长铤。标本T3730⑤：1（图五一，5）。

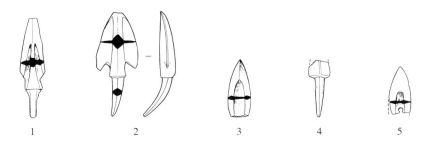

图五一　铜镞

1. Aa型ⅧT4809⑤：1　2. Ab型T4026⑤：1　3. B型M153T：1　4. C型T5014⑥：1　5. D型T3730⑤：1

第三章　地层堆积

第一节　第⑥层出土遗物

一　陶器

第⑥层出土遗物以陶器为主，其次为少量玉、石器和极少铜器。

陶器质地有夹砂和泥质两种，夹砂陶最多，以灰褐最多，其次少量黄褐和红褐陶，泥质陶主要为黑皮陶，另有少量灰陶（表一）。

陶器器表装饰以素面为主，纹饰较少，常见纹饰有绳纹（图五二，1~5）、戳印圆圈纹（图五三，1、2）、连珠纹（图五三，3、4）、凸棱纹（图五三，5、6）、兽面纹（图五三，7）、弦纹（图五四，1~5）、网格印纹（图五五，1~3）、网格划纹（图五五，4）、划纹（图五五，5）、几何折线纹（图五五，6）、菱形纹（图五五，7）。

陶器可辨器形主要有束颈罐、瓮、高领罐、盆、壶、缸、器盖等，其中尖底杯数量较少。

表一　阳光地带二期第⑥层陶片统计表

纹饰 陶质 陶色	夹砂			泥质	纹饰小计	
	灰褐	褐黄	褐红	黑皮	数量	比例
素面	4150	4593	875	1585	11203	97.29%
弦纹	86	37	5	32	160	1.39%
绳纹	63	20	2		85	0.74%
棱纹	36	3		2	41	0.36%
镂孔	7	4		2	13	0.11%
戳印纹	1				1	0.01%
乳钉纹	3	1	1		5	0.04%
圆形印纹				7	7	0.06%
合计	4346（37.74%）	4658（40.45%）	883（7.67%）	1628（14.14%）	11515	100%
	9887（85.86%）			1628（14.14%）		

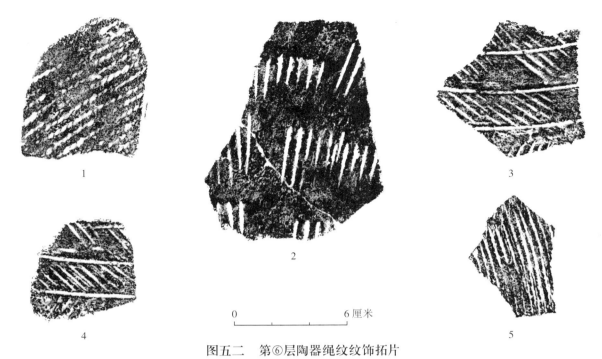

图五二　第⑥层陶器绳纹纹饰拓片

1~5. T5310 ⑥：7、T4608 ⑥：1、T2510 ⑥：28、T2510 ⑥：28、T4103 ⑥：5

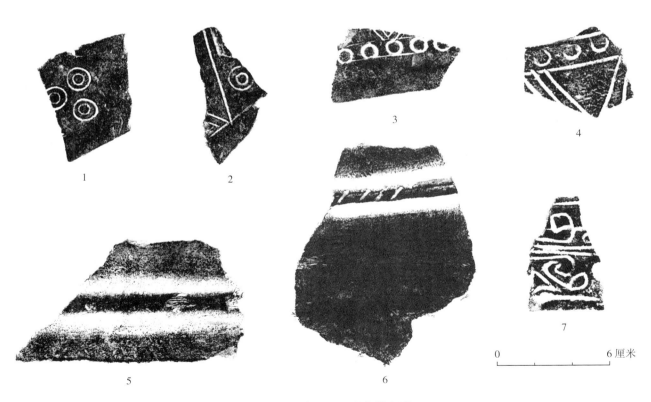

图五三　第⑥层陶器纹饰拓片

1、2. 戳印圆圈纹 T3621 ⑥：2、T4707 ⑥：6　3、4. 连珠纹 T4101 ⑥：56、T4914 ⑥：4　5、6. 凸棱纹 T4414 ⑥：12、T4810 ⑥：7　7. 兽面纹 T3426 ⑥：11

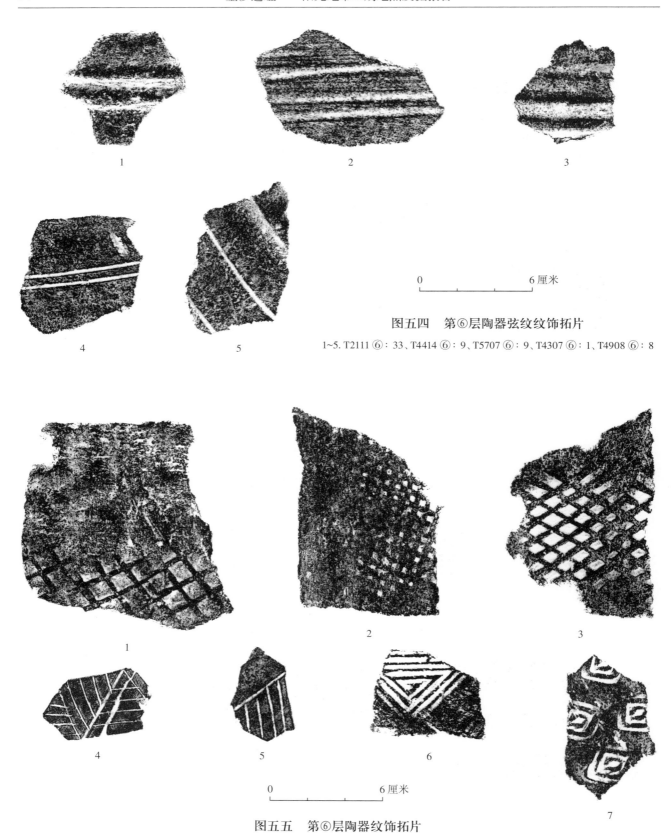

图五四　第⑥层陶器弦纹纹饰拓片

1~5. T2111 ⑥：33、T4414 ⑥：9、T5707 ⑥：9、T4307 ⑥：1、T4908 ⑥：8

图五五　第⑥层陶器纹饰拓片

1~3. 网格印纹 T3916 ④b：1 、T3915 ④b：17、T2513 ④b：12　4. 网格划纹 T3509 ④b：8　5. 划纹 T3717 ⑥：26　6. 几何折线纹 T4107 ④b：4　7. 菱形纹 T5112 ④b：17

1. 尖底杯

2 件。

Bb 型 Ⅱ式　上下腹之间分界突出。

标本 T4903 ⑥：1，泥质黑皮陶。口径 8.9、腹径 10.0、底径 2.0、通高 14.4 厘米（图五六，1）。

标本 T3325 ⑥：1，泥质黑皮陶。口部残，仅存下腹部。底径 1.2、残高 8.0 厘米（图五六，2）。

2. 高领罐

259 件。

Aa 型　19 件。

标本 T3928 ⑥：3，泥质黑皮陶。口径 16.4、残高 7.2 厘米（图五七，1）。

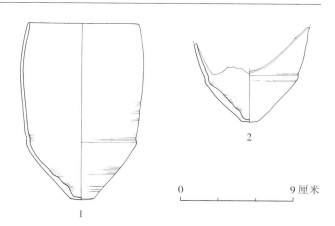

图五六　第⑥层出土尖底杯

1、2. Bb 型Ⅱ式 T4903 ⑥：1、T3325 ⑥：1

标本 T2710 ⑥：31，夹砂灰褐陶。口径 19.0、残高 5.2 厘米（图五七，2）。

标本 T4706 ⑥：2，夹砂灰褐陶。口径 19.6、残高 6.3 厘米（图五七，3）。

标本 T5310 ⑥：9，夹砂灰褐陶。口径 19.0、残高 5.1 厘米（图五七，4）。

标本 T4802 ⑥：3，夹砂灰褐陶。口径 20.7、残高 8.1 厘米（图五七，5）。

标本 T4030 ⑥：1，夹砂灰褐陶。口径 16.6、残高 9.5 厘米（图五七，6）。

标本 T5309 ⑥：10，泥质黑皮陶。口径 15.4、残高 9.3 厘米（图五七，7）。

标本 T3611 ⑥：1，夹砂灰褐陶。口径 14.2、残高 3.9 厘米（图五七，8）。

标本 T3801 ⑥：28，夹砂灰褐陶。口径 15.0、残高 4.5 厘米（图五七，9）。

标本 T2510 ⑥：10，夹砂灰褐陶。口径 24.0、残高 10.6 厘米（图五七，10）。

Ab 型　10 件。

标本 T2710 ⑥：51，夹砂灰褐陶。颈部饰两道凹弦纹。口径 15.6、残高 7.0 厘米（图五八，1）。

标本 T4027 ⑥：5，夹砂灰褐陶。口径 20.8、残高 7.0 厘米（图五八，2）。

标本 T4901 ⑥：11，夹砂灰褐陶。口径 21.6、残高 6.3 厘米（图五八，3）。

标本 T3425 ⑥：6，夹砂灰褐陶。颈部饰一道凹弦纹。口径 22.0、残高 6.6 厘米（图五八，4）。

标本 T2710 ⑥：15，夹砂灰褐陶。口径 20.2、残高 7.5 厘米（图五八，5）。

标本 T3828 ⑥：9，夹砂灰褐陶。口径 20.0、残高 6.3 厘米（图五八，6）。

Ac 型　7 件。

标本 T3621 ⑥：6，夹砂灰褐陶。颈部饰一道凹弦纹。口径 16.8、残高 9.7 厘米（图五九，1）。

标本 T2710 ⑥：25，夹砂灰褐陶。颈部饰两道凹弦纹。口径 16.8、残高 8.2 厘米（图五九，2）。

标本 T4706 ⑥：35，夹砂灰褐陶。口径 14.8、残高 8.5 厘米（图五九，3）。

标本 T3630 ⑥：6，夹砂灰褐陶。口径 15.2、残高 7.0 厘米（图五九，4）。

标本 T4806 ⑥：2，夹砂灰褐陶。颈部饰一道凹弦纹。口径 22.0、残高 8.3 厘米（图五九，5）。

Ad 型　3 件。

标本 T4810 ⑥：4，夹砂灰褐陶。口径 23.0、残高 5.6 厘米（图六〇，1）。

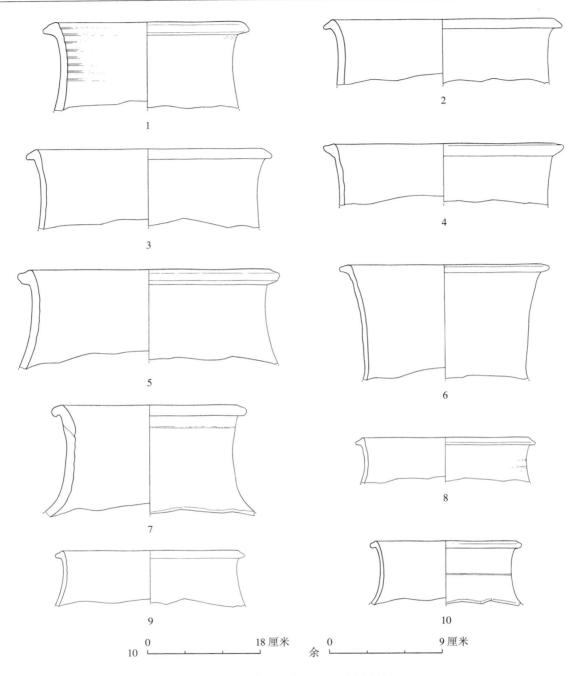

图五七　第⑥层出土 Aa 型高领罐

1~10. T3928⑥：3、T2710⑥：31、T4706⑥：2、T5310⑥：9、T4802⑥：3、T4030⑥：1、T5309⑥：10、T3611⑥：1、T3801⑥：28、T2510⑥：10

Ae 型　3 件。

标本 T4703⑥：31，夹砂灰褐陶。口径 18.0、残高 5.1 厘米（图六〇，2）。

Af 型　2 件。

标本 T5308⑥：7，夹砂灰褐陶。残高 8.3 厘米。

标本 T3928⑥：32，夹砂灰褐陶。残高 9.2 厘米（图六〇，3）。

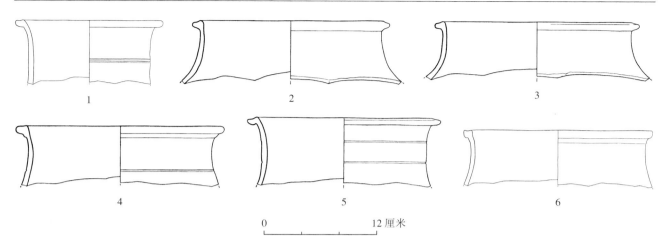

图五八　第⑥层出土 Ab 型高领罐

1~6. T2710⑥：51、T4027⑥：5、T4901⑥：11、T3425⑥：6、T2710⑥：15、T3828⑥：9

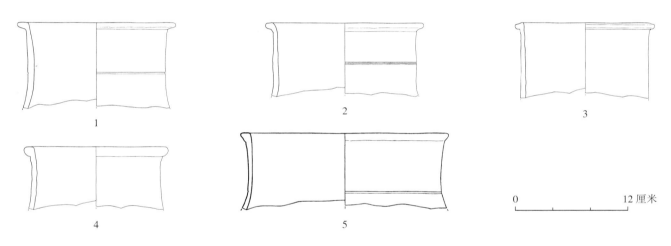

图五九　第⑥层出土 Ac 型高领罐

1~5. T3621⑥：6、T2710⑥：25、T4706⑥：35、T3630⑥：6、T4806⑥：2

Ag 型　10 件。

标本 T4402⑥：19，夹砂灰褐陶。口径 23.0、残高 1.8 厘米（图六〇，4）。

标本 T4301⑥：22，夹砂灰褐陶。口径 20.4、残高 4.0 厘米（图六〇，5）。

标本 T4515⑥：1，泥质黑皮陶。颈部饰一道凹弦纹。口径 17.4、残高 4.3 厘米（图六〇，6）。

Ba 型　88 件。

标本 T3424⑥：17，夹砂灰褐陶。口径 20.0、残高 4.8 厘米（图六一，1）。

标本 T3425⑥：26，夹砂灰褐陶。口径 16.4、残高 2.4 厘米（图六一，2）。

标本 T3625⑥：27，泥质黑皮陶。口径 12.6、残高 4.8 厘米（图六一，3）。

标本 T4214⑥：13，夹砂灰褐陶。口径 12.0、残高 4.9 厘米（图六一，4）。

标本 T5002⑥：3，夹砂灰褐陶。口径 13.6、残高 5.6 厘米（图六一，5）。

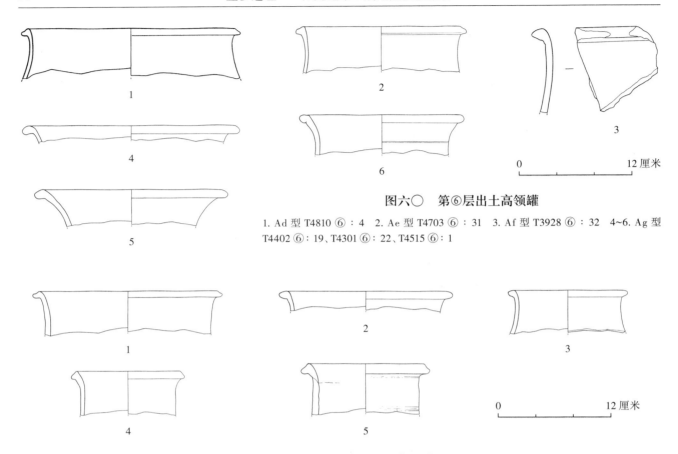

图六〇　第⑥层出土高领罐
1. Ad 型 T4810 ⑥：4　2. Ae 型 T4703 ⑥：31　3. Af 型 T3928 ⑥：32　4~6. Ag 型
T4402 ⑥：19、T4301 ⑥：22、T4515 ⑥：1

图六一　第⑥层出土 Ba 型高领罐
1~5. T3424 ⑥：17、T3425 ⑥：26、T3625 ⑥：27、T4214 ⑥：13、T5002 ⑥：3

标本 T4915 ⑥：7，夹砂灰褐陶。口径 16.6、残高 5.5 厘米（图六五，4）。

Bb 型　17 件。

标本 T4710 ⑥：32，夹砂灰褐陶。颈部饰一道凹弦纹。口径 20.4、残高 4.9 厘米（图六二，1）。

标本 T2710 ⑥：14，夹砂灰褐陶。口径 17.5、残高 3.2 厘米（图六二，2）。

标本 T3828 ⑥：11，夹砂灰褐陶。口径 17.0、残高 4.8 厘米（图六二，3）。

标本 T2710 ⑥：166，夹砂灰褐陶。口径 17.6、残高 4.4 厘米（图六二，4）。

标本 T4113 ⑥：18，夹砂灰褐陶。口径 17.6、残高 4.2 厘米（图六二，5）。

标本 T4108 ⑥：6，夹砂灰褐陶。口径 14.8、残高 5.2 厘米（图六二，6）。

标本 T3801 ⑥：19，夹砂灰褐陶。口径 13.4、残高 5.5 厘米（图六二，7）。

标本 T4703 ⑥：7，夹砂灰褐陶。口径 14.8、残高 3.8 厘米（图六二，8）。

Bc 型　20 件。

标本 T5307 ⑥：12，夹砂灰褐陶。口径 12.0、残高 5.2 厘米（图六三，1）。

标本 T2510 ⑥：11，夹砂灰褐陶。口径 21.6、残高 4.8 厘米（图六三，2）。

标本 T2414 ⑥：8，夹砂灰褐陶。口径 13.6、残高 4.9 厘米（图六三，3）。

标本 T2710 ⑥：130，夹砂灰褐陶。口微侈。口径 12.6、残高 4.2 厘米（图六三，4）。

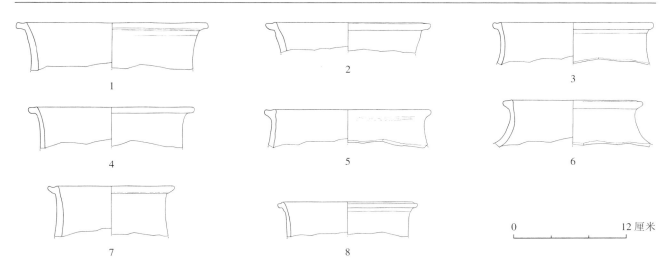

图六二　第⑥层出土高领罐

1~8. Bb 型 T4710 ⑥：32、T2710 ⑥：14、T3828 ⑥：11、T2710 ⑥：166、T4113 ⑥：18、T4108 ⑥：6、T3801 ⑥：19、T4703 ⑥：7

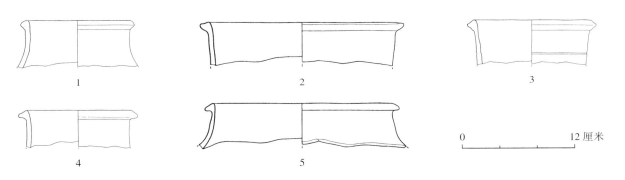

图六三　第⑥层出土高领罐

1~5. Bc 型 T5307 ⑥：12、T2510 ⑥：11、T2414 ⑥：8、T2710 ⑥：130、T4716 ⑥：18

标本 T4716 ⑥：18，泥质黑皮陶。口径 20.6、残高 4.9 厘米（图六三，5）。

Bd 型　17 件。

标本 T4515 ⑥：7，夹砂灰褐陶。口径 13.5、残高 4.4 厘米（图六四，1）。

标本 T2710 ⑥：268，夹砂灰褐陶。领部饰有三条平行凹弦纹。残高 5.7 厘米（图六四，2）。

标本 T4706 ⑥：7，夹砂灰褐陶。口径 19.0、残高 4.0 厘米（图六四，3）。

标本 T4807 ⑥：10，夹砂灰褐陶。残高 7.3 厘米（图六五，5）。

标本 T4808 ⑥：76，夹砂灰褐陶。口径 22.8、残高 6.1 厘米（图六五，6）。

标本 T2710 ⑥：166，夹砂灰褐陶。口径 16.4、残高 4.4 厘米（图六五，7）。

标本 T3930 ⑥：28，夹砂灰褐陶。颈部饰一道凹弦纹。残高 5.4 厘米（图六五，9）。

Be 型　40 件。

标本 T4113 ⑥：10，夹砂灰褐陶。口径 16.7、残高 4.4 厘米（图六四，4）。

标本 T4714 ⑥：39，夹砂灰褐陶。口径 13.4、残高 5.3 厘米（图六四，5）。

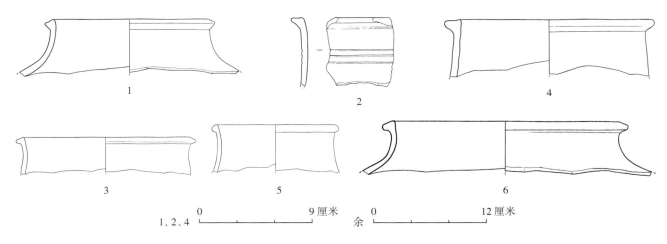

图六四　第⑥层出土高领罐

1~3. Bd 型 T4515⑥：7、T2710⑥：268、T4706⑥：7　4~6. Be 型 T4113⑥：10、T4714⑥：39、T5307⑥：13

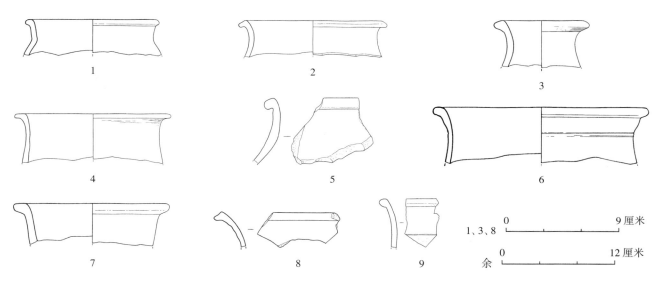

图六五　第⑥层出土高领罐

1~4、6、7. Bf 型 T3424⑥：17、T4103⑥：6、T3425⑥：26、T4915⑥：7、T4808⑥：76、T2710⑥：166　5、9. Ba 型 T4807⑥：10、
T3930⑥：28　8. Bg 型 T4406⑥：8

标本 T5307⑥：13，夹砂灰褐陶。口径 26.0、残高 5.8 厘米（图六四，6）。

Bf 型　4 件。

标本 T3424⑥：17，泥质黑皮陶。口径 10.6、残高 2.7 厘米（图六五，1）。

标本 T4103⑥：6，泥质黑皮陶。口径 15.6、残高 4.0 厘米（图六五，2）。

标本 T3425⑥：26，夹砂灰褐陶。口径 7.6、残高 3.9 厘米（图六五，3）。

Bg 型　19 件。

标本 T4406⑥：8，夹砂灰褐陶。残高 2.9 厘米（图六五，8）。

3．束颈罐

152 件。

A 型　58 件。

Aa 型　22 件。

标本 T3928⑥：21，夹砂灰褐陶。口径 17.0、残高 4.6 厘米（图六六，1）。

标本 T4802⑥：31，夹砂灰褐陶。口径 17.0、残高 4.2 厘米（图六六，2）。

标本 T3323⑥：3，夹砂灰褐陶。口径 15.6、残高 3.4 厘米（图六六，3）。

标本 T2710⑥：217，夹砂灰褐陶。圆唇。口径 16.0、残高 3.1 厘米（图六六，4）。

Ab 型　20 件。

标本 T4905⑥：19，夹砂灰褐陶。尖唇。肩部饰有绳纹和凹弦纹。口径 21.0、残高 6.6 厘米（图六六，5）。

标本 T4405⑥：10，夹砂灰褐陶。口径 15.0、残高 2.6 厘米（图六六，6）。

标本 T3916⑥：17，夹砂灰褐陶。口径 10.8、残高 2.2 厘米（图六六，7）。

标本 T3718⑥：3，夹砂灰褐陶。口径 12.0、残高 3.0 厘米（图六六，8）。

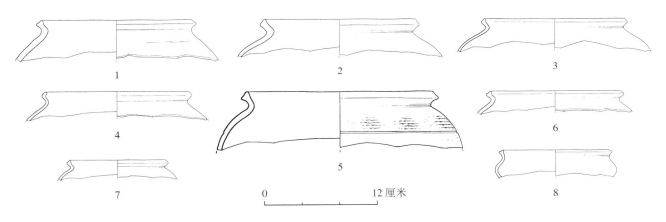

图六六　第⑥层出土 Aa、Ab 型束颈罐

1~4. Aa 型 T3928⑥：21、T4802⑥：31、T3323⑥：3、T2710⑥：217　5~8. Ab 型 T4905⑥：19、T4405⑥：10、T3916⑥：17、T3718⑥：3

Ac 型　6 件。

Ac 型 I 式　4 件。

标本 T4407⑥：3，夹砂灰褐陶。口径 13.4、残高 2.6 厘米（图六七，1）。

标本 T4507⑥：13，夹砂灰褐陶。口径 10.8、残高 3.7 厘米（图六七，2）。

Ac 型 II 式　2 件。

标本 T4405⑥：9，夹砂灰褐陶。残高 4.0 厘米（图六七，3）。

Ae 型 II 式　3 件。

标本 T3928⑥：7，夹砂灰褐陶。口径 13.8、残高 4.5 厘米（图六七，4）。

标本 T2710⑥：215，夹砂灰褐陶。口径 13.4、残高 3.7 厘米（图六七，5）。

Af 型　8 件。

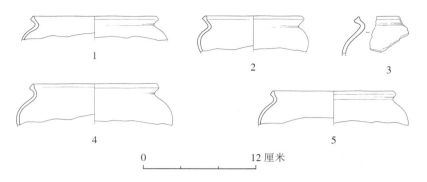

0   12 厘米

图六七　第⑥层出土 Ac、Ae 型束颈罐

1、2. Ac 型 I 式 T4407⑥: 3、T4507⑥: 13　3. Ac 型 II 式 T4405⑥: 9　4、5. Ae 型 II 式 T3928⑥: 7、T2710⑥: 215

Af 型 I 式　3件。

标本 T4808⑥: 24，夹砂灰褐陶。肩部饰一条凹弦纹。口径 12.4、残高 3.7 厘米（图六八，1）。

标本 T4807⑥: 39，夹砂灰褐陶。口径 12.8、残高 3.3 厘米（图六八，2）。

Af 型 II 式　5件。

标本 T3425⑥: 23，夹砂灰褐陶。肩部饰一条凹弦纹。口径 14.6、残高 4.0 厘米（图六八，3）。

标本 T3420⑥: 1，夹砂灰褐陶。口径 16.8、残高 3.0 厘米（图六八，4）。

标本 T2710⑥: 80，夹砂灰褐陶。肩部饰交错绳纹。口径 24.6、残高 5.5 厘米（图六八，5）。

Ai 型　2件。

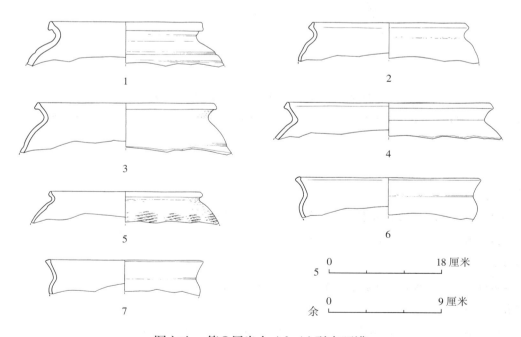

5　0　　　　　18 厘米

余　0　　　　　9 厘米

图六八　第⑥层出土 Af、Ai 型束颈罐

1、2. Af 型 I 式 T4808⑥: 24、T4807⑥: 39　3~5. Af 型 II 式 T3425⑥: 23、T3420⑥: 1、T2710⑥: 80　6、7. Ai 型 T3422⑥: 9、T3422⑥: 11

标本 T3422⑥：9，夹砂灰褐陶。口径14.8、残高3.3厘米（图六八，6）。

标本 T3422⑥：11，夹砂灰褐陶。口径12.6、残高2.8厘米（图六八，7）。

B 型 17件。侈口，以圈足罐居多，少量平底罐。

Ba 型 I 式 5件。广肩，卷沿，多为方唇。

标本 T2709⑥：22，夹砂灰褐陶。方唇，长颈。肩部饰一条凹弦纹。口径32.0、残高6.2厘米（图六九，1）。

标本 T4806⑥：9，夹砂灰褐陶。口径25.6、残高2.9厘米（图六九，2）。

标本 T2710⑥：74，夹砂灰褐陶。肩部饰有绳纹。口径20.8、残高5.0厘米（图六九，3）。

Bb 型 9件。

标本 T3625⑥：22，夹砂灰褐陶。口径27.0、残高8.3厘米（图六九，4）。

标本 T2710⑥：169，夹砂灰褐陶。口径31.4、残高4.0厘米（图六九，5）。

标本 T4405⑥：4，夹砂灰褐陶。口径23.0、残高3.6厘米（图六九，6）。

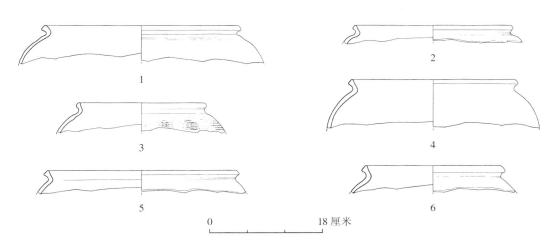

图六九 第⑥层出土 Ba、Bb 型束颈罐

1~3. Ba 型 I 式 T2709⑥：22、T4806⑥：9、T2710⑥：74 4~6. Bb 型 T3625⑥：22、T2710⑥：169、T4405⑥：4

Be 型 3件。折沿外翻。

标本 T2710⑥：27，夹砂灰褐陶。肩部饰有两条平行凹弦纹和间断斜向绳纹。口径33.4、残高5.8厘米（图七〇，1）。

Ca 型 23件。

标本 T3915⑥：14，夹砂灰褐陶。圆唇，短颈。口径31.4、残高4.6厘米（图七〇，2）。

标本 T2710⑥：135，夹砂灰褐陶。肩部饰一条凹弦纹。口径28.5、残高4.6厘米（图七〇，3）。

标本 T5308⑥：6，夹砂灰褐陶。口径27.0、残高6.7厘米（图七〇，4）。

标本 T4897⑥：54，夹砂灰褐陶。近直口，圆唇。口径30.9、残高3.6厘米（图七〇，5）。

Cb 型 37件。

标本 T4112⑥：1，夹砂灰褐陶。肩部饰一条凹弦纹。口径29.4、残高3.8厘米（图七〇，6）。

标本 T4710⑥：12，夹砂灰褐陶。口径31.0、残高2.5厘米（图七〇，7）。

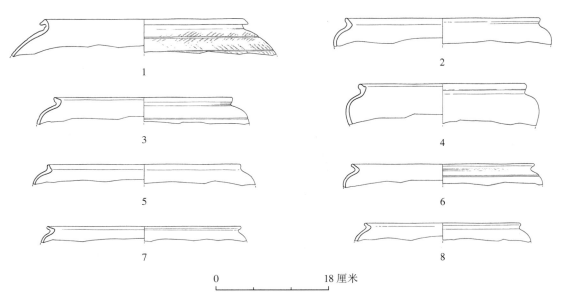

0 —————————— 18 厘米

图七〇　第⑥层出土 Be、Ca、Cb 型束颈罐

1. Be 型 T2710 ⑥：27　2~5. Ca 型 T3915 ⑥：14、T2710 ⑥：135、T5308 ⑥：6、T4897 ⑥：54　6~8. Cb 型 T4112 ⑥：1、T4710 ⑥：12、T4808 ⑥：61

　　标本 T4808 ⑥：61，夹砂灰褐陶。口径 25.0、残高 3.0 厘米（图七〇，8）。

　　标本 T4107 ⑥：2，夹砂灰褐陶。圆唇，短颈。口径 25.0、残高 4.0 厘米（图七一，1）。

　　标本 T3518 ⑥：10，夹砂灰褐陶。口径 25.4、残高 4.5 厘米（图七一，2）。

　　Cc 型　15 件。

　　标本 T4802 ⑥：17，夹砂灰褐陶。口径 25.0、残高 3.4 厘米（图七一，3）。

　　标本 T4101 ⑥：67，夹砂灰褐陶。口径 27.6、残高 2.8 厘米（图七一，4）。

　　标本 T4214 ⑥：10，夹砂灰褐陶。口径 27.4、残高 3.7 厘米（图七一，5）。

　　标本 T4215 ⑥：40，夹砂灰褐陶。口径 28.4、残高 3.3 厘米（图七一，6）。

　　标本 T2409 ⑥：13，夹砂灰褐陶。口径 29.8、残高 6.4 厘米（图七一，7）。

　　标本 T4903 ⑥：14，夹砂灰褐陶。尖圆唇。口径 28.6、残高 2.6 厘米（图七一，8）。

　　标本 T4015 ⑥：9，夹砂灰褐陶。圆唇。口径 35.8、残高 3.0 厘米（图七一，9）。

　　标本 T4805 ⑥：1，夹砂灰褐陶。口径 31.2、残高 3.6 厘米（图七一，10）。

　　Db 型　2 件。器形较小，口略侈，胎壁较厚，可能为明器。

　　标本 T2313 ⑥：18，夹砂灰褐陶。口径 9.6、残高 4.3 厘米（图七一，11）。

4. 钵

1 件。

　　标本 T4515 ⑥：26，夹砂灰褐陶。圆唇。腹部饰有两条平行弦纹。口径 18.4、残高 4.3 厘米（图七二，1）。

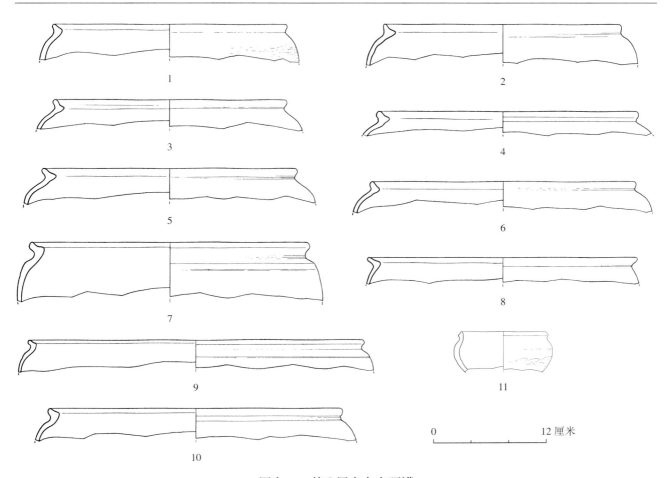

图七一　第⑥层出土束颈罐

1、2. Cb 型 T4107 ⑥：2、T3518 ⑥：10　3~10. Cc 型 T4802 ⑥：17、T4101 ⑥：67、T4214 ⑥：10、T4215 ⑥：40、T2409 ⑥：13、T4903 ⑥：14、
T4015 ⑥：9、T4805 ⑥：1　11. Db 型 T2313 ⑥：18

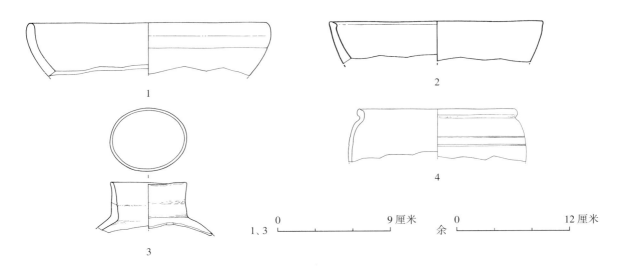

图七二　第⑥层出土陶器

1. 钵 T4515 ⑥：26　2. 钵形器 T4707 ⑥：3　3. 壶形器 T2609 ⑥：1　4. 筒形器 T3621 ⑥：11

5. 钵形器

1件。

标本 T4707⑥：3，夹砂褐陶。口径 22.6、残高 4.6 厘米（图七二，2）。

6. 尊形器

14件。

Aa 型　5件。

标本 T4801⑥：7，夹砂灰褐陶。腹部饰一条凹弦纹。口径 27.0、残高 3.8 厘米（图七三，1）。

标本 T4506⑥：7，泥质黑皮陶。腹部饰有三条平行凹弦纹。口径 19.4、残高 5.0 厘米（图七三，2）。

标本 T4903⑥：32，泥质黑皮陶。口径 27.0、残高 3.5 厘米（图七三，3）。

标本 T4903⑥：26，泥质黑皮陶。口径 26.0、残高 3.7 厘米（图七三，4）。

Ab 型　1件。

标本 T3526⑥：10，泥质黑皮陶。腹部饰有两条平行凹弦纹，弦纹之间再饰一圈戳印圆圈纹。残高 3.9 厘米（图七三，5）。

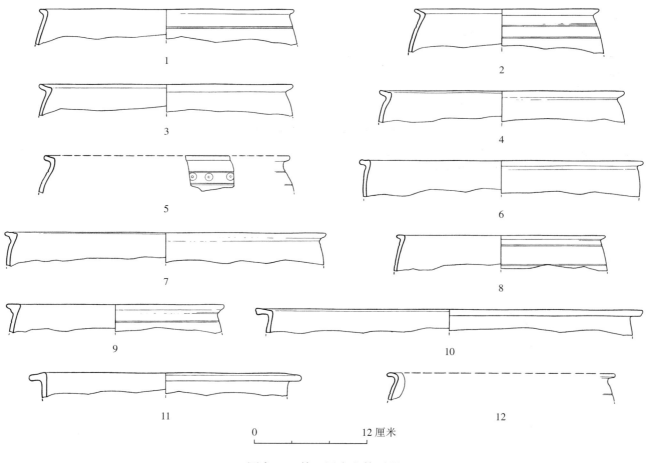

0　　　　　　12厘米

图七三　第⑥层出土尊形器

1~4. Aa 型 T4801⑥：7、T4506⑥：7、T4903⑥：32、T4903⑥：26　5. Ab 型 T3526⑥：10　6、7. Ba 型 T4702⑥：28、T4916⑥：22　8、9. Bb 型 T4706⑥：1、T4316⑥：18　10. Bc 型 T3509⑥：5　11. C 型 T4402⑥：31　12. D 型 T4314⑥：21

Ba 型　3 件。

标本 T4702 ⑥：28，夹砂灰褐陶。口径 30.0、残高 4.2 厘米（图七三，6）。

标本 T4916 ⑥：22，夹砂灰褐陶。口径 34.0、残高 3.5 厘米（图七三，7）。

Bb 型　2 件。

标本 T4706 ⑥：1，夹砂灰褐陶。口径 22.0、残高 3.8 厘米（图七三，8）。

标本 T4316 ⑥：18，泥质黑皮陶。口径 23.0、残高 3.1 厘米（图七三，9）。

Bc 型　1 件。

标本 T3509 ⑥：5，泥质黑皮陶。口径 41.0、残高 2.5 厘米（图七三，10）。

C 型　1 件。

标本 T4402 ⑥：31，泥质黑皮陶。口径 29.0、残高 2.7 厘米（图七三，11）。

D 型　1 件。

标本 T4314 ⑥：21，泥质黑皮陶。腹部饰一条凹弦纹。残高 3.0 厘米（图七三，12）。

7. 壶形器

1 件。

标本 T2609 ⑥：1，夹砂灰褐陶。口径 6.1、残高 4.4 厘米（图七二，3）。

8. 簋形器

27 件。

B 型　27 件。

Ba 型　5 件。

标本 T4408 ⑥：12，夹砂灰褐陶。口径 27.0、残高 6.2 厘米（图七四，1）。

标本 T4905 ⑥：2，夹砂灰褐陶。唇部饰间断斜向绳纹。口径 29.0、残高 5.2 厘米（图七四，2）。

标本 T4913 ⑥：1，夹砂灰褐陶。口径 28.4、残高 5.7 厘米（图七四，3）。

Bb 型　4 件。

标本 T3716 ⑥：2，夹砂灰褐陶。口径 33.0、残高 7.0 厘米（图七四，4）。

标本 T5307 ⑥：3，夹砂灰褐陶。口径 32.0、残高 4.1 厘米（图七四，5）。

标本 T3617 ⑥：1，夹砂灰褐陶。口径 31.2、残高 4.8 厘米（图七四，6）。

标本 T4915 ⑥：35，夹砂灰褐陶。口径 31.0、残高 4.5 厘米（图七四，7）。

Bc 型 I 式　3 件。

标本 T3526 ⑥：1，夹砂灰褐陶。口径 36.0、残高 9.2 厘米（图七五，1）。

标本 T4807 ⑥：19，夹砂灰褐陶。口径 31.6、残高 7.7 厘米（图七五，2）。

标本 T3828 ⑥：5，夹砂灰褐陶。口径 20.6、残高 8.3 厘米（图七五，3）。

Bc 型 II 式　7 件。

标本 T4507 ⑥：22，夹砂灰褐陶。残高 5.3 厘米（图七五，4）。

标本 T4506 ⑥：8，夹砂灰褐陶。残高 4.9 厘米（图七五，5）。

标本 T3930 ⑥：7，夹砂灰褐陶。残高 4.3 厘米（图七五，6）。

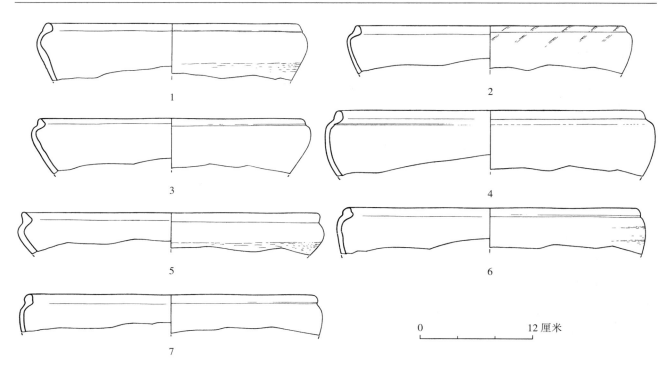

图七四　第⑥层出土簋形器

1~3. Ba 型 T4408 ⑥：12、T4905 ⑥：2、T4913 ⑥：1　4~7. Bb 型 T3716 ⑥：2、T5307 ⑥：3、T3617 ⑥：1、T4915 ⑥：35

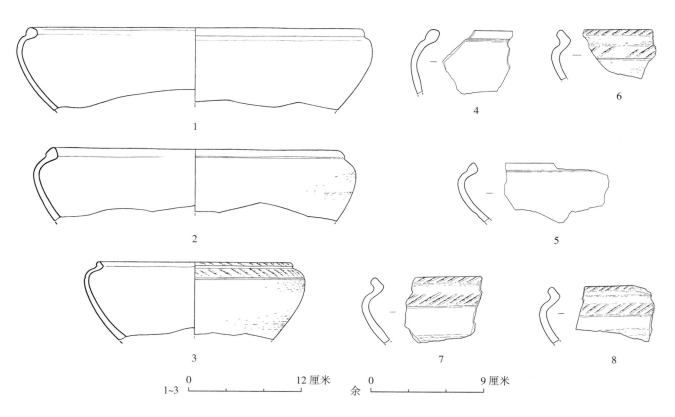

图七五　第⑥层出土 Bc 型簋形器

1~3. Ⅰ式 T3526 ⑥：1、T4807 ⑥：19、T3828 ⑥：5　4~8. Ⅱ式 T4507 ⑥：22、T4506 ⑥：8、T3930 ⑥：7、T3930 ⑥：10、T4030 ⑥：8

标本 T3930⑥：10，夹砂灰褐陶。残高 5.4 厘米（图七五，7）。

标本 T4030⑥：8，夹砂灰褐陶。残高 4.6 厘米（图七五，8）。

Bd 型　8 件。

标本 T3828⑥：38，夹砂灰褐陶。厚圆唇。口径约 39.0、残高 7.2 厘米（图七六，1）。

标本 T3830⑥：1，夹砂灰褐陶。口径 43.0、残高 10.7 厘米（图七六，2）。

标本 T3515⑥：5，夹砂灰褐陶。圆唇，沿部内侧有凹槽，似子母口。口径 52.0、残高 5.7 厘米（图七六，3）。

标本 T4908⑥：9，夹砂灰褐陶。沿部内侧有凹槽，似子母口。肩部略鼓。口径 48.0、残高 8.4 厘米（图七六，4）。

标本 T4808⑥：8，夹砂灰褐陶。口径 43.5、残高 8.1 厘米（图七六，5）。

标本 T4103⑥：9，夹砂灰褐陶。口径 28.0、残高 4.2 厘米（图七六，6）。

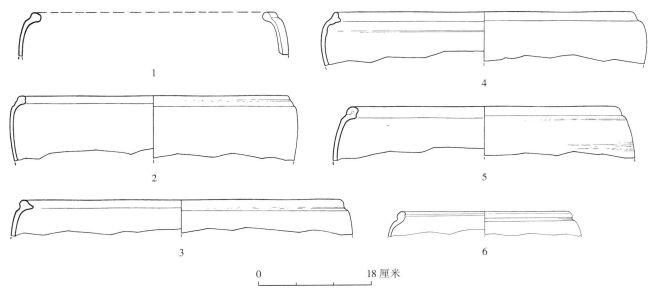

0 ————— 18 厘米

图七六　第⑥层出土 Bd 型篮形器

1~6. T3828⑥：38、T3830⑥：1、T3515⑥：5、T4908⑥：9、T4808⑥：8、T4103⑥：9

9. 筒形器（罐）

2 件。

标本 T3621⑥：11，夹砂灰褐陶。整体呈筒状。圆唇，敛口，长弧腹。腹部饰有两条平行凹弦纹。口径 17.2、残高 5.8 厘米（图七二，4）。

10. 壶

42 件。

Aa 型　18 件。

标本 T4212⑥：3，泥质红褐陶。口径 12.6、残高 4.2 厘米（图七七，1）。

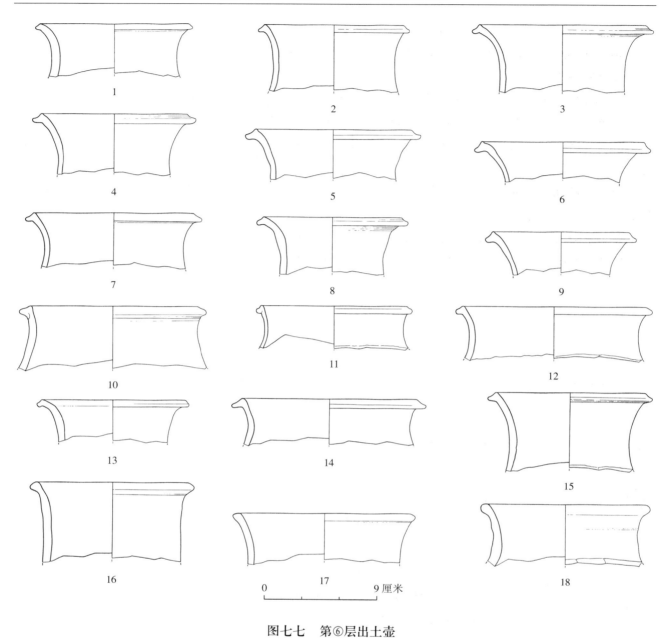

图七七　第⑥层出土壶

1~9. Aa 型 T4212 ⑥：3、T4703 ⑥：13、T3709 ⑥：7、T4901 ⑥：50、T3930 ⑥：14、T4101 ⑥：49、T4210 ⑥：4、T3905 ⑥：30、T3928 ⑥：16
10~15. Ab 型 T5011 ⑥：10、T4101 ⑥：6、T3916 ⑥：40、T3905 ⑥：3、T4808 ⑥：18、T3930 ⑥：15　16~18. Bb 型 T4213 ⑥：5、T4507 ⑥：73、T4507 ⑥：44

　　标本 T4703 ⑥：13，夹砂灰褐陶。口径 12.0、残高 5.2 厘米（图七七，2）。

　　标本 T3709 ⑥：7，泥质黑皮陶。口径 14.4、残高 5.6 厘米（图七七，3）。

　　标本 T4901 ⑥：50，泥质黑皮陶。口径 13.0、残高 5.0 厘米（图七七，4）。

　　标本 T3930 ⑥：14，泥质黑皮陶。口径 14.0、残高 4.1 厘米（图七七，5）。

　　标本 T4101 ⑥：49，泥质黑皮陶。口径 14.0、残高 3.2 厘米（图七七，6）。

　　标本 T4210 ⑥：4，泥质黑皮陶。口径 14.0、残高 4.5 厘米（图七七，7）。

　　标本 T3905 ⑥：30，泥质黑皮陶。口径 12.0、残高 4.6 厘米（图七七，8）。

标本 T3928⑥：16，泥质黑皮陶。口径 10.8、残高 3.3 厘米（图七七，9）。

Ab 型　13 件。

标本 T5011⑥：10，泥质黑皮陶。口径 14.8、残高 5.3 厘米（图七七，10）。

标本 T4101⑥：6，夹砂灰褐陶。口径 12.3、残高 3.5 厘米（图七七，11）。

标本 T3916⑥：40，泥质黑皮陶。口径 15.6、残高 4.5 厘米（图七七，12）。

标本 T3905⑥：3，泥质黑皮陶。口径 12.0、残高 3.5 厘米（图七七，13）。

标本 T4808⑥：18，泥质黑皮陶。口径 15.4、残高 4.0 厘米（图七七，14）。

标本 T3930⑥：15，泥质黑皮陶。口径 13.0、残高 6.5 厘米（图七七，15）。

Bb 型　5 件。

标本 T4213⑥：5，泥质灰陶。口径 13.0、残高 6.7 厘米（图七七，16）。

标本 T4507⑥：73，泥质灰陶。口径 14.4、残高 4.2 厘米（图七七，17）。

标本 T4507⑥：44，泥质黑皮陶。口径 13.4、残高 5.2 厘米（图七七，18）。

Ca 型　3 件。

标本 T4710⑥：34，泥质黑皮陶。口径 13.5、残高 5.4 厘米（图七八，1）。

标本 T4901⑥：37，夹砂灰褐陶。口径 13.0、残高 5.3 厘米（图七八，2）。

Cb 型　1 件。

标本 T3905⑥：11，泥质黑皮陶。口径 13.6、残高 3.3 厘米（图七八，3）。

D 型　2 件。

标本 T5002⑥：5，泥质黑皮陶。口径 13.5、残高 5.3 厘米（图七八，4）。

标本 T4113⑥：23，夹砂灰褐陶。口径 12.4、残高 5.0 厘米（图七八，5）。

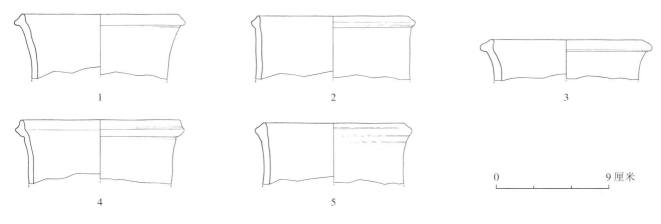

图七八　第⑥层出土壶

1、4. Ca 型 T4710⑥：34、T4901⑥：37　2、5. D 型 T5002⑥：5、T4113⑥：23　3. Cb 型 T3905⑥：11

11. 盆

132 件。

Aa 型　24 件。

标本 T4507⑥：79，夹砂灰褐陶。圆唇。腹部饰有弦纹。口径 29.6、残高 7.2 厘米（图七九，1）。

标本 T4515⑥：19，夹砂灰褐陶。口径 27.6、残高 5.2 厘米（图七九，2）。

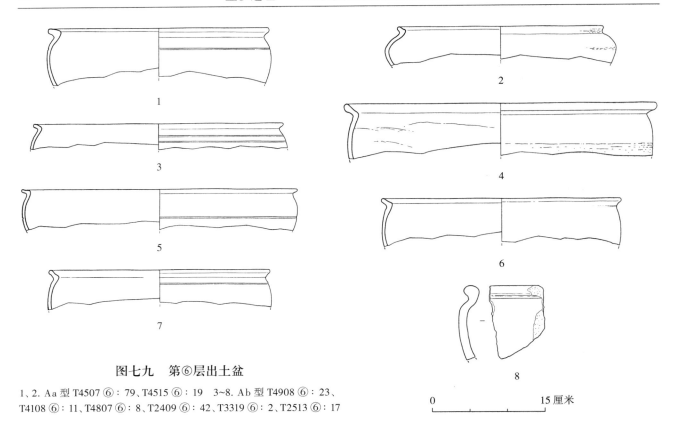

图七九　第⑥层出土盆

1、2. Aa 型 T4507 ⑥：79、T4515 ⑥：19　3~8. Ab 型 T4908 ⑥：23、
T4108 ⑥：11、T4807 ⑥：8、T2409 ⑥：42、T3319 ⑥：2、T2513 ⑥：17

0　　　　　　　　　15 厘米

Ab 型　18 件。

标本 T4908 ⑥：23，夹砂灰褐陶。腹部饰两条凹弦纹。口径 33.0、残高 3.7 厘米（图七九，3）。

标本 T4108 ⑥：11，夹砂灰褐陶。口径 42.0、残高 7.6 厘米（图七九，4）。

标本 T 4807 ⑥：8，夹砂灰褐陶。近平沿。腹部饰有一条凹弦纹。口径 37.0、残高 5.7 厘米（图七九，5）。

标本 T2409 ⑥：42，夹砂灰褐陶。口径 32.0、残高 6.4 厘米（图七九，6）。

标本 T3319 ⑥：2，夹砂灰褐陶。腹部饰一条凹弦纹。口径 29.6、残高 5.2 厘米（图七九，7）。

标本 T2513 ⑥：17，夹砂灰褐陶。圆唇。残高 6.2 厘米（图八〇，7）。

Ac 型　5 件。

标本 T4515 ⑥：6，夹砂灰褐陶。腹部饰有两条平行凹弦纹。口径 31.0、残高 6.2 厘米（图八〇，1）。

标本 T3527 ⑥：10，夹砂灰褐陶。腹部饰有两条平行凹弦纹。口径 30.5、残高 6.0 厘米（图八〇，2）。

Ad 型　5 件。

标本 T4704 ⑥：7，夹砂灰褐陶。口径 32.0、残高 2.2 厘米（图八〇，3）。

标本 T3515 ⑥：17，夹砂灰褐陶。口径 32.0、残高 2.1 厘米（图八〇，4）。

标本 T2710 ⑥：283，夹砂灰褐陶。圆唇。唇部和腹部饰斜向绳纹。口径 21.6、残高 4.2 厘米（图八〇，5）。

标本 T4802 ⑥：23，夹砂灰褐陶。厚圆唇。残高 6.0 厘米（图八〇，6）。

Ba 型　8 件。

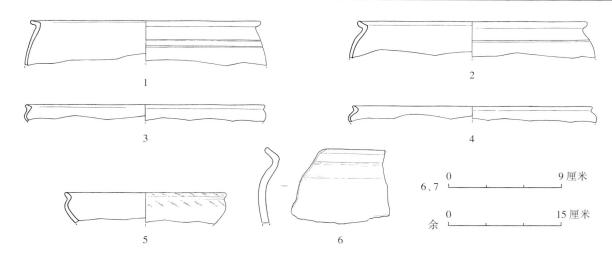

图八○　第⑥层出土盆

1、2. Ac 型 T4515 ⑥：6、T3527 ⑥：10　3~6. Ad 型 T4704 ⑥：7、T3515 ⑥：17、T2710 ⑥：283、T4802 ⑥：23

标本 T2710 ⑥：59，夹砂灰褐陶。圆唇。腹部饰有两条平行凹弦纹。口径 28.0、残高 6.2 厘米（图八一，1）。

Bc 型　34 件。

标本 T3927 ⑥：7，夹砂灰褐陶。口径 37.0、残高 3.3 厘米（图八一，2）。

标本 T3928 ⑥：8，夹砂灰褐陶。口径 46.5、残高 3.0 厘米（图八一，3）。

标本 T3927 ⑥：8，夹砂灰褐陶。残高 3.3 厘米（图八一，4）。

标本 T4714 ⑥：7，夹砂灰褐陶。残高 3.3 厘米（图八一，5）。

Ca 型　24 件。此类器物亦可能是盆，也可能是罐，盆形器可能性较大。

标本 T2513 ⑥：3，夹砂灰褐陶。圆唇。口径 55.5、残高 12.9 厘米（图八二，1）。

标本 T4507 ⑥：81，夹砂灰褐陶。圆唇，宽折沿。残高 8.1 厘米（图八二，2）。

Da 型　5 件。

标本 T3425 ⑥：14，夹砂灰褐陶。口径 48.0、残高 4.1 厘米（图八二，3）。

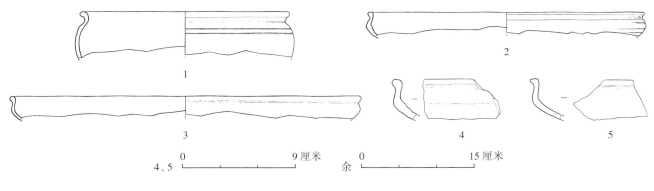

图八一　第⑥层出土盆

1. Ba 型 T2710 ⑥：59　2~5. Bc 型 T3927 ⑥：7、T3928 ⑥：8、T3927 ⑥：8、T4714 ⑥：7

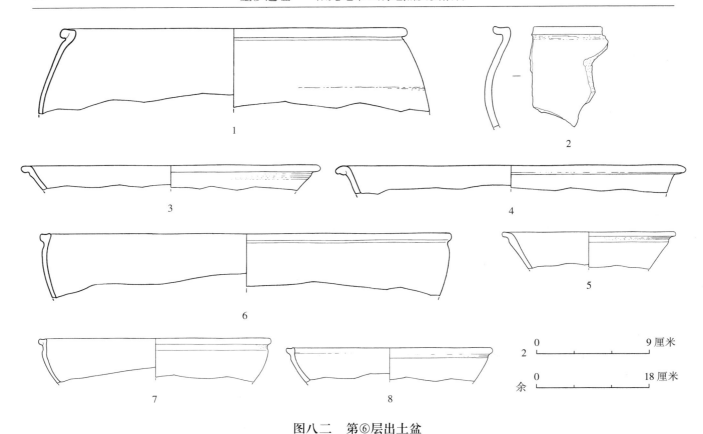

图八二　第⑥层出土盆

1、2. Ca 型 T2513⑥∶3、T4507⑥∶81　3、4. Da 型 T3425⑥∶14、T3317⑥∶4　5. Db 型 T4507⑥∶76　6. Ea 型 T3619⑥∶1　7、8. Eb 型 T3707⑥∶2、T4213⑥∶2

标本 T3317⑥∶4，夹砂灰褐陶。口径 56.0、残高 4.6 厘米（图八二，4）。

Db 型　2 件。

标本 T4507⑥∶76，夹砂灰褐陶。口径 28.0、残高 6.2 厘米（图八二，5）。

Ea 型　3 件。

标本 T3619⑥∶1，夹砂灰褐陶。口径 66.0、残高 10.2 厘米（图八二，6）。

Eb 型　4 件。

标本 T4213⑥∶2，夹砂灰褐陶。口径 33.0、残高 5.2 厘米（图八二，8）。

标本 T3707⑥∶2，夹砂灰褐陶。口径 37.4、残高 7.2 厘米（图八二，7）。

12. 瓮

208 件。

Aa 型　28 件。

标本 T2710⑥∶4，夹砂灰褐陶。口径 62.0、残高 13.4 厘米（图八三，1）。

标本 T3621⑥∶12，夹砂灰褐陶。卷沿。口径 63.9、残高 6.9 厘米（图八三，2）。

标本 T4903⑥∶31，夹砂褐陶。圆唇。口径 62.0、残高 7.0 厘米（图八三，3）。

标本 T2513⑥∶9，夹砂灰褐陶。口径 52.0、残高 4.5 厘米（图八三，4）。

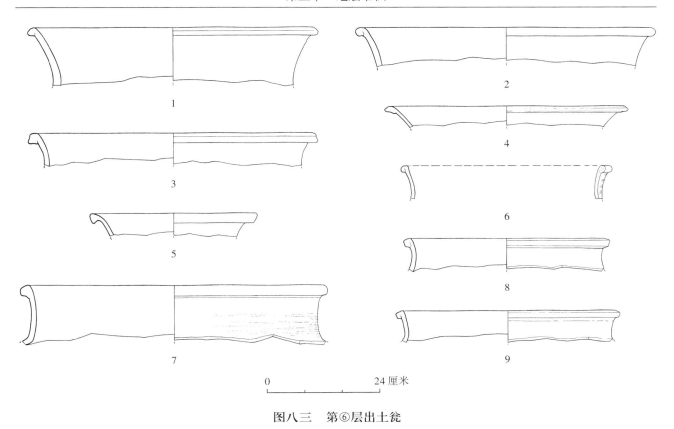

图八三　第⑥层出土瓮

1~5. Aa 型 T2710 ⑥ : 4、T3621 ⑥ : 12、T4903 ⑥ : 31、T2513 ⑥ : 9、T4814 ⑥ : 11　6~9. Ab 型 T4710 ⑥ : 2、T4714 ⑥ : 34、T3421 ⑥ : 6、T4113 ⑥ : 8

标本 T4814 ⑥ : 11，夹砂灰褐陶。方唇，折沿。口径 35.4、残高 5.4 厘米（图八三，5）。

Ab 型　29 件。

标本 T4710 ⑥ : 2，夹砂灰褐陶。口径约 44.8、残高 7.2 厘米（图八三，6）。

标本 T4714 ⑥ : 34，夹砂灰褐陶。口径 65.2、残高 13.0 厘米（图八三，7）。

标本 T3421 ⑥ : 6，夹砂灰褐陶。口径 43.8、残高 6.9 厘米（图八三，8）。

标本 T4113 ⑥ : 8，夹砂灰褐陶。方唇。口径 48.0、残高 6.9 厘米（图八三，9）。

Ad 型　56 件。

标本 T4508 ⑥ : 1，夹砂灰褐陶。方唇。口径 38.1、残高 6.3 厘米（图八四，1）。

标本 T4507 ⑥ : 27，夹砂灰褐陶。口微侈。领部饰有一条凹弦纹。口径 30.0、残高 7.2 厘米（图八四，2）。

标本 T4405 ⑥ : 1，夹砂灰褐陶。口微侈。口径 52.0、残高 10.8 厘米（图八四，3）。

Ba 型　12 件。

标本 T4808 ⑥ : 26，夹砂灰褐陶。卷沿。口径 62.0、残高 5.8 厘米（图八四，4）。

标本 T4515 ⑥ : 30，夹砂灰褐陶。口径 68.0、残高 5.0 厘米（图八四，5）。

标本 T5014 ⑥ : 2，夹砂褐陶。口径 65.2、残高 6.5 厘米（图八四，6）。

标本 T4814 ⑥ : 12，夹砂褐陶。厚圆唇。口径 61.6、残高 7.5 厘米（图八四，7）。

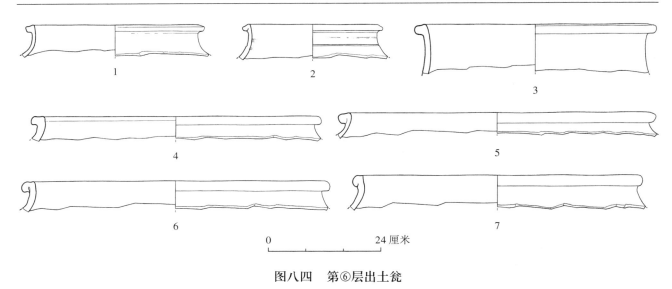

图八四　第⑥层出土瓮

1~3. Ad 型 T4508 ⑥：1、T4507 ⑥：27、T4405 ⑥：1　4~7. Ba 型 T4808 ⑥：26、T4515 ⑥：30、T5014 ⑥：2、T4814 ⑥：12

Bb 型　10 件。

标本 T3613 ⑥：1，夹砂灰褐陶。折沿。口径 42.0、残高 4.3 厘米（图八五，1）。

标本 T4814 ⑥：10，夹砂灰褐陶。肩部饰有菱形方格纹。口径 62.0、残高 5.6 厘米（图八五，2）。

标本 T4116 ⑥：4，夹砂灰褐陶。圆唇。口径 46.0、残高 5.3 厘米（图八五，3）。

Bc 型　5 件。

标本 T5312 ⑥：16，夹砂灰褐陶。口径 30.0、残高 5.4 厘米（图八五，4）。

标本 T4507 ⑥：39，夹砂灰褐陶。口径 38.0、残高 4.5 厘米（图八五，5）。

Bd 型　13 件。

标本 T4507 ⑥：81，夹砂褐陶。口径 38.0、残高 3.7 厘米（图八六，1）。

标本 T4215 ⑥：25，夹砂灰褐陶。口径 27.0、残高 3.3 厘米（图八六，2）。

标本 T5112 ⑥：5，夹砂灰褐陶。"标本 T"形唇。口径 30.0、残高 4.5 厘米（图八六，3）。

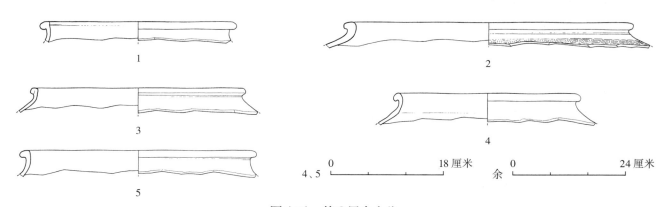

图八五　第⑥层出土瓮

1~3. Bb 型 T3613 ⑥：1、T4814 ⑥：10、T4116 ⑥：4　4、5. Bc 型 T5312 ⑥：16、T4507 ⑥：39

标本 T4004 ⑥：12，夹砂褐陶。口径 33.0、残高 6.7 厘米（图八六，4）。

标本 T3630 ⑥：3，夹砂灰褐陶。口径 27.0、残高 4.4 厘米（图八六，5）。

Be 型　1 件。

标本 T4108 ⑥：13，夹砂褐陶。方尖唇，折沿。口径 37.5、残高 6.9 厘米（图八六，6）。

Ca 型　18 件。

标本 T2409 ⑥：6，夹砂灰褐陶。肩部和唇部饰有绳纹。口径 46.0、残高 4.4 厘米（图八七，1）。

标本 T4714 ⑥：8，夹砂灰褐陶。口径 25.0、残高 3.6 厘米（图八七，2）。

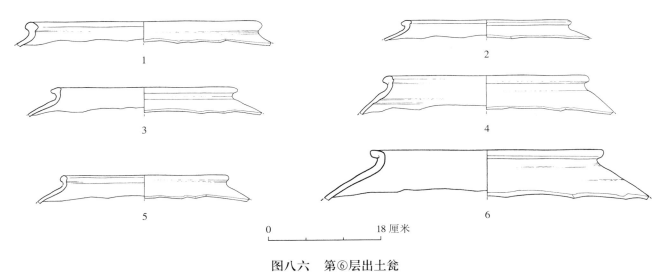

图八六　第⑥层出土瓮

1~5. Bd 型 T4507 ⑥：81、T4215 ⑥：25、T5112 ⑥：5、T4004 ⑥：12、T3630 ⑥：3　6. Be 型 T4108 ⑥：13

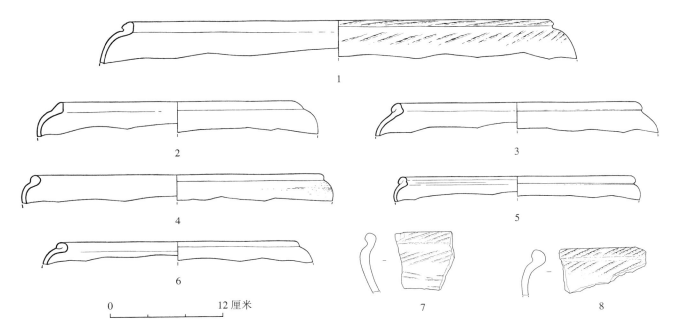

图八七　第⑥层出土瓮

1~6. Ca 型 T2409 ⑥：6、T4714 ⑥：8、T4706 ⑥：13、T3425 ⑥：20、T4101 ⑥：64、T3425 ⑥：27　7、8. Cb 型 T4602 ⑥：42、T2710 ⑥：21

标本 T4706⑥：13，夹砂灰褐陶。口径 26.8、残高 3.2 厘米（图八七，3）。

标本 T3425⑥：20，夹砂灰褐陶。口径 31.4、残高 3.0 厘米（图八七，4）。

标本 T4101⑥：64，夹砂灰褐陶。口径 25.2、残高 2.5 厘米（图八七，5）。

标本 T3425⑥：27，夹砂灰褐陶。口径 26.0、残高 2.3 厘米（图八七，6）。

Cb 型　27 件。

标本 T4602⑥：42，夹砂灰褐陶。肩部和唇部饰有绳纹。厚圆唇。残高 6.3 厘米（图八七，7）。

标本 T2710⑥：21，夹砂灰褐陶。肩部和唇部饰有绳纹。残高 5.0 厘米（图八七，8）。

标本 T2513⑥：18，夹砂灰褐陶。肩部和唇部饰有绳纹。口径 34.0、残高 5.2 厘米（图八八，1）。

标本 T4301⑥：23，夹砂灰褐陶。口径 44.0、残高 7.5 厘米（图八八，2）。

标本 T2710⑥：299，夹砂灰褐陶。肩部和唇部饰有绳纹。厚圆唇。残高 5.7 厘米（图八八，3）。

标本 T4901⑥：18，夹砂灰褐陶。肩部和唇部饰有绳纹。厚圆唇。残高 6.3 厘米（图八八，4）。

标本 T4915⑥：36，夹砂灰褐陶。肩部和唇部饰有绳纹。厚圆唇。残高 5.4 厘米（图八八，5）。

标本 T2710⑥：195，夹砂灰褐陶。肩部和唇部饰有绳纹。厚圆唇。残高 5.1 厘米（图八八，6）。

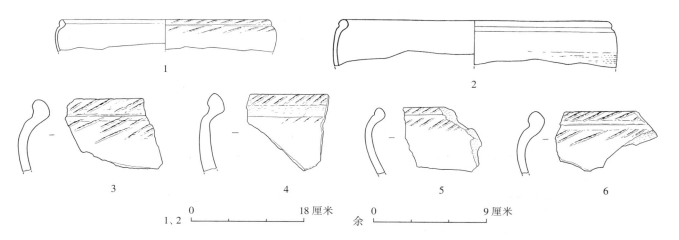

图八八　第⑥层出土 Cb 型瓮

1~6. T2513⑥：18、T4301⑥：23、T2710⑥：299、T4901⑥：18、T4915⑥：36、T2710⑥：195

Cc 型　9 件。

标本 T4507⑥：84，夹砂灰褐陶。口径 30.0、残高 3.3 厘米（图八九，1）。

标本 T5008⑥：1，夹砂灰褐陶。口径 31.0、残高 3.2 厘米（图八九，2）。

标本 T3424⑥：16，夹砂灰褐陶。口径 28.8、残高 2.4 厘米（图八九，3）。

标本 T4214⑥：40，夹砂灰褐陶。口径 42.6、残高 3.9 厘米（图八九，4）。

标本 T4113⑥：1，夹砂灰褐陶。口径 43.8、残高 6.6 厘米（图八九，5）。

标本 T4916⑥：9，夹砂灰褐陶。残高 2.7 厘米（图八九，6）。

13. 缸

59 件。

Aa 型　17 件。

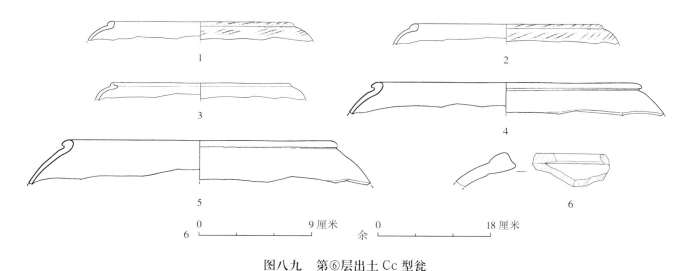

图八九 第⑥层出土 Cc 型瓮

1~6. T4507⑥：84、T5008⑥：1、T3424⑥：16、T4214⑥：40、T4113⑥：1、T4916⑥：9

标本 T4702⑥：29，夹砂灰褐陶。肩部饰三条平行凹弦纹。口径 55.6、残高 9.3 厘米（图九〇，1）。

Ab 型　7 件。

标本 T3625⑥：21，夹砂灰褐陶。口径 55.2、残高 5.0 厘米（图九〇，2）。

标本 T3627⑥：2，夹砂灰褐陶。肩部饰一条平行凹弦纹。口径 50.0、残高 9.2 厘米（图九〇，3）。

标本 T4808⑥：10，夹砂灰褐陶。肩部饰两条平行凹弦纹。口径 66.0、残高 7.2 厘米（图九〇，4）。

Ba 型　10 件。

标本 T4601⑥：1，夹砂灰褐陶。口径 56.0、残高 7.9 厘米（图九〇，5）。

标本 T2409⑥：1，夹砂灰褐陶。口径 62.0、残高 6.4 厘米（图九〇，6）。

标本 T2409⑥：2，夹砂灰褐陶。腹部饰有錾手。口径 72.0、残高 7.0 厘米（图九〇，7）。

标本 T4915⑥：21，夹砂灰褐陶。肩部饰一条平行凹弦纹。口径 52.0、残高 7.6 厘米（图九〇，8）。

标本 T4027⑥：4，夹砂灰褐陶。腹部饰有凹弦纹。口径 47.0、残高 5.6 厘米（图九〇，9）。

标本 T4901⑥：39，夹砂灰褐陶。腹部饰有凹弦纹。口径 34.6、残高 5.6 厘米（图九〇，10）。

Bb 型　15 件。

标本 T2710⑥：146，夹砂灰褐陶。腹部饰有一条凹弦纹。口径 57.2、残高 6.8 厘米（图九一，1）。

标本 T4203⑥：59，夹砂灰褐陶。肩部饰有一条凹弦纹。口径 61.0、残高 7.6 厘米（图九一，2）。

标本 T4303⑥：23，夹砂灰褐陶。口径 52.8、残高 4.3 厘米（图九一，3）。

标本 T2710⑥：27，夹砂灰褐陶。腹部饰有凹弦纹。口径 67.2、残高 5.1 厘米（图九一，4）。

标本 T4101⑥：50，夹砂灰褐陶。残高 5.5 厘米（图九一，5）。

标本 T3319⑥：10，夹砂灰褐陶。残高 2.5 厘米。

C 型　2 件。

标本 T4909⑥：8，夹砂灰褐陶。口径 59.2、残高 6.7 厘米（图九二，1）。

标本 T3627⑥：3，夹砂灰褐陶。腹部饰三条平行凹弦纹。口径 49.2、残高 8.7 厘米（图九二，2）。

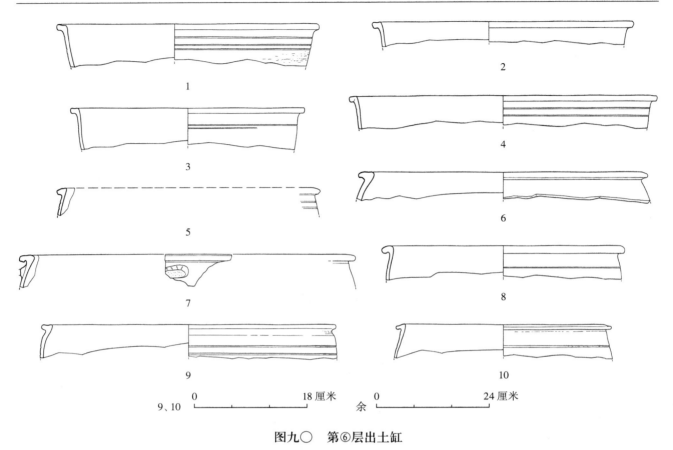

图九〇　第⑥层出土缸

1. Aa 型 T4702 ⑥：29　2~4. Ab 型 T3625 ⑥：21、T3627 ⑥：2、T4808 ⑥：10　5~10. Ba 型 T4601 ⑥：1、T2409 ⑥：1、T2409 ⑥：2、T4915 ⑥：21、T4027 ⑥：4、T4901 ⑥：39

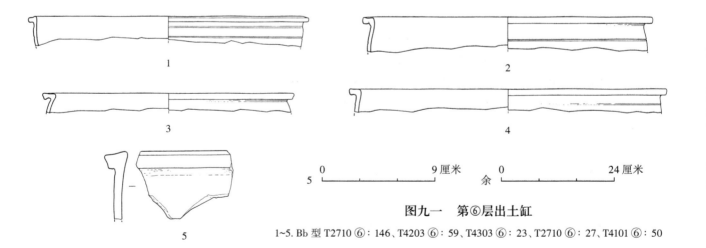

图九一　第⑥层出土缸

1~5. Bb 型 T2710 ⑥：146、T4203 ⑥：59、T4303 ⑥：23、T2710 ⑥：27、T4101 ⑥：50

D 型　4 件。

标本 T4412 ⑥：1，夹砂灰褐陶。腹部遗留轮制痕迹。口径 59.2、残高 7.5 厘米（图九二，3）。

标本 T2609 ⑥：3，夹砂灰褐陶。肩部饰两条平行凹弦纹。口径 61.6、残高 6.6 厘米（图九二，4）。

标本 T3626 ⑥：23，夹砂灰褐陶。腹部饰有凹弦纹。残高 4.3 厘米（图九二，5）。

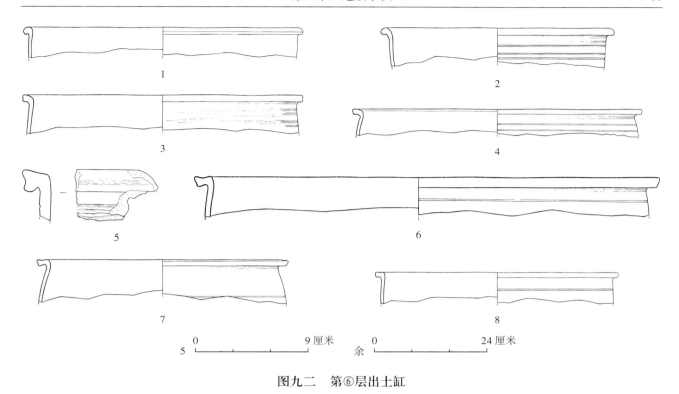

图九二 第⑥层出土缸

1、2. C 型 T4909⑥：8、T3627⑥：3　3～5. D 型缸 T4412⑥：1、T2609⑥：3、T3626⑥：23　6、7. E 型 T4506⑥：9、T3425⑥：2　8. F 型 T3627⑥：5

标本 T3717⑥：3，夹砂灰褐陶。腹部饰乳钉纹。残高 5.6 厘米。

标本 T4303⑥：23，夹砂灰褐陶。口径 54.0、残高 4.3 厘米。

E 型　3 件。

标本 T4506⑥：9，夹砂灰褐陶。腹部饰一条平行凹弦纹。口径 48.4、残高 8.8 厘米（图九二，6）。

标本 T3425⑥：2，夹砂灰褐陶。腹部饰一条平行凹弦纹。口径 52.8、残高 9.8 厘米（图九二，7）。

标本 T3611⑥：9，夹砂灰褐陶。残高 4.3 厘米。

F 型　1 件。

标本 T3627⑥：5，夹砂灰褐陶。腹部饰有一条凹弦纹。口径 51.4、残高 7.3 厘米（图九二，8）。

14．器盖

16 件。

Aa 型　8 件。

标本 T2710⑥：284，夹砂灰褐陶。直径 13.5、残高 3.5 厘米（图九三，1）。

标本 T3518⑥：6，夹砂灰褐陶。直径 18.0、残高 3.3 厘米（图九三，2）。

Ab 型　3 件。

标本 T4607⑥：2，夹砂灰褐陶。直径 14.0、残高 3.8 厘米（图九三，3）。

Ba 型　5 件。

标本 T4901⑥：20，夹砂灰褐陶。直径 34.8、残高 4.0 厘米（图九三，4）。

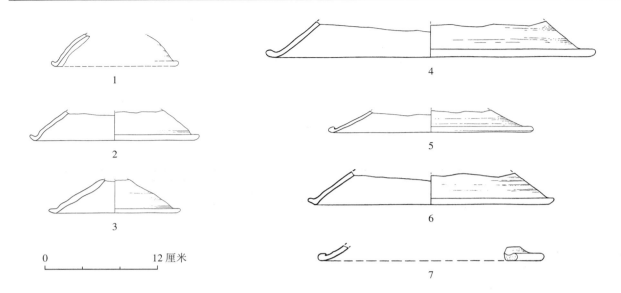

图九三 第⑥层出土器盖

1、2. Aa 型 T2710 ⑥：284、T3518 ⑥：6 3. Ab 型 T4607 ⑥：2 4~7. Ba 型 T4901 ⑥：20、T2710 ⑥：6、T2513 ⑥：19、T4706 ⑥：16

标本 T2710 ⑥：6，夹砂灰褐陶。直径 21.8、残高 2.4 厘米（图九三，5）。

标本 T2513 ⑥：19，夹砂灰褐陶。直径 26.0、残高 3.6 厘米（图九三，6）。

标本 T4706 ⑥：16，夹砂灰褐陶。残高 1.6 厘米（图九三，7）。

15. 盉形器

1件。

标本 T4611 ⑥：3，夹砂灰褐陶。直径 9.9、通高 4.8 厘米（图九四，1）。

16. 坩埚

3件。

Bb 型 2件。

标本 T4316 ⑥：30，夹砂红褐陶。残高 6.4 厘米（图九四，2）。

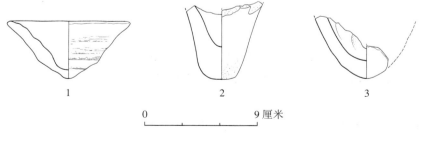

图九四 第⑥层出土陶器

1. 盉形器 T4611 ⑥：3 2. Bb 型坩埚 T4316 ⑥：30 3. Bc 型坩埚 T4101 ⑥：61

Bc 型　1 件。

标本 T4101 ⑥：61，夹砂红褐陶。残高 4.9 厘米（图九四，3）。

17．纺轮

3 件。

Aa 型　2 件。

标本 T4304 ⑥：1，泥质灰陶。上径 2.2、下径 2.0、最大径 3.8、孔径 0.2、高 1.8 厘米（图九五，1；彩版一〇，1）。

Ab 型　1 件。

标本 T4713 ⑥：1，泥质黑皮陶。腰部饰有两道凹弦纹。上径 2.1、下径 1.8、最大径 4.0、孔径 0.2、高 1.7 厘米（图九五，2；彩版一〇，2）。

Cb 型　1 件。束腰。

标本 T4913 ⑥：1，泥质黑皮陶。腰部上装饰有"↑"符号。上径 2.5、下径 3.6、最大径 4.0、孔径 0.25、高 2.6 厘米（图九五，3；彩版一〇，3）。

Ea 型　3 件。

标本 T4915 ⑥：6，夹砂灰褐陶。尚未穿孔，遗留有穿孔痕迹。直径 8.5、厚 0.9 厘米（图九五，5）。

Eb 型　5 件。

标本 T3608 ⑥：16，夹砂灰褐陶。周缘不规整。直径 5.3、孔径 0.6~2.3、厚 1.6 厘米（图九五，6）。

标本 T4615 ⑥：10，夹砂灰褐陶。一面遗留有原陶片上划纹。直径 4.8、孔径 0.7~1.6、厚 1.3 厘

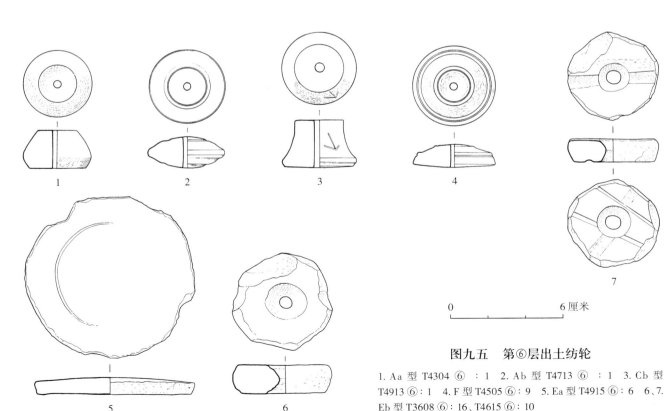

0　　　　　　　6 厘米

图九五　第⑥层出土纺轮

1. Aa 型 T4304 ⑥：1　2. Ab 型 T4713 ⑥：1　3. Cb 型 T4913 ⑥：1　4. F 型 T4505 ⑥：9　5. Ea 型 T4915 ⑥：6　6、7. Eb 型 T3608 ⑥：16、T4615 ⑥：10

米（图九五，7）。

F 型　1 件。

标本 T4505 ⑥：9，泥质褐陶。腰部有三道凸棱。上径 2.0、下径 4.4、孔径 0.15、高 1.3 厘米（图九五，4；彩版一〇，4）。

18．支柱

12 件。

A 型　6 件。

Aa 型　1 件。

标本 T4005 ⑥：21，夹砂灰褐陶。底径 7.3、残高 7.5 厘米（图九六，1）。

Ab 型　5 件。

标本 T4403 ⑥：19，夹砂灰褐陶。底径 5.2、残高 8.2 厘米（图九六，2）。

标本 T4303 ⑥：15，夹砂灰褐陶。底径 5.0、残高 5.5 厘米（图九六，3）。

标本 T4608 ⑥：13，夹砂灰褐陶。底径 6.3、残高 9.4 厘米（图九六，4）。

Ba 型　2 件。

标本 T3801 ⑥：43，夹砂灰褐陶。底径 8.7、残高 11.7 厘米（图九六，5）。

C 型　4 件。

Ca 型　1 件。

标本 T4001 ⑥：5，夹砂灰褐陶。底径 6.3、残高 5.5 厘米（图九六，6）。

Cb 型　3 件。

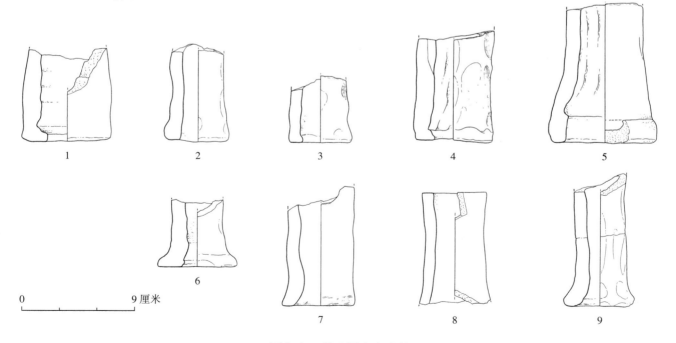

0 ————————— 9 厘米

图九六　第⑥层出土支柱

1. Aa 型 T4005 ⑥：21　2~4. Ab 型 T4403 ⑥：19、T4303 ⑥：15、T4608 ⑥：13　5. Ba 型 T3801 ⑥：43　6. Ca 型 T4001 ⑥：5　7~9. Cb 型 T4507 ⑥：107、T4608 ⑥：17、T4304 ⑥：14

标本 T4507 ⑥：107，夹砂灰褐陶。足径 5.6、残高 9.8 厘米（图九六，7）。

标本 T4608 ⑥：17，夹砂灰褐陶。口径 4.0、残高 9.2 厘米（图九六，8）。

标本 T4304 ⑥：14，夹砂灰褐陶。底径 5.6、残高 11.0 厘米（图九六，9）。

19．器座

9 件。

Ac 型　3 件。

标本 T4808 ⑥：21，泥质黑皮陶。仅存腰部镂空圆形陶片。残高 6.9 厘米（图九七，1）。

Bc 型　1 件。

标本 T3426 ⑥：11，夹砂灰陶。表面装饰"兽面纹"或"花瓣纹"。直径 41.0、厚 1.1、通高 6.2 厘米（图九七，6）。

D 型　4 件。

标本 T4403 ⑥：14，夹砂灰褐陶。足径 11.0、残高 5.1 厘米（图九七，2）。

标本 T4507 ⑥：21，夹砂灰褐陶。底径 8.4、残高 4.8 厘米（图九七，3）。

标本 T4808 ⑥：40，夹砂灰褐陶。底径 12.0、残高 4.3 厘米（图九七，4）。

E 型　1 件。

标本 T2710 ⑥：10，夹砂灰褐陶。仅存足部。足径 19.6、残高 4.7 厘米（图九七，5）。

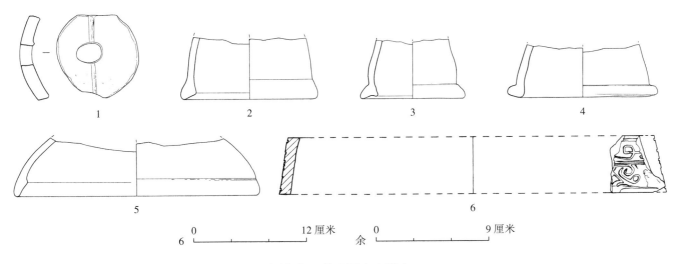

图九七　第⑥层出土器座

1. Ac 型 T4808 ⑥：21　2~4. D 型 T4403 ⑥：14、T4507 ⑥：21、T4808 ⑥：40　5. E 型 T2710 ⑥：10　6. Bc 型 T3426 ⑥：11

20．器纽

57 件。

Aa 型　3 件。

标本 T2710 ⑥：236，夹砂灰褐陶。纽径 3.0、残高 1.7 厘米（图九八，1）。

标本 T3526 ⑥：20，夹砂灰褐陶。纽径 3.8、残高 3.0 厘米（图九八，2）。

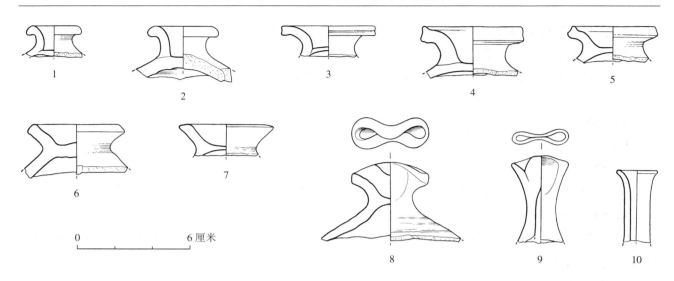

图九八   第⑥层出土器纽

1、2. Aa 型 T2710 ⑥：236、T3526 ⑥：20   3. Ab 型 T2710 ⑥：281   4、5. Ba 型 T4806 ⑥：12、T4808 ⑥：53   6、7. Bb 型 T3627 ⑥：9、
T4101 ⑥：39   8、9. C 型 T3916 ⑥：16、T3928 ⑥：24   10. D 型 T4601 ⑥：17

Ab 型   1 件。

标本 T2710 ⑥：281，夹砂灰褐陶。纽径 5.0、残高 1.7 厘米（图九八，3）。

Ba 型   16 件。

标本 T4806 ⑥：12，夹砂灰褐陶。纽径 5.4、残高 2.7 厘米（图九八，4）。

标本 T4808 ⑥：53，夹砂灰褐陶。纽径 4.8、残高 2.0 厘米（图九八，5）。

Bb 型   34 件。

标本 T3627 ⑥：9，夹砂灰褐陶。纽径 5.1、残高 3.0 厘米（图九八，6）。

标本 T4101 ⑥：39，夹砂灰褐陶。纽径 5.0、残高 1.7 厘米（图九八，7）。

C 型   2 件。

标本 T3916 ⑥：16，泥质黑皮陶。纽长径 4.0、残高 4.4 厘米（图九八，8）。

标本 T3928 ⑥：24，泥质黑皮陶。纽长径 3.0、残高 4.8 厘米（图九八，9）。

D 型   1 件。

标本 T4601 ⑥：17，泥质黑皮陶。纽径 2.1、残高 3.9 厘米（图九八 10）。

21．器耳

17 件。

A 型   1 件。

标本 T3425 ⑥：15，夹砂灰褐陶。耳部两侧饰有两圈雨点纹，中部有三个圆形镂孔。宽 3.0~3.8、残长 6.6 厘米（图九九，1）。

B 型   3 件。

标本 T4507 ⑥：85，夹砂灰褐陶。耳部不明饰有羽划纹。宽 3.8~4.2、残长 6.9 厘米（图九九，2）。

C 型   1 件。

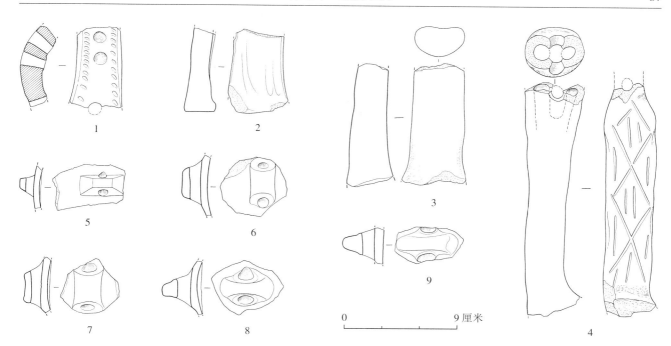

图九九 第⑥层出土器耳

1. A 型 T3425⑥：15　2. B 型 T4507⑥：85　3. C 型 T4807⑥：14　4. D 型 T4101⑥：15　5. Ea 型 T3905⑥：10　6、7. Eb 型 T4916⑥：17、T4515⑥：29　8、9. Ec 型 T4111⑥：11、T2710⑥：261

标本 T4807⑥：14，夹砂灰褐陶。宽 3.9~5.0、残长 10.1 厘米（图九九，3）。

D 型　1 件。

标本 T4101⑥：5，夹砂灰褐陶。平面呈猪龙状，似提手。表面装饰有交叉和双竖线划纹组成的复合纹饰。宽 2.0~3.9、残长 19.2 厘米（图九九，4）。

Ea 型　2 件。

标本 T3905⑥：10，夹砂灰褐陶。孔径 0.7、长 1.5~3.4、宽 0.7~1.4、高 1.1 厘米（图九九，5）。

Eb 型　6 件。

标本 T4916⑥：17，泥质黑皮陶。孔径 0.9、长 1.7~4.1、宽 1.8、高 1.4 厘米（图九九，6）。

标本 T4515⑥：29，泥质黑皮陶。孔径 1.1、残长 2.3、宽 1.0~2.0、高 1.3 厘米（图九九，7）。

Ec 型　3 件。

标本 T4111⑥：11，泥质黑皮陶。孔径 1.2、长 4.2、宽 0.8~3.0、高 2.2 厘米（图九九，8）。

标本 T2710⑥：261，泥质黑皮陶。孔径 1.1、长 5.0、宽 0.9~2.4、高 2.5 厘米（图九九，9）。

22．器底

408 件。

Aa 型　20 件。

标本 T3830⑥：2，夹砂灰褐陶。底径 14.6、残高 6.0 厘米（图一〇〇，1）。

标本 T3420⑥：4，夹砂灰褐陶。底径 11.0、残高 5.0 厘米（图一〇〇，2）。

Ab 型　99 件。

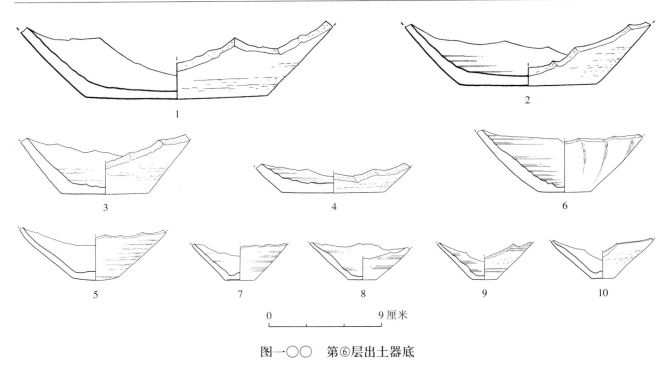

图一〇〇　第⑥层出土器底

1、2. Aa 型 T3830⑥：2、T3420⑥：4　3、4. Ab 型 T4214⑥：2、T5307⑥：19　5、6. Ac 型 T4030⑥：2、T3517⑥：12　7、8. Ba 型Ⅰ式
T4030⑥：3、T3828⑥：43　9、10. Ba 型Ⅱ式 T2313⑥：7、T3828⑥：43

　　标本 T4214⑥：2，夹砂灰褐陶。底径 7.1、残高 4.9 厘米（图一〇〇，3）。

　　标本 T5307⑥：19，夹砂灰褐陶。底径 8.3、残高 2.4 厘米（图一〇〇，4）。

　　Ac 型　15 件。

　　标本 T4030⑥：2，夹砂灰褐陶。平底略不规整。底径 3.7、残高 4.4 厘米（图一〇〇，5）。

　　标本 T3517⑥：12，夹砂灰褐陶。底径 4.0、残高 5.1 厘米（图一〇〇，6）。

　　Ba 型Ⅰ式　31 件。

　　标本 T4030⑥：3，泥质黑皮陶。底径 2.4、残高 3.0 厘米（图一〇〇，7）。

　　标本 T3828⑥：43，泥质黑皮陶。底径 2.2、残高 3.1 厘米（图一〇〇，8）。

　　Ba 型Ⅱ式　35 件。

　　标本 T2313⑥：7，泥质黑皮陶。底径 2.0、残高 3.1 厘米（图一〇〇，9）。

　　标本 T2313⑥：11，泥质黑皮陶。

　　标本 T3828⑥：43，泥质黑皮陶。底径 1.8、残高 3.1 厘米（图一〇〇，10）。

　　Bb 型Ⅰ式　154 件。

　　标本 T3916⑥：41，泥质黑皮陶。底径 1.3、残高 3.8 厘米（图一〇一，1）。

　　标本 T4705⑥：24，泥质黑皮陶。底径 1.8、残高 3.1 厘米（图一〇一，2）。

　　Bb 型Ⅱ式　17 件。

　　标本 T4101⑥：60，泥质黑皮陶。残高 3.1 厘米（图一〇一，3）。

　　标本 T4714⑥：45，泥质黑皮陶。残高 4.3 厘米（图一〇一，4）。

　　Bc 型　35 件。

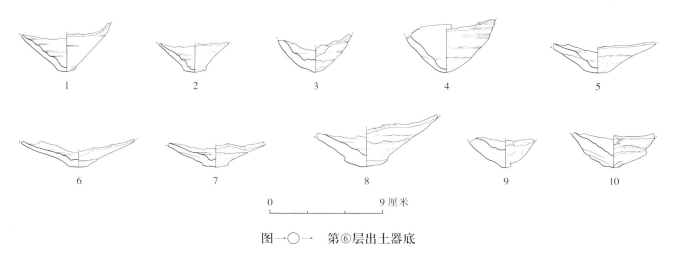

图一〇一　第⑥层出土器底

1、2. Bb 型 I 式 T3916⑥：41、T4705⑥：24　3、4. Bb 型 II 式 T4101⑥：60、T4714⑥：45　5~8. Bc 型 T4316⑥：34、T3627⑥：24、T4710⑥：21、T4808⑥：72　9、10. Bd 型 T4808⑥：83、T4407⑥：26

标本 T4316⑥：34，夹砂灰褐陶。残高 2.5 厘米（图一〇一，5）。

标本 T3627⑥：24，夹砂灰褐陶。残高 2.2 厘米（图一〇一，6）。

标本 T4710⑥：21，夹砂灰褐陶。残高 2.0 厘米（图一〇一，7）。

标本 T4808⑥：72，夹砂灰褐陶。残高 4.3 厘米（图一〇一，8）。

Bd 型　2 件。

标本 T4808⑥：83，夹砂红褐陶。残高 2.5 厘米（图一〇一，9）。

标本 T4407⑥：26，夹砂红褐陶。残高 3.0 厘米（图一〇一，10）。

23. 圈足器

789 件。

A 型　98 件。

标本 T4814⑥：15，夹砂灰褐陶。足部外壁饰有圆形镂孔。残高 4.4 厘米（图一〇二，1）。

标本 T4807⑥：12，夹砂灰褐陶。足部外壁饰对称圆形镂孔。残高 4.6 厘米（图一〇二，2）。

B 型　225 件。

标本 T4901⑥：63，夹砂灰褐陶。残高 5.5 厘米（图一〇二，3）。

标本 T3915⑥：12，夹砂灰褐陶。残高 4.0 厘米（图一〇二，4）。

C 型　466 件。

标本 T4901⑥：21，夹砂灰褐陶。残高 4.5 厘米（图一〇二，5）。

标本 T3828⑥：31，夹砂灰褐陶。残高 3.3 厘米（图一〇二，6）。

标本 T4908⑥：19，夹砂灰褐陶。残高 3.1 厘米（图一〇二，7）。

24. 圈足

107 件。

Aa 型　15 件。

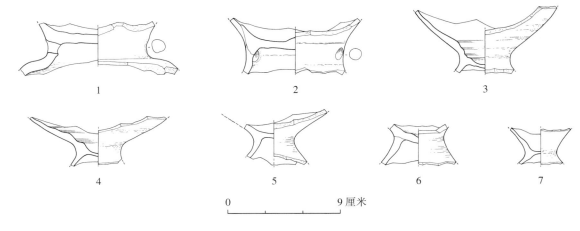

图一〇二　第⑥层出土圈足器

1、2. A 型 T4814⑥：15、T4807⑥：12　3、4. B 型 T4901⑥：63、T3915⑥：12　5~7. C 型 T4901⑥：21、T3828⑥：31、T4908⑥：19

标本 T4916⑥：1，夹砂灰褐陶。底径 11.5、残高 6.9 厘米（图一〇三，1）。

标本 T2710⑥：3，夹砂灰褐陶。底径 14.4、残高 4.5 厘米（图一〇三，2）。

标本 T3526⑥：2，夹砂灰褐陶。底径 11.0、残高 3.2 厘米（图一〇三，3）。

标本 T2710⑥：75，夹砂灰褐陶。底径 12.5、残高 3.6 厘米（图一〇三，4）。

Ab 型　22 件。

标本 T4814⑥：16，夹砂灰褐陶。底径 10.6、残高 3.5 厘米（图一〇三，5）。

标本 T4407⑥：70，夹砂灰褐陶。底径 10.8、残高 2.0 厘米（图一〇三，6）。

标本 T5011⑥：15，夹砂灰褐陶。底径 11.4、残高 2.6 厘米（图一〇三，7）。

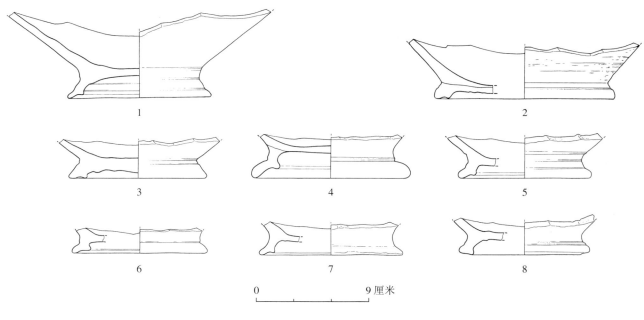

图一〇三　第⑥层出土圈足

1~4. Aa 型 T4916⑥：1、T2710⑥：3、T3526⑥：2、T2710⑥：75　5~8. Ab 型 T4814⑥：16、T4407⑥：70、T5011⑥：15、T4313⑥：1

标本 T4313 ⑥：1，夹砂灰褐陶。底径 10.4、残高 3.3 厘米（图一〇三，8）。

Ba 型　21 件。

标本 T4814 ⑥：14，夹砂灰褐陶。底径 9.2、残高 3.1 厘米（图一〇四，1）。

标本 T4707 ⑥：11，夹砂灰褐陶。底径 8.8、残高 2.5 厘米（图一〇四，2）。

标本 T4810 ⑥：10，夹砂灰褐陶。底径 8.3、残高 2.6 厘米（图一〇四，3）。

Bb 型　7 件。

标本 T4608 ⑥：2，夹砂灰褐陶。足部较矮。底径 16.4、残高 6.0 厘米（图一〇四，4）。

标本 T4714 ⑥：82，夹砂灰褐陶。底径 10.4、残高 3.7 厘米（图一〇四，5）。

标本 T2710 ⑥：209，夹砂灰褐陶。底径 13.2、残高 2.7 厘米（图一〇四，6）。

标本 T4201 ⑥：26，夹砂灰褐陶。底径 11.0、残高 3.2 厘米（图一〇四，7）。

Ca 型　17 件。

标本 T3916 ⑥：23，夹砂灰褐陶。底径 8.0、残高 4.1 厘米（图一〇五，1）。

标本 T3916 ⑥：12，夹砂灰褐陶。底径 9.3、残高 4.6 厘米（图一〇五，2）。

标本 T4302 ⑥：15，夹砂灰褐陶。底径 7.7、残高 4.1 厘米（图一〇五，3）。

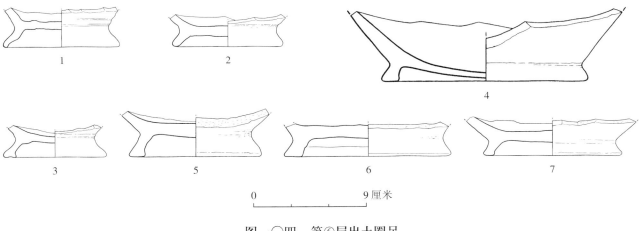

图一〇四　第⑥层出土圈足

1~3. Ba 型 T4814 ⑥：14、T4707 ⑥：11、T4810 ⑥：10　4~7. Bb 型 T4608 ⑥：2、T4714 ⑥：82、T2710 ⑥：209、T4201 ⑥：26、

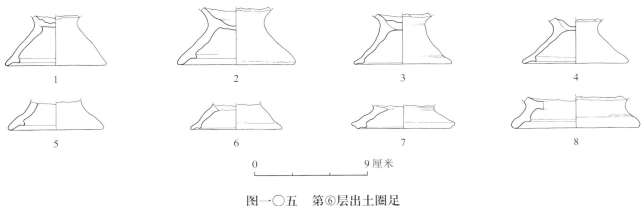

图一〇五　第⑥层出土圈足

1~4. Ca 型 T3916 ⑥：23、T3916 ⑥：12、T4302 ⑥：15、T4115 ⑥：4　5~8. Cb 型 T4505 ⑥：10、T2409 ⑥：49、T3630 ⑥：4、T2710 ⑥：48

标本 T4115⑥：4，夹砂灰褐陶。底径 8.5、残高 3.7 厘米（图一〇五，4）。

Cb 型　7 件。

标本 T4505⑥：10，夹砂灰褐陶。底径 7.6、残高 2.2 厘米（图一〇五，5）。

标本 T2409⑥：49，夹砂灰褐陶。底径 7.2、残高 2.0 厘米（图一〇五，6）。

标本 T3630⑥：4，夹砂灰褐陶。底径 8.2、残高 1.9 厘米（图一〇五，7）。

标本 T2710⑥：48，夹砂灰褐陶。底径 10.2、残高 2.6 厘米（图一〇五，8）。

Da 型　3 件。

标本 T3927⑥：26，夹砂灰褐陶。底径 7.1、残高 4.3 厘米（图一〇六，1）。

标本 T4215⑥：44，夹砂灰褐陶。底径 8.2、残高 3.1 厘米（图一〇六，2）。

标本 T4802⑥：15，夹砂灰褐陶。底径 6.5、残高 4.0 厘米（图一〇六，3）。

Db 型　3 件。

标本 T3527⑥：23，夹砂灰褐陶。底径 9.4、残高 3.6 厘米（图一〇六，4）。

Dc 型　2 件。

标本 T2409⑥：17，夹砂灰褐陶。底径 12.5、残高 2.4 厘米（图一〇六，5）。

Fa 型　8 件。

标本 T3828⑥：13，夹砂灰褐陶。底径 6.3、残高 2.5 厘米（图一〇七，1）。

标本 T4808⑥：17，夹砂灰褐陶。底径 7.7、残高 3.0 厘米（图一〇七，2）。

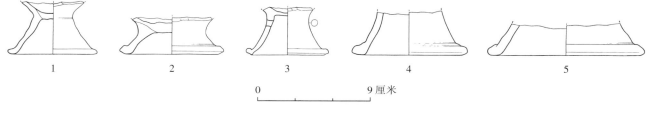

图一〇六　第⑥层出土圈足

1~3. Da 型 T3927⑥：26、T4215⑥：44、T4802⑥：15　4. Db 型 T3527⑥：23　5. Dc 型 T2409⑥：17

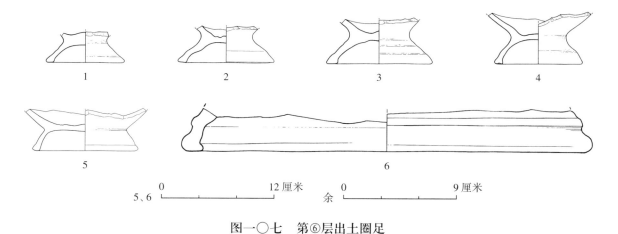

图一〇七　第⑥层出土圈足

1~4. Fa 型 T3828⑥：13、T4808⑥：17、T2710⑥：275、T4808⑥：11　5. Fb 型 T4702⑥：1　6. Ga 型 T5112⑥：2

标本 T2710⑥：275，夹砂灰褐陶。底径8.4、残高3.7厘米（图一○七，3）。

标本 T4808⑥：11，夹砂灰褐陶。底径7.0、残高4.0厘米（图一○七，4）。

Fb 型　1件。

标本 T4702⑥：1，夹砂灰褐陶。底径11.2、残高4.6厘米（图一○七，5）。

Ga 型　1件。

标本 T5112⑥：2，夹砂灰褐陶。底径约44.0、残高4.5厘米（图一○七，6）。

25．袋足

4件。

A 型　2件。

标本 T3426⑥：7，夹砂灰褐陶。残高11.6厘米（图一○八，1）。

标本 T3828⑥：25，夹砂灰褐陶。残高7.8厘米（图一○八，2）。

B 型 I 式　1件。

标本 T2513⑥：1，夹砂灰褐陶。残高14.7厘米（图一○八，3）。

C 型　1件。

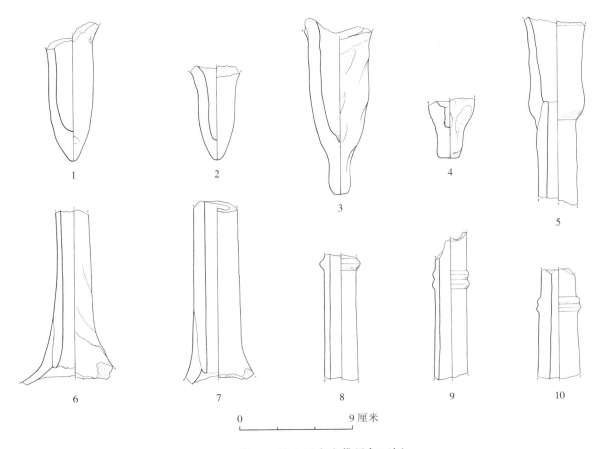

0　　　　　　　9厘米

图一○八　第⑥层出土袋足与豆柄

1、2. A型袋足 T3426⑥：7、T3828⑥：25　3. B型I式袋足 T2513⑥：1　4. C型袋足 T4818⑥：5　5~7. A型豆柄 T2710⑥：240、T3519⑥：1、T4714⑥：19　8~10. B型豆柄 T4914⑥：9、T2710⑥：241、T4202⑥：15

标本 T4818 ⑥：5，夹砂褐陶。残高 4.9 厘米（图一〇八，4）。

26．豆柄

22 件。

A 型　13 件。

标本 T2710 ⑥：240，夹砂灰褐陶。豆柄上段。直径 3.2、残高 15.8 厘米（图一〇八，5）。

标本 T3519 ⑥：1，夹砂灰褐陶。豆部下段，柄部较细。直径 2.8、残高 14.3 厘米（图一〇八，6）。

标本 T4714 ⑥：19，夹砂灰褐陶。豆柄下段，柄部较粗。直径 3.6、残高 15.1 厘米（图一〇八，7）。

B 型　9 件。

标本 T4914 ⑥：9，泥质黑皮陶。柄部饰有一圈凸棱。直径 2.6、残高 10.4 厘米（图一〇八，8）。

标本 T2710 ⑥：241，夹砂灰褐陶。柄部饰有两圈凸棱。直径 2.5、残高 12.2 厘米（图一〇八，9）。

标本 T4202 ⑥：15，夹砂灰褐陶。柄部饰有两圈凸棱。直径 3.1、残高 9.0 厘米（图一〇八，10）。

二　玉石器

出土数量极少，仅有凿和斧两种。

1．玉斧

1 件。

标本 VT2513 ⑥：1，为半成品，仅存刃部。墨绿色透闪石。表面多崩疤，顶部残断。残长 9.2、宽 4.9、厚 0.7~1.2 厘米（图一〇九，1；彩版一〇，5、6）。

2．石凿

1 件。

标本 T4302 ⑥：19，灰褐色砂岩。平面形状呈长条形，弧顶，平刃。长 5.6、宽 1.3~1.9、厚 0.7 厘米（图一〇九，2；彩版一〇，7）。

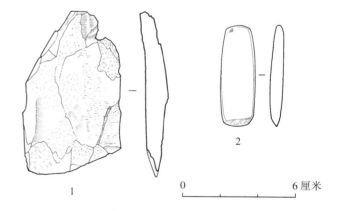

图一〇九　第⑥层出土玉石器

1. 玉斧 VT2513 ⑥：1　2. 石凿 T4302 ⑥：19

三　铜器

铜器仅见铜镞，不见其他器类。

铜镞

C 型　1 件。镞身圆钝，两翼圆收无倒刺，圆柱形长铤。

标本 VT5014 ⑥：1，锋残。残长 3.1 厘米。

第二节　第⑤层出土遗物

一　陶器

第⑤层出土的遗物相较第⑥层而言，遗物较为丰富，主要是数量较多，器形未有大的变化。陶器仍然是最为常见器物，其次为少量玉石器和较少的铜器。

陶器质地有夹砂和泥质两种，夹砂陶最多，以灰褐最多，其次少量黄褐和红褐陶，泥质陶主要为黑皮陶，另有少量灰陶（表二）。

陶器器表装饰仍然以素面为主，纹饰相对较少，常见纹饰有绳纹（图一一〇，1~4）、弦纹（图一一〇，5）、菱形纹（图一一〇，6~8）、几何折线三角纹（图一一一，1~4）、戳印圆圈纹（图一一一，5、6）、连珠纹（图一一一，4）、凸棱纹（图一一一，7~9）、网格划纹（图一一二，1）、网格印纹（图一一二，2~5）、云雷纹（图一一二，6）。"W"折线纹（图一一二，7）、划纹（图一一二，8）。纹饰种类相对第⑤层差异不大，折线几何纹和戳印圆圈纹一般饰于泥质黑皮陶上，此类纹饰一般不是单独使用，往往是几种混合使用，形成特殊的复合纹饰，而此类器物的制作相对精致，纹饰相对繁缛，装饰此类器物的陶器可能有着特殊的含义。

陶器可辨器形主要有尖底杯、尖底盏、尖底盂、束颈罐、瓮、高领罐、盆、壶、缸、盆、器盖等，其中尖底杯、尖底盏、簋形器、支柱数量大幅增加，圈足器仍然是陶器中最多的形制。

表二　阳光地带二期第⑤层陶片统计表

纹饰 ＼ 陶质·陶色	夹砂			泥质	纹饰小计	
	灰褐	褐黄	褐红	黑皮	数量	比例
素面	17311	17831	2312	4623	42077	97.50%
弦纹	295	158	22	53	528	1.23%
绳纹	81	45	1		127	0.29%
棱纹	10	8	1	8	27	0.06%
镂孔	23	20	3	7	53	0.12%
戳印纹	9	2			9	0.02%
网格纹	173	53	5	2	233	0.54%
方格纹	39	18	9	1	67	0.16%
乳钉纹	12	12	1	1	26	0.06%
圆形印纹				7	7	0.02%
合计	17593（40.77%）	18147（42.05%）	2354（5.45%）	4702（10.90%）	43156	100%
	38454（89.1%）			4702（10.9%）		

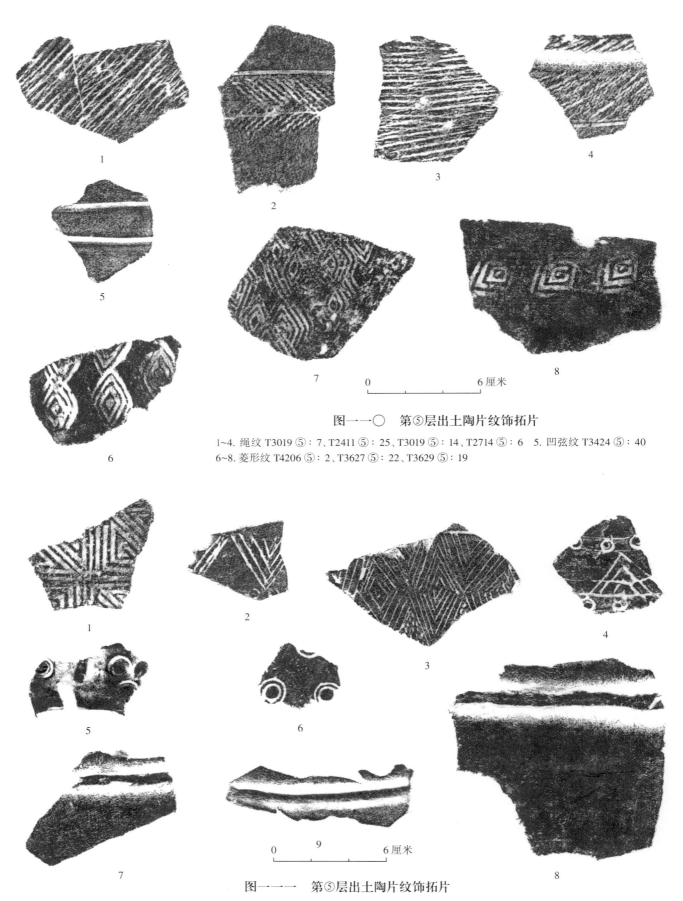

图一一○　第⑤层出土陶片纹饰拓片

1~4. 绳纹 T3019 ⑤：7、T2411 ⑤：25、T3019 ⑤：14、T2714 ⑤：6　5. 凹弦纹 T3424 ⑤：40
6~8. 菱形纹 T4206 ⑤：2、T3627 ⑤：22、T3629 ⑤：19

图一一一　第⑤层出土陶片纹饰拓片

1~3. 几何折线三角纹 T4310 ⑤：14、T3326 ⑤：58、T4507 ⑤：15　4. 戳印圆圈纹和三角折线纹 T4804 ⑤：14　5、6. 戳印圆圈纹 T4806 ⑤：21、
T4310 ⑤：7　7~9. 凸棱纹 T4910 ⑤：23、T4810 ⑤：17、T4404 ⑤：8

图一一二　第⑤层出土陶片纹饰拓片

1. 网格划纹 T3307⑤：144　2~5. 网格印纹 T3321⑤：59、T3321⑤：58、T3307⑤：113、T2910⑤：7　6. 云雷纹 T3609⑤：15　7. "W"折线纹 T5001⑤：18　8. 划纹 T2509⑤：27

1．尖底杯

13 件。

Aa 型 I 式　1 件。

标本 T2414⑤：1，泥质黄灰陶，陶胎呈灰黄色。尖唇。口径 12.8、底径 2.5、通高 9.3 厘米（图一一三，1；彩版一一，1）。

Aa 型 II 式　1 件。

标本 T4301⑤：1，夹砂灰褐陶。尖唇。口径 9.5、底径 1.4、通高 7.7 厘米（图一一三，2；彩版一一，2）。

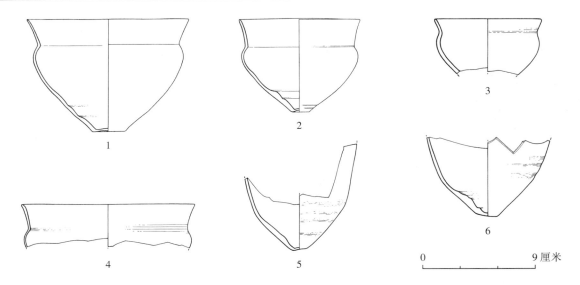

图一一三　第⑤层出土尖底杯

1. Aa 型Ⅰ式 T2414⑤：1　2. Aa 型Ⅱ式 T4301⑤：1　3. Ab 型Ⅱ式 T4805⑤：11　4. Ac 型Ⅰ式 T4402⑤：1　5、6. Bb 型Ⅱ式 T4805⑤：9、T4805⑤：10

Ab 型Ⅱ式 1 件。

标本 T4805⑤：11，泥质黑皮陶。圆唇。口径 8.5、残高 4.5 厘米（图一一三，3）。

Ac 型Ⅰ式　2 件。

标本 T4402⑤：1，泥质黑皮陶。尖唇，大侈口。口径 13.8、残高 3.5 厘米（图一一三，4）。

Bb 型Ⅰ式　1 件。

标本 T4303⑤：1，夹砂灰褐陶。底径 2.1、残高 4.5 厘米（图一一四，1）。

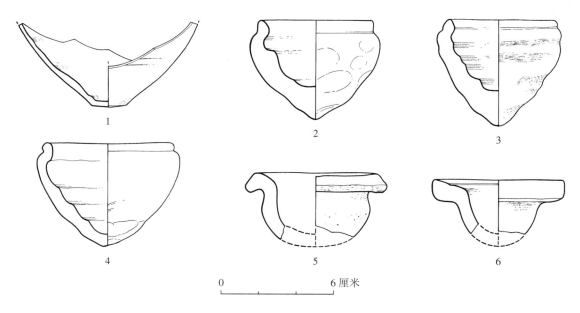

图一一四　第⑤层出土尖底杯和尖底盂

1. Bb 型Ⅰ式尖底杯 T4303⑤：1　2、3. Ea 型尖底杯 T3916⑤：1、T4114⑤：1　4. Eb 型尖底杯 T3916⑤：2　5. A 型尖底盂 T3926⑤：6　6. B 型尖底盂 T3824⑤：11

Bb 型 II 式 5 件。

标本 T4805 ⑤：9，泥质黑皮陶。口部残。残高 8.7 厘米（图一一三，5）。

标本 T4805 ⑤：10，泥质黑皮陶。口残。残高 6.6 厘米（图一一三，6）。

Ea 型 2 件。

标本 T3916 ⑤：1，泥质橙黄陶。弧腹。口径 6.2、腹径 7.0、通高 5.6 厘米（图一一四，2；彩版一一，3）。

标本 T4114 ⑤：1，泥质橙黄陶。弧腹。口径 5.8、腹径 6.6、通高 6.0 厘米（图一一四，3）。

Eb 型 1 件。

标本 T3916 ⑤：2，泥质橙黄陶。弧腹。口径 7.0、腹径 7.5、通高 5.7 厘米（图一一四，4；彩版一一，4）。

2. 尖底盏

15 件。

Aa 型 II 式 3 件。

标本 T3415 ⑤：1，夹砂灰褐陶。圆唇。口径 12.8、通高 6.1 厘米（图一一五，1；彩版一一，5）。

标本 T4805 ⑤：1，夹砂灰褐陶。圆唇。口径 12.0、残高 5.4 厘米（图一一五，2）。

Aa 型 III 式 1 件。

标本 T4805 ⑤：2，夹砂灰褐陶。圆唇。口径 13.7、通高 5.8 厘米（图一一五，3；彩版一一，6）。

Ab 型 IV 式 4 件。

标本 T3322 ⑤：62，夹砂灰褐陶。口径 12.0、残高 2.6 厘米（图一一五，4）。

标本 T4309 ⑤：57，夹砂灰褐陶。口残。腹径 13.0、残高 2.4 厘米（图一一五，5）。

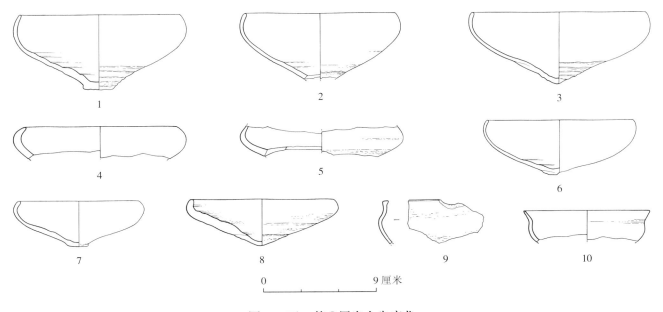

0   9厘米

图一一五 第⑤层出土尖底盏

1、2. Aa 型 II 式 T3415 ⑤：1、T4805 ⑤：1   3. Aa 型 III 式 T4805 ⑤：2   4、5. Ab 型 IV 式 T3322 ⑤：62、T4309 ⑤：57   6. Ac 型 I 式 T4612 ⑤：1
7. Ac 型 IV 式 T3221 ⑤：2   8. Ad 型 III 式 T3324 ⑤：1   9. Ba 型 T4703 ⑤：8   10. Ca 型 I 式 T4604 ⑤：59

Ac 型 I 式　1 件。

标本 T4612 ⑤：1，夹砂灰褐陶。圆唇。口径 11.5、通高 4.4 厘米（图一一五，6）。

Ac 型 IV 式　1 件。

标本 T3221 ⑤：2，夹砂灰褐陶。圆唇。口径 10.4、通高 3.7 厘米（图一一五，7；彩版一二，1）。

Ad 型 III 式　2 件。

标本 T3324 ⑤：1，夹砂灰褐陶。折腹，口部内敛。口径 11.4、通高 3.8 厘米（图一一五，8；彩版一二，2）。

Ba 型　1 件。

标本 T4703 ⑤：8，夹砂灰褐陶。尖唇。残高 3.6 厘米（图一一五，9）。

Ca 型 I 式　2 件。

标本 T4604 ⑤：59，泥质黑皮陶。尖唇。口径 10.0、残高 2.8 厘米（图一一五，10）。

3. 尖底盂

2 件。

A 型　1 件。

标本 T3926 ⑤：6，夹砂灰褐陶。沿面内倾斜。口径 7.4、残高 3.5 厘米（图一一四，5；彩版一二，3、4）。

B 型　1 件。

标本 T3824 ⑤：11，泥质灰陶。内沿有浅凹槽。口径 7.0、残高 3.0 厘米（图一一四，6；彩版一二，5、6）。

4. 高领罐

955 件。

Aa 型　25 件。

标本 T3015 ⑤：6，夹砂灰褐陶。颈部饰有一道凹弦纹。口径 18.0、残高 9.7 厘米（图一一六，1）。

标本 T3019 ⑤：2，夹砂灰褐陶。颈部饰有两道平行凹弦纹。口径 13.0、残高 9.3 厘米（图一一六，2）。

标本 T4201 ⑤：23，夹砂灰褐陶。口径 13.6、残高 9.0 厘米（图一一六，3）。

标本 T2305 ⑤：1，夹砂灰褐陶。颈部饰有两道平行凹弦纹。口径 18.4、残高 9.0 厘米（图一一六，4）。

标本 T4116 ⑤：1，夹砂灰褐陶。口径 16.4、残高 9.6 厘米（图一一六，6）。

标本 T2308 ⑤：1，夹砂灰褐陶。口径 15.0、残高 8.6 厘米（图一一六，5）。

标本 T2811 ⑤：26，夹砂灰褐陶。颈部饰一道凹弦纹。口径 20.0、残高 6.7 厘米（图一一六，7）。

标本 T3305 ⑤：2，夹砂灰褐陶。口径 15.6、残高 8.0 厘米（图一一六，8）。

标本 T3916 ⑤：45，夹砂灰褐陶。口径 16.6、残高 5.8 厘米（图一一六，9）。

标本 T3305 ⑤：2，夹砂灰褐陶。口径 15.0、残高 8.1 厘米（图一一六，10）。

Ab 型　10 件。

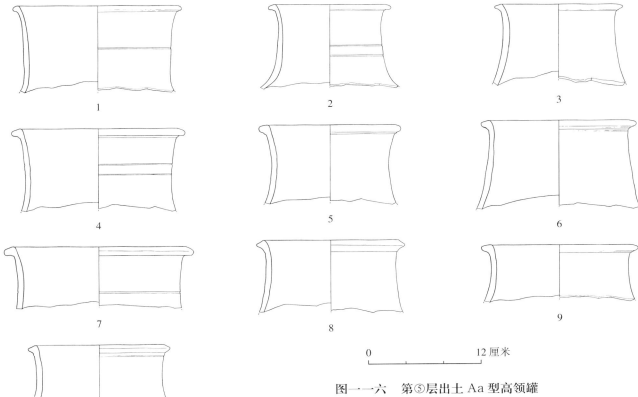

图一一六　第⑤层出土 Aa 型高领罐

1~10. T3015 ⑤：6、T3019 ⑤：2、T4201 ⑤：23、T2305 ⑤：1、T2308 ⑤：1、T4116 ⑤：1、
T2811 ⑤：26、T3305 ⑤：2、T3916 ⑤：45、T3305 ⑤：2

标本 T4410 ⑤：35，夹砂灰褐陶。口径 13.5、残高 5.0 厘米（图一一七，1）。

标本 T3426 ⑤：10，夹砂灰褐陶。口径 16.8、残高 9.0 厘米（图一一七，2）。

标本 T3623 ⑤：1，夹砂灰褐陶。颈部饰有一道凹弦纹。口径 14.4、残高 8.4 厘米（图一一七，3）。

标本 T4408 ⑤：32，夹砂灰褐陶。颈部饰有两道平行凹弦纹。口径 14.0、残高 6.2 厘米（图一一七，4）。

标本 T3701 ⑤：13，夹砂灰褐陶。口径 15.6、残高 6.4 厘米（图一一七，5）。

标本 T3012 ⑤：46，夹砂灰褐陶。口径 18.0、残高 3.6 厘米（图一一七，6）。

标本 T4403 ⑤：70，夹砂灰褐陶。领部饰有两条平行凹弦纹。口径 15.6、残高 6.8 厘米（图一一七，7）。

Ac 型　11 件。

标本 T4030 ⑤：1，夹砂灰褐陶。口径 18.0、残高 8.7 厘米（图一一八，1）。

标本 T3019 ⑤：18，夹砂灰褐陶。口径 18.0、残高 8.3 厘米（图一一八，2）。

标本 T4705 ⑤：1，夹砂灰褐陶。口径 19.6、残高 9.3 厘米（图一一八，3）。

标本 T3305 ⑤：8，夹砂灰褐陶。口径 14.0、残高 7.6 厘米（图一一八，4）。

标本 T3317 ⑤：1，夹砂灰褐陶。圆唇，宽沿。口径 16.1、残高 8.7 厘米（图一一八，5）。

标本 T4114 ⑤：9，夹砂灰褐陶。口径 17.0、残高 6.7 厘米（图一一八，6）。

标本 T3328 ⑤：36，夹砂灰褐陶。领部饰有一条凹弦纹。口径 15.4、残高 7.0 厘米（图一一八，7）。

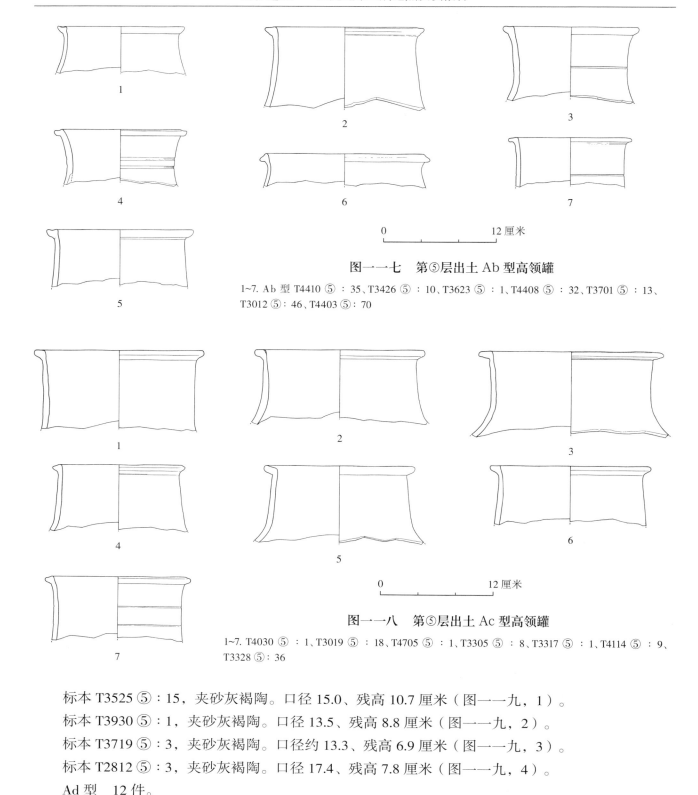

图一一七　第⑤层出土 Ab 型高领罐

1~7. Ab 型 T4410 ⑤：35、T3426 ⑤：10、T3623 ⑤：1、T4408 ⑤：32、T3701 ⑤：13、T3012 ⑤：46、T4403 ⑤：70

图一一八　第⑤层出土 Ac 型高领罐

1~7. T4030 ⑤：1、T3019 ⑤：18、T4705 ⑤：1、T3305 ⑤：8、T3317 ⑤：1、T4114 ⑤：9、T3328 ⑤：36

标本 T3525 ⑤：15，夹砂灰褐陶。口径 15.0、残高 10.7 厘米（图一一九，1）。

标本 T3930 ⑤：1，夹砂灰褐陶。口径 13.5、残高 8.8 厘米（图一一九，2）。

标本 T3719 ⑤：3，夹砂灰褐陶。口径约 13.3、残高 6.9 厘米（图一一九，3）。

标本 T2812 ⑤：3，夹砂灰褐陶。口径 17.4、残高 7.8 厘米（图一一九，4）。

Ad 型　12 件。

标本 T3926 ⑤：32，夹砂灰褐陶。口径 24.0、残高 7.5 厘米（图一一九，5）。

标本 T3326 ⑤：20，夹砂灰褐陶。颈部饰一道凹弦纹。口径 21.2、残高 6.0 厘米（图一一九，6）。

标本 T5007 ⑤：40，夹砂灰褐陶。颈部饰一道凹弦纹。口径 23.0、残高 8.0 厘米（图一一九，7）。

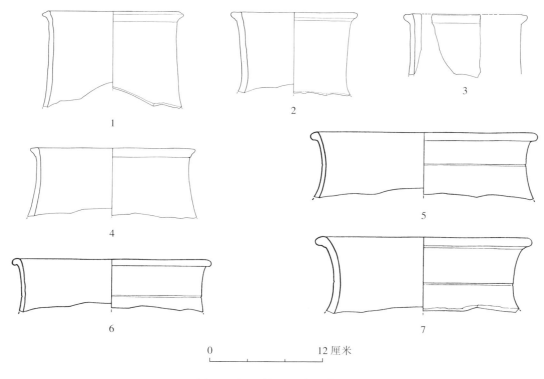

图一一九 第⑤层出土高领罐

1~4. Ac 型 T3525⑤：15、T3930⑤：1、T3719⑤：3、T2812⑤：3 4~7. Ad 型 T3926⑤：32、T3326⑤：20、T5007⑤：40

Ae 型 3 件。

标本 T3905⑤：30，夹砂灰褐陶。残高 8.0 厘米（图一二○，1）。

Af 型 6 件。

标本 T2510⑤：14，夹砂灰褐陶。领部饰两条平行凹弦纹。口径 16.6、残高 6.4 厘米（图一二○，2）。

Ag 型 8 件。

标本 T3905⑤：38，夹砂灰褐陶。口径 15.4、残高 10.0 厘米（图一二○，3）。

标本 T4801⑤：28，泥质黑皮陶。口径 19.0、残高 5.7 厘米（图一二○，4）。

标本 T3711⑤：18，夹砂灰褐陶。口径 20.0、残高 3.0 厘米（图一二○，5）。

标本 T3627⑤：24，夹砂灰褐陶。口径 17.6、残高 5.6 厘米（图一二○，6）。

标本 T2312⑤：1，夹砂灰褐陶。口径 24.4、残高 8.2 厘米（图一二○，7）。

标本 T4504⑤：32，夹砂灰褐陶。圆唇。口径 24.4、残高 3.1 厘米（图一二○，8）。

Ba 型 232 件。

标本 T3816⑤：4，夹砂灰褐陶。口径 26.8、残高 7.0 厘米（图一二一，1）。

标本 T4103⑤：7，夹砂灰褐陶。口径 16.5、残高 5.4 厘米（图一二一，2）。

标本 T4106⑤：59，夹砂灰褐陶。口径约 13.4、残高 6.7 厘米（图一二一，3）。

标本 T4501⑤：11，夹砂灰褐陶。圆唇，宽沿。领部饰有一条凹弦纹。口径 18.6、残高 4.4 厘米（图一二一，4）。

标本 T4209⑤：36，夹砂灰褐陶。口径 14.5、残高 4.8 厘米（图一二一，5）。

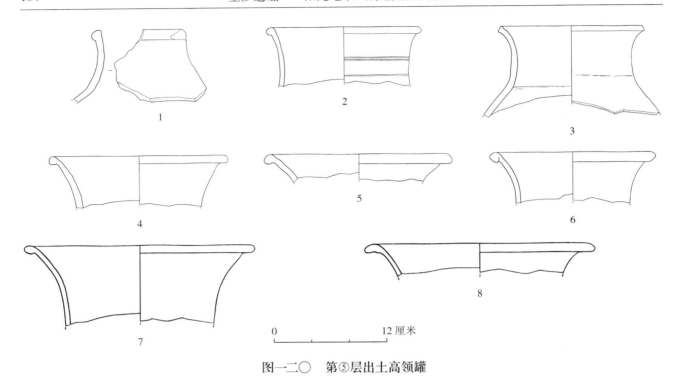

图一二〇　第⑤层出土高领罐

1. Ae 型 T3905 ⑤：30　2. Af 型 T2510 ⑤：14　3~8. Ag 型 T3905 ⑤：38、T4801 ⑤：28、T3711 ⑤：18、T3627 ⑤：24、T2312 ⑤：1、T4504 ⑤：32

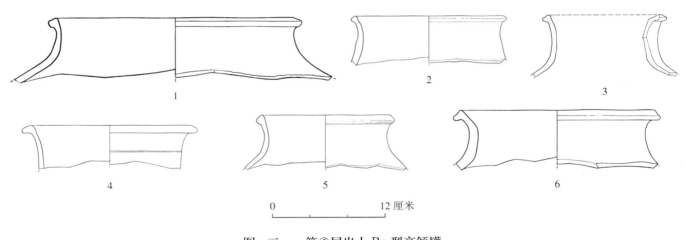

图一二一　第⑤层出土 Ba 型高领罐

1~6. T3816 ⑤：4、T4103 ⑤：7、T4106 ⑤：59、T4501 ⑤：11、T4209 ⑤：36、T4606 ⑤：18

标本 T4606 ⑤：18，夹砂灰褐陶。口径 21.8、残高 6.5 厘米（图一二一，6）。

Bb 型　239 件。

标本 T5007 ⑤：11，夹砂灰褐陶。口径 15.0、残高 5.1 厘米（图一二二，1）。

标本 T4203 ⑤：14，夹砂灰褐陶。口径 14.6、残高 4.2 厘米（图一二二，2）。

标本 T3404 ⑤：55，夹砂灰褐陶。颈部饰有一道凹弦纹。口径 12.4、残高 5.2 厘米（图一二二，3）。

标本 T4403 ⑤：43，泥质黑皮陶。口径 12.0、残高 5.6 厘米（图一二二，4）。

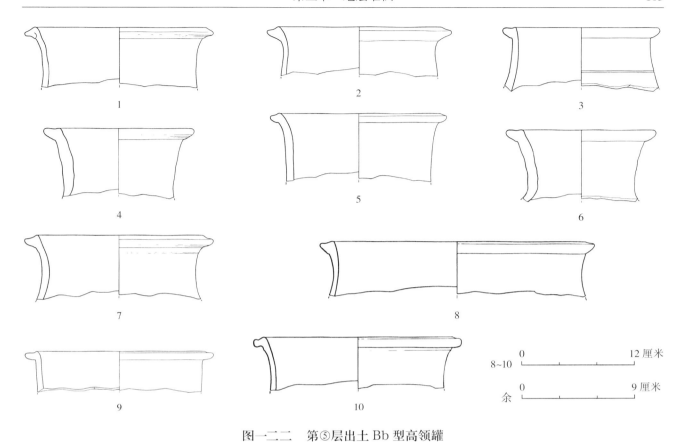

图一二二 第⑤层出土 Bb 型高领罐

1~10. T5007⑤：11、T4203⑤：14、T3404⑤：55、T4403⑤：43、T4508⑤：5、T4403⑤：69、T3818⑤：19、T2411⑤：22、T3121⑤：13、T2811⑤：22

标本 T4508⑤：5，夹砂灰褐陶。口径 14.2、残高 5.6 厘米（图一二二，5）。

标本 T4403⑤：69，夹砂灰褐陶。口径 12.0、残高 6.0 厘米（图一二二，6）。

标本 T3818⑤：19，夹砂灰褐陶。口径 15.0、残高 5.3 厘米（图一二二，7）。

标本 T2411⑤：22，夹砂灰褐陶。口径 29.0、残高 6.0 厘米（图一二二，8）。

标本 T3121⑤：13，夹砂灰褐陶。宽折沿。口径 20.0、残高 4.6 厘米（图一二二，9）。

标本 T2811⑤：22，夹砂灰褐陶。口径 22.4、残高 5.8 厘米（图一二二，10）。

Bc 型 40 件。

标本 T3711⑤：27，夹砂灰褐陶。口径 23.0、残高 7.5 厘米（图一二三，1）。

标本 T4404⑤：22，夹砂灰褐陶。口径 29.6、残高 3.7 厘米（图一二三，2）。

标本 T3629⑤：6，夹砂灰褐陶。口径 19.4、残高 4.3 厘米（图一二三，3）。

标本 T4612⑤：13，夹砂灰褐陶。口径 13.0、残高 6.3 厘米（图一二三，4）。

标本 T3015⑤：56，夹砂灰褐陶。口径 16.0、残高 5.6 厘米（图一二三，5）。

Bd 型 110 件。

标本 T4301⑤：44，夹砂灰褐陶。口径 34.0、残高 4.3 厘米（图一二四，1）。

标本 T4806⑤：1，夹砂灰褐陶。颈部饰有三道平行凹弦纹。口径 18.6、残高 5.3 厘米（图一二四，2）。

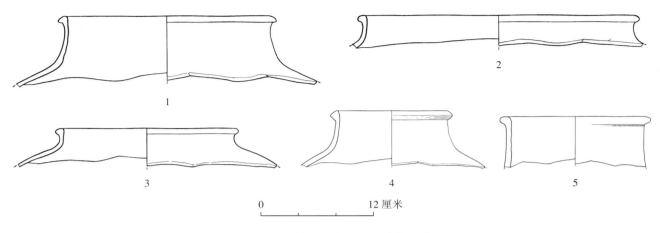

0　　　　　　　12厘米

图一二三　第⑤层出土 Bc 型高领罐

1~5. T3711 ⑤：27、T4404 ⑤：22、T3629 ⑤：6、T4612 ⑤：13、T3015 ⑤：56

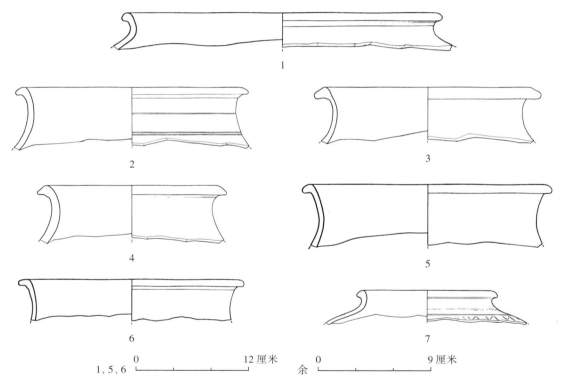

0　　　　　　12厘米　　　　0　　　　　9厘米

1、5、6　　　　　　　　　　余

图一二四　第⑤层出土 Bd 型高领罐

1~7. T4301 ⑤：44、T4806 ⑤：1、T3606 ⑤：5、T4005 ⑤：36、T4801 ⑤：15、T3424 ⑤：4、T4403 ⑤：59

标本 T3606 ⑤：5，夹砂灰褐陶。口径 18.0、残高 4.7 厘米（图一二四，3）。

标本 T4005 ⑤：36，夹砂灰褐陶。口径 15.0、残高 4.8 厘米（图一二四，4）。

标本 T4801 ⑤：15，夹砂灰褐陶。口径 26.8、残高 6.8 厘米（图一二四，5）。

标本 T3424 ⑤：4，夹砂灰褐陶。颈部饰有两道平行凹弦纹。口径 24.0、残高 4.6 厘米（图一二四，6）。

标本T4403⑤：59，夹砂灰褐陶。肩部饰有凹弦纹和划纹。口径11.3、残高2.6厘米（图一二四，7）。

Be型　184件。

标本T4302⑤：14，夹砂灰褐陶。口径16.6、残高3.9厘米（图一二五，1）。

标本T3630⑤：114，夹砂灰褐陶。口径17.6、残高3.7厘米（图一二五，2）。

标本T4016⑤：10，夹砂灰褐陶。口径13.0、残高3.9厘米（图一二五，3）。

标本T4905⑤：42，夹砂灰褐陶。厚圆唇。口径11.5、残高4.3厘米（图一二五，4）。

标本T2811⑤：73，夹砂灰褐陶。口径12.0、残高4.2厘米（图一二五，5）。

标本T4301⑤：33，夹砂灰褐陶。口径15.4、残高5.0厘米（图一二五，6）。

Bf型　2件。

标本T3905⑤：13，夹砂灰褐陶。圆唇。口径14.0、残高6.7厘米（图一二五，7）。

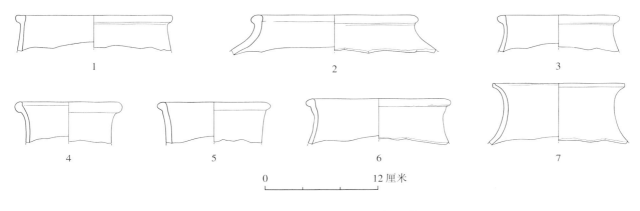

图一二五　第⑤层出土高领罐

1~6. Be型 T4302⑤：14、T3630⑤：114、T4016⑤：10、T4905⑤：42、T2811⑤：73、T4301⑤：33　7. Bf型 T3905⑤：13

Bg型　73件。

标本T4804⑤：10，夹砂灰褐陶。领部饰有凸棱。口径23.2、残高6.2厘米（图一二六，1）。

标本T3711⑤：19，夹砂灰褐陶。口径28.0、残高4.9厘米（图一二六，2）。

标本T3412⑤：15，夹砂灰褐陶。口径12.9、残高2.3厘米（图一二六，3）。

标本T3423⑤：12，夹砂灰褐陶。口径13.0、残高5.1厘米（图一二六，4）。

标本T4401⑤：37，夹砂灰褐陶。口径13.0、残高4.2厘米（图一二六，5）。

标本T4104⑤：34，夹砂灰褐陶。口径10.7、残高1.9厘米（图一二六，6）。

5．束颈罐

673件。

Aa型　105件。

标本T3322⑤：23，夹砂灰褐陶。口径14.8、残高4.3厘米（图一二七，1）。

标本T3322⑤：43，夹砂灰褐陶。口径16.0、残高3.8厘米（图一二七，2）。

标本T4504⑤：53，夹砂灰褐陶。器形略小。口径12.4、残高2.7厘米（图一二七，3）。

标本T4402⑤：9，夹砂灰褐陶。口径16.0、残高2.5厘米（图一二七，4）。

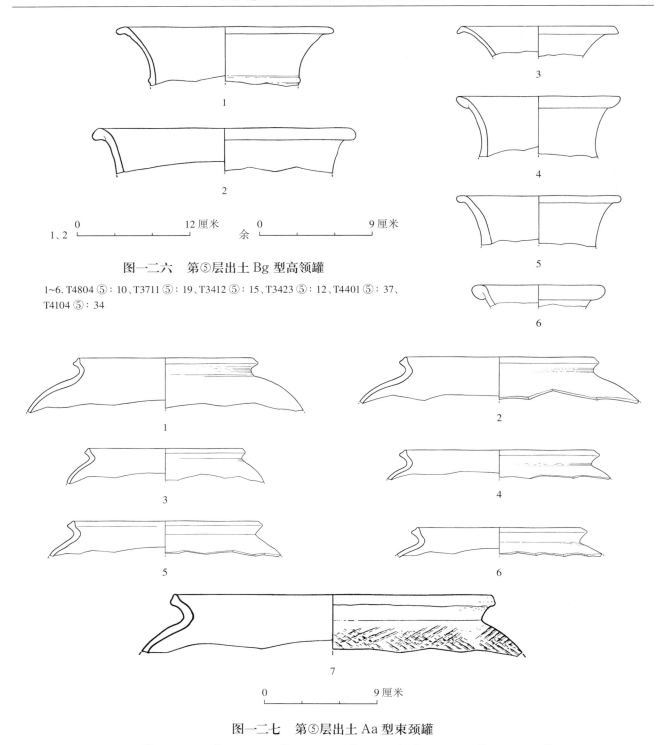

图一二六　第⑤层出土 Bg 型高领罐

1~6. T4804 ⑤：10、T3711 ⑤：19、T3412 ⑤：15、T3423 ⑤：12、T4401 ⑤：37、T4104 ⑤：34

图一二七　第⑤层出土 Aa 型束颈罐

1~7. T3322 ⑤：23、T3322 ⑤：43、T4504 ⑤：53、T4402 ⑤：9、T3415 ⑤：4、T3916 ⑤：52、T5011 ⑤：34

标本 T3415 ⑤：4，夹砂灰褐陶。口径 15.4、残高 2.7 厘米（图一二七，5）。

标本 T3916 ⑤：52，夹砂灰褐陶。口径 14.0、残高 2.5 厘米（图一二七，6）。

标本 T5011 ⑤：34，夹砂灰褐陶。肩部饰有交错绳纹。口径 26.0、残高 5.1 厘米（图一二七，7）。

Ab 型　51 件。

标本 T3815 ⑤：7，夹砂灰褐陶。口径 14.8、残高 5.4 厘米（图一二八，1）。

标本 T4907 ⑤：3，夹砂灰褐陶。折沿。口径 12.6、残高 4.8 厘米（图一二八，2）。

标本 T4604 ⑤：2，夹砂灰褐陶。口径 16.6、残高 4.7 厘米（图一二八，3）。

标本 T3901 ⑤：42，夹砂灰褐陶。口径 14.8、残高 3.5 厘米（图一二八，4）。

标本 T5005 ⑤：1，夹砂灰褐陶。肩部饰有间断绳纹。口径 32.4、残高 7.3 厘米（图一二八，5）。

标本 T2401 ⑤：24，夹砂灰褐陶。肩部饰有间断绳纹。口径 18.0、残高 5.1 厘米（图一二八，6）。

Ac 型 Ⅱ 式　18 件。

标本 T4304 ⑤：94，夹砂灰褐陶。尖唇，圈足残。口径 13.6、残高 2.9 厘米（图一二八，7）。

标本 T3905 ⑤：1，夹砂灰褐陶。尖唇，深弧腹。圈足残。口径 8.2、腹径 8.7、残高 5.7 厘米（图一二八，8；彩版一三，1）。

Ad 型　11 件。

标本 T3527 ⑤：10，夹砂灰褐陶。口径 13.2、残高 6.5 厘米（图一二九，1）。

Ae 型 Ⅱ 式　10 件。

标本 T4605 ⑤：10，夹砂灰褐陶。圆唇，圈足残。口径 10.6、腹径 12.7、残高 3.8 厘米（图一二八，9）。

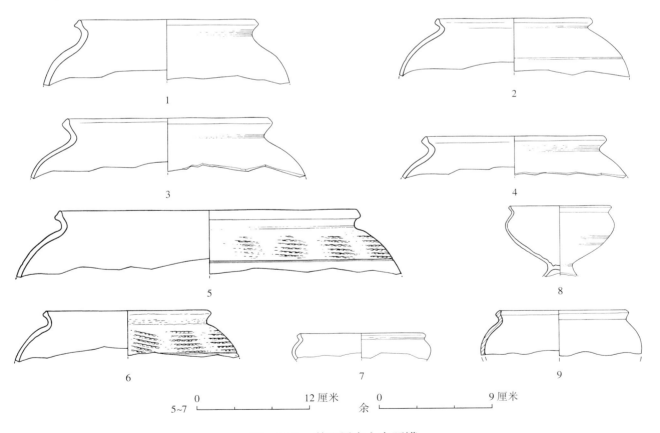

图一二八　第⑤层出土束颈罐

1~6. Ab 型 T3815 ⑤：7、T4907 ⑤：3、T4604 ⑤：2、T3901 ⑤：42、T5005 ⑤：1、T2401 ⑤：24　7、8. Ac 型 Ⅱ 式 T4304 ⑤：94、T3905 ⑤：1
9. Ae 型 Ⅱ 式 T4605 ⑤：10

Af 型　28 件。

Af 型 I 式　8 件。

标本 T3619 ⑤：17，夹砂灰褐陶。T 字唇。口径 14.0、残高 4.0 厘米（图一二九，2）。

标本 T3424 ⑤：18，夹砂灰褐陶。口径 14.0、残高 5.0 厘米（图一二九，3）。

Af 型 II 式　16 件。

标本 T4601 ⑤：100，夹砂灰褐陶。口径 15.6、残高 3.3 厘米（图一二九，4）。

标本 T4203 ⑤：57，夹砂灰褐陶。T 字唇。口径 14.8、残高 5.4 厘米（图一二九，5）。

标本 T3325 ⑤：2，夹砂灰褐陶。口径 14.4、残高 4.2 厘米（图一二九，6）。

标本 T4004 ⑤：12，夹砂灰褐陶。折沿。口径 16.5、残高 3.4 厘米（图一二九，7）。

Af 型 III 式　3 件。

标本 T3326 ⑤：7，夹砂灰褐陶。口径 16.8、残高 7.4 厘米（图一二九，8）。

Ag 型 II 式　3 件。

标本 T3011 ⑤：11，夹砂灰褐陶。口径 14.0、残高 5.8 厘米（图一二九，9）。

Ba 型　59 件。

Ba 型 I 式　36 件。

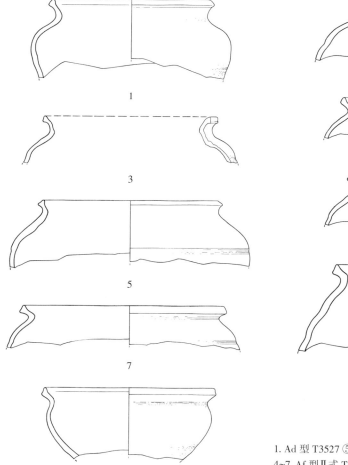

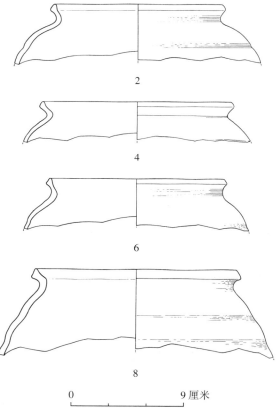

0　　　　　　　　　　9 厘米

图一二九　第⑤层出土束颈罐

1. Ad 型 T3527 ⑤：10　2、3. Af 型 I 式 T3619 ⑤：17、T3424 ⑤：18
4~7. Af 型 II 式 T4601 ⑤：100、T4203 ⑤：57、T3325 ⑤：2、T4004 ⑤：12
8. Af 型 III 式 T3326 ⑤：7　9. Ag 型 II 式 T3011 ⑤：11

标本 T4703⑤：83，夹砂灰褐陶。口径 22.8、残高 3.2 厘米（图一三〇，1）。

标本 T2711⑤：18，夹砂灰褐陶。口径 29.0、残高 3.4 厘米（图一三〇，2）。

标本 T3219⑤：2，夹砂灰褐陶。口径 30.0、残高 3.8 厘米（图一三〇，3）。

标本 T3118⑤：3，夹砂灰褐陶。肩部饰有绳纹。口径 28.8、残高 4.8 厘米（图一三〇，4）。

标本 T2309⑤：1，夹砂灰褐陶。肩部饰有交错绳纹。口径 32.0、残高 6.8 厘米（图一三〇，5）。

标本 T4114⑤：8，夹砂灰褐陶。口径 21.0、残高 4.5 厘米（图一三〇，6）。

Ba 型 Ⅱ 式　23 件。

标本 T3809⑤：7，夹砂灰褐陶。肩部饰有交错绳纹。口径 29.6、残高 4.1 厘米（图一三〇，7）。

标本 T5005⑤：50，夹砂灰褐陶。长颈。肩部饰有间断绳纹。口径 15.6、残高 5.7 厘米（图一三〇，8）。

Bb 型　12 件。

Bb 型 Ⅱ 式　7 件。

标本 T4410⑤：13，夹砂灰褐陶。口径 16.6、残高 4.4 厘米（图一三〇，9）。

Bb 型 Ⅲ 式　5 件。

标本 T2911⑤：78，夹砂灰褐陶。肩部饰有交错绳纹。口径 11.4、残高 4.8 厘米（图一三〇，10）。

Bc 型 Ⅰ 式　15 件。

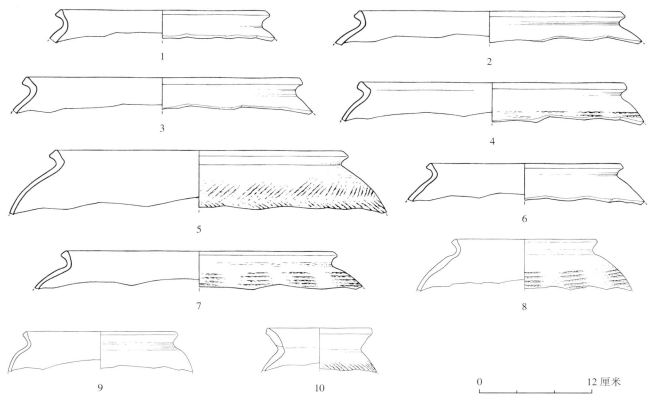

图一三〇　第⑤层出土束颈罐

1~6. Ba 型 Ⅰ 式 T4703⑤：83、T2711⑤：18、T3219⑤：2、T3118⑤：3、T2309⑤：1、T4114⑤：8　7、8. Ba 型 Ⅱ 式 T3809⑤：7、T5005⑤：50　9.
Bb 型 Ⅱ 式 T4410⑤：13　10. Bb 型 Ⅲ 式 T2911⑤：78

标本 T4607 ⑤：6，夹砂灰褐陶。口径 13.6、残高 4.0 厘米（图一三一，1）。

标本 T4607 ⑤：9，夹砂灰褐陶。口径 13.7、残高 4.1 厘米（图一三一，2）。

标本 T4801 ⑤：1，夹砂灰褐陶。口径 14.6、残高 4.1 厘米。

Bd 型　50 件。

Bd 型 I 式　13 件。

标本 T3930 ⑤：8，夹砂灰褐陶。方唇，肩部饰有间断绳纹。口径 14.0、残高 4.7 厘米（图一三一，3）。

Bd 型 II 式　37 件。

标本 T3611 ⑤：55，夹砂灰褐陶。口径 13.0、残高 2.6 厘米（图一三一，4）。

标本 T4812 ⑤：6，夹砂灰褐陶。方唇。口 15.4、残高 4.6 厘米（图一三一，5）。

标本 T4101 ⑤：86，夹砂灰褐陶。口径 13.4、残高 2.8 厘米（图一三一，6）。

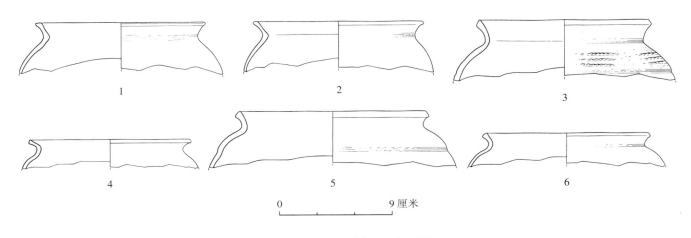

图一三一　第⑤层出土束颈罐

1、2. Bc 型 I 式 T4607 ⑤：6、T4607 ⑤：9　3. Bd 型 I 式 T3930 ⑤：8　4～6. Bd 型 II 式 T3611 ⑤：55、T4812 ⑤：6、T4101 ⑤：86

Be 型　22 件。

标本 T4908 ⑤：14，夹砂灰褐陶。圆唇。肩部饰交错绳纹。残高 4.3 厘米（图一三二，1）。

标本 T4601 ⑤：35，夹砂灰褐陶。尖唇，近直口。肩部饰斜向绳纹。残高 6.4 厘米（图一三二，2）。

标本 T3418 ⑤：6，夹砂灰褐陶。圆唇。肩部饰交错绳纹。残高 5.1 厘米（图一三二，3）。

Ca 型　49 件。

Ca 型 I 式　17 件。

标本 T4403 ⑤：80，夹砂灰褐陶。口径 29.6、残高 3.5 厘米（图一三二，4）。

标本 T3809 ⑤：4，夹砂灰褐陶。口径 26.4、残高 6.1 厘米（图一三二，5）。

标本 T4908 ⑤：27，夹砂灰褐陶。肩部饰一条凹弦纹。口径 32.0、残高 5.4 厘米（图一三二，6）。

标本 T4411 ⑤：39，夹砂灰褐陶。口径 34.0、残高 6.4 厘米（图一三二，7）。

标本 T2918 ⑤：2，夹砂灰褐陶。口径 30.6、残高 6.1 厘米（图一三二，8）。

标本 T4605 ⑤：12，夹砂灰褐陶。体量较小。口径 10.6、残高 3.8 厘米（图一三二，9）。

Ca 型 II 式　32 件。

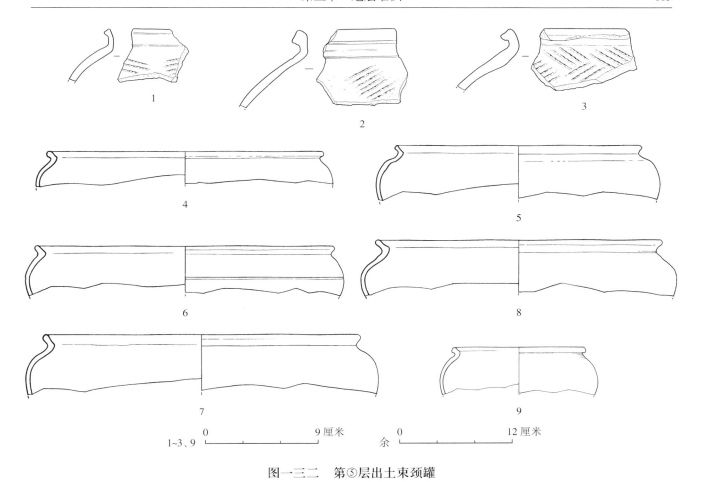

图一三二　第⑤层出土束颈罐

1~3. Be 型 T4908 ⑤：14、T4601 ⑤：35、T3418 ⑤：6　4~9. Ca 型 Ⅰ 式 T4403 ⑤：80、T3809 ⑤：4、T4908 ⑤：27、T4411 ⑤：39、T2918 ⑤：2、T4605 ⑤：12

标本 T4606 ⑤：22，夹砂灰褐陶。口径 35.6、残高 5.1 厘米（图一三三，1）。

标本 T3709 ⑤：9，夹砂灰褐陶。口径 32.4、残高 4.8 厘米（图一三三，2）。

标本 T5002 ⑤：12，夹砂灰褐陶。口径 26.8、残高 5.0 厘米（图一三三，3）。

标本 T4408 ⑤：45，夹砂灰褐陶。肩部饰有一条凹弦纹。口径 39.2、残高 6.7 厘米（图一三三，4）。

标本 T3313 ⑤：3，夹砂灰褐陶。腹部饰凹弦纹。口径 31.6、残高 5.3 厘米（图一三三，5）。

标本 T4101 ⑤：7，夹砂灰褐陶。腹部饰凹弦纹。口径 31.7、残高 6.2 厘米（图一三三，6）。

Cb 型　154 件。

标本 T3012 ⑤：132，夹砂灰褐陶。口径 30.0、残高 4.0 厘米（图一三三，7）。

标本 T2716 ⑤：31，夹砂灰褐陶。口径 15.6、残高 2.6 厘米（图一三三，8）。

标本 T4408 ⑤：9，夹砂灰褐陶。口径 29.6、残高 3.5 厘米（图一三三，9）。

标本 T4704 ⑤：2，夹砂灰褐陶。口径 26.0、残高 4.2 厘米（图一三四，1）。

标本 T4907 ⑤：33，夹砂灰褐陶。口径 30.4、残高 2.1 厘米（图一三四，2）。

标本 T3609 ⑤：64，夹砂灰褐陶。口径 30.8、残高 4.8 厘米（图一三四，3）。

标本 T4501 ⑤：3，夹砂灰褐陶。口径 32.6、残高 3.6 厘米（图一三四，4）。

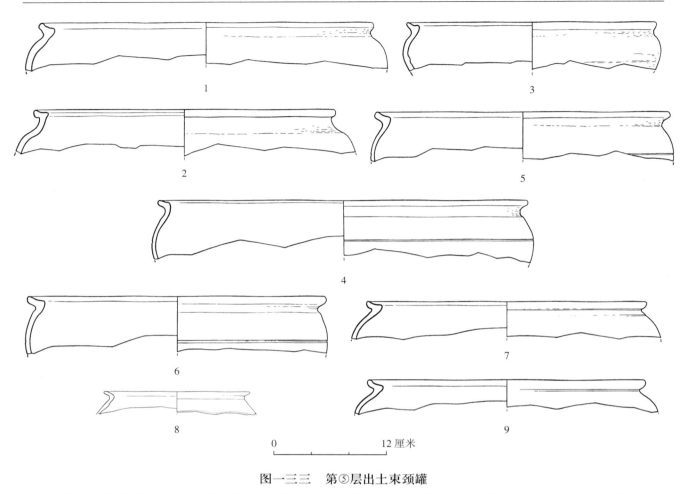

0 —————————— 12 厘米

图一三三　第⑤层出土束颈罐

1~6. Ca 型 Ⅱ 式 T4606 ⑤：22、T3709 ⑤：9、T5002 ⑤：12、T4408 ⑤：45、T3313 ⑤：3、T4101 ⑤：7　7~9. Cb 型 T3012 ⑤：132、
T2716 ⑤：31、T4408 ⑤：9

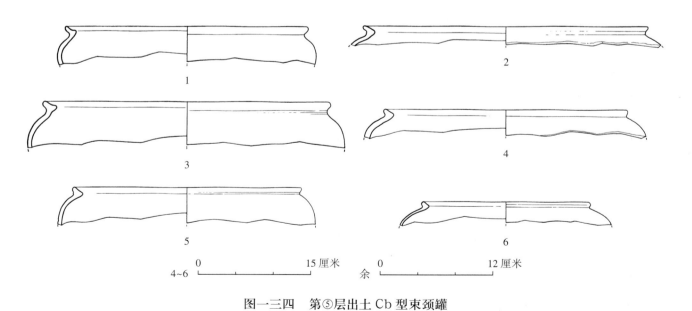

0 —————————— 15 厘米　　0 —————————— 12 厘米
4~6　　　　　　　　　　　　余

图一三四　第⑤层出土 Cb 型束颈罐

1~6. T4704 ⑤：2、T4907 ⑤：33、T3609 ⑤：64、T4501 ⑤：3、T3905 ⑤：33、T4807 ⑤：1

标本 T3905 ⑤：33，夹砂灰褐陶。口径 30.8、残高 4.8 厘米（图一三四，5）。

标本 T4807 ⑤：1，夹砂灰褐陶。口径 22.2、残高 2.6 厘米（图一三四，6）。

Cc 型　74 件。

标本 T4101 ⑤：50，夹砂灰褐陶。口径 33.4、残高 4.2 厘米（图一三五，1）。

标本 T4101 ⑤：62，夹砂灰褐陶。圆唇，短颈。肩部饰一条凹弦纹。口径 27.0、残高 3.8 厘米（图一三五，2）。

标本 T4101 ⑤：49，夹砂灰褐陶。口径 30.0、残高 3.6 厘米（图一三五，3）。

标本 T4802 ⑤：74，夹砂灰褐陶。口径 34.0、残高 2.7 厘米（图一三五，4）。

标本 T5005 ⑤：21，夹砂灰褐陶。口径 37.4、残高 3.2 厘米（图一三五，5）。

标本 T4607 ⑤：11，夹砂灰褐陶。口径 33.4、残高 4.8 厘米（图一三五，6）。

标本 T4507 ⑤：39，夹砂灰褐陶。口径 35.0、残高 3.4 厘米（图一三五，7）。

Da 型　8 件。

标本 T4106 ⑤：55，夹砂灰褐陶。肩部饰一条凹弦纹和抹断绳纹。口径 22.6、残高 3.4 厘米（图

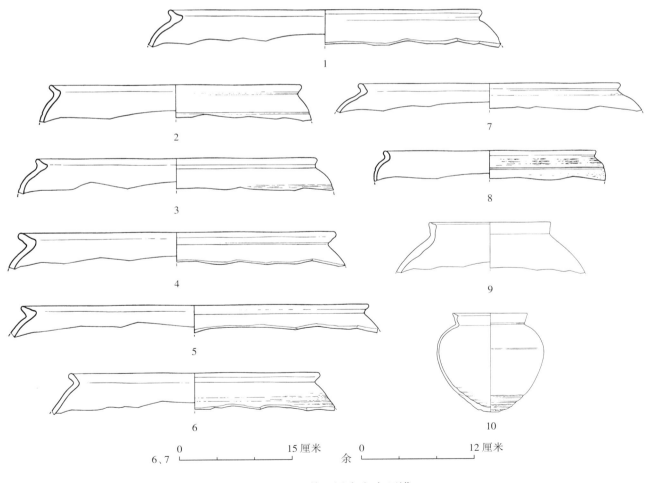

图一三五　第⑤层出土束颈罐

1~7. Cc 型 T4101 ⑤：50、T4101 ⑤：62、T4101 ⑤：49、T4802 ⑤：74、T5005 ⑤：21、T4607 ⑤：11、T4507 ⑤：39　8. Da 型 T4106 ⑤：55　9. Ea 型 T3530 ⑤：21　10. Eb 型 T3221 ⑤：1

一三五，8）。

E 型　5 件。

Ea 型　2 件。

标本 T3530 ⑤：21，夹砂灰褐陶。口径 13.0、残高 5.2 厘米（图一三五，9）。

Eb 型　3 件。

标本 T3221 ⑤：1，夹砂灰褐陶。尖唇，圈足残。口径 7.9、腹径 11.0、残高 10.8 厘米（图一三五，10；彩版一三，2）。

6．钵形器

1 件。

大敛口，尖唇，弧腹。

标本 T4105 ⑤：4，泥质灰陶。口径 36.0、残高 6.4 厘米（图一三六，1）。

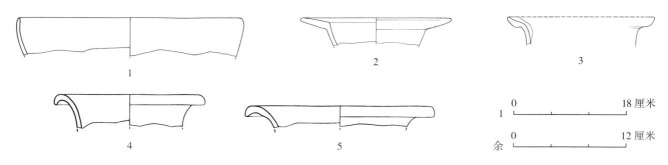

图一三六　第⑤层出土钵形器和尊

1. 钵形器 T4105 ⑤：4　2. Aa 型尊 T4710 ⑤：10　3. Ab 型尊 T3427 ⑤：35　4、5. B 型尊 T3627 ⑤：41、T4605 ⑤：11

7．尊

4 件。

A 型　2 件。

Aa 型　1 件。宽卷沿。

标本 T4710 ⑤：10，泥质灰白陶。圆唇。口径 16.0、残高 2.8 厘米（图一三六，2）。

Ab 型　1 件。窄折沿。

标本 T3427 ⑤：35，泥质灰白陶。尖圆唇。口径约 15.5、残高 3.0 厘米（图一三六，3）。

B 型　2 件。喇叭口。

标本 T3627 ⑤：41，泥质黑皮陶。口径 16.0、残高 3.6 厘米（图一三六，4）。

标本 T4605 ⑤：11，泥质黑皮陶。口径 20.0、残高 2.2 厘米（图一三六，5）。

8．尊形器

21 件。

Aa 型　7 件。

标本 T3121 ⑤：14，夹砂灰褐陶。口径 26.0、残高 3.8 厘米（图一三七，1）。

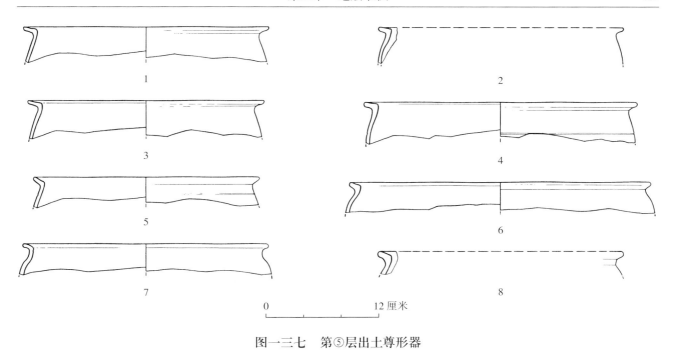

图一三七　第⑤层出土尊形器

1~5. Aa 型 T3121⑤：14、T4903⑤：17、T2919⑤：11、T4106⑤：51、T3109⑤：5　6~8. Ab 型 T3627⑤：51、T4311⑤：3、T4004⑤：44

标本 T4903⑤：17，泥质黑皮陶。残高 3.8 厘米（图一三七，2）。

标本 T2919⑤：11，泥质黑皮陶。口径 25.0、残高 4.3 厘米（图一三七，3）。

标本 T4106⑤：51，泥质黑皮陶。口径 29.0、残高 4.5 厘米（图一三七，4）。

标本 T3109⑤：5，夹砂灰褐陶。口径 24.0、残高 3.2 厘米（图一三七，5）。

Ab 型　4 件。

标本 T3627⑤：51，夹砂灰褐陶。口径 32.0、残高 3.5 厘米（图一三七，6）。

标本 T4311⑤：3，夹砂灰褐陶。口径 26.0、残高 3.5 厘米（图一三七，7）。

标本 T4004⑤：44，夹砂灰褐陶。残高 2.4 厘米（图一三七，8）。

Ba 型　4 件。

标本 T2911⑤：84，夹砂灰褐陶。腹部饰有一条凹弦纹。口径 31.0、残高 4.6 厘米（图一三八，1）。

标本 T2913⑤：64，夹砂灰褐陶。口径 35.0、残高 3.7 厘米（图一三八，2）。

标本 T3517⑤：6，夹砂灰褐陶。残高 3.0 厘米（图一三八，3）。

标本 T2811⑤：51，夹砂灰褐陶。腹部饰有一条凹弦纹。口径 31.0、残高 4.1 厘米（图一三八，4）。

Bb 型　2 件。

标本 T4601⑤：77，泥质黑皮陶。腹部饰有凹弦纹和戳印圆圈纹带。残高 3.1 厘米（图一三八，5）。

标本 T4805⑤：8，夹砂灰褐陶。腹部饰有一条凹弦纹。口径 31.6、残高 3.3 厘米（图一三八，6）。

Bc 型　1 件。

标本 T3328⑤：56，泥质黑皮陶。口径 27.0、残高 4.4 厘米（图一三八，7）。

C 型　3 件。

标本 T2911⑤：5，夹砂灰褐陶。口径 19.6、残高 4.2 厘米（图一三九，1）。

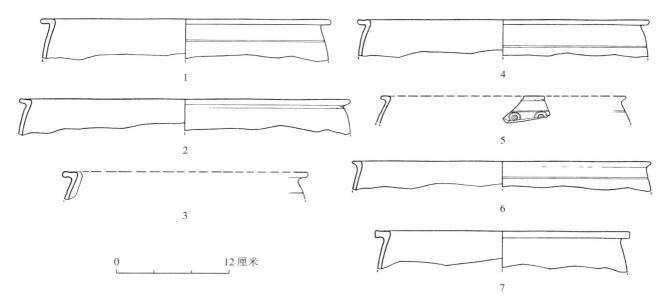

图一三八　第⑤层出土尊形器

1~4. Ba 型 T2911 ⑤：84、T2913 ⑤：64、T3517 ⑤：6、T2811 ⑤：51　5、6. Bb 型 T4601 ⑤：77、T4805 ⑤：8　7. Bc 型 T3328 ⑤：56

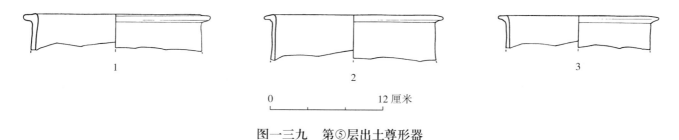

图一三九　第⑤层出土尊形器

1~3. C 型 T2911 ⑤：5、T4703 ⑤：95、T2507 ⑤：32

标本 T4703 ⑤：95，夹砂灰褐陶。口径 19.0、残高 4.9 厘米（图一三九，2）。

标本 T2507 ⑤：32，夹砂灰褐陶。口径 17.0、残高 3.8 厘米（图一三九，3）。

9．簋形器

128 件。

A 型　91 件。

A 型 I 式　7 件。

标本 T4004 ⑤：20，夹砂褐陶。尖唇。残高 4.3 厘米（图一四〇，1）。

标本 T4004 ⑤：1，夹砂褐陶。方唇。残高 5.2 厘米（图一四〇，2）。

标本 T4004 ⑤：1，夹砂褐陶。方唇。残高 4.4 厘米（图一四〇，3）。

A 型 II 式　49 件。

标本 T3630 ⑤：106，夹砂褐陶。圆唇。直径 35.4、残高 9.0 厘米（图一四〇，4）。

标本 T3629 ⑤：1，夹砂褐陶。方唇。直径 39.0、残高 9.8 厘米（图一四〇，5）。

标本 T3528 ⑤：1，夹砂褐陶。方唇。直径 36.4、残高 8.4 厘米（图一四〇，6）。

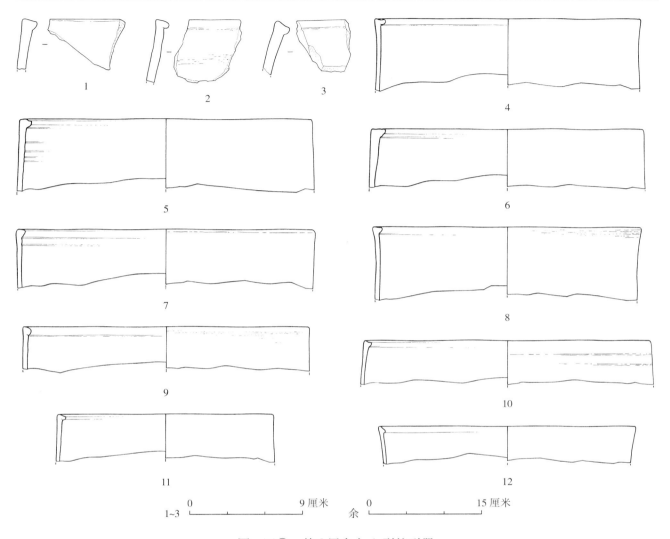

图一四○　第⑤层出土 A 型簋形器

1~3. A 型Ⅰ式 T4004⑤：20、T4004⑤：1、T4004⑤：1　　4~10. A 型Ⅱ式 T3630⑤：106、T3629⑤：1、T3528⑤：1、T2409⑤：1、T5311⑤：6、T3629⑤：27、T3629⑤：20　　11、12. A 型Ⅲ式 T3630⑤：17、T4209⑤：21

　　标本 T2409⑤：1，夹砂褐陶。近方唇。直径 40.0、残高 8.0 厘米（图一四○，7）。

　　标本 T5311⑤：6，夹砂褐陶。近方唇。直径 36.0、残高 10.0 厘米（图一四○，8）。

　　标本 T3629⑤：27，夹砂褐陶。近圆唇。直径 38.0、残高 5.6 厘米（图一四○，9）。

　　标本 T3629⑤：20，夹砂褐陶。直径 38.4、残高 5.7 厘米（图一四○，10）。

　　A 型Ⅲ式　35 件。

　　标本 T3630⑤：17，夹砂褐陶。方唇。直径 29.0、残高 6.0 厘米（图一四○，11）。

　　标本 T4209⑤：21，夹砂褐陶。直径 34.0、残高 5.4 厘米（图一四○，12）。

　　Ba 型　11 件。

　　标本 T3530⑤：161，夹砂褐陶。直径 30.0、残高 4.2 厘米（图一四一，1）。

　　标本 T3630⑤：84，夹砂褐陶。直径 32.0、残高 6.8 厘米（图一四一，2）。

　　标本 T3528⑤：2，夹砂褐陶。直径 28.4、残高 6.2 厘米（图一四一，3）。

标本 T3928 ⑤：3，夹砂褐陶。直径 33.0、残高 7.8 厘米（图一四一，4）。

Bb 型　8 件。

标本 T3510 ⑤：32，夹砂褐陶。直径 30.0、残高 6.3 厘米（图一四一，5）。

标本 T3913 ⑤：35，夹砂褐陶。直径 31.0、残高 6.3 厘米（图一四一，6）。

标本 T3529 ⑤：195，夹砂褐陶。直径 29.0、残高 5.8 厘米（图一四一，7）。

标本 T3710 ⑤：1，夹砂褐陶。直径 26.0、残高 10.3 厘米（图一四一，8）。

Bc 型 II 式　6 件。

标本 T4910 ⑤：16，夹砂灰褐陶。唇部饰间断斜向绳纹。口径 29.0、残高 7.5 厘米（图一四二，1）。

标本 T4211 ⑤：30，夹砂灰褐陶。残高 5.3 厘米（图一四二，2）。

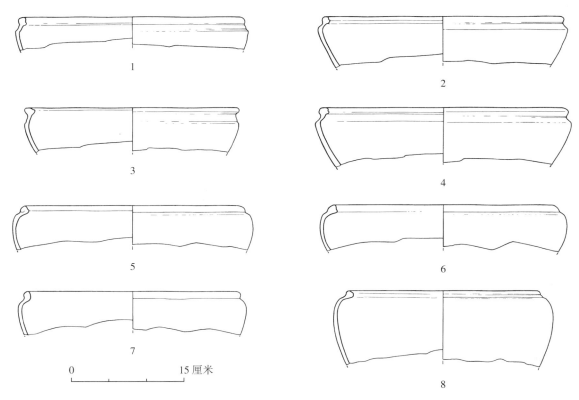

图一四一　第⑤层出土簋形器

1~4. Ba 型 T3530 ⑤：161、T3630 ⑤：84、T3528 ⑤：2、T3928 ⑤：3　5~8. Bb 型 T3510 ⑤：32、T3913 ⑤：35、T3529 ⑤：195、T3710 ⑤：1

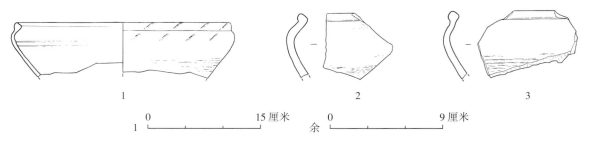

图一四二　第⑤层出土簋形器

1~3. Bc 型 II 式 T4910 ⑤：16、T4211 ⑤：30、T4304 ⑤：98

标本 T4304⑤：98，夹砂灰褐陶。残高 5.5 厘米（图一四二，3）。

Bd 型　12 件。

标本 T3307⑤：38，夹砂灰褐陶。口径 62.0、残高 5.5 厘米（图一四三，1）。

标本 T3012⑤：37，夹砂灰褐陶。口径 46.0、残高 5.5 厘米（图一四三，2）。

标本 T3515⑤：3，夹砂灰褐陶。腹部饰有一条凹弦纹。口径 47.4、残高 8.4 厘米（图一四三，3）。

标本 T3529⑤：171，夹砂灰褐陶。厚圆唇。口径 35.0、残高 5.1 厘米（图一四三，4）。

标本 T3323⑤：1，夹砂灰褐陶。口径 51.0、残高 9.6 厘米（图一四三，5）。

标本 T3530⑤：56，夹砂灰褐陶。口径 34.0、残高 5.0 厘米（图一四三，6）。

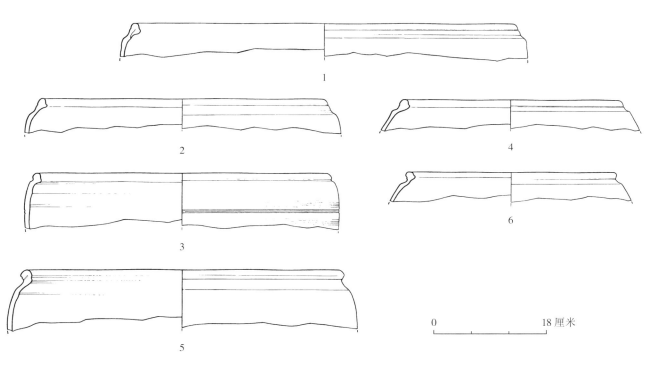

0　　　　　　　　　18 厘米

图一四三　第⑤层出土 Bd 型簋形器

1~6. T3307⑤：38、T3012⑤：37、T3515⑤：3、T3529⑤：171、T3323⑤：1、T3530⑤：56

10. 盒形器

1 件。平面形状呈不规则 U 形，弧底，中空，器表粗糙。功能不明。

标本 T4810⑤：3，夹砂灰褐陶。口部呈椭圆形，外侈。外表呈蜂窝状。通长 6.7、宽 3.5、通高 6.5 厘米（图一四四，1）。

11. 壶

80 件。

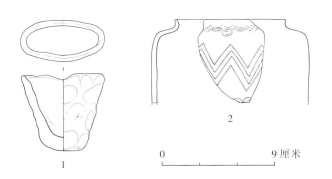

0　　　　　　　9 厘米

图一四四　第⑤层出土陶器

1. 盒形器 T4810⑤：3　2. 瓶 T4604⑤：1

Aa 型　37 件。

标本 T3905 ⑤：4，泥质黑皮陶。口径 13.5、残高 5.4 厘米（图一四五，1）。

标本 T3725 ⑤：2，泥质黑皮陶。口径 14.5、残高 4.3 厘米（图一四五，2）。

标本 T4311 ⑤：39，泥质黑皮陶。口径 12.4、残高 5.1 厘米（图一四五，3）。

标本 T3113 ⑤：11，泥质黑皮陶。口径 13.4、残高 4.5 厘米（图一四五，4）。

标本 T4703 ⑤：62，泥质黑皮陶。口径 13.6、残高 6.0 厘米（图一四五，5）。

标本 T3321 ⑤：33，泥质黑皮陶。口径 13.0、残高 4.0 厘米（图一四五，6）。

Ab 型　24 件。

标本 T3326 ⑤：18，泥质黑皮陶。口径 11.2、残高 4.7 厘米（图一四五，7）。

标本 T4307 ⑤：23，泥质黑皮陶。口径 13.4、残高 3.2 厘米（图一四五，8）。

标本 T4412 ⑤：5，泥质黑皮陶。口径 13.2、残高 3.7 厘米（图一四五，9）。

标本 T4401 ⑤：1，泥质黑皮陶。口径 13.0、残高 6.0 厘米（图一四五，10）。

B 型　11 件。

Ba 型　8 件。

标本 T4113 ⑤：11，泥质灰陶。口径 15.4、残高 4.0 厘米（图一四六，1）。

标本 T4101 ⑤：68，泥质灰陶。口径 17.8、残高 4.2 厘米（图一四六，2）。

标本 T3323 ⑤：8，泥质灰陶。口径 14.4、残高 4.1 厘米（图一四六，3）。

标本 T4302 ⑤：3，泥质灰陶。口径 12.4、残高 5.4 厘米。

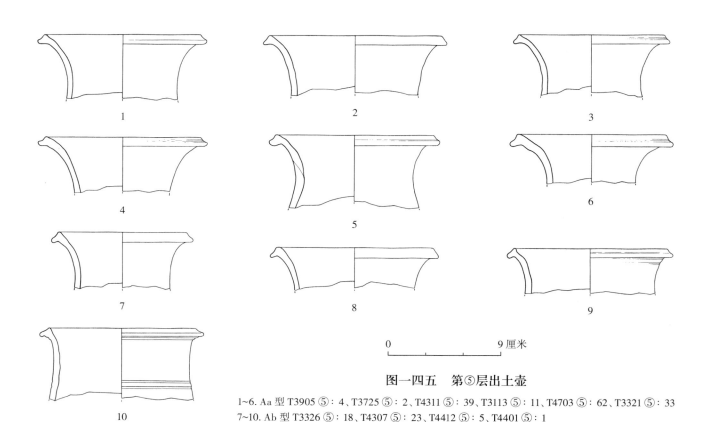

0　　　　　　　　9 厘米

图一四五　第⑤层出土壶

1~6. Aa 型 T3905 ⑤：4、T3725 ⑤：2、T4311 ⑤：39、T3113 ⑤：11、T4703 ⑤：62、T3321 ⑤：33
7~10. Ab 型 T3326 ⑤：18、T4307 ⑤：23、T4412 ⑤：5、T4401 ⑤：1

Bb 型 3 件。

标本 T2711 ⑤：81，泥质灰陶。口径 13.2、残高 6.5 厘米（图一四六，4）。

标本 T3424 ⑤：12，泥质灰陶。口径 15.4、残高 4.8 厘米（图一四六，5）。

标本 T4302 ⑤：108，泥质灰陶。口径 12.4、残高 5.4 厘米（图一四六，6）。

C 型 6 件。

Ca 型 4 件。

标本 T3328 ⑤：38，泥质黑皮陶。口径 17.2、残高 11.2 厘米（图一四七，1）。

标本 T2510 ⑤：15，泥质黑皮陶。口径 14.0、残高 6.5 厘米（图一四七，2）。

标本 T2411 ⑤：14，泥质黑皮陶。口径 12.4、残高 4.6 厘米（图一四七，3）。

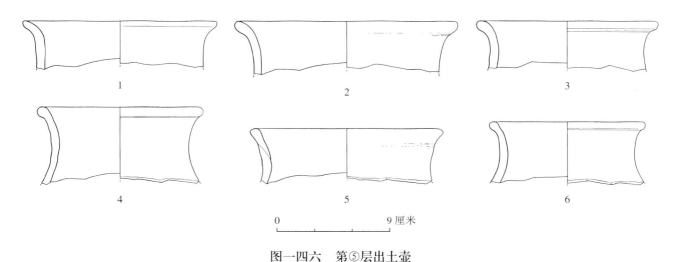

0 9厘米

图一四六 第⑤层出土壶

1~3. Ba 型 T4113 ⑤：11、T4101 ⑤：68、T3323 ⑤：8 4~6. Bb 型 T2711 ⑤：81、T3424 ⑤：12、T4302 ⑤：108

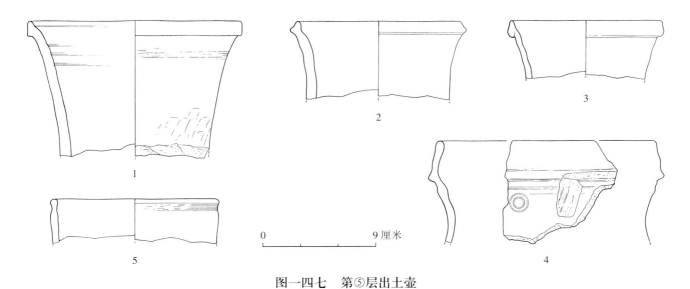

0 9厘米

图一四七 第⑤层出土壶

1~3. Ca 型 T3328 ⑤：38、T2510 ⑤：15、T2411 ⑤：14 4. Cb 型 T3012 ⑤：106 5. D 型 T5109 ⑤：4

Cb 型　2 件。

标本 T3012⑤：106，泥质黑皮陶。领部有凸棱，凸棱下饰有圆圈纹。口径 17.6、残高 8.2 厘米（图一四七，4）。

D 型　2 件。

标本 T5109⑤：4，夹砂灰褐陶。唇部外侧有一道凹槽。口径 13.4、残高 3.7 厘米（图一四七，5）。

12. 瓶

2 件。

口微敞，矮领，卷沿，折肩，近直壁。

标本 T4604⑤：1，泥质黑皮陶。尖唇。肩、腹部饰有一圈蝉纹。口径 8.6、残高 7.0 厘米（图一四四，2）。

13. 盆

239 件。

Aa 型　35 件。

标本 T3313⑤：2，夹砂灰褐陶。肩部饰一条凹弦纹。口径 33.0、残高 6.5 厘米（图一四八，1）。

标本 T3611⑤：2，夹砂灰褐陶。口径 35.4、残高 5.8 厘米（图一四八，2）。

标本 T4304⑤：70，夹砂灰褐陶。肩部饰有一条凹弦纹。口径 28.0、残高 7.3 厘米（图一四八，3）。

标本 T4410⑤：20，夹砂灰褐陶。腹部饰一条凹弦纹。口径 37.0、残高 7.0 厘米（图一四八，4）。

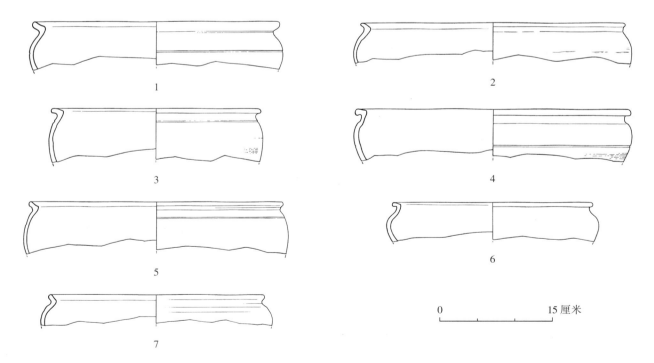

图一四八　第⑤层出土盆

1~7. Aa 型 T3313⑤：2、T3611⑤：2、T4304⑤：70、T4410⑤：20、T3930⑤：2、T4302⑤：26、T5009⑤：14

标本 T3930 ⑤：2，夹砂灰褐陶。口径 34.0、残高 7.1 厘米（图一四八，5）。

标本 T4302 ⑤：26，夹砂灰褐陶。口径 26.6、残高 4.8 厘米（图一四八，6）。

标本 T5009 ⑤：14，夹砂灰褐陶。口径 29.0、残高 3.6 厘米（图一四八，7）。

Ab 型　27 件。

标本 T4511 ⑤：1，夹砂灰褐陶。腹部饰有弦纹。口径 30.6、残高 4.5 厘米（图一四九，）。

标本 T3803 ⑤：1，夹砂灰褐陶。腹部饰有凹弦纹。口径 34.4、残高 6.9 厘米（图一四九，2）。

标本 T4502 ⑤：11，夹砂灰褐陶。肩部饰有一条凹弦纹。口径 32.0、残高 6.1 厘米（图一四九，3）。

标本 T3529 ⑤：128，夹砂灰褐陶。肩部饰有凹弦纹。口径 33.4、残高 4.7 厘米（图一四九，4）。

标本 T3015 ⑤：12，夹砂灰褐陶。口径 31.0、残高 5.4 厘米（图一四九，5）。

标本 T3013 ⑤：16，夹砂灰褐陶。口径 26.6、残高 4.2 厘米（图一四九，6）。

标本 T4710 ⑤：19，夹砂灰褐陶。口径 26.4、残高 2.8 厘米（图一四九，7）。

标本 T4205 ⑤：1，夹砂灰褐陶。腹部饰有一条凹弦纹。口径 32.6、残高 4.4 厘米（图一四九，8）。

标本 T4302 ⑤：59，夹砂灰褐陶。腹部饰有一条凹弦纹。口径 28.0、残高 4.6 厘米（图一四九，9）。

Ac 型　31 件。

标本 T3114 ⑤：9，夹砂灰褐陶。口径 35.4、残高 7.0 厘米（图一五〇，1）。

标本 T5011 ⑤：56，夹砂灰褐陶。腹部饰有两条平行凹弦纹。口径 28.4、残高 6.9 厘米（图一五〇，2）。

标本 T3115 ⑤：42，夹砂灰褐陶。口径 37.4、残高 5.1 厘米（图一五〇，3）。

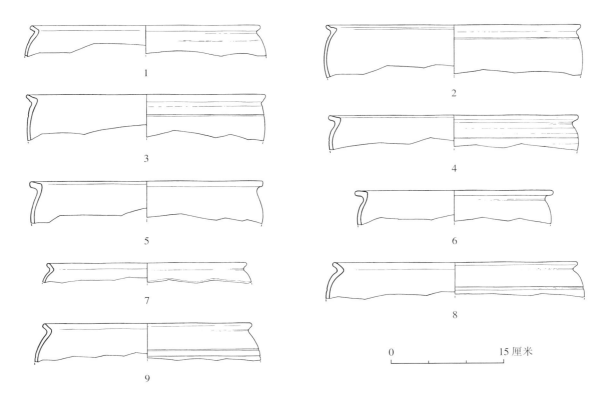

0　　　　　　　15 厘米

图一四九　第⑤层出土盆

1~9. Ab 型 T4511 ⑤：1、T3803 ⑤：1、T4502 ⑤：11、T3529 ⑤：128、T3015 ⑤：12、T3013 ⑤：16、T4710 ⑤：19、T4205 ⑤：1、T4302 ⑤：59

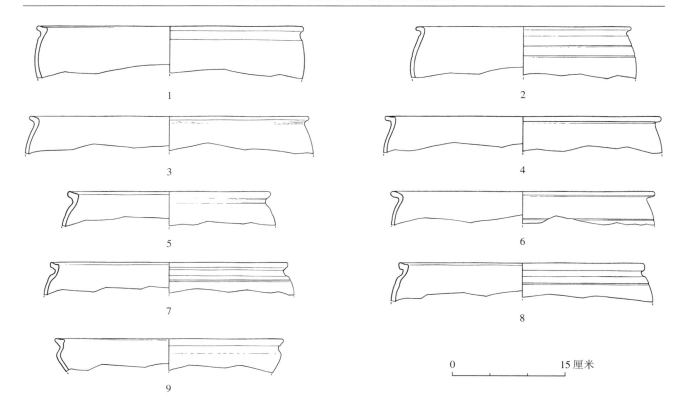

图一五〇　第⑤层出土盆

1~8. Ac 型 T3114 ⑤：9、T5011 ⑤：56、T3115 ⑤：42、T4805 ⑤：4、T4408 ⑤：22、T2509 ⑤：49、T2510 ⑤：26、T4806 ⑤：6　9. Ad 型 T3507 ⑤：3

标本 T4805 ⑤：4，夹砂灰褐陶。口径 36.8、残高 5.0 厘米（图一五〇，4）。

标本 T4408 ⑤：22，夹砂灰褐陶。口径 27.2、残高 4.6 厘米（图一五〇，5）。

标本 T2509 ⑤：49，夹砂灰褐陶。腹部饰有一条凹弦纹。口径 35.0、残高 4.4 厘米（图一五〇，6）。

标本 T2510 ⑤：26，夹砂灰褐陶。腹部饰有一条凹弦纹。口径 32.0、残高 3.8 厘米（图一五〇，7）。

标本 T4806 ⑤：6，夹砂灰褐陶。腹部饰有一条凹弦纹。口径 32.6、残高 4.6 厘米（图一五〇，8）。

Ad 型　7 件。

标本 T3507 ⑤：3，夹砂灰褐陶。口微侈，尖圆唇。口径 30.6、残高 4.6 厘米（图一五〇，9）。

Ba 型　27 件。

标本 T2509 ⑤：40，夹砂灰褐陶。口径 28.0、残高 3.4 厘米（图一五一，1）。

Bb 型　20 件。

标本 T3425 ⑤：4，夹砂灰褐陶。圆唇，弧腹。口径 31.6、残高 6.7 厘米（图一五一，2）。

Ca 型　35 件。

标本 T4605 ⑤：15，夹砂灰褐陶。圆唇，折沿。腹部饰一条凹弦纹。口径 46.8、残高 4.4 厘米（图一五一，3）。

标本 T4302 ⑤：26，夹砂灰褐陶。腹部饰两条平行凹弦纹。口径 35.4、残高 6.4 厘米（图一五一，4）。

标本 T3511 ⑤：11，夹砂灰褐陶。肩部饰有一条凹弦纹。口径 41.0、残高 7.2 厘米（图一五一，5）。

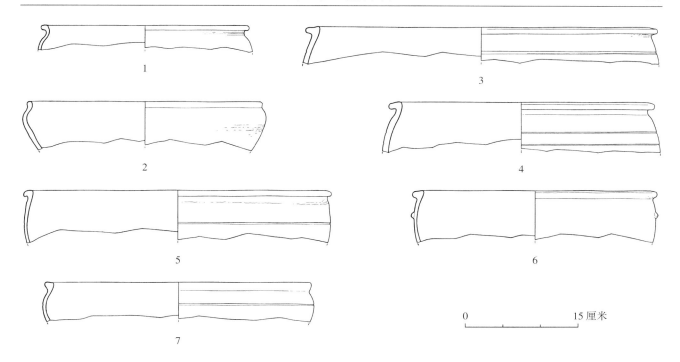

图一五一　第⑤层出土盆

1. Ba 型 T2509 ⑤ : 40　2. Bb 型 T3425 ⑤ : 4　3～7. Ca 型 T4605 ⑤ : 15、T4302 ⑤ : 26、T3511 ⑤ : 11、T3512 ⑤ : 17、T3507 ⑤ : 9

标本 T3512 ⑤ : 17，夹砂灰褐陶。肩部饰有乳钉纹。口径 32.6、残高 7.2 厘米（图一五一，6）。

标本 T3507 ⑤ : 9，夹砂灰褐陶。腹部饰有乳钉纹。口径 34.0、残高 5.5 厘米（图一五一，7）。

Cb 型　30 件。

标本 T4501 ⑤ : 8，夹砂灰褐陶。口径 34.6、残高 9.2 厘米（图一五二，1）。

标本 T4003 ⑤ : 64，夹砂灰褐陶。口径 22.6、残高 7.3 厘米（图一五二，2）。

标本 T4710 ⑤ : 4，夹砂褐陶。尖唇，窄沿，弧腹。腹部饰有对称宽鋬耳。耳上饰有交叉划纹。口径约 28.0、残高 7.4 厘米（图一五二，3）。

标本 T3916 ⑤ : 15，夹砂褐陶。直径约 28.0、残高 9.7 厘米（图一五二，4）。

标本 T3916 ⑤ : 1，夹砂灰褐陶。体量较小。尖圆唇，弧腹，下腹饰有一条凹弦纹，底残。口径 15.8、残高 7.3 厘米（图一五二，5）。

Cc 型　23 件。

标本 T4604 ⑤ : 77，夹砂褐陶。直径 27.6、残高 5.6 厘米（图一五二，6）。

标本 T3801 ⑤ : 86，夹砂褐陶。腹部经过磨光处理。口径 27.6、残高 6.0 厘米（图一五二，7）。

标本 T4307 ⑤ : 26，夹砂灰褐陶。方唇，卷沿。口径 20.6、残高 5.7 厘米（图一五二，8）。

标本 T4605 ⑤ : 46，夹砂褐陶。方唇，腹部饰有圆形穿孔。残高 3.7 厘米（图一五二，9）。

Ea 型　2 件。

标本 T3507 ⑤ : 9，夹砂灰褐陶。腹部饰有乳钉纹。口径 34.0、残高 5.5 厘米（图一五二，10）。

Eb 型　2 件。

标本 T4907 ⑤ : 21，夹砂灰褐陶。口径 31.6、残高 7.2 厘米（图一五二，11）。

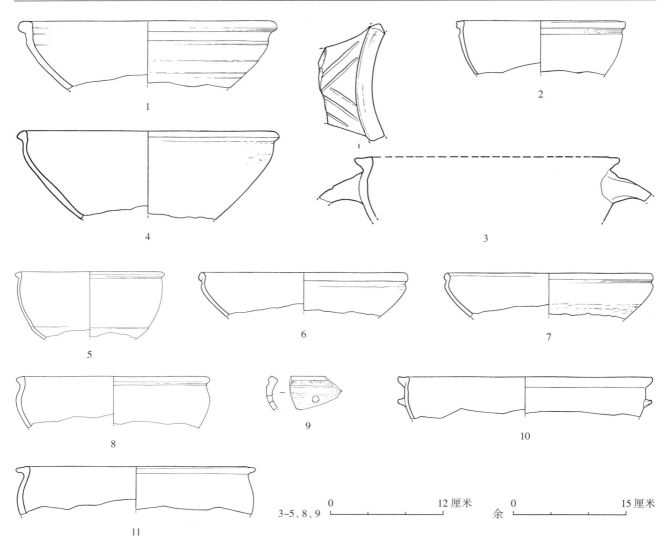

图一五二　　第⑤层出土盆

1~5. Cb 型 T4501 ⑤：8、T4003 ⑤：64、T4710 ⑤：4、T3916 ⑤：15、T3916 ⑤：1　6~9. Cc 型 T4604 ⑤：77、T3801 ⑤：86、T4307 ⑤：26、
T4605 ⑤：46　10. Ea 型 T3507 ⑤：9　11. Eb 型 T4907 ⑤：21

14．瓮

849 件。

Aa 型　54 件。

标本 T3525 ⑤：18，夹砂灰褐陶。口径 71.2、残高 9.6 厘米（图一五三，1）。

标本 T3012 ⑤：144，夹砂灰褐陶。口径约 68.8、残高 3.9 厘米（图一五三，2）。

标本 T3219 ⑤：1，夹砂灰褐陶。口径约 60.0、残高 6.9 厘米（图一五三，3）。

标本 T4107 ⑤：21，夹砂灰褐陶。厚圆唇。口径 60.0、残高 7.7 厘米（图一五三，4）。

标本 T2414 ⑤：2，夹砂灰褐陶。口径 55.6、残高 5.3 厘米（图一五三，5）。

Ab 型　111 件。

标本 T3115 ⑤：70，夹砂灰褐陶。方唇，折沿。口径 47.4、残高 6.3 厘米（图一五四，1）。

标本 T3511 ⑤：17，夹砂灰褐陶。口径 46.0、残高 7.0 厘米（图一五四，2）。

标本 T4703 ⑤：81，夹砂灰褐陶。口径 47.0、残高 6.2 厘米（图一五四，3）。

标本 T3629 ⑤：4，夹砂灰褐陶。口径 32.0、残高 4.6 厘米（图一五四，4）。

标本 T2911 ⑤：14，夹砂灰褐陶。方唇，卷沿。口径 47.4、残高 6.9 厘米（图一五四，5）。

标本 T3309 ⑤：22，夹砂灰褐陶。方唇，折沿。口径 45.2、残高 7.8 厘米（图一五四，6）。

标本 T4607 ⑤：7，夹砂灰褐陶。方唇，折沿。口径 41.1、残高 8.4 厘米（图一五四，7）。

标本 T2815 ⑤：1，夹砂灰褐陶。口径 57.4、残高 10.2 厘米（图一五五，1）。

标本 T3121 ⑤：8，夹砂灰褐陶。口径约 50.4、残高 9.6 厘米（图一五五，2）。

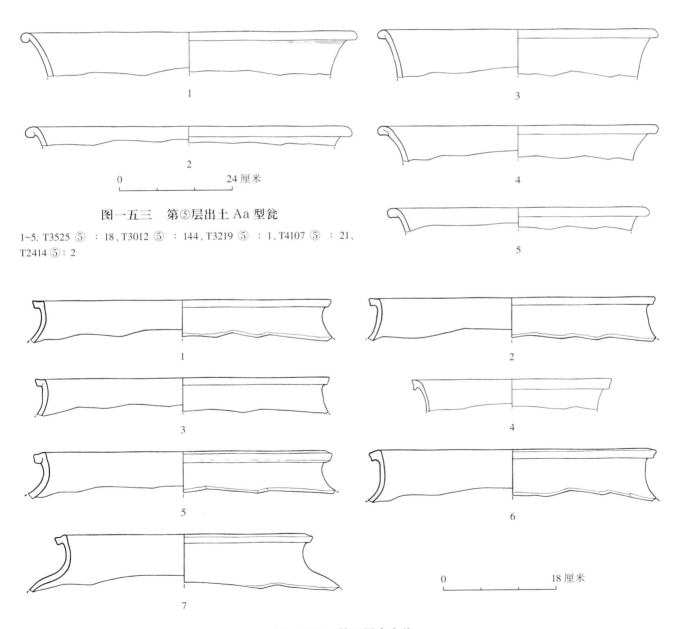

0　　　　　　　24 厘米

图一五三　第⑤层出土 Aa 型瓮

1~5. T3525 ⑤：18、T3012 ⑤：144、T3219 ⑤：1、T4107 ⑤：21、
T2414 ⑤：2

0　　　　　　　18 厘米

图一五四　第⑤层出土瓮

1~7. Ab 型 T3115 ⑤：70、T3511 ⑤：17、T4703 ⑤：81、T3629 ⑤：4、T2911 ⑤：14、T3309 ⑤：22、T4607 ⑤：7

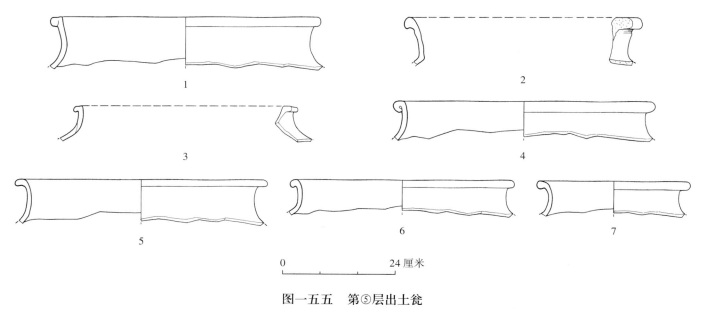

图一五五　　第⑤层出土瓮

1~3. Ab 型 T2815 ⑤：1、T3121 ⑤：8、T4201 ⑤：123　4~7. Ac 型 T4514 ⑤：2、T3427 ⑤：3、T3918 ⑤：1、T3627 ⑤：3

标本 T4201 ⑤：123，夹砂灰褐陶。方唇，卷沿。口径约 48.0、残高 7.5 厘米（图一五五，3）。

标本 T3417 ⑤：6，夹砂灰褐陶。口径 36.4、残高 6.0 厘米。

标本 T4502 ⑤：13，夹砂灰褐陶。残高 5.9 厘米。

标本 T4107 ⑤：22，夹砂灰褐陶。残高 8.0 厘米。

标本 T2509 ⑤：4，夹砂灰褐陶。口径 46.0、残高 6.5 厘米。

标本 T4501 ⑤：2，夹砂灰褐陶。口径 28.0、残高 4.8 厘米。

标本 T5005 ⑤：5，夹砂灰褐陶。口径 40.4、残高 6.0 厘米。

标本 T2509 ⑤：44，夹砂灰褐陶。残高 7.2 厘米。

标本 T2509 ⑤：4，夹砂灰褐陶。口径 13.0、残高 5.2 厘米。

Ac 型　100 件。

标本 T4514 ⑤：2，夹砂灰褐陶。圆唇。口径 56.0、残高 8.6 厘米（图一五五，4）。

标本 T3427 ⑤：3，夹砂灰褐陶。圆唇，卷沿。口径 54.0、残高 10.0 厘米（图一五五，5）。

标本 T3918 ⑤：1，夹砂灰褐陶。圆唇，卷沿。口径 47.2、残高 8.0 厘米（图一五五，6）。

标本 T3627 ⑤：3，夹砂灰褐陶。圆唇，卷沿。口径 32.4、残高 7.9 厘米（图一五五，7）。

Ad 型　26 件。

标本 T4209 ⑤：130，夹砂灰褐陶。方唇，卷沿。口径 46.0、残高 7.7 厘米（图一五六，1）。

标本 T3120 ⑤：2，夹砂灰褐陶。方唇，折沿。口径 29.5、残高 5.6 厘米（图一五六，2）。

标本 T4107 ⑤：8，夹砂灰褐陶。方唇，卷沿。口径 44.0、残高 6.2 厘米（图一五六，3）。

标本 T4310 ⑤：1，夹砂灰褐陶。方唇，卷沿。口径 38.0、残高 7.1 厘米（图一五六，4）。

标本 T4107 ⑤：58，夹砂灰褐陶。圆唇，卷沿。口径 45.6、残高 5.4 厘米（图一五六，5）。

标本 T3307 ⑤：4，夹砂灰褐陶。圆唇，卷沿。口径 51.6、残高 9.0 厘米（图一五六，6）。

标本 T4401 ⑤：40，夹砂灰褐陶。圆唇，卷沿。口径 29.5、残高 4.2 厘米（图一五六，7）。

Ae 型　3 件。

标本 T4401⑤：42，夹砂灰褐陶。尖唇，折沿。口径 44.0、残高 6.6 厘米（图一五六，8）。

Ba 型　72 件。

标本 T3213⑤：2，夹砂灰褐陶。口径 71.2、残高 8.3 厘米（图一五七，1）。

标本 T3718⑤：2，夹砂灰褐陶。厚唇，折沿。口径 63.2、残高 7.4 厘米（图一五七，2）。

标本 T3916⑤：11，夹砂灰褐陶。近直口，圆唇，折沿。口径 44.0、残高 7.3 厘米（图一五七，3）。

标本 T4015⑤：3，夹砂灰褐陶。口径 44.4、残高 4.8 厘米（图一五七，4）。

标本 T4310⑤：16，夹砂灰褐陶。肩部饰网格印纹。口径 32.4、残高 6.5 厘米（图一五七，5）。

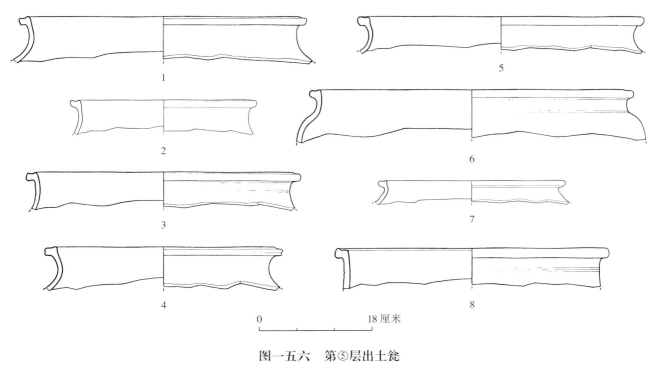

图一五六　第⑤层出土瓮

1~7. Ad 型 T4209⑤：130、T3120⑤：2、T4107⑤：8、T4310⑤：1、T4107⑤：58、T3307⑤：4、T4401⑤：40　8. Ae 型 T4401⑤：42

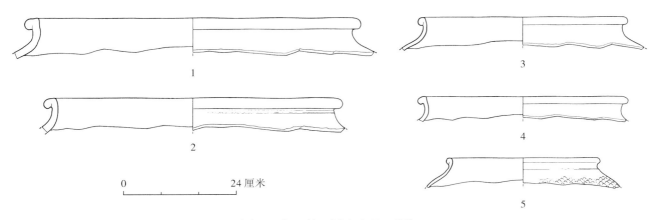

图一五七　第⑤层出土 Ba 型瓮

1~5. T3213⑤：2、T3718⑤：2、T3916⑤：11、T4015⑤：3、T4310⑤：16

标本 T3011 ⑤：19，夹砂灰褐陶。口径 27.0、残高 5.8 厘米（图一五八，1）。

标本 T3629 ⑤：18，夹砂灰褐陶。小口，广肩，圆唇。口径 23.6、残高 4.2 厘米（图一五八，2）。

标本 T3315 ⑤：8，夹砂灰褐陶。口径 23.8、残高 4.6 厘米（图一五八，3）。

Bb 型　52 件。

标本 T4201 ⑤：43，夹砂灰褐陶。口微侈，圆唇，折沿。口径 41.4、残高 7.8 厘米（图一五八，4）。

标本 T4007 ⑤：8，夹砂灰褐陶。近直口，圆唇，折沿。口径 42、残高 10.9 厘米（图一五八，5）。

标本 T3324 ⑤：2，夹砂灰褐陶。口径 45.6、残高 5.6 厘米（图一五八，6）。

标本 T4904 ⑤：47，夹砂灰褐陶。肩部饰有网格印纹。口径 33.0、残高 7.0 厘米（图一五八，7）。

标本 T4107 ⑤：69，夹砂灰褐陶。圆唇。口径 37.5、残高 5.0 厘米（图一五八，8）。

标本 T3629 ⑤：2，夹砂灰褐陶。器形较小。口径 26.4、残高 6.3 厘米（图一五八，9）。

Bc 型　61 件。

标本 T3426 ⑤：9，夹砂灰褐陶。圆唇。口径 25.6、残高 3.4 厘米（图一五八，10）。

标本 T3628 ⑤：23，夹砂灰褐陶。圆唇，卷沿。口径 32.4、残高 4.4 厘米（图一五八，11）。

Bd 型　106 件。

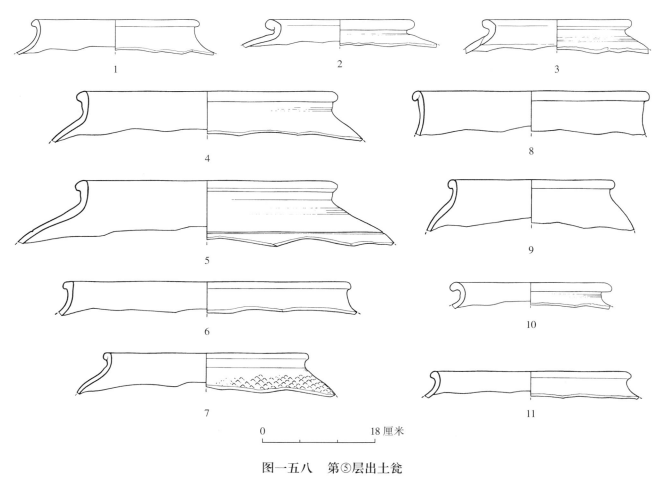

0　　　　　　18厘米

图一五八　第⑤层出土瓮

1~3. Ba 型 T3011 ⑤：19、T3629 ⑤：18、T3315 ⑤：8　4~9. Bb 型 T4201 ⑤：43、T4007 ⑤：8、T3324 ⑤：2、T4904 ⑤：47、T4107 ⑤：69、T3629 ⑤：2　10、11. Bc 型 T3426 ⑤：9、T3628 ⑤：23

标本 T3630 ⑤：100，夹砂灰褐陶。尖唇，折沿。肩部饰菱形方格纹。口径 30.4、残高 4.7 厘米（图一五九，1）。

标本 T3627 ⑤：2，夹砂灰褐陶。尖唇，折沿。口径 28.0、残高 4.8 厘米（图一五九，2）。

标本 T3426 ⑤：49，夹砂灰褐陶。圆唇。肩部饰菱形纹。口径 36.0、残高 6.1 厘米（图一五九，3）。

标本 T3529 ⑤：152，夹砂灰褐陶。尖唇，折沿。口径 30、残高 4.5 厘米（图一五九，4）。

标本 T3322 ⑤：97，夹砂灰褐陶。圆尖唇，折沿。口径 24.0、残高 6.2 厘米（图一五九，5）。

标本 T3427 ⑤：6，夹砂灰褐陶。圆唇。肩部饰菱形纹。口径 45.9、残高 4.8 厘米（图一五九，6）。

标本 T3529 ⑤：194，夹砂灰褐陶。尖唇，折沿。口径 40.8、残高 6.6 厘米（图一六〇，1）。

标本 T3629 ⑤：24，夹砂灰褐陶。尖唇，折沿。口径 36.0、残高 4.8 厘米（图一六〇，2）。

标本 T5211 ⑤：21，夹砂灰褐陶。圆唇。肩部饰菱形纹。口径 33.6、残高 5.4 厘米（图一六〇，3）。

标本 T3926 ⑤：1，夹砂灰褐陶。尖唇，折沿。口径 45.9、残高 5.1 厘米（图一六〇，4）。

标本 T3305 ⑤：2，夹砂灰褐陶。圆唇，折沿。口径 29.7、残高 6.3 厘米（图一六〇，5）。

标本 T3530 ⑤：6，夹砂灰褐陶。圆唇。口径 26.8、残高 5.0 厘米（图一六〇，6）。

标本 T3928 ⑤：1，夹砂灰褐陶。圆唇。口径 24.6、残高 3.4 厘米（图一六〇，7）。

标本 T3530 ⑤：1，夹砂灰褐陶。圆唇。口径 54.6、残高 5.4 厘米（图一六一，1）。

标本 T3926 ⑤：2，夹砂灰褐陶。圆唇。口径 24.0、残高 4.0 厘米（图一六一，2）。

标本 T3528 ⑤：5，夹砂灰褐陶。圆唇。残高 6.0 厘米（图一六一，3）。

标本 T3729 ⑤：18，夹砂灰褐陶。圆唇。口径 17.0、残高 3.4 厘米（图一六一，4）。

Ca 型　15 件。

标本 T3517 ⑤：1，夹砂灰褐陶。口径 45.6、残高 7.8 厘米（图一六一，5）。

标本 T3121 ⑤：2，夹砂灰褐陶。口径 49.8、残高 6.3 厘米（图一六一，6）。

标本 T2715 ⑤：2，夹砂灰褐陶。圆唇。口径 47.5、残高 6.2 厘米（图一六一，7）。

标本 T4501 ⑤：2，夹砂灰褐陶。圆唇。唇部和肩部饰斜向绳纹。口径 28.0、残高 4.6 厘米（图一六一，8）。

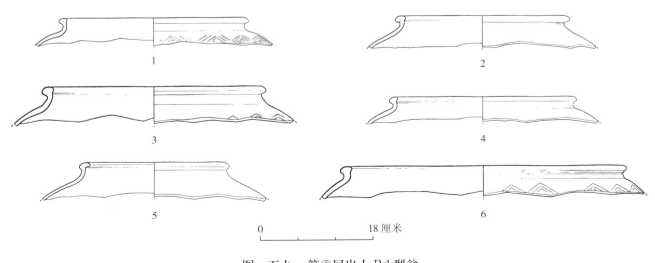

0　　　　18 厘米

图一五九　第⑤层出土 Bd 型瓮

1~6. T3630 ⑤：100、T3627 ⑤：2、T3426 ⑤：49、T3529 ⑤：152、T3322 ⑤：97、T3427 ⑤：6

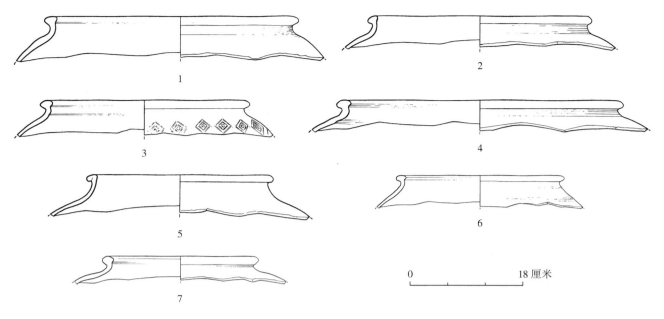

图一六○　第⑤层出土 Bd 型瓮

1~7. T3529 ⑤：194、T3629 ⑤：24、T5211 ⑤：21、T3926 ⑤：1、T3305 ⑤：2、T3530 ⑤：6、T3928 ⑤：1

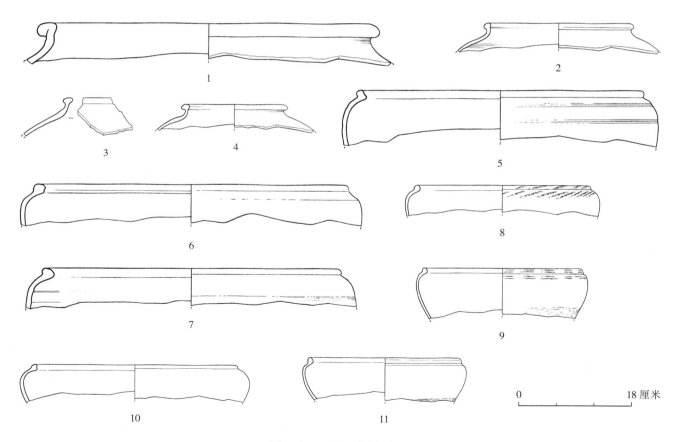

图一六一　第⑤层出土瓮

1~4. Bd 型 T3530 ⑤：1、T3926 ⑤：2、T3528 ⑤：5、T3729 ⑤：18　5~11. Ca 型 T3517 ⑤：1、T3121 ⑤：2、T2715 ⑤：2、T4501 ⑤：2、T4401 ⑤：2、T3704 ⑤：1、T4001 ⑤：6

标本 T4401 ⑤：2，夹砂灰褐陶。口径 25.2、残高 7.4 厘米（图一六一，9）。

标本 T3704 ⑤：1，夹砂灰褐陶。口径 32.4、残高 6.1 厘米（图一六一，10）。

标本 T4001 ⑤：6，夹砂灰褐陶。口径 24.3、残高 6.6 厘米（图一六一，11）。

Cb 型　224 件。

标本 T3505 ⑤：4，夹砂灰褐陶。口径 53.1、残高 6.3 厘米（图一六二，1）。

标本 T3505 ⑤：5，夹砂灰褐陶。口径 49.8、残高 6.9 厘米（图一六二，2）。

标本 T3417 ⑤：6，夹砂灰褐陶。唇部和肩部饰斜向绳纹。口径 36.0、残高 5.6 厘米（图一六二，3）。

标本 T5005 ⑤：5，夹砂灰褐陶。唇部和肩部饰斜向绳纹。口径 40.2、残高 5.2 厘米（图一六二，4）。

标本 T3614 ⑤：1，夹砂灰褐陶。唇部和肩部饰斜向绳纹，腹部饰一条凹弦纹。口径 26.0、残高 4.6 厘米（图一六二，5）。

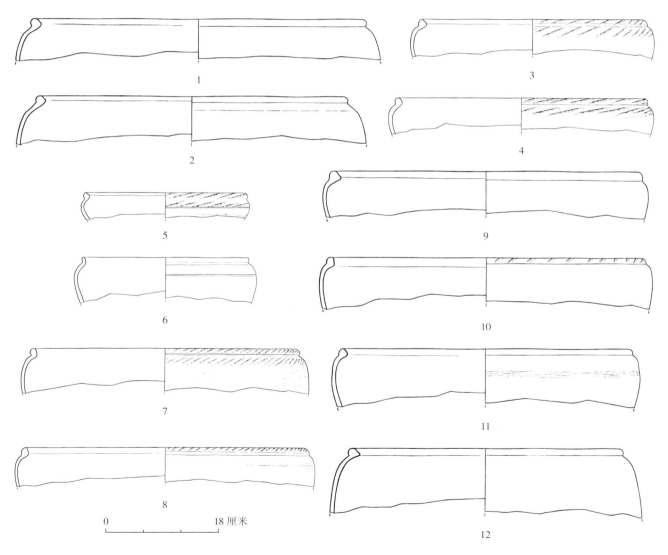

图一六二　第⑤层出土 Cb 型瓮

1~12. T3505 ⑤：4、T3505 ⑤：5、T3417 ⑤：6、T5005 ⑤：5、T3614 ⑤：1、T4604 ⑤：29、T4605 ⑤：50、T2509 ⑤：4、T3316 ⑤：3、T4902 ⑤：19、T2509 ⑤：2、T3505 ⑤：1

标本 T4604 ⑤：29，夹砂灰褐陶。腹部饰一条凹弦纹。口径 26.6、残高 6.6 厘米（图一六二，6）。

标本 T4605 ⑤：50，夹砂灰褐陶。方唇，唇部和肩部饰斜向绳纹。口径 42.6、残高 7.0 厘米（图一六二，7）。

标本 T2509 ⑤：4，夹砂灰褐陶。方唇，唇部和肩部饰斜向绳纹。口径 45.6、残高 5.4 厘米（图一六二，8）。

标本 T3316 ⑤：3，夹砂灰褐陶。口径 50.0、残高 7.6 厘米（图一六二，9）。

标本 T4902 ⑤：19，夹砂灰褐陶。圆唇，唇部饰间断绳纹。口径 50.1、残高 7.2 厘米（图一六二，10）。

标本 T2509 ⑤：2，夹砂灰褐陶。口径 47.0、残高 9.6 厘米（图一六二，11）。

标本 T3505 ⑤：1，夹砂灰褐陶。口径 43.8、残高 7.0 厘米（图一六二，12）。

Cc 型　25 件。

标本 T4807 ⑤：3，夹砂灰褐陶。口径 33.6、残高 8.0 厘米（图一六三，1）。

标本 T5005 ⑤：2，夹砂灰褐陶。唇部和肩部饰斜向绳纹。残高 3.5 厘米（图一六三，2）。

标本 T4908 ⑤：26，夹砂灰褐陶。口径 16.0、残高 6.0 厘米（图一六三，3）。

标本 T4001 ⑤：11，夹砂灰褐陶。口径 25.0、残高 5.8 厘米（图一六三，4）。

标本 T4304 ⑤：80，夹砂灰褐陶。残高 3.9 厘米（图一六三，5）。

标本 T4404 ⑤：16，夹砂灰褐陶。圆唇。口径 30.0、残高 5.7 厘米（图一六三，6）。

标本 T2911 ⑤：4，夹砂灰褐陶。口径 24.0、残高 2.8 厘米（图一六三，7）。

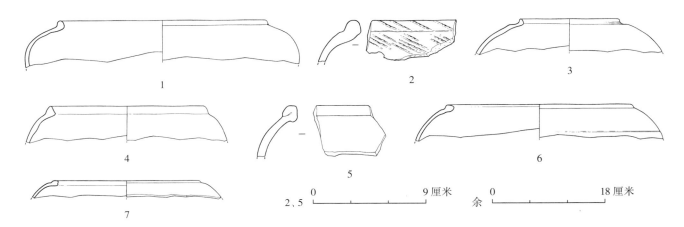

图一六三　第⑤层出土 Cc 型瓮

1~7. T4807 ⑤：3、T5005 ⑤：2、T4908 ⑤：26、T4001 ⑤：11、T4304 ⑤：80、T4404 ⑤：16、T2911 ⑤：4

15. 缸

155 件。

Aa 型　38 件。

标本 T4705 ⑤：4，夹砂灰褐陶。腹部饰有乳钉纹。残高 10.0 厘米（图一六四，1）。

标本 T4203 ⑤：53，夹砂灰褐陶。残高 6.1 厘米（图一六四，2）。

标本 T4304 ⑤：65，夹砂灰褐陶。腹部饰有对称乳钉。口径 40.0、残高 7.2 厘米（图一六四，3）。

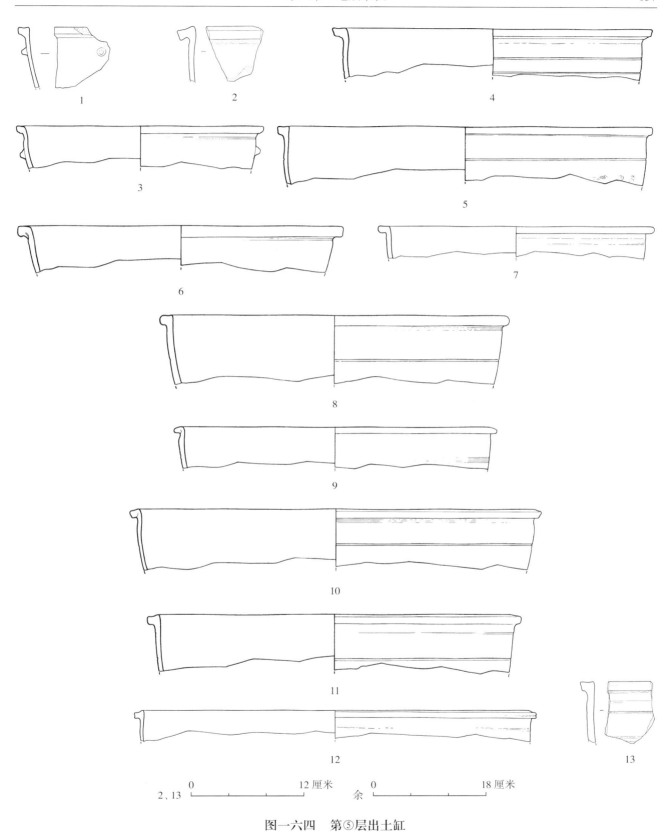

图一六四　第⑤层出土缸

1~8. Aa 型 T4705 ⑤：4、T4203 ⑤：53、T4304 ⑤：65、T5009 ⑤：7、T3015 ⑤：5、T4313 ⑤：5、T4504 ⑤：19、T3427 ⑤：5　9~13. Ab 型
T3801 ⑤：87、T4203 ⑤：28、T3609 ⑤：62、T2913 ⑤：85、T4401 ⑤：38

标本 T5009 ⑤：7，夹砂灰褐陶。腹部饰有两条平行凹弦纹。口径 51.0、残高 7.5 厘米（图一六四，4）。

标本 T3015 ⑤：5，夹砂灰褐陶。腹部饰一条凹弦纹。口径 60.0、残高 9.4 厘米（图一六四，5）。

标本 T4313 ⑤：5，夹砂灰褐陶。口径 52.0、残高 7.9 厘米（图一六四，6）。

标本 T4504 ⑤：19，夹砂灰褐陶。腹部饰两条平行凹弦纹。口径 44.0、残高 5.4 厘米（图一六四，7）。

标本 T3427 ⑤：5，夹砂灰褐陶。口径 55.5、残高 11.3 厘米（图一六四，8）。

Ab 型　45 件。

标本 T3801 ⑤：87，夹砂灰褐陶。圆唇。腹部饰一条凹弦纹。口径 51.0、残高 7.3 厘米（图一六四，9）。

标本 T4203 ⑤：28，夹砂灰褐陶。腹部饰有一条凹弦纹。口径 65.1、残高 10.3 厘米（图一六四，10）。

标本 T3609 ⑤：62，夹砂灰褐陶。腹部饰一条凹弦纹。口径 59.4、残高 9.6 厘米（图一六四，11）。

标本 T2913 ⑤：85，夹砂灰褐陶。口径 63.6、残高 4.4 厘米（图一六四，12）。

标本 T4401 ⑤：38，夹砂灰褐陶。残高 6.6 厘米（图一六四，13）。

Ba 型　19 件。

标本 T2411 ⑤：3，夹砂灰褐陶。圆唇，折沿。口径 61.2、残高 8.1 厘米（图一六五，1）。

标本 T3513 ⑤：3，夹砂灰褐陶。腹部饰有对称乳钉和两条平行凹弦纹。口径 51.2、残高 6.2 厘米（图一六五，2）。

标本 T4313 ⑤：21，夹砂灰褐陶。近圆唇。腹部饰一条凹弦纹。口径 79.2、残高 11.0 厘米（图一六五，3）。

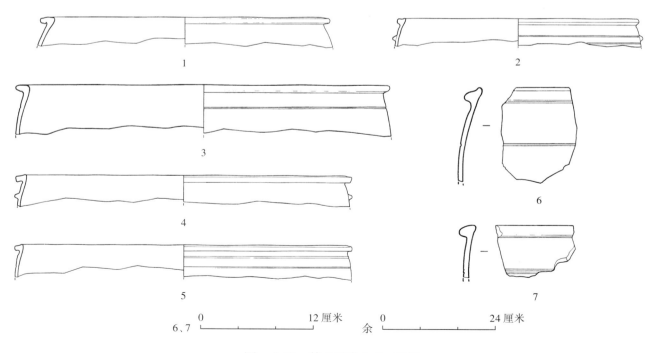

图一六五　第⑤层出土 Ba 型缸

1~7. T2411 ⑤：3、T3513 ⑤：3、T4313 ⑤：21、T2510 ⑤：4、T3012 ⑤：154、T3012 ⑤：39、T5006 ⑤：7

标本 T2510⑤：4，夹砂灰褐陶。腹部饰对称乳钉。口径 72.0、残高 7.0 厘米（图一六五，4）。

标本 T3012⑤：154，夹砂灰褐陶。腹部饰有两条平行凹弦纹。口径 71.4、残高 7.4 厘米（图一六五，5）。

标本 T3012⑤：39，夹砂灰褐陶。腹部饰有一条凹弦纹。残高 10.4 厘米（图一六五，6）。

标本 T5006⑤：7，夹砂灰褐陶。腹部饰有一条凹弦纹。残高 6.0 厘米（图一六五，7）。

Bb 型　21 件。

标本 T4304⑤：88，夹砂灰褐陶。腹部饰有凹弦纹。残高 5.9 厘米（图一六六，1）。

标本 T4101⑤：22，夹砂灰褐陶。近方唇。腹部饰有两条平行凹弦纹。口径 50.0、残高 6.8 厘米（图一六六，2）。

标本 T2411⑤：23，夹砂灰褐陶。近方唇。口径 46.0、残高 5.2 厘米（图一六六，3）。

标本 T3618⑤：7，夹砂灰褐陶。腹部饰有对称錾手。口径 61.2、残高 8.3 厘米（图一六六，4）。

标本 T3809⑤：8，夹砂灰褐陶。口径 62.0、残高 5.9 厘米（图一六六，5）。

标本 T4404⑤：6，夹砂灰褐陶。口径 54.0、残高 3.8 厘米（图一六六，6）。

标本 T3905⑤：29，夹砂灰褐陶。口径 62.0、残高 7.2 厘米（图一六六，7）。

标本 T3906⑤：1，夹砂灰褐陶。口径 60.0、残高 4.0 厘米（图一六六，8）。

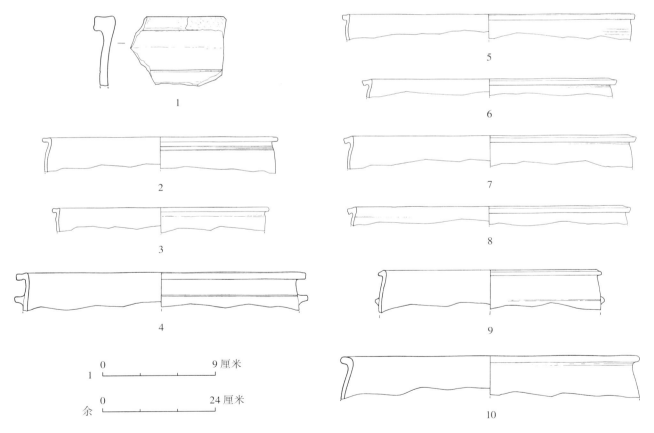

图一六六　第⑤层出土 Bb 型缸

1~10. T4304⑤：88、T4101⑤：22、T2411⑤：23、T3618⑤：7、T3809⑤：8、T4404⑤：6、T3905⑤：29、T3906⑤：1、T3901⑤：49、T3321⑤：64

标本 T3901 ⑤：49，夹砂灰褐陶。腹部饰有一条凹弦纹和对称乳钉。口径48.0、残高8.4厘米（图一六六，9）。

标本 T3321 ⑤：64，夹砂灰褐陶。口径63.9、残高8.1厘米（图一六六，10）。

D 型　18件。

标本 T4313 ⑤：2，夹砂灰褐陶。口径58.0、残高5.7厘米（图一六七，1）。

标本 T5310 ⑤：11，夹砂灰褐陶。口径39.6、残高4.8厘米（图一六七，2）。

标本 T4910 ⑤：9，夹砂灰褐陶。口径52.0、残高7.8厘米（图一六七，3）。

标本 T3707 ⑤：50，夹砂灰褐陶。腹部饰两条平行凹弦纹。口径52.0、残高8.7厘米（图一六七，4）。

标本 T4103 ⑤：2，夹砂灰褐陶。口径54.0、残高4.6厘米（图一六七，5）。

标本 T3426 ⑤：4，夹砂灰褐陶。口径59.1、残高3.3厘米（图一六七，6）。

标本 T3426 ⑤：5，夹砂灰褐陶。口径47.4、残高3.9厘米（图一六七，7）。

E 型　5件。

标本 T3709 ⑤：2，夹砂灰褐陶。腹部饰有一条凹弦纹。残高6.0厘米（图一六八，1）。

标本 T3511 ⑤：9，夹砂灰褐陶。残高7.5厘米（图一六八，2）。

标本 T4901 ⑤：56，夹砂灰褐陶。残高5.6厘米（图一六八，3）。

标本 T3513 ⑤：15，夹砂灰褐陶。残高5.9厘米（图一六八，4）。

F 型　9件。

标本 T4015 ⑤：1，夹砂灰褐陶。口径55.5、残高12.0厘米（图一六八，5）。

标本 T3605 ⑤：1，夹砂灰褐陶。残高5.8厘米（图一六八，6）。

标本 T4405 ⑤：23，夹砂灰褐陶。口径44.0、残高13.0厘米（图一六八，7）。

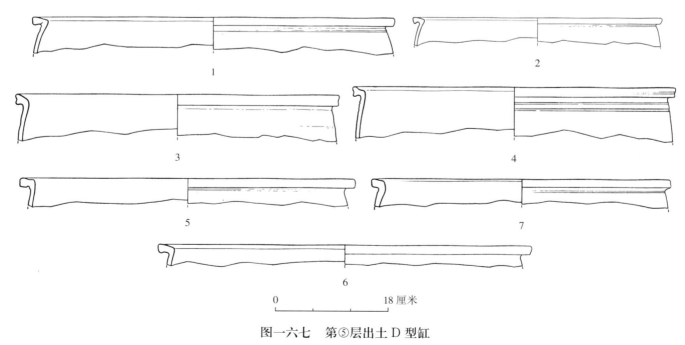

0 　　　　　　18厘米

图一六七　第⑤层出土 D 型缸

1~7. T4313 ⑤：2、T5310 ⑤：11、T4910 ⑤：9、T3707 ⑤：50、T4103 ⑤：2、T3426 ⑤：4、T3426 ⑤：5

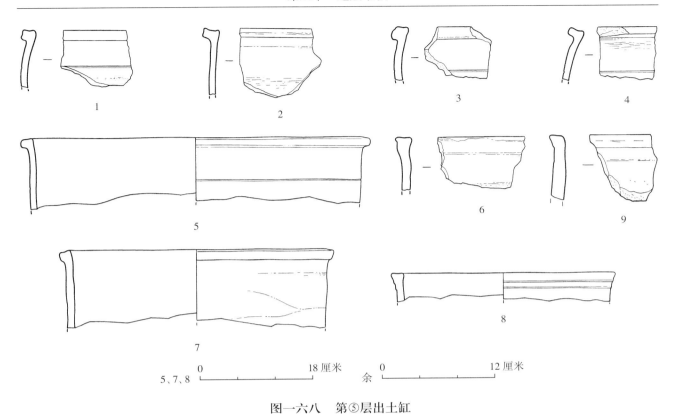

图一六八　第⑤层出土缸

1~4. E 型 T3709 ⑤：2、T3511 ⑤：9、T4901 ⑤：56、T3513 ⑤：15　5~9. F 型 T4015 ⑤：1、T3605 ⑤：1、T4405 ⑤：23、T3307 ⑤：5、T4401 ⑤：38

标本 T3307 ⑤：5，夹砂灰褐陶。口径 36.0、残高 4.7 厘米（图一六八，8）。

标本 T4401 ⑤：38，夹砂灰褐陶。腹部饰有凹弦纹。残高 6.6 厘米（图一六八，9）。

16．器盖

66 件。

Aa 型　3 件。

标本 T4028 ⑤：1，夹砂灰褐陶。直径 17.0、残高 6.0 厘米（图一六九，1）。

Ab 型　7 件。

标本 T4028 ⑤：2，夹砂灰褐陶。直径 16.2、残高 3.2 厘米（图一六九，2）。

标本 T5005 ⑤：15，夹砂灰褐陶。直径 17.6、残高 3.8 厘米（图一六九，3）。

标本 T3422 ⑤：31，夹砂灰褐陶。直径 9.0、残高 1.7 厘米（图一六九，4）。

标本 T3611 ⑤：14，夹砂灰褐陶。直径 12.0、残高 3.3 厘米（图一六九，5）。

Ac 型　2 件。

标本 T2309 ⑤：10，夹砂灰褐陶。直径 11.6、残高 3.4 厘米（图一六九，6）。

标本 T3114 ⑤：15，夹砂灰褐陶。残高 4.3 厘米。

Ba 型　25 件。

标本 T3606 ⑤：6，夹砂灰褐陶。直径 40.0、残高 5.0 厘米（图一七〇，1）。

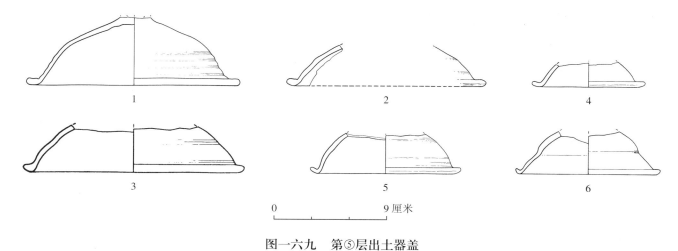

0 _____ 9厘米

图一六九　第⑤层出土器盖

1. Aa 型 T4028 ⑤：1　2~5. Ab 型 T4028 ⑤：2、T5005 ⑤：15、T3422 ⑤：31、T3611 ⑤：14　6. Ac 型 T2309 ⑤：10

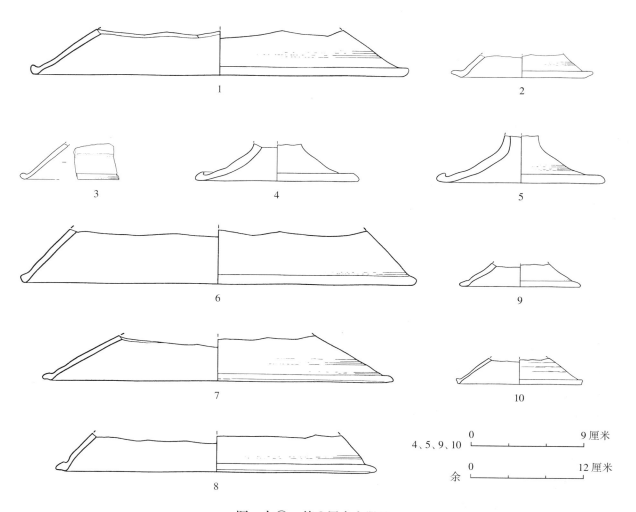

4、5、9、10 0 _____ 9厘米

余 0 _____ 12厘米

图一七〇　第⑤层出土器盖

1~5. Ba 型 T3606 ⑤：6、T4603 ⑤：7、T4105 ⑤：72、T4313 ⑤：16、T4313 ⑤：24　6~10. Bb 型 T4902 ⑤：25、T2414 ⑤：3、T2911 ⑤：49、T3713 ⑤：11、T4605 ⑤：19

标本 T4603⑤：7，夹砂灰褐陶。直径 15.0、残高 2.5 厘米（图一七〇，2）。

标本 T4105⑤：72，夹砂灰褐陶。残高 4.0 厘米（图一七〇，3）。

标本 T4313⑤：24，夹砂灰褐陶。直径 13.4、残高 4.0 厘米（图一七〇，5）。

标本 T4313⑤：16，夹砂灰褐陶。口径 13.0、残高 3.1 厘米（图一七〇，4）。

Bb 型　22 件。

标本 T4902⑤：25，夹砂灰褐陶。直径 42.0、残高 6.0 厘米（图一七〇，6）。

标本 T2414⑤：3，夹砂灰褐陶。直径 37.6、残高 5.0 厘米（图一七〇，7）。

标本 T2911⑤：49，夹砂灰褐陶。直径 34.0、残高 4.0 厘米（图一七〇，8）。

标本 T3713⑤：11，夹砂灰褐陶。直径 9.6、残高 1.8 厘米（图一七〇，9）。

标本 T4605⑤：19，夹砂灰褐陶。直径 10.0、残高 2.1 厘米（图一七〇，10）。

Ca 型　1 件。

标本 T2803⑤：34，夹砂灰褐陶。口径 8.8、残高 1.5 厘米（图一七一，1）。

Cb 型 I 式　1 件。

标本 T4303⑤：62，夹砂灰褐陶。捉手残。直径 10.0、残高 1.2 厘米（图一七一，2）。

Cb 型 II 式　2 件。

标本 T3804⑤：22，夹砂灰褐陶。直径 7.7、残高 1.9 厘米（图一七一，3）。

标本 T4901⑤：45，夹砂灰褐陶。乳突状捉手，折腹。直径 6.3、通高 1.8 厘米（图一七一，4；彩版一三，3）。

D 型　2 件。

标本 T4116⑤：1，夹砂灰陶。直径 9.5、通高 5.7 厘米（图一七一，5）。

E 型　1 件。

标本 T4604⑤：13，夹砂灰陶。残高 7.0 厘米。

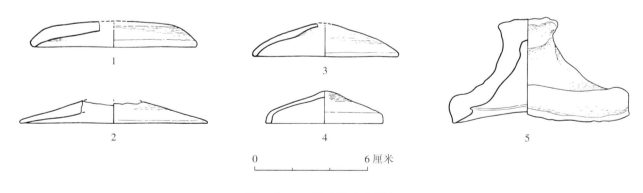

0　　　　　　　　6 厘米

图一七一　第⑤层出土器盖

1. Ca 型 T2803⑤：34　2. Cb 型 I 式 T4303⑤：62　3、4. Cb 型 II 式 T3804⑤：22、T4901⑤：45　5. D 型 T4116⑤：1

17 . 盉形器

2 件。

标本 T4410⑤：33，泥质黑皮陶。直径 8.9、通高 4.8 厘米（图一七二，1）。

标本 T4209⑤：25，夹砂灰褐陶。直径 8.8、通高 4.0 厘米（图一七二，2）。

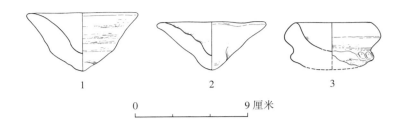

图一七二　第⑤层出土陶器

1、2. 盉形器 T4410 ⑤：33、T4209 ⑤：25　3. 陶臼 T4503 ⑤：1

18. 陶臼

2件。或叫研磨器。

标本 T4503 ⑤：1，泥质黑皮陶。体量较小，平面形制呈圆窝状，厚胎。可能为明器。口径 7.6、残高 3.6 厘米（图一七二，3；彩版一三，4、5）。

19. 坩埚

16件。

A 型　1件。

标本 T4404 ⑤：15，夹砂红褐陶。圆唇，弧壁，圜底，底部由两层泥片形成加厚圜底，外壁表面凹凸不平。口径 13.0、通高 4.9 厘米（图一七三，1）。

Ba 型　6件。

标本 T4601 ⑤：101，夹砂红褐陶。圆唇、弧壁内弧。口径 6.0、通高 6.4 厘米（图一七三，2）。

标本 T3117 ⑤：1，夹砂红褐陶。口径 7.4、通高 8.4 厘米（图一七三，3）。

标本 T4509 ⑤：6，夹砂红褐陶。口径 7.0、通高 6.5 厘米（图一七三，4）。

标本 T3812 ⑤：4，夹砂红褐陶。残高 5.6 厘米（图一七三，5）。

标本 T3421 ⑤：41，夹砂红褐陶。残高 2.6 厘米（图一七三，6）。

Bb 型　6件。

标本 T2715 ⑤：12，夹砂红褐陶。圆唇、弧壁内弧。口径 8.0、通高 7.4 厘米（图一七四，1）。

标本 T3424 ⑤：24，夹砂红褐陶。残高 6.0 厘米（图一七四，2）。

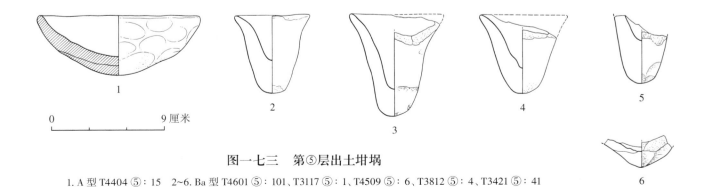

图一七三　第⑤层出土坩埚

1. A 型 T4404 ⑤：15　2~6. Ba 型 T4601 ⑤：101、T3117 ⑤：1、T4509 ⑤：6、T3812 ⑤：4、T3421 ⑤：41

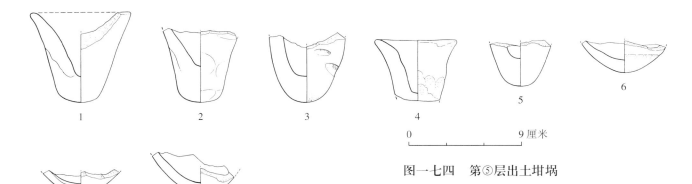

图一七四　第⑤层出土坩埚

1~5. Bb 型 T2715 ⑤：12、T3424 ⑤：24、T4306 ⑤：43、T3522 ⑤：7、T4107 ⑤：80
6~8. Bc 型 T2506 ⑤：7、T6497 ⑤：27、T4101 ⑤：61

标本 T4306 ⑤：43，夹砂红褐陶。残高 5.7 厘米（图一七四，3）。

标本 T3522 ⑤：7，夹砂红褐陶。残高 5.2 厘米（图一七四，4）。

标本 T4107 ⑤：80，夹砂红褐陶。残高 3.8 厘米（图一七四，5）。

Bc 型　3 件。

标本 T2506 ⑤：7，夹砂红褐陶。残高 2.6 厘米（图一七四，6）。

标本 T6497 ⑤：27，夹砂红褐陶。残高 2.1 厘米（图一七四，7）。

标本 T4101 ⑤：61，夹砂红褐陶。残高 3.5 厘米（图一七四，8）。

20．纺轮

53 件。

Aa 型　2 件。

标本 T4004 ⑤：8，夹砂灰褐陶。上径 2.2、下径 3.2、最大径 4.2、孔径 0.2、高 2.8 厘米（图一七五，1；彩版一四，1）。

标本 T3527 ⑤：55，泥质黑皮陶。上径 2.0、下径 2.6、最大径 3.4、孔径 0.2、高 2.0 厘米（图一七五，2；彩版一四，2）。

Ab 型　2 件。

标本 T4004 ⑤：61，泥质黑皮陶。腰部有五道凹弦纹。上径 1.8、下径 3.0、最大径 3.4、孔径 0.2、高 1.6 厘米（图一七五，3；彩版一四，3）。

标本 T5110 ⑤：39，泥质黑皮陶。腰部有两道凸棱。上径 2.6、下径 3.1、最大径 3.4、孔径 0.2、高 1.7 厘米（图一七五，4；彩版一四，4）。

B 型　5 件。

标本 T2814 ⑤：34，泥质黑皮陶。边缘略残。腰部有两道凸棱。上径 1.4、下径 4.6、孔径 0.2、高 2.0 厘米（图一七五，5；彩版一四，5）。

标本 T3412 ⑤：1，泥质黑皮陶。上部和腰部均残。腰部有两道凸棱。上径 1.5、下径 4.2、最大径 4.7、孔径 0.2、高 1.9 厘米（图一七五，6）。

标本 T3012 ⑤：38，泥质黑皮陶。上径 2.7、下径 2.9、最大径 3.5、孔径 0.2、高 2.0 厘米（图一七五，7；彩版一四，6）。

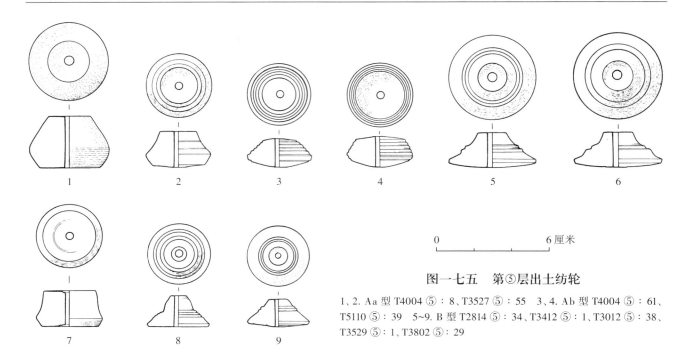

0　　　　　　　　　　6厘米

图一七五　第⑤层出土纺轮

1、2. Aa 型 T4004⑤：8、T3527⑤：55　3、4. Ab 型 T4004⑤：61、
T5110⑤：39　5~9. B 型 T2814⑤：34、T3412⑤：1、T3012⑤：38、
T3529⑤：1、T3802⑤：29

　　标本 T3529⑤：1，泥质褐陶。腰部有四道凸棱。上径 0.7、下径 3.0、最大径 3.3、孔径 0.2、高 1.7 厘米（图一七五，8；彩版一四，7）。

　　标本 T3802⑤：29，泥质黑皮陶。腰部有两道凸棱。上径 1.0、下径 3.1、孔径 0.15、高 1.5 厘米（图一七五，9；彩版一四，8）。

　　D 型　4 件。

　　标本 T3826⑤：1，泥质黑皮陶。腰部有两道凸棱。上径 2.1、下径 5.2、孔径 0.25、高 2.5 厘米（图一七六，1；彩版一五，1）。

　　标本 T3527⑤：65，泥质黑皮陶。腰部有一道凸棱。上径 2.0、下径 4.2、最大径 4.4、孔径 0.2、高 1.5 厘米（图一七六，2；彩版一五，2）。

　　标本 T3629⑤：1，泥质褐陶。腰部有两道凸弦纹。上径 0.7、下径 3.2、孔径 0.2、高 1.2 厘米（图一七六，3；彩版一五，3）。

　　标本 T3609⑤：2，泥质黑皮陶。腰部有三道凸棱。上径 2.1、下径 4.5、孔径 0.2、高 1.5 厘米（图一七六，4）。

　　Ea 型　17 件。

　　标本 T4411⑤：47，夹砂灰褐陶。直径 6.6、孔径 1.4、厚 1.0 厘米（图一七六，5）。

　　标本 T3627⑤：27，夹砂灰褐陶。属于坯料，仅穿孔，尚未打磨，形制不规整。直径 9.0、孔径 1.7、厚 1.0 厘米（图一七六，6）。

　　标本 T5006⑤：19，夹砂灰褐陶。直径 8.7、孔径 1.0~1.5、厚 1.3 厘米（图一七六，7）。

　　标本 T2811⑤：48，夹砂灰褐陶。直径 6.6、孔径 0.3~1.2、厚 1.0 厘米（图一七六，8）。

　　Eb 型　22 件。

　　标本 T3906⑤：32，夹砂灰褐陶。直径 3.9、孔径 0.6~0.9、厚 1.0 厘米（图一七六，9）。

　　标本 T4103⑤：14，夹砂灰褐陶。形制不规整，周缘尚未打磨。直径 5.4、孔径 0.8~1.4、厚 1.0

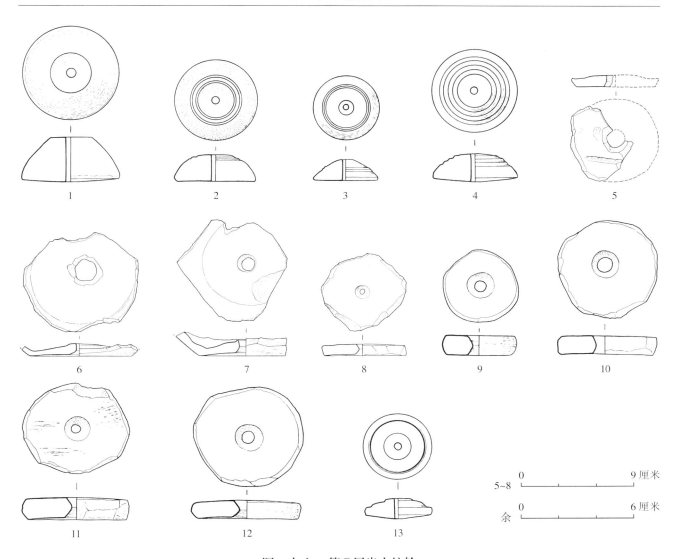

图一七六 第⑤层出土纺轮

1~4. D 型 T3826⑤：1、T3527⑤：65、T3629⑤：1、T3609⑤：2 5~8. Ea 型 T4411⑤：47、T3627⑤：27、T5006⑤：19、T2811⑤：48
9~12. Eb 型 T3906⑤：32、T4103⑤：14、T3412⑤：23、T4003⑤：40 13. F 型 T3227⑤：6

厘米（图一七六，10）。

　　标本 T3412⑤：23，夹砂灰褐陶。直径 5.7、孔径 0.4~1.3、厚 1.2 厘米（图一七六，11）。

　　标本 T4003⑤：40，夹砂灰褐陶。直径 5.8、孔径 0.6~0.9、厚 1.0 厘米（图一七六，12）。

　　F 型　1 件。纽扣形。

　　标本 T3227⑤：6，泥质黑皮陶。上径 1.5、下径 3.6、孔径 0.2、高 1.2 厘米（图一七六，13；
彩版一五，4）。

21. 支柱

67 件。

Aa 型　8 件。

标本 T2913 ⑤：67，夹砂灰褐陶。中段有圆形穿孔。底径 6.8、残高 9.1 厘米（图一七七，1）。

标本 T3307 ⑤：7，夹砂灰褐陶。底径 6.5、残高 7.7 厘米（图一七七，2）。

标本 T4203 ⑤：74，夹砂灰褐陶。底径 6.8、残高 7.6 厘米（图一七七，3）。

Ab 型　3 件。

标本 T3714 ⑤：7，夹砂灰褐陶。底径 6.2、残高 6.6 厘米（图一七七，4）。

标本 T4203 ⑤：113，夹砂灰褐陶。底径 6.0、残高 9.4 厘米（图一七七，5）。

标本 T4405 ⑤：19，夹砂灰褐陶。底径 6.9、残高 10.5 厘米（图一七七，6）。

标本 T5011 ⑤：38，夹砂灰褐陶。残高 5.8 厘米（图一七七，7）。

Ba 型　40 件。

标本 T4603 ⑤：28，夹砂灰褐陶。底径 6.3、残高 3.0 厘米（图一七八，1）。

标本 T4401 ⑤：19，夹砂灰褐陶。底径 7.4、残高 5.8 厘米（图一七八，2）。

Bb 型　6 件。

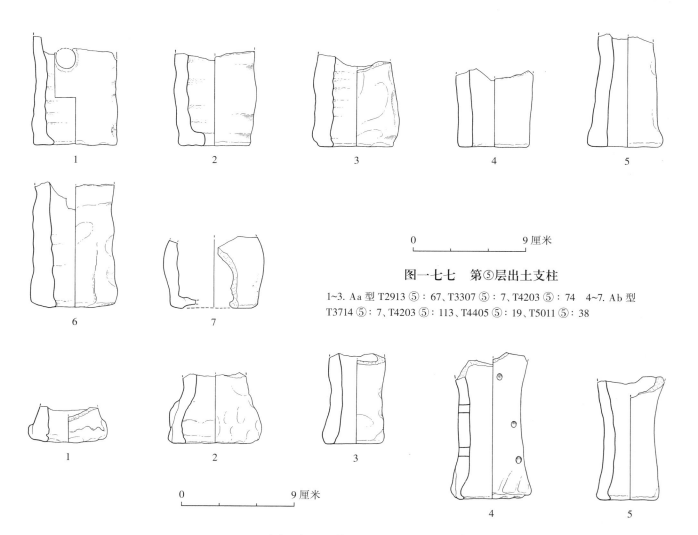

0　　　　　　　　9厘米

图一七七　第⑤层出土支柱

1~3. Aa 型 T2913 ⑤：67、T3307 ⑤：7、T4203 ⑤：74　4~7. Ab 型
T3714 ⑤：7、T4203 ⑤：113、T4405 ⑤：19、T5011 ⑤：38

0　　　　　　　　9厘米

图一七八　第⑤层出土支柱

1、2. Ba 型 T4603 ⑤：28、T4401 ⑤：19　3~5. Bb 型 T4303 ⑤：80、T4303 ⑤：4、T3015 ⑤：4

标本 T4303 ⑤：80，夹砂灰褐陶。底径 3.7、残高 7.6 厘米（图一七八，3）。

标本 T4303 ⑤：4，夹砂灰褐陶。腹部饰有三个圆形镂孔。底径 5.5、残高 11.9 厘米（图一七八，4）。

标本 T3015 ⑤：4，夹砂灰褐陶。底径 4.5、残高 10.1 厘米（图一七八，5）。

Ca 型　3 件。

标本 T4903 ⑤：32，夹砂灰褐陶。腰部有圆形穿孔。残高 6.3 厘米（图一七九，1）。

标本 T2409 ⑤：15，夹砂灰褐陶。直径 11.0、残高 4.5 厘米（图一七九，2）。

Cb 型　7 件。

标本 T3905 ⑤：18，夹砂灰褐陶。足部外壁遗有明显的纳窝痕迹。底径 8.0、残高 7.2 厘米（图一七九，3）。

标本 T4003 ⑤：90，夹砂灰褐陶。底径 8.0、残高 7.4 厘米（图一七九，4）。

标本 T4505 ⑤：1，夹砂灰褐陶。口径 4.0、足径 8.4、通高 12.7 厘米（图一七九，5）。

标本 T4910 ⑤：13，夹砂灰褐陶。直径 13.4、残高 4.0 厘米（图一七九，6）。

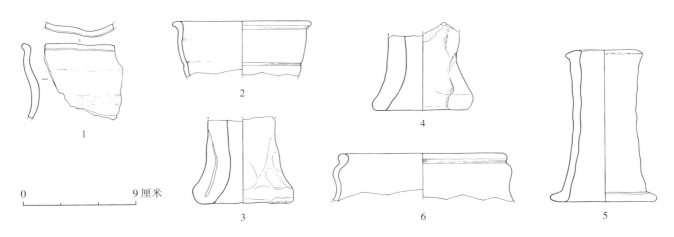

0　　　　　　9 厘米

图一七九　第⑤层出土支柱

1、2. Ca 型 T4903 ⑤：32、T2409 ⑤：15　3~6. Cb 型 T3905 ⑤：18、T4003 ⑤：90、T4505 ⑤：1、T4910 ⑤：13

22. 器座

19 件。

Aa 型　6 件。

标本 T4810 ⑤：6，泥质黑皮陶。腰部饰一道凸棱和圆形镂空及一条凹弦纹。腰径 8.9、残高 14.6 厘米（图一八〇，1）。

标本 T4810 ⑤：5，泥质黑皮陶。腰部饰有凸棱和圆形镂空。腰径 9.7、残高 9.0 厘米（图一八〇，2）。

标本 T4027 ⑤：6，泥质黑皮陶。仅存腰部，饰有圆形镂空。残长 11.2、残宽 7.3 厘米（图一八〇，3）。

Ab 型　4 件。

标本 T3614 ⑤：5，夹砂灰褐陶。腰径 3.4、残高 11.9 厘米（图一八〇，4）。

Ac 型　1 件。

标本 T3820 ⑤：3，泥质黑皮陶。腰部饰有两道平行凸棱和圆形镂空。腰径 16.6、残高 15.5 厘米（图一八〇，5）。

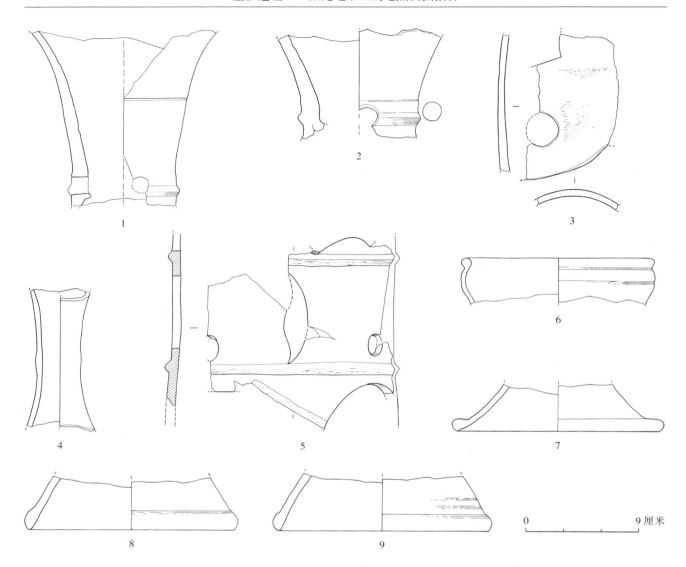

图一八〇　第⑤层出土器座

1~3. Aa 型 T4810⑤：6、T4810⑤：5、T4027⑤：6　4. Ab 型 T3614⑤：5　5. Ac 型 T3820⑤：3　6. Ca 型 T4009⑤：15　7~9. E 型
T4905⑤：39、T2811⑤：36、T2804⑤：16

C 型　1 件。

标本 T4009⑤：15，夹砂褐陶。肩部饰有一道凹弦纹。口径 15.4、残高 3.7 厘米（图一八〇，6）。

E 型　7 件。

标本 T4905⑤：39，夹砂灰褐陶。足径 16.8、残高 4.0 厘米（图一八〇，7）。

标本 T2811⑤：36，泥质灰陶。足径 17.0、残高 4.2 厘米（图一八〇，8）。

标本 T2804⑤：16，泥质灰陶。足径 17.4、残高 4.6 厘米（图一八〇，9）。

23．器纽

65 件。

Aa 型　8 件。

标本 T4030⑤：21，夹砂灰褐陶。纽径 3.4、残高 2.4 厘米（图一八一，1）。

标本 T4507⑤：50，夹砂灰褐陶。纽径 3.6、残高 2.0 厘米（图一八一，2）。

Ab 型　1 件。

标本 T4408⑤：30，夹砂灰褐陶。纽径 5.7、残高 2.2 厘米（图一八一，3）。

Ba 型　21 件。

标本 T2709⑤：6，夹砂灰褐陶。纽径 3.8、残高 2.1 厘米（图一八一，4）。

标本 T4701⑤：64，夹砂灰褐陶。纽径 4.4、残高 2.2 厘米（图一八一，5）。

标本 T3322⑤：10，夹砂灰褐陶。纽径 3.7、残高 2.6 厘米（图一八一，6）。

标本 T3905⑤：134，夹砂灰褐陶。纽径 5.5、残高 2.4 厘米（图一八一，7）。

标本 T3711⑤：21，夹砂灰褐陶。纽径 7.2、残高 3.8 厘米（图一八一，8）。

标本 T3216⑤：1，夹砂灰褐陶。纽径 3.8、残高 3.2 厘米（图一八一，9）。

Bb 型　18 件。

标本 T3326⑤：24，夹砂灰褐陶。纽径 5.2、残高 1.8 厘米（图一八一，10）。

标本 T3316⑤：8，夹砂灰褐陶。纽径 7.6、残高 3.2 厘米（图一八一，11）。

标本 T5310⑤：4，夹砂灰褐陶。纽径 5.8、残高 2.1 厘米（图一八一，12）。

标本 T4501⑤：16，夹砂灰褐陶。纽径 5.6、残高 2.1 厘米（图一八一，13）。

C 型　9 件。

标本 T2510⑤：47，泥质黑皮陶。纽长径 4.2、残高 3.6 厘米（图一八二，1）。

标本 T3423⑤：17，泥质黑皮陶。纽长径 5.8、残高 4.8 厘米（图一八二，2）。

标本 T4705⑤：49，泥质灰陶。纽长径 3.6、残高 4.6 厘米（图一八二，3）。

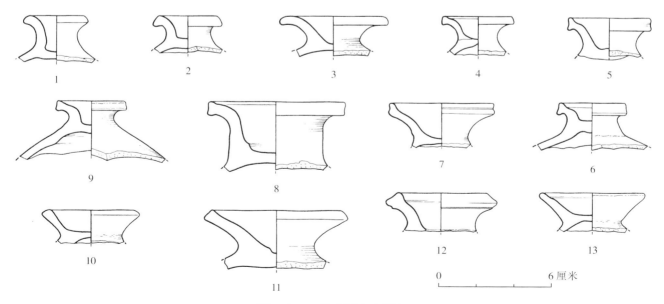

图一八一　第⑤层出土器纽

1、2. Aa 型 T4030⑤：21、T4507⑤：50　3. Ab 型 T4408⑤：30　4~9. Ba 型 T2709⑤：6、T4701⑤：64、T3322⑤：10、T3905⑤：134、
T3711⑤：21、T3216⑤：1　10~13. Bb 型 T3326⑤：24、T3316⑤：8、T5310⑤：4、T4501⑤：16

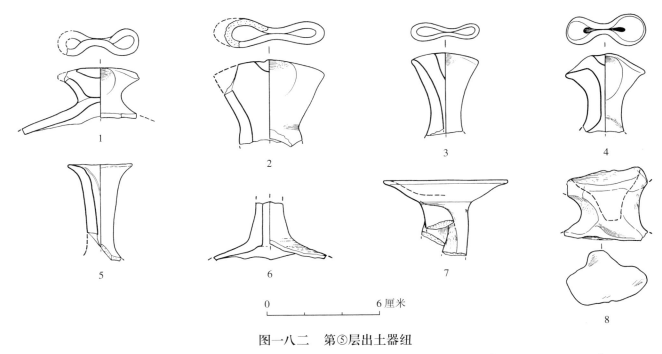

图一八二　第⑤层出土器纽

1~4. C 型 T2510 ⑤：47、T3423 ⑤：17、T4705 ⑤：49、T3611 ⑤：86　5、6. D 型 T4304 ⑤：33、T4907 ⑤：32　7. E 型 T4004 ⑤：65　8. F 型 T3627 ⑤：13

标本 T3611 ⑤：86，泥质灰陶。纽长径 4.1、残高 4.4 厘米（图一八二，4）。

D 型　6 件。

标本 T4304 ⑤：33，泥质黑皮陶。纽部残。残高 5.3 厘米（图一八二，5）。

标本 T4907 ⑤：32，泥质黑皮陶。残高 3.0 厘米（图一八二，6）。

E 型　1 件。

标本 T4004 ⑤：65，泥质灰陶。纽径 6.6、残高 4.2 厘米（图一八二，7）。

F 型　1 件。

标本 T3627 ⑤：13，泥质灰陶。残高 4.0 厘米（图一八二，8）。

24．器耳

29 件。

A 型　3 件。

标本 T4510 ⑤：8，夹砂灰褐陶。宽 3.7、残高 8.4 厘米（图一八三，1）。

标本 T3409 ⑤：4，夹砂灰褐陶。宽 3.8、高 7.0 厘米（图一八三，2）。

标本 T2714 ⑤：14，夹砂灰褐陶。宽 3.7、残高 4.9 厘米（图一八三，3）。

B 型　4 件。

标本 T4504 ⑤：25，夹砂灰褐陶。宽 4.8~8.2、残长 7.6 厘米（图一八三，4）。

标本 T4802 ⑤：67，夹砂灰褐陶。宽 6.7、残长 6.7 厘米（图一八三，5）。

标本 T4405 ⑤：96，夹砂灰褐陶。耳部不明饰有羽划纹。宽 4.3、残长 7.7 厘米（图一八三，6）。

C 型　1 件。

标本 T3816 ⑤：14，夹砂灰褐陶。宽 4.0、残长 5.1 厘米（图一八三，7）。

D 型　1 件。

标本 T3730 ⑤：5，夹砂灰褐陶。宽 2.6、残长 5.7 厘米（图一八三，8）。

Ea 型　2 件。

标本 T4401 ⑤：43，泥质黑皮陶。孔径 0.7、长 1.6~2.4、宽 0.8~2.3、高 1.8 厘米（图一八四，1）。

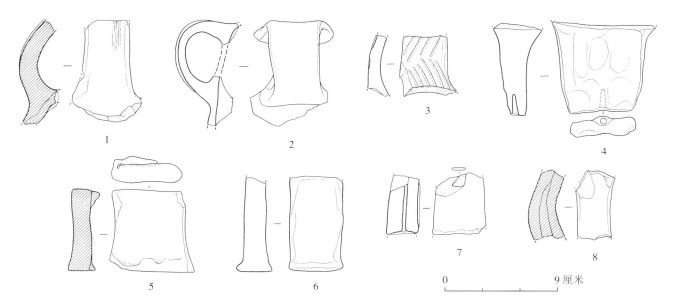

图一八三　第⑤层出土器耳

1~3. A 型 T4510 ⑤：8、T3409 ⑤：4、T2714 ⑤：14　4~6. B 型 T4504 ⑤：25、T4802 ⑤：67、T4405 ⑤：96　7. C 型 T3816 ⑤：14　8. D 型 T3730 ⑤：5

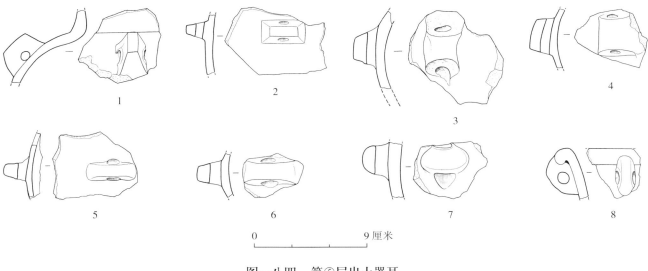

图一八四　第⑤层出土器耳

1、2. Ea 型 T4401 ⑤：43、T3310 ⑤：4　3、4. Eb 型 T3718 ⑤：16、T3525 ⑤：15　5~7. Ec 型 T2811 ⑤：29、T5011 ⑤：19、T3629 ⑤：108　8. F 型 T4607 ⑤：8

标本 T3310 ⑤：4，泥质黑皮陶。孔径 0.8、长 2.2~3.4、宽 0.8~1.6、高 1.4 厘米（图一八四，2）。

Eb 型　10 件。

标本 T3718 ⑤：16，夹砂灰褐陶。孔径 1.0、长 1.8~5.2、宽 2.6、高 1.8 厘米（图一八四，3）。

标本 T3525 ⑤：15，夹砂灰褐陶。孔径 1.0、长 1.8~5.2、宽 2.6、高 1.8 厘米（图一八四，4）。

Ec 型　6 件。

标本 T2811 ⑤：29，泥质黑皮陶。孔径 1.1、长 4.0、宽 1.0~1.5、高 1.7 厘米（图一八四，5）。

标本 T5011 ⑤：19，泥质黑皮陶。孔径 1.3、长 3.6、宽 1.3、高 1.9 厘米（图一八四，6）。

标本 T3629 ⑤：108，夹砂灰褐陶。孔径 1.5、长 2.3~3.3、宽 3.7、高 2.0 厘米（图一八四，7）。

F 型　2 件。

标本 T4607 ⑤：8，夹砂灰褐陶。孔径 0.9、长 3.3、宽 0.7~1.7、高 2.0 厘米（图一八四，8）。

25．器底

1235 件。

Aa 型　120 件。

标本 T2718 ⑤：22，夹砂灰褐陶。底径 10.2、残高 4.0 厘米（图一八五，1）。

标本 T5011 ⑤：14，夹砂灰褐陶，沙粒粗。近底部外饰粗绳纹。疑为宝墩时期遗物。底径 10.0、残高 4.6 厘米（图一八五，2）。

标本 T3328 ⑤：55，夹砂灰褐陶。可能为瓮底。底径 14.2、残高 4.6 厘米（图一八五，3）。

Ab 型　371 件。

标本 T3527 ⑤：7，夹砂灰褐陶。底径 8.6、残高 7.6 厘米（图一八五，6）。

标本 T3905 ⑤：117，泥质灰陶。底径 6.3、残高 4.2 厘米（图一八五，5）。

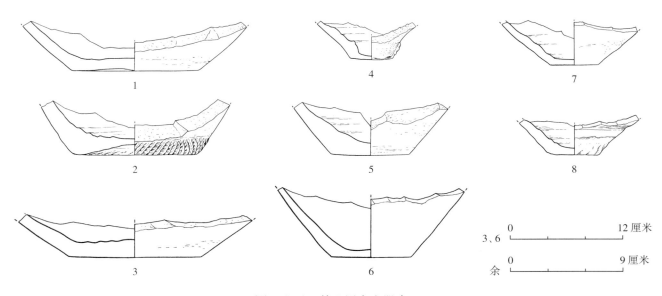

图一八五　第⑤层出土器底

1~3. Aa 型 T2718 ⑤：22、T5011 ⑤：14、T3328 ⑤：55　4、5. Ab 型 T4816 ⑤：12、T3905 ⑤：117　6~8. Ac 型 T3527 ⑤：7、T4402 ⑤：25、T4203 ⑤：110

Ac 型　12 件。

标本 T4816 ⑤：12，夹砂灰褐陶。底径 3.5、残高 3.2 厘米（图一八五，4）。

标本 T4402 ⑤：25，夹砂灰褐陶。底径 3.7、残高 3.8 厘米（图一八五，7）。

标本 T4203 ⑤：110，夹砂灰褐陶。底径 4.2、残高 3.2 厘米（图一八五，8）。

Ba 型 I 式　17 件。

标本 T3118 ⑤：2，泥质黑皮陶。底径 2.9、残高 4.3 厘米（图一八六，1）。

标本 T3317 ⑤：4，泥质黑皮陶。底径 2.6、残高 4.6 厘米（图一八六，2）。

标本 T4604 ⑤：25，泥质黑皮陶。底径 2.6、残高 3.1 厘米（图一八六，3）。

标本 T3015 ⑤：19，泥质黑皮陶。底径 2.7、残高 2.2 厘米（图一八六，4）。

Ba 型 II 式　125 件。

标本 T4412 ⑤：37，泥质黑皮陶。底径 2.1、残高 2.8 厘米（图一八六，5）。

Bb 型 I 式　396 件。

标本 T3803 ⑤：5，泥质黑皮陶。底径 2.0、残高 2.4 厘米（图一八六，6）。

标本 T4005 ⑤：13，泥质黑皮陶。底径 2.2、残高 4.0 厘米（图一八六，7）。

标本 T4601 ⑤：47，泥质黑皮陶。底径 2.1、残高 3.1 厘米（图一八六，8）。

Bb 型 II 式　71 件。

标本 T3015 ⑤：20，泥质黑皮陶。底径 1.4、残高 3.7 厘米（图一八六，9）。

标本 T4816 ⑤：14，泥质黑皮陶。底径 1.6、残高 4.9 厘米（图一八六，10）。

标本 T5007 ⑤：39，泥质黑皮陶。底径 1.4、残高 4.1 厘米（图一八六，11）。

Bb 型 III 式　3 件。

标本 T3215 ⑤：5，泥质黑皮陶。残高 3.3 厘米（图一八七，1）。

标本 T3530 ⑤：57，夹砂灰褐陶。残高 5.1 厘米（图一八七，2）。

标本 T4402 ⑤：54，泥质黑皮陶。残高 5.5 厘米（图一八七，3）。

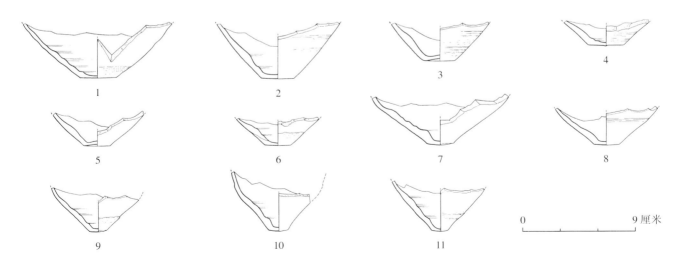

图一八六　第⑤层出土器底

1~4. Ba 型 I 式 T3118 ⑤：2、T3317 ⑤：4、T4604 ⑤：25、T3015 ⑤：19　5. Ba 型 II 式 T4412 ⑤：37　6~8. Bb 型 I 式 T3803 ⑤：5、T4005 ⑤：13、T4601 ⑤：47　9~11. Bb 型 II 式 T3015 ⑤：20、T4816 ⑤：14、T5007 ⑤：39

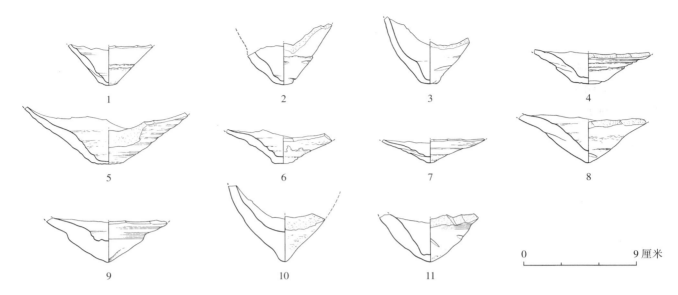

图一八七　第⑤层出土器底

1~3. Bb 型Ⅲ式 T3215⑤：5、T3530⑤：57、T4402⑤：54　4~7. Bc 型 T2911⑤：32、T4015⑤：39、T4209⑤：120、T3729⑤：4　8、9、11. Bd 型 T2911⑤：45、T4107⑤：5、T4910⑤：8　10. Be 型 T3015⑤：24

Bc 型　115 件。

标本 T2911⑤：32，夹砂灰褐陶。残高 2.7 厘米（图一八七，4）。

标本 T2918⑤：1，夹砂灰褐陶。残高 4.7 厘米。

标本 T4209⑤：120，夹砂灰褐陶。残高 2.8 厘米（图一八七，6）。

标本 T3729⑤：4，泥质黑皮陶。残高 2.0 厘米（图一八七，7）。

Bd 型　5 件。

标本 T2911⑤：45，夹砂灰褐陶。残高 4.0 厘米（图一八七，8）。

标本 T4107⑤：5，夹砂灰褐陶。残高 3.3 厘米（图一八七，9）。

标本 T4015⑤：39，夹砂灰褐陶。残高 6.3 厘米（图一八七，5）。

标本 T4910⑤：8，夹砂灰褐陶。残高 4.0 厘米（图一八七，11）。

Be 型　1 件。

标本 T3015⑤：24，泥质黑皮陶。残高 6.7 厘米（图一八七，10）。

26. 圈足器

2341 件。

A 型　270 件。

标本 T3815⑤：1，夹砂灰褐陶。腰径 6.1、残高 4.0 厘米（图一八八，1）。

标本 T3901⑤：60，夹砂灰褐陶。腰径 6.7、残高 4.8 厘米（图一八八，2）。

标本 T3916⑤：11，夹砂灰褐陶。腰径 6.1、残高 5.7 厘米（图一八八，3）。

B 型　682 件。

标本 T2509⑤：9，夹砂灰褐陶。腰径 4.2、残高 4.9 厘米（图一八八，4）。

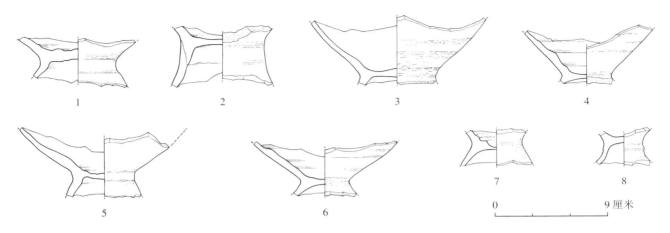

图一八八 第⑤层出土圈足器

1~3. A 型 T3815⑤：1、T3901⑤：60、T3916⑤：11 4~6. B 型 T2509⑤：9、T4604⑤：27、T4411⑤：61 7、8. C 型 T4802⑤：90、
T5108⑤：18

标本 T4604⑤：27，夹砂灰褐陶。腰径 4.9、残高 5.9 厘米（图一八八，5）。

标本 T4411⑤：61，夹砂灰褐陶。腰径 4.1、残高 4.6 厘米（图一八八，6）。

C 型 1389 件。

标本 T4802⑤：90，夹砂灰褐陶。腰径 3.9、残高 3.0 厘米（图一八八，7）。

标本 T5108⑤：18，夹砂灰褐陶。腰径 3.2、残高 3.1 厘米（图一八八，8）。

27. 圈足

390 件。

Aa 型 45 件。

标本 T3413⑤：1，夹砂灰褐陶。底径 11.0、残高 2.9 厘米（图一八九，1）。

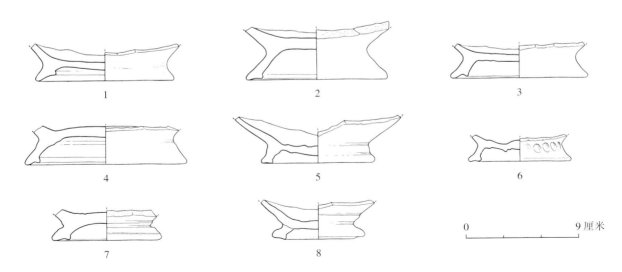

图一八九 第⑤层出土圈足

1~4. Aa 型 T3413⑤：1、T4502⑤：9、T3327⑤：10、T3013⑤：2 5~8. Ab 型 T5006⑤：3、T4405⑤：13、T2714⑤：3、T3015⑤：3

标本 T4502⑤：9，夹砂灰褐陶。底径11.2、残高4.7厘米（图一八九，2）。

标本 T3327⑤：10，夹砂灰褐陶。底径10.9、残高2.7厘米（图一八九，3）。

标本 T3013⑤：2，夹砂灰褐陶。底径12.9、残高3.2厘米（图一八九，4）。

Ab 型　80件。

标本 T5006⑤：3，夹砂灰褐陶。底径9.0、残高3.7厘米（图一八九，5）。

标本 T4405⑤：13，夹砂灰褐陶。足部饰有纳窝纹。底径8.3、残高2.1厘米（图一八九，6）。

标本 T2714⑤：3，夹砂灰褐陶。底径8.7、残高2.5厘米（图一八九，7）。

标本 T3015⑤：3，夹砂灰褐陶。底径7.4、残高3.1厘米（图一八九，8）。

Ba 型　32件。

标本 T3015⑤：1，夹砂灰褐陶。底径13.4、残高6.6厘米（图一九〇，1）。

标本 T3218⑤：2，夹砂灰褐陶。底径12.6、残高6.1厘米（图一九〇，2）。

标本 T3012⑤：25，夹砂灰褐陶。底径11.0、残高4.3厘米（图一九〇，3）。

标本 T3525⑤：21，夹砂灰褐陶。底径12.6、残高3.0厘米（图一九〇，4）。

Bb 型　30件。

标本 T4601⑤：59，夹砂灰褐陶。底径9.9、残高8.5厘米（图一九一，1）。

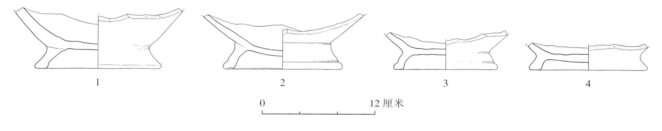

图一九〇　第⑤层出土圈足

1~4. Ba 型 T3015⑤：1、T3218⑤：2、T3012⑤：25、T3525⑤：21

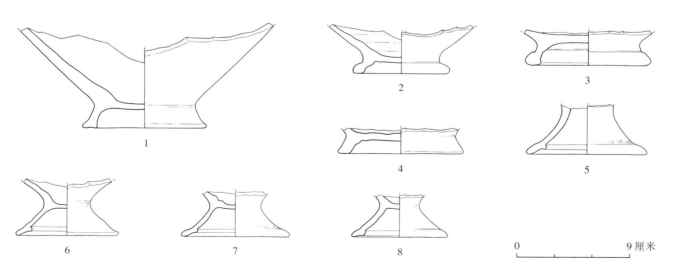

图一九一　第⑤层出土圈足

1~4. Bb 型 T4601⑤：59、T4307⑤：55、T2509⑤：7、T4911⑤：5　5~8. Ca 型 T4601⑤：106、T4015⑤：8、T4105⑤：29、T4003⑤：38

标本 T4307⑤：55，夹砂灰褐陶。底径 7.7、残高 3.7 厘米（图一九一，2）。

标本 T2509⑤：7，夹砂灰褐陶。底径 10.0、残高 2.8 厘米（图一九一，3）。

标本 T4911⑤：5，夹砂灰褐陶。底径 10.0、残高 2.1 厘米（图一九一，4）。

Ca 型　50 件。

标本 T4601⑤：106，夹砂灰褐陶。底径 9.6、残高 4.0 厘米（图一九一，5）。

标本 T4015⑤：8，夹砂灰褐陶。底径 8.1、残高 4.6 厘米（图一九一，6）。

标本 T4105⑤：29，夹砂灰褐陶。底径 8.6、残高 3.7 厘米（图一九一，7）。

标本 T4003⑤：38，夹砂灰褐陶。底径 7.5、残高 3.5 厘米（图一九一，8）。

Cb 型　57 件。此型圈足多为圈足罐。

标本 T2312⑤：16，夹砂灰褐陶。底径 8.0、残高 2.1 厘米（图一九二，1）。

标本 T4410⑤：5，夹砂灰褐陶。底径 8.4、残高 2.4 厘米（图一九二，2）。

标本 T4806⑤：22，夹砂灰褐陶。底径 8.8、残高 3.0 厘米（图一九二，3）。

标本 T4604⑤：9，夹砂灰褐陶。底径 8.2、残高 4.2 厘米（图一九二，4）。

标本 T3916⑤：21，夹砂灰褐陶。残高 7.5 厘米。

Da 型　5 件。

标本 T4105⑤：5，夹砂灰褐陶。底径 10.5、残高 4.3 厘米（图一九二，5）。

标本 T3720⑤：14，夹砂灰褐陶。底径 7.6、残高 3.6 厘米（图一九二，6）。

标本 T3423⑤：1，夹砂灰褐陶。底径 8.7、残高 5.6 厘米（图一九二，7）。

标本 T4910⑤：55，夹砂灰褐陶。底径 8.6、残高 3.5 厘米（图一九二，8）。

标本 T4105⑤：5，夹砂灰褐陶。底径 10.6、残高 4.3 厘米。

Db 型　3 件。

标本 T4322⑤：3，夹砂灰褐陶。足部饰有圆形穿孔。底径 9.8、残高 2.7 厘米（图一九二，9）。

标本 T3013⑤：30，夹砂灰褐陶。底径 11.0、残高 3.4 厘米（图一九二，10）。

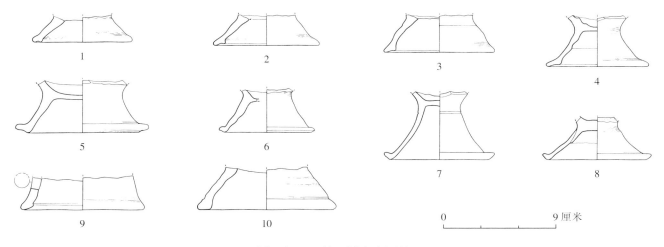

图一九二　第⑤层出土圈足

1~4. Cb 型 T2312⑤：16、T4410⑤：5、T4806⑤：22、T4604⑤：9　5~8. Da 型 T4105⑤：5、T3720⑤：14、T3423⑤：1、T4910⑤：55　9、10. Db 型 T4322⑤：3、T3013⑤：30

Dc 型　4 件。

标本 T4701 ⑤：6，夹砂灰褐陶。底径 11.4、残高 4.1 厘米（图一九三，1）。

标本 T4027 ⑤：1，夹砂灰褐陶。底径 11.6、残高 2.3 厘米（图一九三，2）。

标本 T4304 ⑤：57，夹砂灰褐陶。底径 13.6、残高 4.1 厘米（图一九三，3）。

Ea 型　21 件。

标本 T2305 ⑤：5，夹砂灰褐陶。底径 7.5、残高 4.7 厘米（图一九三，4）。

标本 T4405 ⑤：14，夹砂灰褐陶。底径 7.8、残高 3.1 厘米（图一九三，5）。

标本 T4405 ⑤：17，夹砂灰褐陶。底径 7.6、残高 3.1 厘米（图一九三，6）。

标本 T4214 ⑤：1，夹砂灰褐陶。底径 7.6、残高 3.4 厘米（图一九三，7）。

Eb 型　14 件。

标本 T3318 ⑤：1，夹砂灰褐陶。底径 9.5、残高 4.2 厘米（图一九三，8）。

标本 T3013 ⑤：10，夹砂灰褐陶。底径 9.6、残高 4.0 厘米（图一九三，9）。

标本 T4808 ⑤：16，夹砂灰褐陶。底径 8.3、残高 3.5 厘米（图一九三，10）。

标本 T4504 ⑤：84，夹砂灰褐陶。底径 9.6、残高 2.5 厘米（图一九三，11）。

Fa 型　25 件。

标本 T3424 ⑤：5，夹砂灰褐陶。底径 8.4、残高 2.7 厘米（图一九四，1）。

标本 T3015 ⑤：23，夹砂灰褐陶。底径 7.6、残高 2.6 厘米（图一九四，2）。

标本 T4802 ⑤：115，夹砂灰褐陶。底径 6.5、残高 2.0 厘米（图一九四，3）。

标本 T3012 ⑤：48，夹砂灰褐陶。底径 7.2、残高 3.1 厘米（图一九四，4）。

Fb 型　9 件。

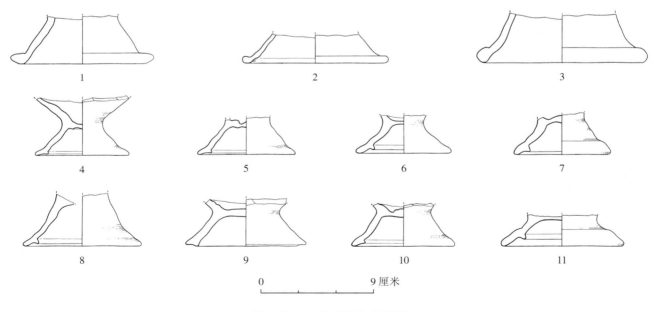

图一九三　第⑤层出土圈足

1~3. Dc 型 T4701 ⑤：6、T4027 ⑤：1、T4304 ⑤：57　4~7. Ea 型 T2305 ⑤：5、T4405 ⑤：14、T4405 ⑤：17、T4214 ⑤：1　8~11. Eb 型 T3318 ⑤：1、T3013 ⑤：10、T4808 ⑤：16、T4504 ⑤：84

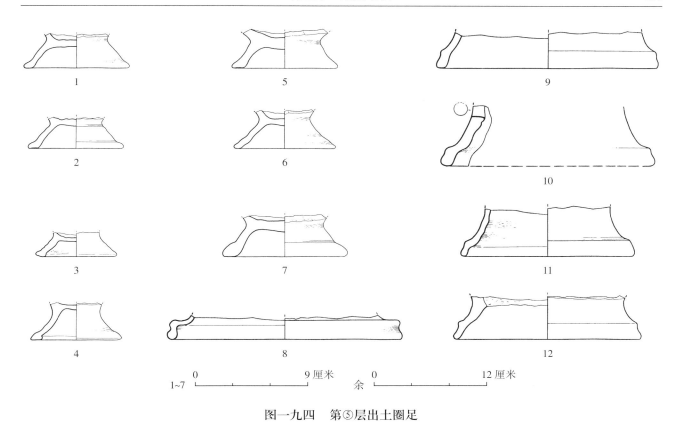

图一九四　第⑤层出土圈足

1~4. Fa 型 T3424 ⑤：5、T3015 ⑤：23、T4802 ⑤：115、T3012 ⑤：48　5~7. Fb 型 T4102 ⑤：13、T4910 ⑤：2、T2812 ⑤：1　8. Ga 型 T3529 ⑤：146　9~12. Gb 型 I 式 T3629 ⑤：153、T3530 ⑤：78、T3322 ⑤：78、T3628 ⑤：24

标本 T4102 ⑤：13，夹砂灰褐陶。底径 8.0、残高 3.0 厘米（图一九四，5）。

标本 T4910 ⑤：2，夹砂灰褐陶。底径 8.1、残高 3.2 厘米（图一九四，6）。

标本 T2812 ⑤：1，夹砂灰褐陶。底径 9.9、残高 3.5 厘米（图一九四，7）。

Ga 型　1 件。

标本 T3529 ⑤：146，夹砂灰褐陶。底径 25.0、残高 2.8 厘米（图一九四，8）。

Gb 型 I 式　7 件。

标本 T3629 ⑤：153，夹砂灰褐陶。底径 23.6、残高 4.0 厘米（图一九四，9）。

标本 T3530 ⑤：78，夹砂灰褐陶。足部饰有圆形穿孔。底径 23.0、残高 6.4 厘米（图一九四，10）。

标本 T3322 ⑤：78，夹砂灰褐陶。底径 18.4、残高 5.8 厘米（图一九四，11）。

标本 T3628 ⑤：24，夹砂灰褐陶。底径 20.0、残高 4.8 厘米（图一九四，12）。

Gb 型 II 式　7 件。

标本 T4605 ⑤：35，夹砂灰褐陶。厚胎。底径 19.8、残高 4.2 厘米（图一九五，1）。

标本 T4405 ⑤：26，夹砂红褐陶。底径 20.2、残高 4.0 厘米（图一九五，2）。

标本 T3630 ⑤：92，夹砂红褐陶。底径 21.0、残高 5.1 厘米（图一九五，3）。

标本 T4509 ⑤：5，夹砂灰褐陶。底径 22.0、残高 5.6 厘米（图一九五，4）。

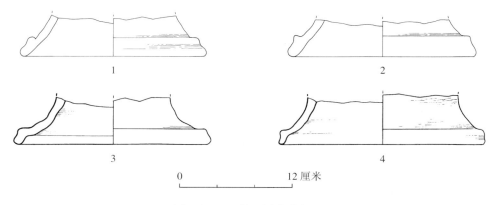

图一九五　第⑤层出土圈足

1~4. Gb 型Ⅱ式 T4605 ⑤：35、T4405 ⑤：26、T3630 ⑤：92、T4509 ⑤：5

28．袋足

13 件。

A 型　4 件。

标本 T2911 ⑤：33，夹砂灰褐陶。残高 8.1 厘米（图一九六，1）。

标本 T5009 ⑤：33，夹砂灰褐陶。仅存足尖。残高 4.6 厘米（图一九六，2）。

标本 T3409 ⑤：18，夹砂灰褐陶。残高 3.4 厘米（图一九六，3）。

B 型Ⅰ式　2 件。

标本 T3409 ⑤：5，夹砂灰褐陶。残高 14.5 厘米（图一九六，4）。

标本 T2811 ⑤：5，夹砂灰褐陶。残高 17.0 厘米（图一九六，5）。

B 型Ⅱ式　3 件。

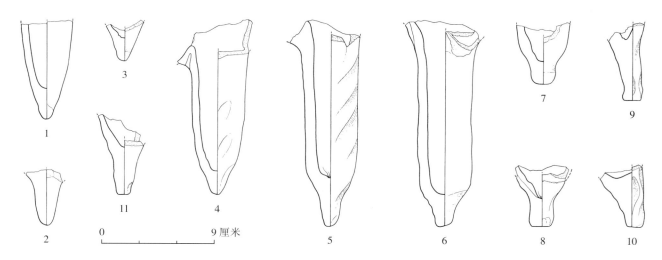

图一九六　第⑤层出土袋足

1~3. A 型 T2911 ⑤：33、T5009 ⑤：33、T3409 ⑤：18　4、5. B 型Ⅰ式 T3409 ⑤：5、T2811 ⑤：5　6、7. B 型Ⅱ式 T4804 ⑤：1、T4302 ⑤：77　8. C 型 T3905 ⑤：6　9~11. D 型 T4504 ⑤：74、T3802 ⑤：22、T4905 ⑤：71

标本 T4804⑤：1，夹砂灰褐陶。残高 17.0 厘米（图一九六，6）。

标本 T4302⑤：77，夹砂灰褐陶。残高 5.1 厘米（图一九六，7）。

C 型　1 件。

标本 T3905⑤：6，夹砂褐陶。残高 5.1 厘米（图一九六，8）。

D 型　3 件。

标本 T4504⑤：74，夹砂灰褐陶。残高 6.4 厘米（图一九六，9）。

标本 T3802⑤：22，夹砂灰褐陶。残高 5.2 厘米（图一九六，10）。

标本 T4905⑤：71，夹砂灰褐陶。残高 6.5 厘米（图一九六，11）。

29. 豆柄

25 件。出土数量较少，形制单一，多为夹砂灰褐陶，少量为泥质黑皮陶。

A 型　15 件。多为豆柄下段，少数为上段。

标本 T4107⑤：20，夹砂灰褐陶。直径 3.5、残高 20.7 厘米（图一九七，1）。

标本 T4710⑤：14，夹砂灰褐陶。直径 3.0、残高 16.0 厘米（图一九七，2）。

标本 T4902⑤：8，夹砂灰褐陶。此段为豆柄上段。直径 3.5、残高 9.5 厘米（图一九七，3）。

标本 T3926⑤：14，夹砂灰褐陶。柄部有绞丝痕迹。直径 3.6、残高 11.3 厘米（图一九七，4）。

B 型　10 件。

标本 T4763⑤：106，泥质黑皮陶。柄部饰两圈凸棱。直径 2.7、残高 13.1 厘米（图一九七，5）。

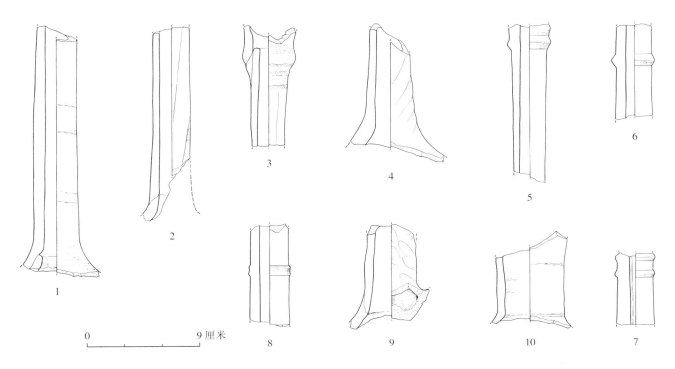

0　　　　　　　9 厘米

图一九七　第⑤层出土豆柄与器流

1~4. A 型豆柄 T4107⑤：20、T4710⑤：14、T4902⑤：8、T3926⑤：14　5~8. B 型豆柄 T4763⑤：106、T2509⑤：38、T2718⑤：13、T3013⑤：17　9、10. 器流 T2313⑤：1、T2913⑤：68

标本 T2509⑤：38，泥质黑皮陶。柄部饰一圈凸棱。柄部饰两圈凸棱。直径 2.9、残高 8.0 厘米（图一九七，6）。

标本 T2718⑤：13，夹砂灰褐陶。柄部饰两圈凸棱。直径 3.0、残高 6.0 厘米（图一九七，7）。

标本 T3013⑤：17，夹砂灰褐陶。柄部饰两圈凸棱。直径 3.1、残高 8.5 厘米（图一九七，8）。

30. 器流

3 件。管状。均残，为陶盉上流。

标本 T2313⑤：1，夹砂灰褐陶。残高 8.5 厘米（图一九七，9）。

标本 T2913⑤：68，夹砂灰褐陶。直径 5.4、残高 7.9 厘米（图一九七，10）。

二　玉石器

玉石器数量较少。形制单一，有石斧、锛、凿、磨石、耳玦、玉器半成品等。

1. 玉料半成品

1 件。

标本 T4910⑤：1，灰紫色透闪石。平面形状呈柳叶状。侧边遗留有明显的切割痕迹。残长 9.2、宽 1.6~3.5、厚 1.0~1.6 厘米（图一九八，1；彩版一五，5、6）。

2. 石锛

1 件。

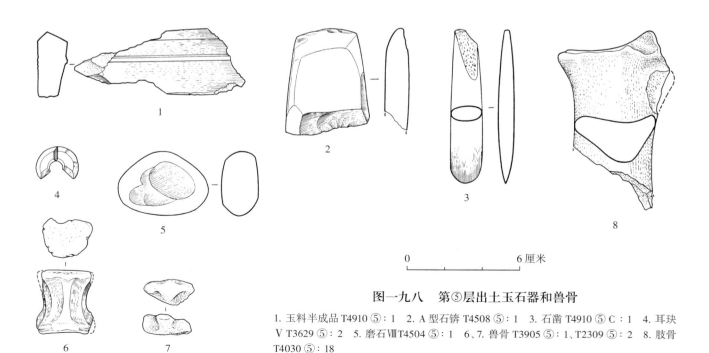

图一九八　第⑤层出土玉石器和兽骨

1. 玉料半成品 T4910⑤：1　2. A 型石锛 T4508⑤：1　3. 石凿 T4910⑤C：1　4. 耳玦
V T3629⑤：2　5. 磨石Ⅷ T4504⑤：1　6、7. 兽骨 T3905⑤：1、T2309⑤：2　8. 肢骨
T4030⑤：18

A 型　1 件。

标本 T4508 ⑤：1，刃部和两侧多残缺。灰褐色砂岩。平顶，斜弧刃。残长 5.6、宽 3.3~4.3、厚 1.2 厘米（图一九八，2；彩版一五，7）。

3. 石凿

1 件。

标本 T ⑤ C：1，顶残。灰色砾岩。平面形状呈条形，舌形刃。通长 8.4、宽 1.2~1.7、厚 0.7 厘米（图一九八，3）。

4. 耳玦

1 件。

标本 VT3629 ⑤：2，灰褐色卵石，残断。穿孔由平面向凸面单钻。直径 1.7~2.2、内径 0.8、厚 0.2 厘米（图一九八，4）。

5. 磨石

1 件。

标本 Ⅷ T4504 ⑤：1，灰色卵石，平面形状呈不规则三角形。双面磨制。长 4.8、宽 3.4、厚 1.9 厘米（图一九八，5；彩版一五，8）。

三　铜器

该层出土的铜器数量较少。器形单一，主要有铜镞、刻刀、凿等。

铜器表面锈蚀严重，除了刻刀保存较好，其余均较差，器表缝隙较多，可能反映其铸造工艺的不成熟。

1. 铜刀

1 件。

标本 T3529 ⑤：11，刀尖残。弧刃，平面形状呈条状，首和刃部分界不显著。刃部宽 2.0、首部宽 1.7、厚 0.4、残长 12.1 厘米（图一九九，1、2；彩版一六，1、2）。

2. 铜刻刀

1 件。

标本 VT4302 ⑤：1，弧刃，直柄。截面呈水滴状。柄宽 0.8、通长 14.6 厘米（图一九九，3；彩版一六，3）。

3. 铜凿

1 件。

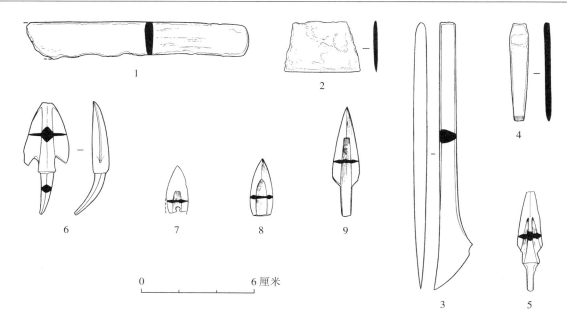

图一九九　第⑤层出土铜器

1、2. 刀 T3529⑤：11、T3529⑤：11　3. 刻刀 V T4302⑤：1　4. 凿 H1381：1　5. Aa 型箭镞Ⅷ T4809⑤：1　6. Ab 型箭镞 T4026⑤：2　7、8. B 型箭镞 M153T：1、T3422⑤：1　9. D 型箭镞 T3730⑤：1　10. C 型箭镞 T5014⑤：1

标本 H1381：1，顶部分界不突出。宽 0.5~1.0、厚 0.3、通长 5.4 厘米（图一九九，4）。

4．铜镞

6 件。

A 型　2 件。

Aa 型　1 件。

标本Ⅷ T4809⑤：1，锋残。残长 5.4 厘米（图一九九，5；彩版一六，4）。

Ab 型　1 件。

标本 T4026⑤：1，锋略残，铤变形，似为外力有意导致变形。通长 6.3 厘米（图一九九，6；彩版一六，5）。

B 型　2 件。镞身扁平，呈矛形，两翼圆收无倒刺，铤部残。

标本 M153：1，该镞系墓葬填土中出土。平面形状呈柳叶形，无铤和翼。残长 3.1 厘米（图一九九，7）。

标本 T3422⑤：1，铤残。残长 2.5 厘米（图一九九，8；彩版一六，6）。

C 型　1 件。

标本 T5014⑤：1，锋残。残长 3.1 厘米（图一九九，10）。

5．铜块

4 件。

标本 T2309⑤：1，平面形状呈块状，体量较小。平整面有较多缝隙（彩版一六，8）。

6. 铜渣浮游物

1件。

标本 H1327：19，该件器物是铜渣与陶器胎土附在一起，陶器质地为夹砂红褐陶，其质地与坩埚胎土一致。移位冶炼痕迹遗留，这对于认识所谓坩埚陶器提供证据。需要金相检测数据。平面形状呈不规则状，陶器残长 3.5~5.7、宽 5.6、厚 0.4 厘米，铜渣残长 2.6、宽 2.0、厚 0.2~0.4 厘米（彩版一九，4）。

四　兽骨

1. 关节

2件。

标本 T3905 ⑤：1，宽 3.0、长 3.5 厘米（图一九八，6）。

标本 T2309 ⑤：2，宽 2.7、厚 1.3 厘米（图一九八，7）。

2. 肢骨

1件。

标本 T4030 ⑤：18，宽 5.9、长 9.8 厘米（图一九八，8）。

第三节　第④b 层出土遗物

一　陶器

第④b 层堆积被汉代活动破坏严重，仅发掘区的西北部和东南部有少量残留。堆积中出土遗物较少，该层出土的遗物以陶器为主，其次为少量玉石器和极少的铜器。

陶器质地有夹砂和泥质两种，夹砂陶最多，以灰褐最多，其次少量褐红和黄褐陶，泥质陶较少发现（表三）。

陶器器表装饰以素面为主，纹饰较少，常见纹饰有菱形纹（图二〇〇，1）、网格划纹（图二〇〇，2、3）、网格印纹（图二〇〇，4~6），绳纹、弦纹、镂孔较少。

陶器可辨器形少，有簋形器、尖底罐、器底、袋足、圈足、圈足器，另有极少的铜器和石器。

1. 尖底罐

Ba 型　1件。

标本 T4801 ④b：25，夹砂灰褐陶。口径 4.1、腹径 4.8、残高 2.8 厘米（图二〇一，1）。

2. 高领罐

20件。

表三　阳光地带二期第④b层陶片统计表

陶质 纹饰 陶色	夹砂			泥质	纹饰小计	
	灰褐	褐黄	褐红	黑皮	数量	比例
素面	150	34	76	15	275	75.97%
弦纹	7	3	5		15	4.14%
绳纹	3	1			4	1.10%
棱纹	4	1			5	1.38%
镂孔	7	4			11	3.04%
戳印纹	1				1	0.28%
网格纹	15	7			22	6.08%
方格纹	20	9			29	8.01%
合计	197（54.42%）	69（19.06%）	81（22.38%）	15（4.14%）	362	100%
	347（95.86%）			15（4.14%）		

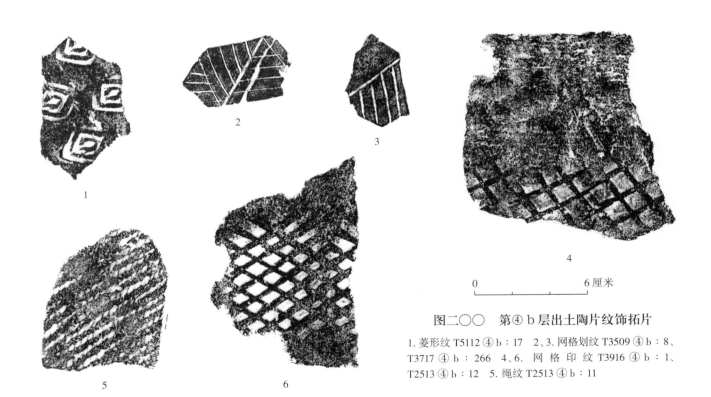

0 ——————— 6厘米

图二〇〇　第④b层出土陶片纹饰拓片

1. 菱形纹 T5112④b：17　2、3. 网格划纹 T3509④b：8、T3717④b：266　4、6. 网格印纹 T3916④b：1、T2513④b：12　5. 绳纹 T2513④b：11

Aa 型　8件。

标本 T3210④b：4，夹砂灰褐陶。圆唇，宽折沿。领部饰有两条平行凹弦纹。口径约19.8、残高6.0厘米（图二〇一，2）。

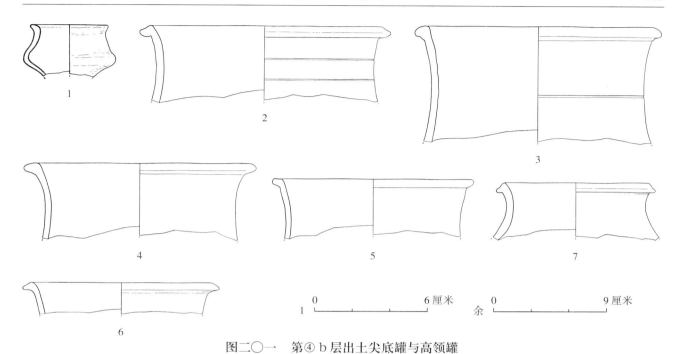

1　　　　　　　　2　　　　　　　　　　　　　　3

4　　　　　　　　　　　5　　　　　　　　　7

6

0　　　　　6厘米　　0　　　　　9厘米
1　　　　　　　　　　　余

图二〇一　　第④ b 层出土尖底罐与高领罐

1. Ba 型尖底罐 T4801 ④ b：25　2~5. Aa 型高领罐 T3210 ④ b：4、T3418 ④ b：1、T3625 ④ b：8、T2305 ④ b：4　6、7. Ba 型高领罐
T4807 ④ b：5、T3424 ④ b：8

标本 T3418 ④ b：1，夹砂灰褐陶。厚圆唇，领部饰有一条凹弦纹。口径 19.5、残高 9.5 厘米（图二〇一，3）。

标本 T3625 ④ b：8，夹砂灰褐陶。圆唇，宽折沿。口径约 18.5、残高 5.8 厘米（图二〇一，4）。

标本 T2305 ④ b：4，夹砂灰褐陶。口径 16.1、残高 4.6 厘米（图二〇一，5）。

Ba 型　3 件。

标本 T4807 ④ b：5，夹砂灰褐陶。尖圆唇，宽折沿。口径约 15.7、残高 2.3 厘米（图二〇一，6）。

标本 T3424 ④ b：8，夹砂灰褐陶。尖唇，折沿。口径 12.6、残高 4.8 厘米（图二〇一，7）。

Bb 型　5 件。

标本 T3518 ④ b：13，夹砂灰褐陶。尖圆唇。口径约 12.6、残高 4.3 厘米（图二〇二，1）。

标本 T3210 ④ b：4，夹砂灰褐陶。口径 12.9、残高 3.5 厘米（图二〇二，2）。

Bc 型　1 件。

标本 T4314 ④ b：3，夹砂灰褐陶。圆唇，近直口，折沿。口径 15.4、残高 5.4 厘米（图二〇二，3）。

Bd 型　1 件。

标本 T3916 ④ b：6，夹砂灰褐陶。圆唇。口径 14.2、残高 3.7 厘米（图二〇二，4）。

Be 型　1 件。

标本 T3801 ④ b：6，夹砂灰褐陶。圆唇。唇部和领部遗留有明显的对接痕迹。口径约 14.4、残高 6.0
厘米（图二〇二，5）。

Bg 型　1 件。

标本 T2821 ④ b：3，夹砂灰褐陶。口径 12.2、残高 1.7 厘米（图二〇二，6）。

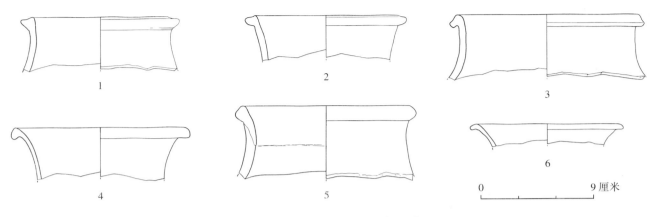

图二〇二　第④b层出土高领罐

1、2. Bb 型 T3518 ④ b：13、T3210 ④ b：4　3. Bc 型 T4314 ④ b：3　4. Bd 型 T3916 ④ b：6　5. Be 型 T3801 ④ b：6　6. Bg 型 T2821 ④ b：3

3. 簋形器

47件。

A 型　38件。

A 型 Ⅱ 式　18件。

标本 T5112 ④ b：3，夹砂褐陶。口径 38.4、残高 6.7 厘米（图二〇三，1）。

标本 T3529 ④ b：5，夹砂褐陶。口径 47.4、残高 4.7 厘米（图二〇三，2）。

标本 T4507 ④ b：1，夹砂褐陶。口径 34.4、残高 5.4 厘米（图二〇三，3）。

标本 T5112 ④ b：12，夹砂褐陶。口径 33.0、残高 4.6 厘米（图二〇三，4）。

标本 T3529 ④ b：30，夹砂褐陶。残高 4.0 厘米（图二〇三，5）。

标本 T3629 ④ b：8，夹砂褐陶。残高 5.5 厘米（图二〇三，6）。

标本 T3529 ④ b：5，夹砂褐陶。残高 6.3 厘米（图二〇三，7）。

标本 T5312 ④ b：8，夹砂褐陶。残高 5.8 厘米（图二〇三，8）。

标本 T3530 ④ b：1，夹砂褐陶。残高 4.2 厘米（图二〇三，9）。

A 型 Ⅲ 式　9件。

标本 T5312 ④ b：1，夹砂褐陶。直径 37.0、残高 6.2 厘米（图二〇四，1）。

标本 T4302 ④ b：11，夹砂褐陶。直径 33.6、残高 5.0 厘米（图二〇四，2）。

A 型 Ⅳ 式　11件。

标本 T3529 ④ b：147，夹砂褐陶。直径 33.4、残高 4.2 厘米（图二〇四，3）。

标本 T3530 ④ b：102，夹砂褐陶。直径 27.0、残高 5.1 厘米（图二〇四，4）。

标本 T3529 ④ b：115，夹砂褐陶。直径 32.0、残高 5.7 厘米（图二〇四，5）。

Bb 型　1件。

标本 T3425 ④ b：2，夹砂灰褐陶。圆唇。残高 10.8 厘米（图二〇四，6）。

Bd 型　8件。

标本 T2913 ④ b：49，夹砂灰褐陶。圆唇。口径约 37.0、残高 5.8 厘米（图二〇四，7）。

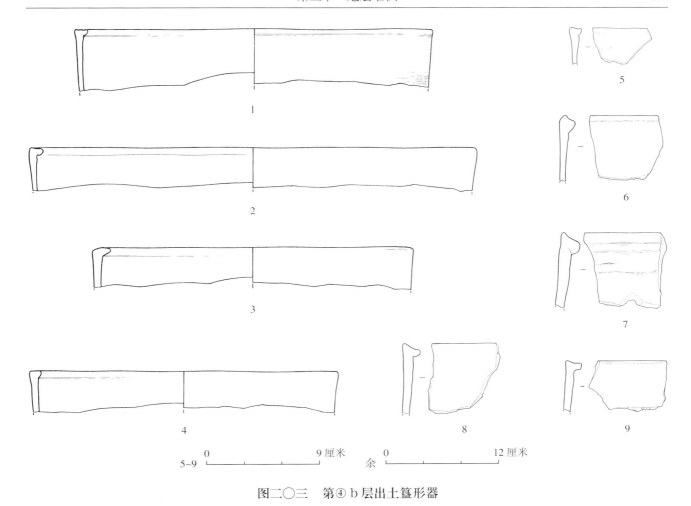

图二〇三　第④b层出土簋形器

1~9. A 型　Ⅱ 式 T5112 ④ b：3、T3529 ④ b：5、T4507 ④ b：1、T5112 ④ b：12、T3529 ④ b：30、T3629 ④ b：8、T3529 ④ b：5、T5312 ④ b：8、T3530 ④ b：1

标本 T3121 ④ b：3，夹砂灰褐陶。口径 39.5、残高 7.6 厘米（图二〇四，8）。

标本 T4402 ④ b：68，夹砂灰褐陶。体量较小。口径 11.4、残高 4.4 厘米（图二〇四，9）。

4. 壶

11 件。

Aa 型　7 件。

标本 T3725 ④ b：11，泥质黑皮陶。口径 12.1、残高 4.7 厘米（图二〇五，1）。

标本 T4003 ④ b：11，泥质黑皮陶。口径 12.5、残高 3.2 厘米（图二〇五，2）。

标本 T4113 ④ b：5，泥质黑皮陶。口径 13.1、残高 2.9 厘米（图二〇五，3）。

标本 T3625 ④ b：58，泥质黑皮陶。口径 13.6、残高 3.2 厘米（图二〇五，4）。

Ab 型　4 件。

标本 T3623 ④ b：10，泥质黑皮陶。口径 13.5、残高 4.2 厘米（图二〇五，5）。

标本 T4307 ④ b：22，泥质黑皮陶。口径 12.5、残高 5.4 厘米（图二〇五，6）。

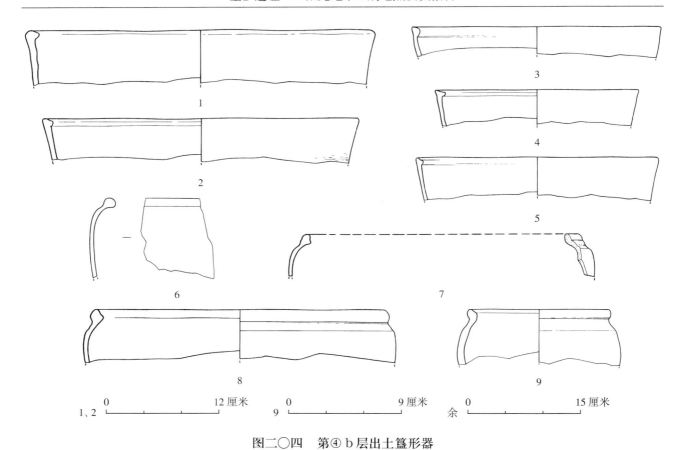

图二〇四　第④b层出土簋形器

1、2. A 型Ⅲ式 T5312 ④ b：1、T4302 ④ b：11　3~5. A 型Ⅳ式 T3529 ④ b：147、T3530 ④ b：102 、T3529 ④ b：115　6. Bb 型 T3425 ④ b：2
7~9. Bd 型 T2913 ④ b：49、T3121 ④ b：3、T4402 ④ b：68

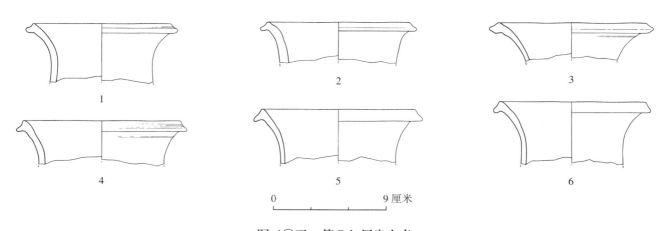

图二〇五　第④b层出土壶

1~4. Aa 型 T3725 ④ b：11、T4003 ④ b：11、T4113 ④ b：5、T3625 ④ b：58　5、6. Ab 型 T3623 ④ b：10、T4307 ④ b：22

5. 盆

4 件。

Ac 型　1 件。

标本 T3424 ④ b：1，夹砂灰褐陶。圆唇，折沿。口径 47.6、残高 6.9 厘米（图二〇六，1）。

Ba 型　1 件。

标本 T4101 ④ b：7，夹砂灰褐陶。体量较小。圆唇，卷沿。口径 16.7、残高 2.1 厘米（图二〇六，2）。

Ca 型　1 件。

标本 T4802 ④ b：4，夹砂灰褐陶。体量较小。近方唇。口径 17.8、残高 7.8 厘米（图二〇六，3）。

Eb 型　1 件。

标本 T4304 ④ b：1，夹砂灰褐陶。体量较小。厚圆唇。口径 16.6、残高 2.7 厘米（图二〇六，4）。

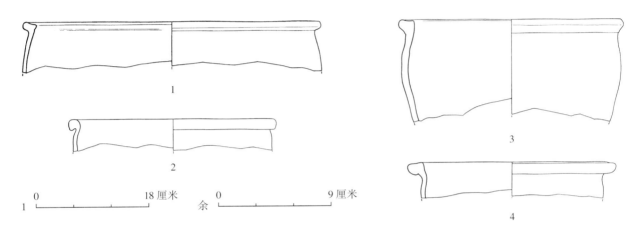

图二〇六　第④b层出土盆

1. Ac 型 T3424 ④ b：1　2. Ba 型 T4101 ④ b：7　3. Ca 型 T4802 ④ b：4　4. Eb 型 T4304 ④ b：1

6. 瓮

30 件。

Aa 型　1 件。

标本 T3616 ④ b：1，夹砂灰褐陶。方唇，宽折沿。口径约 25.0、残高 6.0 厘米（图二〇七，1）。

Ab 型　17 件。

标本 T4213 ④ b：3，夹砂灰褐陶。方唇，折沿。口径约 37.2、残高 6.6 厘米（图二〇七，2）。

标本 T2718 ④ b：2，夹砂灰褐陶。方唇，宽折沿。领部饰有两条平行凹弦纹。口径约 37.5、残高 12.9 厘米（图二〇七，3）。

标本 T2911 ④ b：7，夹砂灰褐陶。口径 27.2、残高 3.6 厘米（图二〇七，4）。

标本 T4203 ④ b：10，夹砂灰褐陶。方唇，窄折沿。口径 47.2、残高 4.5 厘米（图二〇七，5）。

标本 T3424 ④ b：2，夹砂灰褐陶。方唇。领部饰有一条凹弦纹。口径约 33.2、残高 5.8 厘米（图二〇七，6）。

标本 T4107 ④ b：4，夹砂灰褐陶。方唇，窄折沿。领部饰有一条凹弦纹。口径 23.4、残高 4.8 厘米（图二〇七，7）。

Ad 型　1 件。

标本 T5209 ④ b：1，夹砂灰褐陶。方唇。口径约 34.0、残高 7.8 厘米（图二〇七，8）。

Bc 型　2 件。

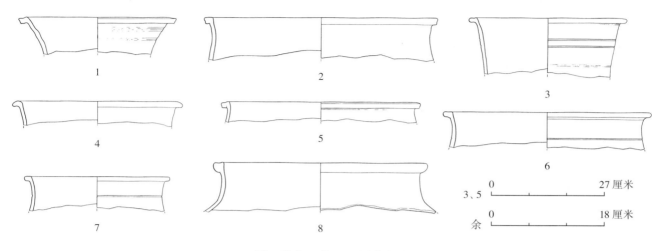

图二〇七　第④b层出土瓮

1. Aa 型 T3616④b：1　2~7. Ab 型 T4213④b：3、T2718④b：2、T2911④b：7、T4203④b：10、T3424④b：2、T4107④b：4　8. Ad 型 T5209④b：1

标本 T4514④b：4，夹砂灰褐陶。圆唇，折沿。领部饰有一条折棱。口径约 26.4、残高 6.2 厘米（图二〇八，1）。

Bd 型　3 件。

标本 T4814④b：7，夹砂灰褐陶。圆唇。口径约 16.4、残高 3.4 厘米（图二〇八，2）。

Cb 型　5 件。

标本 T4107④b：2，夹砂灰褐陶。圆唇。唇部饰有间断斜绳纹。残高 8.2 厘米（图二〇八，3）。

标本 T4101④b：4，夹砂灰褐陶。尖圆唇。口径 42.0、残高 6.6 厘米（图二〇八，4）。

标本 T3629④b：1，夹砂灰褐陶。圆唇。残高 5.2 厘米（图二〇八，5）。

Cc 型　1 件。

标本 T5001④b：6，夹砂灰褐陶。圆唇。口径约 37.5、残高 4.2 厘米（图二〇八，6）。

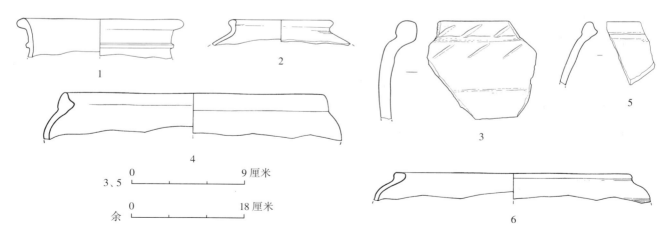

图二〇八　第④b层出土瓮

1. Bc 型 T4514④b：4　2. Bd 型 T4814④b：7　3~5. Cb 型 T4107④b：2、T4101④b：4、T3629④b：1　6. Cc 型 T5001④b：6

7. 缸

5 件。

Aa 型　3 件。

标本 T3717 ④ b：3，夹砂灰褐陶。厚唇，宽卷沿。腹部饰有梯形乳钉。残高 5.4 厘米（图二〇九，1）。

Ab 型　2 件。

标本 T3717 ④ b：3，夹砂灰褐陶。厚方唇，折沿。残高 6.0 厘米（图二〇九，2）。

8. 器底

4 件。

Bb 型Ⅳ式　2 件。

标本 T4604 ④ b：8，泥质黑皮陶。残高 6.2 厘米（图二〇九，3）。

标本 T4411 ④ b：29，技术灰褐陶。残高 4.1 厘米（图二〇九，4）。

Be 型　2 件。

标本 T3015 ④ b：24，泥质黑皮陶。残高 5.0 厘米（图二〇九，5）。

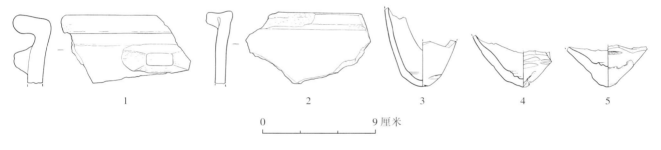

0　　　　　9厘米

图二〇九　第④b层出土缸与器底

1. Ab 型缸 T3717 ④ b：3　2. Ab 型缸 T3717 ④ b：3　3、4. Bb 型Ⅳ式器底 T4604 ④ b：8、T4411 ④ b：29　5. Be 型器底 T3015 ④ b：24

9. 圈足

54 件。

Aa 型　3 件。

标本 T3115 ④ b：4，夹砂灰褐陶。底径 15.0、残高 3.8 厘米（图二一〇，1）。

Ea 型　3 件。

标本 T2313 ④ b：13，夹砂灰褐陶。底径 7.2、残高 2.0 厘米（图二一〇，2）。

标本 T4103 ④ b：3，夹砂灰褐陶。底径 7.8、残高 2.7 厘米（图二一〇，3）。

标本 T4103 ④：2，夹砂灰褐陶。底径 7.5、残高 3.6 厘米（图二一〇，4）。

Eb 型　3 件。

标本 T3930 ④ b：5，夹砂灰褐陶。底径 10.2、残高 4.1 厘米（图二一〇，5）。

标本 T5014 ④ b：1，夹砂灰褐陶。底径 10.0、残高 4.9 厘米（图二一〇，6）。

标本 T2512 ④ b：2，夹砂灰褐陶。底径 10.0、残高 4.1 厘米（图二一〇，7）。

Gb 型Ⅱ式　1 件。

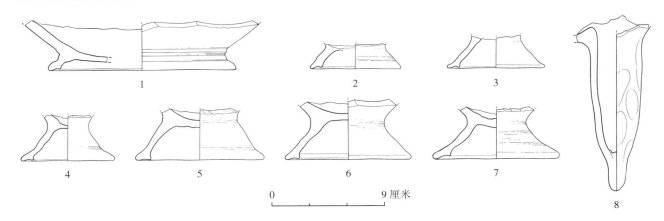

图二一〇　第④b层出土圈足与袋足

1. Aa 型圈足 T3115④b：4　2~4. Ea 型圈足 T2313④b：13、T4103④b：3、T4103④：2　5~7. Eb 型圈足 T3930④b：5、T5014④b：1、T2512④b：2　8. B 型Ⅱ式袋足 T4406④b：1

标本 T4702④b：1，夹砂灰褐陶。底径 24.0、残高 2.7 厘米（图二一一，1）。

Gb 型Ⅲ式　44 件。

标本 T3718④b：11，夹砂灰褐陶。底径约 14.0、残高 5.1 厘米（图二一一，2）。

标本 T3916④b：75，夹砂红褐陶。厚胎。底径 21.0、残高 5.0 厘米（图二一一，3）。

标本 T4904④b：15，夹砂灰褐陶。底径 21.2、残高 7.0 厘米（图二一一，4）。

标本 T4301④b：31，夹砂灰褐陶。底径 16.6、残高 7.3 厘米（图二一一，5）。

标本 T3530④b：109，夹砂灰褐陶。底径 22.0、残高 7.3 厘米（图二一一，6）。

标本 T4904④b：49，夹砂灰褐陶。底径 22.0、残高 5.8 厘米（图二一一，7）。

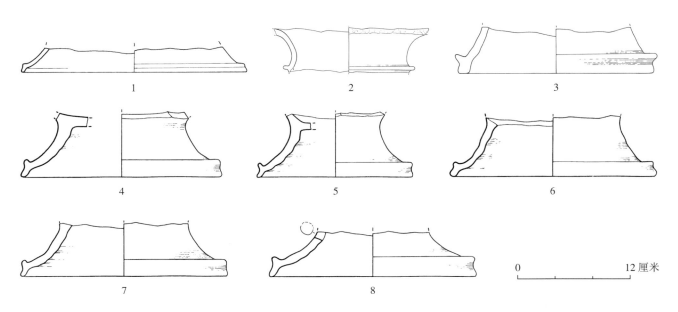

图二一一　第④b层出土圈足

1. Gb 型Ⅱ式 T4702④b：1　2~8. Gb 型Ⅲ式 T3718④b：11、T3916④b：75、T4904④b：15、T4301④b：31、T3530④b：109、T4904④b：49、T3529④b：154

标本 T3529④b：154，夹砂灰褐陶。足部饰有圆形穿孔。底径 22.0、残高 4.8 厘米（图二一一，8）。

10. 袋足

1 件。

B 型 Ⅱ 式

标本 T4406④b：1，夹砂灰褐陶。残高 14.4 厘米（图二一〇，8）。

二 玉石器

玉石器只有石锛一类。

石锛

B 型 1 件。

标本 T4302④b：1，刃部和两侧有崩疤。灰绿色砂岩。平顶，近平刃。通长 5.1、宽 2.5~3.5、厚 0.8 厘米（图二一二，1）。

三 铜器

铜器只有铜镞一种。

铜镞

Ab 型 1 件。

标本 T4026④b：1，一翼残断，锋刃略缺。残长 6.3 厘米（图二一二，2）。

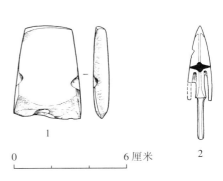

图二一二 第④b层出土石锛与铜镞

1. B 型石锛 T4302④b：1 2. Ab 型铜镞 T4026④b：1

第四节 采集品

一 陶器

纺轮

B 型 2 件。

标本 C：3，泥质黑皮陶。腰部有两道凸棱。上径 1.2、下径 3.5、孔径 0.2、高 1.0 厘米（图二一三，1；彩版一七，1）。

标本 C：2，泥质褐陶。腰部有三道凸棱。上径 1.0、下径 3.2、孔径 0.2、高 1.3 厘米（图二一三，2；彩版一七，2、3）。

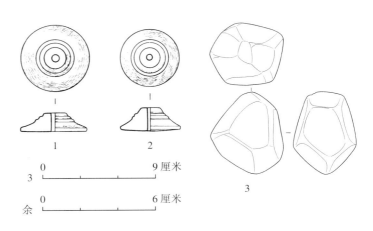

图二一三 采集遗物

1、2. B 型纺轮 C：3、C：2 3. 磨石 C：1

二　玉石器

磨石

1 件。

标本 C：1，灰绿色卵石，体形厚重。多面磨制，平面形状呈六边形，有近 10 个面被磨制。长 6.7、宽 3.0~5.6、厚 1.8 厘米（图二一三，3；彩版一七，4、5）。

第五节　地层分期

从上述地层叠压和出土遗物分析，可将"阳光二期地带"地点商周时期的堆积（第④b、⑤、⑥层），将其分为两期（表四）。

第一期：包括第⑥层，未发现开口于该层下的遗迹和遗物。该期遗物以陶器为主，少见玉、石器和铜器。玉、石器仅见石凿、玉锛，铜器仅见铜镞。陶器该层出土的遗物以陶器为主，其次为少量玉、石器和极少的铜器。陶器质地有夹砂和泥质两种，夹砂陶最多，以灰褐最多，其次少量黄褐陶和红褐陶，泥质陶主要为黑皮陶，另有少量灰陶。陶器装饰以素面为主，纹饰较少，常见纹饰有绳纹、弦纹、菱形纹、几何折线纹、戳印圆圈纹、连珠纹、网格划纹、兽面纹。陶器可辨器形主要有束颈罐、瓮、高领罐、盆、壶、缸、器盖等，其中尖底杯、尖底盏数量较少，不见 A 型簋形器和厚唇瓮，纹饰不见网格印纹。

第二期：包括第⑤、④b 层，开口于第⑤层下遗迹多打破第⑥层，而④b 层由于残缺，多被开口于④a 层下汉代堆积破坏。该期出土的遗物相较第⑥层而言，遗物较为丰富，主要是数量较多，器形未有大的变化。陶器仍然是最为常见器物，其次为少量玉、石器和较少的铜器。陶器质地有夹砂和泥质两种，夹砂陶最多，以灰褐最多，其次少量黄褐陶和红褐陶，泥质陶主要为黑皮陶，另有少量灰陶。玉石器和铜器仍然较少出土，相对第一期而言，形制和数量较多。石锛、玉锛、耳玦等是常见玉石器种类，铜器器形较小，铸造缺陷明显，有铜刀、铜镞、铜凿等，铜镞是最常见器类。

陶器装饰以素面为主，纹饰相对较少，常见纹饰有绳纹、弦纹、菱形纹、几何折线三角纹、凸棱纹、网格划纹、网格印纹、云雷纹、"W"折线纹、划纹，网格印纹、云雷纹、菱形纹较为发达，折线几何纹和戳印圆圈纹一般饰于泥质黑皮陶上，此类纹饰一般不是单独使用，往往是几种混合使用，形成特殊的复合纹饰，而此类器物的制作相对精致，纹饰相对繁缛，装饰此类器物的陶器可能有着特殊的含义。陶器器形主要有尖底杯、尖底盏、尖底盂、束颈罐、瓮、高领罐、盆、壶、缸、器盖等，其中尖底杯、尖底盏、簋形器、支柱等较少。圈足器、尖底器较为兴盛，尖底器较之第⑥层有了极大变化，无论器形亦或是形制较为丰富。尖底罐、A 型簋形器以及 Gb 型圈足较具时代特征。

表四 阳光地带二期地层出土器物器型统计表

器型 单位	尖底杯						尖底盏					尖底罐	尖底盂	
	Aa	Ab	Ac	Bb	Ea	Eb	Aa	Ab	Ac	Ad	Ba	Ba	A	B
⑥				II										
⑤	I II	II	I	I II	√	√	II III	IV	I IV	III	√	√	√	√
④ b												√		

器型 单位	篮形器						束颈罐											
	A	B	Ba	Bb	Bc	Bd	Aa	Ab	Ac	Ad	Ae	Af	Ag	Bb	Bc	Bd	Be	Cb
⑥		√	√	√	I II		√	√	I II		II	I II		√			√	√
⑤	I II III		√	√	II			II	I	II	I II III	II		II III		I II		√
④ b	II III IV			√		√												

器型 单位	束颈罐													器底				
	Cc	Ab	Ad	Ae	Af	Ag	Ba	Bb	Bc	Bd	Be	Bg	Ca	Ba	Bb	Bc	Bd	Be
⑥	√	√	√	√	√	√	√	√	√	√	√	√	√	I II	I II	√	√	
⑤	√	√	√	√	√	√	√	√	√	√	√	√	√	I II	I II III IV		√	√
④ b							√	√	√	√	√				IV			√

器型 单位	缸						瓮									圈足	
	Aa	Ab	Ba	Bb	D	E	Aa	Ab	Ad	Ba	Bb	Bc	Bd	Cb	Cc	Ga	Gb
⑥	√	√	√	√	√	√	√	√	√	√	√	√	√	√	√	√	
⑤	√	√	√	√	√	√	√	√	√	√	√	√	√	√	√	√	I II III
④ b	√	√					√	√	√			√					II III

器型 单位	壶						盆								袋足	
	Aa	Ab	Bb	Ca	Cb	D	Aa	Ab	Ac	Ad	Ba	Ca	Ea	Eb	D	B
⑥	√	√	√	√	√	√	√	√	√	√	√	√	√	√	√	I
⑤	√	√	√	√	√	√	√	√	√	√	√	√	√	√		I II
④ b	√	√							√		√			√		II

第四章　建筑遗存

从目前发掘区发现的建筑遗存观察来看，仅见部分基槽式和柱洞式建筑遗存，未有可复原之建筑，柱洞零散，排列分布没有规律。这些建筑遗迹主要分布于发掘区的南部，以东南部最为集中，其次为西南部（图二一四）。建筑遗存分为两类。

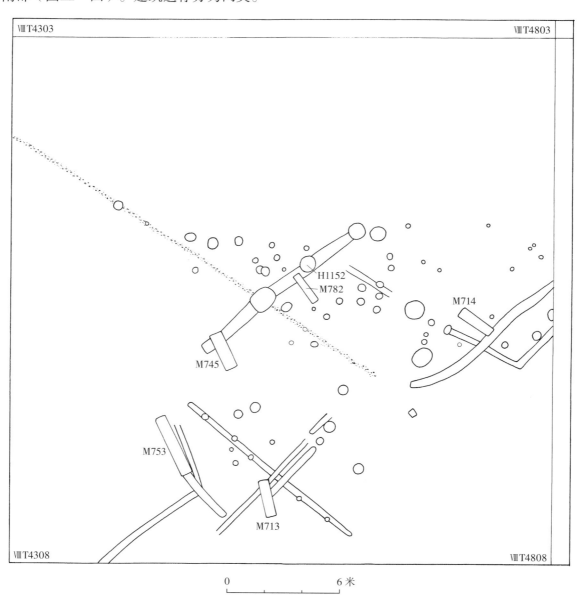

图二一四　发掘区东南部建筑遗存局部平面示意图

第一类为基槽式，为在地面开挖槽沟，截面呈倒梯形，宽 0.20~0.50、最长约 11 米，个别残留有转角，故推测其平面形状呈长方形，其和柱洞式建筑不属于一个建筑单位。这些基槽开口在第⑤层下，其中东南部带基槽的建筑被开口于第⑤层下的灰坑（H1152）和第④ a 层下墓葬打破，基槽打破生土，推测此类建筑可能为该发掘区最早的建筑遗存，它可能早于柱洞式建筑。

第二类为柱洞式建筑，柱洞平面形状呈圆形，未有围合之单体建筑，其建筑形制不明，此类建筑开口于第⑤层下，打破第⑥层至生土。柱洞式建筑遗存均未发现形制清晰的形态，可能为临时性建筑，其特点是保存状况较差，柱洞杂乱，集中分布，建筑形制不清楚，初步认为它们可能是窑场的临时建筑，属于工棚类建筑。目前除了 Y54 与建筑遗存相邻外，其余陶窑均离此类建筑有一定距离，笔者以为此类建筑属于窑址的附属建筑的可能性较大。

结合上述材料，初步可将该地点的建筑遗存分为两个时期，第一期为带基槽的方形或长方形建筑，由于属于第一期早段的灰坑 H1154 打破此类建筑，同时，在地点商周时期堆积中发现少量宝墩文化时期遗物，如陶尊、喇叭口高领罐、花边口沿罐（太小，未复原）等，这些文化因素的出现，此类建筑可能属于宝墩文化时期，它代表该地点最早的建筑形态。第二期建筑遗存为柱洞式建筑，它们与陶窑、灰坑之间未有叠压或打破以及开口层位之间的异时关系，其均开口于第⑤层下，打破第⑥层，可能与灰坑与陶窑共同构成制陶作坊聚落的组成部分，该时段柱洞式建筑集中分布于发掘区的陶窑集中区，而这个时期是处于陶窑分期的第二期晚段，初步推测此类建筑的时代可能与陶窑第二期晚段相近。

第五章　灰坑

灰坑共计 102 个。全部开口于第⑤层下，打破第⑥层，未见开口于第④层下的灰坑。在第Ⅷ区内仅发现 7 个灰坑，其余灰坑均位于 Ⅴ 区内（图二一五、二一六）。

第一节　灰坑分类

灰坑平面形状差异较大，有圆形、椭圆形、方形、不规则状，其中以圆形最多，其次为椭圆形、方形、不规则状。

灰坑内出土的遗物较为丰富，以陶片最多，另有少量的石器、动物骨骸等。陶片是灰坑中出土最多的遗物，常见器形有束颈罐、高领罐、瓮、盆、尖底杯、器盖等，尖底盏少见。陶片上纹饰较少，仅有少量器物饰纹，有绳纹、网格纹、弦纹、瓦棱纹、"几何"折线划纹、"三角状"划纹等（图二一七、二一八），其中以网格印纹最常见，次为绳纹、弦纹等。根据灰坑的平面形状差异分为四型。

一　A 型

78 个。圆形。圆形灰坑是该发掘区发现数量最多的形制，在整个发掘区均有分布。根据形制规则差异，分两亚型。

（一）Aa 型

24 个。规则圆形。

1. H1154

位于 Ⅷ T4704 北壁偏西。开口于第⑤层下，打破第⑥层。

坑口平面形状呈圆形，直壁，四壁用青灰泥涂抹光滑，似有意处理，近平底（图二一九，1；彩版一八，1）。口径 0.60、底径 0.57、残深 0.51 米。填土为浅灰色黏砂土，结构紧密，黏性大，包含有少量陶片。

陶片残碎，器形多不可辨。坑底东北部置有 1 件束颈罐，保存较好。

该坑形制规整，四壁为人为有意加工处理，底部平坦，填土较为纯净，该坑的功能很可能是储藏坑。

束颈罐　1 件，Bc 型 I 式。

图二一七　灰坑和墓葬出土陶片纹饰拓片

1~3. 网格纹 H1325：1、H1331：9、H1325：3　4~6. 绳纹 H1349：3、H1398：7、H1158：1　7. 网格纹和弦纹组成复合纹饰带 M372T：1
8. "十"字状凸棱 M741T：9　9. 瓦棱纹 H1349：84

图二一八　灰坑和墓葬出土陶片纹饰拓片

1、2. 弦纹 H1349：40、H1162：3　3. 划纹 H1349：85　4. 附加堆纹 M726T：13　5. "几何"折线划纹 H1396：11

　　标本 H1154：1，夹砂灰褐陶。圈足残。口径 13.8、腹径 15.6、残高 13.8 厘米（图二一九，1；彩版一八，2）。

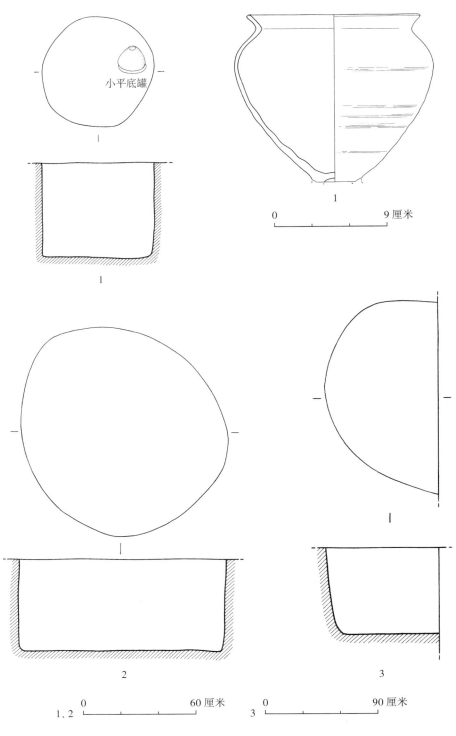

小平底罐

0　　　　　　　9厘米

1、2　0　　　　　　60厘米

3　0　　　　　　90厘米

图二一九　H1154、H1162、H1163 平、剖面图

1. H1154（1. Bc 型 I 式束颈罐 H1154：1）　2. H1162　3. H1163

2. H1162

位于 VT2811 西北。开口于第⑤层下，打破第⑥层。

坑口平面形状呈圆形，直壁，近平底（图二一九，2；彩版一八，3）。口径 1.10~1.14、底径 1.06、残深 0.50 米。填土为黑灰色黏砂土，结构紧密，包含有少量陶片。

陶片可辨器形有小平底罐、圈足罐、罐等。

3. H1163

位于 VT4410 东北，东部进入其东隔梁。开口于第⑤层下，打破第⑥层。

坑口平面形状呈圆形，弧壁，平底（图二一九，3）。口径 0.92~1.60、底径 0.76、残深 0.70 米。填土为黑灰色黏砂土，结构紧密，包含有少量陶片。

陶片可辨器形有器盖、圈足器、罐等。

4. H1169

位于 VT4809 西南。开口于第⑤层下，打破第⑥层。

坑口平面形状呈圆形，近直壁，平底（图二二〇）。口径 1.80~1.90、底径 1.72、残深 0.90 米。填土为黑灰色黏砂土，结构紧密，包含有少量陶片、卵石以及鹿角。

陶片可辨器形有高领罐、瓮、圈足罐等。

高领罐　3 件。

Aa 型　1 件。

标本 H1169：4，夹砂灰褐陶。圆唇，宽折沿。口径 21.0、残高 2.1 厘米（图二二〇，1）。

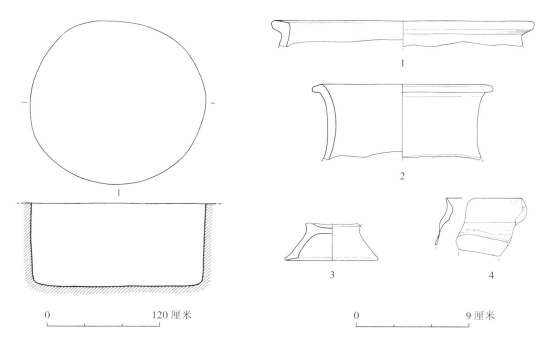

图二二〇　H1169 及出土陶器

1. Aa 型高领罐 H1169：4　2. Ad 型高领罐 H1169：1　3. Cb 型圈足 H1169：6　4. Bc 型瓮 H1169：2

Ad 型　1 件。

标本 H1169：1，夹砂灰褐陶。方唇，窄折沿。口径 14.4、残高 6.2 厘米（图二二〇，2）。

Cb 型圈足　1 件。

标本 H1169：6，夹砂灰褐陶。足径 7.2、残高 3.1 厘米（图二二〇，3）。

瓮　1 件，Bc 型。

标本 H1169：2，夹砂灰褐陶。残高 5.8 厘米（图二二〇，4）。

5.H1321

位于 VT3519 西南，H1320 的西南部。开口于第⑤层下，打破第⑥层。

坑口平面形状呈圆形，直壁，平底（图二二一，1；彩版一九，1）。口径 0.99~1.02、底径 1.00、残深 0.16 米。填土为黑灰色黏砂土，结构紧密，包含有大量陶片和卵石。

陶片可辨器形有尖底杯、尖底盏、器盖、圈足罐、瓮等。

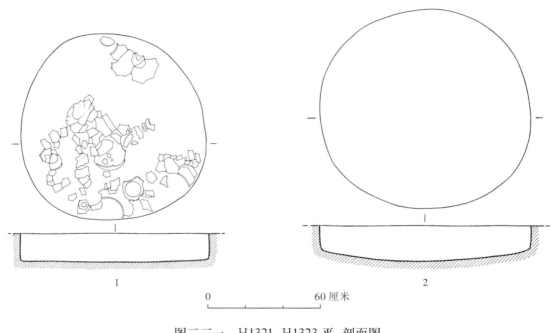

图二二一　H1321、H1323 平、剖面图
1. H1321　2. H1323

6.H1323

位于 VT3421 北壁，北部进入北隔梁。开口于第⑤层下，打破第⑥层。

坑口平面形状呈圆形，直壁，锅底状底（图二二一，2）。口径 1.10~1.12、底径 1.10、残深 0.20 米。填土为黑灰色黏砂土，结构紧密，包含有大量陶片和少量卵石。

陶片可辨器形有尖底杯、圈足罐、罐等。

7.H1324

位于 VT3421 西北。开口于第⑤层下，打破第⑥层。

　　平面形状呈圆形，直壁，平底（图二二二；彩版一九，2）。口径 1.09~1.10、底径 1.02、残深 0.37 米。填土为黑灰色黏砂土，结构紧密，包含有大量陶片、少量小卵石及碳屑。

　　陶片可辨器形有尖底杯、束颈罐、瓮、高领罐等。

　　高领罐　2 件。

　　Ac 型　1 件。

　　标本 H1324：1，夹砂灰褐陶。领部饰一条凹弦纹。口径 25.4、残高 7.9 厘米（图二二二，6）。

　　Ba 型　1 件。

　　标本 H1324：3，夹砂灰褐陶。残高 4.6 厘米（图二二二，3）。

　　束颈罐（圈足罐）　2 件。

　　Ac 型 I 式

　　标本 H1324：18，夹砂灰褐陶。尖圆唇。口径 13.6、残高 3.5 厘米（图二二二，2）。

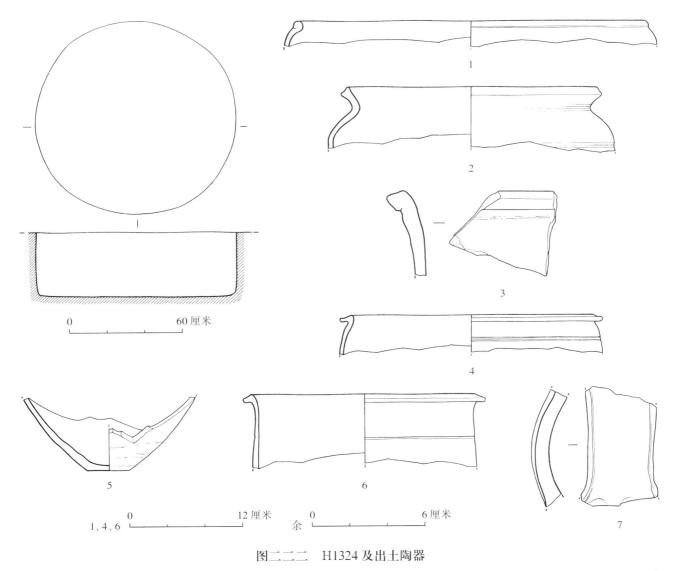

图二二二　H1324 及出土陶器

1. Cb 型瓮 H1324：14　2. Ac 型 I 式束颈罐 H1324：18　3. Ba 型高领罐 H1324：3　4. Cb 型盆 H1324：15　5. Ac 型器底 H1324：4　6. Ac 型高领罐 H1324：1　7. A 型器耳 H1324：10

盆　1件，Cb 型。

标本 H1324：15，夹砂灰褐陶。圆唇，窄沿。腹部饰一条凹弦纹。口径 27.6、残高 4.2 厘米（图二二二，4）。

瓮　1件，Cb 型。

标本 H1324：14，夹砂灰褐陶。圆唇。口径 37.2、残高 2.5 厘米（图二二二，1）。

器耳　1件，A 型。

标本 H1324：10，夹砂黄褐陶。残高 6.3 厘米（图二二二，7）。

器底　2件，Ac 型。

标本 H1324：4，泥质黑皮陶。底径 2.2、残高 4.0 厘米（图二二二，5）。

8.H1325

位于 VT3421 东壁。开口于第⑤层下，打破第⑥层。

坑口平面形状呈圆形，直壁，平底（图二二三；彩版一九，3）。口径 1.21~1.25、底径 1.13、残深 0.65

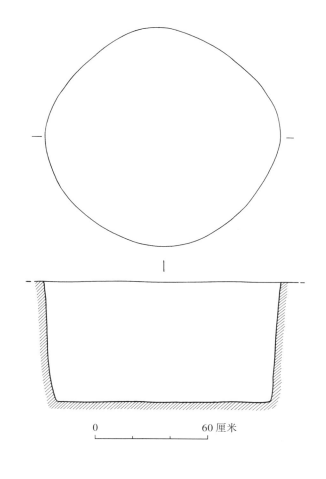
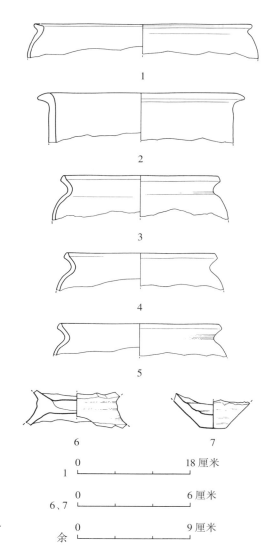

图二二三　H1325 及出土陶器

1. Ab 型盆 H1325：9　2. Ac 型高领罐 H1325：11　3~5. Ab 型束颈罐 H1325：15、
23、14　6. B 型圈足器 H1325：10　7. Ba 型 I 式器底 H1325：19

米。填土为黑褐色黏砂土，结构紧密，包含有大量陶片和灰烬。

陶片可辨器形有尖底杯、高领罐、圈足罐、盆等，出土陶器的器形普遍较大。

高领罐　2件，Ac 型。

标本 H1325：11，夹砂灰褐陶。尖圆唇。口径 16.4、残高 4.1 厘米（图二二三，2）。

束颈罐（圈足罐）　5件，Ab 型。

标本 H1325：15，夹砂灰褐陶。尖唇。口径 12.6、残高 3.4 厘米（图二二三，3）。

标本 H1325：23，夹砂灰褐陶。尖唇。口径 11.6、残高 2.8 厘米（图二二三，4）。

标本 H1325：14，夹砂灰褐陶。尖唇。口径 12.5、残高 2.5 厘米（图二二三，5）。

盆　1件，Ab 型。

标本 H1325：9，夹砂灰褐陶。圆唇。口径 34.6、残高 5.4 厘米（图二二三，1）。

器底　2件，Ba 型 I 式。

标本 H1325：19，泥质黑皮陶。残高 2.0 厘米（图二二三，7）。

圈足器　3件，B 型。

标本 H1325：10，夹砂灰褐陶。残高 2.0 厘米（图二二三，6）。

9. H1327

位于 VT3424 西南，西南部进入 VT3324 东隔梁和 VT3423 北隔梁。开口于第⑤层下，打破第⑥层。

坑口平面形状呈圆形，直壁，底部高低不平，西高东低（图二二四）。口径 2.04~2.14、底径 2.01、残深 0.28~0.36 米。填土为黑褐色黏砂土，结构紧密，包含有大量陶片和灰烬。

陶片可辨器形有高领罐、圈足罐、尖底杯、壶、瓮、器座等（表五）。该坑还出土了附有铜渣的陶片，其质地与颜色同红褐色夹砂角杯类似，是否为熔铜器具值得注意。

高领罐　4件，Aa 型。

表五　H1327 陶片统计表

陶质 陶色 纹饰	夹砂			泥质			纹饰小计	
	灰褐	褐黄	褐红		黑皮		数量	比例
素面	68	76			19		163	98.79%
绳纹								
镂孔								
戳印纹								
网格纹	2						2	1.21%
数量	70	76			19		165	
比例	42.42%	46.06%			11.52%			
数量	146			19			备注	
比例	88.48%			11.52%				

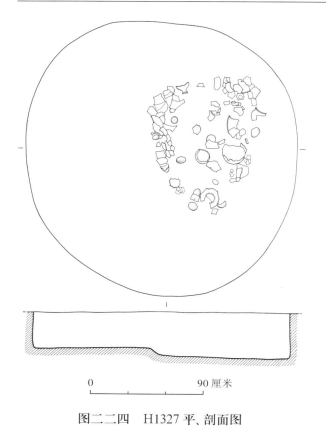

图二二四　H1327 平、剖面图

标本 H1327：2，夹砂灰褐陶。方唇。口径19.0、残高5.3厘米（图二二五，2）。

标本 H1327：5，夹砂灰褐陶。口径19.0、残高4.3厘米（图二二五，3）。

束颈罐（圈足罐）　5件。

Ba 型　1件。

标本 H1327：71，夹砂灰褐陶。方唇，宽卷沿。腹部饰有一道凹弦纹。残高4.6厘米（图二二五，7）。

Bb 型　1件。

标本 H1327：18，夹砂灰褐陶。方唇。口径15.0、残高2.8厘米（图二二五，4）。

Cc 型　3件。

标本 H1327：6，夹砂灰褐陶。圆唇，折沿。口径26.6、残高3.8厘米（图二二五，5）。

标本 H1327：33，夹砂灰褐陶。圆唇，折沿，弧腹。腹部饰一道凹弦纹。残高5.6厘米（图二二五，6）。

壶　2件，Aa 型。

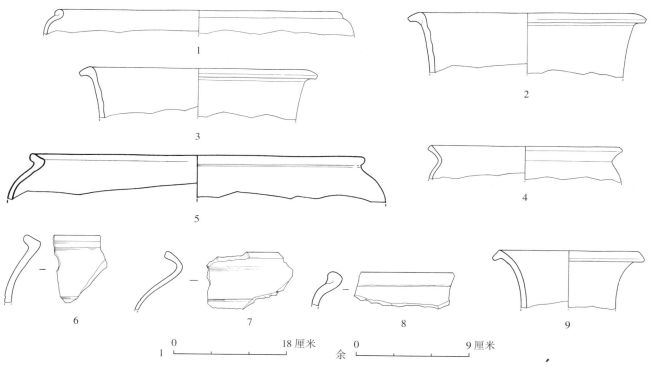

图二二五　H1327 出土陶器

1、8. Cb 型瓮 H1327：35、12　2、3. Aa 型高领罐 H1327：2、5　4. Bb 型束颈罐 H1327：18　5、6. Cc 型束颈罐 H1327：6、33　7. Ba 型束颈罐 H1327：71　9. Aa 型壶 H1327：17

标本 H1327：17，泥质灰褐陶。圆唇，折沿，喇叭口。口径 11.0、残高 4.4 厘米（图二二五，9）。

瓮　2 件。Cb 型。

标本 H1327：35，夹砂灰褐陶。口径 46.0、残高 3.9 厘米（图二二五，1）。

标本 H1327：12，夹砂灰褐陶。厚圆唇。残高 2.6 厘米（图二二五，8）。

器座　1 件，C 型。

标本 H1327：10，夹砂灰褐陶。圆唇，侈口，束腰。口径 11.6、残高 5.0 厘米（图二二六，1）。

器底　5 件。

Ba 型 I 式　1 件。

标本 H1327：36，泥质黑皮陶。底径 2.2、残高 1.7 厘米（图二二六，7）。

Ba 型 II 式　3 件。

标本 H1327：27，泥质黑皮陶。底径 1.7、残高 2.1 厘米（图二二六，6）。

Bb 型 I 式　1 件。

标本 H1327：13，夹砂灰褐陶。残高 2.8 厘米（图二二六，4）。

圈足器　5 件，A 型。

标本 H1327：14，夹砂灰褐陶。残高 4.3 厘米（图二二六，2）。

圈足　4 件。

Ba 型　3 件。

标本 H1327：26，夹砂灰褐陶。足径 10.8、残高 2.3 厘米（图二二六，3）。

Cb 型　1 件。

标本 H1327：37，夹砂灰褐陶。足径 7.0、残高 3.1 厘米（图二二六，5）。

铜渣浮游物　1 件。

标本 H1327：19，该件器物是铜渣与陶器胎土附在一起，陶器质地为夹砂红褐陶，其质地与坩

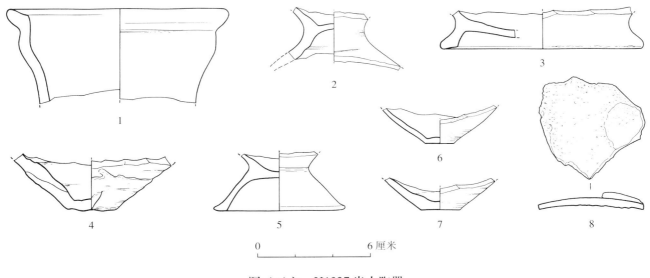

图二二六　H1327 出土陶器

1. C 型器座 H1327：10　2. A 型圈足器 H1327：14　3. Ba 型圈足 H1327：26　4. Bb 型 I 式器底 H1327：13　5. Cb 型圈足 H1327：37　6. Ba 型
II 式器底 H1327：27　7. Ba 型 I 式器底 H1327：36　8. 铜渣浮游物 H1327：19

埚胎土一致。可能为冶炼痕迹遗留，这对于我们认识所谓坩埚陶器提供证据。需要金相检测数据。平面形状呈不规则状，陶器残长 3.5~5.7、宽 5.6、厚 0.4 厘米，铜渣残长 2.6、宽 2.0、厚 0.2~0.4 厘米（图二二六，8；彩版一九，4）。

10.H1336

位于 VT3425 西北角。开口于第⑤层下，打破第⑥层。

坑口平面形状呈圆形，直壁，平底（图二二七，1；彩版二○，1）。口径 1.60~1.69、底径 1.65、残深 0.50 米。填土为黄灰色黏砂土，结构紧密，填土中包含大量陶片和少量灰烬。

陶片可辨器形有圈足罐、尖底杯、罐等。

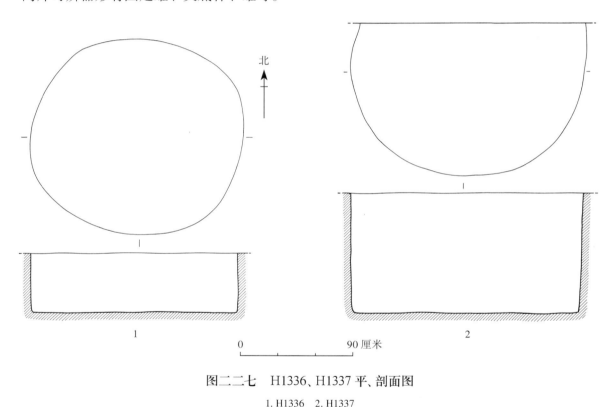

北

0　　　　　　　　　90 厘米

1　　　　　　　　　2

图二二七　H1336、H1337 平、剖面图

1. H1336　2. H1337

11.H1337

位于 VT3312 东北、VT3412 西北，北部进入 VT3312、VT3412 的北隔梁。开口于第⑤层下，打破第⑥层。

坑口平面形状呈圆形，直壁，平底（图二二七，2）。口径 1.26~1.80、底径 1.72、残深 1.01 米。填土为黑灰色黏砂土，结构紧密，填土中包含大量陶片和少量灰烬。

陶片可辨器形有圈足罐、尖底杯、罐等。

12.H1340

位于 VT3425 东南，东部进入东隔梁。开口于第④a 层下，打破第⑤层。

坑口平面形状呈圆形，弧壁，平底（图二二八；彩版二○，2）。口径 1.10~1.49、底径 1.04、

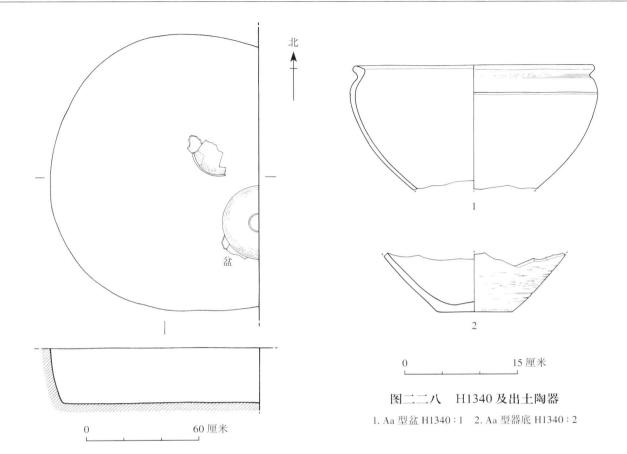

图二二八　H1340 及出土陶器

1. Aa 型盆 H1340：1　2. Aa 型器底 H1340：2

残深 0.30 米。填土为黑灰色黏砂土，结构紧密，填土中包含大量陶片。

陶片可辨器形有盆、器底、簋形器（A 型未复原）、尖底杯等。

盆　2 件，Aa 型。

标本 H1340：1，夹砂灰褐陶。束颈，弧腹。肩部饰两条平行凹弦纹。口径 32.0、残高 17.7 厘米（图二二八，1）。

器底　1 件，Aa 型。

标本 H1340：2，夹砂灰褐陶。底径 10.3、残高 8.2 厘米（图二二八，2）。

13. H1346

位于 VT3819 东南。开口于第⑤层下，打破第⑥层。

坑口平面形状呈圆形，直壁，平底（图二二九；彩版二〇，3）。口径 1.32~1.35、底径 1.31、残深 0.28~0.30 米。填土为浅灰色黏砂土，结构紧密，填土中包含大量陶片和少量卵石及灰烬（彩版二一，1）。

陶片可辨器形有尖底杯、盆、高领罐、尖底盏、束颈罐、器盖等。

尖底杯　2 件，Ba 型 Ⅱ 式。

标本 H1346：1，泥质黑皮陶，薄胎。尖唇。口径 7.9、腹径 8.5、底径 1.2、通高 13.7 厘米（图二二九，1；彩版二一，2）。

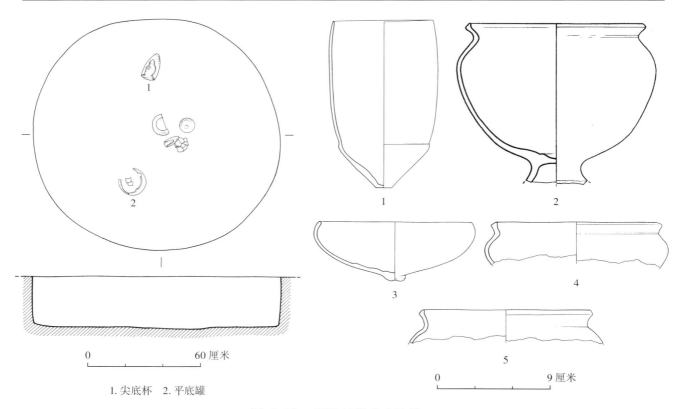

1. 尖底杯　2. 平底罐

图二二九　H1346 及出土陶器

1. Ba 型 II 式尖底杯 H1346：1　2、4. Ac 型 I 式束颈罐 H1346：2、11　3. Ab 型 II 式尖底盏 H1346：3　5. Aa 型束颈罐 H1346：21

尖底盏　1 件，Ab 型 II 式。

标本 H1346：3，泥质黑皮陶，薄胎。腹部外弧。口径 12.1、腹径 12.8、通高 4.8 厘米（图二二九，3；彩版二一，3）。

高领罐　2 件，Aa 型。

标本 H1346：3，夹砂黄褐陶。厚唇。残高 3.0 厘米（图二三〇，3）。

束颈罐　4 件。

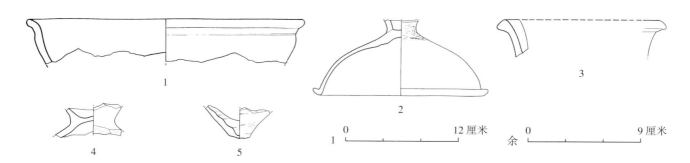

图二三〇　H1346 出土陶器

1. D 型盆 H1346：29　2. Ab 型器盖 H1346：4　3. Aa 型高领罐 H1346：3　4. C 型圈足器 H1346：10　5. Bb 型 II 式器底 H1346：6　6. Ab 型器底 H1346：9

Aa 型 1 件。

标本 H1346：21，夹砂灰褐陶。尖唇。口径 13.6、腹径 15.6、残高 2.7 厘米（图二二九，5；彩版二一，4）。

Ac 型 I 式 3 件。

标本 H1346：11，夹砂灰褐陶。近方唇。口径 13.4、腹径 14.5、残高 3.5 厘米（图二二九，4）。

标本 H1346：2，夹砂灰褐陶。圈足残。口径 14.2、腹径 15.6、残高 12.9 厘米（图二二九，2）。

盆 1 件，D 型。

标本 H1346：29，夹砂灰褐陶。唇部和腹部之间有一道凹槽。口径 29.4、残高 4.9 厘米（图二三〇，1）。

器盖 1 件，Ab 型。

标本 H1346：4，夹砂灰褐陶。捉手残。直径 13.8、残高 6.2 厘米（图二三〇，2；彩版二一，5）。

器底 4 件。

Ab 型 1 件。

标本 H1346：9，夹砂灰褐陶。底径 9.0、残高 5.3 厘米（图二三〇，6）。

Bb 型 II 式 3 件。

标本 H1346：6，泥质黑皮陶。残高 2.7 厘米（图二三〇，5）。

圈足器 3 件，C 型。

标本 H1346：10，夹砂灰褐陶。残高 2.7 厘米（图二三〇，4）。

14. H1354

位于 VT3510 南壁。开口于第⑤层下，打破第⑥层。

坑口平面形状呈圆形，形制规整，直壁，平底（图二三一）。口径 2.12~2.22、底径 1.90、残深 1.22 米。填土为浅青灰色黏砂土，结构紧密，填土中包含少量陶片。

陶片可辨器形有圈足罐、尖底杯、尖底盏、小平底罐、罐等。可能为窑址取土坑。

束颈罐 1 件，Bd 型 I 式。

标本 H1354：1，夹砂灰褐陶。圈足残。口径 11.6、腹径 12.4、残高 8.7 厘米（图二三一，1；彩版二二，3）。

15. H1355

位于 VT3904 中部偏东。开口于第⑤层下，打破第⑥层。该坑南部被明清灰沟破坏。

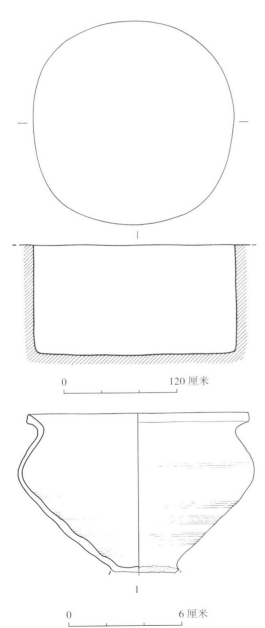

图二三一 H1354 及出土陶器

1. Bd 型 I 式束颈罐 H1354：1

　　坑口平面形状呈圆形，直壁，平底（图二三二；彩版二二，1）。口径1.21~1.36、底径1.34、残深0.10米。填土为浅灰色黏砂土，结构紧密，填土中包含少量陶片。

　　陶片可辨器形有圈足罐、瓮、器盖、罐等。

　　束颈罐　5件，Cc型。

　　标本H1355：2，夹砂灰褐陶。圆唇。口径33.4、残高3.2厘米（图二三二，1）。

　　标本H1355：3，夹砂灰褐陶。圆唇。口径31.4、残高2.6厘米（图二三二，2）。

　　标本H1355：5，夹砂灰褐陶。圆唇。口径28.0、残高2.4厘米（图二三二，3）。

　　缸　3件，F型。

　　标本H1355：7，夹砂灰褐陶。圆唇，矮领。残高4.2厘米（图二三二，5）。

　　器盖　1件，Fb型。

　　标本H1355：1，泥质灰陶。直径12.5、通高8.4厘米（图二三二，6；彩版二二，2）。

　　圈足　1件，Aa型。

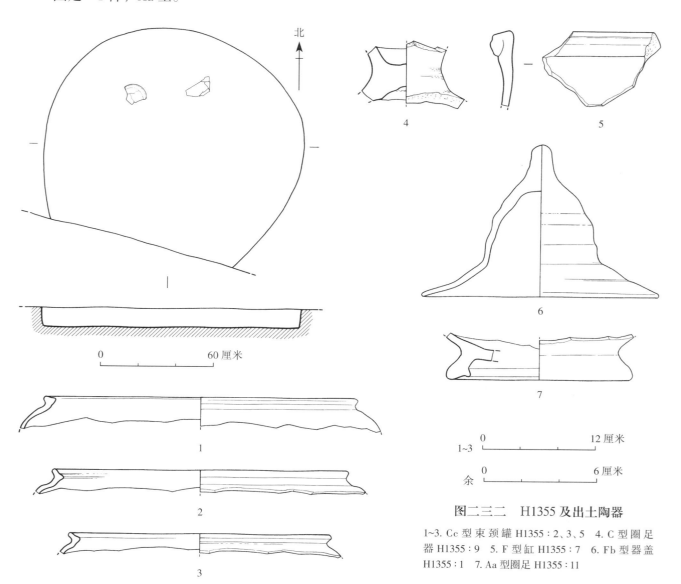

图二三二　H1355及出土陶器

1~3.Cc型束颈罐 H1355：2、3、5　4.C型圈足器 H1355：9　5.F型缸 H1355：7　6.Fb型器盖 H1355：1　7.Aa型圈足 H1355：11

标本 H1355：11，夹砂灰褐陶。直径 10.0、残高 2.5 厘米（图二三二，7）。

圈足器　3 件，C 型。

标本 H1355：9，夹砂褐陶。残高 3.8 厘米（图二三二，4）。

16. H1356

位于 VT3805 东南。开口于第⑤层下，打破第⑥层。

坑口平面形状呈圆形，形制规整，直壁，平底（图二三三；彩版二二，4）。口径 0.61~0.69、底径 0.66、残深 0.24 米。填土为浅灰色黏砂土，结构紧密，填土中包含少量陶片。

陶片可辨器形有圈足罐、尖底杯、器盖、罐等。

高领罐　1 件，Ab 型。

标本 H1356：10，夹砂灰褐陶。圆唇，窄折沿。口径 13.4、残高 3.7 厘米（图二三三，2）。

束颈罐（圈足罐）　2 件，Ag 型 II 式。

标本 H1356：6，夹砂灰褐陶。口径 14.6、残高 2.6 厘米（图二三三，1）。

壶　2 件，Ba 型。

标本 H1356：3，夹砂灰褐陶。口微侈，圆唇，高领，鼓肩。唇部外饰乳钉纹，肩部饰一条粗凹弦纹。口径 12.6、残高 13.1 厘米。

器盖　1 件，Fa 型。

标本 H1356：1，泥质灰陶。乳头状捉手偏斜。直径 13.3、通高 8.6 厘米（图二三三，3；彩版二二，5）。

器底　3 件。

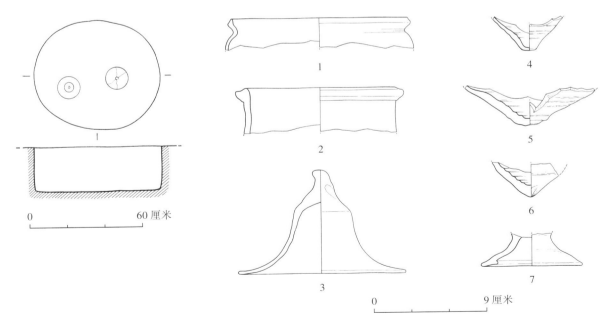

图二三三　H1356 及出土陶器

1. Ag 型 II 式束颈罐 H1356：6　2. Ab 型高领罐 H1356：10　3. Fa 型器盖 H1356：1　4. Bb 型 II 式器底 H1356：4　5. Bc 型器底 H1356：8
6. Bd 型器底 H1356：9　7. Cb 型圈足 H1356：7

Bb 型 Ⅱ 式　1 件。

标本 H1356：4，泥质黑皮陶。残高 2.7 厘米（图二三三，4）。

Bc 型　1 件。

标本 H1356：8，夹砂灰褐陶。残高 3.3 厘米（图二三三，5）。

Bd 型　1 件。

标本 H1356：9，泥质黑皮陶。残高 2.8 厘米（图二三三，6）。

圈足器（圈足罐残片）　1 件，B 型。

标本 H1356：2，夹砂灰黄陶。圈足脱落，肩部以上残。残高 5.3 厘米。

圈足　1 件，Cb 型。

标本 H1356：7，夹砂灰褐陶。足径 8.0、残高 2.6 厘米（图二三三，7）。

17. H1362

位于 VT3509 东北角。开口于第⑤层下，打破第⑥层。

坑口平面形状呈圆形，形制规整，直壁，平底（图二三四）。口径长 1.80、底径 1.60、残深 1.22 米。填土为黄褐色黏砂土，结构紧密，填土中包含大量陶片。

陶片可辨器形有圈足罐、豆柄、尖底杯、尖底盏、高领罐、瓮等（表六）。

尖底盏　5 件。

Aa 型 Ⅰ 式　1 件。

标本 H1362：78，泥质黑皮陶。尖唇，腹部残。口径 12.4、腹径 10.9、残高 2.9 厘米（图二三四，3）。

Ab 型 Ⅰ 式　2 件。

标本 H1362：84，夹砂灰褐陶。圆唇，胎壁略厚，腹部残。口径 16.0、腹径 15.7、残高 2.9 厘米（图

表六　H1362 陶片统计表

纹饰 \ 陶质 陶色	夹砂			泥质	纹饰小计	
	灰褐	褐黄	褐红	黑皮	数量	比例
素面	160	80		96	336	96.28%
绳纹		1			1	0.29%
镂孔						
戳印纹						
弦纹	4	4			8	2.29%
网格纹	4				4	1.15%
数量	168	85		96	349	
比例	48.14%	24.36%		27.51%		
数量	253			96	备注	
比例	72.49%			27.51%		

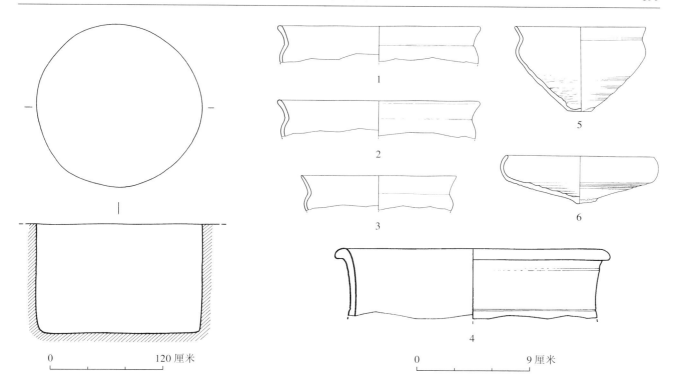

图二三四　H1362 及出土陶器

1、2. Ab 型 I 式尖底盏 H1362：84、51　3. Aa 型 I 式尖底盏 H1362：78　4. Ad 型高领罐 H1362：39　5. Bc 型 I 式尖底盏 H1362：2　6. Ac 型 II 式尖底盏 H1362：1

二三四，1）。

标本 H1362：51，夹砂灰褐陶。圆唇，腹部残，胎壁略厚。口径 16.0、腹径 15.4、残高 3.0 厘米（图二三四，2）。

Ac 型 II 式　1 件。

标本 H1362：1，夹砂灰褐陶。圆唇。腹壁内壁盘筑痕迹明显。口径 11.8、腹径 12.9、通高 4.0 厘米（图二三四，6；彩版二二，6）。

Bc 型 I 式　1 件。

标本 H1362：2，夹砂灰褐陶。尖唇，底部不平。口径 10.1、腹径 10.0、底径 2.0、通高 6.7 厘米（图二三四，5）。

高领罐　6 件，Ad 型。

标本 H1362：39，夹砂灰褐陶。圆唇。领部饰一道凹弦纹。口径 20.6、残高 5.6 厘米（图二三四，4）。

束颈罐　2 件，Be 型。

标本 H1362：28，夹砂灰褐陶。尖唇、肩部饰抹断绳纹。口径 34.0、残高 6.1 厘米（图二三五，1）。

盆　8 件。

Aa 型　1 件。

标本 H1362：6，夹砂灰褐陶。腹部饰两道平行凹弦纹。口径 33.6、残高 4.5 厘米（图二三五，2）。

Ab 型　2 件。

标本 H1362：40，夹砂灰褐陶。圆唇，卷沿，弧腹。腹部饰一道凹弦纹。残高 6.6 厘米（图

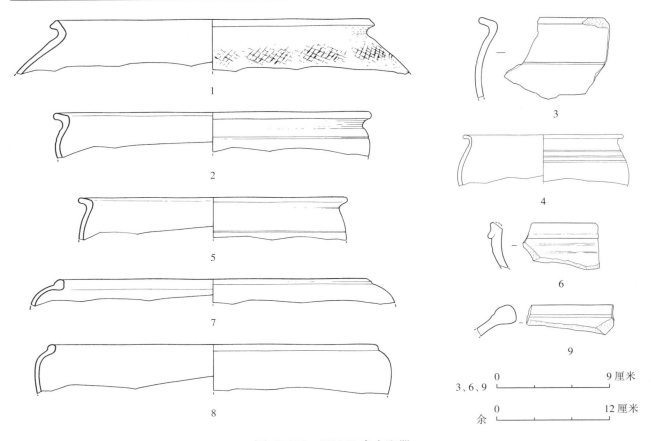

图二三五　H1362 出土陶器

1. Be 型束颈罐 H1362：28　2. Aa 型盆 H1362：6　3. Ab 型盆 H1362：40　4、5. Ad 型盆 H1362：5、1　6. Cb 型盆 H1362：10　7. Ca 型瓮
H1362：52　4. Cb 型瓮 H1362：9　9. Cc 型瓮 H1362：64

二三五，3）。

Ad 型　4 件。

标本 H1362：5，夹砂灰褐陶。圆唇，敞口，卷沿，弧腹。腹部饰三道凹弦纹。口径 16.8、残高 5.4
厘米（图二三五，4）。

标本 H1362：1，夹砂灰褐陶。圆唇，卷沿，弧腹。腹部饰一道凹弦纹。口径 28.4、残高 4.5 厘米（图
二三五，5）。

Cb 型　1 件。

标本 H1362：10，夹砂灰褐陶。圆唇，外沿饰有折棱。残高 3.8 厘米（图二三五，6）。

瓮　7 件。

Ca 型　3 件。

标本 H1362：52，夹砂灰褐陶。圆唇。口径 32.0、残高 2.5 厘米（图二三五，7）。

Cb 型　1 件。

标本 H1362：9，夹砂灰褐陶。圆唇。口径 34.6、残高 5.6 厘米（图二三五，8）。

Cc 型　3 件。

标本 H1362：64，夹砂灰褐陶。残高 2.4 厘米（图二三五，9）。

器盖 1件，Aa型。

标本H1362∶84，夹砂灰褐陶。盖身呈倒置覆盆状。折沿外翘。直径15.0、残高4.0厘米（图二三六，1）。

器座 2件。

B型 1件。

标本H1362∶26，夹砂灰褐陶。圆唇，束腰。直径9.0、通高5.0厘米（图二三六，2）。

Ca型 1件。

标本H1362∶49，夹砂灰褐陶。上部残，下部平面形状呈倒置杯状。口外侈。直径11.0、残高5.8厘米（图二三六，3）。

器底 5件。

Ba型Ⅰ式 3件。

标本H1362∶36，泥质黑皮陶。底径2.2、残高2.5厘米（图二三六，4）。

标本H1362∶7，泥质黑皮陶。底径2.0、残高2.6厘米（图二三六，5）。

Ba型Ⅱ式 2件。

标本H1362∶58，泥质黑皮陶。底径1.7、残高1.7厘米（图二三六，6）。

标本H1362∶33，泥质黑皮陶。底径1.6、残高2.3厘米（图二三六，7）。

圈足器 3件，A型。

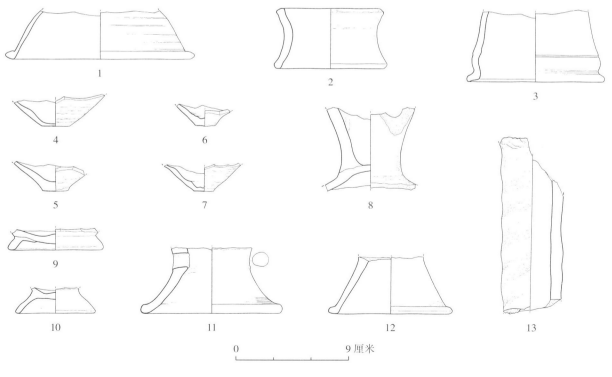

0 9厘米

图二三六 H1362出土陶器

1. Aa型器盖 H1362∶84 2. B型器座 H1362∶26 3. Ca型器座 H1362∶49 4、5. Ba型Ⅰ式器底 H1362∶36、7 6、7. Ba型Ⅱ式器底 H1362∶58、33 8. A型圈足器 H1362∶38 9、10. Bb型圈足 H1362∶45、72 11、12. Da型圈足 H1362∶69、12 13. A型豆柄 H1362∶2

标本 H1362：38，夹砂灰褐陶。残高 6.7 厘米（图二三六，8）。

圈足　8 件。

Bb 型　3 件。

标本 H1362：45，夹砂灰褐陶。足径 7.6、残高 1.7 厘米（图二三六，9）。

标本 H1362：72，夹砂灰褐陶。足径 6.4、残高 2.0 厘米（图二三六，10）。

Da 型　4 件。

标本 H1362：69，夹砂灰褐陶。足部有圆形镂空。足径 11.2、残高 5.4 厘米（图二三六，11）。

标本 H1362：12，夹砂灰褐陶。足径 9.8、残高 4.7 厘米（图二三六，12）。

豆柄　1 件，A 型。

标本 H1362：2，夹砂灰褐陶。残高 13.5、直径 5.8、孔径 1.5 厘米（图二三六，13）。

18.H1357

位于 VT2514 东壁偏中。开口于第⑤层下，打破第⑥层。

坑口平面形状呈圆形，形制规整，直壁，平底（图二三七）。口径 0.71~0.80、底径 0.65、残深 0.55 米。填土为褐灰色黏砂土，结构紧密，填土中包含少量陶片。

陶片可辨器形有圈足器、尖底杯、束颈罐等。

圈足　1 件，Ca 型。

标本 H1357：11，泥质黑皮陶。足径 11.5、残高 7.6 厘米。

19.H1361

位于 VT3608 西南。开口于第④a 层下，打破第⑤层。

坑口平面形状呈圆形，形制规整，直壁，平底（图二三八）。口径长 1.32~1.40、底径 1.30、残深 0.90 米。填土为灰黑色黏砂土，结构紧密，填土中包含少量陶片和灰烬。

陶片可辨器形有高领罐、束颈罐、瓮、篦形器（未复原）等。

高领罐　2 件，Aa 型。

标本 H1361：6，夹砂灰褐陶。圆唇。领部饰两条平行凹弦纹。口径 16.0、残高 11.2 厘米（图二三八，1）。

束颈罐　1 件，Cb 型。

标本 H1361：19，夹砂灰褐陶。圆唇，窄沿，弧腹。口径 21.6、残高 6.3 厘米（图二三八，2）。

瓮　1 件，Bc 型。

标本 H1361：13，夹砂灰褐陶。方唇，窄沿。残高 3.4 厘米（图二三八，3）。

20.H1360

位于 VT3608 东南。开口于第④a 层下，打破第⑤层。

坑口上部平面形状呈圆形，口大底小，形制规整。坑壁剖面呈阶梯状，上部为直壁，下部呈弧壁，

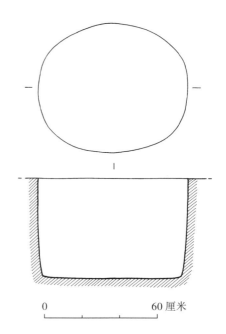

图二三七　H1357 平、剖面图

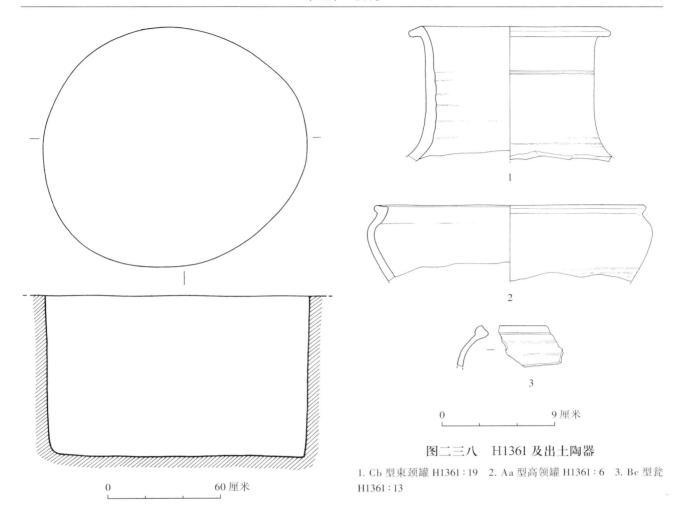

图二三八　H1361 及出土陶器

1. Cb 型束颈罐 H1361:19　2. Aa 型高领罐 H1361:6　3. Bc 型瓮 H1361:13

平底（图二三九）。口径长 1.61、残深 0.30 米，下部口部剖面呈椭圆形，口径长 1.07~1.17、深 0.84、底径 0.94 米。填土为灰黑色黏砂土，结构紧密，填土中包含少量陶片和灰烬。

陶片可辨器形有高领罐、簋形器、瓮、缸、尖底杯、器盖等（表七）。

高领罐　2 件。

Aa 型　1 件。

标本 H1360:43，夹砂灰褐陶。圆唇，侈口，宽仰折沿，口径 45.0、残高 17.5 厘米（图二四〇，1）。

Ac 型　1 件。

标本 H1360:40，夹砂灰褐陶。圆唇，口微敞，宽平折沿，口径 18.6、残高 4.5 厘米（图二四〇，2）。

簋形器　5 件。

A 型 II 式　3 件。

标本 H1360:19，夹砂褐陶。口径 30.0、残高 3.1 厘米（图二四〇，3）。

标本 H1360:8，夹砂褐陶。残高 3.1 厘米（图二四〇，4）。

BC 型 I 式　1 件。

标本 H1360:41，夹砂灰褐陶。厚圆唇，鼓肩。残高 4.8 厘米（图二四〇，5）。

BC 型 II 式　1 件。

表七　H1360 陶片统计表

陶质 陶色 纹饰	夹砂				泥质			纹饰小计	
	灰褐	褐黄	褐红		黑皮			数量	比例
素面	40	77	2		4			123	99.19%
绳纹									
镂孔									
戳印纹									
弦纹	1							1	0.81%
数量	41	77	2		4			124	
比例	33.06%	62.10%	1.61%		3.23%			备注	
数量	120				4				
比例	96.77%				3.23%				

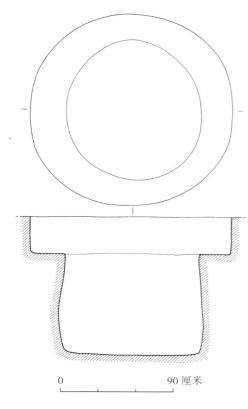

图二三九　H1360 平、剖面图

标本 H1360：20，夹砂灰褐陶。残高 5.3 厘米（图二四〇，6）。

瓮　7 件。

Ab 型　3 件。

标本 H1360：33，夹砂灰褐陶。方唇，卷沿。口径 26.0、残高 3.0 厘米（图二四一，1）。

标本 H1360：10，夹砂灰褐陶。口径 25.0、残高 2.3 厘米（图二四一，2）。

标本 H1360：23，夹砂灰褐陶。方唇，卷沿。口径 24.4、残高 1.1 厘米（图二四一，3）。

Bb 型　2 件。

标本 H1360：21，夹砂灰褐陶。厚唇，卷沿。口径 22.8、残高 3.5 厘米（图二四一，4）。

标本 H1360：15，夹砂灰褐陶。厚唇，卷沿。残高 4.8 厘米（图二四一，5）。

Bc 型　1 件。

标本 H1360：2，夹砂灰褐陶。厚唇，卷沿。口径 32.0、残高 4.5 厘米（图二四一，6）。

Cb 型　1 件。

标本 H1360：37，夹砂灰褐陶。残高 2.4 厘米（图二四一，7）。

缸　1 件，D 型。

标本 H1360：17，夹砂灰褐陶。圆唇，侈口，直壁。口径 62.0、残高 9.8 厘米（图二四一，8）。

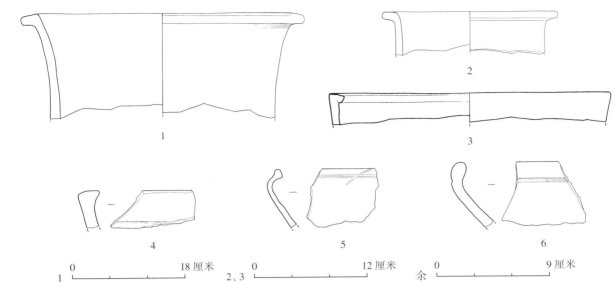

图二四○　H1360 出土陶器

1. Aa 型高领罐 H1360：43　2. Ac 型高领罐 H1360：40　3. A 型Ⅱ式簋形器 H1360：19　4. A 型Ⅱ式簋形器 H1360：8　5. Bc 型Ⅰ式簋形器 H1360：41　6. Bc 型Ⅱ式簋形器 H1360：20

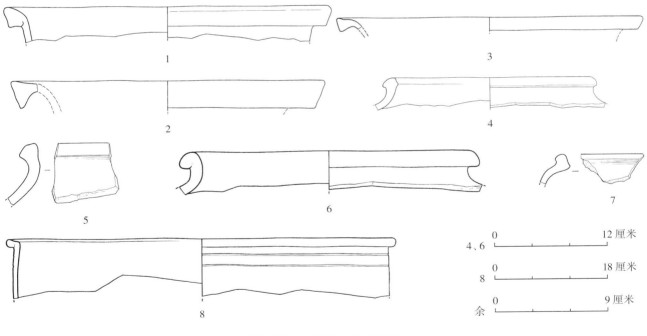

图二四一　H1360 出土陶器

1～3. Ab 型瓮 H1360：33、10、23　4、5. Bb 型瓮 H1360：21、15　6. Bc 型瓮 H1360：2　7. Cb 型瓮 H1360：37　8. D 型缸 H1360：17

器纽　1件，Aa 型。

标本 H1360：32，夹砂灰褐陶。直径 3.4、残高 1.7 厘米（图二四二，1）。

器底　3件。

Ba 型Ⅰ式　1件。

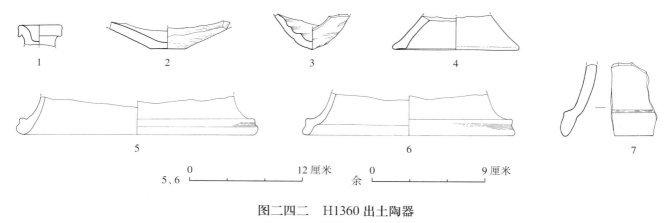

图二四二　H1360 出土陶器

1. Aa 型器纽 H1360：32　2. Ba 型Ⅰ式器底 H1360：16　3. Bb 型Ⅱ式器底 H1360：6　4. Cb 型圈足 H1360：11　5~7. Gb 型Ⅰ式圈足 H1360：26、12、13

标本 H1360：16，夹砂灰褐陶。底径 2.5、残高 2.2 厘米（图二四二，2）。

Bb 型Ⅱ式　2件。

标本 H1360：6，夹砂灰褐陶。残高 3.0 厘米（图二四二，3）。

圈足　5件。

Cb 型　2件。

标本 H1360：11，夹砂灰褐陶。足径 10.0、残高 2.7 厘米（图二四二，4）。

Gb 型Ⅰ式　5件。

标本 H1360：26，夹砂灰褐陶。圆唇。口径 25.6、残高 4.1 厘米（图二四二，5）。

标本 H1360：3，夹砂灰褐陶。残高 5.9 厘米。

标本 H1360：12，夹砂灰褐陶。口径 22.6、残高 4.5 厘米（图二四二，6）。

标本 H1360：13，夹砂灰褐陶。残高 6.0 厘米（图二四二，7）。

21.H1375

位于 VT4804 北部。开口于第⑤层下，打破第⑥层。坑口上部平面形状呈圆形，口大底小。坑壁剖面呈阶梯状，上部为直壁，下部呈弧壁，平底，底部直接掘在卵石层上（图二四三；彩版二三，1）。口径长 1.20、残深 0.20 米，下部口部剖面呈不规则椭圆形，口径长 0.90~1.07、深 0.14、底径 0.94 米。填土为黑灰色黏砂土，结构紧密，填土中包含少量陶片和灰烬。

陶片可辨器形有圈足罐、罐等。

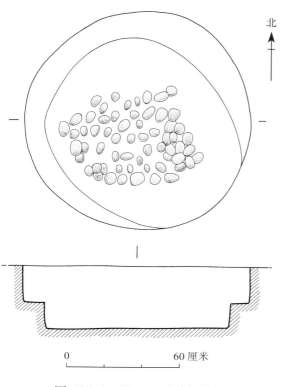

图二四三　H1375 平、剖面图

22.H1377

位于 VT4602 东北。开口于第⑤层下，打破第⑥层。

坑口平面形状呈圆形，弧壁，平底（图二四四；彩版二三，2）。口径长 1.50~1.57、底径 1.36、残深 0.10 米。填土为黑色黏砂土，结构紧密，填土中包含少量陶片。

陶片可辨器形有小平底罐、罐等。

壶　1 件，Cc 型。

标本 H1377：18，泥质黑皮陶。折肩，肩部饰一圈戳印圆圈纹，腹部饰有半月纹。残高 9.4 厘米。

23.H1391

位于 Ⅷ TT4802 西部，大部叠压于 Ⅷ TT4702 东隔梁下。开口于第⑤层下，打破第⑥层。

坑口平面形状呈圆形，直壁，平底（图二四五）。口径长 2.32~2.40、底径 2.10、残深 0.28 米。填土为灰黑色黏砂土，结构紧密，包含有大量陶片、少量灰烬和卵石。

陶片可辨器形有高领罐、瓮、束颈罐、盆、器盖、尖底杯等。

尖底杯　1 件，Aa 型Ⅱ式。

标本 H1391：46，夹砂灰褐陶。圆唇，弧腹。肩部饰有指印纹。口径 12.4、残高 4.0 厘米（图二四五，1）。

高领罐　4 件。

Ab 型　3 件。

标本 H1391：2，夹砂灰褐陶。圆唇，侈口。口径 18.8、残高 6.6 厘米（图二四五，2）。

Ag 型　1 件。

标本 H1391：30，夹砂灰褐陶。圆唇。口径 16.4、残高 3.7 厘米（图二四五，3）。

束颈罐（圈足罐）　2 件，Aa 型。

标本 H1391：16，夹砂灰褐陶。尖唇，肩部饰有由两道平行凹弦纹和抹断绳纹组成的纹饰带。残高 6.0 厘米（图二四五，4）。

盆　1 件，Ca 型。

标本 H1391：78，夹砂灰褐陶。尖唇，宽折沿。腹部饰有三道平行凹弦纹。口径 27.6、残高 5.4 厘米（图二四五，5）。

瓮　13 件。

Aa 型　2 件。

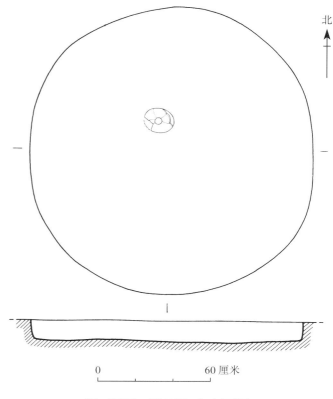

北

0　　　　60 厘米

图二四四　H1377 平、剖面图

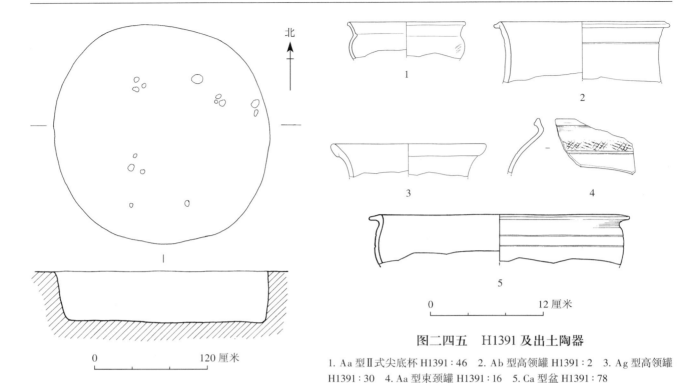

图二四五　H1391 及出土陶器

1. Aa 型Ⅱ式尖底杯 H1391：46　2. Ab 型高领罐 H1391：2　3. Ag 型高领罐
H1391：30　4. Aa 型束颈罐 H1391：16　5. Ca 型盆 H1391：78

标本 H1391：81，夹砂灰褐陶。圆唇，侈口。口径 48.0、残高 12.2 厘米（图二四六，1）。

Ab 型　2 件。

标本 H1391：73，夹砂灰褐陶。圆唇，侈口。领部饰一条凹弦纹。口径 30.0、残高 9.3 厘米（图二四六，2）。

标本 H1391：57，夹砂灰褐陶。领部饰一条凹弦纹。口径 28.0、残高 9.3 厘米（图二四六，3）。

Bb 型　3 件。

标本 H1391：50，夹砂灰褐陶。圆唇，侈口。残高 4.2 厘米（图二四六，4）。

Ca 型　3 件。

标本 H1391：49，夹砂灰褐陶。圆唇，侈口。口径 40.0、残高 6.0 厘米（图二四六，5）。

Cb 型　1 件。

标本 H1391：15，夹砂灰褐陶。圆唇。唇部和肩部饰抹断绳纹带，唇与肩部凹槽显著。残高 4.0 厘米（图二四六，6）。

Cc 型　2 件。

标本 H1391：14，夹砂灰褐陶。残高 4.8 厘米（图二四六，7）。

器盖　1 件，Ab 型。

标本 H1391：61，夹砂灰褐陶。直径 11.4、残高 3.0 厘米（图二四七，1）。

器纽　4 件。

Aa 型　1 件。

标本 H1391：34，夹砂灰褐陶。直径 2.7、残高 3.1 厘米（图二四七，2）。

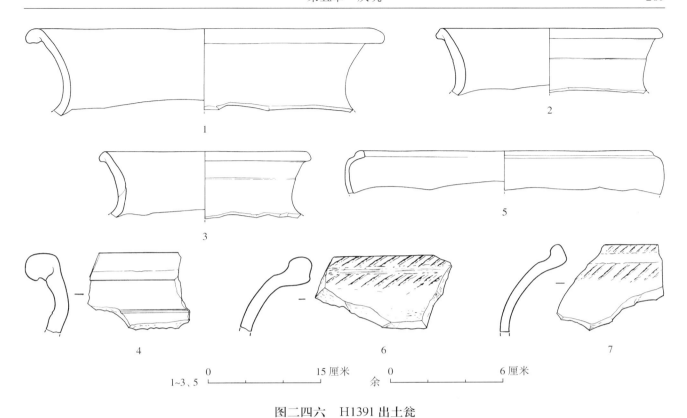

图二四六　H1391 出土瓮

1. Aa 型瓮 H1391：81　2、3. Ab 型瓮 H1391：73、57　4. Bb 型瓮 H1391：50　5. Ca 型瓮 H1391：49　6. Cb 型瓮 H1391：15　7. Cc 型瓮 H1391：14

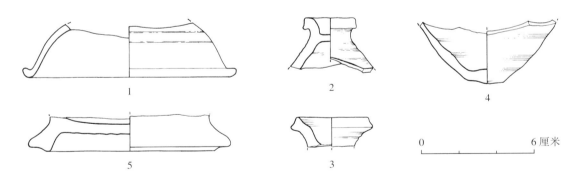

图二四七　H1391 出土陶器

1. Ab 型器盖 H1391：61　2. Aa 型器纽 H1391：34　3. Bb 型器纽 H1391：71　4. Bb 型 I 式器底 H1391：22　5. B 型圈足 H1391：40

Bb 型　3 件。

标本 H1391：71，夹砂灰褐陶。直径 3.8、残高 1.5 厘米（图二四七，3）。

器底　1 件，Bb 型 I 式。

标本 H1391：22，泥质黑皮陶。器底不规整。底径 0.8、残高 3.4 厘米（图二四七，4）。

圈足器　2 件，B 型。

标本 H1391：40，夹砂灰褐陶。足径 10.8、残高 1.9 厘米（图二四七，5）。

24. H1365

位于 VT4603 西南。开口于第⑤层下，打破第⑥层。

坑口平面形状呈圆形，直壁，平底（图二四八；彩版二三，3）。口径长 0.65~0.70、底径 0.62、残深 0.12 米。填土为灰黑色黏砂土，结构紧密，填土中包含大量陶片和少量卵石。

陶片可辨器形有尖底杯、束颈罐、器盖、圈足器等。

尖底杯　1件，Bb 型 Ⅱ 式。

标本 H1365：3，泥质黑皮陶。器身瘦长，底部残。口径 9.1、腹径 10.0、残高 13.7 厘米（图二四八，1）。

高领罐　3件，Aa 型。

标本 H1365：1，夹砂灰褐陶。圆唇。口径 10.2、残高 7.8 厘米（图二四八，2）。

束颈罐　3件，Bd 型 Ⅰ 式（圈足罐）。

标本 H1365：8，夹砂灰褐陶。方唇。口径 13.0、残高 2.0 厘米（图二四八，3）。

标本 H1365：5，夹砂灰褐陶。方唇。口径 14.4、残高 2.3 厘米（图二四八，4）。

器纽　1件，H 型。

标本 H1365：1，泥质黑皮陶。直径 4.0、残高 3.6 厘米（图二四八，5）。

器底　1件，Bb 型 Ⅱ 式。

标本 H1365：2，泥质黑皮陶。残高 2.9 厘米（图二四八，6）。

圈足器　1件，B 型。

标本 H1365：4，夹砂灰褐陶。残高 2.9 厘米（图二四八，7）。

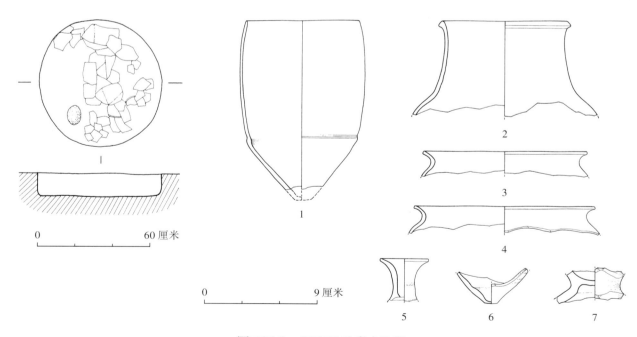

0　　　　　60 厘米

0　　　　　9 厘米

图二四八　H1365 及出土陶器

1. Bb 型 Ⅱ 式尖底杯 H1365：3　2. Aa 型高领罐 H1365：1　3、4. Bd 型 Ⅰ 式束颈罐圈足罐 H1365：8、H1365：5　5. H 型器纽 H1365：1　6. Bb 型 Ⅱ 式器底 H1365：2　7. B 型圈足器 H1365：4

（二）Ab 型

7 个。不规则圆形。

1.H1155

位于Ⅷ T4807 西壁，西部进入Ⅷ T4707 东壁。开口于第⑤层下，打破第⑥层。

坑口被严重破坏，仅存坑底。坑口平面形状呈不规则圆形，近直壁，近平底（图二四九；彩版二四，1）。口径 0.76、底径 0.72、残深 0.10~0.11 米。填土为黑灰色黏砂土，结构紧密，黏性大，包含有少量陶片。坑底直接挖掘于卵石层上，并在底部放置有数件尖底杯。

陶片可辨器形有尖底杯、圈足器、罐等。

尖底杯 3 件，Ba 型Ⅱ式。均未修复。多数仅存底部以上。

标本 H1155：2，泥质黑皮陶。当为大口杯器底。底径 1.8、残高 4.3 厘米（图二四九，2）。

束颈罐（圈足罐） 1 件，Ab 型。

标本 H1155：1，夹砂灰褐陶。尖唇。口径 13.0、残高 3.0 厘米（图二四九，1）。

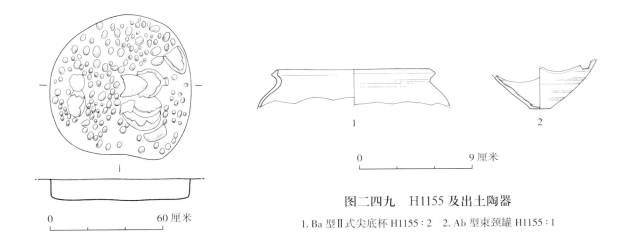

图二四九　H1155 及出土陶器

1. Ba 型Ⅱ式尖底杯 H1155：2　2. Ab 型束颈罐 H1155：1

2.H1320

位于 VT3519 西南。开口于第⑤层下，打破第⑥层。

坑口平面形状呈圆形，直壁，平底（图二五○）。口径 0.96~0.98、底径 0.93、残深 0.15 米。填土为黑灰色黏砂土，结构紧密，包含有大量陶片和少量卵石。

陶片可辨器形有尖底杯、尖底盏、器盖、圈足罐、豆柄等。

尖底盏 1 件，Ad 型Ⅰ式。

标本 H1320：1，泥质黑皮陶。圆唇，乳头状尖底。口径 11.0、腹径 11.6、通高 4.0 厘米（图二五○，1；彩版二四，2）。

束颈罐（圈足罐） 1 件，Ag 型Ⅱ式。

标本 H1320：9，夹砂灰褐陶。圆唇。口径 10.6、残高 2.2 厘米（图二五○，2）。

器盖 1 件，Ab 型。

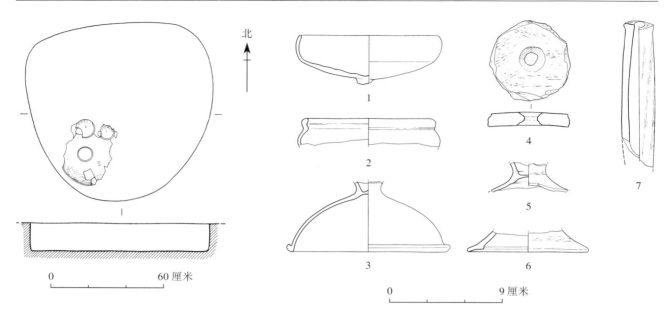

图二五〇　H1320 及出土陶器

1. Ad 型Ⅰ式尖底盏 H1320：1　2. Ag 型Ⅱ式束颈罐 H1320：9　3. Ab 型器盖 H1320：2　4. Ea 型纺轮 H1320：7　5. C 型圈足器 H1320：6　6. Cb 型圈足 H1320：12　7. A 型豆柄 H1320：5

标本 H1320：2，夹砂灰褐陶。捉手残。直径 13.0、残高 5.7 厘米（图二五〇，3；彩版二四，3）。

纺轮　1 件，Ea 型。

标本 H1320：7，夹砂灰褐陶。直径 6.4、孔径 2.0、厚 1.0 厘米（图二五〇，4）。

圈足器　4 件，C 型。

标本 H1320：6，夹砂灰褐陶。残高 2.4 厘米（图二五〇，5）。

圈足　2 件，Cb 型。

标本 H1320：12，夹砂灰褐陶。足径 9.4、残高 1.5 厘米（图二五〇，6）。

豆柄　1 件，A 型。

标本 H1320：5，泥质黑皮陶。残高 12.0 厘米（图二五〇，7）。

3. H1332

位于 VT3730 东南角，开口于第⑤层下，打破第⑥层。

坑口平面形状呈不规则圆形，弧壁，弧底（图二五一；彩版二五，1、2）。口径 1.56~1.59、底径 0.75、残深 0.53 米。填土为黑色黏砂土，结构紧密，填土中包含大量陶片、大量动物骨骼及少量卵石。

陶片可辨器形有尖底杯、器盖、高领罐、瓮、盆、

图二五一　H1332 平、剖面图

1. 平底罐　2. 器盖　3. 豆柄

束颈罐、高柄豆、器座等。该坑埋藏有大量动物骨骼，可能有猪、牛等为特殊坑，是否为专门食用，诸如一次"宴饮"行为的发生。

尖底杯　4件。

Aa型Ⅰ式　2件。

标本H1332：24，泥质黑皮陶。尖唇。口径9.8、残高2.7厘米（图二五二，1）。

Ab型Ⅰ式　2件。

标本H1332：9，泥质黑皮陶。尖唇。口径11.6、残高3.1厘米（图二五二，2）。

高领罐　2件，Ab型。

标本H1332：21，夹砂灰褐陶。口径15.6、残高4.3厘米（图二五二，3）。

标本H1332：18，夹砂灰褐陶。尖圆唇，窄折沿。口径10.6、残高5.0厘米（图二五二，4）。

盆　5件，Ad型。

标本H1332：2，夹砂灰褐陶。圆唇，卷沿，弧腹，整体呈"罐形"。腹部饰两条平行凹弦纹。口径30.0、残高10.4厘米（图二五二，5）。

标本H1332：22，夹砂灰褐陶。腹部饰有一条凹弦纹。残高5.3厘米（图二五二，6）。

瓮　1件，Cb型。

标本H1332：20，夹砂灰褐陶。圆唇。唇部和肩部饰有抹断绳纹带。残高2.6厘米（图二五三，1）。

器盖　2件。

Ab型　1件。

标本H1332：2，夹砂灰褐陶。捉手残，仅存盖身。盖身呈覆盆状，沿部外翻，外腹部轮制痕迹清晰。直径17.6、残高6.0厘米（图二五三，2；彩版二五，3）。

Ba型　1件。

标本H1332：6，夹砂灰褐陶。捉手残，仅存盖身。盖身呈喇叭状，沿部上翘。直径28.0、残高3.5厘米（图二五三，3）。

器纽　1件，G型。

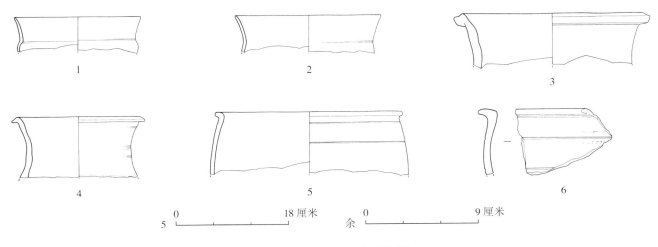

图二五二　H1332出土陶器

1. Aa型Ⅰ式尖底杯 H1332：24　2. Ab型Ⅰ式尖底杯 H1332：9　3、4. Ab型高领罐 H1332：21、18　5、6. Ad型盆 H1332：2、22

标本 H1332：11，夹砂灰褐陶。直径 6.0. 残高 3.1 厘米（图二五三，4）。

器底　2 件。

Ba 型 I 式　1 件。

标本 H1332：8，泥质黑皮陶。底径 2.3、残高 3.6 厘米（图二五三，5）。

Ba 型 II 式　1 件。

标本 H1332：13，泥质黑皮陶。底径 1.8、残高 3.1 厘米（图二五三，6）。

圈足　10 件。

Ba 型　3 件。

标本 H1332：7，夹砂灰褐陶。残高 5.7 厘米（图二五三，7）。

Bb 型　3 件。

标本 H1332：1，夹砂灰褐陶。足径 6.3、残高 1.4 厘米（图二五三，8）。

Cb 型　4 件。

标本 H1332：23，夹砂灰褐陶。足径 7.3、残高 3.1 厘米（图二五三，9）。

豆柄　1 件，B 型。

标本 H1332：12，泥质黑皮陶。柄部饰有平行凹弦纹。残高 4.9 厘米（图二五三，10）。

唢呐形器　1 件。

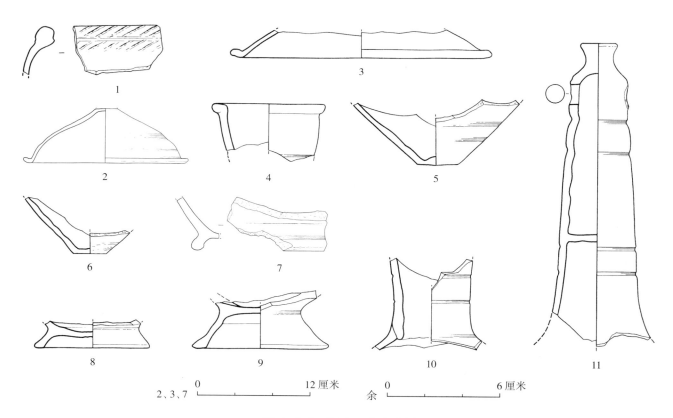

图二五三　H1332 出土陶器

1. Cb 型瓮 H1332：20　2. Ab 型器盖 H1332：2　3. Ba 型器盖 H1332：6　4. G 型器纽 H1332：11　5. Ba 型 I 式器底 H1332：8　6. Ba 型 II 式器底 H1332：13　7. Ba 型圈足 H1332：7　8. Bb 型圈足 H1332：1　9. Cb 型圈足 H1332：23　10. B 型豆柄 H1332：12　11. 唢呐形器 H1332：3

标本 H1332：3，泥质黄褐陶。平面形状呈唢呐，顶部完整，下部残，不知为何物上饰件。平顶，近顶部有一圆形镂空，外壁有四道凹槽。器物中部内部密封，底部呈喇叭状，是否为乐器，尚不明了。残高 16.6 厘米（图二五三，11；彩版二五，4、5）。

4.H1335

位于 VT3325 西北，开口于第⑤层下，打破第⑥层。

坑口被破坏，平面形状呈不规则圆形，弧壁，底部凹凸不平，东高西低（图二五四；彩版二六，1）。口径 1.20~1.38、底径 1.26、残深 0.16~0.21 米。填土为黑色黏砂土，结构紧密，填土中包含大量陶片、少量卵石及灰烬。

陶片可辨器形有圈足罐、尖底盏、尖底杯、高领罐、瓮等（表八）。

尖底杯 3 件。

Ba 型 Ⅱ 式 1 件。

标本 H1335：5，泥质黑皮陶。口部残。深腹，腹壁较直，一般为直口。底径 2.1、残高 9.3 厘米（图二五五，1）。

Bb 型 Ⅱ 式 2 件。

标本 H1335：6，泥质黑皮陶。上下腹分界明显，有折棱。底部略平。底径 1.6、残高 9.9 厘米（图二五五，2；彩版二六，2）。

尖底盏 2 件，Ca 型 Ⅰ 式。

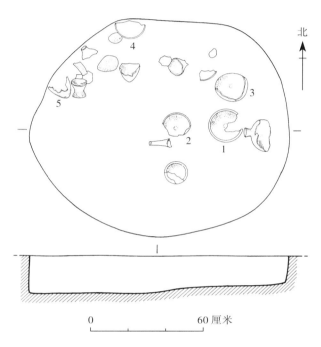

图二五四 H1335 平、剖面图

1. 器盖 2~5. 尖底杯

表八 H1335 陶片统计表

纹饰＼陶质／陶色	夹砂				泥质			纹饰小计	
	灰褐	褐黄	褐红		黑皮			数量	比例
素面	37	60			40			137	97.86%
绳纹	3							3	2.14%
镂孔									
戳印纹									
数量	40	60			40			140	
比例	28.57%	42.86%			28.57%				
数量	100				40			备注	
比例	71.43%				28.57%				

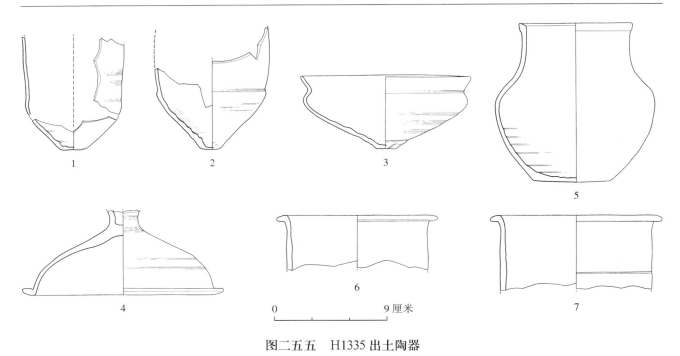

图二五五　H1335 出土陶器

1. Ba 型 II 式尖底杯 H1335∶5　2. Bb 型 II 式尖底杯 H1335∶6　3. Ca 型 I 式尖底盏 H1335∶18　4. Ab 型器盖 H1335∶2　5. Ba 型高领罐 H1335∶5　6、7. Aa 型高领罐 H1335∶14、16

　　标本 H1335∶18，夹砂灰褐陶。圆唇，束颈，窄鼓肩，弧腹微内收，底部略残。口径 13.5、通高 6.2 厘米（图二五五，3）。

　　标本 H1335∶38，夹砂灰褐陶。圆唇，下腹残。口径 12.6、残高 2.0 厘米（图二五七，8）。

　　高领罐　3 件。

　　Ba 型　1 件。

　　标本 H1335∶5，夹砂灰褐陶。方尖唇。口径 9.0、腹径 12.7、底径 6.1、通高 13.1 厘米（图二五五，5；彩版二六，3）。

　　Aa 型　2 件。

　　标本 H1335∶14，夹砂灰褐陶。圆唇，宽折沿。口径 12.8、残高 4.5 厘米（图二五五，6）。

　　标本 H1335∶16，夹砂灰褐陶。圆唇，宽折沿外翻。领部饰有一道凹弦纹。口径 13.6、残高 6.2 厘米（图二五五，7）。

　　束颈罐　11 件。

　　Ab 型　4 件。

　　标本 H1335∶39，夹砂灰褐陶。尖唇。口径 15.6、残高 3.5 厘米（图二五六，1）。

　　Af 型 I 式　1 件。

　　标本 H1335∶17，夹砂灰褐陶。尖唇，肩部饰一道凹弦纹。口径 15.6、残高 5.3 厘米（图二五六，2）。

　　Bd 型 I 式　2 件。

　　标本 H1335∶3，夹砂灰褐陶。弧腹瘦长。圈足残。口径 13.0、腹径 16.1、残高 14.3 厘米（图二五六，3；彩版二六，4）。

　　Db 型　4 件。

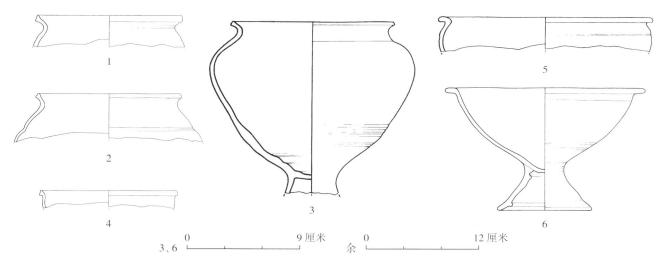

图二五六　H1335 出土陶器

1. Ab 型束颈罐 H1335∶39　2. Af 型 I 式束颈罐 H1335∶17　3. Bd 型 I 式束颈罐 H1335∶3　4. Db 型束颈罐 H1335∶31　5. Ba 型盆 H1335∶28　6. 豆 H1335∶4

标本 H1335∶31，夹砂灰褐陶。圆唇，折沿，弧腹。口径 14.6、残高 1.9 厘米（图二五六，4）。

盆　1 件，Ba 型。

标本 H1335∶28，夹砂灰褐陶。圆唇，腹部饰一道凹弦纹。口径 22.6、残高 3.6 厘米（图二五六，5）。

豆　1 件。

标本 H1335∶4，夹砂灰褐陶。圆唇，侈口，宽平沿，深弧腹，喇叭状圈足。口径 16.0、足径 7.4、通高 10.0 厘米（图二五六，6）。

瓮　7 件。

Ad 型　2 件。

标本 H1335∶16，夹砂灰褐陶。圆唇，宽折沿。口径 31.0、残高 5.8 厘米（图二五七，1）。

Cb 型　5 件。

标本 H1335∶23，夹砂灰褐陶。圆唇，口微敛，弧肩。口径 31.6、残高 3.2 厘米（图二五七，2）。

标本 H1335∶26，夹砂灰褐陶。圆唇。肩部饰一圈抹断斜向绳纹。口径 28.0、残高 3.3 厘米（图二五七，3）。

标本 H1335∶5，夹砂灰褐陶。残高 4.5 厘米（图二五七，4）。

标本 H1335∶13，夹砂灰褐陶。残高 5.4 厘米（图二五七，5）。

缸　1 件，D 型。

标本 H1335∶25，夹砂灰褐陶。方唇，卷沿。口径 70.0、残高 5.6 厘米（图二五七，6）。

器盖　2 件，Ab 型。

标本 H1335∶2，夹砂灰褐陶。盖身呈覆盆状，宽沿外翻。捉手残。直径 15.8、残高 7.1 厘米（图二五五，4；彩版二六，5）。

标本 H1335∶33，夹砂灰褐陶。直径 16.0、残高 3.2 厘米（图二五七，7）。

器底　2 件。

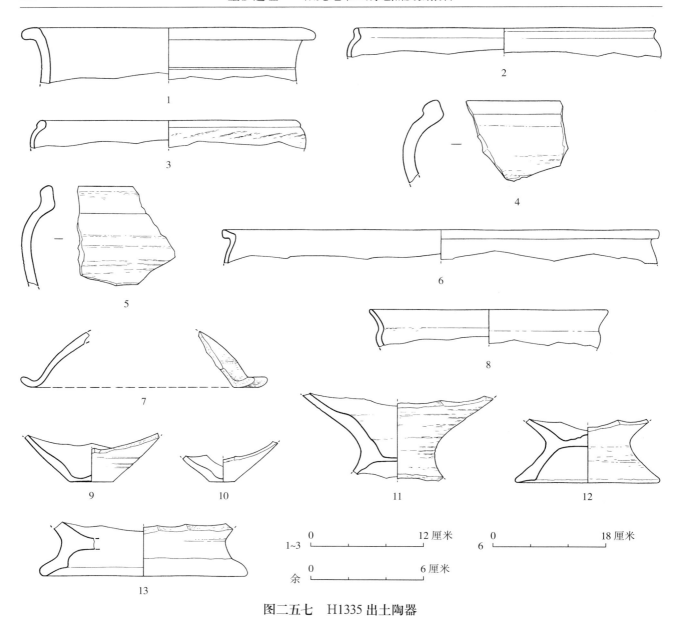

图二五七　H1335 出土陶器

1. Ad 型瓮 H1335：16　2~5. Cb 型瓮 H1335：23、26、5、13　6. D 型缸 H1335：25　7. Ab 型器盖 H1335：2、33　8. Ca 型 I 式尖底盏 H1335：38
9. Ba 型 I 式器底 H1335：12　10. Ba 型 II 式器底 H1335：30　11. B 型圈足器 H1335：1　12. Cb 型圈足 H1335：9　13. Ab 型圈足 H1335：8

Ba 型 I 式　1 件。

标本 H1335：12，泥质黑皮陶。底径 2.4、残高 2.7 厘米（图二五七，9）。

Ba 型 II 式　2 件。

标本 H1335：30，泥质黑皮陶。底径 1.5、残高 2.2 厘米（图二五七，10）。

圈足器　6 件，B 型。

标本 H1335：1，夹砂灰褐陶。残高 4.8 厘米（图二五七，11）。

圈足　5 件。

Cb 型　3 件。

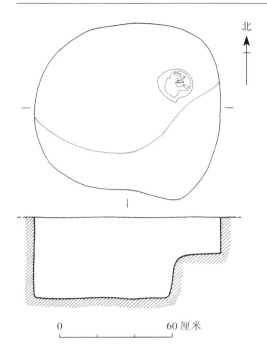

北

图二五八　H1344 平、剖面图

位于 VT3509 东南。开口于第⑤层下，打破第⑥层。

坑口平面形状呈不规则圆形，形制规整。西壁为弧壁，东壁为直壁，平底（图二五九）。口径 2.76~3.14、底径 2.04、残深 1.30 米。填土为灰黄色黏砂土，结构紧密，填土中包含极少量陶片。

陶片可辨器形有圈足罐、尖底杯、小平底罐、罐等。

束颈罐　5 件，Aa 型。

标本 H1349：92，夹砂灰褐陶。圆唇，肩部饰抹断绳纹。口径 30.5、残高 6.2 厘米（图二六〇，1）。

瓮　12 件。

Aa 型　9 件。

标本 H1349：5，夹砂灰褐陶。口径 46.0、残高 4.2 厘米（图二六〇，2）。

标本 H1349：86，夹砂灰褐陶。厚圆唇。口径 44.0、残高 4.5 厘米（图二六〇，3）。

标本 H1349：96，夹砂灰褐陶。口径 53.0、残高 13.8 厘米（图二六〇，4）。

标本 H1335：9，夹砂灰褐陶。足径 7.6、残高 3.6 厘米（图二五七，12）。

Ab 型　2 件。

标本 H1335：8，夹砂灰褐陶。足径 11.0、残高 3.0 厘米（图二五七，13）。

5. H1344

位于 VT3613 中部。开口于第⑤层下，打破第⑥层。

坑口平面形状呈不规则圆形，直壁，底部凹凸不平，东南高西北低（图二五八；彩版二四，4）。口径 0.90~1.01、底径 0.99、残深 0.20~0.44 米。填土为黑灰色黏砂土，结构紧密，填土中包含少量陶片。

陶片可辨器形有曲腹罐、尖底杯、罐等。

6. H1349

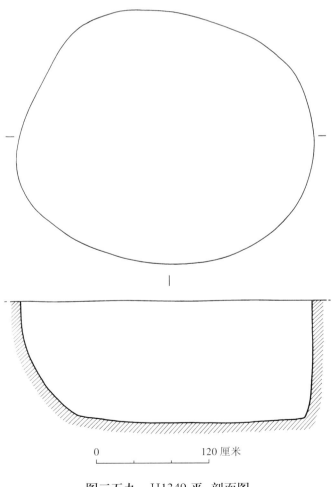

图二五九　H1349 平、剖面图

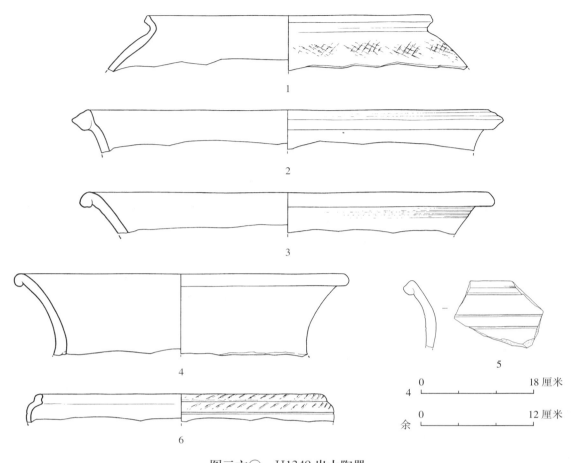

图二六〇　H1349 出土陶器

1. Aa 型束颈罐 Hi349：92　2～5. Aa 型瓮 H1349：5、86、96、52　6. Cb 型瓮 H1349：94

标本 H1349：52，夹砂灰褐陶。残高 7.2 厘米（图二六〇，5）。

Cb 型　3 件。

标本 H1349：94，夹砂灰褐陶。圆唇。唇部和肩部饰有斜向绳纹和一条凹弦纹。口径 31.6、残高 3.0 厘米（图二六〇，6）。

器盖　5 件。

Ba 型　2 件。

标本 H1349：71，夹砂灰褐陶。直径 32.0、残高 3.9 厘米（图二六一，1）。

标本 H1349：26，夹砂灰褐陶。直径 30.0、残高 4.1 厘米（图二六一，2）。

Cb 型　1 件。

标本 H1349：1，夹砂褐陶，胎土中含有蚌片颗粒。口径 9.1、通高 1.4 厘米（图二六一，3）。

Cc 型　2 件。

标本 H1349：57，夹砂灰褐陶。直径 9.2、残高 1.4 厘米（图二六一，4）。

标本 H1349：36，泥质黑皮陶。直径 9.8、残高 1.1 厘米（图二六一，5）。

器座　1 件，Ac 型。

标本 H1349：16，夹砂灰褐陶。口径 14.0、残高 7.5 厘米（图二六一，6）。

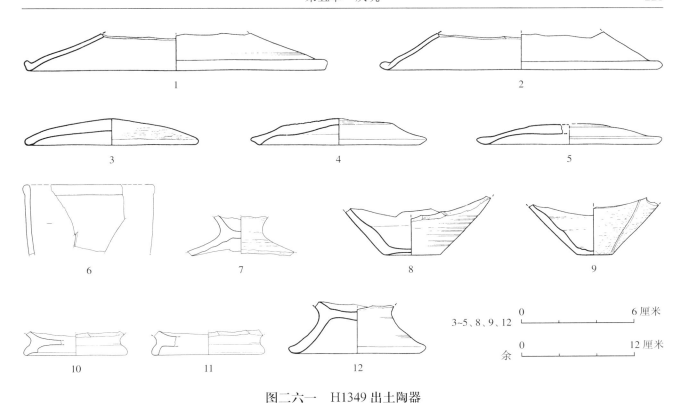

图二六一　H1349 出土陶器

1、2. Ba 型器盖 H1349：71、26　3. Cb 型器盖 H1349：1　4、5. Cc 型器盖 H1349：57、36　6. Ac 型器座 H1349：16　7. B 型圈足器 H1349：10
8. Ba 型 I 式器底 H1349：65　9. Ba 型 II 式器底 H1349：49　10. Aa 型圈足 H1349：76　11. Ba 型圈足 H1349：79　12. Cb 型圈足 H1349：46

圈足器　2 件，B 型。

标本 H349：10，夹砂灰褐陶。残高 4.4 厘米（图二六一，7）。

器底　9 件。

Ba 型 I 式　5 件。

标本 H1349：65，泥质黑皮陶。底径 3.0、残高 3.1 厘米（图二六一，8）。

Ba 型 II 式　4 件。

标本 H1349：49，泥质黑皮陶。底径 1.9、残高 3.1 厘米（图二六一，9）。

圈足　7 件。

Aa 型　1 件。

标本 H1349：76，夹砂灰褐陶。足径 11.0、残高 2.5 厘米（图二六一，10）。

Ba 型　4 件。

标本 H1349：79，夹砂灰褐陶。足径 12.0、残高 2.6 厘米（图二六一，11）。

Cb 型　2 件。

标本 H1349：46，夹砂灰褐陶。足径 3.0、残高 3.1 厘米（图二六一，12）。

7. H1370

位于 VT4505 西南。开口于第⑤层下，打破第⑥层。

坑口平面形状呈不规则圆形，弧壁，底部不规整，东高西低（图二六二）。口径长 1.07、宽 0.99、残深 0.30~0.44 米。填土为黑灰色黏砂土，结构紧密，填土中包含少量陶片。

陶片可辨器形有瓮、圈足罐、尖底盏、尖底杯、高领罐、豆柄、器盖等。

尖底盏　4 件，Ad 型 I 式。

标本 H1370：12，泥质黑皮陶。圆唇，弧腹，底残。口径 12.0、残高 2.8 厘米（图二六二，1）。

标本 H1370：18，泥质黑皮陶。圆唇，弧腹，底残。口径 11.0、残高 2.7 厘米（图二六二，2）。

束颈罐（圈足罐）　2 件，Ac 型 I 式。

标本 H1370：16，夹砂灰褐陶。尖唇，弧腹。口径 14.8、残高 3.5 厘米（图二六二，3）。

壶　1 件，Aa 型。

标本 H1370：31，泥质褐陶。口径 14.6、残高 7.2 厘米（图二六二，4）。

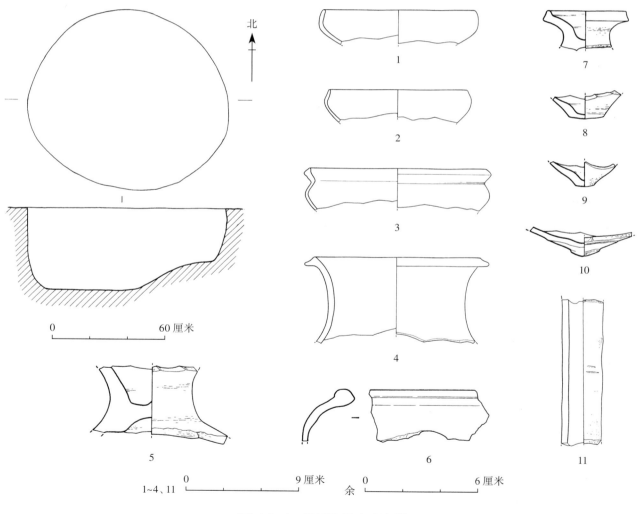

图二六二　H1370 及出土陶器

1、2. Ad 型 I 式尖底盏 H1370：12、18　3. Ac 型 I 式束颈罐（圈足罐）H1370：16　4. Aa 型壶 H1370：31　5. B 型圈足器 H1370：8　6. Ca 型瓮 H1370：29　7. Ba 型器纽 H1370：10　8. Bb 型 I 式器底 H1370：4　9. Bb 型 II 式器底 H1370：13　10. Bc 型器底 H1370：21　11. A 型豆柄 H1370：19

圈足器 8件，B型。

标本 H1370∶8，夹砂灰褐陶。残高 4.3 厘米（图二六二，5）。

瓮 3件。

Ba 型 1件。

标本 H1370∶1，夹砂灰褐陶。厚圆唇。残高 7.5 厘米。

Ca 型 2件。

标本 H1370∶29，夹砂灰褐陶。圆唇。残高 2.7 厘米（图二六二，6）。

器纽 1件，Ba 型。

标本 H1370∶10，夹砂灰褐陶。直径 4.5、残高 2.2 厘米（图二六二，7）。

器底 5件。

Bb 型 I 式 3件。

标本 H1370∶4，泥质黑皮陶。底径 1.8、残高 1.4 厘米（图二六二，8）。

Bb 型 II 式 1件。

标本 H1370∶13，泥质黑皮陶。底径 0.8、残高 1.4 厘米（图二六二，9）。

Bc 型 1件。

标本 H1370∶21，夹砂灰褐陶。残高 1.6 厘米（图二六二，10）。

豆柄 1件，A 型。

标本 H1370∶19，夹砂灰褐陶。残高 12.0 厘米（图二六二，11）。

二 B 型

方形坑。共计 13 个。以平面形状规则与否，分为两亚型。

（一）Ba 型

7 个。方形。

1. H1160

位于 VT2812 南壁。开口于第⑤层下，打破第⑥层。

坑口平面形状呈方形，直壁，平底（图二六三；彩版二七，1）。口径长 1.20、宽 0.82、底径 1.16、残深 0.26 米。填土为黑灰色黏砂土，结构紧密，包含有少量陶片。

陶片可辨器形有圈足罐、器盖、高领罐、盆等。

高领罐 3件。

Aa 型 2件。

标本 H1160∶2，夹砂灰褐陶。圆唇。领部饰四道平行凹弦纹。残高 7.7 厘米（图二六三，1）。

Ab 型 1件。

标本 H1160∶9，夹砂灰褐陶。圆唇。残高 4.6 厘米（图二六三，2）。

束颈罐（圈足罐） 2件。

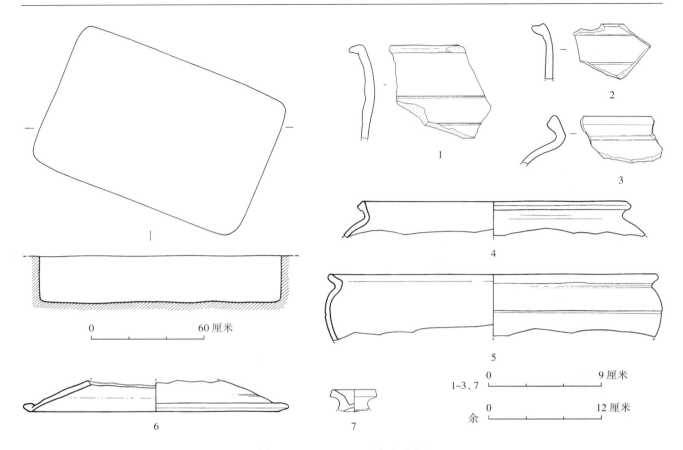

图二六三　H1160 及出土陶器

1. Aa 型高领罐 H1160：2　2. Ab 型高领罐 H1160：9　3. Ba 型束颈罐（圈足罐）H1160：8　4. Bb 型束颈罐（圈足罐）H1160：7　5. Aa 型盆
H1160：4　6. Ba 型器盖 H1160：6　7. Bb 型器纽 H1160：12

Ba 型　1 件。

标本 H1160：8，夹砂灰褐陶。厚方唇。残高 3.9 厘米（图二六三，3）。

Bb 型　1 件。

标本 H1160：7，夹砂灰褐陶。口径 29.0、残高 3.9 厘米（图二六三，4）。

盆　2 件，Aa 型。

标本 H1160：4，夹砂灰褐陶。肩部饰一道凹弦纹。口径 35.0、残高 7.0 厘米（图二六三，5）。

器盖　1 件，Ba 型。

标本 H1160：6，夹砂灰褐陶。直径 28.0、残高 3.2 厘米（图二六三，6）。

器纽　1 件，Bb 型。

标本 H1160：12，夹砂灰褐陶。纽径 3.5、残高 1.8 厘米（图二六三，7）。

2.H1161

位于 VT2812 西北。开口于第⑤层下，打破第⑥层。

坑口平面形状呈方形，直壁，平底（图二六四；彩版二七，2）。口径长 0.82、宽 0.64、底径 0.78、残深 0.24 米。填土为黑灰色黏砂土，结构紧密，包含有少量陶片。

陶片可辨器形有圈足罐、缸、瓮、高领罐等。

3. H1338

位于 VT3326 西南。开口于第⑤层下，打破第⑥层。

坑口平面形状呈方形，直壁，平底（图二六五；彩版二七，3）。口径 0.71~0.82、底径 0.93、残深 0.30 米。填土为灰黄色黏砂土，结构紧密，填土中包含少量陶片。

陶片可辨器形有圈足罐、高领罐等。

高领罐　1 件，Bc 型。

标本 H1338∶1，夹砂灰褐陶。圆唇。口径 10.4、残高 5.0 厘米（图二六五，1）。

圈足器　1 件，C 型。

标本 H1338∶2，夹砂灰褐陶。底部与圈足外界痕迹明显。残高 3.8 厘米（图二六五，2）。

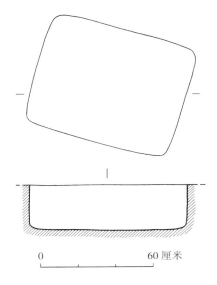

图二六四　H1161 平、剖面图

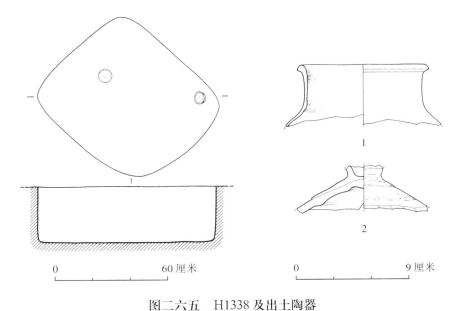

图二六五　H1338 及出土陶器

1. Bc 型高领罐 H1338∶1　2. C 型圈足器 H1338∶2

4. H1353

位于 VT3903 东南角。开口于第⑤层下，打破第⑥层。

坑口平面形状呈方形，形制规整，斜壁，近平底（图二六六）。口径 1.00~1.04、底径 0.86、残深 0.24 米。填土为浅黑灰色黏砂土，结构紧密，填土中包含大量陶片和少量卵石。陶器多为完整器，摆放规整。

陶片可辨器形有圈足罐、尖底杯、尖底盏、罐等。该坑出土器物多，保存相对完整，其用途可能为窖藏。

尖底杯　2件。

Bb 型 II 式　1件。

标本 H1353：5，泥质黑皮陶。口残。腹径 9.5、残高 11.0 厘米（图二六六，1）。

Bb 型 III 式　1件。

标本 H1353：1，泥质灰黄陶。口微敛。口径 9.0、腹径 9.8、通高 14.8 厘米（图二六六，2；彩版二八，1）。

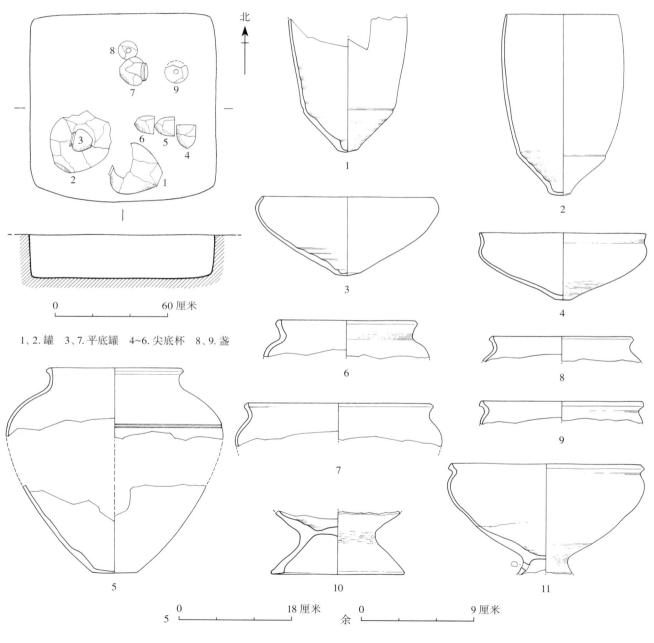

1、2. 罐　3、7. 平底罐　4~6. 尖底杯　8、9. 盏

图二六六　H1353 及出土陶器

1. Bb 型 II 式尖底杯 H1353：5　2. Bb 型 III 式尖底杯 H1353：1　3. Ab 型 I 式尖底盏 H1353：9　4. Cb 型 I 式尖底盏 H1353：4　5. Bc 型高领罐 H1353：2　6. Aa 型束颈罐（圈足罐）H1353：13　7~9. Ab 型 H1353：7、23、11　10. Cb 型圈足 H1353：3　11. Ag 型 I 式束颈罐（圈足罐）H1353：8

尖底盏　2件。

Ab 型 I 式　1件。

标本 H1353：9，夹砂灰黄陶。口径 13.3、通高 6.5 厘米（图二六六，3；彩版二八，2）。

Cb 型 I 式　1件。

标本 H1353：4，夹砂灰褐陶。口径 13.2、通高 5.5 厘米（图二六六，4）。

高领罐　2件，Bc 型。

标本 H1353：2，夹砂灰褐陶。弧腹，小平底。肩部饰有一条凹弦纹。口径 21.0、底径 3.3、残高 12.5 厘米（图二六六，5）。

束颈罐（圈足罐）　8件。

Aa 型　2件。

标本 H1353：13，夹砂灰褐陶。尖圆唇。口径 11.4、残高 2.2 厘米（图二六六，6）。

标本 H1353：15，夹砂灰褐陶。尖圆唇。口径 11.4、残高 2.2 厘米。

Ab 型　5件。

标本 H1353：7，夹砂灰褐陶。方尖唇。口径 15.0、残高约 17.0 厘米（图二六六，7）。

标本 H1353：23，夹砂灰褐陶。口径 11.2、残高 3.1 厘米（图二六六，8）。

标本 H1353：11，夹砂灰褐陶。尖圆唇。口径 13.0、残高 1.7 厘米（图二六六，9）。

Ag 型 I 式　1件。

标本 H1353：8，夹砂灰褐陶。方尖唇。圈足上饰有圆形镂空。口径 15.4、残高约 9.0 厘米（图二六六，11）。

圈足　2件，Cb 型。

标本 H1353：3，夹砂灰褐陶。足径 10.6、残高 5.1 厘米（图二六六，10）。

5．H1359

位于 VT2613 西北。开口于第⑤层下，打破第⑥层。

坑口平面形状呈圆角长方形，形制规整，直壁，锅底状底（图二六七）。口径长 2.18、宽 1.44、残深 0.40 米。填土为灰褐色黏砂土，结构紧密，填土中包含少量陶片和灰烬。

陶片可辨器形有尖底杯、束颈罐、高柄豆等。

尖底杯　1件，Ac 型 I 式。

标本 H1359：1，泥质黑皮陶。尖唇。口径 10.0、残高 3.6 厘米（图二六七，1）。

束颈罐（圈足罐）　4件。

Aa 型　2件。

标本 H1359：15，夹砂灰褐陶。方唇。口径 15.6、残高 3.5 厘米（图二六七，2）。

Af 型 I 式　2件。

标本 H1359：11，夹砂灰褐陶。圆唇。口径 14.6、残高 4.4 厘米（图二六七，3）。

器底　1件，Ac 型。

标本 H1359：5，夹砂灰褐陶。底径 2.8、残高 2.2 厘米（图二六七，4）。

豆柄　1件，A 型。

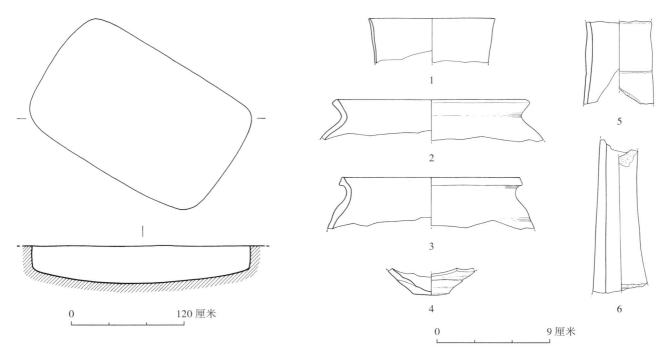

图二六七　H1359 及出土陶器

1. Ac 型 I 式尖底杯 H1359：1　2. Aa 型束颈罐（圈足罐）H1359：15　3. Af 型 I 式束颈罐（圈足罐）H1359：11　4. Ac 型器底 H1359：5　5、6.
A 型豆柄 H1359：6、1

标本 H1359：6，夹砂灰褐陶。柄上是一道凹弦纹。残高 6.7 厘米（图二六七，5）。

标本 H1359：1，夹砂灰褐陶。残高 12.6 厘米（图二六七，6）。

6.H1371

位于 VT4603 西南。开口于第⑤层下，打破第⑥层。

坑口平面形状呈长方形，弧壁，坡状底，北高南低（图二六八；彩版二九，1）。口径长 1.70、宽 0.86~1.05、底径 1.20、残深 0.31~0.36 米。填土为灰黑色黏砂土，结构紧密，填土中包含大量陶片和灰烬。

陶片可辨器形有尖底杯、瓮、尖底盏、圈足罐、高领罐、罐等。

尖底杯　2件。

Aa 型 I 式　1件。

标本 H1371：2，泥质黑皮陶。口径 12.2、腹径 12.0、底径 2.7、通高 9.5 厘米（图二六八，1；彩版二八，3）。

Ab 型 I 式　1件。

标本 H1371：1，泥质黑皮陶。口径 13.1、腹径 12.5、底径 1.6、通高 10.0 厘米（图二六八，2；彩版二八，4）。

束颈罐（圈足罐）　3件。

Aa 型（圈足罐）　2件。

标本 H1371：11，夹砂灰褐陶。尖唇。口径 17.6、残高 3.0 厘米（图二六八，3）。

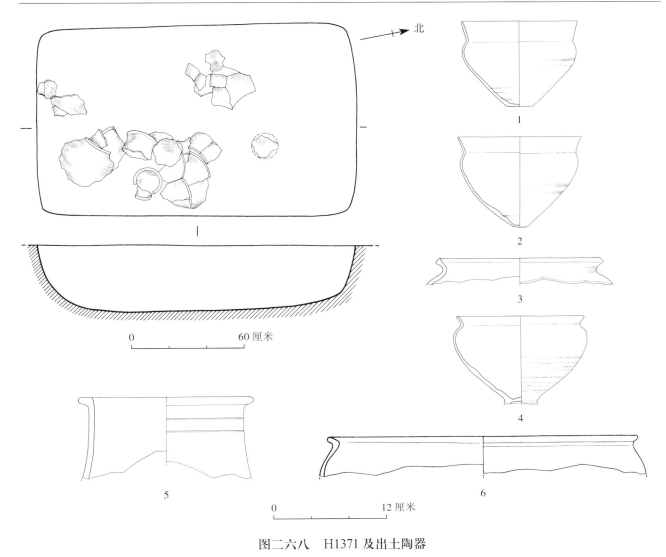

图二六八　H1371 及出土陶器

1. Aa 型Ⅰ式尖底杯 H1371：2　2. Ab 型Ⅰ式尖底杯 H1371：1　3. Aa 型束颈罐（圈足罐）H1371：11　4. Bc 型Ⅰ式束颈罐（圈足罐）H1371：5
5. Ac 型高领罐 H1371：9　6. Ab 型盆 H1371：19

Bc 型Ⅰ式　1件。

标本 H1371：5，夹砂陶。圈足残。口径 13.5、腹径 14.1、残高 9.8 厘米（图二六八，4；彩版二八，5）。

高领罐　2件，Ac 型。

标本 H1371：9，夹砂灰褐陶。领部饰两道平行凹弦纹。口径 18.6、残高 9.0 厘米（图二六八，5）。

盆　2件，Ab 型。

标本 H1371：19，夹砂灰褐陶。圆唇。口径 33.0、残高 4.1 厘米（图二六八，6）。

瓮　4件。

Aa 型　1件。

标本 H1371：6，夹砂灰褐陶。厚唇，宽沿外翻。残高 2.5 厘米（图二六九，1）。

Cb 型　3件。

标本 H1371：3，夹砂灰褐陶。圆唇，弧肩，深弧腹。唇部和肩部饰有斜向抹断绳纹。口径40.0、残高24.0 厘米（图二六九，2）。

标本 H1371：8，夹砂灰褐陶。圆唇。唇部和肩部饰抹断绳纹和一条凹弦纹组成的复合纹饰带。口径27.0、残高2.7 厘米（图二六九，3）。

器底　1件，Ac 型。

标本 H1371：3，夹砂灰褐陶。小平底。底径3.2、残高9.0 厘米（图二六九，4）。

圈足器　7件，C 型。

标本 H1371：10，夹砂灰褐陶。残高3.6 厘米（图二六九，5）。

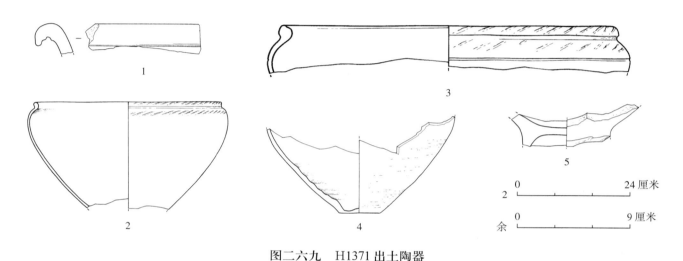

图二六九　H1371 出土陶器

1. Aa 型瓮 H1371：6　2、3. Cb 型瓮 H1371：3、H1371：8　4. Ac 型器底 H1371：3　5. C 型圈足器 H1371：10

7. H1372

位于 VT5002 西部。开口于第⑤层下，打破第⑥层。

坑口平面形状呈长方形，直壁，平底（图二七〇；彩版二九，2）。口径长 1.07、宽 0.63~0.70、底径1.04、残深 0.35 米。填土为黑色黏砂土，结构紧密，填土中包含少量陶片。

陶片可辨器形有圈足罐、罐等。

器盖　1件，Ba 型。

标本 H1372：3，夹砂灰褐陶。直径24.0、残高7.1 厘米（图二七〇，1）。

器座　1件，Cc 型。

标本 H1372：5，夹砂灰褐陶。圆唇，敛口，近直壁。口径20.0、残高4.2 厘米（图二七〇，2）。

器纽　3件。

Bb 型　2件。

标本 H1372：6，夹砂灰褐陶。纽径5.0、残高2.8 厘米（图二七〇，3）。

H 型　1件。

标本 H1372：2，泥质黑皮陶。残高3.4 厘米（图二七〇，4）。

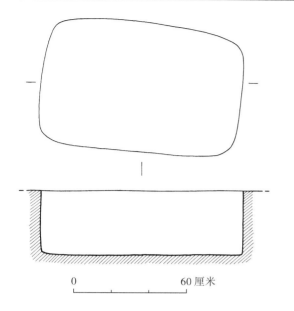

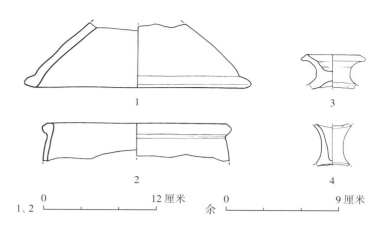

图二七〇　H1372 及出土陶器

1. Ba 型器盖 H1372∶3　2. Cc 型器座 H1372∶5　3. Bb 型器纽 H1372∶6
4. H 型器纽 H1372∶2

（二）Bb 型

4 个。不规则方形。

1. H1329

位于 VT3516 南侧，南部进入 VT3515 北隔梁。开口于第⑤层下，打破第⑥层。

坑口平面形状呈不规则方形，弧壁，弧底（图二七一）。口径 1.32~1.52、底径 1.30、残深 0.34~0.35 米。填土为灰黑色黏砂土，结构紧密，包含有少量陶片和灰烬。

陶片可辨器形有圈足罐、尖底杯等。

2. H1352

位于 VT3903 西北。开口于第⑤层下，打破第⑥层。

坑口被破坏，形制不规整。坑口平面形状呈不规则长方形，斜壁，锅底状（图二七二）。口径长 2.64、宽 1.00~1.19、底径 2.60、残深 0.11~0.16 米。填土为灰黑色黏砂土，结构紧密，填土中包含大量陶片。

陶片可辨器形有束颈罐、高领罐、壶、尖底杯、瓮、圈足器等。

高领罐　2 件，Ab 型。

标本 H1352∶1，夹砂灰褐陶。方唇。口径 16.4、残高 7.0 厘米（图二七二，1）。

束颈罐　3 件。

Ab 型（圈足罐）　2 件。

标本 H1352∶2，夹砂灰褐陶。尖圆唇。口径 12.4、残高 2.1 厘米（图二七二，2）。

Cb 型　1 件。

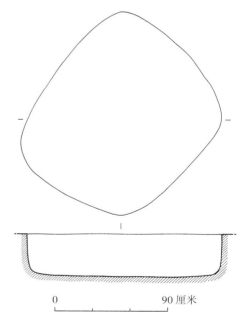

图二七一　H1329 平、剖面图

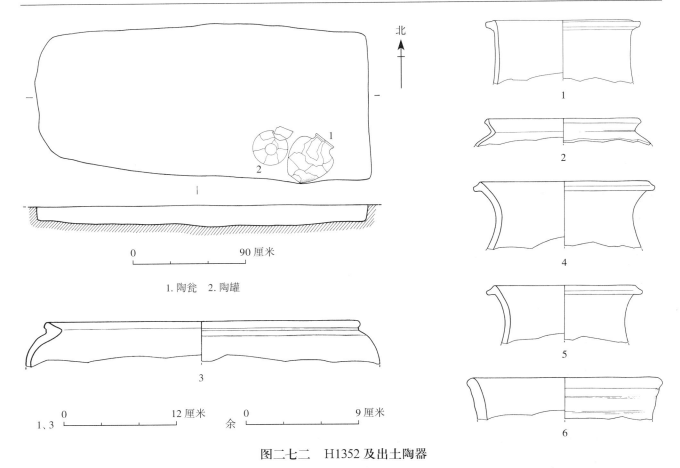

图二七二　　H1352 及出土陶器

1. Ab 型高领罐 H1352：1　2. Ab 型束颈罐（圈足罐）H1352：2　3. Cb 型束颈罐（圈足罐）H1352：23　4、5. Aa 型壶 H1352：32、34　6. Bb 型壶 H1352：12

标本 H1352：23，夹砂灰褐陶。尖圆唇。口径 33.6、残高 4.6 厘米（图二七二，3）。

壶　7 件。

Aa 型　4 件。

标本 H1352：32，泥质灰褐陶。圆唇。口径 14.4、残高 5.5 厘米（图二七二，4）。

标本 H1352：34，泥质灰褐陶。口径 12.4、残高 4.6 厘米（图二七二，5）。

Bb 型　3 件。

标本 H1352：12，夹砂灰褐陶。圆唇，厚壁。腹部饰有平行凹弦纹。口径 15.6、残高 3.6 厘米（图二七二，6）。

瓮　2 件，Ca 型。

标本 H1352：17，夹砂灰褐陶。圆唇。残高 3.6 厘米（图二七三，1）。

器底　3 件，Bb 型Ⅱ式。

标本 H1352：5，泥质黑皮陶。残高 2.6 厘米（图二七三，2）。

圈足器　8 件。

A 型　1 件。

标本 H1352：20，夹砂灰褐陶。残高 3.9 厘米（图二七三，3）。

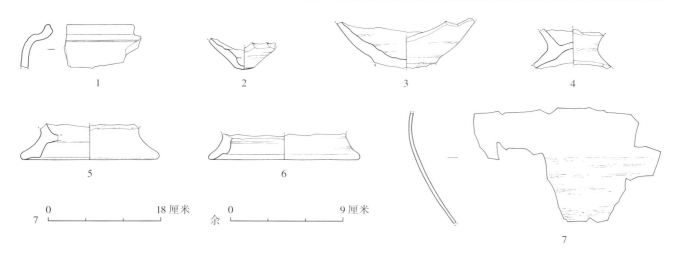

图二七三 H1352 出土陶器

1. Ca 型瓮 H1352：17　2. Bb 型Ⅱ式器底 H1352：5　3. A 型圈足器 H1352：20　4. B 型圈足器 H1352：13　5、6. Aa 型圈足 H1352：24、4
7. 陶罐残片 H1352：2

B 型　7 件。

标本 H1352：13，夹砂灰褐陶。残高 3.5 厘米（图二七三，4）。

圈足　2 件，Aa 型。

标本 H1352：24，夹砂灰褐陶。足径 11.0、残高 2.9 厘米（图二七三，5）。

标本 H1352：4，夹砂灰褐陶。足径 12.2、残高 2.0 厘米（图二七三，6）。

陶罐残片　1 件。

标本 H1352：2，夹砂灰褐陶。仅存肩腹部。残宽约 30.0、残高 18.4 厘米（图二七三，7）。

3.H1363

位于 VT4005 东南角，南部延伸进入发掘区外。开口于第⑤层下，打破第⑥层。

坑口平面形状呈不规则长方形，弧壁，平底（图二七四）。口径残长 3.08、宽 1.60~2.12、残深 0.42 米。填土为黑灰色黏砂土，结构紧密，填土中包含大量陶片和少量灰烬。

陶片可辨器形有钵、束颈罐、瓮、高领罐、盆、壶、高柄豆等。

钵　2 件。器物形制不规整，当为烧制时变形导致。胎壁较厚。

标本 H1363：2，夹砂灰陶。口径 14.0、通高 6.7 厘米（图二七五，1；彩版二九，3、4）。

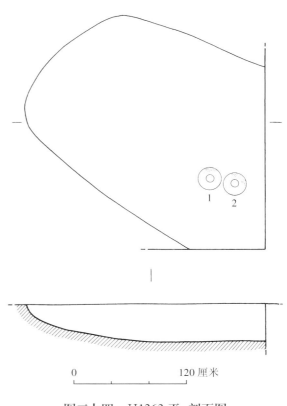

图二七四 H1363 平、剖面图

1、2. 钵

标本 H1363：1，夹砂灰陶。口径 13.7、通高 6.4 厘米（图二七五，2；彩版二九，5）。

瓮　5 件。

Cb 型　3 件。

标本 H1363：5，夹砂灰褐陶。圆唇。孔径 43.0、残高 6.1 厘米（图二七五，3）。

Cc 型　2 件。

标本 H1363：19，夹砂灰褐陶。圆唇。唇部和肩部饰有抹断绳纹。口径 28.6、残高 4.7 厘米（图二七五，4）。

高领罐　7 件。

Aa 型　3 件。

标本 H1363：11，夹砂灰褐陶。圆唇。残高 6.4 厘米（图二七五，5）。

Ab 型　2 件。

标本 H1363：10，夹砂灰褐陶。圆唇。口径 15.0、残高 4.8 厘米（图二七五，6）。

Af 型　1 件。

标本 H1363：21，夹砂灰褐陶。尖唇。残高 5.4 厘米（图二七五，7）。

Ag 型　1 件。

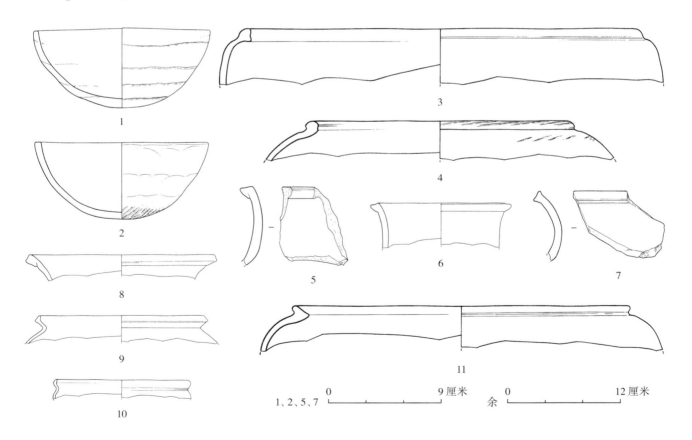

图二七五　H1363 出土陶器

1、2. 钵 H1363：2、1　3. Cb 型瓮 H1363：5　4. Cc 型瓮 H1363：19　5. Aa 型高领罐 H1363：11　6. Ab 型高领罐 H1363：10　7. Af 型高领罐 H1363：21　8. Ag 型高领罐 H1363：16　9. Aa 型束颈罐（圈足罐）H1363：42　10. Ag 型Ⅱ式束颈罐（圈足罐）H1363：43　11. Cc 型束颈罐（圈足罐）H1363：29

标本 H1363：16，夹砂灰褐陶。方唇，喇叭口。口径 20.4、残高 2.5 厘米（图二七五，8）。

束颈罐（圈足罐）　4 件。

Aa 型　2 件。

标本 H1363：42，夹砂灰褐陶。尖圆唇。口径 18.4、残高 2.9 厘米（图二七五，9）。

Ag 型Ⅱ式　1 件。

标本 H1363：43，夹砂灰褐陶。圆唇，弧腹。口径 14.6、残高 2.1 厘米（图二七五，10）。

Cc 型　1 件。

标本 H1363：29，夹砂灰褐陶。尖圆唇，敛口。口径 36.0、残高 4.6 厘米（图二七五，11）。

壶　2 件，Aa 型。

标本 H1363：7，泥质灰陶。口残，颈部饰一条凸棱。残高 9.5 厘米（图二七六，1）。

盆　1 件，Ac 型。

标本 H1363：6，夹砂灰褐陶。圆唇，宽折沿，深弧腹。腹部饰有一道凹弦纹。残高 6.7 厘米（图二七六，2）。

器耳　1 件，Ea 型。

标本 H1363：36，泥质黑皮陶。长 1.7~3.5、宽 0.9~1.4、孔径 0.8、高 1.2 厘米（图二七六，3）。

圈足器　5 件，C 型。

标本 H1363：16，夹砂灰褐陶。残高 2.1 厘米（图二七六，4）。

豆柄　2 件，A 型。

标本 H1363：22，夹砂灰褐陶。残高 9.0 厘米（图二七六，5）。

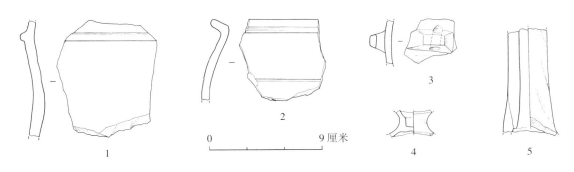

0　　　　　　9 厘米

图二七六　H1363 出土陶器

1. Aa 型壶 H1363：7　2. Ac 型盆 H1363：6　3. Ea 型器耳 H1363：36　4. C 型圈足器 H1363：16　5. A 型豆柄 H1363：22

4.H1351

位于 VT3903 北部。开口于第⑤层下，打破第⑥层。

坑口被破坏，形制不规整。坑口平面形状呈不规则状，弧壁，近平底（图二七七）。口径 1.00~1.10、底径 1.00、残深 0.12 米。填土为黑灰色黏砂土，结构紧密，填土中包含大量陶片和少量红烧土颗粒。

陶片可辨器形有圈足罐、尖底杯、高领罐、器盖、罐等。

尖底杯　3 件。

Ba 型Ⅱ式　1 件。

标本 H1351：5，泥质黑皮陶。尖唇，胎壁较薄。口径9.0、残高6.5厘米。口径1.8、残高3.6厘米（图二七七，1）。

Bb 型Ⅱ式　2件。

标本 H1351：2，泥质黑皮陶。口和底均残。下腹急收。腹径11.2、残高12.5厘米（图二七七，2）。

壶　1件，Ca 型。

标本 H1351：18，夹砂灰褐陶。T形唇。口径16.4、残高4.7厘米（图二七七，3）。

器盖　3件。

Ba 型　1件。

标本 H1351：1，夹砂灰褐陶。直径13.6、残高1.1厘米（图二七七，4）。

Bb 型　2件。

标本 H1351：7，夹砂灰褐陶。直径25.0、残高3.4厘米（图二七七，5）。

标本 H1351：22，夹砂灰褐陶。直径27.0、残高2.9厘米（图二七七，6）。

器底　2件，Ba 型Ⅱ式。

标本 H1351：15，泥质黑皮陶。底径1.8、残高3.6厘米（图二七七，7）。

圈足罐残片　1件。

标本 H1351：11，夹砂灰褐陶。口部残，圈足脱落，可能为圈足罐下腹部。残高5.2厘米（图二七七，8）。

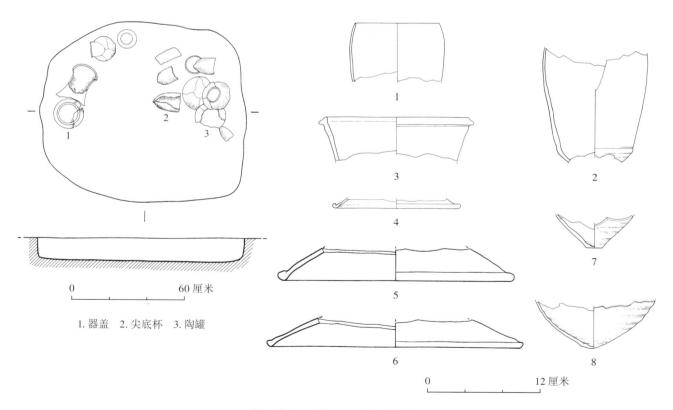

1. 器盖　2. 尖底杯　3. 陶罐

图二七七　H1351 出土尖底杯

1. Ba 型Ⅱ式尖底杯 H1351：5　2. Bb 型Ⅱ式尖底杯 H1351：2　3. Ca 型壶 H1351：18　4. Ba 型器盖 H1351：1　5、6. Bb 型器盖 H1351：7、22　7.
Ba 型Ⅱ式器底 H1351：15　8. 圈足罐残片 H1351：11

三 C 型

椭圆形。共计 12 个。以平面形状规则差异，分两亚型。

（一）Ca 型

6 个。椭圆形。

1.H1152

位于Ⅷ T4605 西南。开口于第⑤层下，打破第⑥层。

坑口平面形状呈椭圆形，弧壁，坑壁规整，底部未凹，东高西低（图二七八；彩版三〇，1）。口径 0.83~0.93、底径 0.80、残深 0.09~0.10 米。填土为黑灰色黏砂土，结构紧密，包含有少量陶片。

陶片可辨器形有高领罐、罐等。

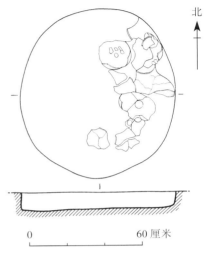

图二七八 H1152 平、剖面图

2.H1331

位于 VT3518 东南角，开口于第⑤层下，打破第⑥层。

坑口平面形状呈椭圆形，直壁，平底（图二七九；彩版三〇，2）。口径 1.27~1.67、底径 1.17、残深 0.25 米。填土为黑灰色黏砂土，结构松散，填土中包含大量陶片和少量卵石。

陶片可辨器形有尖底盏、尖底杯、高领罐、瓮、束颈罐等。

尖底杯 2 件，Bb 型 Ⅰ 式。

标本 H1331：2，泥质黑皮陶。口部残，上腹微鼓，下腹折棱明显。底部不规则，近平底，Ba 型 Ⅱ 式器底。残高 13.7 厘米（图二七九，1）。

尖底盏 1 件，Aa 型 Ⅱ 式。

标本 H1331：1，夹砂灰褐陶。口径 13.1、腹径 13.5、残高 5.6 厘米（图二七九，2；彩版三〇，3）。

高领罐 5 件。

Aa 型 3 件。

标本 H1331：10，夹砂灰褐陶。方唇。口径 18.6、残高 7.8 厘米（图二七九，3）。

标本 H1331：8，夹砂灰褐陶。圆唇。口径 15.4、残高 3.7 厘米（图二七九，4）。

Ac 型 2 件。

标本 H1331：32，夹砂灰褐陶。圆唇，近直口。口径 13.2、残高 5.2 厘米（图二七九，5）。

束颈罐 1 件，Ag 型 Ⅱ 式。

标本 H1331：9，夹砂灰褐陶。方尖唇。口径 16.4、残高 2.5 厘米（图二七九，6）。

瓮 7 件。

Aa 型 1 件。

标本 H1331：11，夹砂灰褐陶。厚圆唇。残高 4.6 厘米（图二八〇，1）。

Ab 型 1 件。

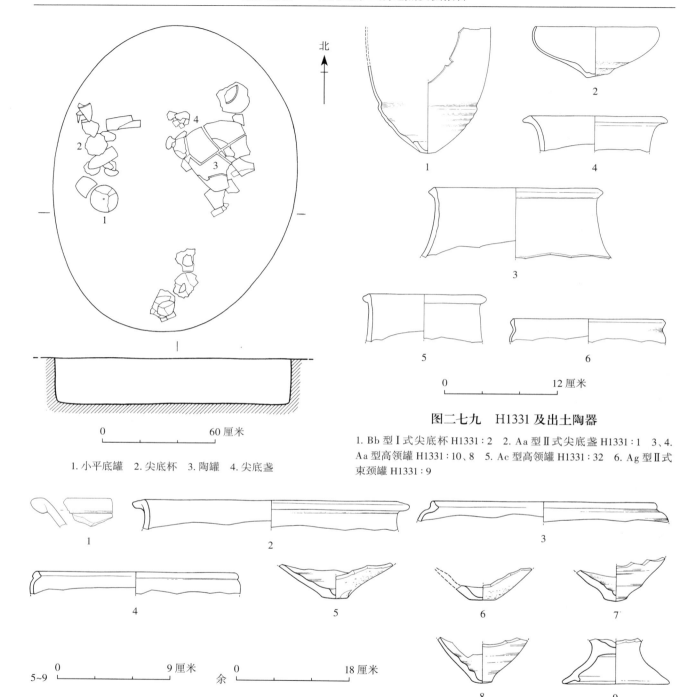

图二七九　　H1331 及出土陶器

1. Bb 型 I 式尖底杯 H1331：2　2. Aa 型 II 式尖底盏 H1331：1　3、4. Aa 型高领罐 H1331：10、8　5. Ac 型高领罐 H1331：32　6. Ag 型 II 式束颈罐 H1331：9

1. 小平底罐　2. 尖底杯　3. 陶罐　4. 尖底盏

图二八〇　　H1331 出土陶器

1. Aa 型瓮 H1331：11　2. Ab 型 H1331：6　3. Ca 型瓮 H1331：18　4. Cb 型瓮 H1331：12　5、6. Aa 型 I 式器底 H1331：4、16　7、8. Bb 型 II 式器底 H1331：7、8　9. Eb 型圈足 H1331：5

标本 H1331：6，夹砂灰褐陶。圆唇。口径 44.0、残高 4.8 厘米（图二八〇，2）。

Ca 型　2 件。

标本 H1331：18，夹砂灰褐陶。圆唇。口径 36.0、残高 3.1 厘米（图二八〇，3）。

Cb 型　3 件。

标本 H1331：12，夹砂灰褐陶。圆唇，折沿。口径 33.0、残高 3.9 厘米（图二八〇，4）。

器底　7 件。

Aa 型 Ⅰ 式　5 件。均为 A 型尖底杯器底。

标本 H1331：4，夹砂灰褐陶。底径 2.1、残高 2.8 厘米（图二八〇，5）。

标本 H1331：16，泥质黑皮陶。底径 2.1、残高 2.8 厘米（图二八〇，6）。

Bb 型 Ⅱ 式　2 件。

标本 H1331：7，泥质黑皮陶。残高 3.8 厘米（图二八〇，7）。

标本 H1331：8，泥质黑皮陶。残高 3.7 厘米（图二八〇，8）。

圈足　3 件，Eb 型。

标本 H1331：5，夹砂灰褐陶。足径 8.4、残高 3.7 厘米（图二八〇，9）。

3.H1339

位于 VT3326 西北。开口于第⑤层下，打破第⑥层。

坑口平面形状呈椭圆形，直壁，平底（图二八一，1；彩版三〇，4）。口径 0.76~0.85、底径 0.72、残深 0.25 米。填土为浅灰黑色黏砂土，结构紧密，填土中包含少量陶片。

陶片可辨器形有圈足罐、罐等。

4.H1378

位于 VT4901 北部。开口于第⑤层下，打破第⑥层。

坑口平面形状呈椭圆形，直壁，平底。口径长 0.73~0.86、底径 0.71、残深 0.26 米。填土为黄灰色黏砂土，结构紧密，无包含物（图二八一，2）。

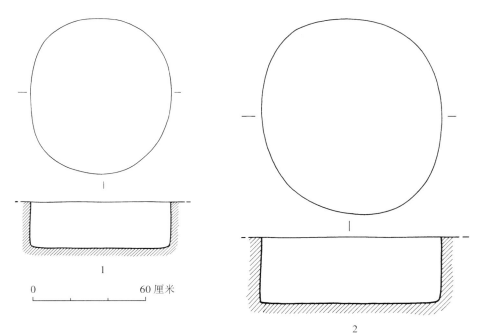

图二八一　H1339、H1378 平、剖面图

1. H1339　2. H1378

5.H1364

位于VT4504北部。开口于第⑤层下，打破第⑥层。

坑口平面形状呈椭圆形，弧壁，近平底（图二八二；彩版三一，1）。口径长1.29~1.40、底径0.86、残深0.40米。填土为灰黑色黏砂土，结构紧密，填土中包含大量陶片、灰烬以及兽骨。

陶片可辨器形有圈足器、器盖、尖底盏、罐等。

器盖　1件，Aa型。

标本H1364：1，仅存顶部。泥质灰白陶。盖身残。盖身饰一道凹弦纹。残高3.7厘米（图二八二，1）。

6.H1399

位于Ⅷ T4602东南角，南部延伸进入Ⅷ T4601北隔梁。开口于第⑤层下，打破第⑥层。

坑口平面形状呈圆形，直壁，近平底，西高东低（图二八三）。口径残长0.71~1.60、底径1.37、残深0.20~0.24米。填土为黑灰色黏砂土，结构紧密，填土中包含少量陶片。

陶片可辨器形有尖底杯、壶、圈足器等。

尖底杯　1件，Ac型Ⅱ式。

标本H1399：1，泥质黑皮陶。口微侈，尖唇。口径16.2、残高3.8厘米（图二八三，1）。

壶　2件，Aa型。

标本H1399：15，夹砂灰褐陶。圆唇，窄沿。口径10.6、残高4.2厘米（图二八三，2）。

器底　2件，Bc型。

标本H1399：23，夹砂灰褐陶，为尖底盏的器底，底部泥片盘筑痕迹显著。残高2.8厘米（图二八三，3）。

圈足　5件。

Ba型　3件。

标本H1399：5，夹砂灰褐陶。足径7.5、残高3.2厘米（图二八三，4）。

Cb型　2件。

标本H1399：28，泥质黑皮陶。足径11.4、残高4.6厘米（图二八三，5）。

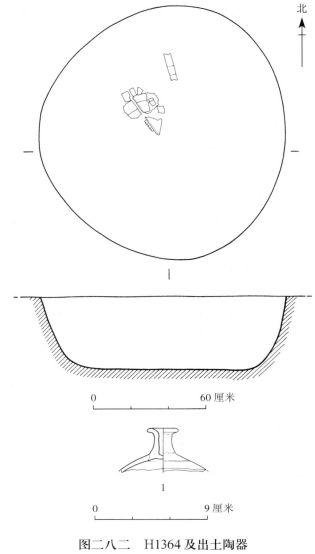

图二八二　H1364及出土陶器

1. Aa型器盖 H1364：1

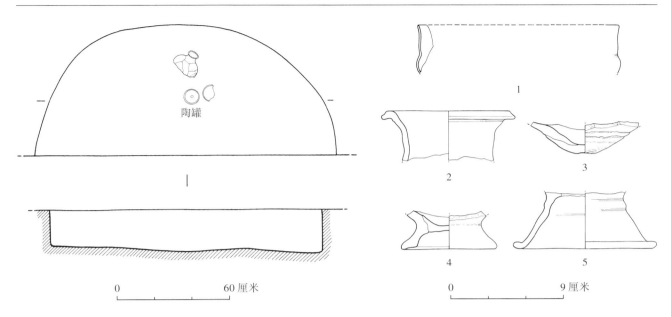

图二八三　H1399 及出土陶器

1. Ac 型 Ⅱ 式尖底杯 H1399：1　2. Aa 型壶 H1399：15　3. Bc 型器底 H1399：23　4. Ba 型圈足 H1399：5　5. Cb 型圈足 H1399：28

（二）Cb 型

6 件。不规则椭圆形。

1．H1151

位于 Ⅷ T4404 南部。开口于第⑤层下，打破第⑥层。

平面形状呈不规则椭圆形，弧壁，坑壁规整，底部凹凸不平，西高东低（图二八四；彩版三一，2）。口径 0.90~0.99、底径 0.88、残深 0.09~0.17 米。填土为灰黑色黏砂土，结构紧密，包含有大量灰烬、陶片以及少量卵石。

陶片中可辨器形有器盖、高领罐等。

高领罐　6 件。

Ab 型　4 件。

标本 H1151：22，夹砂灰褐陶。圆唇。口径 12.8、残高 11.5 厘米（图二八四，1）。

标本 H1151：24，夹砂灰褐陶。口径 13.6、残高 6.5 厘米（图二八四，2）。

Ac 型　2 件。

标本 H1151：14，夹砂灰褐陶。圆唇，窄沿。口径 14.0、残高 7.6 厘米（图二八四，3）。

器盖　3 件，Ba 型。

标本 H1151：27，夹砂灰褐陶。直径 28.4、残高 3.0 厘米（图二八四，4）。

2．H1348

位于 VT3712 西北，北部进入北隔梁。开口于第⑤层下，打破第⑥层。

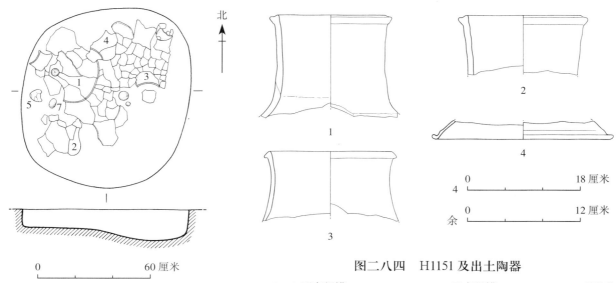

图二八四　H1151 及出土陶器

1、2. Ab 型高领罐 H1151：22、24　3. Ac 型高领罐 H1151：14　4. Ba 型器盖 H1151：27

1. 器盖　2、5. 尖底杯　3、4. 陶罐　7. 卵石

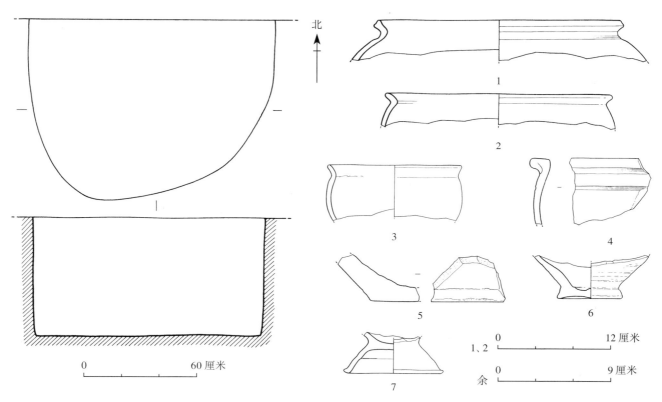

图二八五　H1348 及出土陶器

1. Ba 型束颈罐 H1348：1　2. Cb 型束颈罐 H1348：3　3. Db 型束颈罐 H1348：9　4. Ab 型盆 H1348：2　5. Aa 型器底 H1348：1　6. Bb 型圈足 H1348：8　7. Cb 型圈足 H1348：7

坑口平面形状呈椭圆形，直壁，平底（图二八五）。口径 0.90~1.40、底径 1.18、残深 0.65 米。填土为红褐色黏砂土，含较多黄色泥沙，结构紧密，填土中包含少量陶片。

陶片可辨器形有圈足罐、尖底杯、罐等。

束颈罐（圈足罐） 4件。

Ba型 1件。

标本 H1348：1，夹砂灰褐陶。方唇。口径 26.4、残高 4.4 厘米（图二八五，1）。

Cb型 2件。

标本 H1348：3，夹砂灰褐陶。圆唇。口径 24.0、残高 3.7 厘米（图二八五，2）。

Db型 1件。

标本 H1348：9，夹砂灰褐陶。口径 10.6、残高 4.5 厘米（图二八五，3）。

盆 2件，Ab型。

标本 H1348：2，夹砂灰褐陶。厚圆唇。腹部饰一道凹弦纹。残高 5.5 厘米（图二八五，4）。

器底 1件，Aa型。

标本 H1348：1，夹砂灰褐陶。残高 3.8 厘米（图二八五，5）。

圈足 5件。

Bb型 2件。

标本 H1348：8，夹砂灰褐陶。足径 5.2、残高 3.6 厘米（图二八五，6）。

Cb型 3件。

标本 H1348：7，泥质黑皮陶。足径 7.9、残高 3.3 厘米（图二八五，7）。

3. H1153

位于Ⅷ T4806 西南，南部进入Ⅷ T4807 北隔梁。开口于第⑤层下，打破第⑥层。

坑口平面形状呈椭圆形，弧壁，锅状底，东高西低（图二八六；彩版三一，3）。口径 1.04~1.27、残深 0.15~0.20 米。填土为黑灰色黏砂土，结构紧密，包含有大量陶片和少量卵石。

陶片可辨器形有尖底杯、尖底盏、圈足器、曲腹罐、罐等，其中以尖底杯出土数量最多。

尖底杯 1件，C型。

标本 H1153：6，泥质黑皮陶。直口，深弧腹，上腹壁较直，下腹外弧。口径 11.0、残高 3.6 厘米（图二八七，1）。

尖底盏 1件，Ba型。

标本 H1153：1，夹砂灰褐陶。方唇，弧腹，下腹急收，小平底不规整。口径 13.0、腹径 14.5、底径 2.3、通高 7.2 厘米（图二八七，2；彩版三一，4）。

高领罐 4件，Ba型。

标本 H1153：16，夹砂灰褐陶。圆唇。残高 5.2 厘米（图二八七，4）。

标本 H1153：3，夹砂灰褐陶。圆尖唇。残高 3.2 厘米（图二八七，5）。

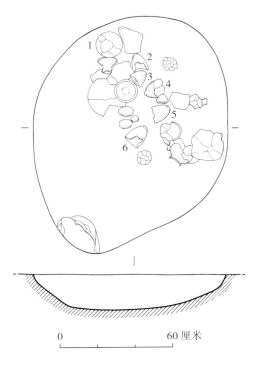

图二八六 H1153 平、剖面图

1~6. 尖底杯

束颈罐（圈足罐） 2件，Aa 型。

标本 H1153：20，夹砂灰褐陶。口径 14.8、残高 2.7 厘米（图二八七，6）。

标本 H1153：10，夹砂灰褐陶。尖圆唇。残高 3.3 厘米（图二八七，7）。

器盖 1件，Ab 型。

标本 H1153：17，夹砂灰褐陶。口径 14.4、残高 2.4 厘米（图二八七，8）。

器座 1件，Aa 型。

标本 H1153：2，夹砂灰褐陶。腰部装饰一圈圆形镂孔。直径 12.0、残高 13.1 厘米（图二八七，3）。

器底 3件，Bb 型 II 式。

标本 H1153：5，泥质黑皮陶。仅存底部一段。腹部浑然一体，器身瘦长。残高 5.2 厘米（图二八七，9）。

标本 H1153：3，泥质黑皮陶。口和底均残，上下腹浑然一体，腹部瘦长。残高 7.0 厘米（图二八七，10）。

圈足 2件，Ab 型。

标本 H1153：22，夹砂褐陶。足径 11.2、残高 5.2 厘米（图二八七，11）。

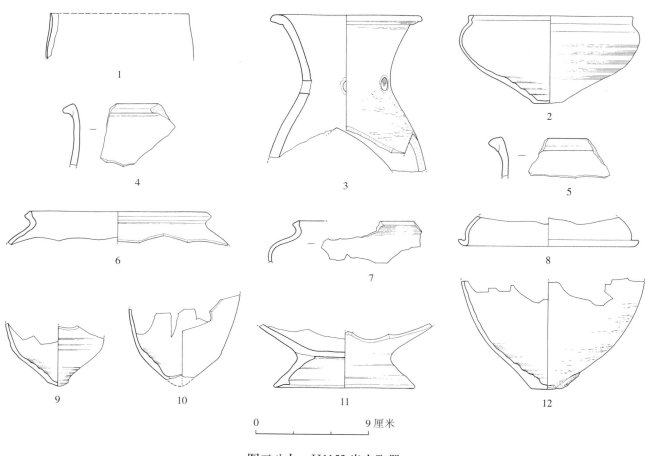

0 ————— 9厘米

图二八七 H1153 出土陶器

1. C 型尖底杯 H1153：6 2. Ba 型尖底盏 H1153：1 3. Aa 型器座 H1153：2 4、5. Ba 型高领罐 H1153：16、3 6、7. Aa 型束颈罐圈足罐 H1153：20、10 8. Ab 型器盖 H1153：17 9、10. Bb 型 II 式器底 H1153：5、3 11. Ab 型圈足 H1153：22 12. 圈足罐残片 H1153：4

圈足罐残片　2 件。

标本 H1153：4，夹砂灰褐陶。口不存，圈足脱落。深弧腹。残高 9.0 厘米（图二八七，12）。

4.H1330

位于 VT3415 东南角，开口于第⑤层下，打破第⑥层。

平面形状呈椭圆形，直壁，近平底（图二八八）。口径 1.28~1.49、底径 1.15、残深 0.65 米。填土为黄褐色黏砂土，结构紧密，填土中包含少量陶片。

陶片可辨器形有罐、圈足罐等。

5.H1322

位于 VT3322 东北角。开口于第⑤层下，打破第⑥层。

坑口平面形状呈不规则椭圆形，近直壁，平底（图二八九）。口径 2.10~2.40、底径 2.32、残深 0.28 米。填土为黑褐色黏砂土，结构紧密，包含有大量陶片和红烧土颗粒。

陶片可辨器形有尖底杯、尖底盏、器盖、圈足罐、瓮等，另外还出土少量铜渣。

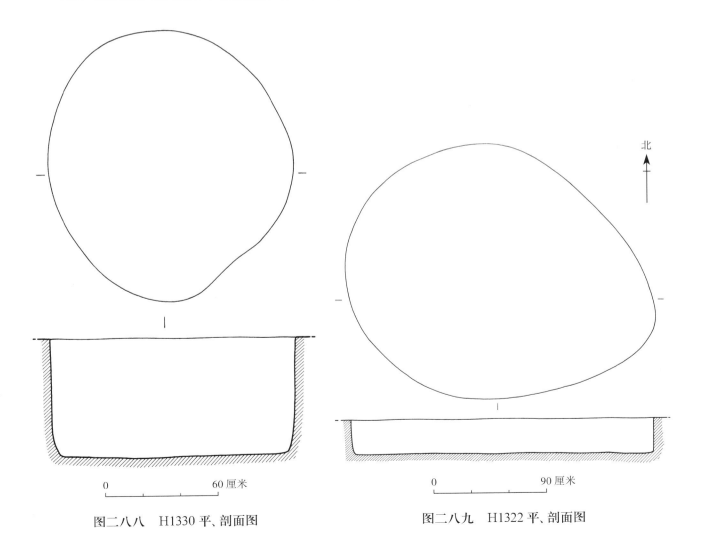

图二八八　H1330 平、剖面图　　　　　图二八九　H1322 平、剖面图

袋足　1件，D型。

标本 H1322：26，夹砂灰褐陶。残高 5.4 厘米。

6.H1343

位于 VT3930 东北，北部进入东隔梁。开口于第⑤层下，打破第⑥层。

坑口平面形状呈椭圆形，近直壁，平底（图二九〇）。口径 1.34~1.76、底径 1.65、残深 0.40 米。填土为黑灰色黏砂土，结构紧密，填土中包含大量陶片。

陶片可辨器形有圈足罐、罐、瓮、尖底杯、盆等（表九）。

高领罐　5件。

Aa 型　3件。

标本 H1343：9，夹砂灰褐陶。圆唇，宽折沿。领部饰有一道凹弦纹。口径 19.0、残高 5.1 厘米（图二九〇，1）。

标本 H1343：19，夹砂灰褐陶。圆唇，宽折沿。口径 17.4、残高 6.2 厘米（图二九〇，2）。

Ac 型　2件。

标本 H1343：61，夹砂灰褐陶。圆唇，宽折沿。领部饰有一道凹弦纹。口径 32.8、残高 14.2 厘米（图二九〇，3）。

束颈罐　5件。

Aa 型　2件。

标本 H1343：36，夹砂灰褐陶。尖唇，折沿，溜肩。残高 6.0 厘米（图二九〇，4）。

Ab 型　1件。

标本 H1343：35，夹砂灰褐陶。圆唇，卷沿。口径 13.6、残高 3.4 厘米（图二九〇，5）。

Af 型 I 式　2件。

表九　H1343 陶片统计表

纹饰 \ 陶质·陶色	夹砂				泥质			纹饰小计	
	灰褐	褐黄	褐红		黑皮			数量	比例
素面	62	32			58			152	91.57%
绳纹	3							3	1.81%
镂孔									
戳印纹									
弦纹	3	5			3			11	6.63%
数量	68	37			61			166	
比例	40.96%	22.29%			36.75%				
数量	105				61			备注	
比例	63.25%				36.75%				

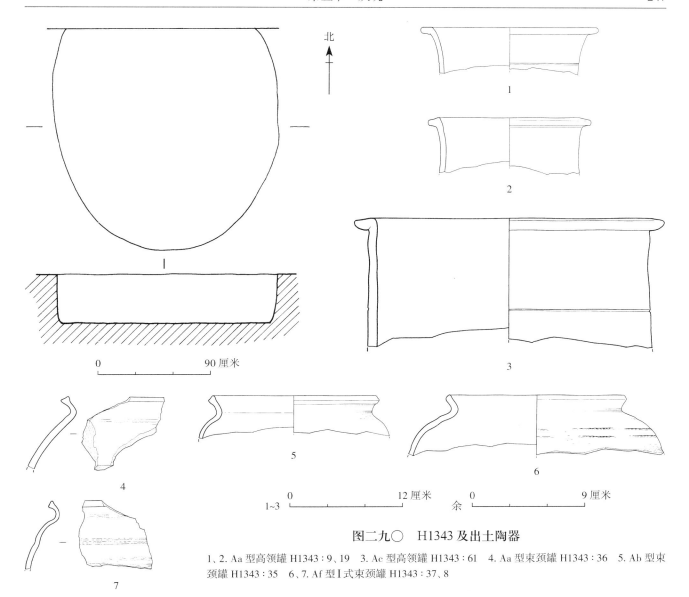

图二九○　H1343 及出土陶器

1、2. Aa 型高领罐 H1343：9、19　3. Ac 型高领罐 H1343：61　4. Aa 型束颈罐 H1343：36　5. Ab 型束颈罐 H1343：35　6、7. Af 型 I 式束颈罐 H1343：37、8

标本 H1343：37，夹砂灰褐陶。圆唇，卷沿。肩部饰有两圈抹断绳纹带。口径 14.4、残高 5.1 厘米（图二九○，6）。

标本 H1343：8，夹砂灰褐陶。尖唇，卷沿。残高 5.6 厘米（图二九○，7）。

篮形器　2 件。

Bb 型　1 件。

标本 H1343：16，夹砂灰褐陶。圆唇，卷沿。口径 28.8、残高 4.8 厘米（图二九一，1）。

Bc 型 I 式　1 件。

标本 H1343：4，夹砂灰褐陶。圆唇，卷沿。肩部饰有抹断绳纹带和一条凹弦纹。口径 25.6、残高 5.0 厘米（图二九一，2）。

盆　2 件，Ab 型。

标本 H1343：34，夹砂灰褐陶。圆唇，卷沿，弧腹。腹部饰一道凹弦纹。口径 30.4、残高 3.5 厘米（图

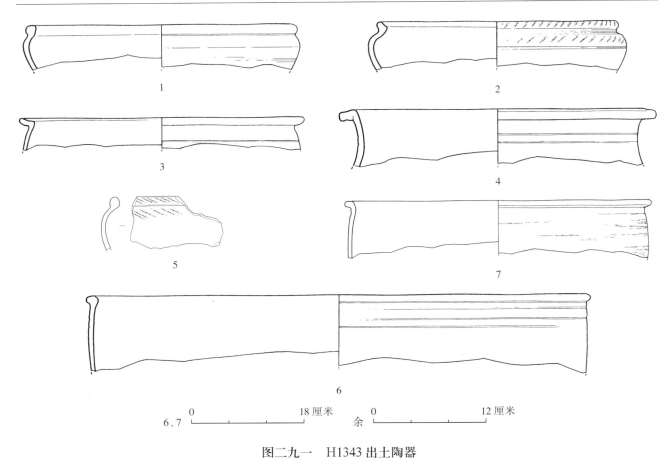

图二九一　H1343 出土陶器

1. Bb 型篑形器 H1343：16　2. Bc 型 I 式篑形器 H1343：4　3. Ab 型盆 H1343：34　4. Ab 型瓮 H1343：39　5. Cb 型瓮 H1343：44　6. F 型缸 H1343：15　7. C 型缸 H1343：42

二九一，3）。

瓮　3件

Ab 型　1件。

标本 H1343：39，夹砂灰褐陶。圆唇，宽折沿。领部饰有两条平行凹弦纹。口径 33.6、残高 6.2 厘米（图二九一，4）。

Cb 型　2件。

标本 H1343：44，夹砂灰褐陶。厚圆唇。唇部和肩部饰有抹断绳纹带。残高 5.7 厘米（图二九一，5）。

缸　2件。

F 型　1件。

标本 H1343：15，夹砂灰褐陶。圆唇，折沿，近直壁。腹部饰有数条平行凹弦纹。口径 80.0、残高 12.5 厘米（图二九一，6）。

C 型　1件。

标本 H1343：42，夹砂灰褐陶。圆唇，折沿。口径 49.0、残高 9.6 厘米（图二九一，7）。

器纽　2件，Bb 型。

标本 H1343：52，夹砂灰褐陶。纽径 4.7、残高 2.4 厘米（图二九二，1）。

器底　9件。

Ba 型 I 式　7件。

标本 H1343：1，泥质黑皮陶。底径 2.2、残高 2.5 厘米（图二九二，2）。

标本 H1343：56，夹砂灰褐陶。底径 2.3、残高 4.7 厘米（图二九二，3）。

Ba 型 II 式　2件。

标本 H1343：33，泥质黑皮陶。底径 1.5、残高 2.7 厘米（图二九二，4）。

圈足　3件。

Ba 型　1件。

标本 H1343：4，夹砂灰褐陶。足径 15.0、残高 5.5 厘米（图二九二，5）。

Cb 型　2件。

标本 H1343：59，夹砂灰褐陶。足径 8.9、残高 3.2 厘米（图二九二，6）。

标本 H1343：20，夹砂灰褐陶。足径 6.2、残高 2.4 厘米（图二九二，7）。

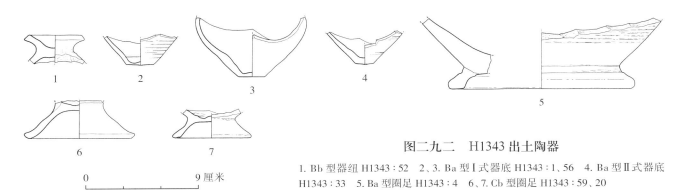

0　　　　　　　　　9厘米

图二九二　H1343 出土陶器

1. Bb 型器纽 H1343：52　2、3. Ba 型 I 式器底 H1343：1、56　4. Ba 型 II 式器底 H1343：33　5. Ba 型圈足 H1343：4　6、7. Cb 型圈足 H1343：59、20

四　D 型

6个。不规则状。

1．H1347

位于 VT3819 西北。开口于第⑤层下，打破第⑥层。

坑口平面形状呈不规则状，弧壁，底部凹凸不平（图二九三；彩版三二，1）。口径 1.14~1.40、底径 1.08、残深 0.28~0.35 米。填土为浅黄色黏砂土，结构紧密，填土中包含少量陶片和卵石。

陶片可辨器形有高领罐、瓮、盆、圈足器、尖底杯等。

高领罐　4件。

Ab 型　1件。

标本 H1347：5，夹砂灰褐陶。圆唇。窄折沿。领部饰一条凹弦纹。口径 18.0、残高 9.4 厘米（图二九三，1）。

Ag 型　3件。

标本 H1347：9，夹砂灰褐陶。圆唇，厚胎。口径 16.6、残高 4.1 厘米（图二九三，2）。

Af 型　1 件。

标本 H1347：11，夹砂灰褐陶。圆唇。残高 6.3 厘米（图二九三，3）。

盆　3 件，Cc 型。

标本 H1347：15，夹砂灰褐陶。圆唇。残高 2.7 厘米（图二九三，4）。

标本 H1347：4，夹砂灰褐陶。圆唇。残高 3.5 厘米（图二九三，5）。

瓮　3 件。

Ba 型　2 件。

标本 H1347：13，夹砂灰褐陶。圆唇，侈口，卷沿。残高 3.2 厘米（图二九三，6）。

Ca 型　1 件。

标本 H1347：10，夹砂灰褐陶。残高 4.7 厘米（图二九三，7）。

器底　2 件，Ba 型 II 式。

标本 H1347：14，泥质黑皮陶。底部残。残高 3.5 厘米（图二九三，8）。

圈足器　5 件，C 型。

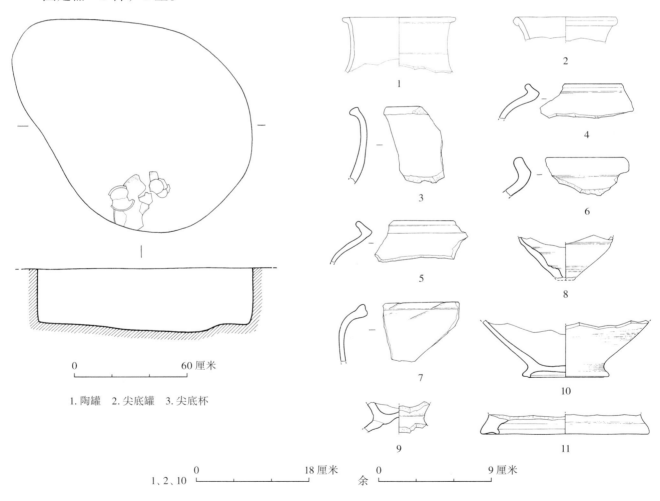

1. 陶罐　2. 尖底罐　3. 尖底杯

图二九三　H1347 及出土陶器

1. Ab 型高领罐 H1347：5　2. Ag 型高领罐 H1347：9　3. Af 型高领罐 H1347：11　4、5. Cc 型盆 H1347：15、4　6. Ba 型瓮 H1347：13　7. Ca 型瓮 H1347：10　8. Ba 型 II 式器底 H1347：14　9. C 型圈足器 H1347：7　10、11. Aa 型圈足 H1347：6、1

标本 H1347：7，夹砂灰褐陶。残高 2.5 厘米（图二九三，9）。

圈足 4 件，Aa 型。

标本 H1347：6，夹砂灰褐陶。足径 13.8、残高 9.5 厘米（图二九三，10）。

标本 H1347：1，夹砂灰褐陶。足径 13.4、残高 1.7 厘米（图二九三，11）。可能为簋形器的器底。

2.H1350

位于 VT3713 东南。开口于第⑤层下，打破第⑥层。

坑口平面形状呈不规则状，直壁，坑壁呈阶梯状（图二九四），分为两层，平底，上层口径 1.95~2.00、底径 1.94、残深 0.14 米，下层口径 1.49~1.57、底径 1.48、残深 0.18~0.20 米。填土为黑褐色黏砂土，结构紧密，填土中包含大量陶片和少量卵石。

陶片可辨器形有圈足罐、尖底杯、尖底盏、小平底罐、罐等。

尖底盏 2 件。

Ab 型 II 式 1 件。

标本 H1350：1，夹砂灰褐陶。圆唇。口径 12.9、腹径 13.8、通高 5.9 厘米（图二九四，1；彩版三二，2）。

Bb 型 I 式 1 件。

标本 H1350：2，夹砂灰褐陶。圆唇。口径 13.7、通高 4.4 厘米（图二九四，2；彩版三二，3）。

尖底杯 1 件，Bb 型 I 式。

标本 H1350：3，泥质黑皮陶。仅存底部一段。残高 3.3 厘米（图二九四，3）。

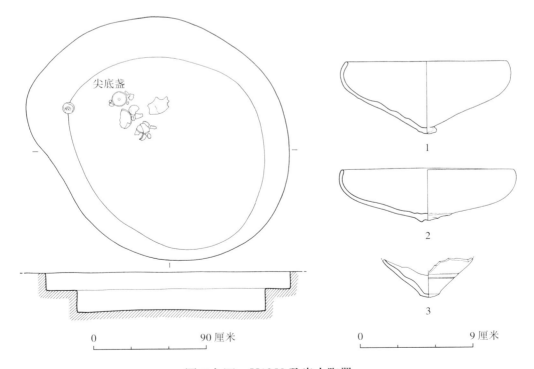

尖底盏

0   90 厘米

0   9 厘米

图二九四 H1350 及出土陶器

1. Ab 型 II 式尖底盏 H1350：1   2. Bb 型 I 式尖底盏 H1350：2   3. Bb 型 I 式尖底杯 H1350：3

3. H1382

位于Ⅷ T4501 东北。北部延伸进入北隔梁。开口于第⑤层下，打破第⑥层。

坑口平面形状呈不规则状，弧壁，弧底，东高西低（图二九五）。口径残长 1.20~1.31、底径 1.17、残深 0.26~0.30 米。填土为灰黑色黏砂土，结构紧密，填土中包含少量陶片。

陶片可辨器形有高领罐、盆、束颈罐、尖底杯等。

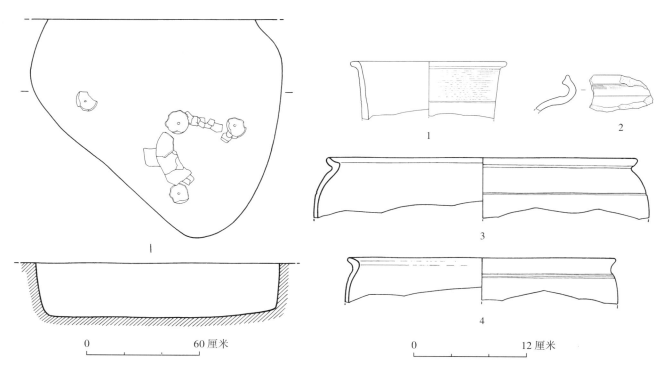

图二九五　H1382 及出土陶器

1. Aa 型高领罐 H1382：25　2. Aa 型束颈罐（圈足罐）H1382：22　3. Ab 型盆 H1382：1　4. Ac 型盆 H1382：16

高领罐　1 件，Aa 型。

标本 H1382：25，夹砂灰褐陶。圆唇，窄卷沿。口径 16.6、残高 6.1 厘米（图二九五，1）。

束颈罐（圈足罐）　3 件，Aa 型。

标本 H1382：22，夹砂灰褐陶。圆唇，窄沿。沿部与肩部有一条凹槽。残高 4.0 厘米（图二九五，2）。

盆　3 件。

Ab 型　2 件。

标本 H1382：1，夹砂灰褐陶。圆唇，窄沿。肩部饰一条凹弦纹。口径 32.6、残高 6.7 厘米（图二九五，3）。

Ac 型　1 件。

标本 H1382：16，夹砂灰褐陶。圆唇，窄沿。肩部饰一条凹弦纹。口径 28.4、残高 5.1 厘米（图二九五，4）。

4.H1383

位于Ⅷ TT4601 西部。开口于第⑤层下，打破第⑥层。

坑口平面形状呈不规则椭圆形，直壁，平底（图二九六）。口径长 0.95~1.29、底径 0.93、残深 0.33~0.35 米。填土为黄灰色黏砂土，结构紧密，包含有大量陶片和少量灰烬。

陶片可辨器形有罐、圈足罐、尖底杯等。

高领罐　1件，Ac 型。

标本 H1383：2，夹砂灰褐陶。圆唇。口径 16.0、残高 4.1 厘米（图二九六，1）。

盆　2件，Ca 型。

标本 H1383：3，夹砂灰褐陶。尖圆唇。口径 28.2、残高 3.7 厘米（图二九六，2）。

器柄　1件。

标本 H1383：1，夹砂灰褐陶。柱状，上、下端均残，其形制不明。下端有圆形穿孔。残高 6.7 厘米（图二九六，3）。

器底　1件，Bb 型Ⅰ式。

标本 H1383：2，泥质黑皮陶。残高 2.9 厘米。

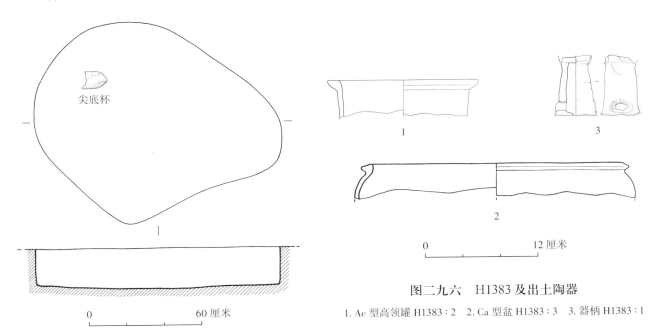

图二九六　H1383 及出土陶器

1. Ac 型高领罐 H1383：2　2. Ca 型盆 H1383：3　3. 器柄 H1383：1

5.H1367

位于ⅤT4303 东南。开口于第⑤层下，打破第⑥层。

坑口平面形状呈不规则状，近直壁，平底（图二九七；彩版三二，5）。口径长 1.34、宽 0.94、残深 0.35 米。填土为灰黑色黏砂土，结构紧密，填土中包含少量陶片。

陶片可辨器形有圈足罐、尖底杯、罐等。

尖底杯　1件，Ba 型Ⅰ式。

标本 H1367：1，泥质黑皮陶，灰黄色胎。尖唇，小平底。口径 9.0、腹径 9.8、底径 1.2、通高 15.2 厘米（图二九七，1；彩版三二，4）。

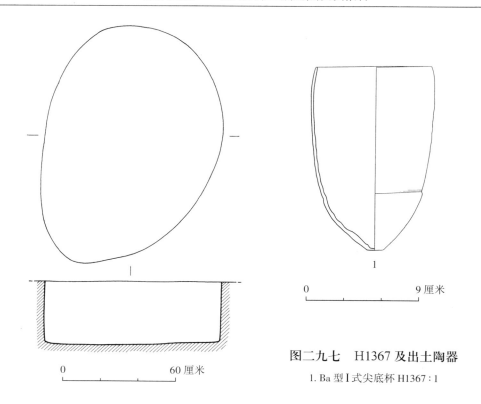

图二九七　H1367 及出土陶器

1. Ba 型 I 式尖底杯 H1367：1

6.H1328

位于 VT3617 东北。开口于第⑤层下，打破第⑥层。

弧壁，壁面经过涂抹处理，较为光滑，底部平坦（图二九八；彩版三三，1、2）。该坑分上、下两个部分，残深 1.02 米。口大底小。坑口平面形状呈椭圆形，斜壁，壁面未经过人为处理，弧形底。

表一○　H1328 陶片统计表

陶质 陶色 纹饰	夹砂				泥质		纹饰小计	
	灰褐	褐黄	褐红		黑皮		数量	比例
素面	148	112			51		311	99.04%
绳纹		1					1	0.32%
镂孔								
戳印纹								
网格纹		2					2	0.64%
数量	148	115			51		314	
比例	47.13%	36.62%			16.24%			
数量	263				51		备注	
比例	83.76%				16.24%			

口径 1.33~1.50、底径 1.21、残深 0.40 米。填土为黑灰色砂土，结构略疏松，包含有少量陶片和灰烬。下部口小底大，坑口平面形状呈椭圆形，弧壁，壁面剖面呈袋形，壁面经过涂抹处理，较为光滑，平底。口径 0.82~0.92、底径 1.17、残深 0.62 米。填土为黑褐色黏砂土，黏性大，结构紧密，包含有大量陶片和灰烬。底部放置有圈足罐、小平底罐、尖底盏等。

　　填土中陶片可辨器形有圈足罐、尖底杯、瓮、罐等（表一〇）。该坑形制特殊，为袋形坑，坑壁经过特殊处理，底部放置有几件完整陶器，包含物中含有大量灰烬。

　　尖底盏　2 件。

　　Aa 型 I 式　1 件。

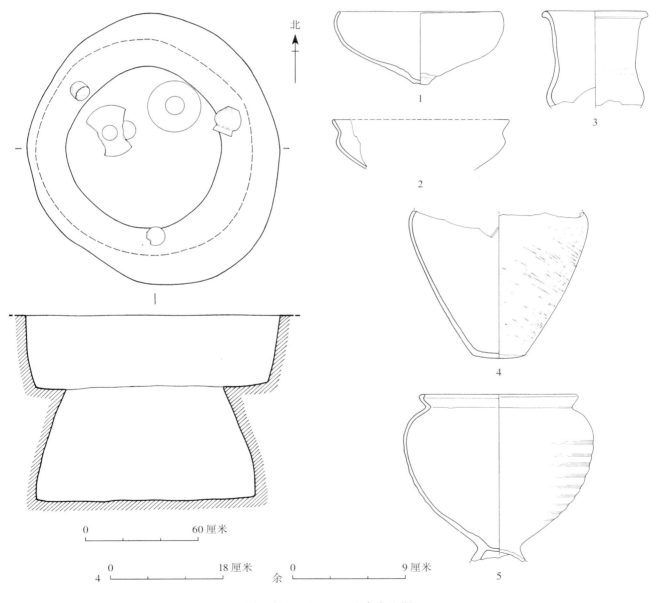

图二九八　H1328 及出土陶器

1. Aa 型 I 式尖底盏 H1328∶4　2. Ca 型 I 式尖底盏 H1328∶5　3. Bc 型高领罐 H1328∶2　4. A 型 I 式尖底罐 H1328∶1　5. Ac 型 I 式束颈罐 H1328∶3

标本 H1328：4，夹砂灰褐陶。圆唇。口径 12.9、腹径 13.5、通高 5.9 厘米（图二九八，1；彩版三四，1）。

Ca 型 I 式　1 件。

标本 H1328：5，泥质黑皮陶。口径 14.3、残高 4.0 厘米（图二九八，2）。

尖底罐　1 件，A 型 I 式。

标本 H1328：1，夹砂灰褐陶。圆唇，窄沿外翻。口径 8.4、残高 7.7 厘米（图二九八，4）。

高领罐　6 件，Bc 型。

标本 H1328：2，口部不存，仅存肩部以下。鼓肩，弧腹，平底不规整。腹径 28.4、底径 8.0、残高 24.6 厘米（图二九八，3）。

束颈罐　1 件，Ac 型 I 式。

标本 H1328：3，夹砂灰褐陶。圈足残。腹部外壁泥条盘筑痕迹显著。口径 12.6、腹径 15.0、残高 13.7 厘米（图二九八，5；彩版三四，2）。

7. H1156

位于 VT4806 西南，南部叠压于 VT4805 北隔梁下。开口于第⑤层下，打破第⑥层。

坑口平面形状呈不规则圆形，直壁，壁面规整，平底（图二九九）。口径长 1.47、宽 1.33、残深 0.81 米。填土为灰黑色黏砂土，结构紧密，填土中包含大量陶片。

陶片可辨器形有圈足罐、尖底杯、尖底盏、盆等，以尖底杯最多见（表一一）。

尖底杯　8 件。

Ba 型 I 式　5 件。

标本 H1156：3，泥质黑皮陶。腹径 11.6、底径 1.7、残高 6.5 厘米（图三〇〇，1）。

表一一　H1156 陶片统计表

陶质 陶色 纹饰	夹砂					泥质			纹饰小计	
	灰褐	褐黄	褐红			黑皮			数量	比例
素面	40	42	3			44			129	96.99%
绳纹		1							1	0.75%
镂孔		1							1	0.75%
戳印纹										
弦纹	1								1	0.75%
网格纹		1							1	0.75%
数量	41	45	3	0	0	44	0	0	133	
比例	30.83%	33.83%	2.26%	0.00%	0.00%	33.08%	0.00%	0.00%		
数量	89					44			备注	
比例	66.92%					33.08%				

标本 H1156：4，泥质黑皮陶。腹径 12.2、底径 2.1、残高 6.0 厘米（图三〇〇，2）。

Ac 型Ⅰ式　3 件。

标本 H1156：1，泥质黑皮陶。尖圆唇，长颈。口径约 11.7、残高 6.0 厘米（图三〇〇，3；彩版三四，3）。

标本 H1156：2，泥质黑皮陶。圆唇。口径 11.5、残高 5.5 厘米（图三〇〇，4；彩版三四，4）。

尖底盏　1 件，Bb 型Ⅰ式。

标本 H1156：6，夹砂灰褐陶。圆唇。轮制痕迹明显。口径 9.5、底径 1.8、通高 5.5 厘米（图三〇〇，5）。

束颈罐（圈足罐）　2 件，Bb 型。

标本 H1156：10，夹砂灰褐陶。方唇。口径 17.4、残高 1.9 厘米（图三〇〇，6）。

壶　1 件，Ba 型。

标本 H1156：13，夹砂灰褐陶。圆唇。口径 6.0、残高 5.4 厘米（图三〇〇，7）。

盆　2 件，Aa 型。

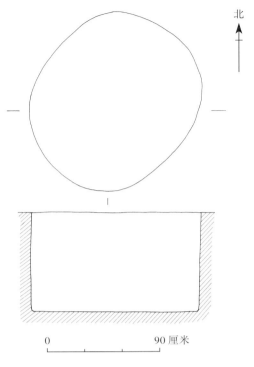

图二九九　H1156 平、剖面图

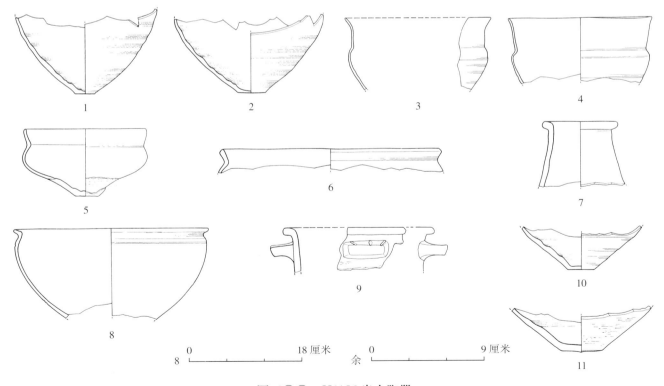

图三〇〇　H1156 出土陶器

1、2. Ba 型Ⅰ式尖底杯 H1156：3、4　3、4. Ac 型Ⅰ式尖底杯 H1156：1、2　5. Bb 型Ⅰ式尖底盏 H1156：6　6. Bb 型束颈罐（圈足罐）H1156：10
7. Ba 型壶 H1156：13　8. Aa 型盆 H1156：5　9. Ba 型杯形器 H1156：16　10. Ba 型Ⅰ式器底 H1156：12　11. Ac 型器底 H1156：11

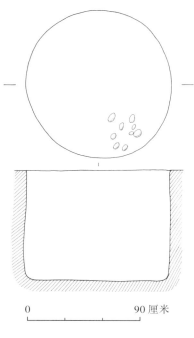

图三〇一　H1384 平、剖面图

标本 H1156：16，夹砂灰褐陶。圆唇，弧腹，底残。肩部饰有一条凹弦纹。口径 31.4、残高 14.4 厘米（图三〇〇，8）。

杯形器　1 件，Ba 型。

标本 H1156：16，泥质黑皮陶。腹部饰有长方形錾耳。残高 3.3 厘米（图三〇〇，9）。

器底　5 件。

Ba 型 I 式　3 件。

标本 H1156：12，泥质黑皮陶。底径 2.1、残高 4.0 厘米（图三〇〇，10）。

Ac 型　2 件。

标本 H1156：11，夹砂灰褐陶。底径 3.2、残高 3.8 厘米（图三〇〇，11）。

8．H1384

位于 VT4502 西南，南部大部叠压于 VT4501 北隔梁下。开口于第⑤层下，打破第⑥层。

坑口平面形状呈圆形，直壁，壁面规整，平底（图三〇一）。口径长 1.23、宽 1.17、残深 0.91 米。填土为灰黑色黏砂土，结构紧密，填土中包含大量陶片和少量砾石。

陶片可辨器形有圈足罐、尖底杯、束颈罐、瓮等，以尖底杯最多见。

第二节　灰坑分期

灰坑在整个发掘区均有分布，平面形状有圆形、椭圆形、不规则和长方形等，其中圆形最多，次为椭圆形和长方形，不规则状少见。壁面以长方形居多，另有少量锅底状和袋装的。部分灰坑形制较为特殊，形制规整，器壁修整，底部平坦，填土较为纯净。灰坑中有卵石堆积的可能有特殊功能，此类现象是成都平原新石器和商周时期遗存中一种普遍存在的现象，尤以宝墩文化最为繁盛，宝墩文化的此类遗存普遍堆积较浅，填土中少有陶片，而表面一般有烧灼迹象。商周时期灰坑，则形制规整，深度增加，一般底部有大量卵石平铺，填土中有大量陶片，坑壁明显多有烧结迹象。此类坑过去认为是祭祀坑[1]，目前对其功能认识歧义突出，尚未有进展，除了进一步厘清堆积本身的挖掘外，需要进一步了解相关人类学和民族学的材料和方法。

阳光地带二期地点发现的灰坑开口层位除了 3 个开口于第④a 层下外，其余均为第⑤层下，打破第⑥层，灰坑之间未有叠压或打破关系，根据层位关系和灰坑内的出土遗物组合和形制变化差异来进行比较，具体比较主要是根据具有代表性，且完整器形较多器物的比较，以尖底杯、尖底盏、尖底罐、簋形器、束颈罐等器物为例，可将该地点的灰坑遗存时代初步分为五段（表一二、

[1] 雷雨：《从考古发现看四川与越南古代文化交流》，《四川文物》2006 年第 6 期。

表二　阳光地带二期灰坑出土器物器型统计表（一）

器型 / 单位	尖底杯 Aa	尖底杯 Ab	尖底杯 Ac	尖底杯 Ba	尖底杯 Bb	尖底杯 Ec	尖底盏 A	尖底盏 C	尖底盏 Aa	尖底盏 Ab	尖底盏 Ac	尖底盏 Ad	尖底盏 Ba	尖底盏 Bb	尖底盏 Bc	尖底盏 Ca	尖底盏 Cb	尖底罐 A	篮形器 A	篮形器 Bb	篮形器 Bc	篮形器 Bd
H1371	Ⅰ	Ⅰ																				
H1332	Ⅰ √	Ⅰ																				
H1377																						
H1325	√																					
H1154																						
H1169																						
H1343								√					√							√	Ⅰ	
H1153			Ⅰ					√														
H1359			Ⅰ	Ⅰ																		
H1367			Ⅰ	Ⅰ	Ⅰ																	
H1156				Ⅰ	Ⅰ				Ⅱ													
H1328									Ⅰ							Ⅰ		Ⅰ				
H1362	Ⅰ Ⅲ			Ⅰ Ⅱ	Ⅱ Ⅲ				Ⅰ	Ⅰ	Ⅱ				Ⅰ							
H1331	Ⅰ Ⅲ			Ⅱ	Ⅱ				Ⅱ	Ⅰ	Ⅱ											
H1391	Ⅱ			Ⅱ	Ⅱ																	
H1347	Ⅱ			Ⅰ Ⅱ	Ⅱ Ⅲ					Ⅱ				Ⅰ								
H1353							√										Ⅰ					
H1335				Ⅱ	Ⅱ					Ⅱ				Ⅰ		Ⅰ						
H1365				Ⅱ						Ⅱ												
H1155					√																	
H1346				Ⅱ		√															Ⅰ	
H1320												Ⅰ										

续表一二

器型	束颈罐													高领罐										器底	
单位	Aa	Ab	Ac	Af	Ag	Ba	Bb	Bc	Bd	Be	Cb	Cc	Db	Aa	Ab	Ac	Ad	Ae	Af	Ag	Ba	Bb	Bc	Ba	Bb
H1371	√							I								√									
H1332															√										
H1377		√																							
H1325		√														√									
H1154								I																	
H1169	√													√			√								
H1343	√	√		I										√		√									
H1153	√		I																		√				II
H1359	√			I																					
H1367																									
H1156							√																	I II	
H1328			I																					I	
H1362										√				√			√				√				
H1331	√				II											√				√					
H1391															√					√					
H1347					√										√				√				√		
H1353	√	√		I					I					√											
H1335		√							I				√	√							√				
H1365														√											
H1155		√																							
H1346	√		I											√											
H1320					II																				

续表一二

器型\单位	瓮									圈足	盆										缸		
	Aa	Aa	Ad	Ba	Bb	Bc	Ca	Cb	Cc	Gb	Aa	Ab	Ac	Ad	Ba	Bc	Ca	Cb	Cc	D	C	D	F
H1371	∨							∨				∨											
H1332								∨						∨									
H1377																							
H1325												∨											
H1154																							
H1169						∨																	
H1343		∨						∨				∨									∨		∨
H1153																							
H1359																							
H1367																							
H1156					∨						∨				∨								
H1328																							
H1362							∨	∨	∨		∨	∨		∨				∨					
H1331	∨	∨					∨	∨															
H1391	∨	∨					∨	∨	∨								∨						
H1347							∨								∨				∨				
H1353				∨																			
H1335		∨	∨					∨															
H1365																							
H1155																							
H1346																				∨		∨	
H1320																							

表一三　阳光地带二期灰坑出土器物器型统计表（二）

器型 单位	尖底杯 Aa	Ab	Ac	Ba	Bb	Ec	A	C	尖底盏 Aa	Ab	Ac	Ad	Ba	Bb	Bc	Ca	Cb	尖底罐 A	篮形器 A	Bb	Bc	Bd
H1370												Ⅰ					√					
H1351				Ⅱ	Ⅱ																	
H1354																						
H1324																						
H1399			Ⅱ														√					
H1356					Ⅱ																	
H1327							√															
H1349							√															
H1352					√																	
H1363																						
H1360	√				Ⅱ														Ⅱ		Ⅰ Ⅱ	
H1340																			√			
H1361																						
H1355																						
H1357																						
H1160																						
H1338																						
H1372																						
H1151																						
H1348																						
H1322																						
H1382																						
H1383																						

续表一三

单位	束领罐													高领罐										器底	
	Aa	Ab	Ac	Af	Ag	Ba	Bb	Bc	Bd	Be	Cb	Cc	Db	Aa	Ab	Ac	Ad	Ae	Af	Ag	Ba	Bb	Bc	Ba	Bb
H1370			I																						
H1351																									
H1354									I																
H1324			I													∨					∨				
H1399																									
H1356					II										∨										
H1327						∨	∨					∨		∨											
H1349	∨	∨																							
H1352	∨														∨										
H1363					II							∨		∨	∨	∨			∨	∨					
H1360														∨		∨									
H1340											∨														
H1361														∨											
H1355												∨													
H1357																									
H1160						∨	∨							∨	∨										
H1338											∨		∨										∨		
H1372																									
H1151															∨	∨									
H1348						∨																			
H1322																									
H1382	∨													∨											
H1383																∨									

续表一三

器型＼单位	瓮									圈足	盆										缸		
	Aa	Aa	Ad	Ba	Bb	Bc	Ca	Cb	Cc	Gb	Aa	Ab	Ac	Ad	Ba	Bc	Ca	Cb	Cc	D	C	D	F
H1370				∨			∨																
H1351																							
H1354								∨															
H1324																		∨					
H1399																							
H1356																							
H1327								∨															
H1349	∨							∨			∨												
H1352							∨						∨										
H1363									∨														
H1360		∨			∨	∨		∨														∨	
H1340								∨															
H1361						∨																	
H1355																							∨
H1357																							
H1160											∨												
H1338																							
H1372																							
H1151																							
H1348												∨											
H1322																							
H1382												∨	∨										
H1383																	∨						

一三）。各段组合差异和变化及代表性灰坑[1]简述如下。

第一段：陶器以 Aa 型 I 式、Ab 型 I 式、Ac 型 I 式、Ba 型 I 式尖底杯，Bb 型 I 式尖底盏，Aa 型、Af 型 I 式、Bb 型、Bc 型 I 式束颈罐，Ab 型、Ac 型高领罐，Aa 型、Cb 型瓮，Aa 型、Ab 型、Ad 型、Ba 型盆，A 型、Ba 型器盖，B 型、C 型圈足器等为基本组合，其中 Aa 型 I 式、Ab 型 I 式、Ac 型 I 式、Ba 型 I 式尖底杯是该段灰坑中最具时代和文化特征的器物群。其典型单位有 H1154、H1156、H1169、H1325、H1332、H1343、H1359、H1367、H1371、H1377 等。

第二段：陶器以 Aa 型 II 式、Ba 型 I 式、II 式、Bb 型 I 式尖底杯，Aa 型 I 式、II 式、Ab 型 I 式、II 式、Ac 型 II 式、Bb 型 I 式、Bc 型 I 式、Ca 型 I 式尖底盏，A 型 I 式尖底罐，Ba 型、Bc 型 I 式篮形器，Ba 型、Ac 型 I 式、Af 型 I 式、Ag 型 II 式、Cb 型、Cc 型束颈罐，Aa 型、Ag 型、Ae 型、Af 型、Bc 型高领罐，Ab 型、Bc 型、Ca 型、Cc 型瓮，Ac 型、C 型盆、Fb 型器盖、A 型圈足器等为基本组合。以 H1362、H1328、H1331、H1391、H1347 等为代表。

第三段：陶器以 Ba 型 II 式、Bb 型 II 式、III 式尖底杯，Aa 型 II 式、Ad 型 I 式尖底盏，Ac 型 I 式、Bc 型 I 式、Ag 型 II 式束颈罐，Ad 型瓮，D 型盆，Bb 型器盖，C 型、F 型缸等为基本组合。典型单位有 H1320、H1324、H1155、H1335、H1346、H1353、H1365、H1370、H1351、H1354、H1324 等。

第四段：陶器以 Ac 型 II 式、Bb 型 II 式尖底杯，Aa 型、Ag 型 II 式束颈罐（圈足罐？）为代表。典型单位有 H1327、H1349、H1352、H1356、H1363、H1399 等。

第五段：陶器以 A 型 II 式、III 式、BC 型 I 式、II 式篮形器、Ab 型、Bb 型 II 式尖底杯、Cb 型束颈罐、Aa 型高领罐、Aa 型、Bc 型瓮，Gb 型 I 式圈足为代表，该段遗物除了与尖底杯、束颈罐同第四段相近外，A 型篮形器不见于其他灰坑。该段的灰坑发现较少，可确认的仅见 H1340、H1360、H1361。

以上一至四段之间联系紧密，器物群基本相同，只是尖底杯、尖底盏有形式上的变化，其可归为一期。该期第一段和二、三、四段之间，仍然有着些许差异，第一段盛行 A 型尖底杯，不见 A 型尖底盏、A 型尖底罐、Bc 型 I 式篮形器等，该段器物群和形式均为较早形式，故将该段归为早段，而第二、三、四段则器物群和形式衔接更加密切，但亦有早晚之分，其中第三、四段之间又更加紧密，故将第二段分为晚段中段，三、四段分为晚段，由此该期灰坑可分为早、中、晚三段。第五段与上述四段有着显著差异，尽管基本器物群相近，但形式均为晚近形制，特别是 A 型篮形器的出现，此类器物为上述各段不见之器物，其在该地点陶窑或墓葬中均属于较晚出现的典型器物，且将该段灰坑分为晚期。

第一期早段文化特征：

该段发现的灰坑数量相对较少，平面形状以长方形居多，其次为圆形，其他不见。出土器物丰富，主要分布于发掘区的东南部，其次有少量分布于发掘区的西北部。

遗物以陶器为主，不见玉、石器或铜器，个别灰坑（H1332）掩埋有大量兽骨，该坑可能为"宴飨"活动后的遗存？陶器质地以夹砂灰褐陶为主，其次为黄褐，红褐非常少见，另有少量的泥质黑皮陶。陶器表面以素面居多，少见纹饰，常见纹饰有绳纹、弦纹、镂孔等，不见网格印纹、菱形纹（附表二、三）。器形有尖底杯、束颈罐、瓮、盆、高领罐、壶等。典型陶器有 Aa 型 I 式、Ab 型 I 式、Ac 型 I 式、

---

[1] 由于灰坑内出土遗物可能有早晚混杂现象，同时在层位上未见差异以及相互之间没有叠压或打破关系，我们在判断时段归属时以该坑最晚遗物的时代属性归属。

Ba 型 I 式尖底杯，Bb 型 I 式尖底盏，Aa 型、Af 型 I 式、Bc 型 I 式束颈罐，Ac 型高领罐，Aa 型、Cb 型瓮，Aa 型、Ab 型盆，A 型、Ba 型器盖，B 型、C 型圈足器等。不见 A 型尖底盏和 A 型篦形器。

第一期中段文化特征：

该段发现的灰坑数量相对较多，平面形状以圆形多见。这段灰坑形制相对规整，出土器物丰富，主要分布于发掘区的西北部，其次有少量的分布于发掘区的东南部。

遗物以陶器为主，陶器质地以夹砂灰褐陶为主，其次为黄褐，泥质黑皮陶相对较多。陶器表面以素面居多，少见纹饰，常见纹饰有绳纹、弦纹、镂孔等（附表四、五）。器形有尖底杯、束颈罐、瓮、盆、高领罐、壶等。

陶器以 Aa 型 II 式、Ba 型 I 式、II 式、Bb 型 I 式尖底杯，Aa 型 I 式、II 式、Ab 型 I 式、II 式、Ac 型 II 式、Bb 型 I 式、Bc 型 I 式、Ca 型 I 式尖底盏，A 型 I 式尖底罐，Ba 型、Bc 型 I 式篦形器，Ba 型、Ac 型 I 式、Af 型 I 式、Ag 型 II 式、Cb 型、Cc 束颈罐，Aa 型、Ag 型、Ae 型、Af 型、Bc 型高领罐，Ab 型、Bc 型、Ca 型、Cc 型瓮，Ac 型、C 型盆，Fb 型器盖、A 型圈足器等为基本组合。以 H1153、H1331、H1343、H1347、H1362、H1391、H1151、H1160、H1348 等为代表。

第一期晚段文化特征：

该段是该地点灰坑最为集中的时段，无论是数量抑或是形制异常丰富，平面形状以圆形居多，次为椭圆形和长方形及不规则状，椭圆形和不规则灰坑主要集中于这一时段。灰坑集中分布于发掘区的西北部和东南部，西南部数量相对较少，东北部最少。

这些灰坑主要分布于陶窑或建筑遗存附近，其功能也各有不同。如建筑遗存附近主要是垃圾坑偏多，少有规整的坑，坑中的生活垃圾多，如食弃后的兽骨和残碎的陶器，如 H1319，而陶窑附近的坑相对较为规整，部分灰坑不仅形制规整，且有人为处理之痕迹，这些坑可能有着不同的功能，如取土坑（H1168、H1337、H1349）、水井（亦名水窖，若 H1375，底部有淤泥，坑壁上有台阶式梯步，坑底直接挖掘于卵石层上，四壁规整，填土中出土遗物较少）、存泥坑（袋状，口小底大，形制规整，H1159、H1360）、原料坑（H1357、H1358，填土中除了少许陶片外，含有较多赤铁矿粉末）、窖穴（H1325、H1324、H1327、H1329、H1320、H1335，这些坑集中分布于发掘区西北部）等，这些坑中填土相对纯净，遗物相对较少，亦有出土遗物丰富的器物坑，其中个中缘由尚需进一步分析。

遗物以陶器为主，少见玉、石器、铜器、兽骨等。陶器质地以夹砂灰褐陶为主，其次为黄褐，泥质陶以黑皮陶为主，另有少量灰陶。陶器表面以素面为主，常见纹饰有绳纹、弦纹、凸棱等（附表六、七）。器形相对丰富，尖底杯、尖底盏、束颈罐、瓮、盆、缸、高领罐、器盖、豆、篦形器、尖底罐等，其中尖底杯、尖底盏、束颈罐、瓮、盆、高领罐等为最常见的器形，圈足器较为发达，平底器次之，尖底器再次，少见圜底器（仅见圜底钵）。典型陶器有 Ba 型 II 式、Bb 型 II 式、III 式尖底杯，Aa 型 I 式、II 式、Ab 型 I 式、II 式、Ac 型 II 式、Ad 型 I 式尖底盏，Aa 型、Ac 型 I 式、Af 型 I 式、Bc 型 I 式、Ag 型 II 式、Cb 型、Cc 型束颈罐，Aa 型、Ag 型、Ae 型、Af 型、Bc 型高领罐，Ab 型、Bc 型、C 型、Ad 型瓮，Ac 型、C 型、D 型盆，Cb 型 I 式、Cc 型 I 式、Fb 型、Bb 型器盖，C 型、F 型缸，A 型圈足器等。

玉石器出土非常少，仅见少量的石锛、玉锛，铜器仅见铜凿 1 件，另有少量铜渣和铜渣浮游物。

第二期文化特征：

该期灰坑发现数量极少，可判断归属的仅有 3 个，平面形状全部为圆形，形制规整，出土物丰富。

其中 2 个分布于发掘区的东南部，1 个分布于发掘区的北部，与第一期早段分布情形相近。

遗物以陶器为主，不见玉、石器或铜器。陶器质地以夹砂灰褐陶为主，另有少量的泥质黑皮陶。陶器表面以素面居多，少见纹饰，常见纹饰有弦纹、网格印纹、菱形纹、几何折线纹等（附表八）。器形有尖底杯、簋形器、束颈罐、瓮、高领罐等。典型陶器有 A 型 Ⅱ 式、Bc 型 Ⅱ 式簋形器、Cb 型束颈罐、Gb 型 Ⅰ 式圈足、Bc 型瓮等。

第六章　陶窑

第一节　陶窑介绍

　　阳光地带二期地点共发现 49 座陶窑，这些窑室形制均为小型馒头窑，除了少量开口于第④ a 层下外，绝大部分开口于第⑤层下，打破生土。

　　这些陶窑分布相对集中，主要分布于发掘区的东南部和中部，西南部相对较少，北部最少（图三○二、三○三）。

　　窑室结构一致，均由窑室、火膛、操作坑组成。窑室的窑床呈斜坡状堆积，西南高东北低，窑顶塌落，情况不明，窑壁较薄，延续烧制时间较短。这些陶窑纵使开口于同一层位下，亦有部分窑之间有叠压或打破关系，彼此之间当有着时段上的差异。该地点陶窑分布具有集中分布的情况，也有相对分散的情形，需结合其填土中出土遗物和异时关系来辨识彼此之间的关联。现分述如下。

1．Y11

　　位于 VT3826 的东北角。开口于第④ a 层下，打破第⑤层。方向 52°。

表一四　Y11 陶片统计表

纹饰 ＼ 陶色 ＼ 陶质	夹砂			泥质			纹饰小计	
	灰褐	褐黄	褐红		黑皮		数量	比例
素面	82	106	40				228	92.68%
绳纹		1					1	0.41%
镂孔								
戳印纹								
方格纹	8	8					16	6.50%
弦纹		1					1	0.41%
数量	90	116	40				246	
比例	36.59%	47.15%	16.26%					
数量	246						备注	
比例	100.00%							

窑总长约 3.62 米。陶窑由窑室、火膛、操作坑组成。窑室平面形状近圆形（图三〇四；彩版三五，1~3）。填土为深黑色黏沙土，结构紧密，夹杂少许红烧土颗粒和灰烬，出土大量陶片和少量卵石和红烧土块。口径 1.26~1.30 米，窑床底部光滑，呈斜坡状堆积，西北高东南低。窑顶塌落，情况不明，窑壁较薄，厚 0.02~0.05 米。火膛平面形状呈束腰喇叭状，东西长 0.83、南北宽 0.18 米，顶部厚 0.24、通高约 0.42 米。填土多为灰烬和烧土，陶片较少。操作坑平面形状呈椭圆形，填土为灰褐色土，结构疏松，包含有少量陶片，并夹杂少许红烧土颗粒，口径 1.11~1.47 米。

窑室出土陶片可辨器形有簋形器、瓮、盆、圈足器等（表一四）。

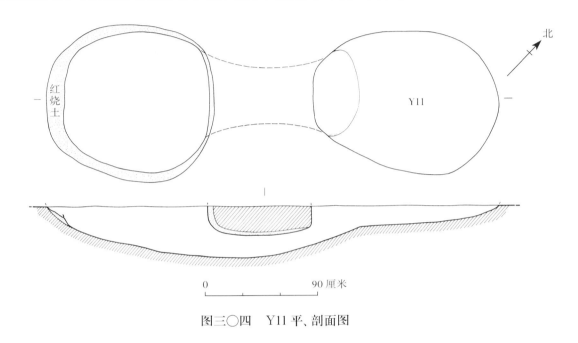

图三〇四　Y11 平、剖面图

簋形器　17 件。

A 型 I 式　15 件。

标本 Y11：1，夹砂褐陶。尖唇。口径 35.0、残高 9.0 厘米（图三〇五，1）。

标本 Y11：27，夹砂褐陶。口径 35.0、残高 8.5 厘米（图三〇五，2）。

标本 Y11：10，夹砂褐陶。口径 34.0、残高 8.4 厘米（图三〇五，3）。

Bd 型　2 件。

标本 Y11：20，夹砂灰褐陶。厚方唇，折沿。口径 38.0、残高 5.8 厘米（图三〇五，4）。

标本 Y11：37，夹砂灰褐陶。口径 38.0、残高 6.7 厘米（图三〇五，5）。

盆　1 件，Eb 型。

标本 Y11：26，夹砂灰褐陶。残高 7.7 厘米（图三〇五，6）。

瓮　21 件。

Aa 型　6 件。

标本 Y11：67，夹砂灰褐陶。厚唇，宽沿外翻。残高 3.9 厘米（图三〇六，1）。

Ba 型　3 件。

标本 Y11：5，夹砂灰褐陶。厚圆唇。口径 11.5、残高 2.8 厘米（图三〇六，2）。

Bb 型　5 件。

标本 Y11：9，夹砂灰褐陶。圆唇。口径 24.0、残高 7.0 厘米（图三○六，3）。

Bd 型　7 件。

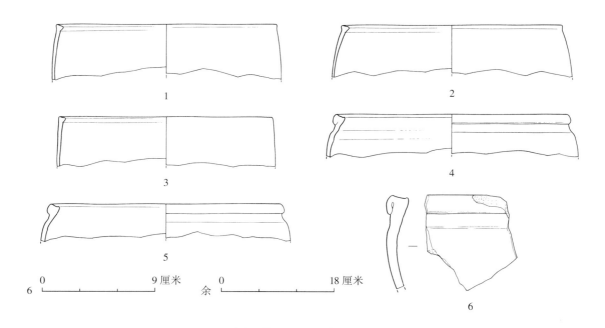

图三○五　Y11 出土陶器

1~3. A 型 I 式簋形器 Y11：1、27、10　4、5. Bd 型簋形器 Y11：20、37　6. Eb 型盆 Y11：26

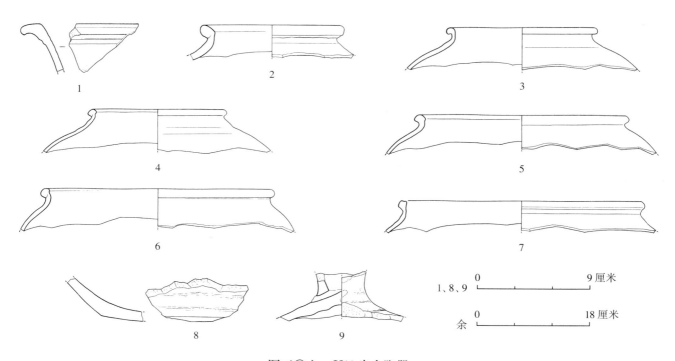

图三○六　Y11 出土陶器

1. Aa 型瓮 Y11：67　2. Ba 型瓮 Y11：5　3. Bb 型瓮 Y11：9　4~7. Bd 型瓮 Y11：2、32、35、8　8. Ab 型器底 Y11：14　9. B 型圈足器 Y11：28

标本 Y11：2，夹砂灰褐陶。厚圆唇。口径 22.4、残高 8.0 厘米（图三〇六，4）。

标本 Y11：32，夹砂灰褐陶。厚圆唇，肩。口径 34.0、残高 6.2 厘米（图三〇六，5）。

标本 Y11：8，夹砂灰褐陶。厚唇，卷沿。口径 39.6、残高 4.2 厘米（图三〇六，7）。

标本 Y11：35，夹砂灰褐陶。口径 37.0、残高 7.0 厘米（图三〇六，6）。

器底　1 件，Ab 型。

标本 Y11：14，夹砂灰褐陶。底部不平。残高 3.5 厘米（图三〇六，8）。

圈足器　5 件，B 型。

标本 Y11：28，夹砂灰褐陶。残高 4.1 厘米（图三〇六，9）。

2．Y12

位于 VT3414 的西南。开口于第⑤层下，打破第⑥层。方向 135°。

窑总长约 4.00 米。窑室平面形状呈不规则椭圆形（图三〇七；彩版三六，1~3）。填土为深黑灰色黏沙土，结构紧密，夹杂少许红烧土颗粒和灰烬，出土少量陶片和卵石及红烧土块。口径 1.40~1.72 米，窑床底部为红烧土，均匀光滑，较薄。底部呈斜坡状堆积，东北高西南低。窑顶塌落，情况不明，窑壁较薄，厚 0.01~0.05 米。火膛平面形状呈束腰喇叭状，东西长 0.85、南北宽 0.58 米，顶部厚 0.23、通高约 0.46 米。填土多为灰烬和烧土，陶片较少。操作坑平面形状呈椭圆形，口径 1.09~1.44 米。填土为灰褐色土，结构疏松，包含有少量陶片和少许红烧土颗粒。

窑室出土陶片可辨器形有高领罐、尖底杯、瓮、支柱、盆等。

高领罐　3 件，Ac 型。

标本 Y12：14，夹砂灰褐陶。近方唇。口径 15.4、残高 3.5 厘米（图三〇八，1）。

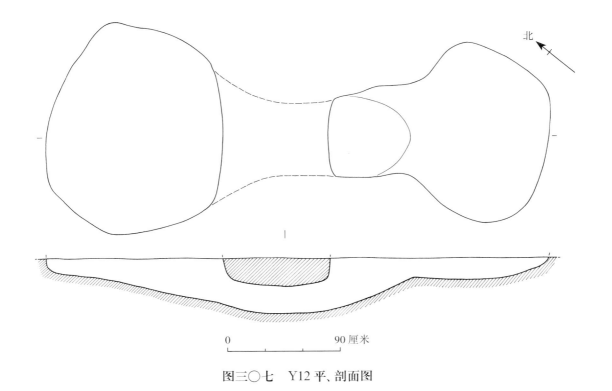

北

0　　　　　　90 厘米

图三〇七　Y12 平、剖面图

标本 Y12：12，夹砂灰褐陶。尖圆唇，窄折沿。残高 6.4 厘米（图三〇八，2）。

束颈罐（圈足罐）　2 件，Ab 型。

标本 Y12：19，夹砂灰褐陶。尖唇。口径 12.4、残高 2.2 厘米（图三〇八，3）。

盆　3 件。

Ad 型　2 件。

标本 Y12：10，夹砂灰褐陶。尖圆唇。口径 30.0、残高 2.9 厘米（图三〇八，4）。

Eb 型　1 件。

标本 Y12：3，夹砂灰褐陶。圆唇，唇部内凹。残高 4.1 厘米（图三〇八，5）。

瓮　6 件。

Bc 型　2 件。

标本 Y12：1，夹砂灰褐陶。圆唇。残高 6.8 厘米（图三〇九，1）。

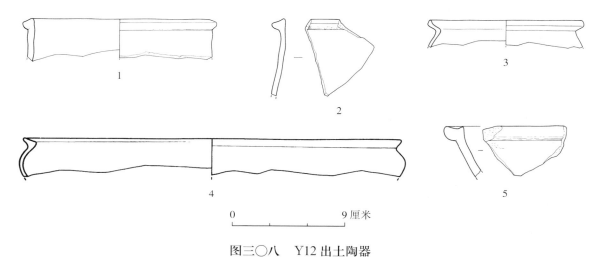

0　　　　　　　9厘米

图三〇八　Y12 出土陶器

1、2. Ac 型高领罐 Y12：14、12　3. Ab 型束颈罐（圈足罐）Y12：19　4. Ad 型盆 Y12：10　5. Eb 型盆 Y12：3

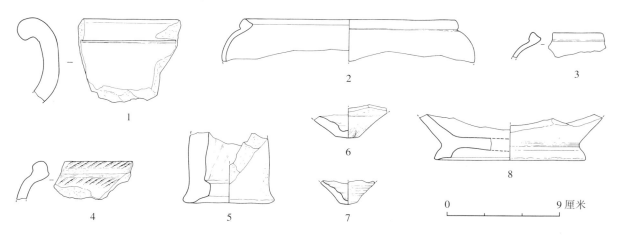

0　　　　　　　9厘米

图三〇九　Y12 出土陶器

1. Bc 型瓮 Y12：1　2、3. Ca 型瓮 Y12：17、Y12：15　4. Cb 型瓮 Y12：13　5. Cb 型支柱 Y12：9　6. Bb 型 I 式器底 Y12：6　7. Bb 型 II 式器底 Y12：11　8. Ba 型圈足 Y12：2

Ca 型　3 件。

标本 Y12：17，夹砂灰褐陶。圆唇。口径 17.4、残高 3.5 厘米（图三〇九，2）。

标本 Y12：15，夹砂灰褐陶。残高 2.1 厘米（图三〇九，3）。

Cb 型　1 件。

标本 Y12：13，夹砂灰褐陶。厚圆唇。唇部和肩部饰有斜向抹断绳纹。残高 3.1 厘米（图三〇九，4）。

支柱　1 件，Cb 型。

标本 Y12：9，夹砂灰褐陶。直径 7.2、残高 5.7 厘米（图三〇九，5）。

器底　2 件。

Bb 型 I 式　1 件。

标本 Y12：6，泥质黑皮陶。底径 1.8、残高 2.8 厘米（图三〇九，6）。

Bb 型 II 式　1 件。

标本 Y12：11，泥质黑皮陶。残高 2.0 厘米（图三〇九，7）。

圈足　1 件，Ba 型。

标本 Y12：2，夹砂灰褐陶。底径 12.0、残高 3.8 厘米（图三〇九，8）。

3．Y13

位于 VT3414 的西南。开口于第⑤层下，打破第⑥层。方向 115°。

窑总长约 2.65 米。窑室保存较好，平面形状呈椭圆形（图三一〇；彩版三七，1、2）。填土为深黑灰色黏沙土，结构紧密，夹杂少许红烧土颗粒和灰烬，出土少量陶片和卵石及红烧土块。口径 1.18~1.3 米，窑床底部为红烧土，均匀光滑，较薄。底部呈斜坡状堆积，西高东低。窑顶塌落，情况不明，窑壁较薄，厚 0.02~0.05 米。火膛平面形状呈束腰喇叭状，东西宽 0.55、南北长 0.75 米，顶部塌落，通高约 0.30 米。填土多为灰烬和烧土，不见陶片。操作坑平面形状呈椭圆形，口径 0.95~0.97 米。填土为灰褐色土，结构疏松，包含有少许红烧土颗粒。

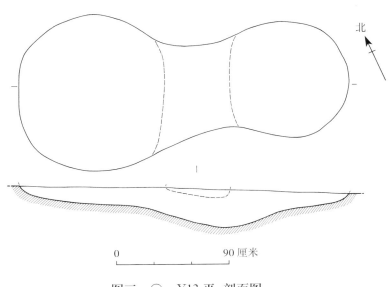

北

0　　　　　　　90 厘米

图三一〇　Y13 平、剖面图

窑室出土陶片可辨器形有高领罐、尖底杯、罐等。

高领罐　6件。

Aa 型　3件。

标本 Y13：13，夹砂灰褐陶。圆唇。口径 15.8、残高 5.3 厘米。

Ab 型　3件。

标本 Y13：15，夹砂灰褐陶。圆唇。口径 32.0、残高 7.7 厘米（图三一一，1）。

簋形器　2件。

Bd 型　1件。

标本 Y13：1，夹砂灰褐陶。圆唇。口径 54.0、残高 8.8 厘米（图三一一，4）。

Bb 型　1件。

标本 Y13：17，夹砂灰褐陶。圆唇。口径 24.0、残高 5.9 厘米（图三一一，3）。

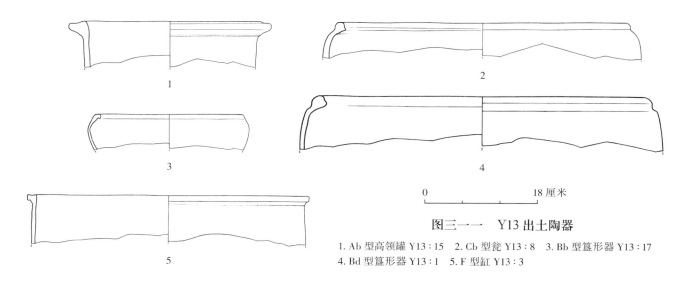

0　　　　　　　　18 厘米

图三一一　Y13 出土陶器

1. Ab 型高领罐 Y13：15　2. Cb 型瓮 Y13：8　3. Bb 型簋形器 Y13：17
4. Bd 型簋形器 Y13：1　5. F 型缸 Y13：3

瓮　4件。

Aa 型　2件。

标本 Y13：23，夹砂灰褐陶。圆唇。残高 4.1 厘米（图三一二，1）。

Ba 型　1件。

标本 Y13：6，夹砂灰褐陶。圆唇。残高 5.1 厘米（图三一二，2）。

Cb 型　2件。

标本 Y13：8，夹砂灰褐陶。圆唇。口径 47.0、残高 6.2 厘米（图三一一，2）。

标本 Y13：7，夹砂灰褐陶。圆唇。残高 5.4 厘米（图三一二，3）。

缸　2件。

Aa 型　1件。

标本 Y13：19，夹砂灰褐陶。残高 4.0 厘米（图三一二，4）。

F 型　1件。

标本 Y13：3，夹砂灰褐陶。方唇。口径 45.0、残高 8.0 厘米（图三一一，5）。

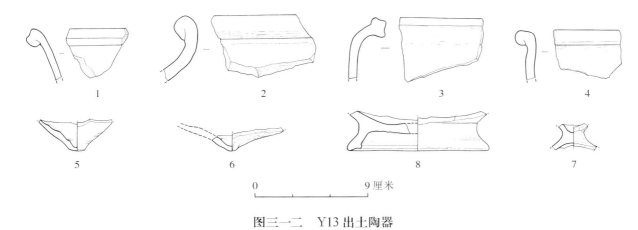

0　　　　　　　9厘米

图三一二　Y13 出土陶器

1. Aa 型瓮 Y13：23　2. Ba 型瓮 Y13：6　3. Cb 型瓮 Y13：7　4. Aa 型缸 Y13：19　5. Bb 型Ⅱ式器底 Y13：12　6. Bc 型器底 Y13：22　7. C 型圈足器 Y13：31　8. Aa 型圈足 Y13：4

器底　4 件。

Bb 型Ⅱ式　2 件。

标本 Y13：12，泥质黑皮陶。残高 2.6 厘米（图三一二，5）。

Bc 型　2 件。

标本 Y13：22，夹砂灰褐陶。残高 2.1 厘米（图三一二，6）。

圈足器　5 件，C 型。

标本 Y13：31，夹砂灰褐陶。残高 2.1 厘米（图三一二，7）。

圈足　2 件，Aa 型。

标本 Y13：4，夹砂灰褐陶。足径 11.2、残高 3.2 厘米（图三一二，8）。

4. Y14

位于 VT3309 的东北。开口于第④a 层下，打破 Y15、Y28、Y29。方向 55°。

窑总长约 3.45 米。窑室保存较好，平面形状呈圆长方形（图三一三；彩版三八，1~3）。填土为深黑灰色黏沙土，结构紧密，夹杂少许红烧土颗粒和灰烬，包含有陶片和红烧土块。口径 1.34~1.86 米，窑床底部为红烧土，均匀光滑，较薄。底部呈斜坡状堆积，西高东低。窑顶塌落，情况不明，窑壁较薄，厚 0.03~0.05 米。火膛平面形状呈束腰喇叭状，东西宽 0.94、南北长 0.86 米，顶部厚 0.17、通高约 0.40 米。填土多为灰烬和烧土，不见陶片。操作坑平面形状呈不规则形，口径 0.70~1.16 米。填土为灰褐色土，结构疏松，包含有少许红烧土颗粒。

窑室出土陶片可辨器形有盆、缸、支柱、圈足器、束颈罐高领罐、尖底杯、簋形器等（表一五）。

高领罐　1 件，Ab 型。

标本 Y14：7，夹砂灰褐陶。圆唇，折沿。口径 16.2、残高 6.0 厘米（图三一四，1）。

束颈罐　3 件，Cb 型。

标本 Y14：9，夹砂灰褐陶。残高 3.0 厘米（图三一四，11）。

簋形器　1 件，A 型Ⅰ式。

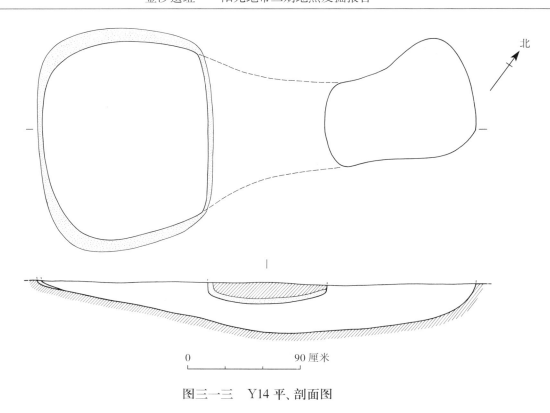

图三一三　Y14 平、剖面图

表一五　Y14 陶片统计表

纹饰 \ 陶质 陶色	夹砂				泥质				纹饰小计	
	灰褐	褐黄			黑皮				数量	比例
素面	18	35							53	100.00%
绳纹										
镂孔										
戳印纹										
数量	18	35							53	
比例	33.96%	66.04%							备注	
数量	53									
比例	100.00%									

标本 Y14：12，夹砂褐陶。残高 6.2 厘米（图三一四，3）。

盆　6 件。

Ca 型　2 件。

标本 Y14：5，夹砂灰褐陶。圆唇，窄折沿，弧腹。残高 5.4 厘米（图三一四，4）。

Cb 型　4 件。

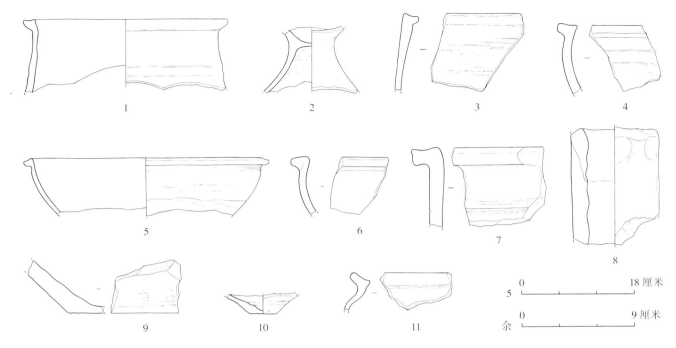

图三一四　Y14 出土陶器

1. Ab 型高领罐 Y14：7　2. A 型圈足器 Y14：1　3. A 型 I 式簋形器 Y14：12　4. Ca 型盆 Y14：5　5、6. Cb 型盆 Y14：2、11　7. D 型缸 Y14：3　8. Cb 型支柱 Y14：6　9. Ab 型器底 Y14：4　10. Ba 型 I 式器底 Y14：8　11. Cb 型束颈罐 Y14：9

标本 Y14：2，夹砂灰褐陶。侈口，圆唇，窄沿略外翻。弧腹。口径 39.0、残高 9.6 厘米（图三一四，5）。

标本 Y14：11，夹砂灰褐陶。侈口，圆唇，口微敛，弧腹。残高 4.7 厘米（图三一四，6）。

缸　1件，D 型。

标本 Y14：3，夹砂灰褐陶。腹部饰一条凹弦纹。残高 6.7 厘米（图三一四，7）。

支柱　1件，Cb 型。

标本 Y14：6，夹砂灰褐陶。底径 7.0、残高 9.7 厘米（图三一四，8）。

器底　3件。

Ab 型　1件。

标本 Y14：4，夹砂灰褐陶。残高 4.3 厘米（图三一四，9）。

Ba 型 I 式　2件。

标本 Y14：8，泥质黑皮陶。底径 2.2、残高 1.6 厘米（图三一四，10）。

圈足器　1件，A 型。

标本 Y14：1，夹砂灰褐陶。圈足略高。残高 5.5 厘米（图三一四，2）。

5．Y15

位于 VT3309 的西南角。开口于第⑤层下，操作坑和火膛被 Y14 叠压，操作坑和火膛也被 Y28、Y29 打破。方向 55°。

窑残长约 1.85 米。窑室保存尚好，火膛仅存一小段。窑室平面形状呈椭圆形（图三一五；彩版三九，1、2）。填土为深浅灰色黏沙土，结构紧密，夹杂少许红烧土颗粒和灰烬，出土少量陶片和红烧土块。口径 0.97~1.37 米，窑床底部为红烧土，均匀光滑，较薄。底部呈斜坡状堆积，西高东低。窑顶不存，情况不明，厚 0.02~0.05 米。火膛平面形状呈束腰喇叭状，东西残宽 0.35、南北长 0.80 米，顶部塌落，填土为灰烬和烧土，不见陶片。

窑室出土陶片可辨器形有尖底杯、小平底罐、瓮等，这些器物可能是窑室废弃时烧制产品的遗留。该坑陶片和地层陶片以及其他地点陶片进行质地分析。

尖底杯　3 件，Bb 型Ⅱ式。

标本 Y15：1，泥质黑皮陶。口部残，上、下腹分界不突出。残高 6.4 厘米（图三一六，1）。

标本 Y15：7，泥质黑皮陶。口部残。残高 8.2 厘米（图三一六，2；彩版三九，3）。

高领罐　1 件，Bc 型。

标本 Y15：3，夹砂灰褐陶。尖圆唇，折沿。口径 20.8、残高 3.7 厘米（图三一六，3）。

束颈罐（圈足罐）　2 件。

Aa 型　1 件。

标本 Y15：5，夹砂灰褐陶。尖唇。口径 13.4、残高 1.7 厘米（图三一六，4）。

Ae 型Ⅰ式　1 件。

标本 Y15：2，夹砂灰褐陶。尖唇，弧腹。圈足残。口径 15.0、腹径 20.8、残高 14.6 厘米（图三一六，5）。

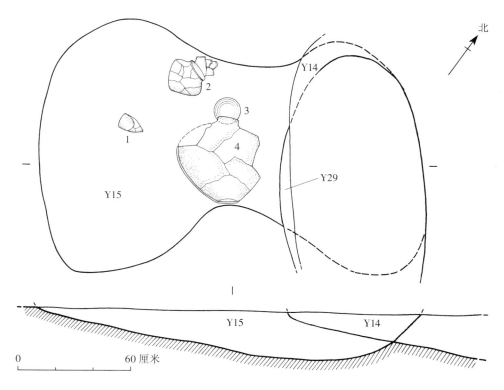

图三一五　Y15 平、剖面图

1. 尖底杯　2、3. 小平底罐　4. 瓮

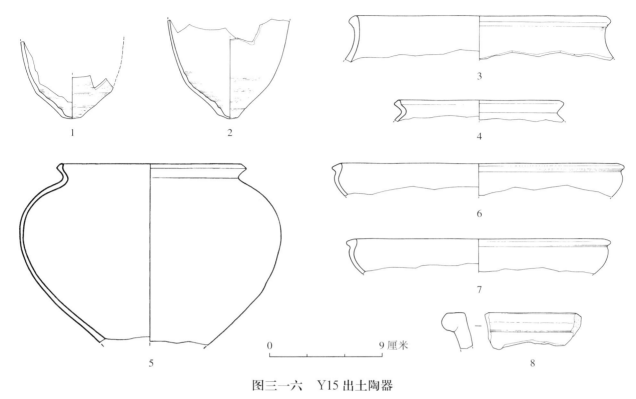

图三一六　Y15 出土陶器

1、2. Bb 型 Ⅱ 式尖底杯 Y15∶1、7　3. Bc 型高领罐 Y15∶3　4. Aa 型束颈罐圈足罐 Y15∶5　5. Ae 型 Ⅰ 式束颈罐 Y15∶2　6、7. Cb 型盆 Y15∶8、6　8. Ab 型缸 Y15∶4

盆　4 件，Cb 型。

标本 Y15∶8，夹砂灰褐陶。尖唇，折沿，弧腹。口径 23.4、残高 2.7 厘米（图三一六，6）。

标本 Y15∶6，夹砂灰褐陶。尖唇，折沿，弧腹。口径 21.0、残高 2.9 厘米（图三一六，7）。

缸　1 件，Ab 型。

标本 Y15∶4，夹砂灰褐陶。方唇，口微侈，厚胎。残高 3.0 厘米（图三一六，8）。

6．Y97

（原 Y27）位于 VT3811 西南。开口于第⑤层下，打破第⑥层。方向 45°。

窑总长约 2.25 米。窑室保存较好，平面形状呈椭圆形（图三一七）。填土为深黑色黏砂土，结构紧密，夹杂大量红烧土颗粒、卵石、灰烬以及陶片。口径 0.97~1.12、深 0.01~0.28 米。窑床呈斜坡状堆积，西高东低。窑顶塌落，情况不明，窑壁较薄，厚 0.02~0.05 米。火膛平面形状呈梯形，东西长 0.54、南北宽 0.77 米，顶部塌落，通高约 0.22 米。填土为灰烬和烧土块，不见陶片。操作坑平面形状呈椭圆形，口径 0.64~0.75 米。填土为灰褐色土，结构疏松，包含有少许红烧土颗粒。

窑室出土陶片可辨器形有罐、尖底杯等。

高领罐　3 件。

Aa 型　2 件。

标本 Y97∶5，夹砂灰褐陶。尖圆唇。口径 12.6、残高 2.4 厘米（图三一八，1）。

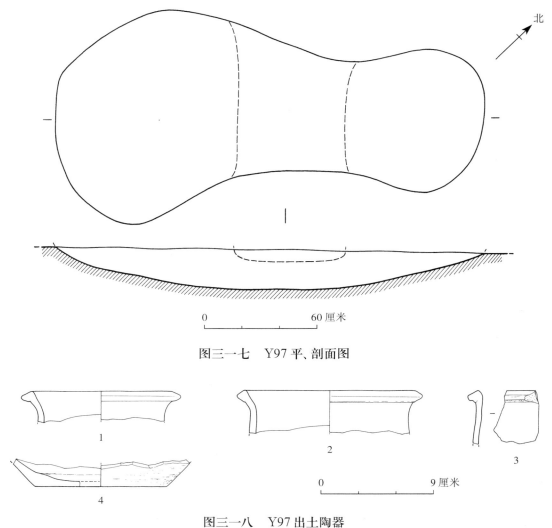

图三一七　Y97 平、剖面图

图三一八　Y97 出土陶器

1、2. Aa 型高领罐 Y97：5、4　3. Ac 型高领罐 Y97：6　4. Aa 型器底 Y97：3

标本 Y97：4，夹砂灰褐陶。尖圆唇。口径 14.6、残高 3.6 厘米（图三一八，2）。

Ac 型　1 件。

标本 Y97：6，夹砂灰褐陶。圆唇。残高 4.4 厘米（图三一八，3）。

器座　1 件，Aa 型。

标本 Y97：1，泥质黑皮陶。筒状。座身饰有多个圆形镂孔。直径 5.7、残高 6.0 厘米。

器底　2 件，Aa 型。

标本 Y97：3，夹砂灰褐陶。底径 10.6、残高 2.2 厘米（图三一八，4）。

7. Y28

位于 VT3309 的西南，Y15 的东南。开口于第⑤层下，被 Y14 叠压，打破 Y29。方向 303°。

窑残长约 1.65 米。仅存操作坑和火膛一段（图三一九）。火膛东西残长 0.54、南北残宽 0.36、残高约 0.60 米。操作坑平面形状呈椭圆形，口径 1.00~1.10 米。填土为灰褐色土，结构疏松，包含

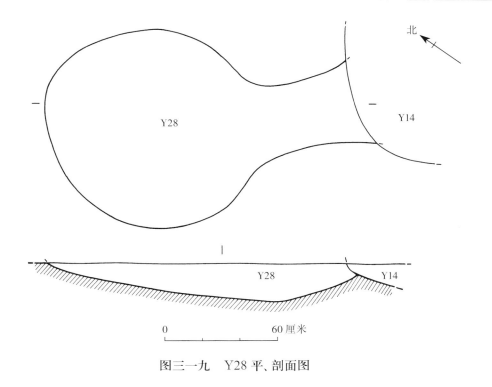

图三一九　Y28 平、剖面图

有少许红烧土颗粒。

篝形器　4 件。

A 型 I 式　2 件。

标本 Y28：12，夹砂褐陶。圆唇。残高 3.2 厘米（图三二〇，1）。

Bc 型 II 式　1 件。

标本 Y28：1，夹砂褐陶。圆唇。唇部和肩部饰有斜向绳纹。残高 8.5 厘米（图三二〇，2）。

Bd 型　1 件。

标本 Y28：9，夹砂褐陶。圆唇。口径 21.0、残高 2.1 厘米（图三二〇，3）。

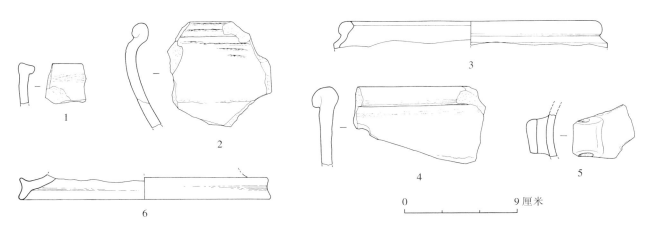

图三二〇　Y28 出土陶器

1. A 型 I 式篝形器 Y28：12　2. Bc 型 II 式篝形器 Y28：1　3. Bd 型篝形器 Y28：9　4. F 型缸 Y28：2　5. Eb 型器耳 Y28：8　6. Gb 型 II 式圈足 Y28：11

缸　1件，F型。

标本 Y28：2，夹砂灰褐陶。厚圆唇。残高 6.4 厘米（图三二〇，4）。

器耳　1件，Eb 型。

标本 Y28：8，泥质黑皮陶。残长 3.2、宽 2.2、孔径 1.2、高 1.5 厘米（图三二〇，5）。

圈足　2件，Gb 型Ⅱ式。

标本 Y28：11，夹砂褐陶。足径 20.0、残高 1.9 厘米（图三二〇，6）。

8．Y29

位于 VT3309 的西北，Y14、Y15 的北部。开口于第⑤层下，被 Y15、Y28 打破。方向 310°。

窑残长约 2.65 米。仅存窑室和火膛一段。窑室平面形状呈椭圆形（图三二一；彩版四〇，1）。填土为深黑灰色黏沙土，结构松散，夹杂少许红烧土颗粒和灰烬，出土少量陶片。口径 1.07~1.12 米，窑床底部呈斜坡状堆积，北高南低。窑顶塌落，情况不明，窑壁较薄，厚 0.02~0.05 米。火膛平面形状呈束腰喇叭状，东西残宽 0.35、南北残长 0.64 米，顶部塌落。填土多为灰烬和烧土，不见陶片。

窑室出土陶片可辨器形有瓮、缸、簋形器、高领罐、支柱、尖底杯等。

高领罐　1件，Aa 型。

标本 Y29：1，夹砂灰褐陶。口径 20.6、残高 7.2 厘米（图三二二，1）。

束颈罐　1件，Bc 型Ⅰ式。

标本 Y29：8，夹砂灰褐陶。尖圆唇。口径 17.4、残高 3.8 厘米（图三二二，2）。

瓮　2件，Cb 型。

标本 Y29：11，夹砂灰褐陶。圆唇。残高 4.0 厘米（图三二二，3）。

缸　1件，Aa 型。

标本 Y29：4，夹砂灰褐陶。厚方唇。残高 7.0 厘米（图三二二，4）。

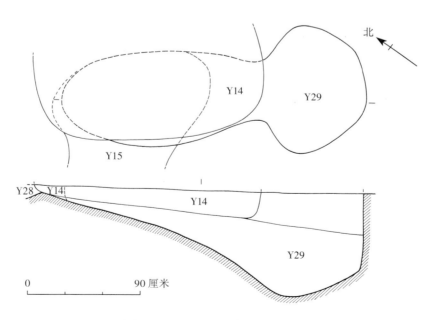

图三二一　Y29 平、剖面图

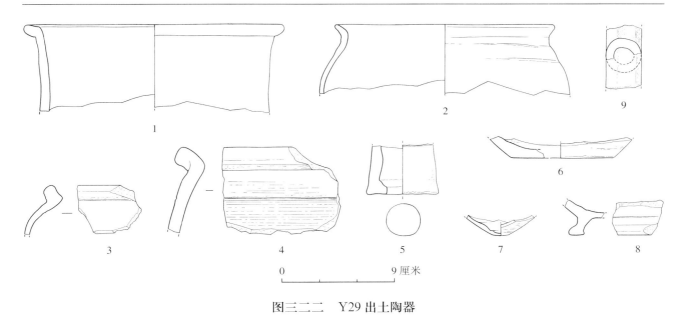

图三二二　Y29 出土陶器

1. Aa 型高领罐 Y29：1　2. Bc 型 I 式束颈罐 Y29：8　3. Cb 型瓮 Y29：11　4. Aa 型缸 Y29：4　5. Aa 型支柱 Y29：3　6. Ab 型器底 Y29：15
7. Ba 型 II 式器底 Y29：16　8. Ba 型圈足 Y29：10　9. 器柄 Y29：14

支柱　1 件，Aa 型。

标本 Y29：3，夹砂灰褐陶。直径 5.8、残高 3.8 厘米（图三二二，5）。

器底　3 件。

Ab 型　1 件。

标本 Y29：15，夹砂灰褐陶。底径 8.6、残高 1.6 厘米（图三二二，6）。

Ba 型 II 式　2 件。

标本 Y29：16，泥质黑皮陶。底径 1.3、残高 1.7 厘米（图三二二，7）。

圈足　1 件，Ba 型。

标本 Y29：10，夹砂灰褐陶。残高 2.8 厘米（图三二二，8）。

器柄　1 件。

标本 Y29：14，夹砂褐陶。柱状，中空。直径 2.9、残长 5.2 厘米（图三二二，9）。

9. Y30

位于 VT3709 的东北部，开口于第④a 层下，打破第⑤层。方向 45°。

窑室平面形状呈椭圆形（图三二三；彩版四○，2、3）。填土为深黑灰色黏沙土，结构松散，夹杂少许红烧土颗粒和灰烬，出土少量陶片。口径约 1.12~1.62 米，窑床底部呈斜坡状堆积，南高北低。窑顶塌落，情况不明，窑壁较薄，厚 0.02~0.05 米。火膛平面形状呈束腰喇叭状，东西残宽 0.60、南北残长 0.52 米，顶部厚 0.21、通高约 0.37 米。填土多为灰烬和烧土，不见陶片。操作坑平面形状呈不规则形状，口径 0.90~1.20 米。填土为灰褐色土，结构疏松，包含有少许红烧土颗粒。

窑室出土陶片可辨器形有瓮、簋形器、圈足器等。

簋形器　3 件。

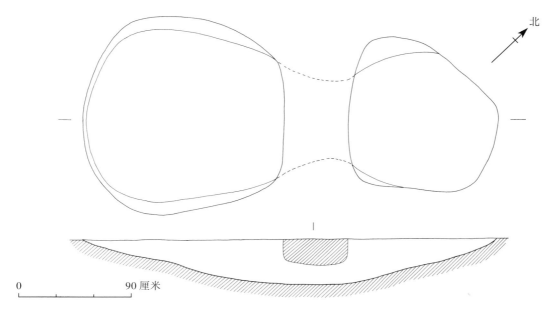

北

0　　　　　　　90 厘米

图三二三　Y30 平、剖面图

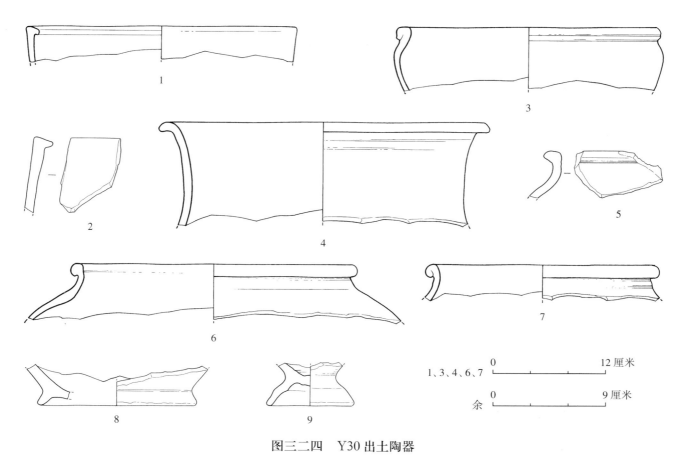

1

3

2

4

5

6

7

8

9

1、3、4、6、7　0　　　　　　　12 厘米

余　0　　　　　　　9 厘米

图三二四　Y30 出土陶器

1、2. A 型 I 式簋形器 Y30：15、13　3. Bb 型簋形器 Y30：2　4. Ac 型瓮 Y30：1　5. Bb 型瓮 Y30：20　6、7. Bc 型瓮 Y30：4、3　8. Ba 型圈足
Y30：12　9. Bb 型圈足 Y30：40

A 型 I 式 2 件。

标本 Y30：15，夹砂褐陶。圆唇。口径 28.6、残高 3.7 厘米（图三二四，1）。

标本 Y30：13，夹砂褐陶。尖圆唇。残高 6.3 厘米（图三二四，2）。

Bb 型 1 件。

标本 Y30：2，夹砂灰褐陶。圆唇。口径 28.0、残高 7.0 厘米（图三二四，3）。

瓮 9 件。

Ac 型 1 件。

标本 Y30：1，夹砂灰褐陶。圆唇，窄沿略外翻。口径 35.0、残高 11.7 厘米（图三二四，4）。

Bb 型 6 件。

标本 Y30：20，夹砂灰褐陶。残高 3.9 厘米（图三二四，5）。

Bc 型 2 件。

标本 Y30：4，夹砂灰褐陶。圆唇。口径 30.6、残高 6.2 厘米（图三二四，6）。

标本 Y30：3，夹砂灰褐陶。圆唇。口径 24.8、残高 3.7 厘米（图三二四，7）。

圈足 4 件。

Ba 型 2 件。

标本 Y30：12，夹砂灰褐陶。足径 12.6、残高 3.2 厘米（图三二四，8）。

Bb 型 2 件。

标本 Y30：40，夹砂褐陶。足径 7.0、残高 3.6 厘米（图三二四，9）。

10. Y31

位于 VT3709 的北部。开口于第⑤层下，打破 Y32、Y33。方向 300°。

窑总长约 2.65 米。窑室平面形状呈椭圆形（图三二五；彩版四一，1、2）。填土为灰白色黏土，结构紧密，夹杂少许红烧土颗粒和灰烬及少量陶片。口径 1.25~1.30 米，窑床呈斜坡状堆积，南高北低。

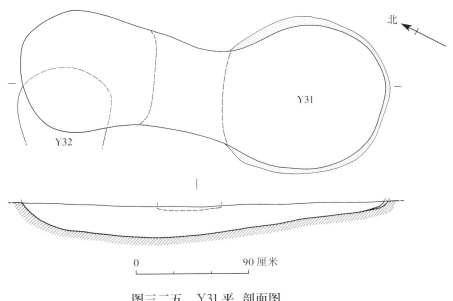

图三二五 Y31 平、剖面图

窑顶塌落，情况不明，窑壁较薄，厚 0.02~0.05 米。火膛平面形状呈束腰喇叭状，东西宽 0.52、南北长 0.70 米，顶部塌落，通高约 0.27 米。填土多为灰烬和烧土块，不见陶片。操作坑平面形状呈椭圆形，口径 0.95~1.06 米。填土为灰褐色土，结构疏松，包含有少许红烧土颗粒。

窑室出土陶片可辨器形有圈足器、盆、高领罐、壶等。

束颈罐　4 件。

Aa 型（圈足罐）　1 件。

标本 Y31：13，夹砂灰褐陶。圆唇。口径 12.8、残高 2.4 厘米（图三二六，1）。

Ca 型　3 件。

标本 Y31：1，夹砂灰褐陶。圆唇。口径 26.0、残高 2.2 厘米（图三二六，2）。

标本 Y31：2，夹砂灰褐陶。残高 2.9 厘米（图三二六，3）。

壶　2 件，Aa 型。

标本 Y31：10，泥质灰黄陶。圆唇。口径 13.6、残高 4.2 厘米（图三二六，4）。

盆　1 件，D 型。

标本 Y31：9，夹砂灰褐陶。圆唇，窄折沿略外翻。口径 44.0、残高 3.5 厘米（图三二六，5）。

瓮　1 件，Ad 型。

标本 Y31：5，夹砂灰褐陶。口径 42.0、残高 5.2 厘米（图三二六，6）。

圈足器　2 件，C 型。

标本 Y31：17，夹砂灰褐陶。残高 2.6 厘米（图三二六，7）。

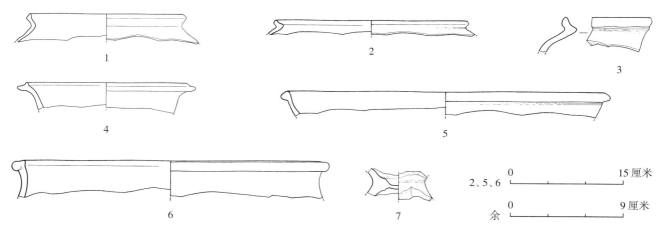

图三二六　Y31 出土陶器

1. Aa 型束颈罐（圈足罐）Y31：13　2、3. Ca 型束颈罐 Y31：1、2　4. Aa 型壶 Y31：10　5. D 型盆 Y31：9　6. Ad 型瓮 Y31：5　7. C 型圈足器 Y31：17

11．Y32

位于 VT3709 的西北部。开口于第⑤层下，操作坑被 Y31 打破。方向 60°。

窑残长约 2.77 米。窑室平面形状呈椭圆形（图三二七；彩版四二，1）。填土为灰黑色黏土，结构紧密，夹杂少许灰烬和少量陶片。口径 1.38~1.45 米，窑床呈斜坡状堆积，东高西低。窑顶塌落，情况不明，窑壁较薄，厚 0.01~0.05 米。火膛平面形状呈束腰喇叭状，东西长 0.52、南北宽 0.70 米，

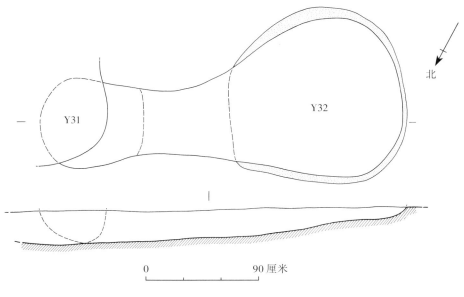

图三二七　Y32 平、剖面图

顶部塌落，通高约 0.26 米。填土多为灰烬和烧土块。操作坑平面形状呈椭圆形，口径残长 0.55~0.70 米。填土为灰褐色土，结构疏松，包含有少许红烧土颗粒。

窑室出土陶片可辨器形有束颈罐、壶、瓮、器座等。

高领罐　3 件，Ca 型。

标本 Y32：10，泥质灰褐陶。口径 13.5、残高 4.5 厘米（图三二八，1）。

束颈罐　4 件。

Aa 型　2 件。

标本 Y32：8，夹砂灰褐陶。圆唇。残高 1.7 厘米（图三二八，3）。

Ad 型　1 件。

标本 Y32：3，夹砂灰褐陶。圆唇。口径 44.0、残高 7.8 厘米（图三二八，4）。

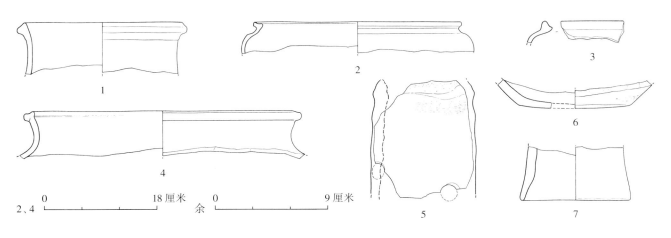

图三二八　Y32 出土陶器

1. Ca 型高领罐 Y32：10　2. Cc 型束颈罐 Y32：7　3. Aa 型束颈罐 Y32：8　4. Ad 型束颈罐 Y32：3　5. Ac 型器座 Y32：1　6. Ab 型器底 Y32：5　7. Db 型圈足 Y32：9

Cc 型　1 件。

标本 Y32：7，夹砂灰褐陶。圆唇。口径 33.0、残高 3.2 厘米（图三二八，2）。

器座　1 件，Ac 型。

标本 Y32：1，夹砂灰褐陶。上下两端均残。中部饰有圆形镂孔。直径 8.4、残高 9.7 厘米（图三二八，5）。

器底　4 件，Ab 型。

标本 Y32：5，夹砂灰褐陶。圆唇。底径 9.0、残高 2.4 厘米（图三二八，6）。

圈足　3 件，Db 型。

标本 Y32：9，夹砂灰褐陶。足径 8.8、残高 4.5 厘米（图三二八，7）。

12. Y33

位于 VT3710 的东南部，Y31 西端。开口于第⑤层下，窑室被 Y31 打破。方向 45°。

窑总长约 2.30 米。窑室平面形状呈椭圆形（图三二九；彩版四二，2、3）。填土为灰黑色黏土，结构紧密，夹杂少许灰烬和少量陶片。口径 1.24~1.34 米，窑床呈斜坡状堆积，西高东低。窑顶塌落，情况不明，窑壁较薄，厚 0.03~0.05 米。火膛平面形状呈束腰喇叭状，东西长 0.50、南北宽 0.70 米，顶部塌落，通高约 0.31 米。填土多为灰烬和烧土块。操作坑平面形状呈圆角方形，口径残长 0.50 米。填土为灰褐色土，结构疏松，包含有少许红烧土颗粒。

窑室出土陶片可辨器形有高领罐、支柱、瓮、器盖等。瓮可能为该窑口产品。

高领罐　3 件。

Ae 型　1 件。

标本 Y33：22，夹砂灰褐陶。尖圆唇。残高 4.2 厘米（图三〇，1）。

Ba 型　2 件。

标本 Y33：2，夹砂灰褐陶。圆唇。口径

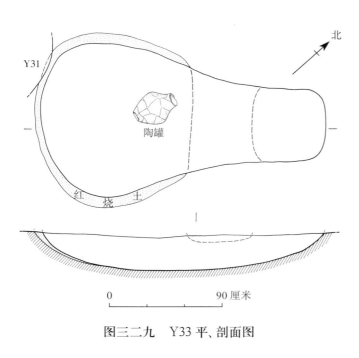

图三二九　Y33 平、剖面图

19.0、残高 3.2 厘米（图三三〇，2）。

瓮　15 件。

Aa 型　1 件。

标本 Y33：11，夹砂灰褐陶。圆唇。口径 34.6、残高 5.6 厘米（图三三〇，3）。

Ba 型　3 件。

标本 Y33：5，夹砂灰褐陶。残高 7.3 厘米（图三三〇，4）。

标本 Y33：13，夹砂灰褐陶。圆唇。残高 8.7 厘米（图三三〇，5）。

Bb 型　2 件。

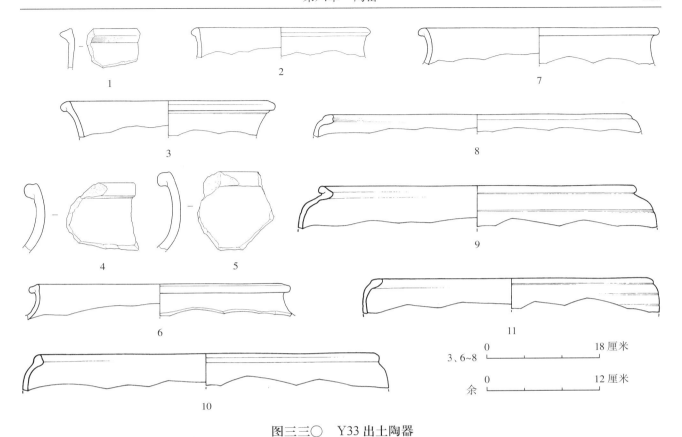

图三三〇　Y33 出土陶器

1. Ae 型高领罐 Y33：22　2. Ba 型高领罐 Y33：2　3. Aa 型瓮 Y33：11　4、5. Ba 型瓮 Y33：5、13　6. Bb 型瓮 Y33：18　7. Bc 型瓮 Y33：16
8、9. Ca 型瓮 Y33：17、Y33：8　10、11. Cb 型瓮 Y33：21、6

标本 Y33：18，夹砂灰褐陶。圆唇，窄折沿。口径 42.0、残高 5.2 厘米（图三三〇，6）。

Bc 型　1 件。

标本 Y33：16，夹砂灰褐陶。圆唇。口径 38.6、残高 6.0 厘米（图三三〇，7）。

Ca 型　5 件。

标本 Y33：17，夹砂灰褐陶。圆唇。口径 50.0、残高 3.4 厘米（图三三〇，8）。

标本 Y33：8，夹砂灰褐陶。肩部饰有一道凹弦纹。口径 34.0、残高 4.6 厘米（图三三〇，9）。

Cb 型　3 件。

标本 Y33：21，夹砂灰褐陶。口径 37.0、残高 3.7 厘米（图三三〇，10）。

标本 Y33：6，夹砂灰褐陶。圆唇。肩部饰有凹槽。口径 30.4、残高 3.6 厘米（图三三〇，11）。

器盖　1 件，Ab 型。

标本 Y33：1，夹砂灰褐陶。口部微内敛。直径 18.0、残高 2.8 厘米（图三三一，1）。

支柱　4 件。

Ab 型　3 件。

标本 Y33：25，夹砂灰褐陶。柱状，厚胎。直径 6.6、残高 6.2 厘米（图三三一，2）。

标本 Y33：9，夹砂灰褐陶。柱状，厚胎。圆唇，仰折沿。口径 14.4、残高 3.1 厘米（图三三一，3）。

Cb 型　1 件。

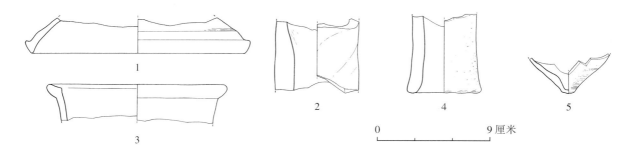

图三三一　Y33 出土陶器

1. Ab 型器盖 Y33：1　2、3. Ab 型支柱 Y33：25、Y33：9　4. Cb 型支柱 Y33：24　5. Bb 型Ⅱ式器底 Y33：19

标本 Y33：24，夹砂褐陶。直径 5.7、残高 6.6 厘米（图三三一，4）。

器底　2 件，Bb 型Ⅱ式。

标本 Y33：19，泥质黑皮陶。残高 3.2 厘米（图三三一，5）。

13. Y35

位于 VT4603 的中部偏南，开口于第⑤层下，打破第⑥层。方向 45°。

窑室平面形状呈椭圆形（图三三二；彩版四三，1、2）。填土为深黑灰色黏沙土，结构松散，夹杂少许红烧土颗粒和灰烬，出土少量陶片。口径 1.05~1.23 米，窑床底部呈斜坡状堆积，南高北低。窑顶塌落，情况不明，窑壁较薄，厚 0.02 米。火膛平面形状呈束腰喇叭状，东西残宽 0.41、南北残

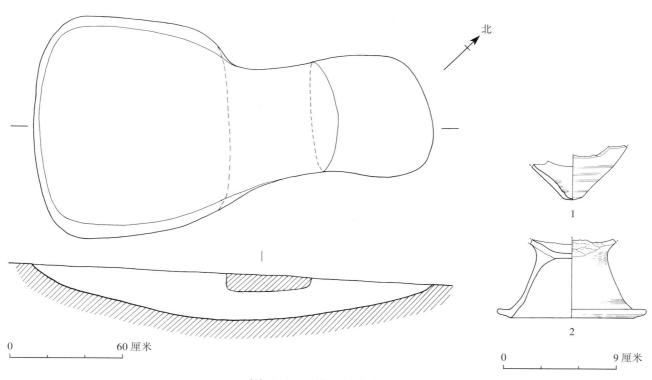

图三三二　Y35 及出土陶器

1. Bb 型Ⅱ式器底 Y35：1　2. Cb 型圈足 Y35：2

长 0.57 米，顶部厚 0.08、通高约 0.24 米。填土多为灰烬和烧土，不见陶片。操作坑平面形状呈椭圆形，口径 0.60~0.65 米。填土为灰褐色土，结构疏松，包含有少许红烧土颗粒。

窑室出土陶片可辨器形有尖底杯、圈足器等。

器底　2 件，Bb 型 Ⅱ 式。

标本 Y35∶1，泥质黑皮陶。残高 4.3 厘米（图三三二，1）。

圈足　3 件，Cb 型。

标本 Y35∶2，泥质黑皮陶。足径 11.8、残高 6.5 厘米（图三三二，2）。

14．Y45

位于 VT4608 的西部。开口于第⑤层下，打破第⑥层。方向 110°。

窑总长约 2.47 米。窑室平面形状呈横椭圆形（图三三三；彩版四四，1~3）。填土为深灰黑色黏砂土，结构紧密，夹杂红烧土块和灰烬及陶片。口径 1.05~1.26、深 0.06~0.35 米。窑床呈斜坡状堆积，西高东低。窑顶塌落，情况不明，窑壁较薄，厚 0.02~0.05 米。火膛平面形状呈束腰喇叭状，东西长 1.00、南北宽 0.50 米，顶部塌落，通高约 0.36 米。填土多为灰烬和烧土块，不见陶片。操作坑平面形状呈椭圆形，口径 0.80~0.95 米。填土为灰褐色土，结构疏松，包含有少许红烧土颗粒。

窑室出土陶片可辨器形有尖底杯、器盖、盆、高领罐、圈足器、束颈罐等。

高领罐　5 件。

Aa 型　3 件。

标本 Y45∶6，夹砂灰褐陶。侈口，圆唇，宽沿。口径 14.0、残高 3.8 厘米（图三三四，1）。

Ab 型　2 件。

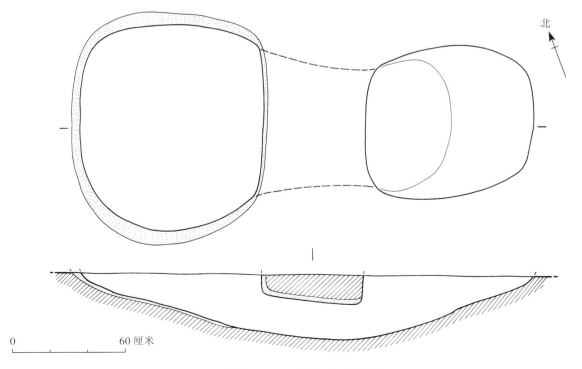

图三三三　Y45 平、剖面图

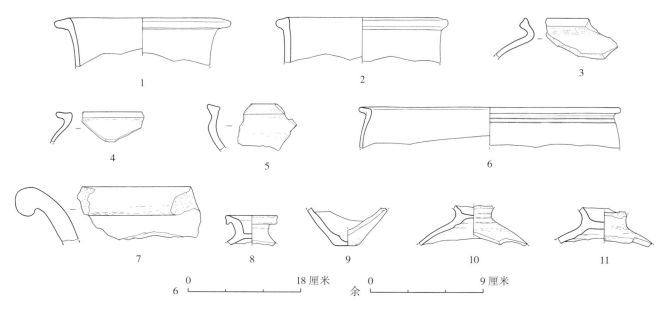

图三三四　Y45 出土陶器

1. Aa 型高领罐 Y45：6　2. Ab 型高领罐 Y45：47　3. Aa 型束颈罐（圈足罐）Y45：15　4. Cb 型束颈罐 Y45：38　5. Ad 型盆 Y45：11　6. Ac 型盆 Y45：4　7. Aa 型瓮 Y45：20　8. Bb 型器纽 Y45：30　9. Ba 型 I 式器底 Y45：29　10、11. B 型圈足器 Y45：7、3

标本 Y45：47，夹砂灰褐陶。圆唇。口径 13.6、残高 3.7 厘米（图三三四，2）。

束颈罐　3 件。

Aa 型（圈足罐）　2 件。

标本 Y45：15，夹砂灰褐陶。尖唇。残高 3.2 厘米（图三三四，3）。

Cb 型　1 件。

标本 Y45：38，夹砂灰褐陶。圆唇，卷沿。残高 2.5 厘米（图三三四，4）。

盆　3 件。

Ad 型　2 件。

标本 Y45：11，夹砂灰褐陶。圆唇，窄折沿。残高 3.7 厘米（图三三四，5）。

Ac 型　1 件。

标本 Y45：4，夹砂灰褐陶。圆唇，宽折沿。口径 42.0、残高 6.7 厘米（图三三四，6）。

瓮　2 件，Aa 型。

标本 Y45：20，夹砂黄褐陶。厚圆唇。残高 4.5 厘米（图三三四，7）。

器纽　3 件，Bb 型。

标本 Y45：30，夹砂灰褐陶，直径 4.2、残高 2.4 厘米（图三三四，8）。

器底　2 件，Ba 型 I 式。

标本 Y45：29，泥质黑皮陶。底径 2.0、残高 3.1 厘米（图三三四，9）。

圈足器　5 件，B 型。

标本 Y45：7，夹砂灰褐陶。残高 3.7 厘米（图三三四，10）。

标本 Y45：3，夹砂灰褐陶。残高 3.0 厘米（图三三四，11）。

15．Y50

位于 VT4608 的西南角，Y45 南侧。开口于第⑤层下，打破第⑥层。方向 45°。

窑总长约 2.10 米。平面形状呈马蹄形，剖面呈刀形（图三三五；彩版四五，1~3）。窑室保存较差，平面形状呈葫芦形。填土为灰黑色黏砂土，结构紧密，夹杂红烧土颗粒、灰烬、卵石及陶片。口径 1.11~1.26、深 0.01~0.30 米。窑床呈斜坡状堆积，西高东低。窑顶塌落，情况不明，窑壁较薄，厚 0.02~0.05 米。火膛不突出，东西残长 0.24、南北宽 0.50 米，顶部塌落，通高约 0.30 米。填土多灰烬和烧土块，不见陶片。操作坑平面形状近圆角长方形，口径 0.40~0.77 米。填土为灰褐色土，结构疏松，包含有少许红烧土颗粒）。

窑室出土陶片可辨器形有束颈罐、尖底杯、尖底盏、瓮、高领罐、盆、器盖等（表一六）。

尖底盏　1 件，Ca 型 II 式。

标本 Y50：7，夹砂灰褐陶。尖圆唇。口径 13.0、残高 4.0 厘米（图三三六，1）。

高领罐　9 件。

Aa 型　3 件。

标本 Y50：5，夹砂灰褐陶。口微敞，厚圆唇。口径 20.4、残高 9.3 厘米（图三三六，2）。

标本 Y50：30，夹砂灰褐陶。口径 16.0、残高 3.7 厘米（图三三六，3）。

Ab 型　4 件。

标本 Y50：10，夹砂灰褐陶。子母口不突出，圆唇，宽折沿。口径 20.8、残高 6.9 厘米（图三三六，4）。

标本 Y50：12，夹砂灰褐陶。圆唇。口径 16.4、残高 7.3 厘米（图三三六，5）。

Ba 型　1 件。

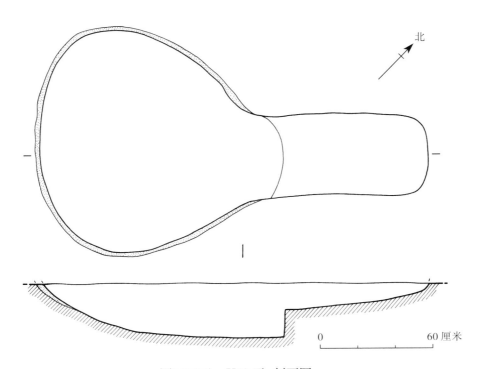

北

0　　　　　　　60 厘米

图三三五　Y50 平、剖面图

表一六　Y50 陶片统计表

纹饰 \ 陶质 \ 陶色	夹砂			泥质			纹饰小计	
	灰褐	褐黄	褐红		黑皮		数量	比例
素面	60	79	3		11		153	96.84%
绳纹		1					1	0.63%
镂孔								
戳印纹								
弦纹	4						4	2.53%
数量	64	80	3		11		158	
比例	40.51%	50.63%	1.90%		6.96%			
数量	147			11			备注	
比例	93.04%			6.96%				

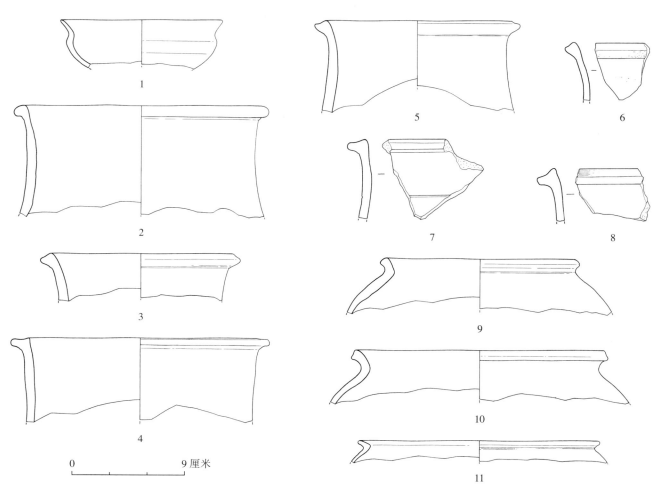

0　　　　　　9厘米

图三三六　Y50 出土陶器

1. Ca 型Ⅱ式尖底盏 Y50：7　2、3. Aa 型高领罐 Y50：5、Y50：30　4、5. Ab 型高领罐 Y50：10、Y50：12　6. Ba 型高领罐 Y50：45　7、8. Bb 型高领罐 Y50：8、28　9. Ba 型束颈罐（圈足罐）Y50：39　10. Bd 型Ⅰ式束颈罐（圈足罐）Y50：2　11. Cb 型束颈罐 Y50：37

标本 Y50：45，夹砂灰褐陶。残高 4.7 厘米（图三三六，6）。

Bb 型　1 件。

标本 Y50：8，夹砂灰褐陶。侈口，圆唇。残高 6.5 厘米（图三三六，7）。

标本 Y50：28，夹砂灰褐陶。圆唇。残高 4.4 厘米（图三三六，8）。

束颈罐　5 件。

Ba 型（圈足罐）　3 件。

标本 Y50：39，夹砂灰褐陶。方唇。口径 16.0、残高 4.5 厘米（图三三六，9）。

Bd 型Ⅰ式（圈足罐）　1 件。

标本 Y50：2，夹砂灰褐陶。口径 20.4、残高 4.5 厘米（图三三六，10）。

Cb 型　1 件。

标本 Y50：37，夹砂灰褐陶。圆唇。口径 19.4、残高 1.8 厘米（图三三六，11）。

簋形器　1 件，Bd 型。

标本 Y50：44，夹砂灰褐陶。圆唇。口径 14.8、残高 2.8 厘米（图三三七，1）。

盆　1 件，Ac 型。

标本 Y50：6，夹砂灰褐陶。圆唇，卷沿。口径 44.0、残高 4.8 厘米（图三三七，2）。

瓮　4 件。

Cb 型　3 件。

标本 Y50：11，夹砂灰褐陶。口径 28.4、残高 3.7 厘米（图三三七，3）。

标本 Y50：1，夹砂灰褐陶。厚圆唇。残高 3.5 厘米（图三三七，4）。

Cc 型　1 件。

标本 Y50：26，夹砂灰褐陶。厚圆唇。残高 5.4 厘米（图三三七，5）。

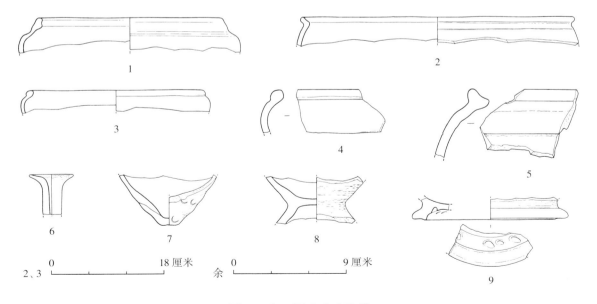

图三三七　Y50 出土陶器

1. Bd 型簋形器 Y50：44　2. Ac 型盆 Y50：6　3、4. Cb 型瓮 Y50：11、Y50：1　5. Cc 型瓮 Y50：26　6. Bc 型器组 Y50：31　7. Bb 型Ⅰ式器底 Y50：13　8. A 型圈足器 Y50：19　9. Aa 型圈足 Y50：32

器纽　2件，Bc 型。

标本 Y50：31，泥质黑皮陶。纽径 3.7、残高 3.3 厘米（图三三七，6）。

器底　2件，Bb 型 I 式。

标本 Y50：13，夹砂灰褐陶。足径 1.9、残高 4.4 厘米（图三三七，7）。

圈足器　4件，A 型。

标本 Y50：19，夹砂灰褐陶。残高 4.1 厘米（图三三七，8）。

圈足　6件，Aa 型。

标本 Y50：32，夹砂灰褐陶。足根内壁饰一圈圆点纹。足径 12.6、残高 1.8 厘米（图三三七，9）。

16. Y51

位于 VT4301 的西北角，Y45 南侧。开口于第⑤层下，打破第⑥层。方向 125°。

窑总长约 2.40 米。平面形状呈马蹄形，剖面呈锅底状（图三三八；彩版四六，1）。窑室保存较差，平面形状呈椭圆形。填土为红褐色黏砂土，结构紧密，夹杂红烧土颗粒、灰烬、卵石及陶片。口径 1.11~1.26、深 0.01~0.37 米。窑床呈斜坡状堆积，西高东低。窑顶塌落，情况不明，窑壁较薄，厚 0.01~0.05 米。火膛不突出，顶部塌落，通高约 0.34 米。填土多灰烬和烧土块，不见陶片。操作坑平面形状近圆角长方形，口径 0.55~0.90 米。填土为灰褐色土，结构疏松，包含有少许红烧土颗粒。

窑室出土陶片可辨器形有缸、盆、簋形器、高领罐等。

高领罐　5件。

Aa 型　2件。

标本 Y51：4，夹砂灰褐陶。圆唇。口径 14.4、残高 6.8 厘米（图三三九，1）。

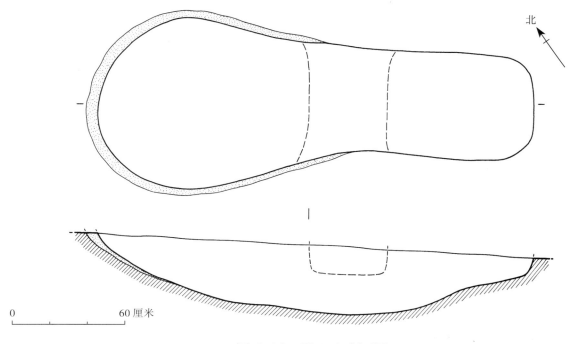

北

0 ── 60 厘米

图三三八　Y51 平、剖面图

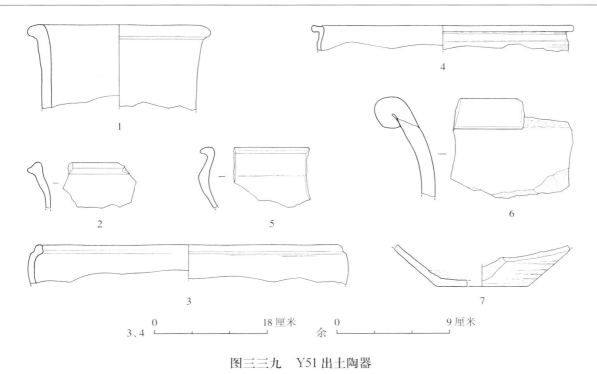

图三三九　Y51 出土陶器

1. Aa 型高领罐 Y51：4　2. Ab 型高领罐 Y51：8　3. Bd 型簋形器 Y51：1　4. Cb 型盆 Y51：23　5. Bc 型高领罐 Y51：7　6. Aa 型瓮 Y51：6
7. Ab 型器底 Y51：21

　　Ab 型　3 件。

　　标本 Y51：8，夹砂灰褐陶。圆唇。残高 3.7 厘米（图三三九，2）。

　　簋形器　2 件，Bd 型。

　　标本 Y51：1，夹砂灰褐陶。圆唇。口径 48.6、残高 6.7 厘米（图三三九，3）。

　　盆　2 件。

　　Cb 型　1 件。

　　标本 Y51：23，夹砂灰褐陶。方唇。腹部饰两道平行凹弦纹。口径 42.0、残高 4.0 厘米（图三三九，4）。

　　Bc 型　1 件。

　　标本 Y51：7，夹砂灰褐陶。圆唇，窄沿。残高 5.0 厘米（图三三九，5）。

　　瓮　3 件，Aa 型。

　　标本 Y51：6，夹砂灰褐陶。厚圆唇，厚胎。残高 8.2 厘米（图三三九，6）。

　　器底　4 件，Ab 型。

　　标本 Y51：21，底径 7.4、残高 3.5 厘米（图三三九，7）。

17. Y54

　　位于 VT4707 的东北，VT4706 的东南。开口于第⑤层下，打破第⑥层。方向 38°。

　　窑总长约 2.52 米。窑室保存较好，平面形状呈横椭圆形（图三四〇；彩版四六，2、四七 1~3）。填土为深灰黑色黏砂土，结构紧密，夹杂大量红烧土颗粒、卵石、草木灰以及陶片。口径

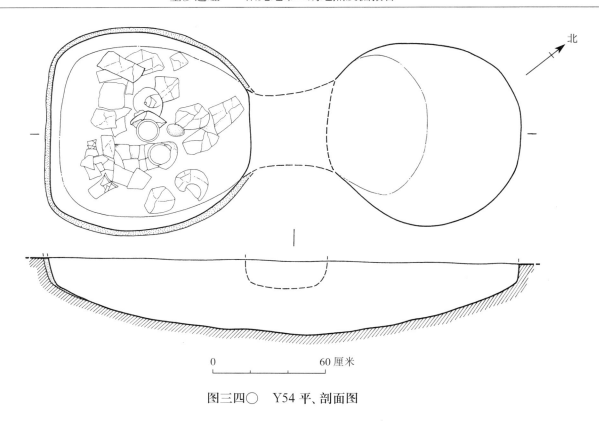

图三四〇　Y54 平、剖面图

1.09~1.12、深 0.01~0.40 米。窑床呈斜坡状堆积，南高北低。窑顶塌落，情况不明，窑壁较薄，厚 0.02~0.05 米。火膛平面形状呈束腰喇叭状，东西长 0.39、南北宽 0.41 米，顶部塌落，通高约 0.42 米。填土多为灰烬和烧土块，不见陶片。操作坑平面形状近圆形，口径 0.99~1.05 米。填土为灰褐色土，结构疏松，包含有少许红烧土颗粒。

　　窑室出土陶片可辨器形有瓮、盆、壶、支柱、尖底杯等。

　　高领罐　5 件。

　　Aa 型　3 件。

　　标本 Y54：13，夹砂灰褐陶。圆唇。口径 15.8、残高 5.3 厘米（图三四一，1）。

　　标本 Y54：3，夹砂灰褐陶。圆唇。口径 12.0、残高 5.2 厘米（图三四一，2）。

　　Ac 型　2 件。

　　标本 Y54：12，夹砂灰褐陶。圆唇，窄沿略外翻。口径 11.4、残高 2.3 厘米（图三四一，3）。

　　壶　1 件，Aa 型。

　　标本 Y54：19，泥质褐陶。圆唇。口径 13.4、残高 3.7 厘米（图三四一，4）。

　　盆　1 件，Ad 型。

　　标本 Y54：18，夹砂灰褐陶。圆唇。残高 4.2 厘米（图三四一，5）。

　　瓮　2 件。

　　Aa 型　1 件。

　　标本 Y54：14，夹砂灰褐陶。圆唇。残高 3.2 厘米（图三四一，6）。

　　Ad 型　1 件。

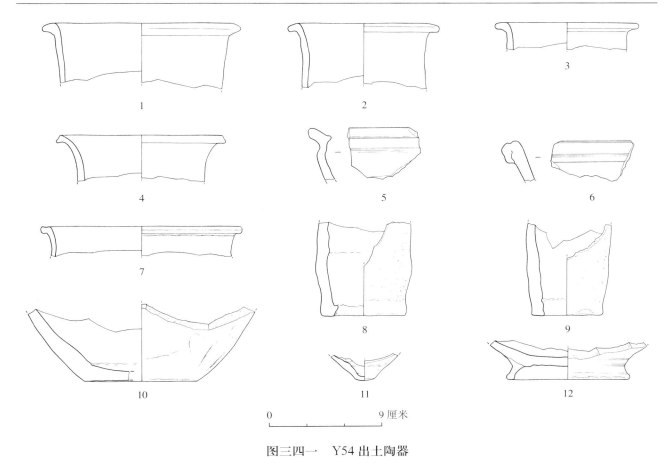

图三四一　Y54 出土陶器

1、2. Aa 型高领罐 Y54：13、3　3. Ac 型高领罐 Y54：12　4. Aa 型壶 Y54：19　5. Ad 型盆 Y54：18　6. Aa 型瓮 Y54：14　7. Ad 型 Y54：15　8、9. Ab 型支柱 Y54：6、1　10. Ab 型器底 Y54：10　11. Bb 型Ⅱ式器底 Y54：20　12. Bb 型圈足 Y54：2

标本 Y54：15，夹砂灰褐陶。圆唇，窄沿。口径 16.0、残高 2.4 厘米（图三四一，7）。

支柱　2 件，Ab 型。

标本 Y54：6，夹砂褐陶。直径 6.8、残高 7.6 厘米（图三四一，8）。

标本 Y54：1，夹砂灰褐陶。直径 5.5、残高 7.5 厘米（图三四一，9）。

器底　4 件。

Ab 型　2 件。

标本 Y54：10，夹砂灰褐陶。底径 9.0、残高 6.5 厘米（图三四一，10）。

Bb 型Ⅱ式　2 件。

标本 Y54：20，泥质黑皮陶。残高 2.2 厘米（图三四一，11）。

圈足　2 件，Bb 型。

标本 Y54：2，夹砂灰褐陶。足径 9.7、残高 3.1 厘米（图三四一，12）。

18.Y55

位于 VT4908 的西北部，开口于第⑤层下，打破第⑥层。方向 105°。

窑总长 3.63 米，有窑室、火膛、操作坑组成。窑室平面形状呈圆形（图三四二；彩版四八，

1~4）。填土为深黑灰色黏沙土，结构松散，夹杂少许红烧土颗粒和灰烬，出土少量陶片。口径1.42~1.53
米，窑床底部呈斜坡状堆积，北高南低。窑顶塌落，情况不明，窑壁较薄，厚0.02~0.05米。火膛平
面形状呈束腰喇叭状，东西残长0.95、南北残宽0.65米，顶部厚0.34、通高0.56米。填土多为灰烬
和烧土，不见陶片。操作坑平面形状呈椭圆形，口径1.20~1.30米。填土为灰褐色土，结构疏松，包
含有少许红烧土颗粒。

出土陶片可辨器形有壶、高领罐、簋形器、瓮、缸、束颈罐、尖底杯等（表一七）。

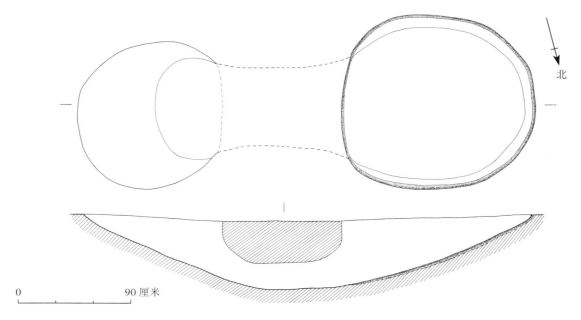

图三四二　Y55 平、剖面图

表一七　Y55 陶片统计表

| 陶质 | 夹砂 | | | | 泥质 | | | 纹饰小计 | |
陶色 纹饰	灰褐	褐黄	褐红		黑皮			数量	比例
素面	51	170	11		25			257	96.62%
绳纹									
镂孔		2			2			4	1.50%
戳印纹									
弦纹		1						1	0.38%
棱纹		3			1			4	1.50%
数量	51	176	11		28			266	
比例	19.17%	66.17%	4.14%		10.53%				
数量	238				28			备注	
比例	89.47%				10.53%				

高领罐　9 件。

Aa 型　2 件。

标本 Y55：4，夹砂灰褐陶。口径 22.0、残高 5.0 厘米（图三四三，1）。

标本 Y55：9，夹砂灰褐陶。厚圆唇，窄折沿。口径 20.2、残高 5.7 厘米（图三四三，2）。

Ac 型　5 件。

标本 Y55：25，夹砂灰褐陶。尖圆唇，窄折沿。口径 18.0、残高 4.4 厘米（图三四三，3）。

标本 Y55：46，夹砂灰褐陶。口径 14.0、残高 3.0 厘米（图三四三，4）。

标本 Y55：8，夹砂灰褐陶。圆唇，近直口。残高 6.4 厘米（图三四三，5）。

Ag 型　2 件。

标本 Y55：42，夹砂灰褐陶。圆唇，宽沿外翻。口径 15.0、残高 3.7 厘米（图三四三，6）。

束颈罐　7 件。

Ab 型（圈足罐）　2 件。

标本 Y55：12，夹砂灰褐陶。方唇。口径 17.0、残高 7.8 厘米（图三四三，7）。

Be 型　2 件。

标本 Y55：13，夹砂灰褐陶。肩部饰有斜向绳纹。残高 10.0 厘米（图三四三，8）。

Cb 型　3 件。

标本 Y55：23，夹砂灰褐陶。残高 4.0 厘米（图三四三，9）。

簋形器　2 件，Bb 型。

标本 Y55：61，夹砂灰褐陶。圆唇。口径 12.4、残高 4.3 厘米（图三四三，10）。

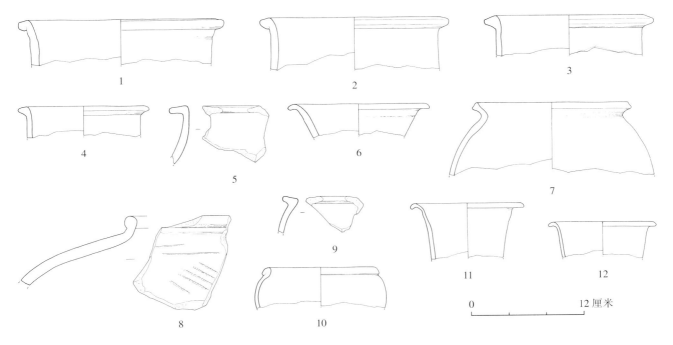

图三四三　Y55 出土陶器

1、2. Aa 型高领罐 Y55：4、9　3~5. Ac 型高领罐 Y55：25、46、8　6. Ag 型高领罐 Y55：42　7. Ab 型束颈罐（圈足罐）Y55：12　8. Be 型束颈罐 Y55：13　9. Cb 型束颈罐 Y55：23　10. Bb 型簋形器 Y55：61　11、12. Ba 型壶 Y55：51、75

壶　3件，Ba 型。

标本 Y55：51，泥质褐陶。口径 12.0、残高 6.0 厘米（图三四三，11）。

标本 Y55：75，泥质褐陶。口径 11.4、残高 3.8 厘米（图三四三，12）。

瓮　13件。

Aa 型　9件。

标本 Y55：3，夹砂灰褐陶。口径 58.0、残高 5.4 厘米（图三四四，1）。

标本 Y55：2，夹砂灰褐陶。圆唇，大喇叭口。口径 34.0、残高 9.0 厘米（图三四四，2）。

Ac 型　4件。

标本 Y55：10，夹砂灰褐陶。圆唇，宽卷沿外翻。领部饰有两道平行凹弦纹。口径 56.0、残高 7.8 厘米（图三四四，3）。

缸　6件，C 型。

标本 Y55：5，夹砂灰褐陶。圆唇，宽卷沿外翻。领部饰有一道平行凹弦纹。口径 39.0、残高 6.0 厘米（图三四四，4）。

标本 Y55：7，夹砂灰褐陶。残高 8.0 厘米（图三四四，5）。

支柱　1件，Cb 型。

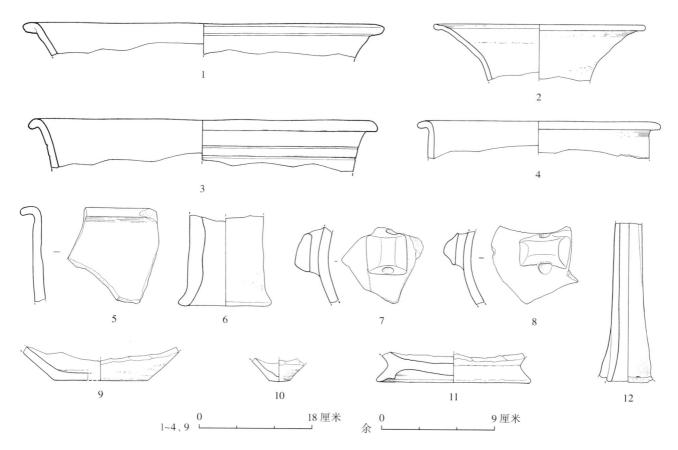

图三四四　Y55 出土陶器

1、2. Aa 型瓮 Y55：3、2　3. Ac 型瓮 Y55：10　4、5. C 型缸 Y55：5、7　6. Cb 型支柱 Y55：48　7. Ea 型器耳 Y55：68　8. Eb 型器耳 Y55：66　9. Aa 型器底 Y55：14　10. Bb 型 I 式器底 Y55：52　11. Aa 型圈足 Y55：18　12. A 型豆柄 Y55：47

标本 Y55：48，夹砂灰褐陶。直径 7.4、残高 7.3 厘米（图三四四，6）。

器耳　2 件。

Ea 型　1 件。

标本 Y55：68，泥质黑皮陶。残长 3.9、宽 3.2、孔径 0.8、高 1.7 厘米（图三四四，7）。

Eb 型　1 件。

标本 Y55：66，泥质黑皮陶。通长 4.0、宽 2.5、孔径 1.1、高 1.6 厘米（图三四四，8）。

器底　10 件。

Aa 型　5 件。

标本 Y55：14，夹砂灰褐陶。底径 15.0、残高 5.4 厘米（图三四四，9）。

Bb 型 I 式　5 件。

标本 Y55：52，泥质黑皮陶。底径 1.5、残高 1.8 厘米（图三四四，10）。

圈足　2 件，Aa 型。

标本 Y55：18，夹砂灰褐陶。足径 12.3、残高 2.4 厘米（图三四四，11）。

豆柄　3 件，A 型。

标本 Y55：47，柱状。夹砂灰褐陶。残高 13.1 厘米（图三四四，12）。

19．Y56

位于 VT2913 的中部偏西，开口于第⑤层下，打破第⑥层。方向 295°。

陶窑总长 2.73 米，有窑室、火膛、操作坑组成。窑室平面形状呈椭圆形（图三四五；彩版四九，1、2）。填土为深黑灰色黏沙土，结构松散，夹杂少许红烧土颗粒和灰烬，出土少量陶片。口径 1.40~1.51 米，窑床底部呈斜坡状堆积，北高南低。窑顶塌落，情况不明，窑壁较薄，厚 0.02~0.05 米。火膛平面形状呈束腰喇叭状，东西残宽 0.53、南北残长 0.62 米，顶部塌落，残高约 0.30 米。填土多为灰烬

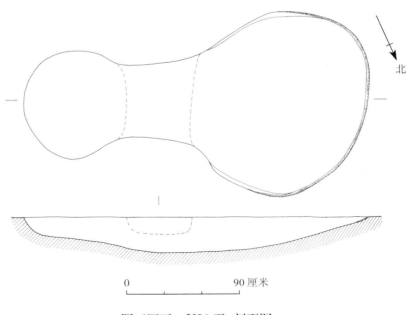

北

0　　　　　　　　90 厘米

图三四五　Y56 平、剖面图

和烧土，不见陶片。操作坑平面形状呈圆形，口径 0.82~0.86 米。填土为灰褐色土，结构疏松，包含有少许红烧土颗粒。

出土陶片可辨器形有束颈罐、瓮、高领罐、壶、簋形器、盆、缸、支柱、尖底杯等（表一八）。

高领罐　11 件。

Ab 型　8 件。

标本 Y56：8，夹砂灰褐陶。圆唇。口径 24.0、残高 4.7 厘米（图三四六，1）。

Bb 型 3 件。

标本 Y56：13，夹砂灰褐陶。尖唇，折沿。口径 14.6、残高 4.7 厘米（图三四六，2）。

束颈罐（圈足罐）　3 件。

Aa 型　2 件。

标本 Y56：39，夹砂灰褐陶。残高 3.2 厘米（图三四六，3）。

Cb 型　1 件。

标本 Y56：71，夹砂灰褐陶。圆唇，窄折沿。残高 2.7 厘米（图三四六，4）。

簋形器　4 件。

Ba 型　1 件。

标本 Y56：4，夹砂灰褐陶。圆唇，弧腹。残高 8.0 厘米（图三四六，5）。

Bd 型　3 件。

标本 Y56：23，夹砂灰褐陶。尖唇。口径约 51.6、残高 8.8 厘米（图三四六，6）。

标本 Y56：21，夹砂灰褐陶。尖唇，唇部内凹。口径 33.0、残高 8.0 厘米（图三四六，7）。

壶　2 件，Aa 型。

标本 Y56：6，夹砂灰褐陶。圆唇。口径 13.0、残高 2.7 厘米（图三四六，8）。

表一八　Y56 陶片统计表

纹饰 ＼ 陶质陶色	夹砂				泥质			纹饰小计	
	灰褐	褐黄	褐红		黑皮			数量	比例
素面	106	84	3		5			198	98.51%
绳纹		1						1	0.50%
镂孔									
戳印纹									
弦纹	1							1	0.50%
乳丁纹		1						1	0.50%
数量	107	86	3		5			201	
比例	53.23%	42.79%	1.49%		2.49%				
数量	196				5			备注	
比例	97.51%				2.49%				

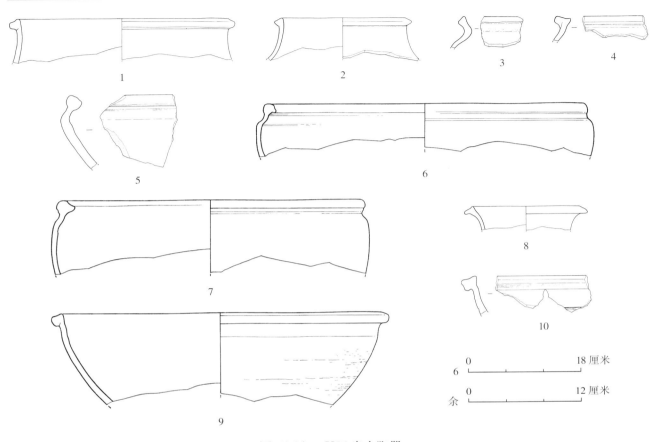

图三四六 Y56 出土陶器

1. Ab 型高领罐 Y56 : 8　2. Bb 型高领罐 Y56 : 13　3. Aa 型束颈罐（圈足罐）Y56 : 39　4. Cb 型束颈罐 Y56 : 71　5. Ba 型簋形器 Y56 : 4
6、7. Bd 型簋形器 Y56 : 23、21　8. Aa 型壶 Y56 : 6　9、10. Cb 型盆 Y56 : 40、2

　　盆　2 件，Cb 型。

　　标本 Y56 : 40，夹砂灰褐陶。圆唇，窄沿。口径 36.0、残高 10.0 厘米（图三四六，9）。

　　标本 Y56 : 2，夹砂灰褐陶。腹部饰有凹弦纹。残高 4.0 厘米（图三四六，10）。

　　瓮　14 件。

　　Aa 型　2 件。

　　标本 Y56 : 42，夹砂灰褐陶。圆唇。口径 59.4、残高 4.5 厘米（图三四七，1）。

　　Bb 型　3 件。

　　标本 Y56 : 22，夹砂灰褐陶。圆唇，广肩。口径 41.4、残高 11.2 厘米（图三四七，2）。

　　Cb 型　5 件。

　　标本 Y56 : 11，夹砂灰褐陶。厚圆唇。口径 21.4、残高 2.6 厘米（图三四七，3）。

　　Cc 型　4 件。

　　标本 Y56 : 46，夹砂灰褐陶。圆唇。口径 20.4、残高 2.8 厘米（图三四七，4）。

　　缸　2 件，Bb 型。

　　标本 Y56 : 12，夹砂灰褐陶。圆唇，折沿。腹部饰有对称梯形錾手和凹弦纹。残高 5.3 厘米（图三四七，5）。

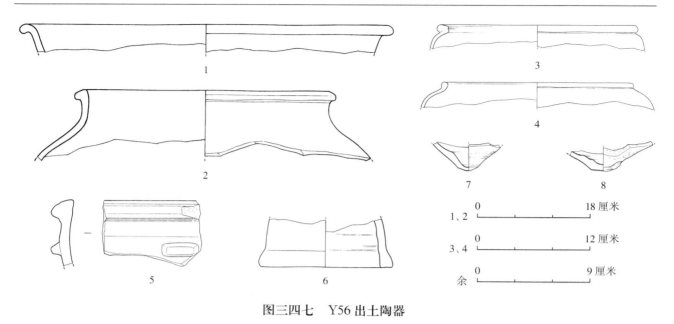

图三四七　Y56 出土陶器

1. Aa 型瓮 Y56：42　2. Bb 型瓮 Y56：22　3. Cb 型瓮 Y56：11　4. Cc 型瓮 Y56：46　5. Bb 型缸 Y56：12　6. Bb 型支柱 Y56：35　7. Bb 型Ⅱ式器底 Y56：49　8. Bc 型器底 Y56：47

支柱　1 件，Bb 型。

标本 Y56：35，夹砂灰褐陶。方唇，平沿，弧腹，厚胎。直径 10.6、残高 4.0 厘米（图三四七，6）。

器底　3 件。

Bb 型Ⅱ式　1 件。

标本 Y56：49，泥质黑皮陶。残高 2.4 厘米（图三四七，7）。

Bc 型　2 件。

标本 Y56：47，夹砂灰褐陶。残高 2.4 厘米（图三四七，8）。

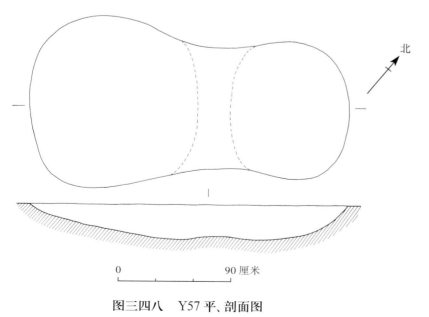

图三四八　Y57 平、剖面图

20. Y57

位于 VT3222 的东北部，开口于第⑤层下，打破第⑥层。方向 50°。

陶窑总长 2.55 米，有窑室、火膛、操作坑组成。窑室平面形状呈椭圆形（图三四八）。填土为深黑灰色黏沙土，结构松散，夹杂少许红烧土颗粒和灰烬，出土少量陶片。口径 1.35~1.40 米，窑床底部呈斜坡状堆积，南高北低。窑顶塌落，情况不明，窑壁较薄，几不可辨。火膛平面形状呈束腰喇叭状，东西残长 1.00、南北残宽 0.25 米，顶部塌落，残高约 0.26 米。填土多为灰烬和烧土，不见陶片。操作坑平面形状呈圆形，口径 0.95~1.13 米。填土为灰褐色土，结构疏松，包含有少许红烧土颗粒。

出土陶片可辨器形有束颈罐、瓮、高领罐、壶、簋形器、盆、缸、支柱等。

高领罐　3 件，Bc 型。

标本 Y57：15，夹砂灰褐陶。口径 12.8、残高 3.7 厘米（图三四九，1）。

标本 Y57：13，夹砂灰褐陶。圆唇。口径 26.0、残高 4.7 厘米（图三四九，2）。

标本 Y57：8，夹砂灰褐陶。尖圆唇。口径 19.0、残高 5.7 厘米（图三四九，3）。

束颈罐（圈足罐）　7 件。

Ag 型Ⅱ式　2 件。

标本 Y57：5，夹砂灰褐陶。方唇。弧腹。圈足残。残高 4.6 厘米（图三四九，4）。

Cb 型　5 件。

标本 Y57：24，夹砂灰褐陶。口径 29.6、残高 3.0 厘米（图三四九，5）。

盆　1 件，Ea 型。

标本 Y57：4，夹砂灰褐陶。圆唇。口径 25.4、残高 2.9 厘米（图三四九，7）。

瓮　9 件。

Ab 型　1 件。

标本 Y57：32，夹砂灰褐陶。方唇。口径 38.0、残高 6.0 厘米（图三五〇，1）。

Ad 型　1 件。

标本 Y57：35，夹砂灰褐陶。方唇。口径 41.5、残高 5.0 厘米（图三五〇，2）。

Bb 型　2 件。

标本 Y57：18，夹砂灰褐陶。残高 7.1 厘米（图三五〇，3）。

Bc 型　1 件。

标本 Y57：22，夹砂灰褐陶。圆唇。口径 30.0、残高 4.0 厘米（图三五〇，4）。

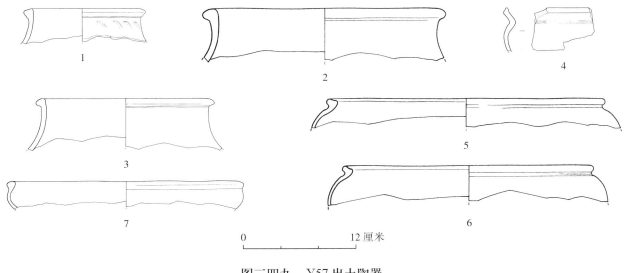

0　　　　　　　12 厘米

图三四九　Y57 出土陶器

1~3. Bc 型高领罐 Y57：15、13、8　4. Ag 型Ⅱ式束颈罐（圈足罐）Y57：5　5、6. Cb 型束颈罐 Y57：24、3　7. Ea 型盆 Y57：4

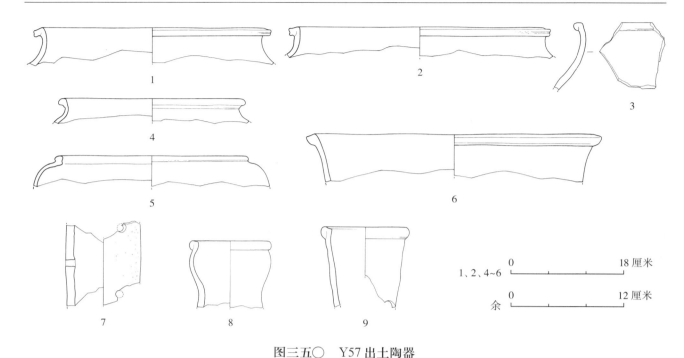

图三五〇　Y57 出土陶器

1. Ab 型瓮 Y57：32　2. Ad 型瓮 Y57：35　3. Bb 型瓮 Y57：18　4. Bc 型瓮 Y57：22　5. Ca 型瓮 Y57：20　6. Cb 型缸 Y57：37　7. Aa 型支柱 Y57：12　8. Cb 型器座 Y57：31　9. Ca 型支柱 Y57：19

Ca 型　4 件。

标本 Y57：20，夹砂灰褐陶。圆唇。口径 31.0、残高 5.2 厘米（图三五〇，5）。

缸　2 件，Cb 型。

标本 Y57：37，夹砂灰褐陶。方唇。口径 47.0、残高 7.9 厘米（图三五〇，6）。

器座　2 件。

Ba 型　1 件。

标本 Y57：31，夹砂灰褐陶。杯状，敛口，圆唇，束腰。直径 8.8、残高 7.3 厘米（图三五〇，8）。

Cb 型　1 件。

标本 Y57：3，夹砂灰褐陶。圆唇。口径 26.8、残高 3.8 厘米。

支柱　4 件。

Aa 型　3 件。

标本 Y57：12，夹砂灰褐陶。柱状。器身饰有圆形镂孔。直径 8.0、残高 9.2 厘米（图三五〇，7）。

Ca 型　1 件。

标本 Y57：19，夹砂灰褐陶。下腹饰有圆形镂孔。直径 9.4、残高 8.6 厘米（图三五〇，9）。

21. Y59

位于 VT4203 的西部，开口于第⑤层下，打破 Y60、Y61、Y62。方向 32°。

窑总长 3.50 米，有窑室、火膛、操作坑组成。窑室平面形状呈不规则凸字形（图三五一）。填土为深黑灰色黏沙土，结构松散，夹杂少许红烧土颗粒和灰烬，出土少量陶片。口径 0.75~2.22 米，

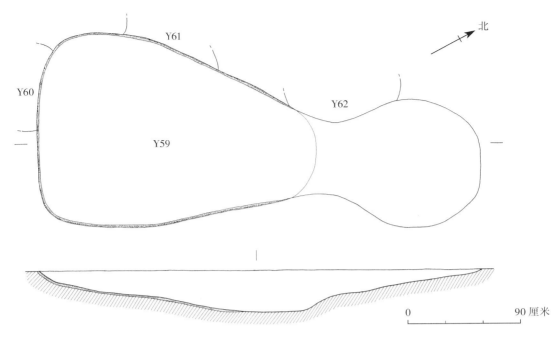

图三五一　Y59 平、剖面图

窑床底部呈斜坡状堆积，南高北低。窑顶塌落，情况不明，窑壁较薄，厚 0.02~0.05 米。火膛平面形状呈束腰喇叭状，东西残长 0.65、南北残宽 0.50 米，顶部塌落，残高约 0.32 米。填土多为灰烬和烧土，不见陶片。操作坑平面形状呈圆形，口径 0.75~1.00 米。填土为灰褐色土，结构疏松，包含有少许红烧土颗粒。

出土陶片可辨器形有束颈罐、瓮、高领罐、壶、缸、支柱、尖底杯等。

高领罐　5 件，Ab 型。

标本 Y59：19，夹砂灰褐陶。口微侈。口径 24.0、残高 4.1 厘米（图三五二，1）。

标本 Y59：12，夹砂灰褐陶。圆唇。口径 21.6、残高 3.2 厘米（图三五二，2）。

束颈罐　10 件。

Aa 型　3 件。

标本 Y59：43，夹砂灰褐陶。方唇。口径 16.8、残高 2.5 厘米（图三五二，3）。

标本 Y59：36，夹砂灰褐陶。方唇。残高 2.7 厘米（图三五二，4）。

Cb 型　6 件。

标本 Y59：3，夹砂灰褐陶。腹部饰一道凹弦纹。残高 4.5 厘米（图三五二，5）。

标本 Y59：29，夹砂灰褐陶。厚圆唇，折沿。残高 5.3 厘米（图三五二，6）。

标本 Y59：16，夹砂灰褐陶。圆唇。残高 3.9 厘米（图三五二，7）。

Cc 型　1 件。

标本 Y59：8，夹砂灰褐陶。残高 3.9 厘米（图三五二，8）。

壶　2 件，Ca 型。

标本 Y59：23，夹砂灰褐陶。圆唇。口径 16.0、残高 4.4 厘米（图三五二，9）。

瓮　5 件。

Ad 型　1 件。

标本 Y59：45，夹砂灰褐陶。残高 7.8 厘米（图三五三，1）。

Cb 型　4 件。

标本 Y59：47，夹砂灰褐陶。口径 31.0、残高 2.7 厘米（图三五三，2）。

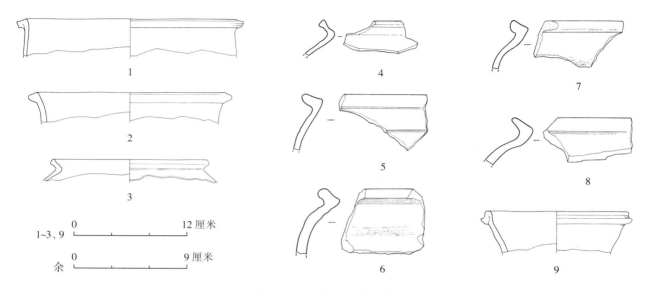

1～3、9　0　　　　　12 厘米

余　0　　　　　9 厘米

图三五二　Y59 出土陶器

1、2. Ab 型高领罐 Y59：19、12　3、4. Aa 型束颈罐 Y59：43、36　5～7. Cb 型束颈罐 Y59：3、29、16　8. Cc 型束颈罐 Y59：8　9. Ca 型壶 Y59：23

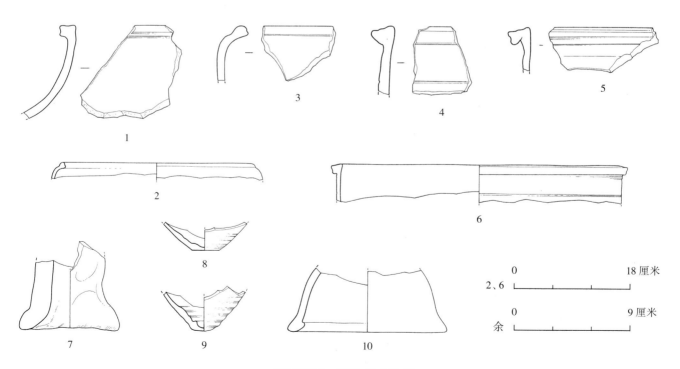

2、6　0　　　　　18 厘米

余　0　　　　　9 厘米

图三五三　Y59 出土陶器

1. Ad 型瓮 Y59：45　2、3. Cb 型瓮 Y59：47、52　4. Ba 型缸 Y59：6　5、6. F 型缸 Y59：20、48　7. Cb 型支柱 Y59：17　8. Ba Ⅰ式器底 Y59：41
9. Bb 型Ⅰ式器底 Y59：30　10. Da 型圈足 Y59：46

标本 Y59：52，夹砂灰褐陶。残高 4.6 厘米（图三五三，3）。

缸　6 件。

Ba 型　3 件。

标本 Y59：6，夹砂灰褐陶。腹部饰一道凹弦纹。残高 5.5 厘米（图三五三，4）。

F 型　3 件。

标本 Y59：20，夹砂灰褐陶。腹部饰一道凹弦纹。残高 3.6 厘米（图三五三，5）。

标本 Y59：48，夹砂灰褐陶。方唇。口径 47.0、残高 6.3 厘米（图三五三，6）。

支柱　1 件，Cb 型。

标本 Y59：17，夹砂灰褐陶。直径 8.0、残高 7.4 厘米（图三五三，7）。

器底　7 件（含未挑标本 Aa 型 2 件、Ab 型 1 件）。

Ba 型 I 式　1 件。

标本 Y59：41，泥质黑皮陶。底径 2.0、残高 2.4 厘米（图三五三，8）。

Bb 型 I 式　3 件。

标本 Y59：30，泥质黑皮陶。底径 0.9、残高 3.6 厘米（图三五三，9）。

圈足　2 件，Da 型。

标本 Y59：46，夹砂灰褐陶。足径 12.6、残高 5.2 厘米（图三五三，10）。

22．Y67

位于 VT4306 的西北部，开口于第⑤层下，打破第⑥层。方向 30°。

陶窑总长 2.53 米，有窑室、火膛、操作坑组成。窑室平面形状呈横椭圆形（图三五四；彩版五〇，1）。填土为深黑灰色黏沙土，结构松散，夹杂少许红烧土颗粒和灰烬，出土少量陶片。口径 1.12~1.83 米，窑床底部呈斜坡状堆积，北高南低。窑顶塌落，情况不明，窑壁较薄，厚 0.02~0.05 米。火膛平面形状呈束腰喇叭状，东西残宽 0.87 米，顶部塌落，残高约 0.30 米。填土多为灰烬和烧土，不见陶片。操作坑平面形状呈圆形，口径 1.14~1.25 米。填土为灰褐色土，结构疏松，包含有少许红烧土颗粒。

出土陶片可辨器形有瓮、高领罐、缸、支柱、高柄豆、圈足器等。

高领罐　5 件，Bc 型。

标本 Y67：13，夹砂灰褐陶。厚圆唇，窄沿。口径 18.9、残高 3.7 厘米（图三五五，1）。

标本 Y67：7，夹砂灰褐陶。圆唇。口径 12.8、残高 4.4 厘米（图三五五，2）。

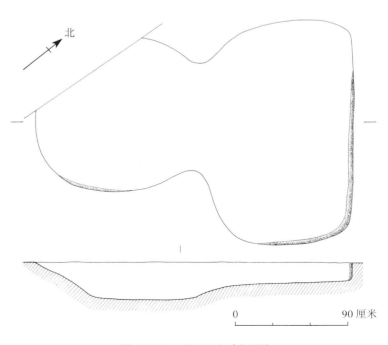

图三五四　Y67 平、剖面图

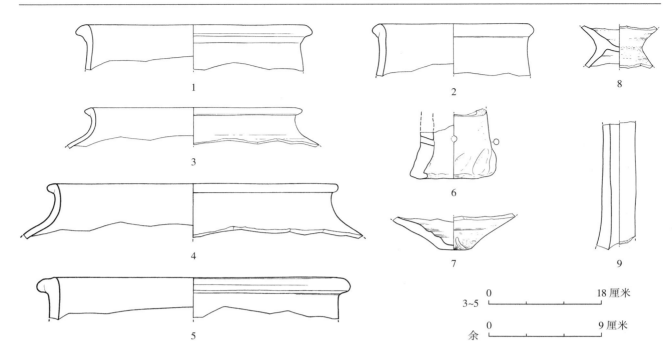

图三五五　　Y67 出土陶器

1、2. Bc 型高领罐 Y67：13、7　3. Ba 型瓮 Y67：23　4. Bb 型瓮 Y67：1　5. F 型缸 Y67：22　6. Bb 型支柱 Y67：2　7. Ac 型器底 Y67：21　8. B 型圈足器 Y67：16　9. A 型豆柄 Y67：4

瓮　7 件。

Ba 型　2 件。

标本 Y67：23，夹砂灰褐陶。窄折沿略外翻。口径 34.4、残高 6.4 厘米（图三五五，3）。

Bb 型　5 件。

标本 Y67：1，夹砂灰褐陶。圆唇，卷沿。口径 46.0、残高 9.0 厘米（图三五五，4）。

缸　1 件，F 型。

标本 Y67：22，夹砂灰褐陶。圆唇。口径 49.8、残高 7.2 厘米（图三五五，5）。

支柱　1 件，Bb 型。

标本 Y67：2，夹砂黄褐陶。近足跟饰有一圈圆形镂孔。直径 6.8、残高 5.8 厘米（图三五五，6）。

器底　1 件，Ac 型。

标本 Y67：21，夹砂灰褐陶。底径 2.4、残高 2.8 厘米（图三五五，7）。

圈足器　3 件，B 型。

标本 Y67：16，夹砂灰褐陶。残高 3.5 厘米（图三五五，8）。

豆柄　2 件，A 型。

标本 Y67：4，夹砂黄褐陶。直径 2.6、残高 10.3 厘米（图三五五，9）。

23. Y69

位于 VT4308 东北部，开口于第⑤层下，打破第⑥层。方向 60°。

陶窑总长 1.90 米，有窑室、操作坑组成。窑室平面形状呈椭圆形（图三五六；彩版五○，2）。

填土为深黑灰色黏沙土，结构松散，夹杂少许红烧土颗粒和灰烬，出土少量陶片。口径 0.90~1.06 米，窑床底部呈斜坡状堆积，南高北低。窑顶塌落，情况不明，窑壁较薄，几不可辨。火膛平面形状呈束腰喇叭状，东西残宽 0.40 米，顶部塌落。填土多为灰烬和烧土，不见陶片。操作坑平面形状呈圆形，口径 0.78~1.00 米。填土为灰褐色土，结构疏松，包含有少许红烧土颗粒。

出土陶片可辨器形有瓮、高领罐、盆、缸、支柱等。

高领罐　5 件，Ba 型。

标本 Y69：11，夹砂灰褐陶。圆唇。残高 6.0 厘米（图三五七，1）。

盆　4 件。

Ab 型　1 件。

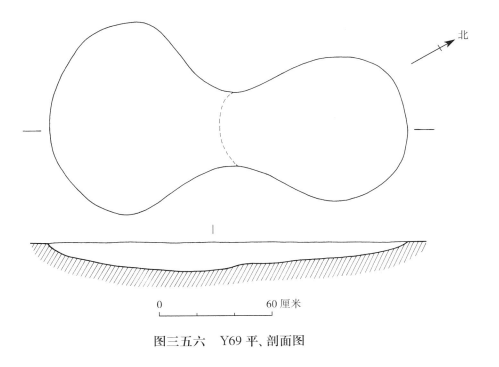

图三五六　Y69 平、剖面图

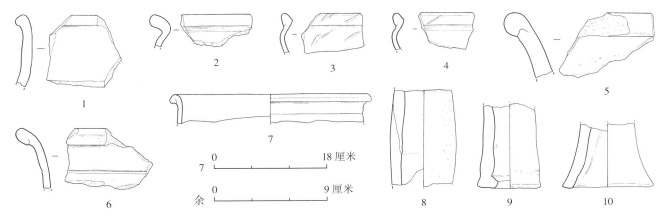

图三五七　Y69 出土陶器

1. Ba 型高领罐 Y69：11　2. Ab 型盆 Y69：6　3、4. Ad 型盆 Y69：16、14　5、6. Aa 型瓮 Y69：18、9　7. C 型缸 Y69：10　8、9. Aa 型支柱 Y69：13、23　10. Cb 型支柱 Y69：24

标本 Y69：6，夹砂灰褐陶。圆唇。残高 2.6 厘米（图三五七，2）。

Ad 型　3 件。

标本 Y69：16，夹砂灰褐陶。圆唇。唇部饰有抹断绳纹。残高 3.2 厘米（图三五七，3）。

标本 Y69：14，夹砂灰褐陶。圆唇。残高 3.0 厘米（图三五七，4）。

瓮　2 件，Aa 型。

标本 Y69：18，夹砂灰褐陶。厚圆唇。残高 5.3 厘米（图三五七，5）。

标本 Y69：9，夹砂灰褐陶。圆唇。残高 4.9 厘米（图三五七，6）。

缸　1 件，C 型。

标本 Y69：10，夹砂灰褐陶。圆唇，口微敞。领部饰一道凹弦纹。口径 32.0、残高 4.6 厘米（图三五七，7）。

支柱　3 件。

Aa 型　2 件。

标本 Y69：13，夹砂灰褐陶，仅存上端，下端残。柱状。直径 3.3、残高 8.0 厘米（图三五七，8）。

标本 Y69：23，夹砂灰褐陶。底径 6.0、残高 7.0 厘米（图三五七，9）。

Cb 型　1 件。

标本 Y69：24，夹砂灰褐陶。底径 7.1、残高 5.1 厘米（图三五七，10）。

24. Y71

位于 VT5211 东南，开口于第⑤层下，打破第⑥层。方向 45°。

陶窑总长 1.97 米，有窑室、火膛、操作坑组成。窑室平面形状呈圆形（图三五八；彩版五〇，3）。填土为深黑灰色黏沙土，结构松散，夹杂少许红烧土颗粒和灰烬，出土少量陶片。口径 1.16~1.20

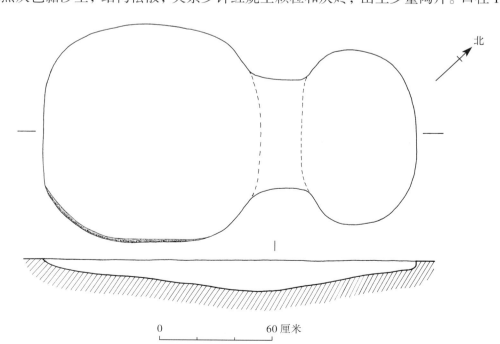

北

0　　　　　　60 厘米

图三五八　Y71 平、剖面图

米，窑床底部呈斜坡状堆积，南高北低。窑顶塌落，情况不明，窑壁较薄，厚 0.02 米。火膛平面形状呈束腰喇叭状，东西残长 0.60、南北宽 0.22 米，顶部塌落，残高约 0.17 米。填土多为灰烬和烧土，不见陶片。操作坑平面形状呈椭圆形，口径 0.62~0.95 米。填土为灰褐色土，结构疏松，包含有少许红烧土颗粒。

出土陶片可辨器形有瓮、簸形器、高领罐、盆、缸、尖底杯、壶、高柄豆、器盖等。

高领罐　6 件。

Aa 型　1 件。

标本 Y71：18，夹砂灰褐陶。圆唇。残高 3.0 厘米（图三五九，1）。

Ac 型　5 件。

标本 Y71：46，夹砂灰褐陶。圆唇，近直口。口径 17.0、残高 4.1 厘米（图三五九，2）。

标本 Y71：21，夹砂灰褐陶。圆唇。口径 15.6、残高 4.7 厘米（图三五九，3）。

簸形器　2 件，Bd 型。

标本 Y71：20，夹砂灰褐陶。圆唇。口径 40.0、残高 9.3 厘米（图三五九，4）。

盆　1 件，Ad 型。

标本 Y71：11，夹砂灰褐陶。尖圆唇。口径 33.4、残高 2.9 厘米（图三五九，5）。

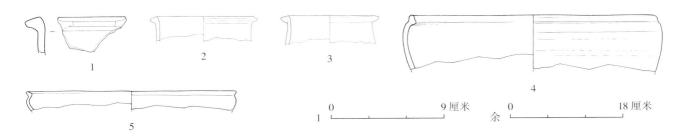

图三五九　Y71 出土陶器

1. Aa 型高领罐 Y71：18　2、3. Ac 型高领罐 Y71：46、21　4. Bd 型簸形器 Y71：20　5. Ad 型盆 Y71：11

瓮　11 件。

Aa 型　3 件。

标本 Y71：49，夹砂灰褐陶。圆唇，宽折沿。口径 48.0、残高 6.0 厘米（图三六〇，1）。

标本 Y71：45，夹砂灰褐陶。厚圆唇。残高 3.7 厘米（图三六〇，2）。

Ab 型　2 件。

标本 Y71：47，夹砂灰褐陶。圆唇。口径 28.0、残高 6.2 厘米（图三六〇，3）。

Ac 型　4 件。

标本 Y71：2，夹砂灰褐陶。圆唇。口径 47.6、残高 9.6 厘米（图三六〇，4）。

标本 Y71：32，夹砂灰褐陶。厚圆唇，宽折沿。残高 7.0 厘米（图三六〇，5）。

Cb 型　2 件。

标本 Y71：5，夹砂灰褐陶。口径 62.0、残高 9.2 厘米（图三六〇，6）。

标本 Y71：50，夹砂灰褐陶。厚圆唇。残高 7.1 厘米（图三六〇，7）。

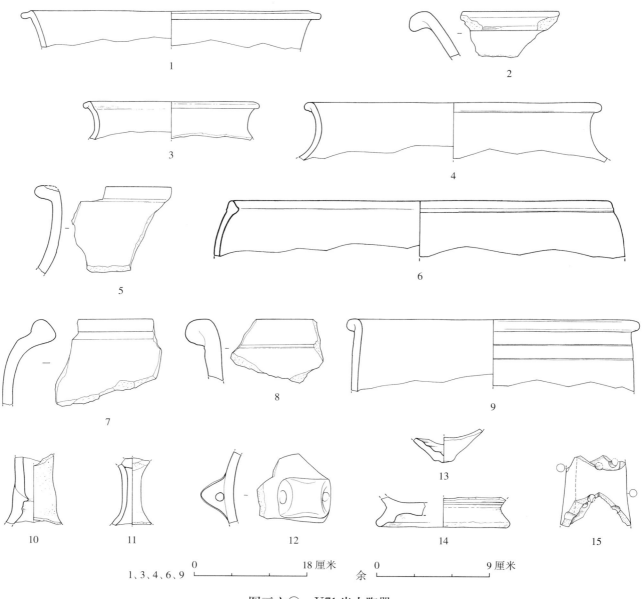

图三六○　Y71 出土陶器

1、2. Aa 型瓮 Y71：49、45　3. Ab 型瓮 Y71：47　4、5. Ac 型瓮 Y71：2、32　6、7. Cb 型瓮 Y71：5、50　8. Aa 型缸 Y71：19　9. C 型缸 Y71：1　10、11. D 型器纽 Y71：26、42　12. Ea 型器耳 Y71：44　13. Bb 型 Ⅱ 式器底 Y71：28　14. Aa 型圈足 Y71：17　15. A 型豆柄 Y71：27

缸　4 件。

Aa 型　1 件。

标本 Y71：19，夹砂灰褐陶。厚圆唇。残高 5.0 厘米（图三六○，8）。

C 型　3 件。

标本 Y71：1，夹砂灰褐陶。厚圆唇。腹部饰有两条平行凹弦纹。口径 47.0、残高 11.9 厘米（图三六○，9）。

器纽　1 件，D 型。

标本 Y71：26，夹砂灰褐陶。残高 5.9 厘米（图三六〇，10）。

标本 Y71：42，泥质黑皮陶。残高 5.5 厘米（图三六〇，11）。

器耳　1 件，Ea 型。

标本 Y71：44，泥质黑皮陶。长 4.1、宽 3.3、孔径 1.2 厘米（图三六〇，12）。

器底　4 件，Bb 型 Ⅱ 式。

标本 Y71：28，泥质黑皮陶。残高 2.7 厘米（图三六〇，13）。

圈足　3 件，Aa 型。

标本 Y71：17，夹砂灰褐陶。足径 10.6、残高 2.6 厘米（图三六〇，14）。

豆柄　1 件，A 型。

标本 Y71：27，泥质黑皮陶。柄上饰有多个圆形镂孔。直径 4.1、残高 5.8 厘米（图三六〇，15）。

25．Y73

位于 VT4305 西北部，开口于第⑤层下，打破第⑥层。方向 45°。

陶窑保存较差，总长 2.43 米，有窑室、操作坑组成。窑室平面形状呈圆形（图三六一）。填土为深黑灰色黏沙土，结构松散，夹杂少许红烧土颗粒和灰烬，出土少量陶片。口径 1.30~1.33 米，窑床底部呈斜坡状堆积，南高北低。窑顶塌落，情况不明，窑壁较薄，几不可辨。火膛平面形状呈束腰喇叭状，东西残宽 0.20、南北长 0.65 米，顶部塌落，残高约 0.27 米。填土多为灰烬和烧土，不见陶片。操作坑平面形状呈椭圆形，口径 0.91~0.96 米。填土为灰褐色土，结构疏松，包含有少许红烧土颗粒。

出土陶片可辨器形有瓮、高领罐、束颈罐、器盖、簋形器、坩埚、缸、圈足器等（表一九）。

高领罐　9 件。

Aa 型　2 件。

标本 Y73：2，夹砂灰褐陶。圆唇。残高 4.0 厘米（图三六二，1）。

Bb 型　5 件。

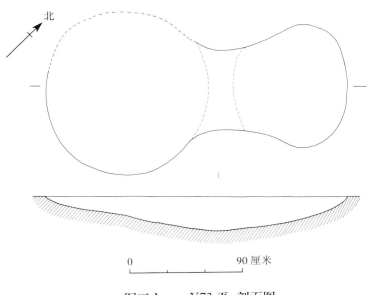

图三六一　Y73 平、剖面图

表一九　Y73 陶片统计表

陶质 陶色 纹饰	夹砂				泥质				纹饰小计	
	灰褐	褐黄	褐红			黑皮			数量	比例
素面	68	104				6			178	100.00%
绳纹										
镂孔										
戳印纹										
数量	68	104	0	0	0	6	0	0	178	
比例	38.20%	58.43%	0.00%	0.00%	0.00%	3.37%	0.00%	0.00%		
数量	172				6				备注	
比例	96.63%				3.37%					

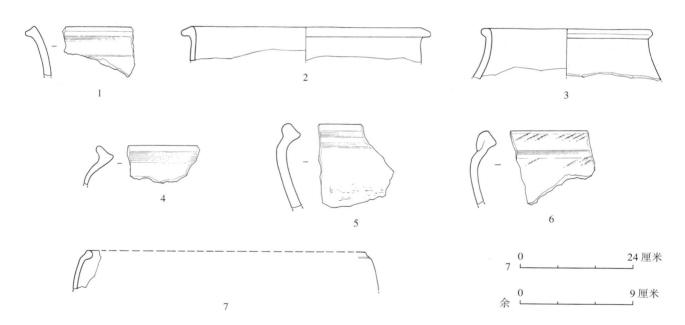

图三六二　Y73 出土陶器

1. Aa 型高领罐 Y73：2　2. Bb 型高领罐 Y73：30　3. Bc 型高领罐 Y73：25　4. Cb 型束颈罐 Y73：15　5、6. Bc 型 II 式簋形器 Y73：3、23
7. Bd 型簋形器 Y73：29

标本 Y73：30，夹砂灰褐陶。尖圆唇，窄沿略外翻。口径 20.0、残高 2.7 厘米（图三六二，2）。

Bc 型　2 件。

标本 Y73：25，夹砂灰褐陶。圆唇。口 13.6、残高 4.4 厘米（图三六二，3）。

束颈罐　8 件。

Cb 型　标本 Y73：15，夹砂灰褐陶。圆唇。残高 3.1 厘米（图三六二，4）。

簸形器　4 件。

Bc 型Ⅱ式　3 件。

标本 Y73：3，夹砂灰褐陶。圆唇。残高 7.0 厘米（图三六二，5）。

标本 Y73：23，夹砂灰褐陶。圆唇。唇部和肩部饰一圈抹断绳纹带。残高 6.0 厘米（图三六二，6）。

Bd 型　1 件。

标本 Y73：29，夹砂灰褐陶。圆唇。口径 60.0、残高 8.0 厘米（图三六二，7）。

瓮　7 件。

Aa 型　2 件。

标本 Y73：4，夹砂灰褐陶。圆唇。口径 56.0、残高 12.3 厘米（图三六三，1）。

Ba 型　3 件。

标本 Y73：28，夹砂灰褐陶。尖圆唇。口径 34.0、残高 5.0 厘米（图三六三，2）。

Cc 型　2 件。

标本 Y73：14，夹砂灰褐陶。圆唇。残高 2.5 厘米（图三六三，3）。

缸　2 件，F 型。

标本 Y73：26，夹砂褐陶。口径 47.4、残高 6.4 厘米（图三六三，4）。

器盖　1 件，Ba 型。

标本 Y73：33，夹砂灰褐陶。直径 34.0、残高 2.4 厘米（图三六三，5）。

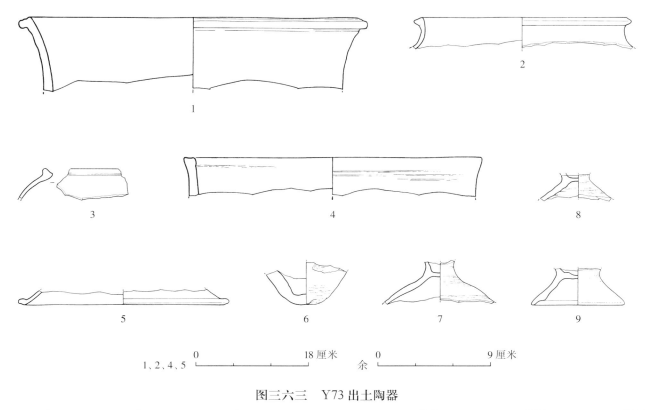

图三六三　Y73 出土陶器

1. Aa 型瓮 Y73：4　2. Ba 型瓮 Y73：28　3. Cc 型瓮 Y73：14　4. F 型缸 Y73：26　5. Ba 型器盖 Y73：33　6. Bc 型坩埚 Y73：47　7. B 型圈足器 Y73：10　8. C 型圈足器 Y73：41　9. Cb 型圈足 Y73：37

坩埚　1件，Bc 型。

标本 Y73：47，夹砂红褐陶。仅存底部，胎厚。残高 3.4 厘米（图三六三，6）。

圈足器　8件。

B 型　3件。

标本 Y73：10，夹砂灰褐陶。残高 3.5 厘米（图三六三，7）。

C 型　5件。

标本 Y73：41，夹砂灰褐陶。圆唇。残高 2.2 厘米（图三六三，8）。

圈足　1件，Cb 型。

标本 Y73：37，夹砂灰褐陶。足径 7.6、残高 3.0 厘米（图三六三，9）。

第二节　陶窑分期

阳光地带二期地点发现的陶窑开口层位除了 Y11 开口于第④a 层外，其余均为第⑤层下，打破第⑥层，陶窑之间有几组叠压或打破关系，Ⅰ组：Y14 → Y28 → Y15 → Y29，Ⅱ组：Y31 → Y32，Y31 → Y33，根据层位关系和陶窑内的出土遗物组合以及形制变化差异来进行比较，具体比较主要是根据具有代表性，且完整器形较多器物的比较，以尖底杯、尖底盏、尖底罐、簋形器、束颈罐等器物为例，可将该地点的陶窑遗存时代初步分为四段（表二〇）。各段组合差异和变化及代表性窑址[1]简述如下：

第一段陶窑出土陶器组合为 Aa 型、Ab 型、Bc 型高领罐，Ad 型、Ac 型、Ca 型盆、Cb 型盆、Aa 型瓮、Bb 型Ⅱ式尖底杯、Ba 型Ⅰ式器底、Cb 型支柱、Aa 型、Ae 型Ⅰ式、Cb 型束颈罐、Ab 型、D 型缸，其中 Bb 型Ⅱ式尖底杯、Ba 型Ⅰ式器底、Ae 型Ⅰ式束颈罐最具特征。典型单位有 Y29[2]、Y45、Y54、Y59。

第二段陶窑出土陶器组合有 Aa 型、Ab 型、Ac 型、Ag 型、Ba 型、Bb 型高领罐，Ba 型、Ab 型、Be 型、Bc 型Ⅰ式、Cb 型束颈罐、Ba 型壶，Ca 型Ⅱ式尖底盏、Ac 型、Cb 型、Bc 型盆、Ba 型、Bb 型、Bd 型簋形器、Aa 型、Ac 型、Cb 型、Cc 型瓮、Aa 型圈足、A 型圈足器、Bb 型Ⅰ式器底、Cb 型支柱等。其中 Bc 型Ⅰ式束颈罐、Ca 型Ⅱ式尖底盏、Bd 型簋形器、Bb 型Ⅰ式器底等是该段陶窑最具特质的器物群。典型单位有 Y15、Y50、Y51、Y55。

第三段陶窑陶器组合有 Aa 型、Ab 型、Ac 型、Ad 型、B 型高领罐，Ba 型、Ab 型、Be 型、Ag 型Ⅱ式束颈罐、C 型束颈罐、Ba 型壶，尖底盏、Ad 型、Cb 型、Ea 型盆、Ba 型、Bd 型簋形器、A 型、B 型、型瓮、A 型、F 型缸、B 型、C 型圈足器、Bb 型Ⅰ式器底、Cb 型支柱等。其中 Ag 型Ⅱ式束颈

---

　　[1] 由于陶窑内出土遗物可能有早晚混杂现象，同时在层位上未见差异以及相互之间没有叠压或打破关系，我们在判断时段归属时以该坑最晚遗物的时代属性归属。

　　[2] Y15 保留了烧制时遗物，尖底杯、高领罐、束颈罐，而其他三个陶窑填土中出土的器物均出土了 A 型簋形器，结合 Y11 和 Y30 出土 A 型簋形器观察，二者相近，应属于同一时段遗物，它们当属于共时性遗存，而 Y28 填土中虽然也出土 A 型簋形器，但由于系 Y14 叠压其上，其填土中出土的 A 型簋形器应为晚期活动扰动所致，Y29 可能代表了该地点最早阶段陶窑，早期陶窑填土出土较晚器物，可能代表了其填土最终形成的时段，而④a 层下陶窑多出土的 A 型簋形器正是这一体现。因此通过陶窑填土中遗物判断遗存的时段反映的是该遗存废弃后最晚填土形成的时段，而不是遗存本身使用或废弃的时段。因此可能出现早期陶窑归为晚期的情形，这是在解读材料时需要特别引起重视的因素。因此出土 A 型簋形器的陶窑要晚于没出的陶窑。

表二〇　阳光地带二期陶窑出土器物器型统计表

单位 \ 器型	尖底杯 Ab	尖底杯 Bb	尖底盏 Ca	束颈罐 Aa	束颈罐 Ab	束颈罐 Ad	束颈罐 Ae	束颈罐 Ag	束颈罐 Ba	束颈罐 Bb	束颈罐 Bc	束颈罐 Be	束颈罐 Ca	束颈罐 Cb	束颈罐 Cc
Y54	√														
Y45				√			I								
Y59					√									√	√
Y29											I				
Y15		II												√	
Y50			II						√		I			√	
Y55					√							√		√	
Y51															
Y12						√									
Y33															
Y35															
Y67															
Y69															
Y97															
Y31				√									√	√	√
Y32				√		√									
Y51															
Y57								II							
Y13			√												
Y71			√												
Y56				√										√	
Y73														√	
Y11															
Y28															
Y14				√										√	
Y30															

续表二〇

单位＼器型	高领罐										簋形器				
	Ca	Bc	Bb	Ba	Ag	Ae	Ad	Ac	Ab	Aa	Bd	Bc	Bb	Ba	A
Y54								√		√					
Y45		√							√						
Y59															
Y29										√					
Y15									√						
Y50			√	√					√	√	√				
Y55					√			√		√			√		
Y51															
Y12								√							
Y33				√		√									
Y35															
Y67		√													
Y69				√											
Y97								√	√	√					
Y31															
Y32	√						√								
Y51								√		√	√				
Y57		√													
Y13										√	√		√		
Y71		√								√	√				
Y56			√							√	√			√	
Y73			√							√	√	Ⅱ			
Y11											√	Ⅱ			Ⅱ
Y28											√				Ⅱ
Y14									√	√					
Y30													√		Ⅱ

续表二〇

单位	器底			盆							圈足		盆				
	Ac	Ba	Bb	Ba	Bb	Bc	Bd	Ca	Cb	Cc	Gb	Bc	Ca	Cb	Ea	Eb	D
Y54																	
Y45														✓			
Y59		I	I						✓								
Y29		II							✓								
Y15		I											✓	✓			
Y50			I						✓								
Y55			I														
Y51			I							✓							
Y12			I II			✓		✓	✓							✓	
Y33			II	✓	✓	✓		✓	✓								
Y35			II	✓													
Y67	✓			✓	✓												
Y69				✓	✓												
Y97																	
Y31																	✓
Y32												✓		✓	✓		
Y51					✓			✓		✓							
Y57					✓	✓		✓		✓							
Y13			II	✓	✓				✓								
Y71			II	✓	✓				✓	✓							
Y56			II	✓					✓					✓			
Y73					✓												
Y11							✓									✓	
Y28											II						
Y14		I			✓												
Y30						✓											

罐、尖底盏、Bc 型 II 式、Bd 型篦形器、Bb 型 II 式器底等是该段陶窑最具特质的器物群。典型单位有 Y12、Y31~Y33、Y35、Y67、Y97、Y69、Y57、Y13、Y71、Y56、Y73。

第四段陶窑陶器组合为 A 型 II 式、Bc 型 II 式、Bb 型、Bd 篦形器，Bc 型 I 式、Cb 型、Aa 型、Bb 型、Bc 型束颈罐，Gb 型 II 式圈足，Eb 型盆、Aa 型、Ac 型、B 型、Cb 型、Cc 型瓮，Aa 型、Bb 型、Bc 型高领罐。其中 A 型 II 式篦形器，Gb 型 II 式圈足是该时段最具时段特征的器物群。典型单位有 Y11、Y14、Y28、Y30。

以上一至四段之间联系紧密，器物群基本相同，只是尖底杯、尖底盏有些许形式上的变化，其可归为一期。该期第一段和二、三段之间，仍然有着差异，第一段盛行 A 型尖底杯、不见 A 型尖底盏、A 型尖底罐、B 型篦形器等，该段器物群和形式均为较早形式，故将该段归为早段，而第二、三段器物群和型式相对斜街更为密切，但仍有差异，故将其分为两段，由此该期陶窑可分为早、中、晚三段。

第四段与上述三段之间有着显著的差异，尽管基本器物群相近，但形式均为晚近形制，出现了一些新的文化因素，如 A 型篦形器[1] 和 Gb 型圈足的出现此类器物为上述各段不见之器物，其与灰坑晚期遗存出土物相近，同时层位关系亦有异时关系的变化，如 Y11 开口于第④ a 层下，其出土物组合与形制同 Y30 相近[2]，二者之间废弃时段可能相近，故将该段遗存纳入晚期。

第三节　陶窑的文化特征

一　各期特征

从上文可知，金沙遗址阳光地带二期地点发现的陶窑形制和结构一致，均为小型馒头窑，其基本结构由窑室、火膛、操作坑组成，窑室和火膛壁面上遗留有红色烧结面。部分陶窑之间有叠压或打破关系，其既有时段上的差异，如 Y14 与 Y29，亦可能是短期废弃重复使用的结果，Y31 与 Y32、Y33，其需要具体问题具体分析，注意"地面"关联。

从空间布局观察，陶窑主要集中于四个区域，其中 I 区（即东南部）最为集中，这是该遗址陶窑积聚区，II 区，即遗址中部，是窑址较为集中地区，III 区数量较少，即遗址西南，该区域属于发掘区边缘，需考虑此因素，IV 区数量更少，即发掘区北部偏顶端，该区域也是处于发掘区边缘。按火膛方向大致可分为四类：

---

[1] 出土篦形器的陶窑居多，其中出土 A 型的有 Y11、Y28、Y29、Y30，出土 B 型的有 Y11、Y13、Y28、Y30、Y50、Y51、Y55、Y56、Y71、Y73，其中部分陶窑中篦形器中的 A 型与 B 型共出，这也就意味着二者的废弃或使用时期相近，考虑堆积中保存状况的差异依据拣选的问题，两类器物当为同时期广泛存在的遗物，具有鲜明的时代特征。出土篦形器的陶窑的废弃时代晚于不出此类器物的陶窑。

[2] Y11 同 Y30 出土器物相近，Y11 开口于第④层下，而 Y30 开口则为第⑤层，其中 Y30 出土陶器较为单一，基本为篦形器和圆唇瓮（肩部一般饰菱形纹），其他陶器几乎不见，而 Y11 除了少量 A 型篦形器外，其他均为迥异于 Y30 的器物，如圈足器、尖底杯、瓮、高领罐等，Y30 出土物可能代表了当时陶窑生产与废弃时的堆积，而 Y11 则可能被扰动，由于以 Y30 出土物为代表的器物在发掘区相对发现较少，且集中为一定区域，Y11 窑室中出土器物组合同部分开口于第⑤层下陶窑一致，因此该窑同其他⑤层下陶窑废弃时间应为接近。这也为我们了解该窑场的兴衰与废弃的讨论提供了条件。这些遗存需要注意其在聚落布局上的历时性与共时性问题，抛弃简单单线论，注意其共时性的问题，由于这些窑址简易，使用和废弃的时间当不会有较长时期的间隔，它们之间的连续性问题，可能并非如考古学分期简单演化，而其在同一个窑场延续，则其境内代表了该窑场在金沙遗址聚落体系中的发展演变。

第一类为东北—西南向，此类陶窑是发掘区发现数量最多的一类。第二类是东南—西北向，此类陶窑数量次之。第三类是西北—东南向，仅见 Y75，第四类是正北向，Y58，第五类是西南—东北向，如 Y64。这五类陶窑可能代表该遗址作为烧窑作坊不同的发展阶段？第一类陶窑在Ⅰ、Ⅱ、Ⅲ均有广泛分布。Ⅳ区陶窑揭露 3 座（即 Y11、Y64、Y57），见有第一、五类，二者之间未有叠压打破关系，其间关联只有通过填土中出土陶器分别。同时结合成都平原气候的特点，如成都也是典型的亚热带季风气候，夏季的时候主要是受太平洋夏威夷高压影响，风向多为东南风，冬季受西伯利亚蒙古高压影响，风向多为西北风。这两种陶窑火膛方向的差异可能反映是同一年度不同季节陶窑的形制，其反映的是窑工们根据季节的变化，适时调整窑口方向，反映出窑工对成都平原气候特点有着丰富的经验认识的积累。从上述分期分析第一期早段陶窑仅见于Ⅰ、Ⅱ区，方向以东北西南向为主，东南西北向较少。第一期晚段，陶窑分布于发掘区各部，其中以Ⅱ、Ⅰ区最多，方向以东南西北向为主，其次为东北西南向，另有少量的西北东南向，第二期陶窑数量较少，仅见于Ⅳ、Ⅱ区，方向以东北西南向常见。

陶窑中出土遗物均为陶器，其他不见。第一期早段文化特征：陶质以灰褐居多，黄褐其次，另有少量泥质陶。纹饰较少发现，主要是绳纹、弦纹等。陶器以 Aa 型、Ab 型高领罐，Ad 型、Ca 型盆、Aa 型瓮、Ba 型Ⅰ式、Ⅱ式器底、Cb 型支柱、Aa 型束颈罐、Ab 型缸典型组合。不见篦形器、尖底盏等器类，高领罐、瓮、束颈罐、盆等器形单一。该时段陶窑发现较少，仅占所发现的 5.1%。

第一期中段文化特征：陶质以黄褐居多，其次为灰褐，红褐最少，泥质陶仅见黑皮陶。纹饰少，有乳钉、弦纹等（附表一二、一三）。陶器以 Ag 型、B 型高领罐，Cb 型盆、Ab 型、Ac 型瓮、Bb 型Ⅱ式尖底杯、Ca 型Ⅱ式尖底盏，Ba 型、Bb 型、Bd 型篦形器，Bb 型Ⅰ式器底、Aa 型、Ae 型Ⅰ式束颈罐、Ab 型、Ca 型缸典型组合。出现 B 型篦形器和 C 型尖底盏等器类，高领罐、瓮、束颈罐、盆等器形单一。该时段可辨识的陶窑发现较少，仅占所发现的 5.1%。

第一期晚段文化特征：陶质以黄褐居多，其次为灰褐，红褐数量有所增加，少见泥质陶。纹饰少，有方格纹、弦纹、凸棱等（附表一四、一五）。陶器以 Aa 型、Ab 型、Ac 型、Ag 型、Ad 型、B 型高领罐，Ba 型、Ab 型、Be 型、Bc 型Ⅰ式、Ag 型Ⅱ式束颈罐、C 型束颈罐、Ba 型壶、Ca 型Ⅱ式尖底盏、Ac 型、Ad 型、Ea 型、Cb 型、Bc 型盆、Ba 型、Bb 型、Bd 型篦形器、A 型、B 型瓮、Aa 型圈足、A 型圈足器、Bb 型Ⅱ式器底、Bc 型Ⅱ式器底、Cb 型支柱等为典型组合。该段陶器无论器类抑或是器形均较为丰富，出现了 C 型尖底盏、B 型篦形器，A 型尖底杯少见或不见，不见 A 型尖底盏。该时段是发掘区陶窑最为发达的时期，占据了全部陶窑的 81.63%。

第二期文化特征：该期陶窑发现数量较少，仅有 4 座，占所发现数量的 7.14%。陶器以 A 型Ⅱ式、Bc 型Ⅱ式篦形器，Aa 型、Bb 型束颈罐，Gb 型Ⅱ式圈足，Eb 型盆、Ac 型、B 型瓮，Bb 型、Bc 型高领罐为典型组合。新出现了 A 型篦形器和 Gb 型圈足。从该期开始，该地点的陶窑生产逐渐衰落，并逐渐被废弃。

二　支柱

陶窑中普遍出土一种"筒形器"，夹砂，表面粗糙，筒形，中空，底部接触地面普遍有沙粒痕迹。

结合其出土背景和形制分析以及晚期瓷窑同类产品对比，可初步确认此类器物当属于窑具——支柱，其属于烧制支撑工具。此类支柱在陶窑中则有着广泛出土，如Y11、Y14、Y33、Y54、Y55、Y56、Y57、Y59、Y67、Y69。在该地点商周文化层堆积中它集中分布于陶窑附近的堆积中，而灰坑中则未见一件此类窑具出土，由此可见此类器物可能属于特种功能使用的专用器具。支柱的使用可能与烧制尖底器相关，在出土支柱的10座陶窑中，有6座与尖底杯共出，而未出尖底杯的可能与挑选标本相关。而出器座的窑址中，则不见尖底杯，可能反映二者烧制器具的差异？

三　产品分析

该地点发现的陶窑中，可辨认器形的窑址共计25座，以此作为统计基础，发现该窑场产品相对单一，主要是生产瓮、盆、高领罐、束颈罐、簋形器、缸、尖底杯等。其中瓮（80%）、高领罐（84%）、圈足器（68%）、尖底杯（72%）是最为多见的四类器形，其次为盆（44%）、缸（44%）、簋形器（40%）、束颈罐（48%），较少的是器盖（含器纽，20%），最少的是尖底盏（4%，仅见1窑），尖底盏主要出土于墓葬中，从器底观察，尖底盏也非常少，是否可推测尖底盏可能并非该窑场的产品，而当有其他来源？关于该窑场的产品流向问题，目前需要该遗址的陶片科技分析。

四　相关建筑

在发掘区内四个窑址集中区，可以相应在其边缘发现建筑遗存，这些建筑遗存结构简单，多为柱洞式建筑，有少量为基槽式建筑遗存，由于保存原因，其平面布局未有可复原之情形，这些建筑规模不大，未有成片分布的情况，由于建筑地面不存，其基础信息缺失，只能从空间布局来考虑，由于建筑和窑址伴生共存，我们推测二者之间有着密切关系，它们可能是制陶作坊的一个组成部分，其功能极有可能是工棚。它们与陶窑共同构成一个完整制陶作坊聚落，而相间其中的部分灰坑也应是其组成部分之一。目前发现的建筑遗存没有开口于第④a层下的情形，从层位关系观察，它们均属于与第一期陶窑相关的建筑遗存。

五　装饰风格

从陶窑填土中的出土陶器纹饰观察，最常见的纹饰有菱形纹（图三六四，1~3）、网格印纹（图三六四，4~6），其次为折棱纹（图三六五，1、2）、乳钉纹（图三六五，3、4）、凹弦纹（图三六五，5）、网格划纹（图三六五，6）。陶窑填土中出土的器物不见绳纹，少见划纹、弦纹，多见菱形纹、网格印纹，这些纹饰则是灰坑堆积中出土陶器中不见，而在第⑤层堆积中出土陶器中则广为盛行。是否反映陶器装饰风格的时代差异？

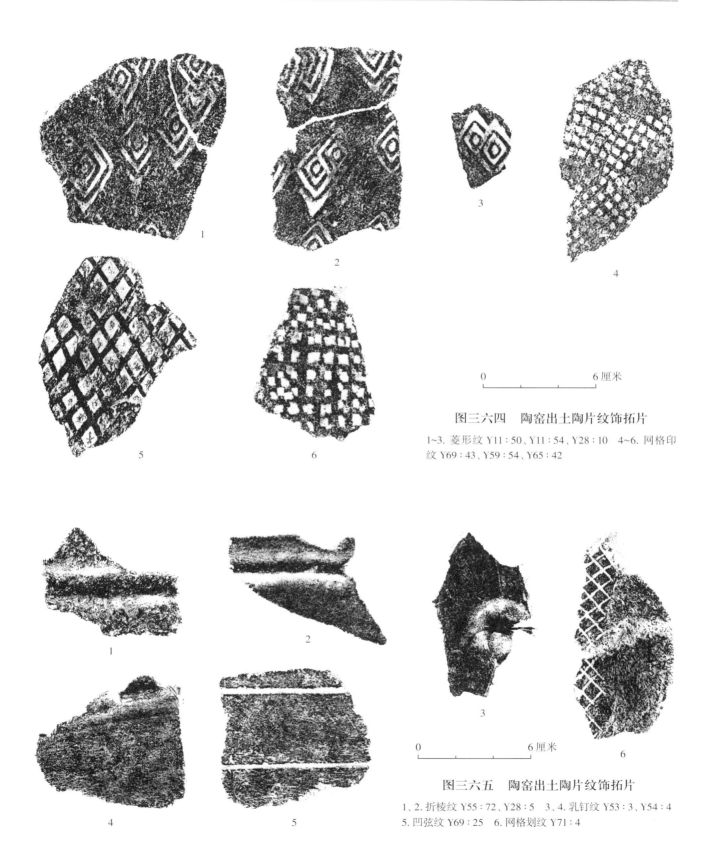

图三六四　陶窑出土陶片纹饰拓片

1~3. 菱形纹 Y11：50、Y11：54、Y28：10　4~6. 网格印纹 Y69：43、Y59：54、Y65：42

图三六五　陶窑出土陶片纹饰拓片

1、2. 折棱纹 Y55：72、Y28：5　3、4. 乳钉纹 Y53：3、Y54：4
5. 凹弦纹 Y69：25　6. 网格划纹 Y71：4

第七章　墓葬

　　该地点共发现墓葬 290 座，开口层位有第④ a、⑤层之分，墓葬均为长方形竖穴土坑墓，分布密集（图三六六、三六七），尤以发掘区东南部最为集中。墓坑均被扰动，大部分墓室仅存墓底以上部分。墓室内填土为灰褐色黏砂土，结构较疏松，多无文化遗物。墓底人骨葬式主要为仰身直肢葬，少量屈肢葬。葬法以一次葬居多，另有少量二次葬。多数墓室内无随葬品，随葬品以陶器为主，另有少量随葬玉石条、磨石、石器、铜器等。按葬具可区分为两大类，甲类为未使用船棺的墓葬，乙类为船棺葬。甲类按葬式和葬法分为五型，A 型仰身直肢葬，按墓主年龄可区分为二亚型，Aa 型成人，Ab 型儿童，B 型屈肢葬，C 型叠葬，D 型合葬，E 型二次葬。乙类墓按合葬与否分为二型，A 型单棺单葬，B 型双棺合葬。

第一节　甲类墓

一　Aa 型

59 座。成人仰身直肢葬。

1. M129

位于 VT3815 东南。开口于第⑤层下，打破第⑥层。方向 310°。

平面形状呈长方形，斜壁，平底（图三六八；彩版五一，1）。墓口长 2.34、宽 0.78、深 0.47 米。填土为黄褐色黏砂土，结构紧密。包含有少量陶片，陶片残碎，可辨器形仅有罐。

葬式为仰身直肢葬，墓主系成年人。墓底东南角随葬 1 件陶罐。

高领罐　2 件，Aa 型。

标本 M129T：2，泥质黑皮陶。尖唇，高领。领部饰有由两条平行凹弦纹和一圈戳印圆圈纹组成的复合纹饰。残高 7.8 厘米（图三六九，1）。

束颈罐（圈足罐）　2 件。

Ae 型Ⅲ式　1 件。

标本 M129T：1，夹砂灰褐陶。圈足脱落，肩部以上残。圆鼓肩，弧腹。残高 9.0 厘米（图三六九，2）。

Bc 型Ⅰ式　1 件。

标本 M129：1，夹砂灰褐陶。口部残，圈足脱落。弧腹，下腹急收。残高 17.0 厘米（图三六九，3）。

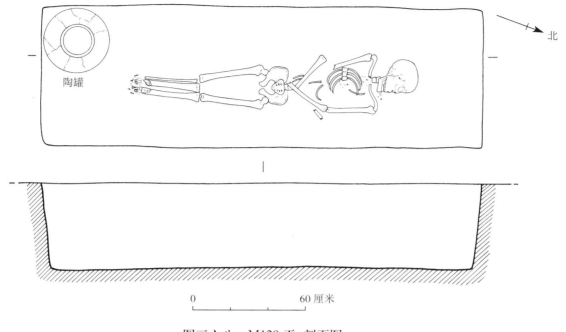

0   60 厘米

图三六八　M129 平、剖面图

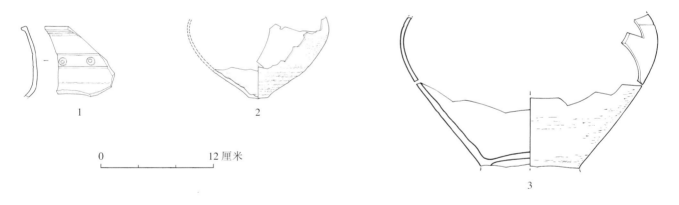

0   12 厘米

图三六九　M129 出土陶器

1. Aa 型高领罐 M129T：2　2. Ae 型Ⅲ式束颈罐（圈足罐）M129T：1　3. Bc 型Ⅰ式束颈罐 M129：1

2. M130

位于 VT3816 中部。开口于第④层下，打破第⑤层，并打破 M147。方向 320°。

平面形状呈窄长方形，斜壁，平底（图三七〇，1）。墓口长 2.24、宽 0.46~0.52、残深 0.07 米。填土为灰褐色黏砂土，结构紧密。包含有少量陶片，可辨器形有罐、尖底杯、尖底盏、圈足罐等。

骨架保存略好，葬式为仰身直肢葬，墓主系成年人。墓底头骨西侧随葬 1 件尖底杯。

3. M131

位于 VT3715 中部偏西。开口于第④ a 层下，打破第⑤层，并打破 M147。方向 306°。

平面形状呈圆角长方形，斜壁，平底（图三七〇，2；彩版五一，2）。墓口长 2.15、宽 0.53~0.55、

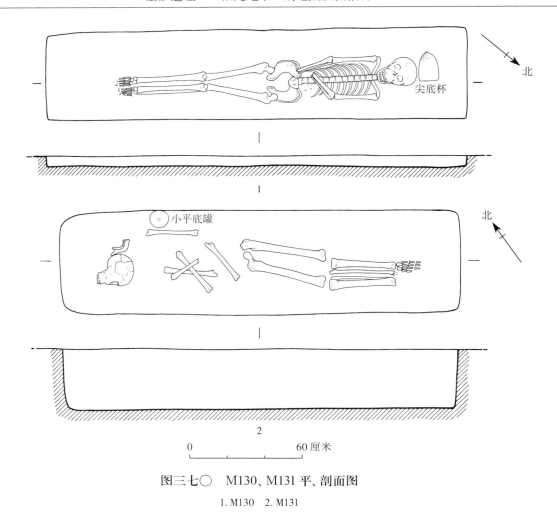

图三七○　M130、M131 平、剖面图
1. M130　2. M131

残深 0.30 米。填土为黑灰色黏砂土，结构紧密。包含有少量陶片，可辨器形有罐、圈足罐等。

骨架保存略好，葬式为仰身直肢葬，墓主系成年人。墓底西壁偏西随葬 1 件 A 型尖底杯。

4. M137

位于 VT3419 西北。开口于第⑤层下，打破第⑥层。方向 134°。

平面形状呈长方形，头宽脚短，直壁，平底（图三七一；彩版五二，1）。墓口长 1.94、宽 0.43~0.55、深 0.28 米。填土为黑灰色黏砂土，结构紧密。包含有少量陶片，陶片残碎，可辨器形仅有罐。

葬式为仰身直肢葬，墓主系成年人。墓底无随葬品。

5. M138

位于 VT3819 南壁偏西。开口于第⑤层下，打破第⑥层。方向 130°。

平面形状呈圆角长方形，直壁，平底（图三七二；彩版五二，2）。墓口长 1.69、宽 0.49、深 0.42 米。填土为黑灰色黏砂土，结构紧密。包含有少量陶片，陶片残碎，可辨器形仅有罐。

葬式为仰身直肢葬，墓主系成年人。墓底西南角随葬 1 件尖底盏。

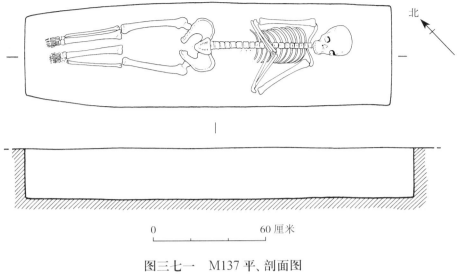

图三七一　M137 平、剖面图

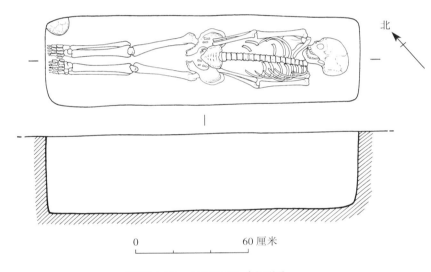

图三七二　M138 平、剖面图

6. M140

位于 VT3422 东北，北部一段进入北隔梁。开口于第④层下，打破第⑤层，方向 160°。

平面形状呈长方形，直壁，平底（图三七三；彩版五三，1）。墓口被严重破坏，仅存墓底。墓口残长 0.90~1.04、宽 0.41、深 0.04 米。填土为浅黑灰色黏砂土，结构紧密。包含有少量陶片，陶片残碎，器形不可辨。

葬式为仰身直肢葬，墓主系成年人。墓底头骨南北两侧分别随葬 1 件尖底盏和尖底杯。

尖底杯　1 件，Bb 型Ⅳ式。

标本 M140：2，泥质黑皮陶。器形体量略小。未复原，仅存口部。口径 8.0、残高 4.5 厘米（图三七三，1）。

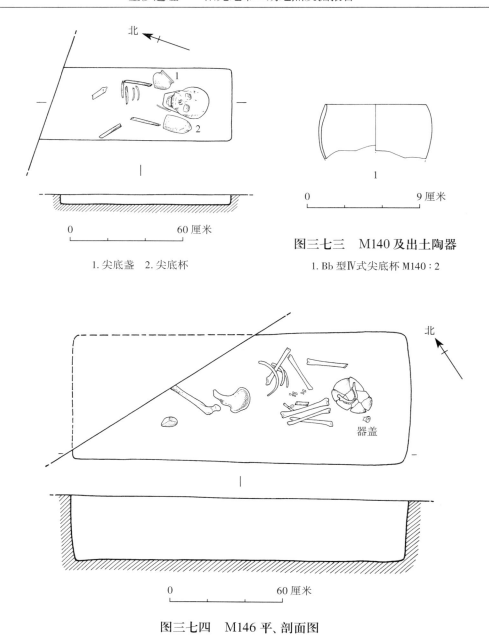

图三七三　M140 及出土陶器

1.尖底盏　2.尖底杯

1.Bb 型 Ⅳ式尖底杯 M140∶2

图三七四　M146 平、剖面图

7.M146

位于 VT3716 北壁,北部一段进入北隔梁。开口于第⑤层下,打破第⑥层。方向 125°。

平面形状呈圆角长方形,近直壁,平底(图三七四;彩版五三,2)。墓口长 1.80、宽 0.72、残深 0.35 米。填土为黑灰色黏砂土,结构紧密。包含有少量陶片,陶片残碎,可辨器形有尖圈足器、罐等。

骨架凌乱,葬式均为仰身直肢葬,墓主系成年人。墓底盆骨西南随葬 1 件器盖。

8.M147

位于 VT3716 东南。开口于第⑤层下,打破第⑥层,墓室东南被 M131 打破。方向 135°。

墓口被严重破坏，仅存墓底。墓口平面形状呈圆角长方形，弧壁，平底（图三七五）。墓口长 1.67、宽 0.48~0.55、残深 0.08 米。填土浅灰色黏砂土，结构紧密。包含有少量陶片，陶片残碎，可辨器形有尖圈足器、罐等。

骨架凌乱，葬式为仰身直肢葬，墓主系成年人。墓底无随葬品。

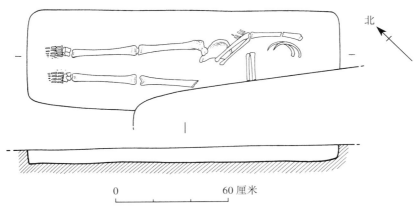

图三七五　M147 平、剖面图

9. M150

位于 VT3716 东南。开口于第④ a 层下，打破第⑤层。方向 300°。

墓口平面形状呈长方形，近直壁，平底（图三七六）。墓口长 2.10、宽 0.71~0.75、残深 0.27 米。填土黄色黏砂土，结构紧密。包含有少量陶片，无包含物。

骨架保存略好，葬式为仰身直肢葬，墓主系成年人。墓底人骨胸部北侧随葬 1 件尖底盏。

尖底盏　1 件，Ac 型Ⅲ式。

标本 M150：1，夹砂灰褐陶。仅存器底，未修复。锥状尖底。残高 3.1 厘米（图三七六，1）。

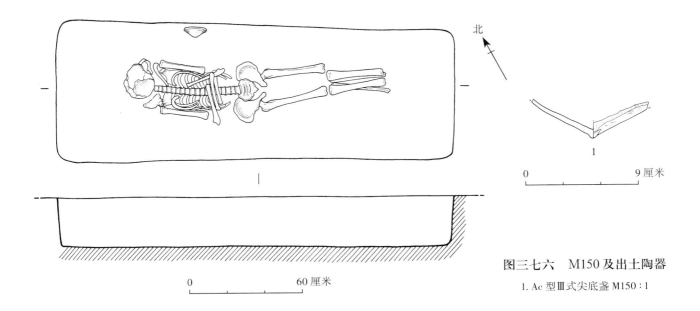

图三七六　M150 及出土陶器

1. Ac 型Ⅲ式尖底盏 M150：1

10.M158

位于VT3520西北。开口于第⑤层下，打破第⑥层。方向80°。

墓口被破坏，仅存墓底。墓口平面形状呈长方形，直壁，近平底（图三七七；彩版五四，1）。墓口长1.66、宽0.42~0.46、残深0.15~0.17米。填土浅灰黄色黏砂土，结构紧密。包含有少量陶片，可辨器形仅有罐。

骨架保存较好，葬式为仰身直肢葬，墓主系成年人。墓底西北角随葬1件尖底盏。

尖底盏　1件，Ca型I式。

标本M158：1，夹砂灰褐陶。圆唇，浅弧腹。口径13.8、残高约3.8厘米（图三七七，1）。

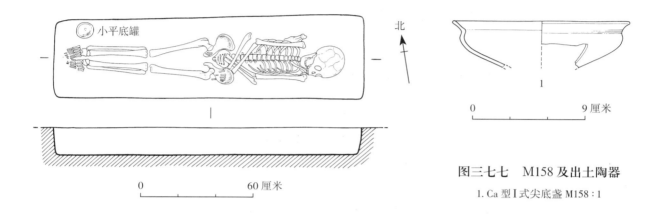

图三七七　M158及出土陶器

1.Ca型I式尖底盏 M158：1

11.M159

位于VT3318东南。开口于第④a层下，打破第⑤层。方向315°。

墓口被破坏，仅存墓底。墓口平面形状呈长方形，直壁，平底（图三七八）。墓口长1.81、宽0.76、残深0.04米。填土浅黑色黏砂土，结构紧密，无包含物。

骨架保存较好，葬式为仰身直肢葬，墓主系成年人。墓底无随葬品。

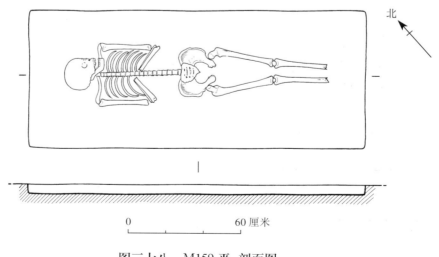

图三七八　M159平、剖面图

12.M160

位于 VT3620 西北。开口于第⑤层下，打破第⑥层。方向 130°。

墓口被破坏。墓口平面形状呈长方形，直壁，近平底（图三七九；彩版五四，2）。墓口长 1.76、宽 0.52、残深 0.17~0.19 米。填土浅灰黄色黏砂土，结构紧密。包含有少量陶片，可辨器形仅有罐。

骨架保存较好，葬式为仰身直肢葬，墓主系成年人。墓底无随葬品。

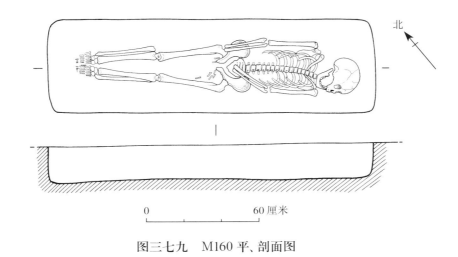

图三七九　M160 平、剖面图

13.M161

位于 VT3418 西壁偏北。开口于第④a 层下，打破第⑤层。方向 303°。

墓口被破坏，仅存墓底。墓口平面形状呈长方形，直壁，平底（图三八〇；彩版五五，1）。墓口长 1.75、宽 0.44、残深 0.05 米。填土黑褐色黏砂土，结构紧密，无包含物。

骨架保存较差，葬式为仰身直肢葬，墓主系成年人。墓底无随葬品。

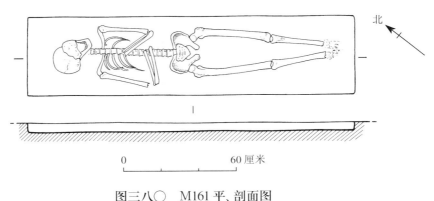

图三八〇　M161 平、剖面图

14.M361

位于 VT3326。开口于第④层下，打破第⑤层。方向 319°。

墓口被破坏，仅存墓底。墓口平面形状呈长方形，直壁，平底（图三八一）。墓口长 2.35、宽 0.70~0.78、残深 0.15 米。填土黑褐色黏砂土，结构紧密，无包含物。

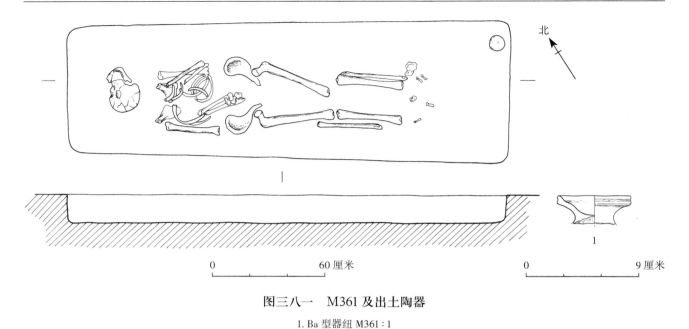

图三八一　M361 及出土陶器

1. Ba 型器纽 M361：1

骨架保存较差，葬式为仰身直肢葬，墓主系成年人。墓底东南角随葬 1 件器盖。

器纽　1 件，Ba 型。

标本 M361：1，夹砂灰褐陶。纽径 5.9、残高 2.3 厘米（图三八一，1）。

15. M367

位于 VT3525 南壁偏西。开口于第④层下，打破 M368。方向 320°。

墓口被破坏，仅存墓底。墓口平面形状呈长方形，直壁，平底（图三八二）。墓口长 1.70、宽 0.50、残深 0.05 米。填土黑褐色黏砂土，结构紧密，无包含物。

骨架保存较差，葬式为仰身直肢葬，墓主系成年人。墓底无随葬品。

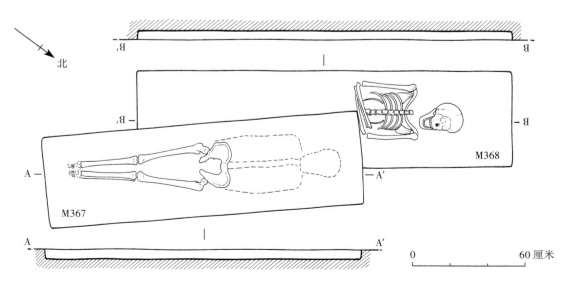

图三八二　M367、M368 平、剖面图

16.M368

位于 VT3525 南壁偏西。开口于第④a 层下，东南被 M367 打破。方向 324°。

墓口被破坏，仅存墓底。墓口平面形状呈长方形，直壁，平底（图三八二）。墓口长 1.70、宽 0.50、残深 0.05 米。填土黑褐色黏砂土，结构紧密，无包含物。

骨架保存较好，葬式为仰身直肢葬，墓主系成年人。墓底无随葬品。

17.M374

位于 VT3320 东北部，开口于第⑤层下，打破第⑥层。方向 135°。

平面形状呈长方形直壁，平底（图三八三；彩版五五，2、3）。墓口长 1.91、宽 0.50、深 0.20 米。填土为浅黑灰色黏砂土，结构紧密，无包含物。

葬式为仰身直肢葬，头面向南侧。头骨南侧随葬 1 件尖底盏。

尖底盏　1 件，Ca 型 II 式。

标本 M374：1，夹砂灰褐陶。尖唇，弧腹，底残。口径 13.0、残高 3.8 厘米（图三八四）。

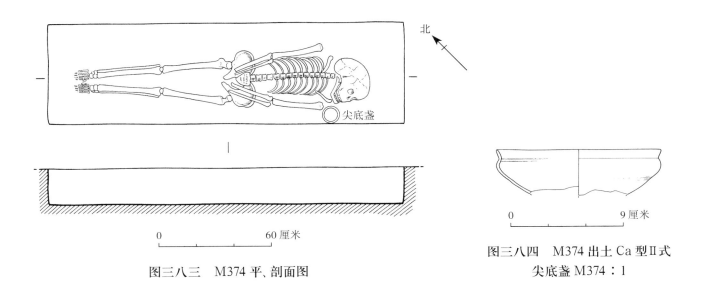

北

尖底盏

0　　　　　　60 厘米

图三八三　M374 平、剖面图

0　　　　　9 厘米

图三八四　M374 出土 Ca 型 II 式
尖底盏 M374：1

18.M378

位于 VT3323 东北部。开口于第⑤层下，打破第⑥层。方向 140°。

平面形状呈长方形直壁，平底（图三八五；彩版五六，1）。墓口长 2.10、宽 0.47、深 0.19 米。填土为浅黑灰色黏砂土，结构紧密，无包含物。

葬式为仰身直肢葬，骨架系成年人。尖底盏随葬置于腿骨南侧，另有 1 件石凿置于趾骨上。

尖底盏　1 件，Bb 型 II 式。

标本 M378：2，夹砂灰褐陶。方唇，高领。口径 15.2、残高 6.3 厘米（图三八五，2；彩版五六，2）。

高领罐　2 件。

Aa 型　1 件。

标本 M378T：4，夹砂灰褐陶。尖圆唇，宽折沿。口径 17.0、残高 7.7 厘米（图三八五，3）。

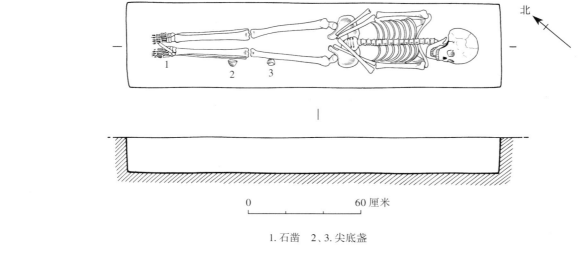

1. 石凿　　2、3. 尖底盏

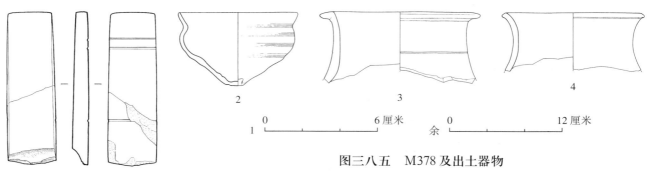

图三八五　M378 及出土器物

1. A 型石凿 M378：1　2. Bb 型Ⅱ式尖底盏 M378：2　3. Aa 型高领罐 M378T：4　4. Af 型高领罐
M378T：1

Af 型　1 件。

标本 M378T：1，夹砂灰褐陶。方唇，高领。口径 15.2、残高 6.3 厘米（图三八五，4）。

石凿　1 件，A 型。

标本 M378：1，刃部残。灰色泥岩。残长 8.5、宽 2.5、厚 1.2 厘米（图三八五，1；彩版五六，3、4）。

19. M381

位于 VT3323 西南角，南部一段叠压于 VT3322 下。开口于第④a 层下，打破第⑤层。方向
334°。

平面形状呈长方形，直壁，平底（图三八六；彩版五七，1、2）。口残长 0.96、宽 0.38、深 0.08
米。填土为黑灰色黏砂土，结构紧密，包含少量陶片和 1 件石斧，可辨器形有罐。

骨架保存较差，葬式为仰身直肢葬。头部南侧随葬 1 件尖底盏和簋形器。

尖底盏　1 件，Ad 型Ⅳ式。

标本 M381：1，夹砂灰褐陶。浅弧腹。圆唇。口径 9.8、腹径 10.4、残高 2.6 厘米（图三八六，1）。

簋形器　1 件，Bc 型Ⅰ式。

标本 M381：2，夹砂灰褐陶。圆唇，圆鼓肩，弧腹。体量较小。圈足残。口径 10.6、残高 8.6 厘米（图
三八六，2）。

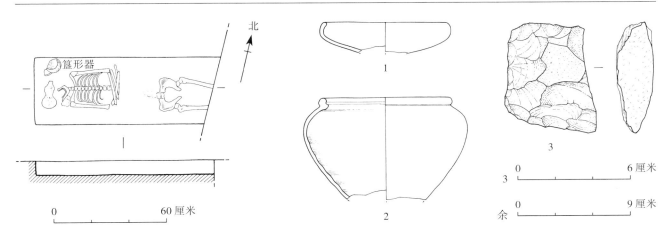

图三八六　M381 及出土器物

1. Ad 型 IV 式尖底盏 M381：1　2. Bc 型 I 式篑形器 M381：2　3. 石斧 M381T：1

石斧　1件。

标本 M381T：1，灰褐色透闪石。平面形制呈不规则长方形，表面多崩疤，弧刃。残长 6.0、宽 4.9、厚 2.0 厘米（图三八六，3）。

20. M382

位于 VT3324 中部。开口于第⑤层下，打破第⑥层。方向 334°。

平面形状呈长方形，直壁，平底（图三八七）。口径长 2.12、宽 0.70、深 0.32 米。填土为黑灰色黏砂土，结构紧密，包含少量陶片，可辨器形有罐、尖底杯、卵石。

骨架保存较差，葬式为仰身直肢葬。墓底无随葬品。

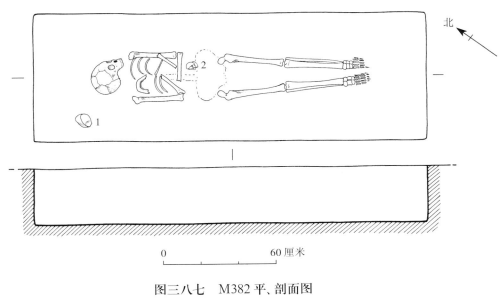

图三八七　M382 平、剖面图

1. 石块　2. 尖底杯

21.M383

位于 VT3515 东北部。开口于第⑤层下，打破第⑥层。方向 305°。

平面形状呈长方形，直壁，平底（图三八八；彩版五七，3）。口径长 2.15、宽 0.70、深 0.21 米。填土为浅灰褐色黏砂土，结构紧密，无包含物。

葬式为仰身直肢葬，骨架系成年人。头部南、北两侧各置有 1 块未经加工的卵石，其中北部卵石南侧随葬 1 件尖底杯。

尖底杯　1 件，Bb 型Ⅲ式。

标本 M383：1，泥质黑皮陶。仅存底部一段。腹壁瘦长，未有分界，锥形底。残高 7.7 厘米（图三八八，1）。

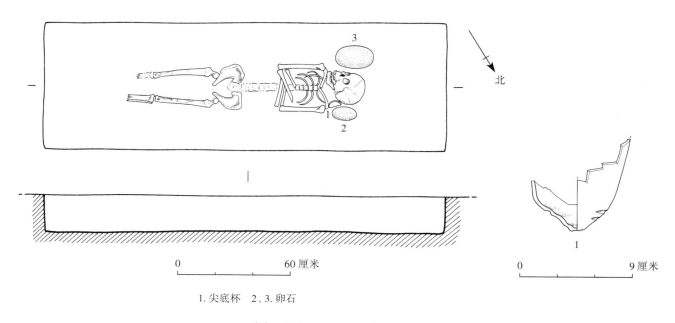

1.尖底杯　2、3.卵石

图三八八　M383 及出土陶器

1.Bb 型Ⅲ式尖底杯 M383：1

22.M391

位于 VT3821 西南。开口于第⑤层下，打破第⑥层。方向 130°。

平面形状呈圆角长方形，直壁，平底（图三八九；彩版五八，1、2）。口径长 2.28、宽 0.63、深 0.32 米。填土为黑灰色黏砂土，结构紧密，包含物有陶片，可辨器形有罐。

葬式为仰身直肢葬。随葬品均置于头部，为束颈罐 2 件、圈足罐 1 件、高领罐 1 件。

高领罐　2 件，Bb 型。

标本 M391：4，夹砂灰褐陶。口径 12.0、腹径 27.8、底径 9.5、通高 26.9 厘米（图三八九，1；彩版五八，3）。

束颈罐　1 件，Aa 型。

标本 M391：3，夹砂灰褐陶。口和底均残，未修复。残高 7.7 厘米（图三八九，2）。

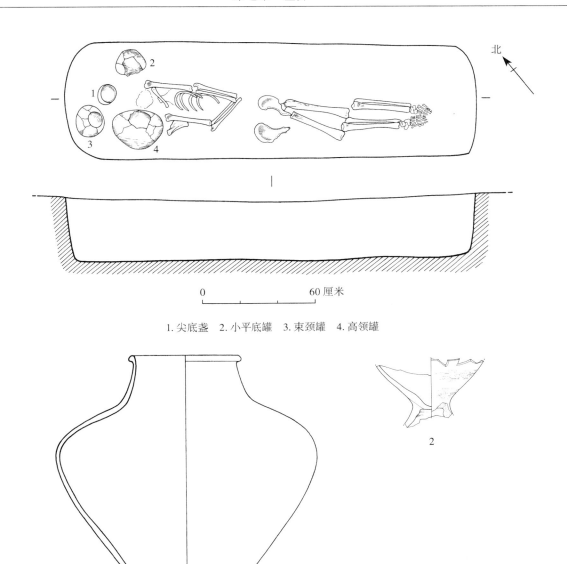

1. 尖底盏　2. 小平底罐　3. 束颈罐　4. 高领罐

0　　　60 厘米

0　　　12 厘米

图三八九　M391 及出土陶器
1. Bb 型高领罐 M391：4　2. Aa 型束颈罐 M391：3

23.M400

位于 VT3528 东南，叠压于北隔梁下。开口于第⑤层下，打破第⑥层。方向 130°。

平面形状呈圆角长方形，直壁，平底（图三九〇；彩版五八，4）。口径长 2.28、宽 0.63、深 0.32米。填土为浅黑灰色黏砂土，结构紧密，包含物有陶片，可辨器形有罐、尖底杯等。

葬式为仰身直肢葬，下肢摆放凌乱。随葬品置于头部东南，为 1 件尖底杯。

尖底杯　1 件，Bb 型Ⅱ式。

标本 M400：1，泥质黑皮陶。器底，上下腹分界不明显，下腹急收。残高 8.7 厘米（图三九〇，1）。

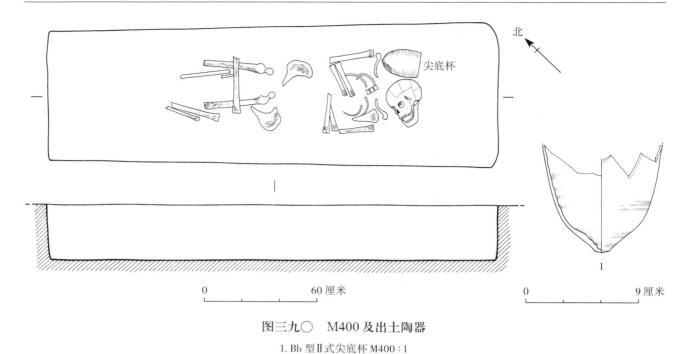

图三九〇　M400 及出土陶器

1. Bb 型Ⅱ式尖底杯 M400∶1

24. M418

位于 VT3518 东北，北部一段延伸进入北隔梁。开口于第⑤层下，打破第⑥层。方向 135°。

平面形状呈长方形，直壁，平底（图三九一；彩版五九，1）。南壁有一熟土二层台，残长 2.16、宽 0.20、高 0.20 米。墓口残长 2.16、宽 0.80、深 0.46 米。填土为深黑灰色黏砂土，结构紧密，无包含物。

葬式为仰身直肢葬。有一剥落的椭圆形石片置于腹部南侧。

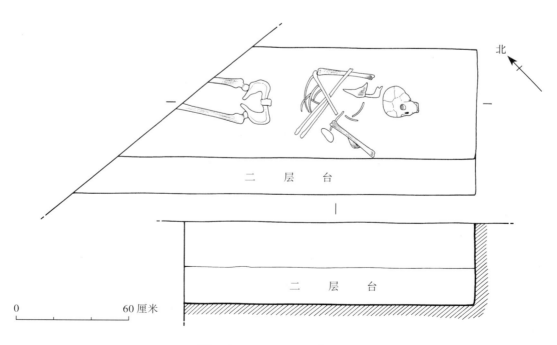

图三九一　M418 平、剖面图

25．M419

位于 VT3427 东部，东部一段延伸进入北隔梁。开口于第④层下，打破第⑤层。方向 105°。

平面形状呈长方形，直壁，平底（图三九二）。墓口残长 1.03、宽 0.56、深 0.05 米。填土为浅褐色黏砂土，结构紧密，包含物主要为陶片，可辨器形有尖底杯、罐等。

骨架仅揭露腰部以下，推测葬式为仰身直肢葬，腰部以上情况不明。下肢北侧随葬 3 件陶器，分别为束颈罐、尖底杯和尖底盏。

尖底杯　1 件，Ac 型Ⅲ式。

标本 M419：3，泥质黑皮陶。圆唇，底部略残。口径 10.1、残高 10.5 厘米（图三九二，1）。

尖底盏　1 件，Ac 型Ⅰ式。

标本 M419：2，泥质黑皮陶。圆唇，底部略残。口径 12.2、残高 5.7 厘米（图三九二，2）。

束颈罐（圈足罐）　1 件，Bc 型Ⅱ式。

标本 M419：1，夹砂灰褐陶。方唇，弧腹。圈足残。口径 15.0、残高 5.6 厘米（图三九二，3）。

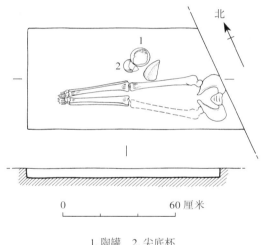

1. 陶罐　2. 尖底杯

图三九二　M419 及出土陶器

1. Ac 型Ⅲ式尖底杯 M419：3　2. Ac 型Ⅰ式尖底盏 M419：2　3. Bc 型Ⅱ式束颈罐（圈足罐）M419：1

26．M421

位于 VT3328 东北，北部一段延伸进入北隔梁。开口于第⑤层下，打破第⑥层。方向 310°。

平面形状呈长方形，直壁，平底（图三九三）。墓口残长 1.32、宽 0.50、深 0.10 米。填土为黑褐色黏砂土，结构紧密，包含物有少量陶片，可辨器形仅有罐等。

骨架仅揭露腰部以下，推测葬式为仰身直肢葬，腰部以上情况不明。下肢北侧随葬 2 件陶器，分别为罐和尖底杯。

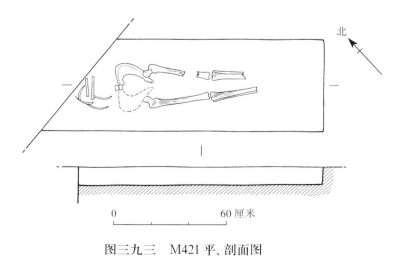

图三九三　M421 平、剖面图

27.M422

位于 VT3328 西南，南部一段延伸进入 VT3327 北隔梁。开口于第⑤层下，打破第⑥层。方向 305°。

平面形状呈长方形，直壁，平底（图三九四；彩版五九，2）。墓口长 1.85、宽 0.70、深 0.28 米。填土为黑褐色黏砂土，结构紧密，包含物主要为陶片，可辨器形有圈足罐、尖底杯、罐等。

葬式为仰身直肢葬。头部西南随葬 1 件尖底杯。

尖底杯　1 件，Bb 型Ⅲ式。

标本 M422：1，泥质黑皮陶。口部残，未能复原。残高 7.3 厘米（图三九四，1）。

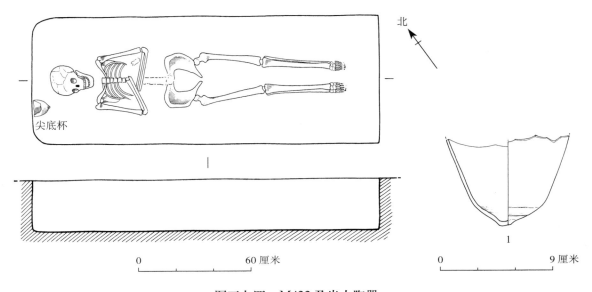

图三九四　M422 及出土陶器

1. Bb 型Ⅲ式尖底杯 M422：1

28.M423

位于 VT3726 东北。开口于第⑤层下，打破第⑥层。方向 140°。

平面形状呈圆角窄长方形，近直壁，平底（图三九五；彩版六〇，1、2）。墓口长 1.93、宽 0.37、深 0.36 米。填土为灰褐色黏砂土，结构紧密，包含物主要为陶片，可辨器形有尖底杯、罐等。

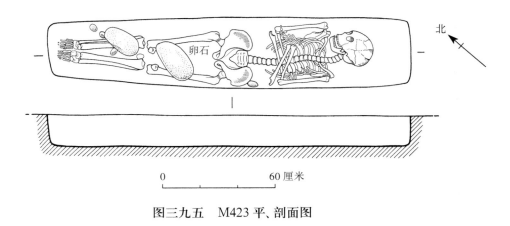

图三九五　M423 平、剖面图

葬式为仰身直肢葬。盆骨和下肢骨放置有几颗小卵石，另外，还用两块较大卵石压置于腿骨上，此风俗可能有着特殊含义。

29.M424

位于 VT3726 东南。开口于第⑤层下，打破第⑥层。方向 130°。

平面形状呈长方形，直壁，平底（图三九六，1、2；彩版六一，1~3）。墓口长 2.58、宽 0.80、深 0.11 米。该墓为分层葬，上层为儿童，置于墓室西端。葬式为仰身直肢葬。填土为黑褐色黏砂土，结构紧密，包含物主要为陶片和卵石，可辨器形有高领罐、罐等。上层摆放有大量卵石，另有 1 件陶罐随葬于东南角。

墓室下层为成人，葬式为仰身直肢葬。填土为黑灰色黏砂土，结构紧密，包含物主要为陶片和卵石。葬式为仰身直肢葬。头部东侧随葬 2 件尖底罐。

尖底罐　2 件，A 型 II 式。

标本 M424：1，夹砂黄褐陶。厚圆唇。肩部饰一对称乳钉。口径 9.7、腹径 13.3、通高 14.1 厘米（图三九六，2；彩版六二，1）。

标本 M424：2，夹砂黄褐陶。厚圆唇。肩部饰一对称乳钉。口径 9.7、腹径 13.0、通高 14.1 厘米（图三九六，1；彩版六二，2）。

高领罐　1 件，Bb 型。

标本 M424：3，夹砂灰褐陶。口径 18.6、腹径 34.0、底径 9.7、通高 30.3 厘米（彩版六二，3）。

30.M425

位于 VT3825 西北。开口于第⑤层下，打破第⑥层。方向 135°。

平面形状呈窄长方形，直壁，平底（图三九七；彩版六三，1）。墓口长 1.91、宽 0.50、深 0.17 米。填土为灰黑色黏砂土，结构紧密，包含物主要有小卵石和陶片，陶片可辨器形有圈足罐、尖底杯、罐等。

葬式为仰身直肢葬。盆骨西南置有 1 块卵石，当有特殊含义。

31.M426

位于 VT3311 南部，南部一段进入 VT3310 北隔梁。开口于第④层下，打破第⑤层。方向 297°。

平面形状呈长方形，直壁，平底（图三九八）。墓口长 1.89、宽 0.60、深 0.06 米。填土为红褐色黏砂土，结构紧密，无包含物。

葬式为仰身直肢葬。头骨北侧置有 1 块大卵石，当有特殊含义。

32.M433

位于 VT3725 东北。开口于第⑤层下，打破第⑥层。方向 315°。

平面形状呈圆角长方形，直壁，平底（图三九九）。墓口长 2.04、宽 0.60、深 0.15 米。填土为黑褐色黏砂土，结构紧密，包含物主要为陶片，陶片可辨器形有圈足罐、罐等。

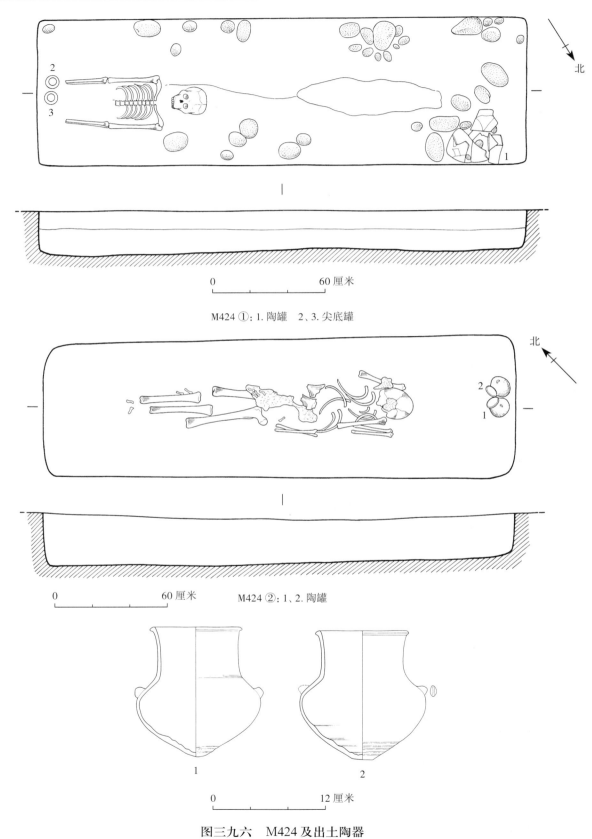

0 _____ 60 厘米

M424 ①：1. 陶罐　2、3. 尖底罐

0 _____ 60 厘米　　　M424 ②：1、2. 陶罐

0 _____ 12 厘米

图三九六　M424 及出土陶器

1. A 型Ⅲ式尖底罐 M424∶2　2. A 型Ⅱ式尖底罐 M424∶1

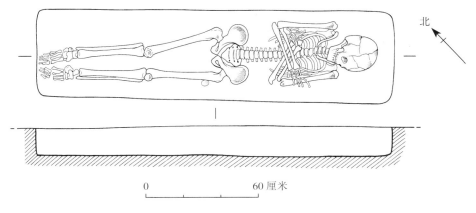

图三九七　M425 平、剖面图

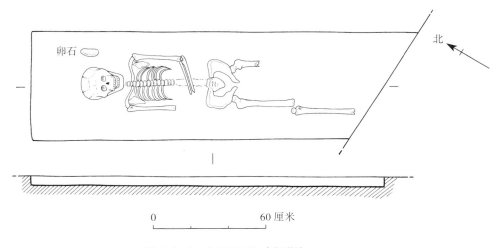

图三九八　M426 平、剖面图

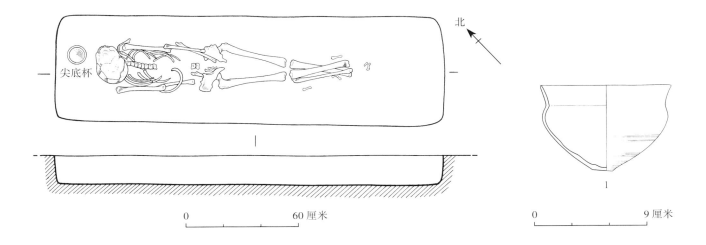

图三九九　M433 及出土陶器

1. Aa 型 II 式尖底杯 M433：1

葬式为仰身直肢葬。头骨西侧随葬 1 件尖底杯。

尖底杯　1 件，Aa 型 II 式。

标本 M433：1，泥质黑皮陶。尖唇。口径 10.3、腹径 9.9、底径 1.7、通高 7.0 厘米（图三九九，1；彩版六二，4）。

33. M436

位于 VT3514 东南角。开口于第⑤层下，打破第⑥层。方向 325°。

平面形状呈长方形，直壁，平底（图四〇〇；彩版六三，2）。墓口长 2.20、宽 0.73、深 0.11 米。填土为黑灰色黏砂土，结构紧密，包含物主要为陶片，陶片可辨器形有高领罐、圈足罐、罐等。

葬式为仰身直肢葬。头骨北侧下随葬 1 件尖底盏。

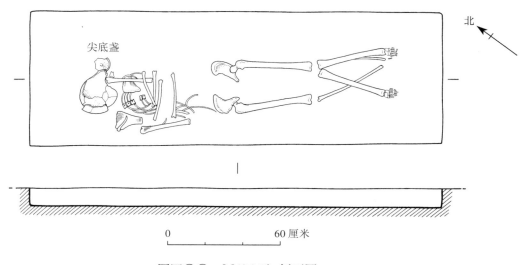

图四〇〇　M436 平、剖面图

34. M437

位于 VT3311 东北，北部进入北隔梁。开口于第⑤层下，打破第⑥层。方向 135°。

平面形状呈长方形，直壁，平底（图四〇一）。墓口长 1.10、宽 0.46、深 0.15 米。填土为浅灰色黏砂土，结构紧密，包含物主要为陶片，陶片可辨器形有尖底杯、罐等。

葬式为仰身直肢葬。墓底东南随葬 1 件尖底杯。

尖底杯　1 件，Bb 型 II 式。

标本 M437：1，泥质黑皮陶。口部残。残高 6.3 厘米（图四〇一，1）。

35. M445

位于 VT3915 西北，北端进入北隔梁。开口于第④a 层下，打破第⑤层。方向 295°。

平面形状呈不规则长方形，头宽脚短，直壁，平底（图四〇二；彩版六四，1）。墓口长 1.80、宽 0.31~0.74、深 0.10 米。填土为黑灰色黏砂土，结构紧密，包含物主要为陶片，陶片可辨器形有高领罐、圈足、尖底杯等。

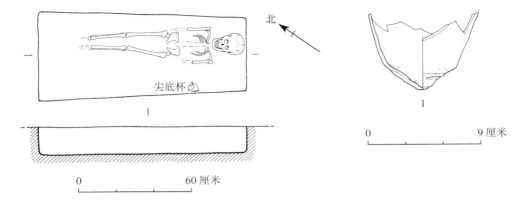

图四〇一　M437 及出土陶器

1. Bb 型Ⅱ式尖底杯 M437：1

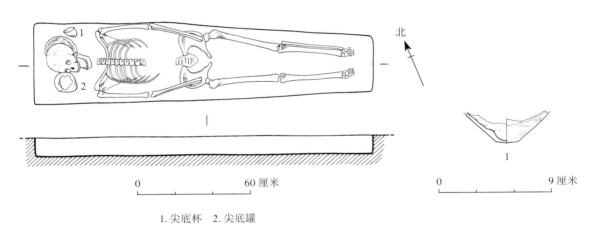

1.尖底杯　2.尖底罐

图四〇二　M445 及出土陶器

1. Bb 型Ⅱ式尖底杯 M445：1

葬式为仰身直肢葬。头骨北侧随葬 1 件尖底杯，南侧为 1 件尖底罐。

尖底杯　2 件，Bb 型Ⅱ式。

标本 M445：1，泥质黑皮陶。底径 1.8、残高 2.3 厘米（图四〇二，1）。

36.M447

位于 VT3714 西南角。开口于第④层下，打破第⑤层。方向 155°。

平面形状呈长方形，直壁，平底（图四〇三）。墓口长 1.56、宽 0.50、深 0.10 米。填土为灰色黏砂土，结构紧密，无包含物有少量陶片，可辨器形仅有罐。

葬式为仰身直肢葬。盆骨南侧随葬 1 件尖底杯。

尖底杯　1 件，Ac 型Ⅱ式。

标本 M447：1，泥质黑皮陶。口径 10.2、底径 1.8、残高 8.6 厘米（图四〇三，1）。

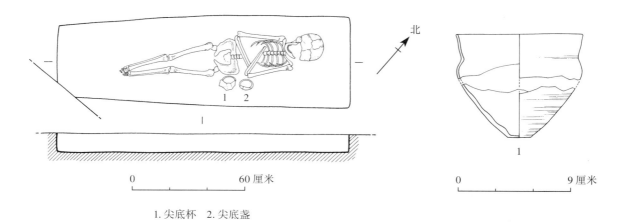

0　　　　　　　　60 厘米　　　　　　　0　　　　　　　9 厘米

1. 尖底杯　2. 尖底盏

图四〇三　M447 及出土陶器

1. Ac 型 II 式尖底杯 M447 : 1

37. M449

位于 VT3714 东南。开口于第⑤层下，打破第⑥层。方向 335°。

平面形状呈长方形，直壁，平底（图四〇四；彩版六四，2）。墓口长 1.69、宽 0.40~0.50、深 0.10米。填土为浅灰色黏砂土，结构紧密，无包含物。

葬式为仰身直肢葬。头骨西南随葬 1 件 Aa 型尖底杯。

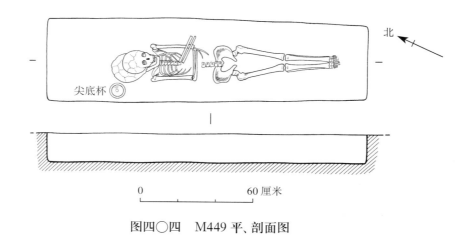

尖底杯①

0　　　　　　　60 厘米

图四〇四　M449 平、剖面图

38. M476

位于 VT3719 东北，北段进入北隔梁。开口于第⑤层下，打破第⑥层。方向 147°。

平面形状呈长方形，头部较宽，脚部略窄，直壁，平底（图四〇五；彩版六五，1）。墓口长 2.00、宽 0.50~0.58、深 0.28 米。填土为灰黑色黏砂土，结构紧密，包含物有少量陶片，可辨器形有罐、圈足罐等。

葬式为仰身直肢葬。头骨东北随葬 1 件尖底盏。

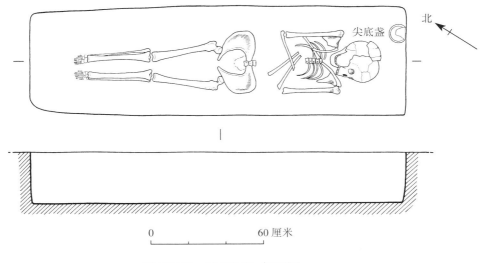

图四〇五 M476 平、剖面图

39. M477

位于 VT3720 西部，北段进入 VT3620 东隔梁。开口于第⑤层下，打破第⑥层。方向 140°。

平面形状呈长方形，直壁，平底（图四〇六；彩版六五，2）。墓口长 1.90、宽 0.51、深 0.27 米。填土为浅灰色黏砂土，结构紧密，包含物有少量陶片，可辨器形有罐、尖底杯等。

葬式为仰身直肢葬。肋骨南随葬 1 纺轮，盆骨西南随葬尖底盏。

尖底盏 1 件，Aa 型Ⅳ式。

标本 M477：2，夹砂灰褐陶。体形略矮。口径 12.6、腹径 13.1、通高 4.8 厘米（图四〇六，1；彩版六五，3）。

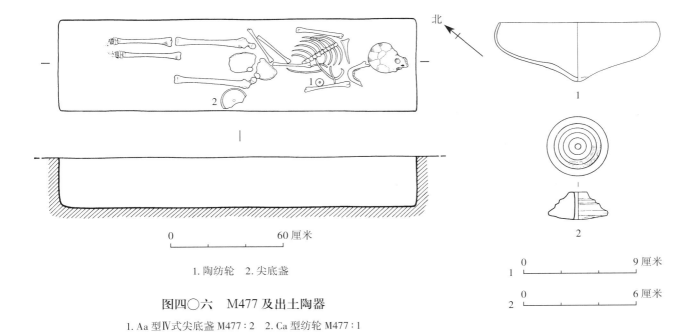

图四〇六 M477 及出土陶器
1. Aa 型Ⅳ式尖底盏 M477：2 2. Ca 型纺轮 M477：1

纺轮　1件，Ca 型。

标本 M477：1，泥质黑皮陶。腰部上饰有两道凸棱。上径 1.0、下径 1.5、最大径 3.2、孔径 0.2、高 1.5 厘米（图四〇六，2；彩版六五，4）。

40．M478

位于 VT3720 东南角，南段进入 VT3719 北隔梁。开口于第⑤层下，打破第⑥层。方向 135°。

平面形状呈长方形，直壁，平底（图四〇七；彩版六六，1）。墓口长 2.00、宽 0.71、深 0.41 米。填土为浅灰色黏砂土，结构紧密，包含物有少量陶片，可辨器形有高领罐、圈足罐、罐、尖底杯等。

葬式为仰身直肢葬。墓底无随葬品。

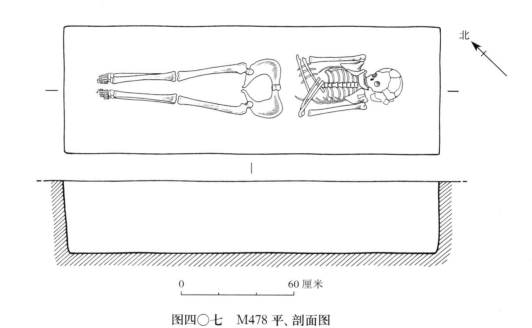

北

0　　　　　　　60 厘米

图四〇七　M478 平、剖面图

41．M482

位于 VT3912 南部，南段进入 VT3911 北隔梁。开口于第④a 层下，打破第⑤层。方向 317°。

平面形状呈长方形，直壁，平底（图四〇八）。墓口长 1.91、宽 0.56、深 0.10 米。填土为灰黑色黏砂土，质地结构紧密，包含物有少量陶片，可辨器形仅有罐。

葬式为仰身直肢葬。随葬品簋形器和尖底罐各 1 件，分别置于肩部西北和胸部南侧。

尖底罐　1件，Bb 型。

标本 M482：2，夹砂灰褐陶。敛口，圆唇，矮领，鼓肩，弧腹，底部残。口径 8.7、腹径 10.8、残高 8.9 厘米（图四〇八，1）。

簋形器　1件，A 型Ⅲ式。

标本 M482：1，夹砂褐陶。口和圈足均残。器物内壁泥条盘筑痕迹明显。残高 12.4 厘米（图四〇八，2）。

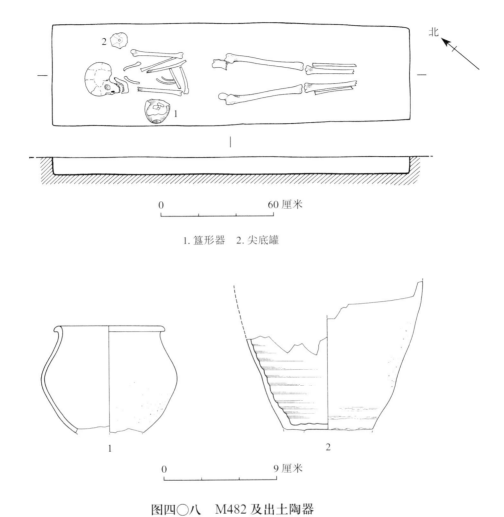

1. 簋形器　2. 尖底罐

0　　　　　　　60 厘米

图四〇八　M482 及出土陶器

1. Bb 型 Ⅱ式尖底罐 M482∶2　　2. A 型 Ⅲ式簋形器 M482∶1

42. M485

位于 VT3814 西侧。开口于第⑤层下，打破第⑥层。方向 135°。

平面形状呈长方形，墓室西部不规整，直壁，坡状底，东高西低（图四〇九）。墓口长 2.31、宽 0.65、深 0.55~069 米。填土为浅灰黑色黏砂土，结构紧密，包含物有少量陶片，可辨器形有高领罐、圈足罐、罐等。

骨架保存略好，葬式为仰身直肢葬。墓底无随葬品。

43. M497

位于 VT2310 东南，南段一部分进入北隔梁。开口于第⑤层下，打破第⑥层。方向 110°。

平面形状呈长方形，直壁，坡状底，东高西低（图四一〇；彩版六六，2）。墓口长 2.10、宽 0.60、深 0.10 米。填土为浅灰黑色黏砂土，结构紧密，包含物有少量陶片，可辨器形仅有罐。

骨架保存较差，葬式为仰身直肢葬。墓底无随葬品。

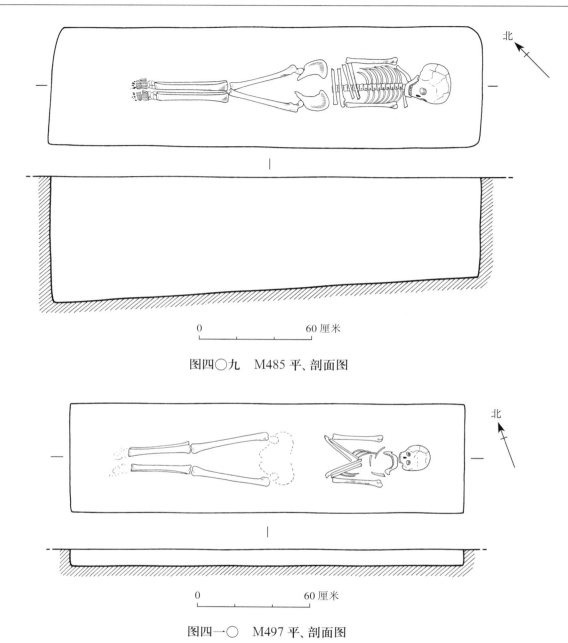

0　　　　　　　　60 厘米

图四〇九　M485 平、剖面图

0　　　　　　　　60 厘米

图四一〇　M497 平、剖面图

44.M498

位于 VT2511 南部。开口于第⑤层下，打破第⑥层。方向 142°。

平面形状呈长方形，直壁，平底（图四一一；彩版六七，1）。墓口长 2.00、宽 0.60、深 0.39 米。填土为浅灰黑色黏砂土，结构紧密，包含物有较多陶片，可辨器形仅有罐。

骨架保存较好，墓主系成年人，葬式为仰身直肢葬。墓底无随葬品。

45.M643

位于 VT3808 北部。开口于第⑤层下，打破第⑥层。方向 125°。

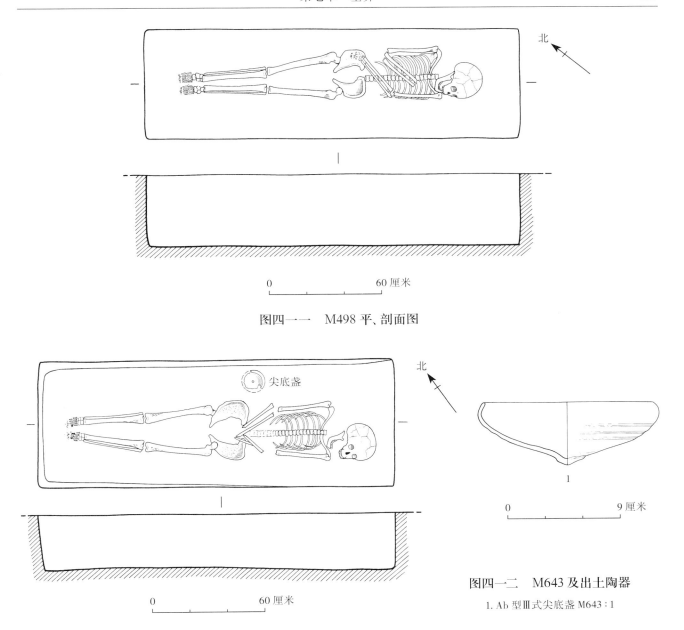

图四一一　M498 平、剖面图

图四一二　M643 及出土陶器

1. Ab 型Ⅲ式尖底盏 M643：1

平面形状呈长方形，东壁较直，西壁较斜，平底（图四一二；彩版六七，2）。墓口长 1.91、墓底长 1.89、宽 0.7 米，墓底宽 0.63~0.69、深 0.30~0.32 米。填土为浅灰黑色黏砂土，质地结构紧密，无包含物。

葬式为仰身直肢葬，墓主为成年人。盆骨北侧随葬 1 件尖底盏。

尖底盏　1 件，Ab 型Ⅲ式。

标本 M643：1，泥质橙黄陶。下腹急收，锥形底。口径 13.0、通高 5.3 厘米（图四一二，1）。

46.M649

位于 VT3926 东南。开口于第⑤层下，打破第⑥层。方向 145°。

平面形状呈圆角长方形，直壁，平底（图四一三；彩版六八，1）。墓口长 1.88、宽 0.40~0.55、深 0.18~0.22 米。填土为深黑色黏砂土，质地结构紧密，包含物有大量陶片，口部器形有尖底杯、尖底罐、纺轮、圈足罐等。

葬式为仰身直肢葬，墓主为成年人。大腿骨北侧随葬 1 件尖底盏，注意该墓填土中纺轮、尖底罐是否为该墓随葬品，开口层位也需要修改，4 层下可能性较大，距离 Y11 较近，这可能是在窑址废弃物地表上修建，因而填土中大量陶片存在的原因。

尖底盏　1 件，Aa 型Ⅲ式。

标本 M649：1，夹砂灰褐陶。圆唇。口径 12.7、腹径 13.2、通高 5.3 厘米（图四一三，1；彩版六八，2）。

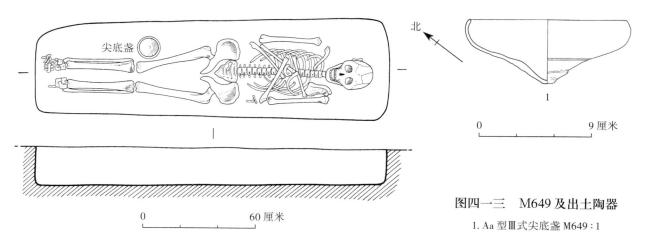

图四一三　M649 及出土陶器

1. Aa 型Ⅲ式尖底盏 M649：1

47.M688

位于 VT2613 西北，北部一段进入 VT2513 隔梁。开口于第⑤层下，打破第⑥层。方向 126°。平面形状呈长方形，直壁，近平底（图四一四；彩版六八，3）。墓口长 2.50、宽 0.80~0.89、

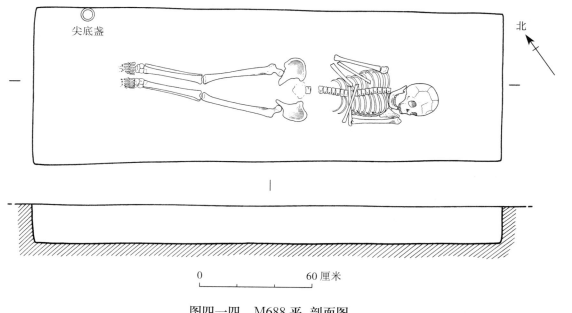

图四一四　M688 平、剖面图

深 0.2~0.22 米。填土为灰黑色黏砂土，质地结构紧密，包含物有少量陶片，可辨器形仅有尖底杯。

葬式为仰身直肢葬，墓主系成年人。墓底西北随葬 1 件尖底盏。

48.M691

位于 VT2512 中部偏西。开口于第⑤层下，打破第⑥层。方向 145°。

平面形状呈长方形，近直壁，坡状底，东高西低（图四一五；彩版六九，1）。墓口长 2.12、宽 0.70、残深 0.26~0.40 米。填土为黑灰色黏砂土，结构紧密，包含物有较多陶片，可辨器形有圈足罐、尖底杯等。

墓主系成年人，葬式为仰身直肢葬。墓底无随葬品。

豆柄　1 件，A 型。

标本 M691T：1，泥质黑皮陶。残高 8.9 厘米（图四一五，1）。

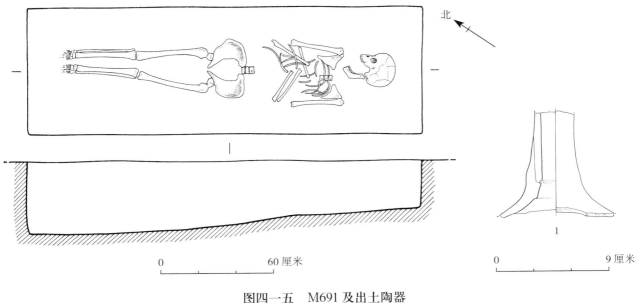

图四一五　M691 及出土陶器

1.A 型豆柄 M691T：1

49.M694

位于 VT2311 东南。开口于第⑤层下，打破第⑥层。方向 147°。

平面形状近长方形，东宽西窄，直壁，近平底（图四一六；彩版六九，2）。墓口长 1.76、宽 0.53~0.69、残深 0.24~0.25 米。墓室北壁有一熟土二层台，长 1.76、宽 0.10~0.12、高 0.10 米。填土为黑灰色黏砂土，结构紧密，包含物有较多陶片，可辨器形有尖底盏、尖底杯等。

墓主系成年人，葬式为仰身直肢葬，头骨发生移位。墓底无随葬品。

50.M698

位于 VT2312 西南角。开口于第⑤层下，打破第⑥层。方向 137°。

平面形状呈长方形，直壁，平底（图四一七）。墓口长 1.80、宽 0.60、残深 0.18 米。填土为褐

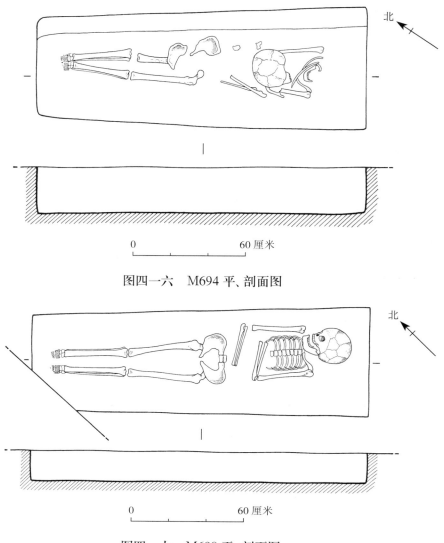

图四一六　M694 平、剖面图

图四一七　M698 平、剖面图

色黏砂土，结构紧密，无包含物。

骨架保存较好，墓主系成年人，葬式为仰身直肢葬。墓底无随葬品。

51．M699

位于 VT3904 中部。开口于第⑤层下，打破第⑥层。方向 115°。

平面形状呈长方形，东宽西窄，近直壁，近平底（图四一八；彩版七〇，1）。墓口长 2.15、宽 0.52~0.69、残深 0.21~0.27 米。填土为浅灰褐色黏砂土，结构紧密，包含物有少量陶片，口部器形有罐和圈足罐。

骨架保存较好，墓主系成年人，葬式为仰身直肢葬。墓底无随葬品。

52．M701

位于 VT2412 南部。开口于第⑤层下，打破第⑥层。方向 115°。

平面形状呈不规则方形，西壁略斜，近直壁，平底（图四一九）。墓口长 2.14~2.35、宽 1.54~1.69、残深 0.56 米。墓室南壁有一生土二层台，长 2.14、宽 0.21、高 0.29 米。填土为黄褐色黏砂土，质地结构紧密，包含物有少量陶片，可辨器形有圈足罐、罐、缸等。

骨架摆放凌乱，葬式为仰身直肢葬。胸部南侧随葬 1 件尖底盏。

尖底盏　1 件，Bc 型 Ⅱ 式。

标本 M701：1，夹砂灰褐陶。肩部以上残。底径 2.3、残高 4.5 厘米（图四一九，1；彩版七〇，2）。

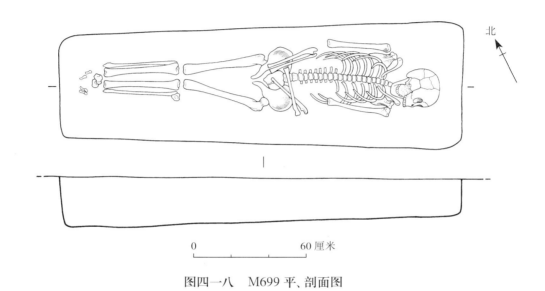

图四一八　M699 平、剖面图

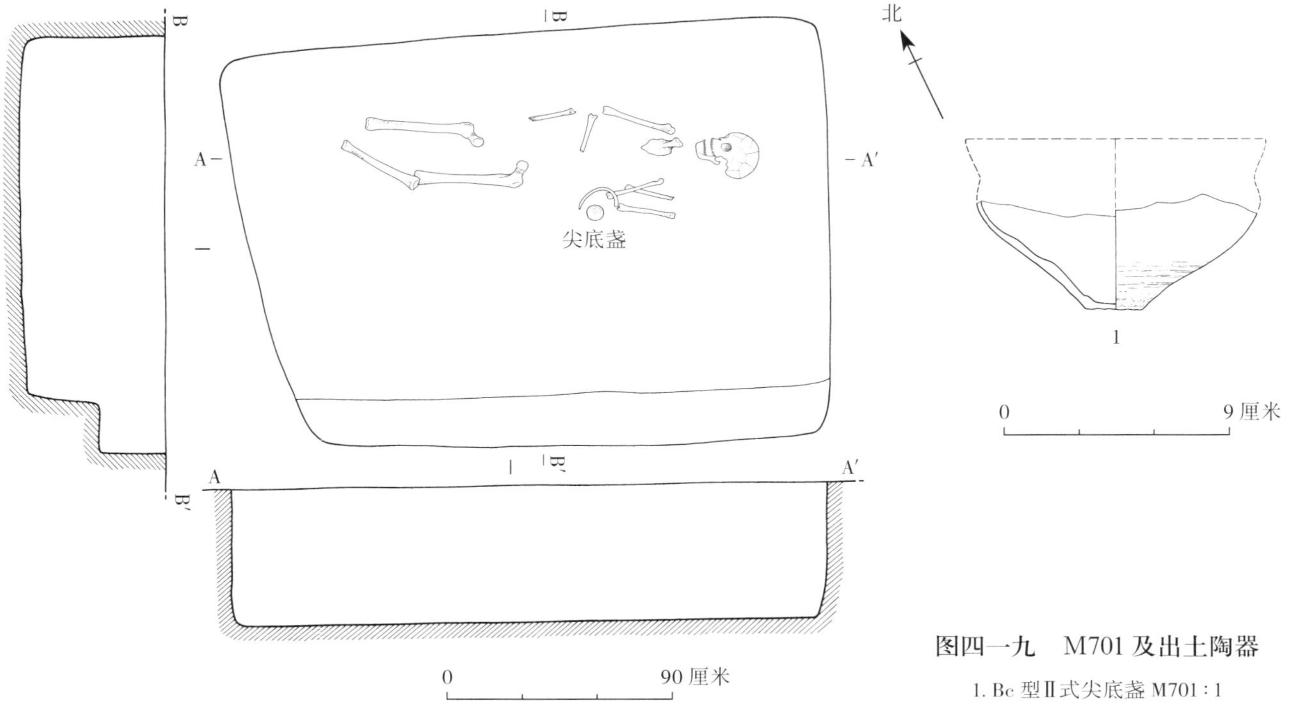

图四一九　M701 及出土陶器

1. Bc 型 Ⅱ 式尖底盏 M701：1

53．M703

位于 VT2414 西部，北部一段进入 VT2314 东隔梁。开口于第④ a 层下，打破 M490。方向 132°。

平面形状呈长方形，直壁，近平底（图四二〇）。墓口长 2.20、宽 0.70~0.80、残深 0.57 米。填土为灰褐色黏砂土，质地结构紧密，包含物有少量陶片，可辨器形有尖底杯、圈足罐等。

骨架保存较好，墓主系成年人，葬式为仰身直肢葬。小腿骨上随葬 1 件陶纺轮。

瓮　1 件，Cc 型。

标本 M703T：3，夹砂灰褐陶。器形较小，圆唇。口径 14.4、残高 4.0 厘米（图四二〇，1）。

纺轮　1 件，Ab 型。

标本 M703：1，泥质黑皮陶。腰部饰有八道凹弦纹。直径 3.6、孔径 0.2、高 1.4 厘米（图四二〇，2；彩版七〇，3）。

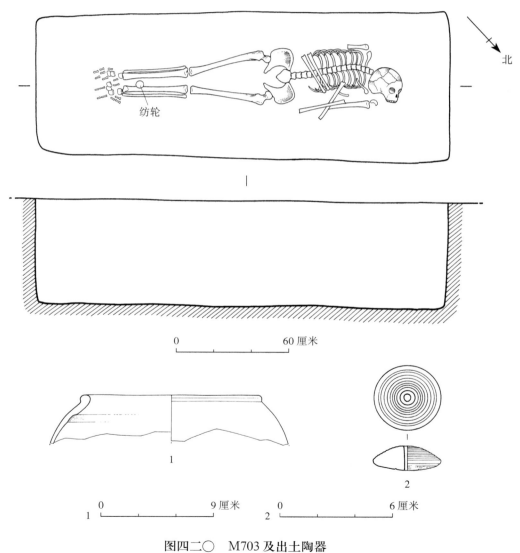

图四二〇　M703 及出土陶器

1. Cc 型瓮 M703T：3　2. Ab 型纺轮 M703：1

54.M709

位于Ⅷ T2613 西北。开口于第④ a 层下，打破第⑤层。方向 325°。

平面形状呈长方形，直壁，平底（图四二一）。墓口长 2.00、宽 0.54~0.60、残深 0.10 米。填土为灰黑色黏砂土，结构紧密，包含物少量多陶片，器形残碎不可辨。

骨架保存略差，墓主系成年人，葬式为仰身直肢葬。墓底西南随葬尖底盏、高领罐、圈足罐、尖底杯各 1 件（未复原），其中高领罐仅存领部，可能非随葬品，可能为扰土之物。

高领罐 1 件，Ab 型。

标本 M709T ：1，夹砂灰褐陶。方唇，窄沿。口径 16.6、残高 8.9 厘米（图四二一，1）。

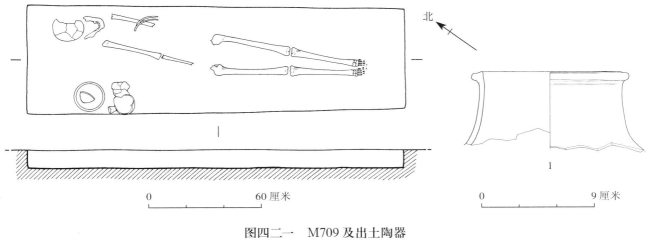

图四二一 M709 及出土陶器

1. Ab 型高领罐 M709T：1

55.M731

位于Ⅷ T5007 东北。开口于第④ a 层下，打破第⑤层。方向 140°。

平面形状呈长方形，直壁，平底（图四二二）。墓口长 1.90、宽 0.44~0.50、残深 0.50 米。填土为灰褐色黏砂土，结构紧密，包含物少量多陶片，器形仅有罐。

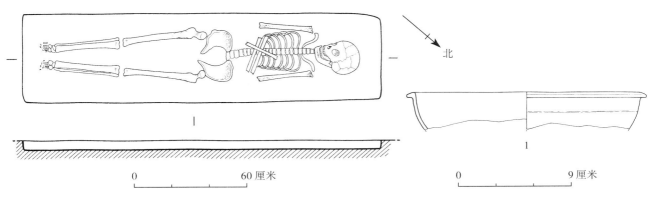

图四二二 M731 及出土陶器

1. Da 型盆 M731T：1

骨架保存较好，墓主系成年人，葬式为仰身直肢葬。墓底无随葬品。

盆　1件，Da型。

标本M731T：1，夹砂灰褐陶。尖圆唇。口径38.2、残高6.0厘米（图四二二，1）。

56. M745

位于VT4506西南。开口于第⑤层下，打破第⑥层。方向335°。

平面形状呈长方形，直壁，坡状底，东高西低（图四二三）。墓口长2.25、宽0.70、残深0.10~0.15米。填土为黄褐色黏砂土，质地结构紧密，包含物有少量陶片，残碎不可辨。

骨架摆放凌乱，葬式为仰身直肢葬。盆骨北侧随葬1件圈足罐。

束颈罐（圈足罐）　1件，Ab型。

标本M745：1，夹砂灰褐陶。尖唇，腹部残，圈足脱落。口径11.4、残高6.0厘米（图四二三，1）。

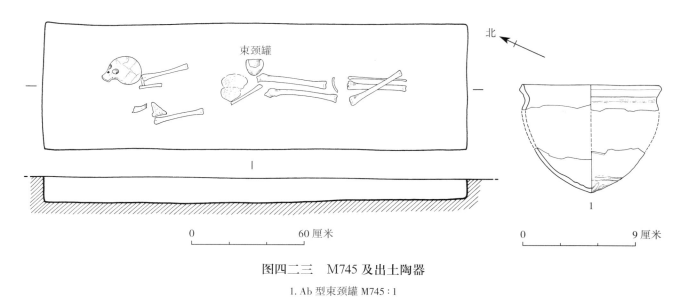

图四二三　M745及出土陶器

1. Ab型束颈罐M745：1

57. M777

位于Ⅷ T4707西南。开口于第④a层下，打破第⑤层。方向322°。

平面形状呈长方形，西壁圆弧，东壁较直，弧壁，底部凹凸不平（图四二四；彩版七一，1、2）。墓口长2.00、宽0.60~0.58、残深0.05~0.19米。填土为黑色黏砂土，质地结构紧密，包含物有少量陶片，残碎不可辨。

骨架摆放凌乱，部分骨骼发生位移，葬式为仰身直肢葬。胸部随葬5件铜蝉，盆骨随葬2件柳叶形铜剑（彩版七一，3、4）。

铜蝉　5件。

尾部多残，中空。头部有须，形成穿孔，便于佩戴。头部为复眼，躯体阴刻出翅膀、腹部和尾部。形制大小一致，蝉造型简单抽象，只雕出眼和象征性的躯体，为圆雕。用阴线区分出头、腹、翅等部分。

标本M777：1-1，环残缺。残长5.4、宽1.5厘米（图四二四，1；彩版七二，1）。

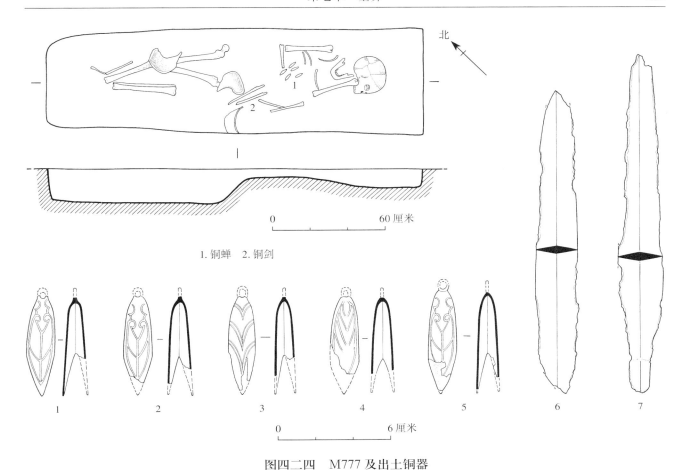

图四二四　M777 及出土铜器

1~5. 蝉 M777：1-1、1-2、1-3、1-4、1-5　6、7. 剑 M777：2-1、2-2

标本 M777：1-2，环和尾残缺。残长 4.8、宽 1.5 厘米（图四二四，2；彩版七二，2）。

标本 M777：1-3，环和尾残缺。残长 4.3、宽 1.5 厘米（图四二四，3；彩版七二，3）。

标本 M777：1-4，环和尾残缺。残长 4.8、宽 1.5 厘米（图四二四，4；彩版七二，4）。

标本 M777：1-5，环和尾残缺。残长 5.0、宽 1.5 厘米（图四二四，5；彩版七二，5）。

铜剑　3 件。

平面形状呈柳叶形，首部无穿孔。刃部锈蚀严重，前锋呈尖叶状，中部有脊。

标本 M777：2-1，首缺，锋略残。刃部宽 2.1、厚 0.4、残长 16.7 厘米（图四二四，6；彩版七二，6）。

标本 M777：2-2，首和锋略残。刃部宽 2.3、厚 0.5、残长 18.6 厘米（图四二四，7；彩版七二，7）。

58.M808

位于 VT5014 西北，北部一段进入 VT4914 东隔梁。开口于第④ a 层下，打破第⑤层。方向 282°。

平面形状呈长方形，直壁，平底（图四二五）。墓口长 1.80、宽 0.50、深 0.10 米。填土为黑褐色黏砂土，质地结构紧密，包含物有少量陶片，陶片残碎，器形不可辨。

葬式为侧身直肢葬，墓主系成年人。墓底随葬 1 件石芯。

石芯　1 件。

标本 M808：1，黑色页岩，质地易碎。平面形状呈不规则圆形，周缘有加工痕迹。直径 3.2~3.3、厚 0.06 厘米（图四二五，1；彩版七〇，4）。

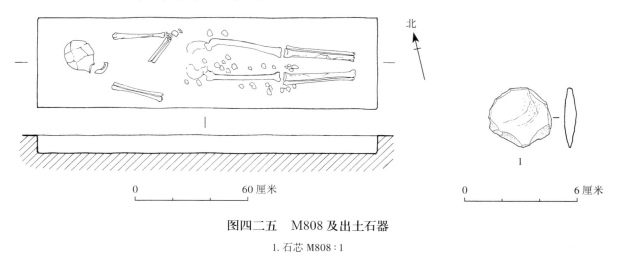

图四二五　M808 及出土石器

1. 石芯 M808：1

59. M493

位于 VT2313 北隔梁下。开口于第⑤层下，打破第⑥层。方向 145°。

平面形状呈长方形，直壁，坡状底，东高西低（图四二六）。墓口长 2.30、宽 0.60~0.62、深 0.20~0.50 米。填土为灰黄色黏砂土，质地结构紧密，无包含物。

葬式为仰身直肢葬，墓主为成年人。下肢骨下部随葬 1 件尖底盏。

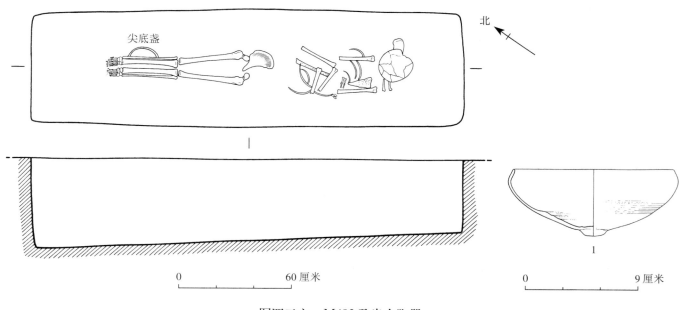

图四二六　M493 及出土陶器

1. Ab 型 II 式尖底盏 M493：1

尖底盏　1件，Ab型Ⅱ式。

标本M493∶1，泥质黑皮陶。体形矮胖，弧腹外弧，肩腹区分不显著。口径12.8、腹径13.5、通高5.5厘米（图四二六，1）。

二　Ab型

20座。儿童墓或未成年人墓。从目前的观察看，儿童墓在船棺葬分布较为集中的地区分布多，但未有叠压或打破关系，其主要分布于Ⅴ与Ⅷ交界的区域，需要注意。

1.M125

位于VT3615南壁，南部一段进入发掘区外。开口于第④a层下，打破第⑤层。方向305°。

平面形状呈不规则长方形，西壁倾斜。墓口被晚期灰沟严重破坏，仅存墓底。弧壁，平底（图四二七）。墓口残长0.75~1.16、宽0.53、深0.06米。填土为灰褐色黏砂土，结构紧密。包含有少量陶片，陶片残碎，器形不可辨。

仰身直肢葬，骨架保存较差，墓主可能为未成年人。墓底头骨北侧随葬1件尖底杯。

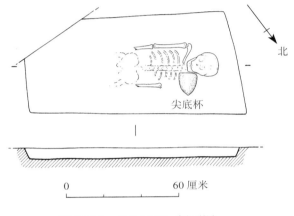

图四二七　M125平、剖面图

2.M141

位于VT3422东壁偏北，南部一段进入东隔梁。开口于第④a层下，打破第⑤层，方向325°。

平面形状呈长方形，直壁，平底（图四二八；彩版七三，1）。墓口被严重破坏，仅存墓底。墓口长0.66~1.00、宽0.40、残深0.05米。填土为黑灰色黏砂土，结构紧密。无包含物。

骨架保存较差，葬式为仰身直肢葬，墓主系未成年人。墓底头骨北侧随葬1件尖底罐和尖底杯。

尖底杯　1件，Bb型Ⅳ式。

标本M141∶1，泥质黑皮陶。尖唇，腹部呈炮弹形，底部为锥形。口径8.0、残高6.4厘米（图

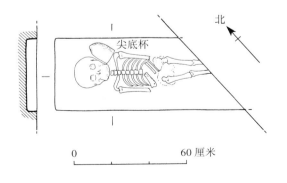

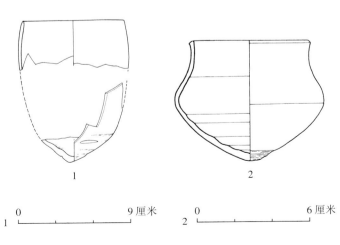

图四二八　M141及出土陶器

1.Bb型Ⅳ式尖底杯M141∶1　2.Bb型尖底罐M141∶2

四二八，1）。

尖底罐　1件，Bb型。

标本M141：2，泥质黑皮陶，腹壁较厚。圆唇，口微侈，矮领，鼓肩，弧腹。乳头状尖底。口径6.8、腹径8.1、通高6.7厘米（图四二八，2）。

3. M155

位于VT3815西北。开口于第⑤层下，打破第⑥层。方向124°。

墓口平面形状呈圆角长方形，近直壁，平底（图四二九；彩版七三，2、3）。墓口长2.22、宽0.53~0.62、残深0.31~0.37米。墓底四壁有生土二层台，北壁长1.61、宽0.10~0.14、高0.06~0.08米，南壁长1.57、宽0.04~0.06、高0.08米，东壁长0.57、宽0.08、高0.08米，西壁长0.49、宽0.07~0.10、高0.08米。填土浅灰色黏砂土，结构紧密，无包含物。

骨架保存略好，葬式为仰身直肢葬，墓主系儿童。墓底头骨上放置1件尖底盏，其南侧随葬1件高领罐和尖底杯，颌骨南侧随葬1件尖底盏和尖底杯。

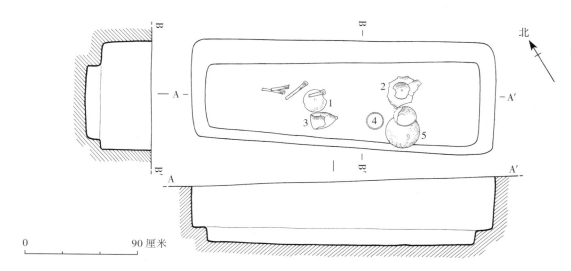

1、2.尖底杯　3、4.尖底杯　5.壶

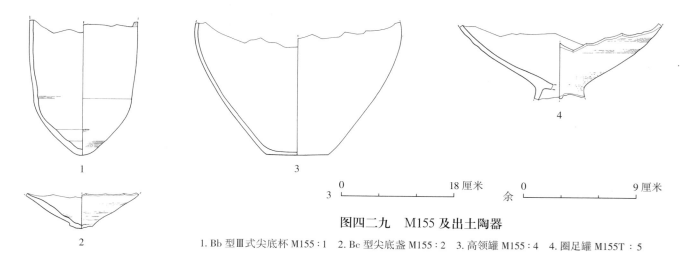

图四二九　M155及出土陶器

1. Bb型Ⅲ式尖底杯 M155：1　2. Bc型尖底盏 M155：2　3. 高领罐 M155：4　4. 圈足罐 M155T：5

尖底杯　2件，Bb 型Ⅲ式。

标本 M155：1，泥质黑皮陶。上、下腹之间分界不明显。残高 11.3 厘米（图四二九，1）。

尖底盏　1件，Bc 型。

标本 M155：2，夹砂灰褐陶。器底。残高 2.9 厘米（图四二九，2）。

高领罐　1件。

标本 M155：4，夹砂灰褐陶。仅存器底。弧腹，平底。腹径 16.5、底径 9.8、残高 22.0 厘米（图四二九，3）。

圈足罐　1件。

标本 M155T：5，夹砂灰褐陶。口和圈足均残。残高 6.2 厘米（图四二九，4）。

4.M157

位于 VT3515 东隔梁下。开口于第⑤层下，打破第⑥层。方向 137°。

墓口被破坏，仅存墓底。墓口平面形状呈长方形，直壁，平底（图四三〇；彩版七四，1）。墓口长 1.10、宽 0.37、残深 0.10 米。填土黑色黏砂土，结构紧密。包含有少量陶片，无包含物。

骨架保存较差，葬式为仰身直肢葬，墓主系未成年人。墓底头骨北侧随葬 1 件尖底盏。

尖底盏　1件，Ad 型Ⅱ式。

标本 M157：1，夹砂灰褐陶。圆唇。口径 12.2、通高 3.8 厘米（图四三〇，1；彩版七四，2）。

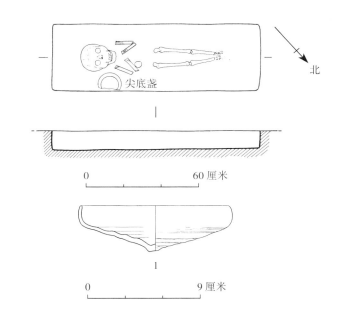

图四三〇　M157 及出土陶器

1.Ad 型Ⅱ式尖底盏 M157：1

5.M375

位于 VT3319 西北部，叠压于北隔梁下。开口于第⑤层下，打破第⑥层。方向 125°。

平面形状呈长方形（图四三一；彩版七四，3）。口径长 1.40、宽 0.45、深 0.14 米。填土为浅灰褐色黏砂土，结构紧密，无包含物。

葬式为仰身直肢葬，系儿童墓。头骨南北两侧各随葬 1 件尖底杯和尖底盏，腿骨南侧随葬 1 件陶罐。

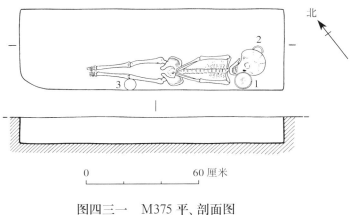

图四三一　M375 平、剖面图

1.尖底杯　2.尖底盏　3.罐

6. M376

位于 VT3423 东北部。开口于第⑤层下，打破第⑥层。方向 310°。

平面形状呈长方形，直壁，平底（图四三二；彩版七五，1）。口径长 1.66、宽 0.45、深 0.15 米。填土为深黑灰色黏砂土，结构紧密，无包含物。

葬式为仰身直肢葬，骨架系未成年人。头部南侧随葬 1 件尖底盏，胸部随葬 1 件束颈罐。

尖底盏　1 件，Ac 型Ⅲ式。

标本 M376：1，夹砂灰褐陶。圆唇。口径 12.4、残高 3.7 厘米（图四三二，1）。

束颈罐　1 件，Ad 型。

标本 M376：2，夹砂灰褐陶。弧腹，圈足残。口径 12.5、腹径 15.0、残高 12.7 厘米（图四三二，2；彩版七五，2）。

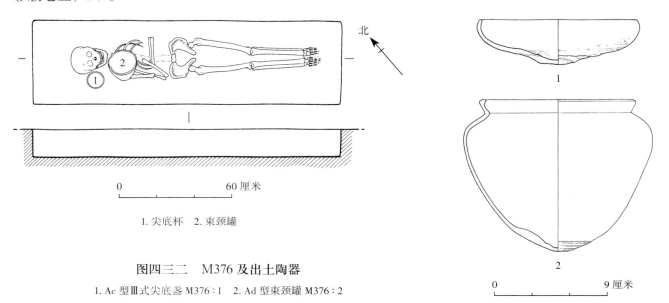

1. 尖底杯　2. 束颈罐

图四三二　M376 及出土陶器

1. Ac 型Ⅲ式尖底盏 M376：1　2. Ad 型束颈罐 M376：2

7. M377

位于 VT3423 西南，部分进入 VT3323 东隔梁。开口于第⑤层下，打破第⑥层。方向 320°。

平面形状呈长方形，直壁，平底（图四三三；彩版七五，3）。口径长 1.21、宽 0.35、深 0.12 米。

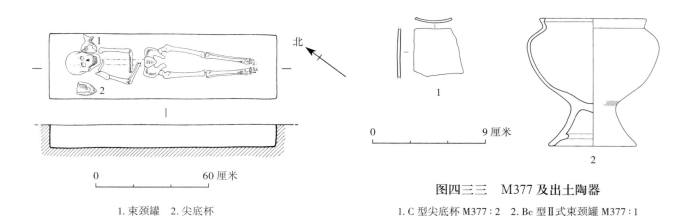

1. 束颈罐　2. 尖底杯

图四三三　M377 及出土陶器

1. C 型尖底杯 M377：2　2. Bc 型Ⅱ式束颈罐 M377：1

填土为深黑灰色黏砂土，结构紧密，无包含物。

葬式为仰身直肢葬，骨架系儿童。随葬品置于头部南北两侧，北部为圈足罐（未修复），南部为尖底杯和石片。

尖底杯 1件，C型。

标本M377：2，泥质黑皮陶。尖圆唇，腹壁较直。仅存口部，未修复。残高4.0厘米（图四三三，1）。

束颈罐 1件，Bc型Ⅱ式。

标本M377：1，夹砂灰黄陶。尖唇，弧腹，喇叭状圈足。口径8.7、腹径10.7、足径6.8、通高10.7厘米（图四三三，2；彩版七五，4）。

8. M427

位于VT3371东部，东南一段进入东隔梁。开口于第④a层下，打破第⑤层。方向128°。

平面形状呈长方形，直壁，平底（图四三四）。墓口长1.50、宽0.56、深0.08米。填土为浅灰黑色黏砂土，结构紧密，无包含物。

葬式为仰身直肢葬，骨架系未成年人。无随葬品。

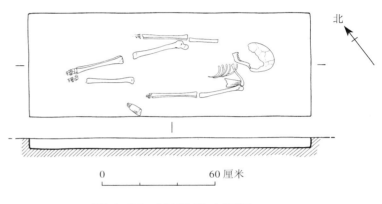

图四三四 M427平、剖面图

9. M430

位于VT3312西南。开口于第④a层下，打破第⑤层。方向320°。

平面形状呈长方形，直壁，平底（图四三五；彩版七六，1）。墓口长1.51、宽0.45、深0.10米。填土为灰色黏砂土，结构紧密，包含物有少量陶片，可辨器形仅有罐。

墓底仅存头骨，骨骼系未成年人。在墓底北壁偏中随葬1件束颈罐。

束颈罐 1件，Ae型Ⅲ式。

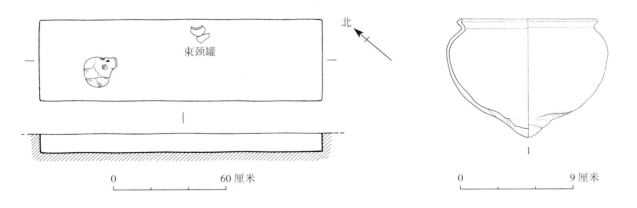

图四三五 M430及出土陶器

1. Ae型Ⅲ式束颈罐 M430：1

标本 M430：1，夹砂灰褐陶。尖唇，尖底，圈足脱落。口径 11.2、腹径 13.0、残高 9.7 厘米（图四三五，1；彩版七六，2）。

10. M475

位于 VT3719 中部。开口于第⑤层下，打破第⑥层。方向 140°。

平面形状呈圆角长方形，直壁，平底（图四三六）。墓口长 1.11、宽 0.40、深 0.23 米。填土为浅黑色黏砂土，结构紧密，无包含物。

葬式为仰身直肢葬，墓主系未成年人。头骨东南随葬 2 件尖底杯。

尖底杯　2 件。

Bb 型 I 式　1 件。

标本 M475：1，夹砂灰褐陶。肩部以上残，底部不规整。残高 4.1 厘米（图四三六，1）。

Bb 型 II 式　1 件。

标本 M475：2，泥质黑皮陶。残高 4.7 厘米（图四三六，2；彩版七六，4）。

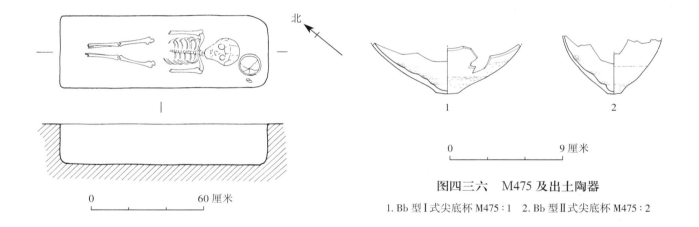

图四三六　M475 及出土陶器

1. Bb 型 I 式尖底杯 M475：1　2. Bb 型 II 式尖底杯 M475：2

11. M479

位于 VT3719 北隔梁下，东南段进入 VT3620 南侧。开口于第⑤层下，打破第⑥层。方向 138°。

平面形状呈长方形，直壁，平底（图四三七；彩版七六，3）。墓口长 1.30、宽 0.40、深 0.20~0.27 米。墓室东侧有一生土二层台，长 0.40、宽 0.13、高 0.05 米。填土为黑灰色黏砂土，略泛黄，质地结构紧密，包含物有少量陶片，可辨器形有罐、圈足罐、尖底盏等。

葬式为仰身直肢葬，墓主系儿童。随葬品置于二层台上，分别为罐和尖底盏。

尖底盏　1 件。

标本 M479：2，夹砂灰褐陶。圆唇，敛口，鼓肩，弧腹内收。乳头状尖底。口径 12.3、腹径 13.0、通高 5.7 厘米。

束颈罐（圈足罐）　1 件，Ab 型。

标本 M479：1，夹砂灰褐陶。尖唇，口径 10.6、残高 2.0 厘米（图四三七，1）。

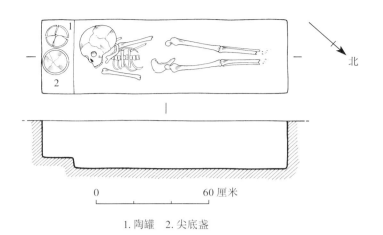

1. 陶罐　2. 尖底盏

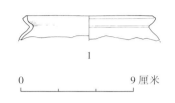

图四三七　M479 及出土陶器

1. Ab 型束颈罐 M479：1

12. M490

位于 VT2414 西侧。开口于第⑤层下，该墓被 M703 打破。方向 130°。

平面形状呈长方形，直壁，平底（图四三八；彩版七七，1）。墓口长 1.00、宽 0.34、深 0.11 米。填土为黑褐色黏砂土，结构紧密，无包含物。

骨架保存较差，墓主为儿童，葬式为仰身直肢葬。墓底无随葬品。

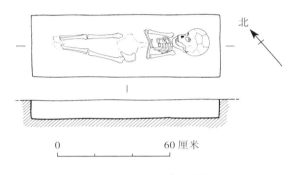

图四三八　M490 平、剖面图

13. M491

位于 VT2314 东南部，南段进入 VT2414 西南角。开口于第⑤层下，打破第⑥层。方向 125°。

平面形状呈长方形，头宽脚短，直壁，平底（图四三九；彩版七七，2）。墓口长 1.45、宽 0.40~0.50、深 0.21 米。填土为灰黑色黏砂土，质地结构紧密，无包含物。

葬式为仰身直肢葬，墓主系未成年人。盆骨北侧随葬 1 件尖底盏。

尖底盏　1 件，Ab 型Ⅱ式。

标本 M491：1，泥质黑皮陶。体形矮胖，弧腹外弧，肩腹区分不显著。尖底不突出。口径 12.6、腹径 13.5、通高 5.2 厘米（图四三九，1；彩版七七，3）。

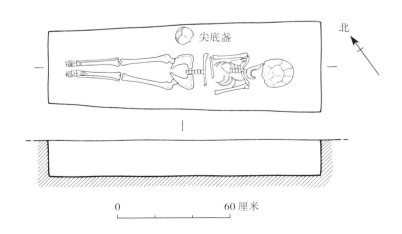

尖底盏

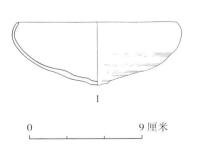

图四三九　M491 及出土陶器

1. Ab 型Ⅱ式尖底盏 M491：1

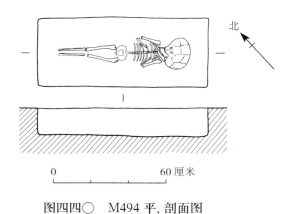

图四四〇　M494 平、剖面图

14.M494

位于 VT2314 东南。开口于第⑤层下，打破第⑥层。方向 132°。

平面形状呈长方形，直壁，平底，东高西低（图四四〇）。墓口长 0.91、宽 0.37、深 0.15 米。填土为灰黄色黏砂土，质地结构紧密，无包含物。

葬式为仰身直肢葬，墓主系未成年人。

15.M500

位于 VT2613 西南，北部一段进入 VT2513 东隔梁。开口于第④a 层下，打破第⑤层。方向 160°。

平面形状呈长方形，近直壁，近平底（图四四一；彩版七八，1、2）。墓口长 1.50、宽 0.50、残深 0.14 米。墓室南侧有一生土二层台，长 0.50、宽 0.20、高 0.04 米。填土为黑褐色黏砂土，结构紧密，包含物有较多陶片，可辨器形有罐、尖底杯等。

骨架保存略好，墓主系未成年人，葬式仰身直肢葬。墓主胸部随葬 1 件纺轮。

纺轮　1 件，B 型。

标本 M500：1，泥质褐陶。腰部饰有两道凸棱。上径 1.1、下径 3.6、孔径 0.2、高 1.1 厘米（图四四一，1；彩版七八，3）。

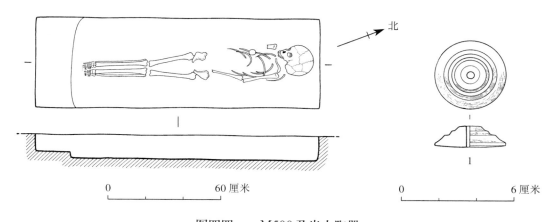

图四四一　M500 及出土陶器

1.B 型纺轮 M500：1

16.M644

位于 VT3707 西北，北部延伸进入 VT3607 北隔梁。开口于第⑤层下，打破第⑥层。方向 140°。

平面形状呈长方形，平底（图四四二；彩版七九，1）。墓口长 1.40、宽 0.60、深 0.40 米。填土为浅灰黑色黏砂土，质地结构紧密，无包含物。

人骨保存较差，胸部以下不可寻，葬式为仰身直肢葬，墓主为儿童。胸部随葬 1 件纺轮。

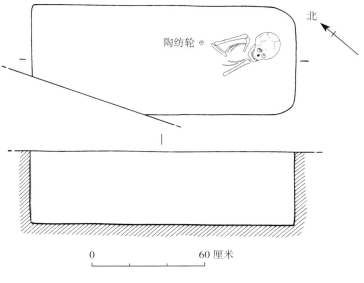

图四四二　M644 平、剖面图

17.M695

位于 VT2411 中部偏南。开口于第⑤层下，打破第⑥层。方向 135°。

平面形状呈圆角长方形，直壁，近平底（图四四三；彩版七九，2）。墓口长 1.10、宽 0.50、深 0.24 米。填土为黑色黏砂土，质地结构紧密，包含物有少量陶片，可辨器形仅有尖底杯。

葬式为仰身直肢葬，墓主系儿童。人骨胸部随葬 1 件尖底盏。

尖底盏　1 件，Ab 型Ⅳ式。

标本 M695：1，夹砂灰褐陶。圆唇。口径 12.5、腹径 13.0、通高 4.5 厘米（图四四三，1；彩版七九，3）。

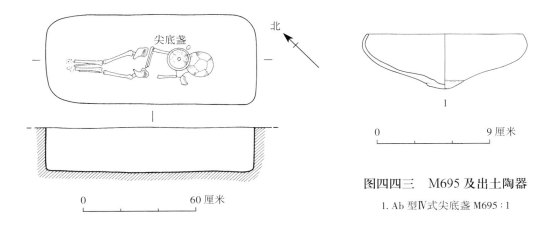

图四四三　M695 及出土陶器

1. Ab 型Ⅳ式尖底盏 M695：1

18.M697

位于 VT2312 西南，南部进入 VT2311 北隔梁。开口于第⑤层下，打破第⑥层。方向 145°。

平面形状呈长方形，直壁，近平底（图四四四；彩版八〇，1）。墓口长 1.31、宽 0.44、深 0.31~0.33 米。填土为浅黑色黏砂土，质地结构紧密，包含物有少量陶片和卵石，可辨器形有尖底杯和罐。

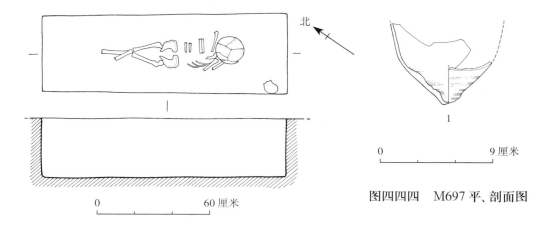

图四四四　M697 平、剖面图

葬式为仰身直肢葬，墓主系未成年人。墓底东南角随葬 1 件尖底杯。

尖底杯　1 件，Bb 型Ⅲ式。

标本 M697：1，泥质黑皮陶。底部不规整，上下腹之间区隔不显著。残高 6.8 厘米。

19.M704

位于 VT2313 西北部。开口于第⑤层下，打破 M490。方向 140°。

平面形状呈长方形，直壁，近平底（图四四五）。墓口长 1.65、宽 0.49~0.58、残深 0.21 米。填土为灰褐色黏砂土，质地结构紧密，包含物有少量陶片，可辨器形仅有圈足罐等。

骨架保存较差，墓主系未成年人，葬式为仰身直肢葬。墓底无随葬品。

20.M728

位于 VT4509 东北部。开口于第④a层下，打破第⑤层。方向 220°。平面形状呈长方形，直壁，近平底（图四四六）。墓口长 0.85、宽 0.34、残深 0.08 米。填土为灰褐色黏砂土，质地结构紧密，包含物有少量陶片，可辨器形仅有圈足罐等。

葬式为仰身直肢葬，骨架保存较差，墓主系未成年人。墓底无随葬品。

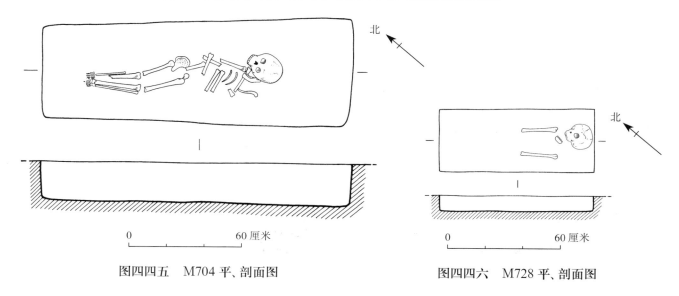

图四四五　M704 平、剖面图　　　　　　图四四六　M728 平、剖面图

三 B 型

屈肢葬。6 座。4 座位于发掘区的Ⅷ区北部（M707、M721、M784、M793），方向以西北东南向为主，仅 1 座为东北西南向（M721），2 座位于 V 区北部（M496、M641），方向均为东南西北向（不同头向是否有时段差异，尚需对比，介于此类墓葬仅 1 墓有随葬品，需比较其他明确随葬组合的墓葬，作参考）。墓室普遍较小，无葬具。全部开口于第④层下。墓室内多无随葬品，仅 1 座有随葬品。墓主均为成年人，不见孩童。根据头向差异，分两式。

（一）Ⅰ式

3 座。头向为西北东南向，均分布于Ⅷ区。

1. M707

位于Ⅷ T4504 西部。开口于第④ a 层下，打破第⑤层。方向 335°。

平面形状呈长方形，直壁，平底（图四四七）。墓口长 1.77、宽 0.50~0.57、深 0.06 米。填土为灰褐色黏砂土，质地结构紧密，包含物有少量两陶片，陶片残碎，器形不可辨。

葬式为侧身屈肢葬，墓主系成年人。盆骨南侧随葬 1 件束颈罐。

束颈罐 1 件，Bc 型Ⅱ式。

标本 M707：1，夹砂灰黄陶。圆唇，喇叭形圈足。口径 15.9、腹径 16.2、足径 9.3、通高 14.6 厘米（图四四七，1；彩版八〇，2）。

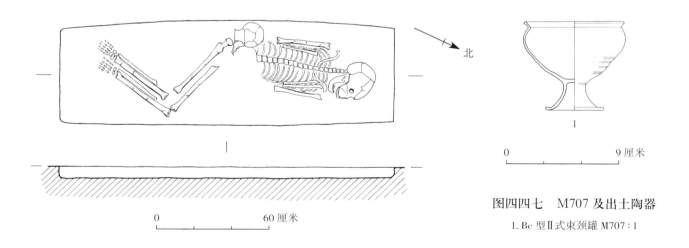

图四四七 M707 及出土陶器

1. Bc 型Ⅱ式束颈罐 M707：1

2. M784

位于Ⅷ T3115 东北角。开口于第④层下，打破第⑤层。方向 323°。

平面形状呈长方形，直壁，平底（图四四八；彩版八〇，3）。墓口残长 1.80、宽 0.55、深 0.15 米。填土为灰黑色黏砂土，质地结构紧密，无包含物。

葬式为侧身屈肢葬，墓主系成年人。墓底无随葬品。

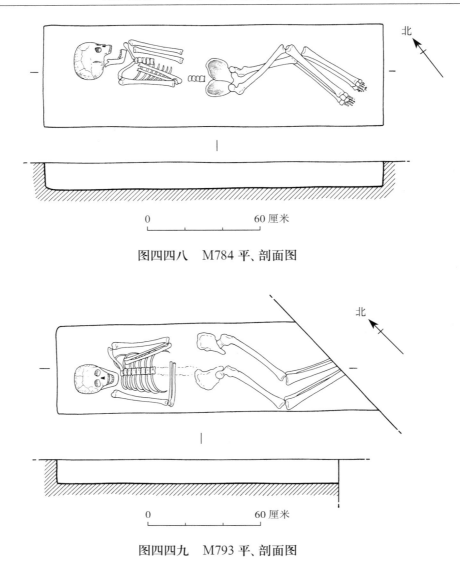

图四四八　M784 平、剖面图

图四四九　M793 平、剖面图

3.M793

位于Ⅷ T3222 东南角，南部一段进入东隔梁。开口于第④ a 层下，打破第⑤层。方向 315°。

平面形状呈长方形，直壁，平底（图四四九）。墓口残长 1.28~1.70、宽 0.49、深 0.14 米。填土为深黑色黏砂土，质地结构紧密，包含物有少量陶片，陶片残碎，器形不可辨。

葬式为侧身屈肢葬，墓主系成年人。墓底无随葬品。

（二）Ⅱ 式

3 座。头向为东南西北向，仅 M721 分布于Ⅷ区，其余 2 座位于 V 区。

1.M496

位于 VT2310 北部。开口于第④ a 层下，打破第⑤层。方向 125°。

平面形状呈窄长方形，直壁，平底（图四五〇；彩版八一，1）。墓口长 1.80、宽 0.38、深 0.07~0.15

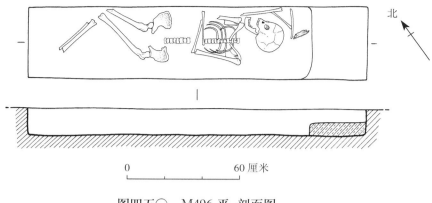

图四五○ M496 平、剖面图

米。墓室东部有一熟土二层台，长 0.40、宽 0.30、高 0.07 米。填土为浅黑褐色黏砂土，质地结构紧密，无包含物。

葬式为侧身屈肢葬，墓主成年人。墓底无随葬品。

2. M641

位于 VT3812 东部。开口于第④a 层下，打破第⑤层。方向 125°。

平面形状呈圆角长方形，直壁，斜底，东高西低（图四五一；彩版八一，2）。墓口长 1.66、宽 0.52、深 0.27~0.31 米。填土为浅黑灰色黏砂土，质地结构紧密，无包含物。

骨架保存较好，葬式为侧身屈肢葬，墓主系成年人。墓底无随葬品。

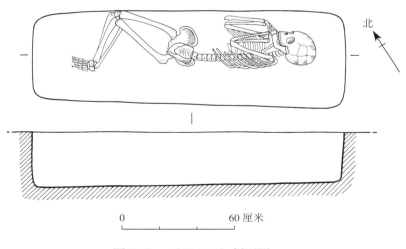

图四五一 M641 平、剖面图

3. M721

位于Ⅷ T4906 西北角，北部一段进入Ⅷ T4806 东隔梁。开口于第④a 层下，打破第⑤层。方向 140°。

平面形状呈长方形，直壁，平底（图四五二；彩版八一，3）。墓口残长 1.60、宽 0.55、深 0.10 米。填土为黑褐色黏砂土，质地结构紧密，包含物有少量陶片，陶片残碎，器形不可辨。

葬式为侧身屈肢葬，墓主系成年人。墓底无随葬品。

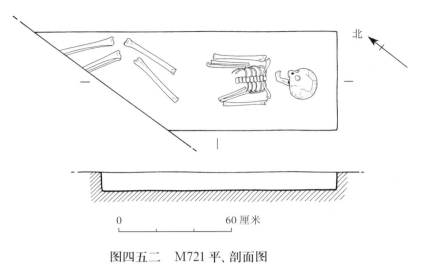

图四五二　M721 平、剖面图

四　C 型

1 座。叠葬。

M386

位于 VT3716 西北。开口于第⑤层下，打破第⑥层。方向 315°。

平面形状呈长方形，直壁，平底（图四五三；彩版八二，1、2）。口径长 2.26、宽 0.70、深 0.15 米。

填土为浅黑色黏砂土，结构紧密，包含物有陶片，可辨器形仅有尖底杯。

该墓葬法为一次葬，葬式为仰身直肢葬。墓底埋葬有两个个体，两具人骨直接叠放，中间无间隔，属于叠葬。上层为儿童，放置于成人胸部，骨骼保存较差，下层为成人，骨骼保存略好。成人脚部西侧随葬尖底杯和高领罐各 1 件。

尖底杯　1 件。

标本 M386：1，泥质黑皮陶。仅存腹部，疑为尖底杯。残高 8.3 厘米。

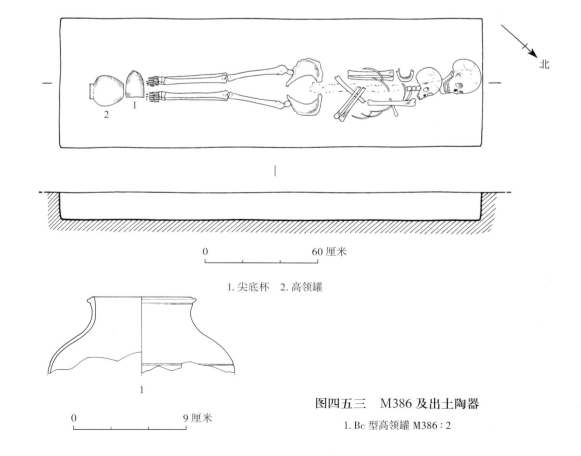

1. 尖底杯　2. 高领罐

图四五三　M386 及出土陶器

1. Bc 型高领罐 M386：2

高领罐　1件，Bc 型。

标本 M386：2，夹砂灰褐陶。肩部饰一条凹弦纹。圆唇，窄折沿。口径 8.7、残高 6.2 厘米（图四五三，1）。

五　D 型

3 座。合葬墓。

1. M142

位于 VT3620 东北。开口于第⑤层下，打破第⑥层。方向 125°。

平面形状呈圆角长方形，弧壁，平底（图四五四）。墓口长 1.80、宽 0.54~0.59、残深 0.20 米。西壁有一生土二层台，长 0.54、宽 0.24、高 0.06 米。填土为黑灰色黏砂土，结构紧密。包含有少量陶片，陶片残碎，可辨器形仅有尖底杯和圈足罐。

墓底埋葬两具人骨，葬式均为仰身直肢葬，北侧墓主系成年人，南部为儿童，儿童面向成人。墓底北部头骨西北随葬 1 件尖底杯。

尖底杯　1件，Ec 型。

标本 M142：1，夹砂红褐陶。圆唇，厚胎，表面不规则凹凸不平。口径 6.7、通高 6.7 厘米（图四五四，1）。

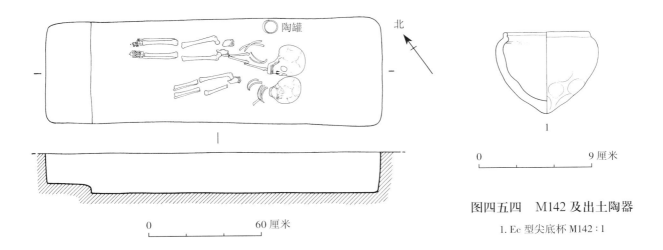

图四五四　M142 及出土陶器
1. Ec 型尖底杯 M142：1

2. M487

位于 VT3814 中部。开口于第⑤层下，打破第⑥层。方向 47°。

平面形状呈长方形，墓室东部不规整，东窄西宽，直壁，平底（图四五五；彩版八三，1）。墓口长 1.61、宽 0.64~0.70、深 0.10 米。填土为浅灰色黏砂土，结构紧密，包含物有少量卵石，无陶片。

该墓系同穴合葬墓，葬式均为仰身直肢葬。北侧人骨略大，居于中心位置，头骨侧向南侧人骨，其下肢骨北侧分别随葬 2 件尖底盏，南侧人骨侧向北侧人骨，骨架略小，推测为儿童，盆骨南侧随

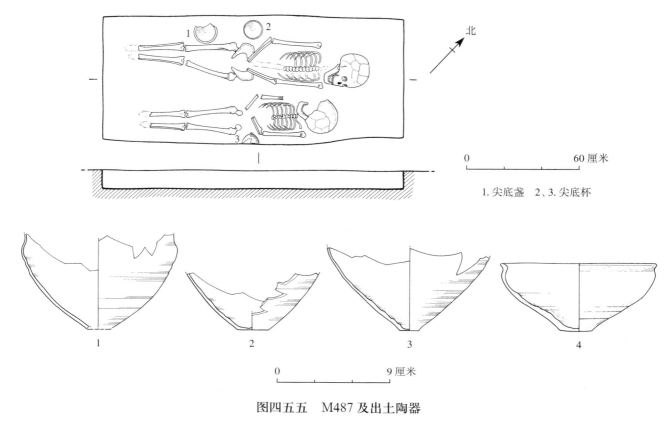

北

0   60 厘米

1. 尖底盏　2、3. 尖底杯

0   9 厘米

图四五五　M487 及出土陶器

1、2. Aa 型Ⅰ式尖底杯 M487：4、3　3. Aa 型Ⅱ式尖底杯 M487：2　4. Bc 型Ⅱ式尖底盏 M487：1

葬 1 件尖底杯。

尖底杯　3 件。均未复原，口部不存。

Aa 型Ⅰ式　2 件。

标本 M487：4，泥质黑皮陶。口部残，器底为 Ba 型Ⅱ式器底。腹径 13.1、底径 1.6、残高 7.8 厘米（图四五五，1）。

标本 M487：3，泥质黑皮陶。底径约 2.4、残高 4.8 厘米（图四五五，2）。

Aa 型Ⅱ式　1 件。

标本 M487：2，泥质黑皮陶。腹径 12.4、底径约 2.2、残高 8.0 厘米（图四五五，3）。

尖底盏　1 件，Bc 型Ⅱ式。

标本 M487：1，夹砂灰褐陶。圆唇，深弧腹，下腹急收，器底不规整。口径 12.4、底径 2.5、通高 5.7 厘米（图四五五，4）。

3. M364

位于 T3327 西南，北部一段进入发掘区外。开口于第④a 层下，打破第⑤层。方向 205°。

墓坑平面形状呈圆角长方形，直壁，平底（图四五六；彩版八三，2）。墓口长 1.78、宽 0.58、残深 0.14 米。填土为黑褐色黏土，结构紧密，包含物主要为陶片，可辨器形有尖底杯、圈足罐等。

墓底置有两具人骨，儿童置于成人北侧，葬式均为仰身直肢葬。成人头骨随葬 1 件尖底杯。

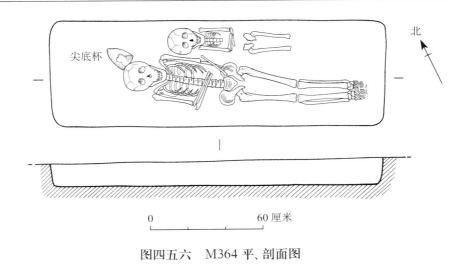

图四五六　M364 平、剖面图

六　E 型

9 座。二次葬，墓室一般使用二层台。

1. M126

位于 VT3815 西南，北部一段进入 VT3715 东隔梁。开口于第④a 层下，打破第⑤层。方向 310°。

平面形状呈不规则长方形，西壁倾斜。斜壁，平底（图四五七）。墓口长 2.40~2.60、宽 0.87~0.90、深 0.25~0.45 米。北壁和南壁有生土二层台，北壁长 2.60、宽 0.18~0.22、高 0.20 米，东壁长 0.90、宽 0.23、高 0.20 米。填土为灰褐色黏砂土，结构紧密。包含有少量陶片，陶片残碎，器形不可辨。

骨架保存较差，葬法为二次葬。墓底人骨上随葬数件灰白色长条形石条，东南角放置有一天然卵石，未有加工痕迹，其余随葬品置于二层台上，东壁放置 4 件陶罐，北壁西北随葬 1 件陶罐，仅复原 1 件尖底罐和束颈罐。

尖底罐　1 件，Bb 型。

标本 M126：5，夹砂灰褐陶。深弧腹，底部不规整。圆唇，卷沿。口径 8.6、底径 3.0、高约 9.3 厘米（图四五七，1）。

束颈罐　1 件。

标本 M126：4，夹砂灰褐陶。口部和圈足均残。圆鼓肩，弧腹，形制与 Eb 型束颈罐相近。腹径 15.8、残高 9.6 厘米（图四五七，2）。

2. M372

位于 VT3619 东南角。开口于第⑤层下，打破第⑥层。方向 132°。

平面形状呈圆角长方形，弧壁，平底（图四五八；彩版八四，1）。墓口长 2.30、宽 0.78、深 0.53 米。填土为灰褐色黏砂土，结构紧密。包含有少量陶片，可辨器形有尖底杯、缸、圈足罐、器纽等。

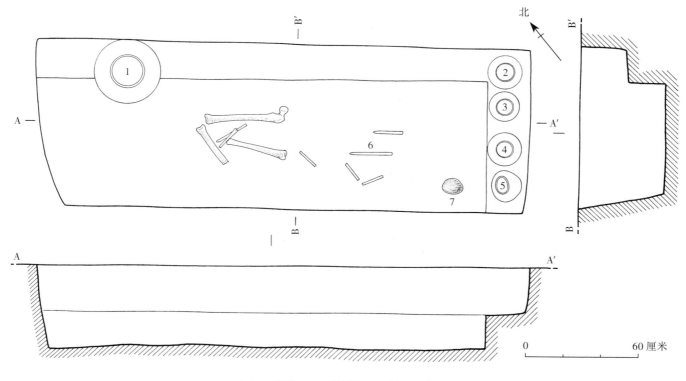

1、2、5.陶罐　3、4.高领罐　6.石条　7.卵石

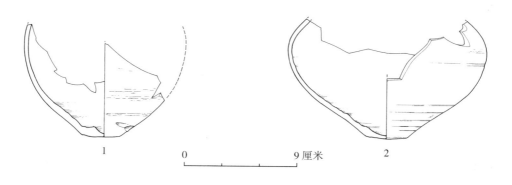

图四五七　M126 及出土陶器

1. Bb 型尖底罐 M126：5　2. 束颈罐 M126：4

　　葬法为二次葬，骨架较粗，摆放凌乱，仅见肢骨、肋骨、头骨、盆骨、趾骨。墓底有随葬品 3 件，头部东北角随葬 1 件尖底盏，脚部西北侧随葬 2 件束颈罐（圈足罐）。

　　尖底盏　2 件，Ab 型Ⅳ式。

　　标本 M372：3，夹砂灰褐陶。圆唇，弧腹。口径 12.2、残高 3.6 厘米（图四五八，1）。

　　尖底罐　1 件，A 型Ⅰ式。

　　标本 M372：1，夹砂灰褐陶。口部和圈足均残，仅存肩部和腹部。弧腹。腹径 14.5、残高约 14.7 厘米（图四五八，2）。

　　束颈罐　1 件。

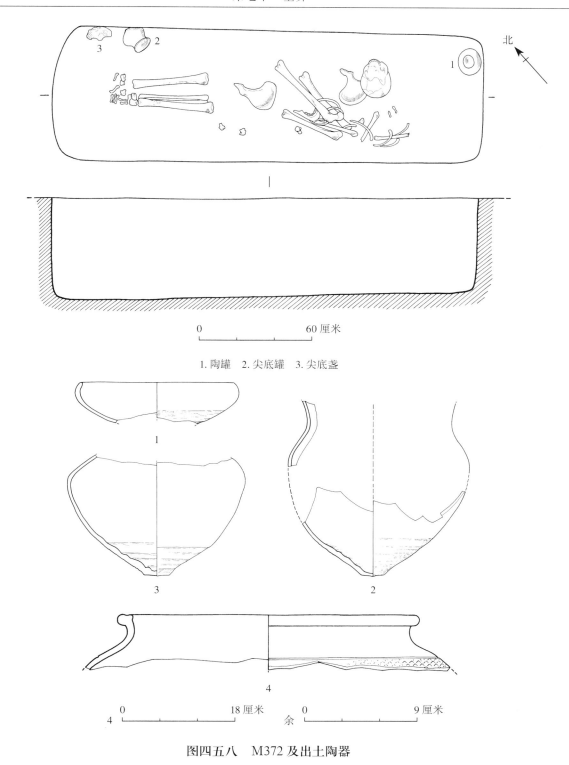

1. 陶罐　2. 尖底罐　3. 尖底盏

4

图四五八　M372 及出土陶器

1. Ab 型 IV 式尖底盏 M372：3　2. A 型 I 式尖底罐 M372：1　3. 束颈罐 M372：2　4. Ad 型瓮 M372T：5

标本 M372：2，夹砂灰褐陶。口部和圈足均残，仅存肩部和腹部。折肩，弧腹，形制同 Bd 型 I 式束颈罐相近。腹径 14.1、残高 9.9 厘米（图四五八，3；彩版八四，2）。

瓮　1 件，Ad 型。

标本 M372T ：5，夹砂灰褐陶。圆唇。肩部饰有一条凹弦纹，弦纹下饰印纹。口径48.0、残高9.3厘米（图四五八，4）。

3.M397

位于 VT3724 东南。开口于第④a 层下，开口于第⑤层，打破第⑥层。方向 135°。

平面形状呈长方形，直壁，平底（图四五九；彩版八五，1、2，八六，1~3）。口径长 2.45、宽

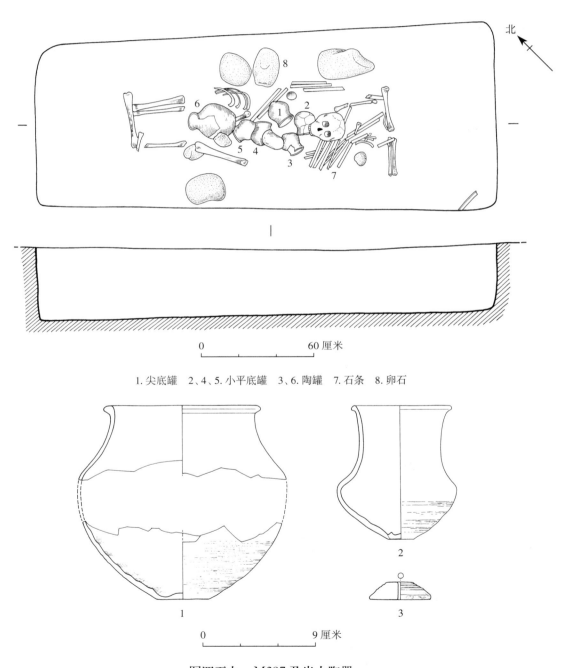

1.尖底罐　2、4、5.小平底罐　3、6.陶罐　7.石条　8.卵石

0　　　　　　　　　60 厘米

0　　　　　　　　　9 厘米

图四五九　M397 及出土陶器

1. Bb 型 I 式尖底罐 M397：6　2. Ab 型尖底罐 M397：2　3. D 型纺轮 M397：1

1.03、深 0.36 米。填土为黑灰色黏砂土，结构紧密，包含少量陶片，可辨器形有高领罐、圈足罐等。

葬法为二次葬，骨架摆放凌乱。该墓墓底随葬品较多，多放置于人骨中部，头部南侧主要摆放数根长条形石条，胸腹部主要为陶器，有尖底罐、纺轮、尖底盏（未复原），胸腹周围还摆放有未经加工大小不一的卵石，此墓主人当有特殊的地位。

尖底罐　2 件。

Ab 型　1 件。

标本 M397：2，夹砂灰褐陶。厚圆唇。口径 7.9、腹径 9.0、底径 2.0、通高 11.0 厘米（图四五九，2；彩版八六，4）。

Bb 型 I 式　1 件。

标本 M397：6，夹砂灰褐陶。厚圆唇。口径 12.4、底径 5.1、残高 16.0 厘米（图四五九，1）。

纺轮　1 件，D 型。

标本 M397：1，泥质灰陶。上径 2.1、下径 5.0、孔径 0.5、高 1.4 厘米（图四五九，3）。

4.M384

位于 VT3515 东北，叠压于其北隔梁下。开口于第⑤层下，打破第⑥层。方向 130°。

平面形状呈长方形，直壁，平底（图四六〇；彩版八七，1）。口径长 1.20、宽 0.40、深 0.18 米。填土为黑灰色黏砂土，结构紧密，包含物有陶片，可辨器形有尖底杯、罐等。

骨架凌乱，葬法为二次葬。头部东北随葬 2 件尖底杯。

尖底杯　1 件，Bb 型 II 式。

标本 M384：2，泥质黑皮陶。仅存腹部下段，器身瘦长，上、下腹之间区隔不突出。残高 5.3 厘米（图四六〇，1）。

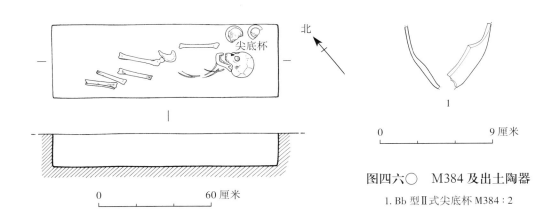

图四六〇　M384 及出土陶器

1. Bb 型 II 式尖底杯 M384：2

5.M398

位于 VT3617 东北，叠压于其北隔梁下。开口于第⑤层下，打破第⑥层。方向 130°。

平面形状呈长方形，直壁，平底（图四六一；彩版八四，3）。口径长 1.80、宽 0.60、深 0.36 米。填土为灰黑色黏砂土，结构紧密，包含物有陶片，可辨器形有罐、圈足罐、尖底杯等。

葬法为二次葬，骨架摆放略为整齐。随葬品仅见纺轮 1 件，置于头部西南侧。

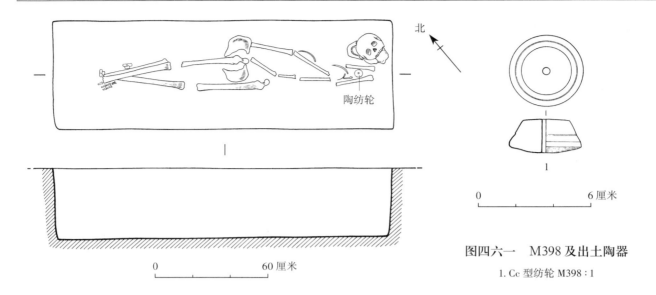

图四六一　M398 及出土陶器

1. Cc 型纺轮 M398：1

纺轮　1件，Cc 型。

标本 M398：1，泥质灰陶。上径2.5、下径3.9、孔径0.4、高1.8厘米（图四六一，1；彩版八四，4）。

6. M399

位于 VT3818 西北。开口于第⑤层下，打破第⑥层。方向 320°。

平面形状呈长方形，直壁，平底（图四六二；彩版八七，2、3）。口径长2.82、宽0.84、深0.23米。填土为灰黑色黏砂土，结构紧密，包含物有陶片，可辨器形有小平底罐、尖底杯、高领罐、圈足罐等。

葬法为二次葬，骨架摆放凌乱。随葬品置于头部，多为石质较差的灰白色长条形石条，另有椭

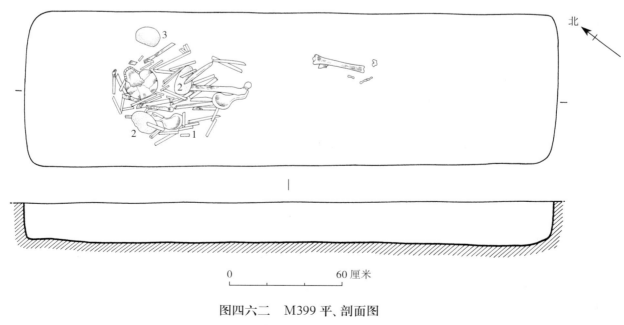

图四六二　M399 平、剖面图

1. 石条　2. 石片　3. 卵石

圆形灰白色石片 2 件，石条和石片上有明显的切割痕迹。另外在头部东北还有 1 件未经加工的卵石。

7.M499

位于 VT2513 东南角，南部一段进入东隔梁。开口于第④a 层下，打破第⑤层。方向 115°。

平面形状呈长方形，弧壁，平底（图四六三）。墓口长 1.41、宽 0.50、残深 0.06 米。填土为浅黑色黏砂土，结构紧密，包含物有较多陶片，可辨器形有罐、尖底杯等。

骨架摆放凌乱，墓主系成年人，葬法为二次葬。墓底无随葬品。

8.M696

位于 VT2311 西南角，西段进入 VT2211 东隔梁。开口于第⑤层下，打破第⑥层。方向 140°。

平面形状呈圆角长方形，直壁，平底（图四六四；彩版八八，1）。墓口残长 1.30、宽 0.60、残深 0.15 米。填土为深黑色黏砂土，质地结构紧密，包含物有少量陶。陶片残碎，器形不可辨。

葬法为二次葬。头骨随葬数根长条形灰白色石条。

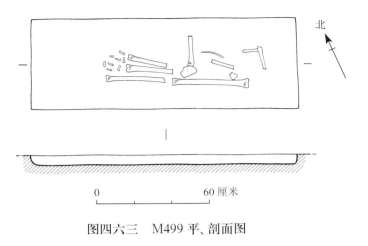

图四六三　M499 平、剖面图

图四六四　M696 平、剖面图

9.M700

位于 VT2614 东北角，南部一段进入 VT2613 北隔梁。开口于第⑤层下，打破第⑥层。方向 125°。

平面形状呈长方形，直壁，平底（图四六五；彩版八八，2、3）。墓口长 2.50、宽 0.83、残深 0.33 米。墓室东壁有一熟土二层台，长 0.83、宽 0.15、高 0.26 米。填土为灰褐色黏砂土，质地结构紧密，包含物有少量陶片，器形不可辨。

骨架摆放凌乱，葬法为二次葬。人骨集中处随葬数根条形灰白色石条和 1 块椭圆形石片及陶纺轮，北壁靠骨架处随葬尖底杯和罐，南壁则为两件罐，墓底西南角随葬 1 件罐，二层台东北角放置 1 件陶罐。

尖底杯　1 件，Bb 型Ⅱ式。

标本 M700：2，泥质黑皮陶。口部残，上下腹分界略突，深弧腹。残高 10.1 厘米（图四六五，1）。

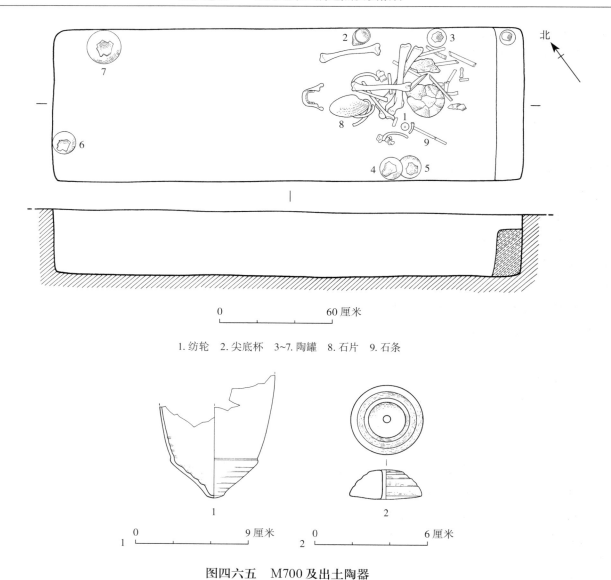

1. 纺轮　2. 尖底杯　3~7. 陶罐　8. 石片　9. 石条

图四六五　M700 及出土陶器
1. Bb 型 II 式尖底杯 M700：2　2. D 型纺轮 M700：5

纺轮　1 件，D 型。

标本 M700：5，泥质黑皮陶。腰部饰有五道凹弦纹。上径 1.6、下径 3.8、孔径 0.2、高 1.6 厘米（图四六五，2；彩版八八，4）。

第二节　乙类墓

21 座。此类墓葬即船棺葬，平面形状呈狭长方形，底部圜平，中间微凹，两侧壁呈弧形，形体如船棺，此类墓葬大体保存较差，葬具只能通过底部木质痕迹辨识。它主要分布于发掘区的东南部，少量分布于发掘区西南部，如 M151、M154、M165、M394。此类墓葬可分为同穴合葬和单葬两类，其中同穴合葬的规模较单穴单葬大，形制统一，而单葬则稍显复杂，开口层位不一，方向不一，以西北东南向为主，另有少量的东南西北向，既有④层下，亦有⑤层下，仅 M154 有随葬品，其余不见，M151 的方向为 125°，开口层位为第④a 层下，结构有二层台，其余均为⑤层下，方向为 300° 左右，未见二层台等结构。综上所述，是否可认为 M151 处于同穴合葬和单葬的过渡形态。这些信息并不具有普适意义，可能的情况是墓室短小的船棺可能早于墓室狭长的单棺或合葬。疑似船棺葬 M748、M749、M750、M764、M774、M777、M778、M770、M781，这批墓葬集中分布于发掘区东南部，随葬品仅为磨石，墓室底部常常有青膏泥，头向同船棺葬一致，为西北东南向，这些信息同该地点船棺葬特点一致，只是墓室保存均较浅，尚未发现清晰的船棺痕迹而导致发掘时未纳入船棺葬范畴，结合分布特点和形制以及葬俗特征，将其归入船棺葬进行讨论。根据单双棺葬俗差异，将其分为两型。

一　A 型

15 座。单棺。

1. M151

位于 VT3616 东部偏中。开口于第⑤层下，打破第⑥层。方向 125°。

墓口平面形状呈长方形，近直壁，平底（图四六六）。墓口长 2.22、宽 0.74、残深 0.44 米。墓底四壁有生土二层台，南北壁长 2.19、宽 0.08~0.15、高 0.28 米，东西长 0.68、宽 0.15~0.20、高 0.28 米。墓底棺木不存，仅有一层黑色的棺木腐朽痕迹，底部圜平，中间微凹，两侧壁呈弧形。填土为青灰色膏泥土，质地紧密且黏性大无包含物。

骨架保存略好，葬式为仰身直肢葬，墓主系成年人。墓底无随葬品。

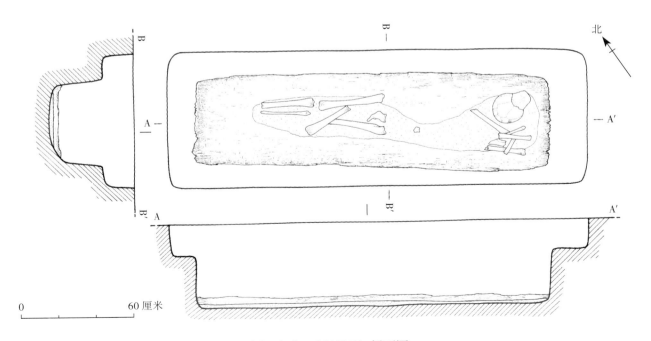

图四六六　M151 平、剖面图

1、2. 束颈罐　3. 陶罐

2. M154

位于 VT3617 西南，南部一段进入 VT3517 东隔梁。开口于第⑤层下，打破第⑥层。方向 315°。

墓口平面形状呈长方形，直壁，圜底（图四六七；彩版八九，1、2）。墓口长 2.20、宽 0.76、残深 0.50 米。墓底棺木痕迹仅存底部一段，其形制已经不明，但中间微凹，侧壁弧形的特征仍然清晰。棺痕残长 1.84、残宽 0.14~0.24、残高 0.02 米。填土为青灰色膏泥土，质地紧密且黏性大无包含物。

骨架凌乱，保存较差，葬式为仰身直肢葬，墓主系成年人。墓室东南随葬 1 件高领罐和尖底盏，

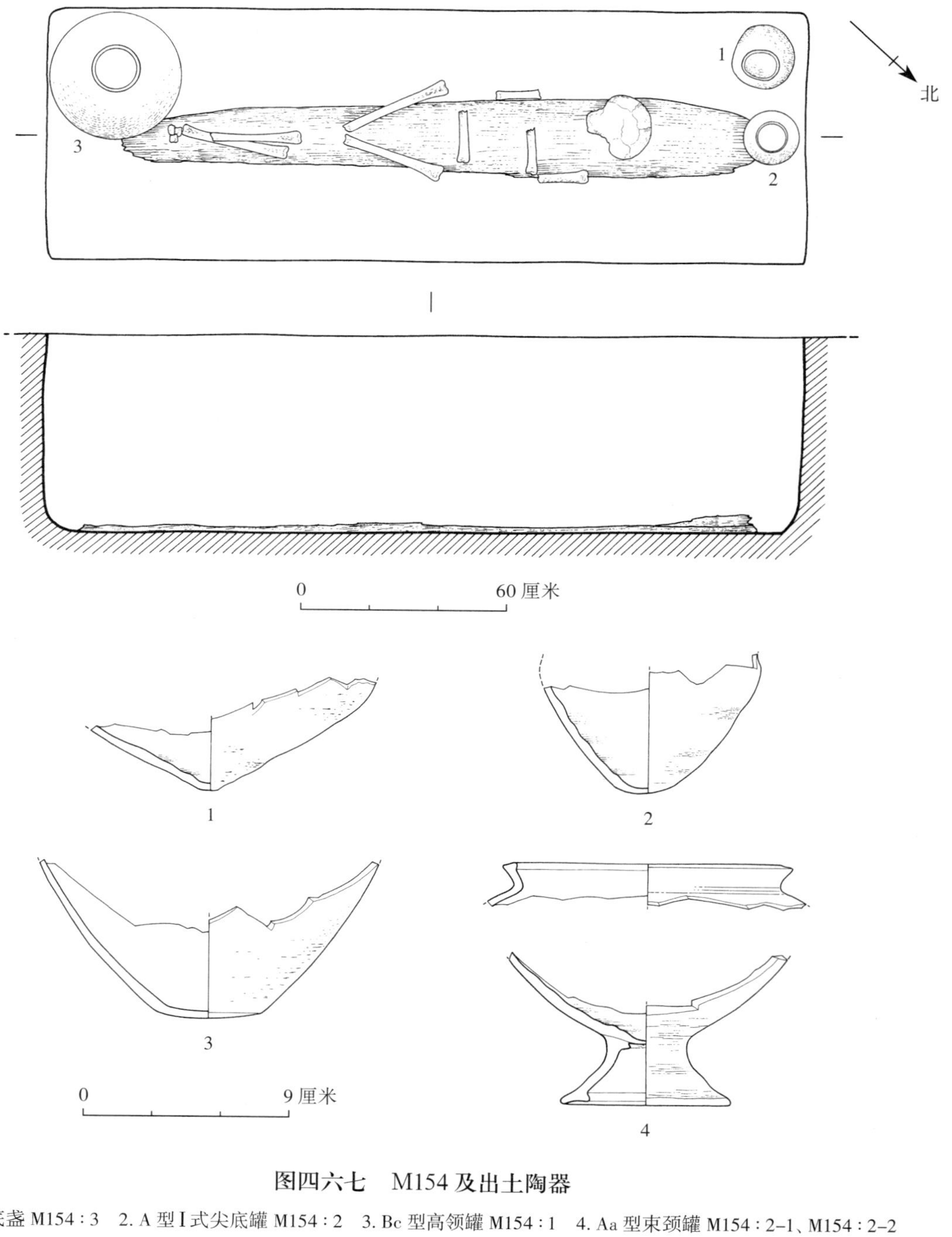

图四六七　M154 及出土陶器

1. 尖底盏 M154：3　2. A 型 I 式尖底罐 M154：2　3. Bc 型高领罐 M154：1　4. Aa 型束颈罐 M154：2-1、M154：2-2

西壁随葬 2 件圈足罐。

尖底盏　1 件。

标本 M154：3，夹砂灰褐陶。口残，同 C 型盏相近。残高 5.1 厘米（图四六七，1）。

尖底罐　1 件，A 型 I 式。

标本 M154：2，夹砂灰褐陶。底部不规则。腹径 9.7、残高 6.1 厘米（图四六七，2）。

高领罐　1 件，Bc 型。

标本 M154：1，夹砂灰褐陶。仅存底部，底部不平。底径 4.7、残高 7.1 厘米（图四六七，3）。

束颈罐　2 件，Aa 型。均未能复原。

标本 M154：2-1，夹砂灰褐陶。T 字唇。口径 12.6、足径 7.4、残高 2.1 厘米。其与圈足（M154：2-2），为同一件器物，足径 7.4、残高 6.7 厘米（图四六七，4）。

3．M736

位于Ⅷ T4409 东北角，西段进入发掘区外，未扩方清理。开口于第④ a 层下，打破⑤层。方向 142°。

该墓为同穴单棺竖穴土坑墓，墓口平面形状呈圆角长方形（图四六八）。墓圹残长约 1.52~2.07、宽 0.61~0.64、残深 0.30~0.32 米，墓底长 1.86、宽 0.63 米。四壁较直，未见人工处理的痕迹。填土为黄褐色黏砂土，结构紧密，无包含物。墓底遗留有一层黑色的棺木腐朽痕迹，底部圜平，中间微凹，两侧壁呈弧形，其形体如船棺。棺残长 1.50、宽 0.42、残高 0.04、厚 0.03 米。

骨架凌乱，保存情况较差，葬式为仰身直肢葬。棺室内不见随葬品。

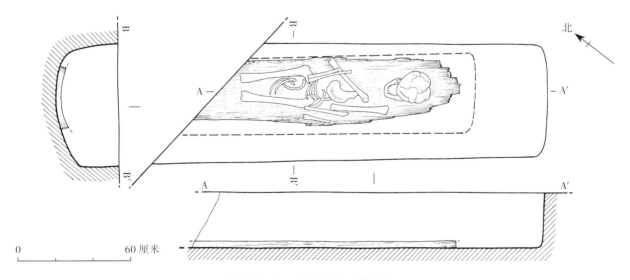

图四六八　M736 平、剖面图

4．M742

位于Ⅷ T4407 东北。开口于第④ a 层下，打破第⑤层。方向 330°。

该墓为同穴单棺竖穴土坑墓，墓口平面形状呈圆角长方形（图四六九；彩版九〇，1、2）。墓圹残长约 2.84、宽 0.53~0.66、残深 0.16~0.21 米，墓底长 2.78、宽 0.50~0.63 米。四壁较直，未见人

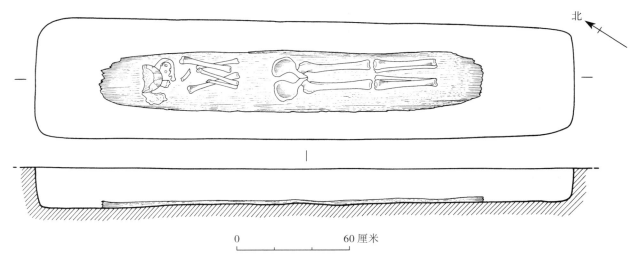

图四六九　M742 平、剖面图

工处理的痕迹。填土为黄灰色黏砂土，结构紧密，包含物有少许夹砂碎陶片，可辨器形有高领罐、罐、尖底杯等。墓底遗留有一薄层黑色的棺木腐朽痕迹，底部圜平，中间微凹，两侧壁呈弧形，其形体如船棺。棺残长 2.02、宽 0.21~0.32、残高 0.03、厚 0.02 米。

骨架凌乱，保存情况较差，葬式为仰身直肢葬。棺室内不见随葬品。

5．M743

位于Ⅷ T4707 东北部。开口于第④ a 层下，打破⑤层。方向 330°。

该墓为同穴单棺竖穴土坑墓，墓口被严重扰乱，仅存墓底。墓口平面形状呈窄长方形（图四七〇；彩版九一，1）。墓圹残长 2.60、宽 0.53、残深 0.10~0.12 米，墓底长 2.78、宽 0.50~0.63 米。直壁，近平底。填土为黑灰色黏砂土，结构紧密，包含物有少许夹砂碎陶片，可辨器形有圈足罐、罐等。墓底遗留有一薄层黑色的棺木腐朽痕迹，底部圜平，中间微凹。棺痕残长 1.65、宽 0.05~0.30、残高 0.02、厚 0.01 米。

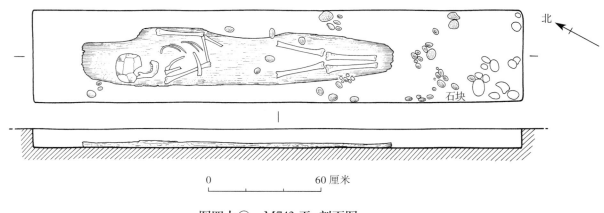

图四七〇　M743 平、剖面图

骨架凌乱，保存情况较差，葬式为仰身直肢葬。棺室内不见随葬品，墓室底部有大量天然小卵石，非有意放置，因其底部接近自然卵石层地面。

6．M753

位于Ⅷ T4407东南。开口于第④a层下，打破第⑤层。方向334°。

该墓为同穴单葬竖穴土坑墓，墓口被破坏，仅存墓底。墓口平面形状呈圆角长方形（图四七一；彩版九一，2）。墓圹残长约3.40、宽0.47~0.66、残深0.26米，墓底长3.36、宽0.56米。四壁较直，未见人工处理的痕迹。填土为黄灰色黏砂土，结构紧密，包含物有少许夹砂碎陶片，可辨器形有高领罐、罐、尖底杯等。墓底遗留有一薄层黑色的棺木腐朽痕迹，底部圜平，中间微凹，两侧壁呈弧形，其形体如船棺。棺残长1.85、宽0.22~0.35、残高0.04、厚0.02米。

骨架凌乱，保存情况较差，葬式为仰身直肢葬。棺室内不见随葬品。

随葬磨石的墓葬从葬俗观察，疑似属于船棺葬，现在将其纳入单棺船棺葬范畴讨论。

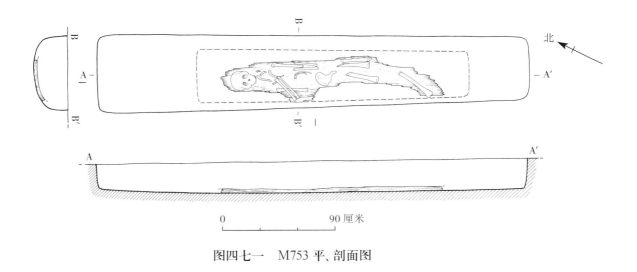

图四七一　M753 平、剖面图

7．M165

位于ⅤT3426西南。开口于第④a层下，打破第⑤层。方向130°。

墓坑平面形状呈长方形，直壁，平底（图四七二；彩版九二，1）。墓口长1.83、宽0.50、残深0.14米。墓室内填土为黑褐色黏砂土，结构紧密，出土少量夹砂灰褐陶片。

葬式为仰身直肢葬。胸部随葬1件磨石，盆骨南侧摆放1件卵石，不知是否有意放置。

磨石　2件。

标本M165：1，灰色卵石，平面形状呈不规则圆形。单面磨制。长4.0、宽3.6、厚2.0厘米（图四七二，1；彩版九二，2）。

标本M165：2，灰绿色卵石。平面形状呈椭圆形。单面磨制。长6.7、宽5.1、厚2.9厘米（图四七二，2；彩版九二，3）。

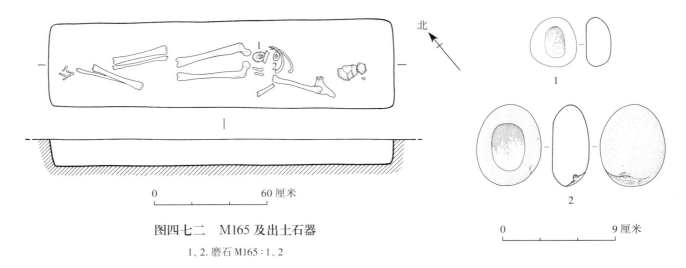

图四七二　M165 及出土石器

1、2. 磨石 M165∶1、2

8. M394

位于 VT3425 东北角。北部一段叠压于北隔梁下。开口于第④a 层下，打破第⑤层。方向 315°。

墓坑平面形状呈长方形，直壁，平底（图四七三；彩版九三，1、2）。墓口长 1.90、宽 0.50、残深 0.06 米。墓室内填土为黑灰色黏砂土，结构紧密，出土少量夹砂灰褐陶片，陶片残碎，器形不可辨。

骨架凌乱，葬式为仰身直肢葬。盆骨处随葬 2 件磨石。

磨石　1 件。

标本 M394∶1，灰色卵石，平面形状呈不规则圆形。单面磨制。体形厚重。长 8.2、宽 5.1、厚 2.4~3.3 厘米（图四七三，1；彩版九三，3、4）。

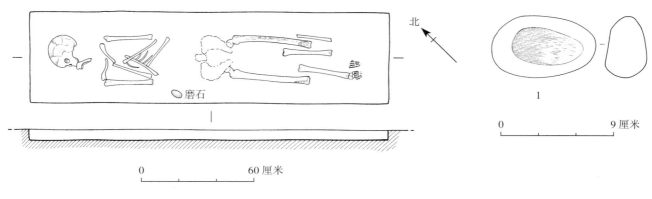

图四七三　M394 及出土石器

1. 磨石 M394∶1

9. M715

位于Ⅷ T4705 西南部。开口于第④a 层下，打破第⑤层。方向 335°。

墓坑平面形状呈长方形，直壁，平底（图四七四；彩版九二，4）。口长 1.85、宽 0.50、残深 0.11 米。墓室内填土为红褐色黏砂土，结构紧密，无包含物。

葬式为仰身直肢葬。墓底无随葬品。

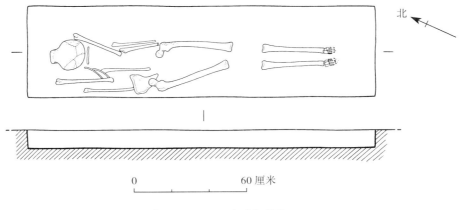

图四七四　M715 平、剖面图

10. M718

位于Ⅷ T4505 东南。开口于第④层下，打破第⑤层（应为开口于第⑤层下，打破第⑥层）。方向 142°。

墓坑平面形状呈圆角长方形，直壁，平底（图四七五；彩版九四，1）。墓口长 1.91、宽 0.45~0.54、残深 0.15~0.18 米。墓室内填土为灰黑色黏砂土，结构紧密，包含有少量陶片。

骨架凌乱，部分骨骼发生移位。葬式为仰身直肢葬。墓底无随葬品。

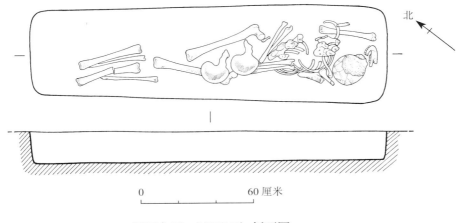

图四七五　M718 平、剖面图

11. M750

位于Ⅷ T4506 西南。开口于第④ a 层下，打破第⑤层。方向 322°。

平面形状呈长方形，直壁，平底（图四七六；彩版九四，2）。墓口长 2.40、宽 0.50、残深 0.10 米。填土为灰黑色黏砂土，质地结构紧密，包含物有少量陶片，残碎不可辨。

骨架摆放凌乱，葬法为二次葬。下颌骨随葬 1 件磨石。

磨石　1 件。

标本 M750：1，灰色卵石，平面形状呈椭圆形。双面磨制。长 6.9、宽 3.8、厚 2.3 厘米（图四七六，1；彩版九四，3、4）。

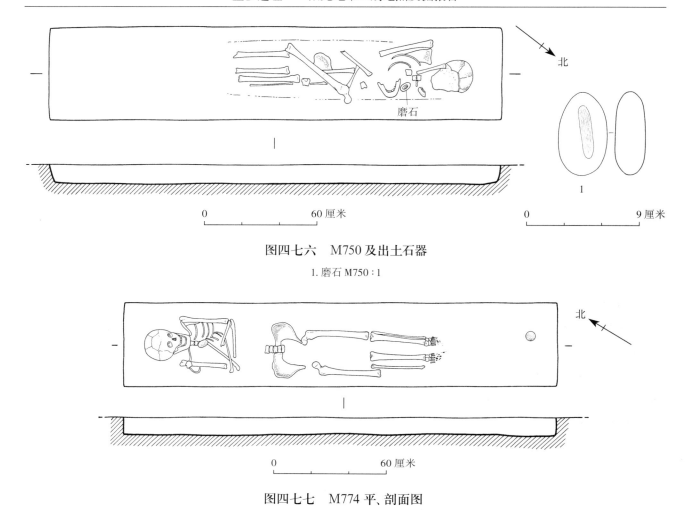

图四七六   M750 及出土石器

1.磨石 M750：1

图四七七   M774 平、剖面图

12.M774

位于Ⅷ T4508 东南部，南部一段进入东隔梁。开口于第④ a 层下，打破第⑤层。方向 328°。

墓坑平面形状呈长方形，直壁，平底（图四七七；彩版九五，1）。墓口长 2.30 米，墓底长 2.28、宽 0.47、残深 0.10 米。墓室内填土为深灰色黏砂土，结构较疏松，出土少量夹砂灰褐陶片。

墓底人骨似被扰乱，盆骨移位，葬式为仰身直肢葬，不见葬具。下颌骨随葬 1 件磨石。

13.M775

位于Ⅷ T4910 北部偏中。开口于第④ a 层下，打破第⑤层。方向 130°。

墓坑平面形状呈长方形（图四七八；彩版九五，2、3），西部被现代灰沟破坏，近直壁，平底。墓口残长 0.65~1.00、宽 0.49、残深 0.10 米。墓室内填土为灰黑色黏砂土，结构较疏松，包含少量卵石。

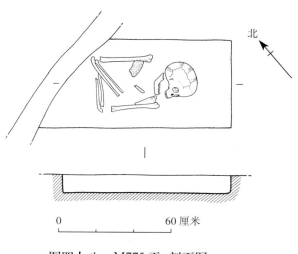

图四七八   M775 平、剖面图

葬式为仰身直肢葬，不见葬具。下颌骨随葬 1 件残石器。

14.M816

位于 VT4711 东南部。叠压于隔梁之下，延伸进入 VT4811 西南角。开口于第④a 层下，打破第⑤层。方向 305°。

墓坑平面形状呈长方形，直壁，平底（图四七九；彩版九六，1）。墓口长 1.90 米，墓底长 1.87、宽 0.50~0.60、残深 0.10 米。墓室内填土为浅灰褐色黏砂土，结构较疏松，出土少量夹砂灰褐陶片。

墓底人骨似被扰乱，盆骨移位，葬式为仰身直肢葬，不见葬具。下颌骨东侧随葬 1 磨石。

磨石 1 件。

标本 M816：1，灰绿色卵石，平面形状呈椭圆形。一端磨制。长 4.8、宽 3.3、厚 2.2 厘米（图四七九，1；彩版九六，2）。

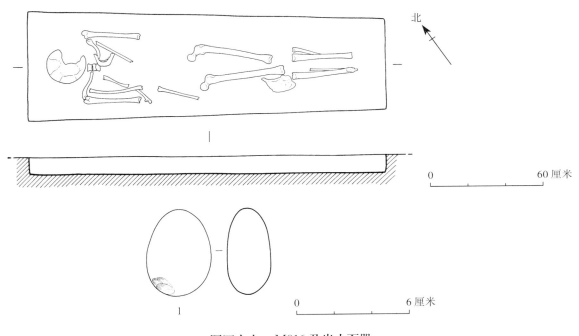

图四七九 M816 及出土石器

1.磨石 M816：1

15.M781

位于Ⅷ T4905 北部，北部一段进入北隔梁。开口于第④a 层下，打破第⑤层。方向 320°。

墓坑平面形状呈长方形，直壁，平底（图四八〇）。墓口残长 1.45~1.80、宽 0.50、残深 0.16 米。墓室内填土为红褐色黏砂土，结构紧密，无包含物。

葬式为仰身直肢葬。墓底人骨胸部北侧随葬 1 件石料。

石料 1 件。

标本 M781：1，灰褐色卵石，平面形状呈椭圆形。长 5.6、宽 3.3、厚 1.7 厘米（图四八〇，1；彩版九六，3）。

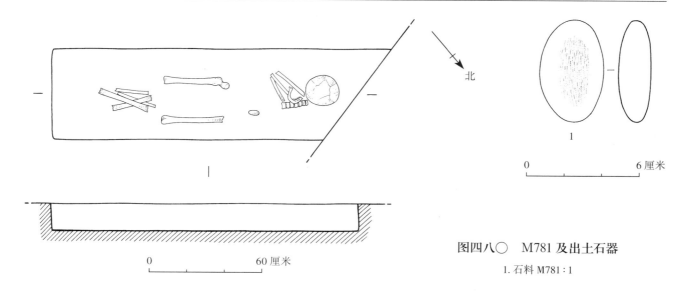

图四八〇　M781 及出土石器

1. 石料 M781：1

二　B 型

6 座。双棺合葬。

1. M727

位于Ⅷ T0753 西南部，开口于第④ a 层下，打破第⑤层。方向 142°。

该墓为同穴合葬竖穴土坑墓，墓口平面形状呈圆角长方形（图四八一；彩版九七，1、2），墓圹长约 3.30、宽 1.32~1.44、残深 0.23~0.36 米，墓底长约 3.24、宽 1.41 米。四壁较直，未见人工处理的痕迹。填土为青灰色膏泥土，质地紧密且黏性大，包含物有少许夹砂碎陶片。墓底有一层黑色的棺木腐朽痕迹，底部圜平，中间微凹，两侧壁呈弧形，两端上翘，其形体如船棺。北棺残长 2.86、宽 0.33~0.47、残高 0.07、厚 0.04 米。南棺残长 2.68、宽 0.40~0.50、残高 0.18、厚 0.04 米。

骨架凌乱，保存情况较差，葬式为仰身直肢葬，南棺骨架胸部北侧随葬 1 件磨石。

磨石　1 件。

标本 M727：1，灰绿色卵石，平面形状呈椭圆形，长 7.8、宽 6.8、厚 1.4 厘米（图四八一，1；彩版九七，3、4）。

2. M763

位于Ⅷ T5002 东北。开口于第④ a 层下，打破第⑤层。方向 334°。

该墓为同穴合葬竖穴土坑墓，墓口被破坏，仅存墓底。现存墓口平面形状呈圆角长方形，四壁较直，未见人工处理的痕迹，圜底（图四八二；彩版九八，1、2）。墓圹长 3.27~3.10、宽 1.45~1.64、残深 0.25~0.40 米，墓底长 3.20、宽 1.34 米。填土为黑色黏砂土，结构紧密，无包含物。墓底有一薄层黑色的棺木腐朽痕迹，底部圜平，中间微凹，两侧壁呈弧形，形体如船棺。南、北棺室之间有一生土二层台，长 3.25、残高 0.17、宽 0.23~0.34 米。北棺残长 2.50、宽 0.10~0.47、残高 0.08、厚 0.04 米。南棺残长 2.34、宽 0.20~0.45、残高 0.14、厚 0.04 米。

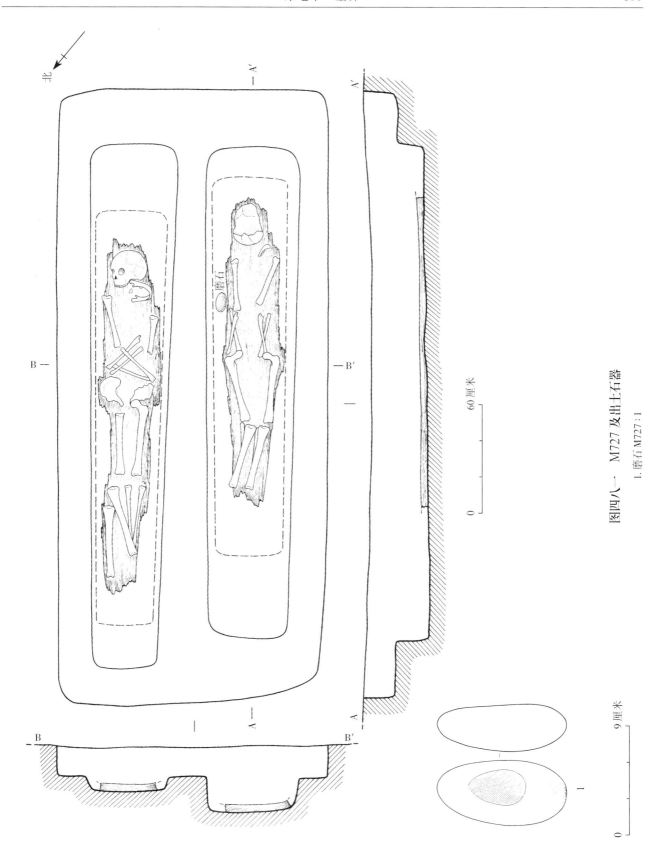

图四八一 M727 及出土石器

1. 磨石 M727：1

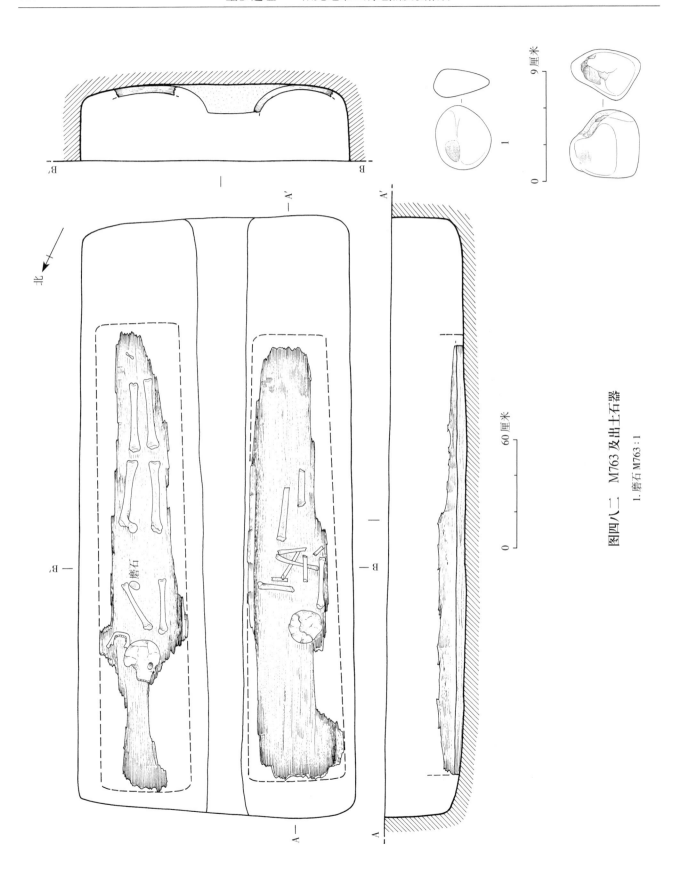

图四八二　M763 及出土石器

1. 磨石 M763 : 1

骨架凌乱，保存情况较差，葬法推测为二次葬。北棺室胸部随葬 1 件磨石。

磨石 1 件。

标本 M763：1，灰色卵石，平面形状呈不规则椭圆形。两面磨制精细，并且相当平整，石头形体保持天然形状。周身圆润，磨制痕迹不突出。长 5.2、宽 4.4、厚 1.2~2.2 厘米（图四八二，1；彩版九八，3）。

3. M780

位于Ⅷ T5006 西北角，北部一段进入Ⅷ T4906 东隔梁。开口于第④ a 层下，打破第⑤层。方向 327°。

该墓为同穴合葬竖穴土坑墓，墓口被破坏，仅存墓底。现存墓口平面形状呈长方形，弧壁，圜底（图四八三）。墓圹残长 2.70、宽 1.08、残深 0.10~0.14 米，墓底长 2.60、宽 0.98 米。填土为黑灰色黏砂土，结构紧密，包含物有少量陶片和卵石。墓底无棺木腐朽痕迹，底部圜平。北棺痕残长 2.48、宽 0.26~0.42、残高 0.13 米。南棺残长 2.44、宽 0.17~0.33、残高 0.10 米。

骨架凌乱，保存情况较差，葬式为仰身直肢葬。南、北棺室均无随葬品。

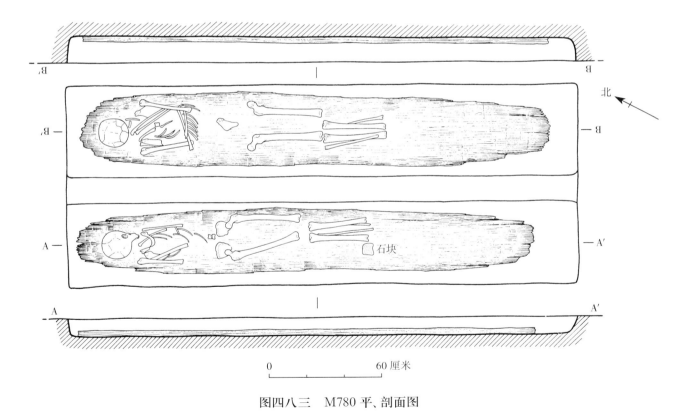

石块

0   60 厘米

图四八三 M780 平、剖面图

4. M438

位于 T3530 西北，北部进入发掘区外。开口于第④ a 层下，打破第⑤层。方向 112°。

墓室遭到严重破坏，仅存墓室底部。墓坑平面形状呈长方形，直壁，平底（图四八四；彩版九八，4）。残长 2.48~3.20、宽 2.44~2.55、残深 0.42 米。该墓为同穴合葬墓，由北而南并列三座船棺，

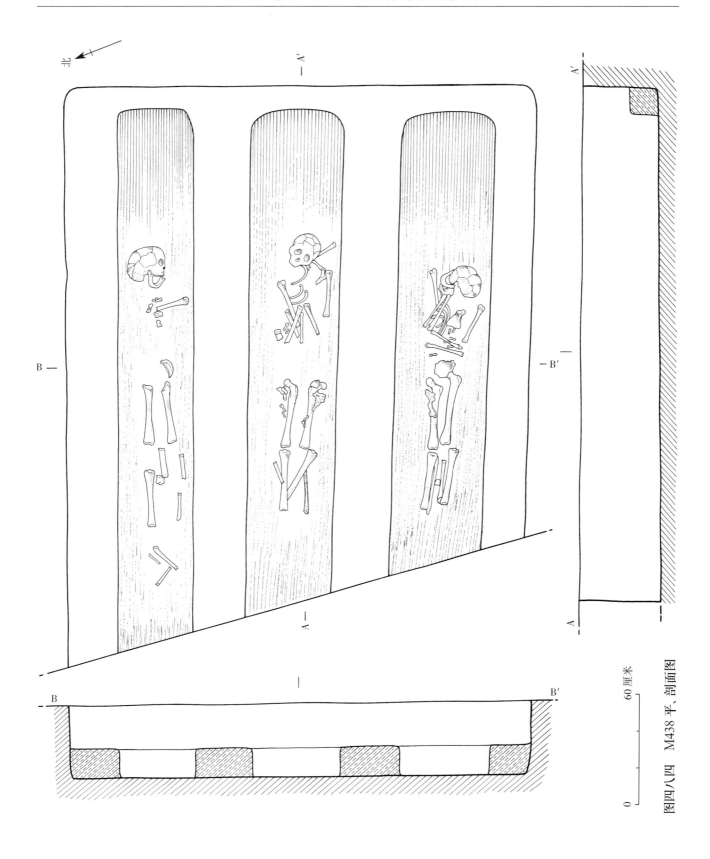

图四八四　M438 平、剖面图

中间以熟土二层台区隔。二层台残长 2.34~3.16、宽 0.14~0.32、残高 0.15~0.17 米。船棺坑口平面形状均呈狭长形，葬具仅存底部依稀可见木痕，上部情形不明。

各船棺由北而南分述如下，M438—1，坑口残长 2.85~2.97、宽 0.40、残深 0.15 米。骨架保存较差，葬式为仰身直肢葬。填土为黑褐色黏砂土，结构疏松，内含大量红烧土颗粒和少量陶片，陶片可辨器形仅有罐。M438-2，坑口残长 2.62~2.74、宽 0.48、残深 0.17 米。填土为黑褐色黏土，结构紧密，包含物有较多陶片，可辨器形有尖底杯、罐、圈足罐等。骨架保存较差，葬式为仰身直肢葬。M438-3，坑口残长 2.34~2.50、宽 0.50、残深 0.17 米。填土为黑褐色黏土，结构紧密，包含物有较多陶片，可辨器形有罐、圈足罐等。骨架保存较差，摆放凌乱，葬式为仰身直肢葬。

5. M741

位于Ⅷ T0753 西北。开口于第④ a 层下，打破第⑤层。方向 154°。

该墓为同穴合葬竖穴土坑墓，墓口被破坏，仅存墓底。现存墓口平面形状呈圆角长方形，四壁较直，未见人工处理的痕迹，圜底（图四八五；彩版九九，1~4）。墓圹长 2.82、宽 1.35~1.45、残深 0.11~0.19

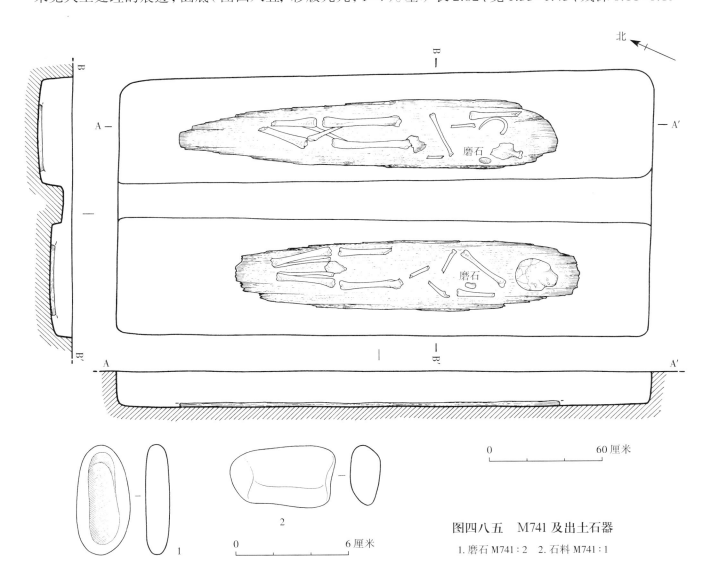

图四八五　M741 及出土石器

1. 磨石 M741:2　2. 石料 M741:1

米，墓底长 2.80、宽 1.38 米。填土为黄灰色黏砂土，结构紧密，包含物有少许夹砂碎陶片，可辨器形有圈足器、罐、尖底杯等。墓底有一薄层黑色的棺木腐朽痕迹，底部圜平，中间微凹，两侧壁呈弧形，形体如船棺。北棺残长 2.00、宽 0.13~0.37、残高 0.16、厚 0.02 米。南棺残长 1.81、宽 0.18~0.33、残高 0.11、厚 0.02 米。

骨架凌乱，保存情况较差，葬法推测为二次葬（葬式为仰身直肢葬）。需商榷。南、北棺室骨架胸部各随葬 1 件磨石。

磨石　1 件。

标本 M741：2，灰绿色卵石，平面形状呈梭形。一面磨制。长 6.1、宽 1.4~2.7、厚 1.2 厘米（图四八五，1；彩版一〇〇，1）。

石料　1 件。

标本 M741：1，灰色卵石，平面形状呈不规则长方形。长 5.5、宽 2.9~3.4、厚 1.6 厘米（图四八五，2；彩版一〇〇，2）。

6. M751

位于Ⅷ T4608 东南。开口于第④a 层下，打破第⑤层。方向 328°。

该墓为同穴合葬竖穴土坑墓，墓口被破坏，仅存墓底。现存墓口平面形状呈长方形，弧壁，圜底（图四八六；彩版一〇〇，3）。墓圹长 3.09、宽 1.24~1.32、残深 0.11~0.19 米，墓底长 2.68、宽 1.18 米。填土为红褐色黏砂土，结构紧密，无包含物。墓底有一薄层黑色的棺木腐朽痕迹，底部圜平。北棺痕

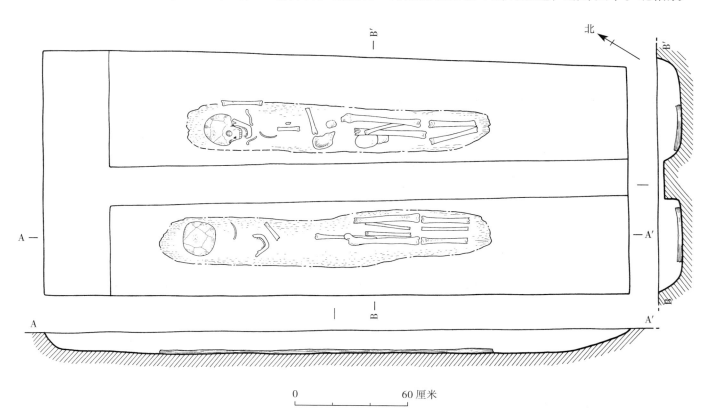

图四八六　M751 平、剖面图

残长 1.60、宽 0.10~0.20、残高 0.13、厚 0.01 米。南棺残长 1.73、宽 0.18~0.26、残高 0.12、厚 0.01 米。

骨架凌乱，保存情况较差，葬式为仰身直肢葬。南、北棺室无随葬品。

第三节　墓葬分期

阳光地带二期地点发现的墓葬开口层位既有第④a 层下，亦有第⑤层下，打破第⑤、⑥层，部分墓葬之间还有叠压或打破关系[1]，既有异时性的层位关系，亦有共时性关系，因此根据墓葬开口层位或相互关系以及墓葬随葬品组合和形制变化差异进行比较，可将该地点的墓葬遗存时代初步分为九段（表二一）。各段组合差异和变化及代表性灰坑[2]简述如下：

第一段：陶器以 Aa 型 I 式、II 式，Bb 型 I 式、II 式尖底杯和 Bc 型 II 式尖底盏为基本组合，不见 A 型尖底盏，不见小平底罐。典型单位有 M433、M449、M475、M487、M701。

第二段：陶器以 Ac 型 II 式、Bb 型 II 式尖底杯，不见尖底盏为基本组合，随葬玉石条的墓葬主要见于此段。典型单位有 M384、M400、M437、M445、M447、M700。

第三段：陶器以 Bb 型 III 式尖底杯，Bb 型 I 式、Ca 型 I 式、Ba 型尖底盏为基本组合。典型单位有 M155、M158、M375、M377、M378、M383、M422、M697。

第四段：陶器以 Ab、Ad、Ca 型 II 式尖底盏为基本组合。典型单位有 M157、M476、M491、M493。

第五段：陶器以 Aa 型 III 式尖底盏，Ab 型 III 式尖底盏，Ab 型束颈罐为基本组合。典型单位有 M643、M649。

第六段：陶器以 Ab 型 IV 式尖底盏，A 型 I 式、Bb 型尖底罐，Ca 型 II 式尖底盏为基本组合。船棺葬开始出现，零星分布于发掘区西南偏北。土坑墓典型单位有 M129、M372、M374、M397、M477、M688、M695、M745，船棺葬仅见 M151、M154。

第七段：陶器以 Ac 型 III 式尖底杯、Bb 型 IV 式尖底杯、Ac 型 I 式尖底盏、A 型 II 式尖底罐、Bc 型 II 式束颈罐为典型组合。土坑墓典型单位有 M130、M131、M419、M140、M141、M364、M424、M707、M482、M150、M376、M430 等。船棺葬仍然少见，且零散分布，但在发掘区西南部、东南、东北部均有分布，不成片集中分布，相对而言较之第一期第六段数量和分布范围有所增加。墓葬尺寸多在 2.5 米以下，随葬磨石、石制品或无，不见陶器。M394 打破 H1335，M718 打破 H1370，其时代晚于以 H1335、H1370 为代表的遗存。船棺葬典型单位有 M816、M775、M394、M715、M718，疑似船棺葬有 M165、M715、M808。

第八段：土坑墓数量较之此前大为减少，少见陶器作为随葬品。陶器以 Ac 型 III 式尖底盏、Ad 型束颈罐、A 型 III 式簋形器、Bb 型尖底罐为典型组合，另有只见少量石器或半成品作为随葬。土坑墓典型单位有 M150、M376、M381、M430。船棺葬开始成片分布，墓葬体量尺寸变大。如 M736、M742、M743、M750、M758、M772、M774 均分布于发掘区东南部，其他不见，集中分布，但不成片。

---

[1]　④a→M790→Y57，④a→M791→Y57，④a→M794→Y57，④a→M732→Y55，M731→M757，④a→M131→⑤，M131→M147，④a→M367→M368。但由于有打破关系的墓葬中，均未出土随葬品，无法展开讨论，只能提供相对异时关系。

[2]　由于灰坑内出土遗物可能有早晚混杂现象，同时在层位上未见差异以及相互之间没有叠压或打破关系，我们在判断时段归属时以该坑最晚遗物的时代属性归属。

表二一　阳光地带二期墓葬出土器物器型统计表

器型 / 单位	尖底杯							尖底盏								尖底罐		篮形器	束颈罐		高领罐
	Aa	Ab	Ac	Bb	Ec	A	C	Aa	Ab	Ac	Ad	Bb	Bc	Ca	Cb	A	Bb	Bc	Aa	Bc	Bb
M487	I II												II								
M433	II																				
M475				I II																	
M449	√																				
M701													II								
M437				II																	
M445				II																	
M447			II																		
M400							√														
M384				II																	
M700				II																	
M398																					
M399																					
M696																					
M386							√														
M125							√														
M421							√														
M418																					
M391																			√		√
M383				III																	
M422				III																	
M155				III											√						
M697				III																	
M158													I								
M378												I									
M375							√								√						
M142					√																
M157													II								

续表二一

器型＼单位	尖底杯							尖底盏									尖底罐		篮形器	束颈罐		高领罐
	Aa	Ab	Ac	Bb	Ec	A	C	Aa	Ab	Ac	Ad	Bb	Bc	Ca	Cb		A	Bb	Bc	Aa	Bc	Bb
M476																√						
M491									Ⅱ													
M493									Ⅱ													
M138																√						
M479																√						
M688																√						
M436																√						
M643									Ⅲ													
M649								Ⅲ														
M372									Ⅳ								Ⅱ					√
M477								Ⅳ														
M695									Ⅳ													
M381									Ⅳ										I			
M397																	I	I				
M154					I											√						√
M745																						
M151																						
M129																					I	
M374														Ⅱ								
M707																					Ⅱ	
M377							√														Ⅱ	
M419			Ⅲ							I											I	
M130				Ⅳ			√															
M131				Ⅳ			√															
M140				Ⅳ													√					
M141				Ⅳ																Ⅲ	√	
M364							√															

续表二一

器型 / 单位	尖底杯							尖底盏									尖底罐		篮形器	束颈罐			高领罐
	Aa	Ab	Ac	Bb	Ec	A	C	Aa	Ab	Ac	Ad	Bb	Bc	Ca	Cb		A	Bb	Bc	Aa	Bc		Bb
M424																	Ⅱ、Ⅲ						√
M482																		√					
M150										Ⅲ													
M376										Ⅲ													
M430																							
M736																							
M126																		√				√	
M777																							
M438																							
M146																							
M147																							
M159																							
M160																							
M161																							
M361																							
M367																							
M368																							
M382																							
M423																							
M425																							
M426																							
M478																							
M485																							
M497																							
M498																							
M691																							
M694																							

续表二一

器型 单位	尖底杯							尖底盏								尖底罐		篦形器	束颈罐		高领罐
	Aa	Ab	Ac	Bb	Ec	A	C	Aa	Ab	Ac	Ad	Bb	Bc	Ca	Cb	A	Bb	Bc	Aa	Bc	Bb
M698																					
M699																					
M709																					
M731																					
M731																					
M427																					
M490																					
M494																					
M500																					
M644																					
M704																					
M728																					
M499																					
M165																					
M781																					
M																					

出现合葬墓，尺寸在 2.5 米以上，3 米以下，随葬品仅见磨石。

第九段：土坑墓骤减，个别墓葬随葬青铜器，如 M777。船棺葬急剧增加，随葬品仍然以磨石或石料为基本组合，不见青铜器或陶器。该段船棺葬特点是集中成片分布于发掘区的东南部，除了分布于发掘区西北部的 M438 外，该墓可能代表为另一片船棺葬集中区。除了少量单人墓外，盛行合葬墓。墓葬尺寸在 3 米以上，4 米以下，不见陶器和青铜器随葬。土坑墓典型单位有 M777，船棺葬典型单位有 M438、M741、M751、M727、M753、M763、M780、M781。

以上墓葬遗存第一至第九段衔接紧密，依据层位关系，将其分为两期[1]。

第一期：为开口于第⑤层下的墓葬，包括以上一至六段，该期墓葬依据随葬品组合和形式差异，可分为早、中、晚三段，早段墓葬遗存单位包括第一、二段，以 A 型 Ⅰ 式、Ⅱ 式，Bb 型 Ⅰ 式、Ⅱ 式尖底杯以及 Bc 型尖底盏为典型组合，不见 A 型尖底盏和束颈罐。中段墓葬遗存包括第三、四段，以

---

[1] 另外由于部分墓葬随葬品为纺轮、器盖，器物形制单一，未有可比较之器形，因此，将其按照开口层位关系将其归入相应分期，开口于第⑤层下墓葬笼统归为第一期遗存，而开口于第④a层下墓葬则归入第二期，其他没有随葬品的墓葬也遵循上述原则。

Bb 型 Ⅲ 式尖底杯、Aa、Ad 型 Ⅱ 式尖底盏，Bb 型 Ⅰ 式，Ca 型 Ⅰ 式、Ⅱ 式尖底盏，Aa 型束颈罐为典型组合，出现 A 型尖底盏、束颈罐，不见尖底罐和簋形器。晚段墓葬遗存包括第五、六段，开始出现了船棺葬，并有陶器随葬。土坑墓陶器以 Aa 型、Ab 型 Ⅲ 式、Ⅳ 式尖底盏，Ca 型 Ⅱ 式尖底盏，Bc 型 Ⅰ 式束颈罐，A 型 Ⅰ 式尖底罐，Bc 型 Ⅰ 式簋形器，Ab 型束颈罐为典型组合。

第二期：为开口于第④a 层下墓葬，包括以上第七至第九段，根据随葬品组合和形式差异，可分为早、晚两段。

第二期早段：墓葬遗存单位包括第七、八段，典型陶器组合主要有两组：A 组以 Ac 型 Ⅲ 式尖底杯、Bb 型 Ⅳ 式尖底杯、Ac 型 Ⅰ 式尖底盏、A 型 Ⅱ 式尖底罐 Bc 型 Ⅱ 式束颈罐典型组合，B 组为 Ac 型 Ⅲ 式尖底盏、Ad 型束颈罐、A 型 Ⅲ 式簋形器、Bb 型 Ⅱ 式尖底罐为典型组合，A 组延续上一阶段器物群，而 B 组器物群则有新出现的器物群，船棺葬数量在发掘区较之第一期晚段有所增加，随葬品以磨石常见，不见陶器随葬。

第二期晚段：包括第九段，土坑竖穴墓非常少见，未见使用陶器作为随葬品。船棺葬集中分布于发掘区的东南部，盛行合葬，随葬品仍然以磨石为主，不见青铜器或其他。土坑墓几乎不见陶器，开始出现青铜器随葬，如 M777。

从上述分期可知，在金沙遗址阳光地带二期地点发现的墓葬延续时间较长，其形成并非一蹴而就，而是经历一个漫长的过程，其最初墓葬数量少，主要分布于发掘区的西南部，即其他遗存较少的位置，随着时间变化，逐渐向周边扩散，其与陶窑兴衰或变化相关。第一期早段较少，除了 M433 分布与发掘区北部外，其余分布于发掘区的西南部，而发掘区西南部是陶窑发现最少的区域，即从第一期早段开始，该地点发掘区的西南部就开始作为墓地使用，而此区域也是整个发掘区唯一缺失第⑥层的区域，值得关注。从第一期中段开始，墓葬开始增多，且分布范围较之前有所扩张，墓葬仍然主要分布于发掘区西南部，亦有北扩之势。第一期晚段至第二期早段是墓葬最为集中的阶段，土坑墓在该地点大范围分布，船棺葬从第一期晚段偏晚阶段出现，至第二期早段逐渐扩散，该进程也是随着第二期陶窑和灰坑的消失而出现的，至墓葬第二期晚段，该地点已经除了墓葬外，不见其他，土坑墓几乎不见，船棺葬在该地点东南部和北部已经形成专门的墓地。

第四节　墓葬形制与丧葬习俗

从上述分期中，可以观察到金沙遗址阳光地带二期地点目前发现的墓葬全部为竖穴土坑墓，平面形状基本为长方形，亦有少量窄长方形和圆角长方形的。开口层位既有第⑤层下，亦有第④a 层下，以第④a 层下居多。墓室头向以西北东南向为主，其次为东南西北向，其中属于第二期的墓葬头向以西北东南向多见，而第一期的墓葬头向则恰恰与其相反。墓葬在发掘区大部分区域均有发现，其中发掘区东北部相对少见，墓葬排列整齐，分布相对密集，有少量叠压或打破关系。墓葬开口均被扰动，许多墓葬仅存墓底部分，这给判断其具体形制和其他信息造成极大困难。这些墓葬除了第一期晚段出现的船棺葬使用船棺作为葬具外，其余不见葬具，墓室结构中少量墓葬使用生土二层台，此类墓葬规模一般相对较大。

该地点墓葬葬法以一次葬为主，另有少量二次葬，主要见于随葬玉石条的墓葬，如 M700，此葬俗只见第一期。葬式以仰身直肢葬为主，另有少量的侧身屈肢葬，该葬俗仅见于第二期。墓主以成人居多，同时伴有少量未成年人，人骨大部分保存较差，其性别和年龄多不明。墓室中的随葬品以陶器为主，另有少量的玉、石器和青铜器。陶器主要置于墓室头端或脚端，另有少量置于盆骨两侧，常见陶器组合主要有以下几组：

A 组：尖底杯、尖底盏。

B 组：尖底盏、尖底罐。

C 组：尖底杯、尖底罐。

D 组：尖底杯。

E 组：尖底盏。

F 组：纺轮和罐。

G 组：纺轮。

H 组：器盖。

I 组：尖底盏、束颈罐。

L 组：尖底盏、尖底罐、束颈罐。

耳玦则为放置于死者头部两侧，应为死者生前佩戴的位置，磨石或半成品则放置于下颌骨最常见，另有胸部、盆骨、脚等，少有陶器随葬，陶器随葬仅见于第一期晚段，而不见于第二期。铜器仅见于 1 墓，为装饰品和铜剑，置于死者腰部，随葬铜器的墓葬仅见于第二期。

金沙遗址阳光地带二期地点发现的墓葬众多，葬俗丰富，对于认识该地点墓葬的丧葬习俗提供了重要的信息。如在该地点发现的墓葬中屈肢葬均开口于第④a层下，仅 1 墓葬随葬器物，该葬式与其他墓葬差异较大，显示其与众不同，而此葬俗在第一期墓葬并未发现。它是否反映随着时间变化，墓地中死者的社会身份开始发生分化，或是其社会结构中针对特殊人群或活动使用的特殊葬俗，对此需结合更多考古学材料和民族学材料来加以认识。

该地点另一葬俗是使用大量的玉石条随葬，该葬俗从葬式而言与其他墓葬亦无不同之处，只是随葬器物有所差异。此类随葬玉石条的墓葬在该地点墓葬中具有明显的地位，墓室相对一般竖穴土坑墓较大，平面形状呈圆角长方形，如 M399、M696、M700 等。使用葬法具有二次葬，亦有一次葬，因而此葬常见。该葬俗最大的特点是除了随葬少量陶器外，随葬大量玉石条，亦有少量圆形石片，这些玉石上遗留有明显的切割加工痕迹，可能多系加工时废弃的边角料。众多的玉石条堆置于死者身上，应为凸显此类墓葬主人身份特殊，具有特定身份与地位指向符号意义，当为特殊阶层。此类情形在金沙遗址周边地区墓葬中亦有广泛发现，应当引起学者关注。

在该地点的墓葬中还发现一种特殊的习俗，在死者身体上放置石块，放置位置以下肢居多，此类葬俗当有特殊的含义，可能为辟邪或镇墓，且使用此类习俗的墓主人身材魁梧，体格健壮，与其他墓葬形成鲜明的对比。使用此类习俗的墓葬有 M697、M487、M428、M426、M425、M423、M424、M425、M399、M383、M382，其以第一期多见，第二期少见。M649 骨架上厚铺一层陶片值得注意。可能与墓主人的职业身份相关？同时可能在废弃窑厂取土，进一步证实墓葬晚于陶窑使用时间。墓室出土 Aa 型 Ⅲ 式尖底盏可能代表此类墓葬的时代。

船棺葬在该地点有着清晰的发展轨迹，对其研究有助于我们进一步认识船棺葬在成都平原的发展脉络。Ⅰ地点船棺葬的分布有着明显的分区，可分 Ⅰ、Ⅱ区，发掘区中部由于被唐宋时期活动的严重破坏，未见有同期文化堆积。从该遗址的空间分布观察，Ⅰ区位于发掘区的西北部，数量相对较少，既有单棺，亦有合葬，Ⅱ区为发掘区的东南部，船棺葬分布相对集中，合葬较多。随葬品磨石和石料最为多见，估计是此类墓葬特殊葬俗。出土此类石器几乎未见共出陶器，而出土陶器亦未见石器，如 M154，由于保存原因，磨石或石料随葬品以及青膏泥使用与否可能成为判断其是否使用船棺葬的一个重要依据。从该墓地分析，发现出土此类器物的墓葬总是使用船棺作为葬具，此葬俗当是某类人群特殊的葬俗，因此，此类墓葬的分布与时代具有鲜明的族群特色和职业身份象征，应引起研究者重视。另外，在该地点还发现一些疑似船棺葬，这些墓葬的特点是墓室底部残留青膏泥或木制痕迹，只是由于墓室保存较浅，而难以辨识，发掘者认为此类葬俗可纳入船棺葬序列。此类墓葬有 M764、M748、M438、M807、M801、M780、M778、M776、M775、M767、M749、M750、M748、M743。

第八章　结语

第一节　分期与年代

金沙遗址阳光地带二期地点出土遗物丰富，大量陶器为了解该地点的文化属性提供了重要的信息。从上述描述分析，该地点出土遗物大概可分为四组：

A 组：尊、喇叭口高领罐、绳纹花边口沿罐。

B 组：尖底杯、尖底盏、高领罐、器盖、束颈罐、瓮、盆、缸等。

C 组：尖底杯、尖底盏、簋形器、尖底罐、高领罐、束颈罐、瓮、器盖、盆、缸等。

D 组：磨石或铜器。

A 组为宝墩文化时期遗物，并未发现这一时期的堆积，仅见建筑遗存，这些遗物提供了部分基槽式建筑遗存的文化属性。B 组为十二桥文化，如多见尖底杯、尖底盏、瓮、敛口罐、器盖等，少见盉、圈足罐、壶、豆柄等，不见小平底罐、瓶、鸟头，圈足器发达，绳纹和尖底器不发达，C 组仍然为十二桥文化遗物，少见尖底杯、厚唇瓮、盆、敛口罐、器盖、筒形器等，多见 A 型簋形器、瓮、尖底罐、尖底盏等，圈足器异常发达，不见绳纹釜、盘口罐、耸肩矮领尖底罐、厚唇瓮等新一村文化常见之器形。磨石和铜器多见于第二期墓葬，它可能代表该地点墓葬特定时期的遗存。

一　分期

金沙遗址阳光地带二期地点文化内涵丰富，具有鲜明的时代特征，参照上述墓葬、灰坑、陶窑、建筑遗存的分期结果，结合层位关系和地层堆积出土器物观察，可将该遗址商周时期的遗存分为二期五段（附表一～三[1]）。

（一）第一期遗存

第一期遗存根据器物组合与变化差异，可分为早、中、晚三段。

1. 第一期早段文化遗存特征

该段文化遗存包括灰坑一期早段、陶窑一期早段以及部分基槽式建筑遗存。

---

[1] 针对墓室中没有随葬品的墓葬以及灰坑和陶窑没有遗物标本的遗迹，难以确认其期、段，分期根据其开口层位，原则上第⑤层下归为第一期，第④a 层下归为第二期，特此说明。

遗迹：该段发现的灰坑数量相对较少，平面形状以长方形居多，其次为圆形，其他不见。这段灰坑形制相对规整，出土器物丰富，主要分布于发掘区的东南部，其次有少量分布于发掘区的西北部。陶窑仅见于Ⅰ、Ⅱ区，方向以东北西南向为主，东南西北向较少。

遗物：陶器质地以夹砂灰褐陶为主，另有少量的泥质黑皮陶。陶器表面以素面居多，少见纹饰，常见纹饰有绳纹、弦纹、镂孔等，不见网格印纹、菱形纹。器形有尖底杯、束颈罐、瓮、盆、高领罐、壶等。典型陶器有 Aa 型Ⅰ式、Ab 型Ⅰ式、Ac 型Ⅰ式、Ba 型Ⅰ式尖底杯，Bb 型Ⅰ式尖底盏，Aa 型、Af 型Ⅰ式、Bc 型Ⅰ式、Ae 型Ⅰ式束颈罐，Ac 型高领罐，Aa 型、Cb 型瓮，Aa 型、Ab 型盆，A 型、Ba 型器盖、B、C 型圈足器、Bb 型Ⅱ式尖底杯、Ba 型Ⅰ式器底、Bc 型尖底盏等。高领罐、瓮、束颈罐、盆等器形单一。不见 A 型尖底盏和 A 型簋形器。玉、石器出土非常少，仅见少量的石锛、玉锛，铜器仅见铜凿 1 件，另有少量铜块和铜渣浮游物。

2. 第一期中段文化遗存特征

该段文化遗存包括灰坑第一期中段、陶窑第一期中段和墓葬第一期早段和基槽式建筑遗存。

遗迹：该段发现的灰坑数量相对较少，平面形状以圆形多见，主要分布于发掘区的东北部。陶窑仅见于Ⅰ区，方向以东北西南向为主。墓葬开始出现于发掘区的西南部。

遗物：陶器质地以夹砂灰褐陶为主，另有少量的泥质黑皮陶。陶器表面以素面居多，少见纹饰，常见纹饰有绳纹、弦纹、镂孔等，不见网格印纹、菱形纹。器形有尖底杯、束颈罐、尖底盏、瓮、盆、高领罐、壶等。典型陶器有 Aa 型Ⅰ式、Ⅱ式、Ab 型Ⅰ式、Ⅱ式、Ba 型Ⅰ式、Bb 型Ⅰ式、Ⅱ式尖底杯，Aa 型Ⅰ式、Ⅱ式、Ab 型Ⅰ式、Ⅱ式、Bb 型Ⅰ式、Ⅱ式、Ca 型Ⅰ式、Bc 型Ⅰ式尖底盏，Ac 型Ⅰ式、Ag 型Ⅱ式束颈罐，Ag 型、Af 型高领罐，Aa 型、Cb 型瓮，Ca 型、Cb 型盆，Aa 型器盖等。高领罐、瓮、束颈罐、盆等器形相对丰富。出现 A 型尖底盏，不见 A 型簋形器。

3. 第一期晚段文化遗存特征

该段文化遗存存在早、晚之分，晚段偏早阶段包括灰坑一期晚段、陶窑一期晚段、墓葬第一期中段和柱洞式建筑遗存以及第⑥层，而偏晚阶段则只包括墓葬第一期晚段。

遗迹：该段是灰坑发现最为集中的时段，无论是数量抑或是形制均异常丰富，平面形状以圆形居多，次为椭圆形和长方形及不规则状，椭圆形和不规则灰坑主要集中于这一时段。这些灰坑集中分布于发掘区的西北部和东南部，西南部数量相对较少，东北部最少。这些灰坑主要分布于陶窑或建筑遗存附近，其功能也各有不同，有垃圾坑、取土坑、水井、存泥坑、原料坑等，这些坑中填土相对纯净，遗物相对较少。陶窑分布于发掘区各部，其中以Ⅱ、Ⅰ区最多，方向以东南西北向为主，其次为东北西南向，另有少量的西北东南向。墓葬主要集中于西北部，亦有少量分布在东南偏中的位置。

遗物：以陶器为主，少见玉、石器、铜器、兽骨等。陶器质地以夹砂灰褐陶为主，其次为黄褐、褐，泥质陶以黑皮陶为主，另有少量灰陶。陶器表面以素面为主，常见纹饰有绳纹、弦纹、凸棱等。器形相对丰富，尖底杯、尖底盏、束颈罐、瓮、盆、缸、高领罐、器盖、豆、簋形器、尖底罐等，其中尖底杯、束颈罐、瓮、盆、高领罐等为最常见的器形，圈足器较为发达，平底器次之，尖底器再次，少见圜底器（仅见圜底钵）。

典型陶器有 Ba 型 Ⅱ 式、Bb 型 Ⅱ 式、Ⅲ 式尖底杯，Aa 型 Ⅰ 式、Ⅱ 式、Ab 型 Ⅰ 式、Ⅱ 式、Ac 型 Ⅱ 式、Ad 型 Ⅰ 式、Ⅱ 式、Ca 型 Ⅰ 式、Ⅱ 式尖底盏，Aa 型、Ag 型 Ⅱ 式、Cb 型、Cc 型束颈罐，Aa 型、Ag 型、Ae 型、Af 型、Bc 型高领罐，Ab 型、Bc 型、C 型、Ad 型瓮，Ac 型、C 型、D 型、Ea 型盆，Cb 型 Ⅰ 式、Cc 型 Ⅰ 式、Fb 型、Bb 型器盖，C 型、F 型缸，Ba 型、Bb 型、Bd 型、Bc 型 Ⅰ 式簋形器、Cb 型支柱、Bc 型 Ⅱ 式器底等。该段陶器无论器类抑或是器形均较为丰富，新出现了 C 型尖底盏、B 型簋形器，A 型尖底杯少见或不见，墓葬中出现 B 型簋形器、A 型尖底盏和尖底罐。

该段偏晚阶段遗存仅见墓葬，并且开始出现零星船棺葬。墓葬中陶器以 Aa、Ab 型 Ⅲ、Ⅳ 式尖底盏、Ca 型 Ⅱ 式尖底盏，Bc 型 Ⅰ 式束颈罐，A 型 Ⅰ 式尖底罐，Bc 型 Ⅰ 式簋形器，Ab 型束颈罐为典型组合，出现 A 型尖底盏、束颈罐，不见 A 型簋形器。

（二）第二期遗存

第二期遗存可分为早、晚两段，早段遗存包括灰坑第二期、陶窑第二期、墓葬第二期早段和第⑤、④b 层堆积，晚段遗存仅包括墓葬第二期晚段。该时段遗存无论是灰坑抑或是陶窑数量均较为大幅减少，墓葬数量仍然较多，一个较大的变化是船棺葬数量较之前有大幅增加。

1. 第二期早段文化遗存特征

遗迹：该段灰坑发现数量极少，可判断归属的仅有 3 个，平面形状全部为圆形，形制规整，出土物丰富。其中 2 个分布于发掘区的东南部，1 个分布于发掘区的北部，与第一期早段分布情形相近？陶窑数量较少，仅见于 Ⅳ、Ⅱ 区，方向以东北西南向常见。该阶段的船棺葬数量在发掘区较之第一期晚段分布有所增加，船棺葬仍然少见，且分布零散，但在发掘区西南部、东南、东北部均有分布，不成片集中分布，相对而言较之第二期晚段数量和分布范围有所增加，墓葬尺寸多在 2.50 米以下，随葬磨石、石制品或无，不见陶器。墓葬主要集中分布于发掘区的西北部和东南部。

遗物：以陶器为主，少见玉、石器或铜器。陶器质地以夹砂灰褐陶为主，另有少量的泥质黑皮陶。陶器表面以素面居多，少见纹饰，常见纹饰有弦纹、网格印纹、菱形纹、几何折线纹等。器形有尖底杯、簋形器、束颈罐、瓮、高领罐等。典型陶器有 A 型 Ⅱ 式、Ⅲ 式、Ⅳ 式、BC 型 Ⅱ 式簋形器、A 型 Ⅱ 式、Bb 型尖底罐、Ac 型 Ⅲ 式尖底盏、Ac 型 Ⅲ 式尖底杯、Bb 型 Ⅳ 式尖底杯，Aa 型、Bb 型、Cb 型束颈罐、Gb 型 Ⅰ 式圈足、Bc 型瓮、Eb 型盆、Ac 型、B 型瓮，Bb 型、Bc 型高领罐等。从该期开始，该地点的陶窑生产逐渐衰落，并逐渐被废弃。

2. 第二期晚段文化遗存特征

该段灰坑、陶窑、建筑等遗迹不见，仅见墓葬，土坑竖穴墓非常少见，土坑墓几乎不见陶器，开始出现青铜器随葬，铜器为饰品和柳叶形青铜剑，该剑形制并未有穿孔，形制古朴，铸造工艺稚嫩，显示其质朴的技术特征。船棺葬集中分布于发掘区的东南部，船棺葬大量增加，墓室体量也更大，且成片集中分布，合葬墓比较盛行，随葬品以磨石为主。集中成片分布于发掘区的东南部，西北部区域可能代表另一片船棺葬集中区。这一时段的墓葬尺寸在 3 米以上，4 米以下，船棺葬中有少量磨石或石料和半成品随葬，不见陶器和青铜器随葬，磨石形制与制法同该遗址早、中段船棺葬随葬的同类器物相比并无而致，亦同于金沙遗址其他墓地船棺葬出土的同类器。

二　年代推断

　　第一期遗存不见以中海国际 H26 为代表十二桥文化早期阶段的典型器物群，如小平底罐、杯、圈足壶、绳纹罐等，二者之间有着时段上的缺环。金沙遗址阳光地带二期地点第一期遗存的年代当晚于中海国际 H26 的时代，而 H26 的水稻测年为 1510B.C.（95.4%）、1425B.C.、1520B.C.（95.4%）、1425B.C.[1]，即距今 3500~3400 年。目前该地点有碳十四测年数据全部集中为第二期遗存，如 Y29 木炭测年数据为 B.C.1495~B.C.1395 年。H1169 的炭化稻谷测年数据为 B.C.1520~B.C.1410 年。H1362 的炭化稻谷测年数据为 B.C.1500~B.C.1370 年。H1372 木炭测年数据为 B.C.1460~B.C.1370 年。H1364 的木炭测年数据为 B.C.1440~B.C.1310 年。H1384 的木炭测年数据为 B.C.1430~B.C.1310 年。该期遗存缺乏中海 H26 典型器物，二者之间当有着时间上的缺环，尽管这些测年数据部分已经进入前 1500 年，但较为集中的是在公元前 1400~前 1300 年间，由此，推测该期遗存的上限在 B.C.1400~B.C.1300 年。

　　该地点第一期遗存出土的 Ab 型 Ⅱ 式尖底杯同波罗村遗址 Ed 型小平底罐（KH68：43）相近，但有缺环，波罗村尖底杯器形整体圜圆，细长，底部呈锥状，与炮弹形尖底杯更为接近。Bb 型 Ⅱ 式尖底盏同波罗村遗址 Eb、Ed 型小平底罐（KH38：3、KH68：41）。Aa 型、Af 型 Ⅰ 式、Ⅱ 式束颈罐与波罗村素面侈沿罐（KH38：21）、曲腹罐（KH27：24、KH27：143）。Ac 型高领罐（T3426⑤：10）同波罗村遗址 Ac 型高领罐（KH38：14、KH81：11）。相近，由于波罗村遗址材料尚未系统发表，结合其测年数据以及其所出土同类器物的比较，可以发现二者之间仍然有许多共性的地方，因此波罗村的测年数据对于认识该地点商周遗存的年代提供了重要的参考依据。波罗村 BKH27 炭化稻谷测年数据为 1210B.C.（95.4%）、1000B.C.。BKH38 炭化稻谷测年数据为 1050B.C.（95.4%）、920B.C.。2011CPBKH68 炭化稻谷测年数据为 1130B.C.（93.3%）、970B.C.[2]。从这些测年数据观察，结合其他出土遗存的测年数据，这些遗存的测年数据集中于商末至西周初年，即距今 3100~2900 年。

　　目前同阳光地带二期地点出土器物最为接近的遗址点是芙蓉苑南地点[3]，该地点位于阳光地带二期地点东南部，二者之间仅有一条宽 10 米的道路相隔，二者之间未见古河道，从文化地理单元上而言，二者属于同一遗址，芙蓉苑南地点出土簋形器、A 型圈足罐、Ⅰ 式尖底杯、敛口尖底盏、B 型缸矮领瓮等同阳光地带二期地点出土 A 型束颈罐、A 型尖底盏、A 型高领罐、A 型缸、B 型瓮等相近，特别是 D 型簋形器同阳光二期地点 A 型簋形器如出一辙，出土此类器物的堆积推测为西周早期。

　　西城天下位于阳光地带二期地点北部，二者出土的遗物非常接近，西城天下的 A 型高领罐、小平底罐、曲腹罐，Ab 型簋形器、B 型尖底杯等同阳光地带二期地点的 A 型 Ⅰ 式尖底罐、Ab 型、Ac 型、Ad 束颈罐，Af 束颈罐，B 型簋形器，Ac 型尖底杯等几乎一致，西城天下的时代推测为西

　　[1] 中海国际地点 H26 原报告作时代推测时，虽测年数据靠前，但介于当时受制于传统学界认识，为使其与传统认识相近，将其时代推测为商代晚期（报告），随着近年在成都市周边地区同类商周遗存的大量发现，有必要重新认识该段遗存的时代和文化属性，结合近年周边商周遗存的测年和器物组合，我们过去认为十二桥遗址为代表的商周之际的遗存，已经不能代表十二桥文化早期遗存的面貌，而需重新认识，这个问题在当下讨论，尚需时间和另文阐述，笔者只是抛砖引玉，且作一家之言。成都文物考古研究所：《成都中海国际社区 2 号地点商周遗址发掘报告》，《成都考古发现（2010）》，科学出版社，2012 年。

　　[2] 成都文物考古研究所等：《成都郫县波罗村商周时期遗址发掘报告》，《考古学报》，待刊。

　　[3] 成都文物考古研究所：《金沙村遗址芙蓉苑南地点发掘简报》，科学出版社，2005 年。

周时期[1]。

第二期遗存早段出土的 A 型 I 式、II 式簋形器同金沙遗址万博地点 H709 出土簋形器（H709：11）。一致，而该地点流行的 Bc 型 I 式束颈罐，Bb 型 II 式尖底盏、Aa 型 II 式尖底盏同 H709 簋形器共出的圈足罐（H709：7）、小平底罐（H709：3、H709：4）。亦非常接近，A 型 II 式尖底罐同 H844 出土的尖底罐相近，而 H844 出土的小平底罐同阳光地带一期出土的 Ab 型 I 式尖底杯则非常接近[2]，万博地点商周时期遗存时代推测为商周之际。二者之间不仅空间相近，其出土遗物也非常接近，可能时代应相近。

青白江大夫村遗址出土 A 型、B 型簋形器、Cb 型罐、Aa 型圈足、瓮、钵、尖底杯等同阳光地带二期地点出土的 A 型、B 簋形器、C 型、E 型圈足、瓮、Bb 型尖底杯等同阳光地带二期出土同类器相近，但大夫村的尖底杯形态要晚于阳光地点，大夫村出土的尖底杯在阳光地点发现较少，它不见平底，均为乳突状尖底。发掘者认为其时代约在西周早中期[3]。

该地点第二期遗存早段不见新一村遗址常见的盘口罐、厚方唇翻沿瓮、浅折腹尖底盏，耸肩矮领尖底罐等新一村文化常见的典型器物群，A 型簋形器尽管同新一村同类器相近，但其呈现早期形态，弧壁外弧，敛口，小口，体形较大，筒形状，而不是晚期喇叭状，另外一个特征是圈足器逐渐减少。新一村遗址第 8 层的时代推测为西周晚期[4]。孙华先生认为新一村文化的时代在西周晚期[5]。由此，可推测第二期遗存下限不晚于西周晚期。

根据上述年代分析以及结合该遗址的年代分期，该遗址第一、二期各段之间器物之间的变化较小，器物之间的衔接紧密，器物形态变化较小，文化面貌的承续明显，这也表明该遗址各期段之间的连接紧密。由此我们推测该遗址各期段的时代如下：

第一期遗存的时代上限推测为距今 3400~3300 年，下限为距今 3200~3100 年。早段遗存的时代推测为距今 3400~3300 年，中段遗存的时代推测为距今 3300~3200 年，晚段遗存阶段的时代推测为距今 3200~3100 年。

第二期遗存的时代上限推测为 3100~3000 年，下限为距今 3000~2900 年。早段遗存的时代推测为距今 3100~3000 年，晚段遗存的时代推测为距今 3000~2900 年。

金沙遗址阳光地带二期地点的文化堆积中的第一、二期遗存均属于十二桥文化范畴，由于时段上的变化，呈现前后两期的差异。这些差异表现为第一期制陶工业由小变大，墓葬在第一期中段才开始出现，第一期晚段是该地点制陶工业最为兴盛的时期，具体表现为陶窑和与陶窑附属遗迹众多，出土遗物丰富，墓葬亦有较多分布，在该期偏晚阶段商末周初，新出现了船棺葬。到了第二期早段，该地点制陶工业急剧衰落，与之相关遗存骤减，随着制陶作坊区的废弃，该地点逐渐成为墓地，土坑竖穴墓仍然占据主流，但船棺葬亦逐渐发展开来。第二期晚段该地点完全变成墓地，船棺葬成为主流形态。从遗物上而言，纹饰第一期早段少见或不见菱形纹、网格印纹，器形单一，A 型杯是其主要形态，不见 A 型尖底盏和 A 型簋形器以及尖底罐，第一期晚段，纹饰较之前段丰富，除了绳纹、

[1] 成都文物考古研究所：《成都市金沙遗址"西城天下"地带发掘》，科学出版社，2007 年。
[2] 成都文物考古研究所：《成都金沙遗址万博地点考古勘探与发掘收获》，《成都考古发现（2002）》，科学出版社，2004 年。
[3] 成都文物考古研究所：《成都市青白江区大夫村遗址试掘收获》，《成都考古发现（2007）》，科学出版社，2009 年。
[4] 成都文物考古研究所：《成都十二桥遗址新一村发掘简报》，《成都考古发现（2002）》，科学出版社，2004 年。杨颖东等：《成都十二桥遗址新一村一期出土漆彩绘陶的分析研究》，《文物保护与考古科学》，2014 年第 2 期。
[5] 孙华：《四川盆地的青铜时代》，科学出版社，2000 年。

弦纹、划纹外，还有少量网格纹、菱形纹，陶器无论器类或是器形较为丰富，B 型尖底杯、A 型尖底盏盛行，B 型簋形器和 A 型 I 式尖底罐流行。第二期早段上述流行器物数量和器形减少，最大的变化是新出现了 A 型簋形器和 Gb 型圈足，A 型 II 式尖底罐逐渐流行。船棺葬流行磨石随葬，不见陶器或铜器随葬。第二期晚段遗存可辨识的仅有墓葬，土坑墓少见，个别土坑墓随葬铜器，船棺葬仍然流行磨石随葬，但不见铜器随葬。

　　由于金沙遗址阳光地带二期地点缺少部分典型单位遗物和修复遗物数量较少以及测年数据单一，尤其是墓葬测年的缺乏，这些缺憾造成了目前对其年代推测只能是粗线条的。由于多数墓葬保存不佳，许多墓室仅存墓底，纵使有叠压或打破等异时关系，也很难确认其关系。因此，在遗址的整体文化分期中，即使是同时段的遗存，墓葬的时代可能要略晚于其他遗存，相反墓葬的分期研究可能更代表了该地点墓葬的历时性变化，这是我们在解读该地点遗存变化与聚落研究中需要注意的问题。对于这一缺憾迫切需要加强金沙遗址其他相关地点整理工作和测年数据的工作，尤其是墓葬的测年工作，同时也应关注周边地区同时期遗存的进一步整理与研究。

第二节　文化性质分析

　　金沙遗址阳光地带二期地点是金沙遗址聚落群中一个重要的组成部分，发现了丰富的遗迹现象，有集中的陶窑、墓葬、灰坑等，出土了大量具有鲜明文化特质与时代特征的遗物，其丰富的文化内涵和独特的功能分区对于研究金沙遗址的聚落结构和变化以及成都平原古蜀文化提供了重要的考古材料。通过该地点文化遗存的发掘与分析整理及研究，有助于我们加深对金沙遗址聚落结构体系和历时性变化特征的认识，同时也有助于拓展了我们对于成都平原商周时期古蜀文化的内涵与外延的研究视野。

一　文化性质分析

1. 阳光地带二期地点商周遗存的文化面貌与特征 [1]

　　该地点出土的遗物中玉石器和青铜器均非常少见，不仅是数量极少，同时也反映在器类和形制上。玉、石器质地有砾岩、页岩、蛇纹石、透闪石，玉制品以透闪石、蛇纹石常见。从功能上而言有工具、装饰品及半成品，具体器形有锛、斧、凿、磨石、石芯、石条、耳玦等，这些玉、石器多为半成品，几乎不见完整器，少数玉器边沿有切割痕迹，除了磨石和条石常见随葬外，其余少见墓葬。

　　该地点商周时期堆积中的铜器无论是数量抑或是种类均较为单一，从出土背景而言，仅有 1 座墓葬随葬铜器，其余均出土于地层中，而消耗性的铜镞占据主要位置。其制作技术与工艺质朴，不见体量较大器物，仅为小型器物。从功能上有兵器、工具、装饰品等，兵器和工具是最多的器类，兵器形制单一，以铜镞最多见，另有少量剑，该剑体量小，平面下现在呈柳叶形，柄部未有穿孔，其可能早于有穿孔的柳叶形剑。工具有刻刀、刀、凿等，装饰品仅见蝉形饰。该地点出土铜器中不

----

　　[1] 该地点第一期遗存非常少见，不见同时期的堆积，且与商周时期遗存不属于同一文化面貌，故我们讨论该地点遗存文化面貌是指第二、三期的文化遗存。

见容器、礼器，除了刻刀外，其他的铜器质地差和铸造缺陷突出，反映其青铜铸造技术体系的稚嫩。

此外，该地点还发现少量铜块，2 块出于灰坑，2 块出于地层，这样稀少铜块的出现，仅见铜块，不见炼渣反映的是冶炼与铸造的分离，结合该地点出土"坩埚"，它是一类质地呈红色厚胎砂土角杯状陶器，器表似经过高温变红，底部异常厚实，结合 H1327 出土一件陶片上附着的铜块（H1327：19），该件器物是铜块与陶器胎土附在一起，陶器质地为夹砂红陶，其质地与坩埚胎土一致，初步推测此类器物可能为熔铜的器具。此类器物同"三合花园"地点 H128 出土的杯形器（H128：4）完全一致[1]，该地点出土的数量和形制较多，它是否存在铸铜遗存？抑或是生产坩埚的作坊？由于没有发现范和坩埚上未见铜渣浮游物，对其功能的分析，还有待于进一步发掘与科技考古分析。青铜器是当时社会中的特殊资源，有着其特殊的象征意义，它可能有了身份或地位的符号指征，正因如此，在当时社会中的铜器铸造和管理以及流通应该有着特定的管道，而有限的资源则当掌握在当时社会分层结构体系中顶端。由此而观之，这批墓地成员可能处于其社会结构体系中的低端，当然也不排除特殊的宗教体系或信仰亦可导致此类情况的发生。墓葬是死者生前社会影像的缩影，它反映出死者在生前社会中的地位与身份。玉、石器和铜器在该地点的匮乏从一个侧面反映该聚落与金沙遗址其他聚落有着层级上的差异或分化。

陶器是该地点出土最多的遗物，陶质以夹砂灰褐陶为主，其次为红褐，泥质陶有黑皮陶和褐陶，黑皮陶有着特定器形，如尖底杯、高柄豆和仿铜陶器。陶器表面装饰以素面为主，常见纹饰有绳纹、弦纹、连珠纹、菱形纹、云雷纹、回字纹、网状印纹等，第二期晚段开始菱形纹、回字纹、网状印纹较为发达，绳纹亦趋衰落。纹饰制法有压印、刻划、戳印。

陶器的器形有平底器、圈足器、尖底器、三足器、圜底器，平底器、圈足器、尖底器是数量最多的器形，它们不见数量巨大，同时形制亦非常丰富，其中圈足器最多，其次为平底器、尖底器，三足器和圜底器非常少见，尤其是圜底器仅见陶钵。器形以束颈罐、高领罐、瓮、盆、缸、尖底杯、尖底盏、器盖、壶、簋形器、纺轮等为主，另有少量的尖底罐、钵、尊、盂、高柄豆等。A 型、B 型、Ca 型束颈罐，Aa 型、Ab 型、Ac 型、Af 型、Ba 型、Bb 型、Bc 型、Bi 型高领罐，Aa 型、Ab 型、Ad 型、Ba 型、Bb 型、Bd 型、C 型瓮，Aa 型、Bb 型、C 型、D 型缸，A 型、B 型盆，A 型、B 型、E 型尖底杯，A 型、B 型、C 型尖底盏，Aa 型、Ba 型、C 型、D 型、F 型器盖，A 型、Cc 型壶，A 型、Bc 型、Bd 型簋形器、A 型、C 型、G 型纺轮，G 型圈足为典型器形。

该地点商周时期地层堆积中出土了少量宝墩文化时期的陶器，这些陶器器形单一，主要是陶尊，另有喇叭口高领罐、绳纹花边口沿罐，其他典型器形不见，可资比较器物较少，结合金沙遗址所发现宝墩堆积的时代以第三期遗存居多，另有少量的为第四期遗存[2]，由于该地点未发现宝墩文化第四期的典型遗物，故推测这些陶片的时代为宝墩三期，它们系晚期活动扰动早期堆积而致。

金沙遗址阳光地带二期地点遗存丰富，主要有灰坑、陶窑、墓葬等，灰坑在发掘区均有分布，东南部分布较少，坑口平面形状有圆形、椭圆形、长方形、不规则状，其中圆形和椭圆形最为多见，形状差异并无功能上的差异，这些灰坑往往集中分布于陶窑周边和建筑遗存附近，它可能与陶窑或

　　［1］朱章义、刘骏：《成都市黄忠村遗址 1999 年发掘的主要收获》，《成都考古发现（1999）》，科学出版社，2001 年。

　　［2］成都文物考古研究所：《成都金沙遗址"置信金沙园一期"地点发掘简报》，《成都考古发现（2002）》，科学出版社，2004 年。成都市文物考古研究所：《成都金沙遗址"干道 B 线"地点发掘简报》，《成都考古发现（2002）》，科学出版社，2004 年。成都文物考古研究所：《2001 年金沙遗址干道 A 线地点发掘简报》，《成都考古发现（2003）》，科学出版社，2005 年。

建筑有着密切的关系。一般而言，坑口形制规整的灰坑，内部结构也非常规整，其当有着特殊的功能，在陶窑附近的坑可能存在着取土坑、颜料坑、存泥坑、水井等相关设施，此类灰坑中填土相对纯净，其他遗物较少，而建筑附近则垃圾坑偏多，此类坑填土中生活垃圾较多，有食用后的兽骨、灰烬、陶片、植物遗骸等。

该地点是金沙遗址目前发现陶窑最为集中的区域，这些陶窑形制单一，历时性长。陶窑均为小型馒头窑，仅存窑室底部，其上部情况不明。陶窑有窑室、火膛、操作坑组成，窑室一般呈椭圆形或圆形，以椭圆形居多，底部呈前低后高之斜坡状，窑壁一般有 0.03~0.05 米红色烧结面。火膛平面形状呈长方形，周壁有较厚烧结面，填土中多含黑色灰烬，少有陶片出土，操作坑一般梯形。由于陶窑中很难发现烧制时遗留的产品，其填土中的遗存代表的是废弃后的堆积，因此难以确认陶窑的产品特征。这些陶窑的集中出现，反映出该地点可能是当时金沙聚落群中的一个制陶作坊区。

墓葬是该地点发现数量最多的遗存，船棺葬与竖穴土坑墓有着不同的发展轨迹，故将其分述而之。竖穴土坑墓平面形状均为长方形，墓葬之间既有共时关系，亦有异时关系，这些墓葬延续时间较长，其发展与陶窑工场的兴衰相呼应，在第二期晚段，该地点变成了专门墓地，土坑墓急剧减少，取而代之是船棺葬墓地的集中出现。墓室中的死者葬式以仰身直肢葬最为常见，另有少量侧身屈肢葬，葬法以一次葬为主，有少量的二次葬，头向以西北东南向和东南西北向常见，头向的变化可能反映时段上的差异，第一期中段墓葬头向几乎全为东南西北向，不见西北东南向，第一期晚段早期仍然以东北西南向为主，但出现西北东南向，第一期晚段晚期，东北西南向为主，但西南东北向有所增加，第二期早段仍然有东南西北向，但数量减少，且主要集中于发掘区西北部，西北东南向已经成为主流，第二期晚段头向几乎全为西北东南向，头向可能反映了不同人群来源或身份差异[1]。这些土坑墓不使用葬具。随葬品一般置于死者两端，亦有少量置于两侧或生前佩戴和使用的部位，铜器随葬仅有 1墓。这些墓葬主人中既有成人，亦有未成年人或儿童。墓穴中单人葬是最多见的埋葬形式，亦有少量合葬，合葬墓葬多为成人与儿童合葬。

船棺葬的平面形状呈狭长方形，底部圜平，中间微凹，两侧壁呈弧形，形体如船棺。葬式以仰身直肢葬常见，流行一次葬，头向既有西北东南向，亦有东南西北向，以西北东南向最为多见。船棺的随葬品少见陶器，流行磨石和石料或石器半成品，不见铜器。一般而言陶器置于死者两端或一侧，磨石一般随葬于死者的胸部、盆骨、下颌部位。埋葬形式既有单棺，也有合葬，合葬较为盛行，其墓主均为成人，不见孩童与成人合葬的情况。

船棺葬在该地点第一期晚段偏晚阶段在发掘区西南部就已经出现，此时除了葬具有所差异外，其他与同时段竖穴土坑墓比较并无而致，随葬陶器相同，未见随葬磨石。这个时期的船棺葬规模较小，数量非常少，长度一般在 2.50 米以下，不见双棺合葬的形制。此类船棺在其南边"金沙国际花园"地点的 M928 就有发现[2]。在第二期早段船棺葬体量在 2.50~3.00 米，此类船棺同第一期晚段相比，数量较此前增加，形制差异不明显，只是体量有所增大，合葬墓较少发现，未见专门墓地，一个突

[1] "墓葬的方向也有指向该民族神话传说中的民族起源地。" E.Bendann，Death Customs(New York: Knopf)，pp.214、201. 蒲慕州：《墓葬与生死——中国古代宗教之省思》，中华书局，2008 年，第 30 页。

[2] "国际花园"地点 M928 体量大于 M154，出土器物器形与组合有所差异，过去认为该墓时代在西周晚期，结合该地点船棺葬形制分析，M928 至少在第三期早段，时代应早于西周晚期。对此，船棺葬起源与发展的脉络认识需要更进一步资料来厘清。成都文物考古研究所：《金沙遗址"国际花园"地点发掘简报》，《成都考古发现（2004）》，科学出版社，2006 年。

出特征是，流行磨石随葬，不见陶器或铜器。第二期晚段的船棺葬尺寸一般在 3 米以上，4 米以下，出现了专门的墓地，头向几为西北东南向，合葬墓盛行，随葬品仍然流行磨石或石料，不见陶器或铜器。该地点船棺葬发展演变的趋势是墓圹平面形状由长方形呈窄长方形演变，体量和尺寸越来越大，由单棺向双棺发展，在第二期晚段在墓地的东南部形成集中船棺葬墓地，头向也趋向统一。船棺葬在该地点发展与演变体现两个特征：一是船棺葬是某一特定人群使用的葬俗，磨石和船棺构成其标志性元素，二是它可能是商周之际就已经出现于金沙遗址，其形制和体量经历了由小而大，由单而双，由少而多的变化，它是金沙遗址聚落群中区别于其他聚落群的一个重要指征。

从该地点不同时段的墓葬观察，竖穴土坑墓的形制和体量相近，大多数墓室中并未发现随葬品[1]，随葬品以陶器为主，少有玉、石器或铜器随葬。这些墓葬除了随葬器物的质料差异外，并未发现其他明显差异，从随葬品而言出土玉石条或铜器的墓葬可能与其他墓葬之间有着身份差异，他们可能是这些人群中间社会地位较高的群体。但从墓葬形制和出土其他器物而言，他们之间仍然属于聚族而葬。这从一个侧面反映出墓葬主人之间虽然已经出现社会分层，但俨然没有出现严重的社会分化。船棺葬在出现之初，除了葬具外，其文化因素与竖穴土坑墓一致，它反映出船棺葬是在土坑墓基础上异化发展起来的，随着船棺葬的丧葬习俗特质日趋凸显，其特有的文化因素逐渐固化，磨石和船棺成为相伴而生的元素，它们与此区别于其他人群，这些使用特定器物随葬的习俗具有强烈的职业身份象征，他们聚族而葬，相互之间并未有明显的社会分层，血缘关系成为维系该人群的纽带。

该地点的建筑遗存由于保存情况不好，形状和形制以及结构等信息不明，一方面显示出该地点建筑遗存分布稀少，但另一方面与其他丰富的遗迹现象形成截然的对比，这从一个侧面说明该地点与其他地点有着功能上的差异，该地点主要是烧制陶器的生产作坊，而这些简易建筑可能是其附属物，其生活聚居区当有其他，与其一路之隔"芙蓉苑"南地点[2]大量同时期规整的建筑遗存存在或许为我们提供了想象的空间。

植物遗存在该地点发现的不多，主要取样单位集中于灰坑中，另有少量陶窑，地层中未有取样。这些植物遗存可辨识的种子主要有两类，一类为农作物，另一类为杂草。农作物主要有粟和水稻，虽然粟在统计数量上占有优势，但不能确认粟在当时居民的餐桌上也占有同样的比重，我们认为粟和水稻的共存，反映的是当时居民对不同生态环境适应的选择，在地势较低的区域种植水稻，而在较高或山前台地区域则选择粟，稻粟混作的农业形态或许为当时居民主要生业形态。稻和粟均是当地居民日常生活中的实物来源。从出土水农作物和杂草种子比例来看，农作物种子数量明显占优势。这种炭化植物组合可能说明农作物在储藏前已经进行了加工。在可鉴定种属的炭化种子中，以形态大小和比重均比较接近粟的狗尾草属为主，这可能说明在谷物储藏前已经进行过脱粒、扬场加工。同时，遗址内发现的稻谷基盘数量极少，说明谷物储藏前已进行过脱壳[3]。这些信息间接支持了当地居民不是粮食的生产者，恰恰相反，他们是粮食的消费者，不参与粮食生产与加工，这与该地点居民特殊的专业身份相关，说明当时社会中的人群中已经出现专业化分工与生产。水稻和粟集中出土于 H1169 和 H1362，这两个灰坑形制规整，空间距离相近，出土器物丰富，伴有动物骨骼出土，

[1] 由于相当一部分墓葬仅存墓室底部，亦可能出现随葬品被扰的情况，但从出土随葬品的墓葬分析，即使有也应当与出土随葬品的情况相近。

[2] 成都文物考古研究所：《金沙村遗址芙蓉苑南地点发掘简报》，科学出版社，2005 年。

[3] 闫雪、周志清：《成都市"阳光地带二期"地点浮选结果及初步分析》，《成都考古发现（2012）》，科学出版社，2014 年。

大量炭化粮食的存在以及 H1169 出土鹿角，其当有特殊的功能？

　　该地点发现的动物骨骼较少，除了少量来自地层堆积外，大都出土于灰坑之中，少见大块骨骼，多为细小骨块，可辨识种属的仅有水鹿、家猪、水牛（附录一二），相较而言水牛和家猪数量较多，水鹿较少，水牛和家猪属于人工饲养，它可能反映出当时人们所获取动物蛋白主要来自人工饲养的家畜，间或以狩猎的野生动物作为补充动物蛋白来源。

　　从上而述，水稻和粟是当地居民的主要食物来源，家养的猪和水牛是其主要的动物蛋白来源，同时野生动物也是其必要的补充，这些居民不从事农业生产，他们主要从事专门的制陶工业和相关生产。

2. 金沙遗址阳光地带二期地点聚落布局变迁与发展

　　该地点的聚落在距今 4000 年左右就已经有人群在此活动，由于未发现该时期堆积，其具体情形不明，结合周边同时期遗存，他们当时人群规模较小。其后当地一直未有人群活动，在距今 3400~3300 年，在该地点东南和西北部出现了制陶作坊，随后制陶业继续发展，在距今 3300~3200 年该地点西南部开始出现了墓葬，第一期早、中段该地点文化遗存特点是制陶作坊规模小，人群较少。

　　距今 3200~3100 年，无论陶窑抑或是与其相关设施（主要是灰坑），以及墓葬均有大量出现，它们分布范围几乎遍及整个发掘区，这个时段是该地点的制陶工业最为兴盛的时期，同时也是人群最为繁盛的时期，大量墓葬的遗留应是其佐证，第一期墓葬主要集中于该晚段，同时新的文化因素已经开始出现，如船棺葬的出现。距今 3100~3000 年，该地点的制陶工业急剧萎缩，伴随的是与其相关的设施减少，相反的是墓葬数量较之前有了极大地增长，占该地点所发现墓葬的 63.4%。第一期流行的东南西北向头向的人群急剧萎缩，这个时期他们主要集中于发掘区的西北部，而以西北东南向为主的人群则占据了该地点绝大部分区域，他们集中分布于发掘区的东南部，不同人群在不同时期消长，反映该地区人群变迁，对于了解金沙遗址商末周初时社会和文化变化提供了重要资料。这个时期的船棺葬较此前逐渐增多，其文化特质更加凸显，其与不使用船棺的墓葬形成明显的葬俗差异。这一方面反映出该阶段人口的衰减，同时也可能预示了新的人群进入该地点。

　　在距今 2900~2800 年左右，该地点的制陶工业已经消失，这个时期的船棺葬不仅聚族而葬，形制更加丰富，而且集中分布，形成专门的墓地。反观土坑墓数量更少，随葬品缺乏，个别墓葬随葬青铜器。至此，该地点因最终形成墓地而被废弃。当然要了解该地点商周时期的聚落结构特点与历时性特征，需要认识到该地点仅是金沙遗址聚落群一个重要的组成部分，需要将它置于金沙遗址聚落群这一宏大视野中予以讨论，才可认识其特质，因此金沙遗址其他各个遗址点的整理与研究工作刻不容缓。

　　从上述的文化遗存与时代特征而言，可以确认金沙遗址阳光地带二期地点商周时期的遗存，无论是从文化内涵，还是时代特征均属于成都平原商周时期的十二桥文化，该地点的发掘与整理为研究金沙聚落群的内部结构和文化特质以及聚落发展演变提供了重要的考古材料，同时也延展了十二桥文化内涵与时代的宽度与厚度。

二　问题与展望

　　第一，该地点是金沙遗址聚落群一处非常重要的遗址点，其鲜明的文化特质和时代特色以及特定的功能分区，对于认识古蜀先民的聚落结构与分区有着重要意义。它的发现与研究，将极大地推进古蜀文化的研究，同时对于研究十二桥文化与三星堆文化内涵与时代特征也将有提升意义。

第二，该地点主体遗存属于成都平原商周时期的十二桥文化，其文化分期分析与研究表明，对于十二桥文化的上限及文化特征的认识可能需要拓展此前的认识[1]，这也表明对于十二桥文化的内涵与时代特征的建构仍然需要作进一步研究，同时也希冀金沙遗址和三星堆遗址更多的报告能尽快刊布资料，以图进一步厘清既有认识。

第三，船棺葬作为一种特殊的丧葬习俗，它是古蜀文化特定时段特殊人群的葬俗，该地点的船棺葬分析与研究表明，船棺葬是古蜀人特有的葬俗，其使用有着特定的人群。该葬俗在商周之际，至少在西周初期就已经出现，最初除了葬具上的差异外，随葬器物和葬俗并未与其他有所差异，随着时间的变化，船棺葬开始扩散，出现聚族而葬情况，墓葬形制和随葬品均发生较大变化，墓葬体量越来越大，合葬之风盛行，随葬磨石。该地点船棺葬发展与演变，丰富了成都平原古蜀文化中船棺葬的研究。由于该地点船棺葬未出土青铜器和陶器，其与金沙遗址其他地点船棺葬的关系如何？墓主人属于什么特定的人群？他们同不使用船棺葬的人群之间有着何种关联？……。如此种种，需要进一步讨论。从目前金沙遗址各个地点情况看，船棺葬是一种普遍出现的丧葬形式，在今后的整理与研究中需要进一步加强对船棺葬辨识。

第四，金沙遗址是目前成都平原商周时期发现墓葬数量最为集中的聚落，这些墓葬不仅数量巨大，更重要的是保留众多的人类学信息，对于了解该地区商周时期居民体质结构和文化变化以及人群移动等有着重要意义，而截至目前该遗址尚未进行过系统的体质人类学研究，迫切需要整合金沙遗址各遗址点墓葬人骨的系统研究。

第五，大量陶窑、灰坑、墓葬等遗迹在该地点集中出现，这是目前金沙遗址陶窑最为集中分布的区域，它极有可能是当时金沙聚落一个延续时间较长的制陶作坊，其居民随着制陶工业兴衰而发生相应变化。它的发现与研究，对于研究金沙遗址聚落内部结构有着重要意义。为此我们需要把握该地点陶窑长时段变化的特征以及关注陶窑产品制作与流向。陶片的微量元素分析能够提供一定帮助，对此需要加强以制陶工业为主的科技考古研究。

第六，金沙遗址考古发掘由于全系配合基本建设进行，许多遗址点被人为条块分割，对于我们认识各遗址点自然与文化边界造成极大困扰，为此，在作金沙遗址其他地点报告时需要将周边地点考古资料进行统筹与整合，纳入不同的分区中予以讨论。因此，在讨论金沙遗址阳光地带二期地点文化遗存时应将相邻的芙蓉苑南、北、春雨花间、龙嘴小区和西城天下以及万博等地点一起分析，它的分析与研究有助于单体遗址聚落内部结构深入，同时也有利于不同聚落的比较研究。金沙遗址聚落群是成都平原商周时期聚落考古的一个重要范本，它的分析与研究对于古蜀文化的社会结构与分层以及文化变迁等提供了重要的资料。

---

[1] 四川省文物考古研究院等：《成都十二桥》，文物出版社，2009年。孙华：《成都十二桥遗址群初论》，《四川盆地的青铜时代》，科学出版社，2000年。

附表一　阳光地带二期灰坑登记表

编号	探方	叠压打破关系	形制 平面形状	尺寸（米） 口径	底径	深	出土器物	备注	分期
H1151	T4404	⑤→H1151→⑥	似圆形	0.90~0.99	0.88	0.09~0.17	高领罐（Ab型、Ac型）、器盖（Ba型）	包含物采集情况：挑选	第一期
H1152	ⅧT4605	⑤→H1152→⑥	似圆形	0.89~0.93	0.80	0.09~0.10	陶罐、高领罐		第一期
H1153	T4806	⑤→H1153→⑥	似圆形	1.04~1.27	0.82	0.15~0.20	圈足罐残片、尖底盏（Ba型）、尖底杯（C型）、器底（Bb型Ⅱ式）、器盖（Ab型）、圈足（Ab型）、器座（Aa型）、束颈罐（Aa型）、高领罐（Ba型）		第一期
H1154	ⅤT4704	⑤→H1154→⑥	似圆形	0.60	0.57	0.51	束颈罐（Bc型Ⅰ式）	Bc型Ⅰ式束颈罐（圈足罐）H1154：1，夹砂灰褐陶。方唇，鼓肩，弧腹。圈足残。口径13.8、腹径15.6、残高13.8厘米（图一三〇，1）	第一期早段
H1155	ⅧT4707	⑤→H1155→⑥	圆形	0.76	0.72	0.10~0.11	束颈罐（Ab型）、尖底杯（Ba型Ⅱ式）	植物文化遗物：夹有灰烬	第一期晚段
H1156	ⅧT4806	⑤→H1156→⑥	圆形	1.47	1.33	0.81	尖底杯（Ba型Ⅰ式、Ac型Ⅰ式）、器底（Ba型Ⅰ式、Ac型）、尖底盏（Bb型Ⅰ式）、束颈罐（Bb型）、盆（Aa型、Ba型）、壶（Ba型）		第一期早段
H1157	ⅧT4704	⑤→H1157→⑥	似圆形	1.72	1.63	0.60	少许陶片（1袋）	矿石生态遗物：卵石。A型豆柄，1件。H1157：1，夹砂灰褐陶。残高14.7厘米（图一三一，3）	第一期
H1158	ⅤT2915	⑤→H1158→⑥	近似椭圆形	1.70	0.80		鹿角、圈足罐、陶罐等残片	宴飨或加工	第一期

续附表一

编号	探方	叠压打破关系	形制 平面形状	尺寸（米） 口径	底径	深	出土器物	备注	分期
H1159	VT2713	⑤→H1159→⑥	近似椭圆形	1.10	1.05	0.57	长柄豆、尖底杯、B或C型尖底盏、陶罐等残片	Ab型盆，1件。H1159：9，夹砂灰褐陶。圆唇。腹部饰一条凹弦纹。口径28.6、残高5.9厘米(图一三二,2)。豆柄A型1件。H1159：1，夹砂灰褐陶。残高16.1厘米（图一三二,3）。束颈罐Ba型1件,H1159：3，夹砂灰褐陶。方唇。肩部饰有交错细绳纹。口径30.0、残高6.0厘米（图一三二,1）	第一期
H1160	VT2812	⑤→H1160→⑥	圆角长方形	1.20	0.82	0.26	盆（Aa型）、器盖（Ba型）、高领罐（Aa型、Ab型）、束颈罐（Ba型、Bb型）、圈足（Ba型、Cb型）、器纽（Bb型）		第一期
H1161	VT2812	⑤→H1161→⑥	近圆角方形	0.84	0.77		圈足豆、陶罐、陶瓮等残片	Da型圈足，H1161：1，夹砂灰褐陶。足径6.4、残高4.1厘米（图一三一,4）	第一期
H1162	VT2811	⑤→H1162→⑥	似圆形	1.10~1.14	1.06	0.50	B或C型尖底盏、圈足罐、陶罐等残片		第一期中段
H1163	VT4409	⑤→H1163→⑥	近似椭圆形	0.92~1.60	0.76	0.70	圈足器、陶罐、器盖等陶片		第一期
H1164	VT4307	⑤→H1164→⑥	似圆形	1.32~1.50	1.32	0.45	高柄豆、陶罐、圈足罐、圈足器等		第一期
H1165	VT4209	⑤→H1165→⑥	似圆形	1.70	1.40	0.42	高柄豆、陶罐、圈足罐等残片		第一期
H1166	VT4211	⑤→H1166→⑥	圆形	0.85	0.80	0.40	圈足豆、陶罐等残片		第一期
H1167	VT4212	⑤→H1167→⑥	圆形	0.95~1.00	0.98	0.27	陶罐、器盖、尖底杯等		第一期

续附表一

编号	探方	叠压打破关系	形制 平面形状	尺寸（米） 口径	尺寸（米） 底径	尺寸（米） 深	出土器物	备注	分期
H1168	VT4509	⑤→H1168→⑥	近似椭圆形	3.40~3.25	2.90	1.60	尖底杯、A 型尖底杯、陶罐、圈足器等	Ba 型高领罐，1件。H1168：3，夹砂灰褐陶。方唇。口径16.8、残高6.0厘米（图一三一，1）。瓮 Ca 型1件。H1168：65，夹砂灰褐陶。圆唇。口径28.0、残高4.2厘米（图一三一，2）	第一期
H1169	VT4809	⑤→H1169→⑥	似圆形	1.80~1.90	1.72	0.90	高领罐（Aa 型、Ad 型）圈足（Cb 型）、瓮（Bc 型）		第一期早段
H1170	VT4911	⑤→H1170→⑥	近似椭圆形	1.84~2.28	1.82	0.40	陶罐、尖底杯、圈足器等陶器残片		第一期
H1318	VT3315	⑤→H1318→⑥	近似方形	0.98	0.92	0.25	尖底杯、圈足罐等陶片	植物文化遗物：夹有灰烬、炭粒	第一期
H1319	VT3315	⑤→H1319→⑥	圆形	1.04	0.91	0.32	陶罐残片（1袋）	植物文化遗物：夹有灰烬；兽骨1件。H1319：17，肢骨一段。残长5.7、厚2.5厘米（图八一，11）	第一期
H1320	VT3519	⑤→H1320→⑥	似圆形	0.96~0.98	0.93	0.15	器盖（Ab 型尖底盏、Ad 型 I 式束颈罐（圈足罐？）、Ag 型 II 式圈足器、C 型圈足、Cb 型纺轮、Ea 型豆柄	植物文化遗物：夹有灰烬	第一期晚段
H1321	VT3519	⑤→H1321→⑥	似圆形	0.99~1.02	1.00	0.16	尖底盏、尖底杯、圈足罐、陶罐	植物文化遗物：夹有炭粒	第一期
H1322	VT3322	⑤→H1322→⑥	似圆形	2.10~2.40	2.32	0.28	袋足（D 型）	植物文化遗物：含大量红陶颗粒	第一期
H1323	VT3421	⑤→H1323→⑥	似圆形	1.10~1.12	1.10	0.20	陶器、尖底杯、圈足罐、陶罐残片		第一期

续附表一

编号	探方	叠压打破关系	形制	尺寸（米）			出土器物	备注	分期
			平面形状	口径	底径	深			
H1324	VT3524	⑤→H1324→⑥	似圆形	1.09~1.10	1.02	0.37	盆（Cb 型）、瓮（Cb 型）、高领罐（Ac 型、Ba 型）、器耳（A 型）、器底（Ac 型）、束颈罐（Ac 型 I 式）	植物文化遗物：夹有炭粒	第一期晚段
H1325	VT3524	⑤→H1325→⑥	似圆形	1.21~1.25	1.13	0.65	束颈罐（Ab 型）、高领罐（Ac 型）、盆（Ab 型）、圈足器（B 型）、器底（Ba 型 I 式）		第一期早段
H1326	VT3522	⑤→H1326→⑥	长方形	1.27	1.26	0.25	圈足罐、大陶罐、陶罐残片	植物文化遗物：夹有灰烬	第一期
H1327	VT3424	⑤→H1327→⑥	椭圆形	2.04~2.14	2.01	0.28~0.36	壶（Aa 型）、束颈罐（Bb 型、Ba 型、Cc 型）、高领罐（Aa 型）、器座（C 型）、瓮（Cb 型）、圈足（Ba 型、Cb 型）、圈足器（A 型）、器底（Ba 型 I 式、Ba 型 II 式、Bb 型 I 式）、铜渣浮游物	植物文化遗物：夹有灰烬	第一期晚段
H1328	VT3517	⑤→H1328→⑥	似圆形	1.33~1.50	1.21	1.02	束颈罐（Ac 型 I 式）、高领罐（Bc 型）、尖底盏（Aa 型 I 式、Ca 型 I 式）、尖底罐（A 型 I 式）	植物文化遗物：夹有灰烬	第一期中段
H1329	VT3515	⑤→H1329→⑥	方形圆角坑	1.32~1.52	1.30	0.34~0.35	圈足罐、尖底杯		第一期
H1330	VT3415	⑤→H1330→⑥	似圆形	1.28~1.49	1.15	0.65	陶罐、陶片、圈足罐、残片		第一期
H1331	VT3518	⑤→H1331→⑥	椭圆形	1.27~1.67	1.17	0.25	尖底杯（Bb 型 I 式）、束颈罐（Ag 型 II 式）、尖底盏（Aa 型 II 式）、高领罐（Aa 型、Ac 型）、瓮（Aa 型、Ab 型、Ca 型、Cb 型）、器底（Aa 型 I 式、Bb 型 II 式）、圈足（Eb 型）		第一期中段

续附表一

编号	探方	叠压打破关系	形制		尺寸（米）			出土器物	备注	分期
			平面形状		口径	底径	深			
H1332	VT3730	⑤→H1332→⑥	似圆形		1.56~1.59	0.75	0.53	器盖（Ab型、Ba型）、高领罐（Ab型）、尖底杯（Aa型Ⅰ式、Ab型Ⅰ式）、器座（Bb型）、盆（Ad型）、瓮（Cb型）、圈足（Ba型、Bb型、Cb型）、器底（Ba型Ⅰ式、Ba型Ⅱ式）、豆柄（B型）、器纽（G型）、唢呐形器		第一期早段
H1333	VT3618	⑤→H1333→⑥	似圆形		1.80	1.50	0.70	圈足罐、豆柄、陶罐、尖底杯、残片		第一期
H1334	VT3729	⑤→H1334→⑥	似圆形		2.00	2.00	0.15	圈足罐、束颈罐残片		第一期
H1335	VT3325	⑤→H1335→⑥	似圆形		1.20~1.38	1.26	0.16~0.21	尖底杯（Ba型Ⅱ式、Bb型Ⅱ式）、束颈罐（Ab型、Af型Ⅰ式、Bd型Ⅰ式、Db型）、尖底盏（Ca型Ⅰ式）、器盖（Ab型）、缸（D型）、瓮（Ad型、Cb型）、圈足（Cb型、Ab型）、圈足器（B型）、器底（Ba型Ⅰ式、Ba型Ⅱ式）、高领罐（Ba型、Aa型）、盆（Ba型）、豆	植物文化遗物：夹有灰烬与黄色土	第一期晚段
H1336	VT3325	⑤→H1336→⑥	圆形		1.60~1.69	1.65	0.50	圈足罐、陶罐、尖底杯残片	植物文化遗物：夹有草木灰烬	第一期
H1337	VT3312	⑤→H1337→⑥	似圆形		1.26~1.80	1.72	1.01	圈足罐、陶罐、尖底杯残片	植物文化遗物：夹有草木灰烬	第一期
H1338	VT3326	⑤→H1338→⑥	近似方形圆角		0.71~0.82	0.93	0.30	高领罐（Bc型）、圈足器（C型）	植物文化遗物：含沙性土	第一期
H1339	VT3326	⑤→H1339→⑥	圆形		0.76~0.85	0.72	0.25	圈足罐、陶罐残片		二段

续附表一

编号	探方	叠压打破关系	形制 平面形状	尺寸（米） 口径	底径	深	出土器物	备注	分期
H1340	VT3425	④a→H1340→⑥	似圆形	1.10~1.49	1.04	0.30	器底（Aa型）、盆（Aa型）		第二期早段
H1341	VT3612	⑤→H1341→⑥	椭圆形	1.54	1.54	0.45	陶罐、陶片、圈足罐、圈足器等残片、Aa型器底	Aa型器底H1341：4、6、7，夹砂灰褐陶。底径12.4、12.0、10.2厘米，残高5.0、4.0、2.4厘米（图八一，1、3、5）（植物文化遗物：夹有灰烬）	第一期
H1342	VT3611	⑤→H1342→⑥	圆形	1.30	1.30	0.26	少许陶罐、陶片、残片		第一期
H1343	VT3930	⑤→H1343→⑥	近似椭圆形	1.34~1.76	1.65	0.40	高领罐（Aa型、Ac型）、束颈罐（Aa型、Ab型、Af型Ⅰ式）、盆（Ab型）、瓮（Ab型、Cb型）、簋形器（Bb型、Bc型Ⅰ式）、缸（F型、C型）、器纽（Bb型）、圈足（Ba型、Cb型）、器底（Ba型Ⅰ式、Ba型Ⅱ式、D型）		第一期早段
H1344	VT3613	⑤→H1344→⑥	圆形	0.90~1.01	0.99	0.20~0.44	尖底杯、圈足罐、陶罐残片		第一期
H1345	VT3711	⑤→H1345→⑥	圆形	0.90	0.81	0.32	尖底盏、圈足罐、高领罐等残片	植物文化遗物：含沙性土	第一期
H1346	VT3719	⑤→H1346→⑥	圆形	1.32~1.35	1.31	0.28~0.30	尖底杯（Ba型Ⅱ式）、尖底盏（Ab型Ⅱ式）、束颈罐（Aa型、Ac型Ⅰ式）、盆（D型）、器盖（Ab型）、高领罐（Aa型）、器底（Ab型、Bb型Ⅱ式）、圈足器（C型）	植物文化遗物：夹有少许灰烬	第一期晚段

续附表一

编号	探方	叠压打破关系	形制		尺寸（米）			出土器物	备注	分期
			平面形状		口径	底径	深			
H1347	VT3819	⑤→H1347→⑥	不规则形		1.14~1.40	1.08	0.28~0.35	高领罐（Ab型、Ag型、Af型）、瓮（Ba型、Ca型）、盆（Cc型）、圈足（Aa型）、圈足器（C型）、器底（Ba型Ⅱ式）	植物文化遗物：含沙性土	第一期中段
H1348	VT3712	⑤→H1348→⑥	似圆形		0.90~1.40	1.18	0.65	盆（Ab型）、束颈罐（Ba型、Cb型、Db型）、圈足（Bb型、Cb型）、器底（Aa型）	植物文化遗物：含黄色泥沙	第一期
H1349	VT3509	⑤→H1349→⑥	圆形		2.76~3.14	2.04	1.30	束颈罐（Aa型）、器盖（Ba型、Cb型、Cc型）、瓮（Aa型、Cb型）、器座（Ac型）、圈足（Aa型、Ba型、Cb型）、圈足器（B型）、器底（Ba型Ⅰ式、Ba型Ⅱ式）		第一期晚段
H1350	VT3713	⑤→H1350→⑥	似圆形		1.95~2.00	1.48	0.34	尖底盏（Ab型Ⅱ式、Bb型Ⅰ式）、尖器底（Bb型Ⅰ式）		第一期
H1351	VT3903	⑤→H1351→⑥	似圆形		1.00~1.10	1.00	0.12	器盖（Ba型、Bb型）、壶（Ca型）、尖底杯（Ba型Ⅱ式、Bb型Ⅱ式）、器底（Ba型Ⅱ式）、圈足罐残片	植物文化遗物：夹有灰烬	第一期晚段
H1352	VT3903	⑤→H1352→⑥	近似长方形		长2.64 宽1.00~1.19	2.60	0.11~0.16	壶（Aa型、Bb型）、束颈罐（Ab型、Cb型）、高领罐（Ab型）、瓮（Ca型）、圈足（Aa型）、圈足器（A型、B型）、器底（Bb型Ⅱ式）、陶罐残片		第一期晚段
H1353	VT3903	⑤→H1353→⑥	近方形		1.00~1.04	0.86	0.24	尖底杯（Bb型Ⅱ式、Bb型Ⅲ式）、尖底盏（Ab型Ⅰ式、Cb型Ⅰ式）、高领罐（Bc型）、束颈罐（Aa型、Ab型、Ag型Ⅰ式）、圈足（Cb型）		第一期晚段

续附表一

编号	探方	叠压打破关系	形制		尺寸（米）			出土器物	备注	分期
			平面形状		口径	底径	深			
H1354	ＶＴ3510	⑤→H1354→⑥	圆形		2.12~2.22	1.90	1.22	束颈罐（Bd 型Ⅰ式）		第一期
H1355	ＶＴ3510	⑤→H1355→⑥	似圆形		1.21~1.36	1.34	0.10	器盖（Fb 型）、束颈罐（Cc 型）、缸（F 型）、圈足（Aa 型）、圈足器（C 型）		第一期
H1356	ＶＴ3805	⑤→H1356→⑥	圆形		0.61~0.69	0.66	0.24	壶（Ba 型）、器盖（Fa 型）、高领罐（Ab 型）、束颈罐（Ag 型Ⅱ式）、圈足器（B 型）、器底（Bb 型Ⅱ式、Bc 型、Bd 型）、圈足（Cb 型）		第一期晚段
H1357	ＶＴ2514	⑤→H1357→⑥	圆形		0.71~0.80	0.65	0.55	圈足（Ca 型）	Da 型圈足，H1357：11，夹砂灰褐陶。足径10.2、残高7.6厘米（图一三三，6）	第一期
H1358	ＶＴ2514	⑤→H1358→⑥	似圆形		1.10	1.05	0.50	赤铁矿粉、圈足罐、陶罐	束颈罐1件。Bb 型（圈足罐）H1358：1，夹砂灰褐陶。方唇。肩部饰斜向绳纹和平行凹弦纹。口径13.4、残高5.5厘米（图一三三，1）	第一期
H1359	ＶＴ2513	⑤→H1359→⑥	长方形		2.18	1.44	0.40	束颈罐（Aa 型、Af 型Ⅰ式）、器底（Ac 型）、豆柄（A 型）、尖底杯（Ac 型Ⅰ式）	植物文化遗物：夹有灰烬，含黄色沙土	第一期早段
H1360	ＶＴ3608	④a→H1360→⑥	圆形		1.61	0.94	1.14	高领罐（Aa 型 Ac 型）、瓮（Ab 型、Bb 型、Bc 型、Cb 型）、簋形器（A 型Ⅱ式、BC 型Ⅰ式、BC 型Ⅱ式）、缸（D 型）、器底（Ba 型Ⅰ式、Bb 型Ⅱ式）、圈足（Cb 型、Gb 型Ⅰ式）、器纽（Aa 型）	植物文化遗物：夹有灰烬	第二期早段
H1361	ＶＴ3608	④a→H1361→⑥	圆形		1.32~1.40	1.30	0.90	高领罐（Aa 型）、束颈罐（Cb 型）、瓮（Bc 型）	植物文化遗物：夹有灰烬	第二期早段

续附表一

编号	探方	叠压打破关系	形制平面形状	尺寸（米）口径	底径	深	出土器物	备注	分期
H1362	VT3609	⑤→H1362→⑥	圆形	1.80	1.60	1.22	尖底盏（Aa型Ⅰ式、Ab型Ⅰ式、Ac型Ⅱ式、Bc型Ⅰ式）、高领罐（Ad型）、束颈罐（Be型）、瓮（Ca型、Cb型、Cc型）、盆（Aa型、Ab型、Ad型、Cb型）、器盖（Aa型）、豆柄（A型）、器座（B型、Ca型）、器底（Ba型Ⅰ式、Ba型Ⅱ式）、圈足（Bb型、Da型）、圈足器（A型）	坑口直径1.8、深1.2米	第一期中段
H1363	VT3522	⑤→H1363→⑥	似方形	长3.08宽1.60~2.12	0.85	0.42	钵、瓮（Cb型、Cc型）、束颈罐（Aa型、Ag型Ⅱ式、Cc型）、高领罐（Aa型、Ab型、Af型、Ag型）、盆（Ac型）、壶（Aa型）、豆柄（A型）、器耳（Ea型）、圈足器（C型）	植物文化遗物：夹有灰烬	第一期晚段
H1364	VT4504	⑤→H1364→⑥	似圆形	1.29~1.40	0.86	0.40	器盖（Aa型）	夹有大量灰烬和兽骨；宴飨和窑工	
H1365	VT4603	⑤→H1365→⑥	似圆形	0.65~0.70	0.62	0.12	束颈罐（Bd型Ⅰ式）、高领罐（Aa型）、尖底杯（Bb型Ⅱ式）、器底（Bb型Ⅱ式）、器纽（H型）、圈足器（B型、Ab型）	植物文化遗物：含沙性土	第一期晚段
H1366	VT4305	⑤→H1366→⑥	似方形	1.11	1.10	0.30	高柄豆、尖底杯、小平底罐、圈足豆	坑壁规则近直壁，坑底较水平	
H1367	VT4303	⑤→H1367→⑥	似圆形	1.34	0.94	0.35	尖底杯（Ba型Ⅰ式）		第一期早段
H1368	VT4403	⑤→H1368→⑥	似圆形	1.10	0.96	0.33	尖底杯、B或C型尖底盏、圈足罐	Ba型壶，1件。H1368：15，泥质黑皮陶。口径16.4、残高6.0厘米（图一三三，2）	第一期

续附表一

编号	探方	叠压打破关系	形制 平面形状	尺寸（米） 口径	尺寸（米） 底径	尺寸（米） 深	出土器物	备注	分期
H1369	VT4506	⑤→ H1369 →⑥	圆形	0.73	0.70	0.30	尖底杯、陶罐、圈足器等残片	小件器物有 B 型石锛1 件 H1369∶1，背部和两侧有多处崩疤。灰绿色砾岩。弧顶，弧刃。正面磨制规整，背面粗糙。长 8.4、宽2.2~3.9、厚 1.8 厘米（图一三四，2）。Aa 型器底，H1369∶9，夹砂灰褐陶。底径 8.8、残高 4.7厘米（图八一，8）	第一期
H1370	VT4505	⑤→ H1370 →⑥	圆形	1.07	0.99	0.30~0.44	瓮（Ba 型、Ca 型）、壶（Aa 型）、尖底盏（Ad 型Ⅰ式）、束颈罐（Ac 型Ⅰ式）、圈足器（B 型）、豆柄（A型）、器底（Bb 型Ⅰ式、Bb 型Ⅱ式、Bc 型）、器纽（Ba 型、B 型、Ba 型）	坑壁极规则，坑底较水平	第一期晚段
H1371	VT4907	⑤→ H1371 →⑥	似方形	长1.70宽0.86~1.05	1.20	0.31~0.36	尖底杯（Aa 型Ⅰ式、Ab 型Ⅰ式）、束颈罐（Aa 型、Bc 型Ⅰ式）、盆（Ab 型）、高领罐（Ac型）、瓮（Aa 型、Cb型）、圈足器（C 型）、器底（AC 型）、		第一期早段
H1372	VT5002	⑤→ H1372 →⑥	似长方形	长1.70宽0.63~0.70	1.04	0.35	器盖（Ba 型）、器座（Cc型）、器纽（Bb 型、H 型）	坑壁极规则	第一期早段
H1373	VT4701	⑤→ H1373 →⑥	圆形	1.30	1.26	0.35	少许陶片，可辨器物有镂孔器座 Aa 型 1件。H1373∶1，夹砂灰褐陶。足部外壁饰一圈圆形镂孔。直径11.5、残高 7.0 厘米（图一三三，4）	植物文化遗物：夹有大量灰烬	第一期

续附表一

编号	探方	叠压打破关系	形制	尺寸（米）			出土器物	备注	分期
			平面形状	口径	底径	深			
H1374	VT4704	⑤→H1374→⑥	似圆形	1.39	1.38	0.35	少许陶片、豆柄、圈足器	坑壁规则，坑底较水平	第一期
H1375	VT4803	⑤→H1375→⑥	似圆形	1.20	0.94	3.40	少许陶片、陶罐、圈足器等残片	坑壁为台阶式共有3梯；坑底有卵石，较有规则，似人工有意识加工但用途不详	第一期
H1376	VT4803	⑤→H1376→⑥	似圆形	0.70	0.65	0.24	束颈罐		第一期
H1377	VT4502	⑤→H1377→⑥	圆形	1.50~1.57	1.36	0.10	壶（Cc型）	坑壁较规则	第一期早段
H1378	VT4901	⑤→H1378→⑥	似圆形	0.73~0.86	0.71	0.26	无	坑壁较规则	第一期
H1379	VT5001	⑤→H1379→⑥	似方形	1.10	1.09	0.40	少许陶片	坑壁规则，坑底较水平	第一期
H1380	VT4701	⑤→H1380→⑥	似圆形	1.40	1.16	0.75	少许陶片、陶罐、圈足罐等		第一期
H1381	VT4504	⑤→H1381→⑥	圆形	1.50	1.07	0.17	少许陶片、陶罐、圈足罐等。铜凿，1件。H1381：1，平面形状呈鱼形，平刃，顶部分界不突出。宽0.5~1.0、厚0.3、通长5.4厘米。	植物文化遗物：夹有灰烬。底面呈锅底形	第一期
H1382	VT4501	⑤→H1382→⑥	似圆形	1.20~1.31	1.17	0.26~0.30	高领罐（Aa型）、盆（Ab型、Ac型）、束颈罐（Aa型）	坑壁规则圆角	第一期
H1383	VT4501	⑤→H1383→⑥	似圆形	0.95~1.29	0.93	0.33~0.35	高领罐（Ac型）、盆（Ca型）、器柄、圈足器（B型）、器底（Bb型Ⅰ式）	植物文化遗物：夹有大量灰烬。坑壁规则，坑底较水平	第一期
H1384	VT4501	⑤→H1384→⑥	圆形	1.23	1.17	0.91	尖底杯、陶罐、圈足器、陶瓮等残片	坑壁规则，坑底较水平	第一期
H1385	VT4605	⑤→H1385→⑥	圆形	1.10	1.03	0.82	圈足器、豆柄、陶罐、尖底杯等		第一期

续附表一

编号	探方	叠压打破关系	形制平面形状	尺寸（米）口径	底径	深	出土器物	备注	分期
H1386	ＶT4605	⑤→H1386→⑥	圆形	1.70	0.64	0.47	束颈罐、圈足器等残片	植物文化遗物：夹有灰烬	第一期
H1387	ＶT4902	⑤→H1387→⑥	圆形	1.40	1.40	0.45	陶器残片、陶罐、圈足器等	坑壁规则	第一期
H1388	ＶT4701	⑤→H1388→⑥	圆形	0.96	0.93	0.60	束颈罐、圈足器。B型器耳，H1388：8，夹砂灰褐陶。宽3.7、厚1.7、残高5.7厘米（图一三三，3）	坑壁规则	第一期
H1389	ＶT4702	⑤→H1389→⑥	圆形	1.35	1.30	0.65	小平底罐、陶罐、圈足器、豆柄	坑壁规则	第一期
H1390	ＶT4801	⑤→H1390→⑥	圆形	0.90	0.85	0.30	器盖、束颈罐等残片		第一期
H1391	ＶT4702	⑤→H1391→⑥	圆形	2.32~2.40	1.36	0.28	瓮（Aa型、Ab型、Bb型、Ca型、Cb型、Cc型）、束颈罐（Aa型）、高领罐（Ab型、Ag型）、盆（Ca型）、尖底杯（Aa型Ⅱ式）、器盖（Ab型）、器纽（Aa型、Bb型）、器底（Bb型Ⅰ式）、圈足器（B型）	坑内较粗糙，坑底含较多卵石	第一期中段
H1392	ＶT4903	⑤→H1392→⑥	圆形	0.80	0.25	0.39	少许陶片、陶罐	矿石文化遗物：少许陶片	第一期
H1393	ＶT4904	⑤→H1393→⑥	圆形	0.90	0.85	0.30	陶罐、圈足器		第一期
H1394	ＶT4705	⑤→H1394→⑥	圆形	1.38	1.40	0.10	陶罐、圈足器、尖底杯、少许陶片	矿石文化遗物：少许陶片	第一期
H1395	ＶT4903	⑤→H1395→⑥	呈椭圆形	0.86	0.82	0.38	尖底杯、尖底盏、束颈罐等残片	Ca型器座，1件。H1395：21，夹砂灰褐陶。直径12.2、残高6.1厘米（图八一，10）	第一期

续附表一

编号	探方	叠压打破关系	形制	尺寸（米）			出土器物	备注	分期
			平面形状	口径	底径	深			
H1396	VT4305	⑤→H1396→⑥	圆形	1.05	0.60	0.20	束颈罐、尖底杯、圈足器	Cc型壶，1件。H1396：29，泥质灰陶。口和腹均残，肩径11.6、残高5.3厘米（图一三三，7）	第一期
H1397	VT4607	⑤→H1397→⑥	似圆形	1.10	1.09	0.35	束颈罐、尖底杯、陶罐、石锛	植物文化遗物：夹有灰烬。B型玉锛，1件。H1397：1，紫褐色透闪石。顶部残，侧边和刃部多为崩疤。侧边束腰，弧刃。长4.8、宽1.1~2.6、厚0.8厘米（图一三四，5）。A型玉锛，1件。H1397：2，乳白色透闪石。平顶略残，直壁，平刃。残长4.2、宽3.2~4.4、厚1.1厘米（图一三四，4）	第一期
H1398	VT4803	⑤→H1398→⑥	似圆形	1.52	1.52	0.45	圈足器、高领罐、陶罐、尖底杯	植物文化遗物：夹有灰烬	第一期
H1399	VT4602	⑤→H1399→⑥	似圆形	0.71~1.60	1.37	0.20~0.24	尖底杯（Ac型Ⅱ式）、壶（Aa型）、器底（Bc型）、圈足（Ba型、Cb型）		第一期晚段

附表二　阳光地带二期陶窑登记表　　　　　（单位：米）

编号	探方层位	窑门方向	火膛			窑室	出土物	备注	分期
			长	宽	深	口径			
Y11	VT3826 ④a下	52°	0.83	0.18	0.42	1.26~1.30	瓮（Aa型、Ba型、Bb型、Bd型）、盆（Eb型）、篮形器（A型Ⅰ式、Bd型）、圈足器（B型）、器底（Ab型）	含有红烧土块和卵石	第二期早段
Y12	VT3414 ⑤下	135°	0.85	0.58	0.46	1.42~1.72	瓮（Bc型、Ca型、Cb型）、盆（Ad型、Eb型）、束颈罐（Ab型）、高领罐（Ac型）、器底（Bb型Ⅰ式、Bb型Ⅱ式）、圈足（Ba型）、支柱（Cb型）	含有卵石	第一期晚段
Y13	VT3413 ⑤下	115°	0.55	0.75	0.30	1.18~1.30	瓮（Aa型、Ba型、Cb型）、缸（Aa型、F型）、高领罐（Aa型、Ab型）、篮形器（Bd型、Bb型）、圈足器（C型）、器底（Bb型Ⅱ式、Bc型）、圈足（Aa型）	含有卵石	第一期晚段
Y14	VT3309 ④a下	55°	0.94	0.86	0.40	1.34~1.86	盆（Ca型、Cb型）、圈足器（A型）、器底（Ab型、Ba型Ⅰ式）、支柱（Cb型）、束颈罐（Cb型）、篮形器（A型Ⅰ式）、缸（D型）、高领罐（Ab型）	含有红烧土、灰烬	第二期早段
Y15	VT3309 ⑤下	55°	0.35	0.80	不明	0.97~1.37	尖底杯（Bb型Ⅱ式）、盆（Cb型）、高领罐（Bc型）、缸（Ab型）、束颈罐（Aa型、Ae型Ⅰ式）	含有红烧土、灰烬	第一期中段
Y27	VT3811 ⑤下	45°	0.58	0.83	0.15	0.94~0.98	陶片	含有卵石	第一期
Y28	VT3309 ④a下	303°	0.54	0.36	0.16	1.00~1.10	缸（F型）、篮形器（A型Ⅰ式、Bc型Ⅱ式、Bd型）、器耳（Eb型）、圈足（Gb型Ⅱ式）		第二期早段
Y29	VT3309 ⑤下	310°	0.35	0.64	？	1.07~1.10	瓮（Cb型）、缸（Aa型）、高领罐（Aa型）、束颈罐（Bc型Ⅰ式）、支柱（Aa型）、器底（Ab型、Ba型Ⅱ式）、圈足（Ba型）、器柄		第一期
Y30	VT3709 ④a下	45°	0.60	0.52	0.37	1.12~1.62	篮形器（A型Ⅰ式、Bb型）、瓮（Ac型、Bb型、Bc型）、圈足（Ba型、Bb型）	含有卵石	第二期早段
Y31	VT3709 ⑤下	300°	0.52	0.70	0.27	1.25~1.30	盆（D型）、束颈罐（Aa型、Ca型）、壶（Aa型）、瓮（Ad型）、圈足器（C型）	含有红烧土、灰烬	第一期晚段
Y32	VT3709 ⑤下	60°	0.52	0.70	0.26	1.38~1.45	束颈罐（Cc型、Aa型、Ad型）、高领罐（Ca型）、器底（Ab型）、器座（Ac型）、圈足（Db型）	含有红烧土、灰烬	第一期晚段
Y33	VT3710 ⑤下	45°	0.50	0.70	0.31	1.24~1.34	瓮（Aa型、Ba型、Bb型、Bc型、Ca型、Cb型）、器盖（Ab型）、支柱（Ab型、Cb型）、高领罐（Ae型、Ba型）、器底（Bb型Ⅱ式）	含有红烧土、灰烬	第一期晚段

续附表二

编号	探方层位	窑门方向	火膛			窑室	出土物	备注	分期
			长	宽	深	口径			
Y34	VT2409 ⑤下	45°	0.40	0.55	0.19	1.05~1.23	陶片（束颈罐 Cb 型 Y34：29，夹砂灰褐陶。残高 5.0 厘米）。陶片（束颈罐 Cb 型 Y34：29，夹砂灰褐陶。残高 5.0 厘米）。盆 Ab 型 Y34:29，夹砂灰褐陶。方唇。腹部饰有两条凹弦纹。残高 4.8 厘米（图一七〇，1）	含有卵石	第一期
Y35	VT4603 ⑤下	45°	0.41	0.57	0.24	1.05~1.23	器底（Bb 型Ⅱ式）、圈足（Cb 型）	含有灰烬和红烧土	第一期晚段
Y37	VT3605 ⑤下	42°	0.42	0.67	0.28	1.09~1.07			第一期
Y38	VT2705 ⑤下	45°	0.50	0.60	0.26	1.50~1.55	陶片	含有卵石和红烧土块	第一期
Y39	VT4302 ⑤下	35°	0.50		0.25	1.78~1.81	陶片	含有卵石	第一期
Y45	VT4608 ⑤下	110°	1.00	0.50	0.36	1.05~1.26	瓮（Aa 型）、盆（Ad 型、Ac 型）、束颈罐（Aa 型、Cb 型）、高领罐（Aa 型、Ab 型）、圈足器（B 型）、器底（Ba 型Ⅰ式）、器纽（Bb 型）	含有红烧土、灰烬	第一期早段
Y50	VT4608 ⑤下	45°	0.24	0.50	0.30	1.11~1.26	高领罐（Aa 型、Ab 型、Ba 型、Bb 型）、束颈罐（Ba 型、Bd 型Ⅰ式、Cb 型）、尖底盏（Ca 型Ⅱ式）、盆（Ac 型）、篦形器（Bd 型）、瓮（Cb 型、Cc 型）、圈足（Aa 型）、圈足器（A 型）、器底（Bb 型Ⅰ式）、器纽（Bc 型）	含有卵石	第一期中段
Y51	VT4301 ⑤下	125°	?	?	0.34	1.11~1.26	瓮（Aa 型）、篦形器（Bd 型）、高领罐（Aa 型、Ab 型）、盆（Cb 型、Bc 型）、器底（Ab 型）	含有卵石	第一期中段
Y52	VT4502 ⑤下	83°			0.12	1.55~1.60	尖底盏、陶罐等残片	含有卵石	第一期
Y53	VT4602 ⑤下	30°	0.20	0.50	0.17	1.75~1.80	陶罐等残片	含有红烧土	第一期
Y54	VT4707 ⑤下	38°	0.39	0.41	0.42	1.09~1.12	高领罐（Aa 型、Ac 型）、瓮（Aa 型、Ad 型）、壶（Aa 型）、盆（Ad 型）、支柱（Ab 型）、圈足（Bb 型）、器底（Ab 型、Bb 型Ⅱ式）	含有红烧土、卵石	第一期早段
Y55	VT4908 ⑤下	105°	0.95	0.65	0.56	1.42~1.53	壶（Ba 型）、高领罐（Aa 型、Ac 型、Ag 型）、篦形器（Bb 型）、瓮（Aa 型、Ac 型）、缸（C 型）、束颈罐（Ab 型、Be 型、Cb 型）、器底（Aa 型、Bb 型Ⅰ式）、圈足（Aa 型）、器耳（Ea 型、Eb 型）、豆柄（A 型）、支柱（Cb 型）	含有卵石	第一期中段

续附表二

编号	探方层位	窑门方向	火膛			窑室	出土物	备注	分期
			长	宽	深	口径			
Y56	VT2913 ⑤下	295°	0.53	0.62	0.30	1.40~1.51	束颈罐（Aa 型、Cb 型）、瓮（Aa 型、Bb 型、Cb 型、Cc 型）、高领罐（Ab 型、Bb 型）、壶（Aa 型）、箅形器（Ba 型、Bd 型）、盆（Cb 型）、缸（Bb 型）、支柱（Bb 型）、器底（Bb 型Ⅱ式、Bc 型）	含有红烧土、灰烬	第一期晚段
Y57	VT3222 ⑤下	50°	1.00	0.25	0.26	1.35~1.40	高领罐（Bc 型）、束颈罐（Ag 型Ⅱ式、Cb 型）、瓮（Ab 型、Ad 型、Bb 型、Bc 型、Ca 型）、盆（Ea 型）、缸（Cb 型）、支柱（Aa 型、Ba 型、Ca 型）	含有红烧土、灰烬	第一期晚段
Y58	VT4101 ⑤下	10°	?	?	0.18	1.90~2.00	陶罐、圈足器等残片	含有红烧土、灰烬	第一期
Y59	VT4203 ⑤下	32°	0.65	0.50	0.32	0.75~2.22	缸（Ba 型、F 型）、高领罐（Ab 型）、壶（Ca 型）、束颈罐（Aa 型、Cb 型、Cc 型）、瓮（Ad 型、Cb 型）、支柱（Cb 型）、器底（Ba 型Ⅰ式、Bb 型Ⅰ式）、圈足（Da 型）	含有红烧土、灰烬	第一期早段
Y60	VT4103 ⑤下	32°	0.50	0.47	0.20	1.43~1.45	尖底盏、陶罐、圈足罐等残片	含有灰烬	第一期
Y61	VT4103 ⑤下	115°	0.40	0.57	0.15	1.78~1.80	陶罐、圈足罐等残片	含有灰烬	第一期
Y62	VT4103 ⑤下	114°	0.45	0.67	0.18	2.20~2.27	平口罐、圈足器等残片	含有灰烬	第一期
Y63	VT4204 ⑤下	140°	0.18	0.83	0.26	2.42~2.50	陶罐、圈足器、陶缸等残片；D 型纺轮 Y63：1，泥质黑皮陶。腰部饰有三道凹弦纹。上径 1.2、下径 3.0、孔径 0.2、高 1.6 厘米。Da 型纺轮 1 件。Y63：1，泥质灰褐陶。上径 1.3、下径 3.0、高 1.0、孔径 0.2 厘米（图一七〇，4）	含有红烧土、灰烬	第一期
Y64	VT3222 ⑤下	240°	不明	不明	0.08	1.78~1.90	陶瓮、陶罐、圈足器等残片	含有灰烬	第一期
Y65	VT4303 ⑤下	40°	不明	不明	不明	1.64~1.73	陶罐、圈足器等残片	含有红烧土、灰烬	第一期
Y67	VT4306 ⑤下	30°	不明	0.87	0.30	1.12~1.83	高领罐（Bc 型）、缸（F 型）、瓮（Ba 型、Bb 型）、支柱（Bb 型）、豆柄（A 型）、器底（Ac 型）、圈足器（B 型）	含有红烧土、灰烬	第一期晚段
Y68	VT4406 ⑤下	68°	0.30	0.75	0.29	2.24~2.36	陶罐、圈足器等残片	含有红烧土、灰烬	第一期
Y69	VT4308 ⑤下	60°	不明	0.40		0.90~1.06	瓮（Aa 型）、缸（C 型）、盆（Ab 型、Ad 型）、高领罐（Ba 型）、支柱（Aa 型、Cb 型）	含有红烧土、灰烬	第一期晚段
Y70	VT5111 ⑤下	30°	0.33	0.67	0.41	2.62~2.80	陶器残片	含有红烧土、灰烬	第一期

续附表二

编号	探方层位	窑门方向	火膛			窑室	出土物	备注	分期
			长	宽	深	口径			
Y71	VT5211⑤下	45°	0.60	0.22	0.17	1.16~1.20	缸（Aa型、C型）、篮形器（Bd型）、瓮（Aa型、Ab型、Ac型、Cb型）、高领罐（Aa型、Ac型）、盆（Ad型）、器耳（Ea型）、器底（Bb型Ⅱ式）、器纽（D型）、圈足（Aa型）、豆柄（A型）	含有红烧土、灰烬	第一期晚段
Y72	VT5211⑤下	135°	0.11	0.35	0.12	1.80~1.94	陶器残片	含有红烧土、灰烬	第一期
Y73	VT4305⑤下	45°	0.20	0.65	0.27	1.30~1.33	高领罐（Aa型、Bb型、Bc型）、瓮（Aa型、Ba型、Cc型）、坩埚（Bc型）、缸（F型）、篮形器（Bc型Ⅱ式、Bd型）、器盖（Ba型）、束颈罐（Cb型）、圈足（Cb型）、圈足器（B型、C型）	含有红烧土、灰烬	第一期晚段
Y74	VT4303⑤下	10°	0.23	0.45	不明	0.68~0.75	陶片	含有红烧土、灰烬	第一期
Y75	VT4202⑤下	310°	0.16	0.46	0.12	1.60~1.70		含有红烧土	第一期
Y97	VT3811⑤下	45°	0.54	0.77	0.15	0.97~1.12	高领罐（Aa型、Ac型）、器底（Aa型）、器座（Aa型）		第一期晚段

附表三　阳光地带二期墓葬登记表

墓号	区号	探方	叠压打破关系	尺寸（米）			墓向	葬式	性别	年龄	随葬品种类及数量（无数量者皆为1）	备注	分期
				长	宽	深							
M125	V	T3615	④a→M125→⑤	0.75~1.16	0.53	0.06	305°		不详	不详	尖底杯、陶片		第二期
M126	V	T3815	④a→M126→⑤	2.40~2.60	0.87~0.90	0.25~0.45	310°		不详	不详	束颈罐、尖底罐（Bb型）	墓室后壁、右壁留有二层台	第二期早段
M127	V	T3421	④a→M127→⑤	1.20	0.60	0.05	280°		不详	不详	零星陶片		第二期
M128	V	T3816	④a→M128→⑤	1.80	0.56	0.05	320°		不详	不详	无		第二期
M129	V	T3815	④a→M129→⑤	2.34	0.78	0.47	310°		不详	不详	高领罐（Aa型）、束颈罐（Ae型Ⅲ式、Bc型Ⅰ式）		第一期晚段晚期
M130	V	T3816	④a→M130→⑤	2.24	0.46~0.52	0.07	320°		不详	不详	尖底杯、陶罐残片、尖底盏、圈足罐		第二期早段
M131	V	T3715	④a→M131→⑤；M131→M147	2.15	0.53~0.55	0.30	306°		不详	不详	陶罐、圈足罐	打破M147	第二期早段
M132	V	T3523	④a→M132→⑤	1.92	0.65	0.05	130°		不详	不详	无		第二期
M133	V	T3322	④a→M133→⑤	1.90	0.65	0.05	130°		不详	不详	无		第二期
M134	V	T3422	④a→M134→⑤	1.50	0.35~0.45	0.05	315°		不详	不详	无		第二期
M135	V	T3320	④a→M135→⑤	1.69	0.59	0.06	120°		不详	不详	无		第二期
M136	V	T3319	④a→M136→⑤	1.80	0.50	0.05	138°		不详	不详	尖底杯、陶罐		第二期

续附表三

墓号	区号	探方	叠压打破关系	尺寸（米）			墓向	葬式	性别	年龄	随葬品种类及数量（无数量者皆为1）	备注	分期
				长	宽	深							
M137	V	T3419	④a→M137→⑤	1.94	0.43~0.55（包含二层台）	0.28	134°		不详	不详	极少许陶片		第二期
M138	V	T3319	④a→M138→⑤	1.69	0.49	0.42	130°		不详	不详	陶罐残片		第二期
M139	V	T3422	④a→M139→⑤	1.50	0.43	0.07	320°		不详	不详	无		第二期
M140	V	T3422	④a→M140→⑤	0.90~1.04	0.41	0.04	160°		不详	不详	尖底杯（Bb型Ⅳ式）		第二期早段
M141	V	T3422	④a→M141→⑤	0.66~1.00	0.40	0.05	325°		不详	不详	尖底罐（Bb型Ⅲ式）、尖底杯（Bb型Ⅳ式）		第二期早段
M142	V	T3620	⑤→M142→⑥	1.80	0.54~0.59	0.20	125°		不详	孩童	尖底杯（Ec型）	后壁留有生土二层台，两具骨架均系孩童	第二期
M143	V	T3523	⑤→M143→⑥	2.22	0.64	0.39	225°		不详	不详	陶罐、圈足罐残片		第二期
M144	V	T3524	④a→M144→⑤	1.66	0.45	0.05	147°		不详	不详	无		第二期
M145	V	T3519	⑤→M145→⑥	2.08	0.50	0.20	318°		不详	不详	尖底杯、尖底盏、圈足器、陶罐残片		第一期
M146	V	T3716	⑤→M146→⑥	1.80	0.72	0.35	125°		不详	不详	陶罐、圈足罐残片	二次葬	第一期
M147	V	T3716	M137→M147→⑤	1.67	0.48~0.55	0.08	135°		不详	不详	无	被M131破坏	第二期
M148	V	T3715	⑤→M148→⑥	2.22	0.70	0.15	130°		不详	不详	尖底盏、圈足罐残片		第一期
M149	V	T3715	⑤→M149→⑥	0.90	0.30	0.05	312°		不详	婴幼儿	无	婴幼儿墓葬	第一期

续附表三

墓号	区号	探方	叠压打破关系	尺寸（米）			墓向	葬式	性别	年龄	随葬品种类及数量（无数量者皆为1）	备注	分期
				长	宽	深							
M150	V	T3616	⑤→M150→⑥	2.10	0.71~0.75	0.27	300°		不详	不详	尖底盏（Ac型Ⅲ式）		第二期早段
M151	V	T3616	⑤→M151→⑥	2.22	0.74（包含二层台）	0.44	125°		不详	不详	无	四周留有生土二层台，骨架下有膏泥痕迹	第一期晚段晚期
M152	V	T3619	⑤→M152→⑥	1.60	0.47	0.15	115°		不详	不详	陶罐残片	被晚期沟破坏	第一期
M153	V	T3617	⑤→M153→⑥	1.35	0.50	0.32	120°		不详	不详	箭镞（D型）	M153：1，该箭镞系墓葬填土中出土。平面形状呈柳叶形，无铤和翼。残长3.1厘米	第一期
M154	V	T3617	⑤→M154→⑥	2.20	0.76	0.50	315°		不详	不详	束颈罐（Aa型）、尖底盏、高领罐（Bc型）、尖底罐（A型Ⅰ式）		第一期晚段晚期
M155	V	T3815	⑤→M155→⑥	2.22	0.53~0.62（包含二层台）	0.31~0.37	124°		不详	不详	尖底杯（Bb型Ⅲ式）、尖底盏（Bc型器底）、圈足罐、高领罐	墓内留有生土二层台，此为孩童墓葬	第一期晚段早期
M156	V	T3715	⑤→M156→⑥	1.50	0.45	0.27	124°		不详	不详	尖底杯、陶片、陶缸		第一期
M157	V	T3515	⑤→M157→⑥	1.10	0.37	0.10	137°		不详	不详	尖底盏（Ad型Ⅱ式）		第一期晚段早期
M158	V	T3520	⑤→M158→⑥	1.66	0.42~0.46	0.15~0.17	80°		不详	不详	尖底盏（Ca型Ⅰ式）		第一期晚段早期
M159	V	T3318	④a→M159→⑤	1.81	0.76	0.04	315°		不详	不详	无		第二期
M160	V	T3620	⑤→M160→⑥	1.76	0.52	0.17~0.19	130°		不详	不详	陶片、陶罐残片		第一期

续附表三

墓号	区号	探方	叠压打破关系	尺寸（米）			墓向	葬式	性别	年龄	随葬品种类及数量（无数量者皆为1）	备注	分期
				长	宽	深							
M161	V	T3418	④a→M161→⑤	1.75	0.44	0.05	303°	不详	不详	不详	无		第二期
M162	V	T3623	④a→M162→⑤	1.39	0.31	0.05	320°	不详	不详	不详	无		第二期
M163	V	T3624	④a→M163→⑤	1.80	0.45	0.05	138°		不详	不详	尖底盏、陶片、陶罐		第二期
M164	V	T3524	④a→M164→⑤	1.51	0.40	0.05	320°		不详	不详	少许陶片	被晚期沟破坏	第二期
M165	V	T3426	④a→M165→⑤	1.83	0.50	0.14	130°		不详	未成年	磨石	未成年人墓葬	第二期早段
M360	V	T3325	④a→M360→⑤	1.15	0.40	0.05	135°		不详	不详	无		第二期
M361	V	T3326	④a→M361→⑤	2.35	0.70~0.78	0.15	319°		不详	不详	器纽（Ba型）		第二期
M362	V	T3426	④a→M362→⑤	1.50	0.50	0.12	130°		不详	不详	无		第二期
M363	V	T3425	④a→M363→⑤	2.04	0.42~0.54	0.14	135°		不详	不详	少许陶片		第二期
M364	V	T3327	④a→M364→⑤	1.78	0.58	0.14	205°		不详	左边为成年人，右边为孩童	尖底杯、圈足罐、残片	墓内有骨架两具，左边为未成年人，右边为孩童	第二期早段
M365	V	T3427	④a→M365→⑤	1.80	0.48	0.05	130°		不详	不详	圈足罐、陶罐残片		第二期
M366	V	T3427	④a→M366→⑤	1.33	0.40	0.30	315°		不详	不详	圈足罐、陶罐残片		第二期

续附表三

墓号	区号	探方	叠压打破关系	尺寸（米）			墓向	葬式	性别	年龄	随葬品种类及数量（无数量者皆为1)	备注	分期
				长	宽	深							
M367（→M368)	V	T3525	④a→M367→M368	1.70	0.50	0.05	320°		不详	不详	无		第二期
M368	V	T3525	M367→M368→⑤	1.70	0.50	0.05	324°		不详	不详	无		第二期
M369	V	T3525	④a→M369→⑤	1.64	0.50	0.05	125°	仰身直肢	不详	不详	无		第二期
M370	V	T3626	④a→M370→⑤	1.75	0.50	0.10	115°	仰身直肢	不详	不详	无		第二期
M371	V	T3617	⑤→M371→⑥	1.10	0.40	0.20	135°		不详	不详	少许陶罐残片	石斧，1件。M371：2，灰色石质。平面形状呈长方形。顶部残，表面布满崩疤。弧刃。长6.0、宽3.7厘米（图三二四，11）	第一期
M372	V	T3619	⑤→M372→⑥	2.30	0.78	0.53	132°		不详	不详	束颈罐、尖底罐（Aa型Ⅱ式）、瓮（Ad型）、尖底盏（Ab型Ⅳ式）	右壁留有熟土二层台，葬式为二次葬	第一期晚段晚期
M373	V	T3621	④a→M373→⑤	1.31	0.46	0.10	125°		不详	不详	无		第二期
M374	V	T3320	⑤→M374→⑥	1.91	0.50	0.20	135°	仰身直肢	不详	不详	尖底盏（Ca型Ⅱ式）		第一期晚段晚期
M375	V	T3319	⑤→M375→⑥	1.40	0.45	0.14	125°	仰身直肢	不详	孩童	尖底杯、尖底盏	孩童墓葬	第一期晚段早期
M376	V	T3423	⑤→M376→⑥	1.66	0.45	0.15	310°	仰身直肢	不详	不详	束颈罐（Ad型）、尖底盏（Ac型Ⅲ式）		第二期早段
M377	V	T3423	⑤→M377→⑥	1.21	0.35	0.12	320°	仰身直肢	不详	不详	束颈罐（Bc型Ⅱ式）、尖底杯（C型）		第一期晚段早期

续附表三

墓号	区号	探方	叠压打破关系	尺寸（米）			墓向	葬式	性别	年龄	随葬品种类及数量（无数量者皆为1）	备注	分期
				长	宽	深							
M378	V	T3323	⑤→M378→⑥	2.10	0.47	0.19	140°	仰身直肢	不详	不详	高领罐（Aa型、Af型）、尖底盏（Bb型Ⅱ式）、石凿（A型）		第一期晚段早期
M379	V	T3323	⑤→M379→⑥	1.32	0.50	0.25	325°	仰身直肢	不详	不详	无		第一期
M380	V	T3323	④a→M380→⑤	1.05	0.35	0.04	140°	仰身直肢	不详	不详	无		第二期
M381	V	T3323	④a→M381→⑤	0.96	0.38	0.08	334°	不详	不详	不详	尖底盏（Ad型Ⅳ式）、篦形器（Bc型Ⅰ式）、石斧	石斧半成品，1件。M381：1，灰褐色石质。平面形状呈长方形。表面布满崩疤，未完成。长6.2、宽3.9~4.6厘米（图三二四，10）	第二期早段
M382	V	T3324	⑤→M382→⑥	2.12	0.70	0.32	334°	仰身直肢	不详	不详	陶罐、尖底杯、卵石		第一期
M383	V	T3515	⑤→M383→⑥	2.15	0.70	0.21	305°	仰身直肢	不详	不详	尖底杯（Bb型Ⅲ式）		第一期晚段早期
M384	V	T3515	⑤→M384→⑥	1.20	0.40	0.18	130°	不详	不详	不详	尖底杯（Bb型Ⅱ式）		第一期中段
M385	V	T3718	⑤→M385→⑥	1.82	0.60	0.35	135°	不详	不详	不详	陶罐、圈足罐陶片	骨架较凌乱	第一期
M386	V	T3716	⑤→M386→⑥	2.26	0.70	0.15	315°	不详	不详	不详	尖底杯、高领罐（Bc型）		第一期
M387	V	T3527	④a→M387→⑤	1.95	0.61	0.25	320°	仰身直肢	不详	不详	陶罐残片		第一期

续附表三

墓号	区号	探方	叠压打破关系	尺寸（米）			墓向	葬式	性别	年龄	随葬品种类及数量（无数量者皆为1）	备注	分期
				长	宽	深							
M388	V	T3527	⑤→M388→⑥	1.10	0.38	0.06	305°	不详	不详	不详	尖底杯、平底罐、圈足罐残片		第一期
M389	V	T3627	⑤→M389→⑥	1.30	0.70	0.25	310°	不详	不详	不详	无		第一期
M390	V	T3721	⑤→M390→⑥	2.23	0.64	0.50	125°	仰身直肢	不详	不详	陶罐残片		第一期
M391	V	T3821	⑤→M391→⑥	2.28	0.63	0.32	130°	仰身直肢	不详	不详	高领罐（Bb型）、束颈罐（Aa型）、尖底盏（A型）		第一期
M392	V	T3821	⑤→M392→⑥	2.16	0.63	0.36	130°	仰身直肢	不详	不详	少许陶片		第一期
M393	V	T3327	④a→M393→⑤	0.86	0.25	0.05	287°	仰身直肢	不详	不详	无		第二期
M394	V	T3325	④a→M394→⑤	1.90	0.50	0.06	315°	不详	不详	不详	磨石		第二期早段
M395	V	T3326	④a→M395→⑤	1.91	0.40~0.50	0.05	315°	不详	不详	不详	无		第二期
M396	V	T3621	⑤→M396→⑥	1.75	0.60	0.25	135°	仰身直肢	不详	不详	无		第一期
M397	V	T3724	⑤→M397→⑥	2.45	1.03	0.36	135°	不详	不详	不详	尖底罐（Ab型、Bb型Ⅰ式）、纺轮（D型）		第一期晚段晚期
M398	V	T3617	⑤→M398→⑥	1.80	0.60	0.36	130°	不详	不详	不详	圈足罐、尖底杯、陶罐残片、陶纺轮		第一期
M399	V	T3818	⑤→M399→⑥	2.82	0.84	0.23	320°	不详	不详	不详	尖底杯、高领罐、圈足罐残片、石条、石片、卵石	二次葬	第一期
M400	V	T3528	⑤→M400→⑥	2.28	0.63	0.32	130°	不详	不详	不详	尖底杯（Bb型Ⅱ式）		第一期中段

续附表三

墓号	区号	探方	叠压打破关系	尺寸（米）			墓向	葬式	性别	年龄	随葬品种类及数量（无数量者皆为1）	备注	分期
				长	宽	深							
M418	V	T3518	⑤→M418→⑥	2.16	0.80（包含二层台）	0.46（包含二层台）	135°	不详	不详	不详	无	墓室右壁留有熟土二层台	第一期中段
M419	V	T3427	④a→M419→⑤	1.03	0.56	0.05	105°	不详	不详	不详	尖底盏（Ac型Ⅰ式）、尖底杯（Ac型Ⅲ式）、束颈罐（Bc型Ⅱ式）		第二期早段
M420	V	T3428	④a→M420→⑤	1.38	0.48	0.10	307°	不详	不详	不详	陶罐残片		第二期
M421	V	T3328	④a→M421→⑤	1.32	0.50	0.10	310°	不详	不详	不详	陶罐残片		第二期
M422	V	T3328	⑤→M422→⑥	1.85	0.70	0.28	305°	仰身直肢	不详	不详	尖底杯（Bb型Ⅲ式）		第一期晚段早期
M423	V	T3726	⑤→M423→⑥	1.93	0.37	0.36	140°	仰身直肢	不详	不详	陶罐、尖底杯、残片、卵石		第一期
M424	V	T3726	⑤→M424→⑥	2.58	0.80	0.24	130°	不详	不详	不详	尖底罐（A型Ⅱ、Ⅲ式）、高领罐（Bb型）	墓葬上层发掘有孩童，骨架下层放置有成人骨架	第二期早段
M425	V	T3825	⑤→M425→⑥	1.91	0.50	0.17	135°	仰身直肢	不详	不详	圈足罐、陶罐、尖底杯、卵石		第二期
M426	V	T3311	④a→M426→⑤	1.89	0.60	0.06	297°	仰身直肢	不详	不详	卵石		第二期
M427	V	T3311	④a→M427→⑤	1.50	0.56	0.08	128°	不详	不详	未成年	无	未成年人墓葬	第二期
M428	V	T3412	④a→M428→⑤	1.35	0.60	0.05	315°	不详	不详	不详	陶罐残片、卵石		第二期
M429	V	T3312	④a→M429→⑤	1.20	0.40	0.15	130°	不详	不详	未成年	无	未成年人墓葬	第二期

续附表三

墓号	区号	探方	叠压打破关系	尺寸（米）			墓向	葬式	性别	年龄	随葬品种类及数量（无数量者皆为1）	备注	分期
				长	宽	深							
M430	V	T3312	④a→M430→⑤	1.51	0.45	0.10	320°	不详	不详	未成年	束颈罐（Ae型Ⅲ式）	未成年人墓葬	第二期早段
M431	V	T3725	⑤→M431→⑥	1.05	0.54	0.15	130°	不详	不详	不详	陶罐残片	被晚期沟破坏	第一期
M432	V	T3725	⑤→M432→⑥	1.47	0.46	0.08	150°	仰身直肢	不详	未成年	少许陶片	未成年人墓葬	第一期
M433	V	T3725	⑤→M433→⑥	2.04	0.60	0.15	315°	不详	不详	不详	尖底杯（Aa型Ⅱ式）		第一期中段
M434	V	T3314	④a→M434→⑤	1.89	0.48	0.04	150°	仰身直肢	不详	不详	无		第二期
M435	V	T3513	④a→M435→⑤	1.80	0.49	0.08	316°	不详	不详	不详	陶罐、圈足罐、残片		第二期
M436	V	T3514	④a→M436→⑤	2.20	0.73	0.11	325°	不详	不详	不详	高领罐、陶罐、圈足罐残片、尖底盏		第二期
M437	V	T3311	⑤→M437→⑥	1.10	0.46	0.15	135°	不详	不详	不详	尖底杯（Bb型Ⅱ式）		第一期中段
M438	V	T3530	④a→M438→⑤	2.48~3.20	2.44~2.45	0.42	112°	不详	不详	不详	陶片（2袋）	此墓系三人合葬墓，各墓室间留有熟土二层台，葬式均系二次葬。底部有船棺痕迹	第二期晚段
M439	V	T3422	④a→M439→⑤	1.80	0.60	0.05	145°	仰身直肢	不详	不详	陶罐、圈足罐、残片		第二期
M440	V	T3927	④a→M440→⑤	1.50	0.49	0.05	295°	不详	不详	不详	陶罐、圈足罐		第二期
M441	V	T3413	④a→M441→⑤	1.31	0.35	0.10	310°	仰身直肢	不详	未成年	罐、圈足器、残片	未成年墓葬	第二期

续附表三

墓号	区号	探方	叠压打破关系	尺寸（米）			墓向	葬式	性别	年龄	随葬品种类及数量（无数量者皆为1）	备注	分期
				长	宽	深							
M442	V	T4025	④a→M442→⑤	1.61	0.39	0.06	305°	不详	不详	不详	陶罐残片		第二期
M443	V	T4026	④a→M443→⑤	1.70	0.45	0.12	120°	不详	不详	不详	陶罐残片（1袋）		第二期
M444	V	T3826	④a→M444→⑤	1.80	0.35	0.10	309°	不详	不详	不详	陶罐、圈足罐、尖底杯残片		第二期
M445	V	T3915	⑤→M445→⑥	1.80	0.31~0.74	0.10	295°	仰身直肢	不详	不详	尖底杯（Bb型Ⅱ式）		第一期中段
M446	V	T3913	④a→M446→⑤	1.80	0.64	0.10	315°	不详	不详	不详	无		第二期
M447	V	T3714	④a→M447→⑤	1.56	0.50	0.10	155°	不详	不详	不详	尖底杯（Ac型Ⅱ式）		第一期中段
M448	V	T3714	④a→M448→⑤	0.51	0.49	0.10	115°	不详	不详	不详	陶罐残片（1袋）		第二期
M449	V	T3714	⑤→M449→⑥	1.69	0.40~0.50	0.10	335°	不详	不详	不详	陶罐残片、小平底罐		第一期中段
M450	V	T3513	④a→M450→⑤	1.32	0.41	0.10	305°	不详	不详	未成年	少许陶罐、陶片	未成年墓葬	第二期
M471	V	T3913	④a→M471→⑤	1.76	0.49	0.10	305°	不详	不详	不详	少许陶罐陶片（1袋）		第二期
M472	V	T3812	⑤→M472→⑥	2.12	0.55	0.38	132°	仰身直肢	不详	不详	陶罐、圈足罐、残片		第一期
M473	V	T3720	④a→M473→⑤	1.96	0.60	0.13	335°	不详	不详	不详	尖底罐、陶罐、残片		第二期
M474	V	T3619	④a→M474→⑤	1.70	0.41	0.15	315°	不详	不详	不详	陶罐、陶片、残片		第二期

续附表三

墓号	区号	探方	叠压打破关系	尺寸（米）			墓向	葬式	性别	年龄	随葬品种类及数量（无数量者皆为1）	备注	分期
				长	宽	深							
M475	V	T3719	⑤→M475→⑥	1.11	0.40	0.23	140°	不详	不详	不详	尖底杯（Bb型Ⅰ式、Bb型Ⅱ式）		第一期中段
M476	V	T3619	⑤→M476→⑥	2.00	0.50~0.58	0.28	147°	不详	不详	不详	圈足罐、陶罐、尖底盏		第一期晚段早期
M477	V	T3720	⑤→M477→⑥	1.90	0.51	0.27	140°	不详	不详	不详	尖底盏（Aa型Ⅳ式）、纺轮（Ca型）		第一期晚段晚期
M478	V	T3720	⑤→M478→⑥	2.00	0.71	0.41	135°	不详	不详	不详	高领罐、陶罐、圈足罐、尖底杯、陶片		第一期
M479	V	T3720	⑤→M479→⑥	1.30（包含二层台）	0.40	0.20~0.27	138°	不详	不详	未成年	尖底盏、束颈罐（Ab型）	未成年墓葬，头部留有二层台	第一期
M480	V	T3911	④a→M480→⑤	1.97	0.50	0.20	306°	不详	不详	不详	少许残片		第二期
M481	V	T3911	④a→M481→⑤	1.90	0.55	0.10	312°	不详	不详	不详	陶器、陶罐残片	墓底略成斜坡状	第二期
M482	V	T3912	④a→M482→⑤	1.91	0.56	0.10	317°	不详	不详	不详	篦形器（A型Ⅲ式）、尖底罐（Bb型Ⅱ式）		第二期早段
M483	V	T3911	⑤→M483→⑥	1.70	0.49	0.20	315°	不详	不详	不详	无		第一期
M484	V	T3912	⑤→M484→⑥	1.85	0.42	0.34	165°	仰身直肢	不详	不详	无		第一期
M485	V	T3814	⑤→M485→⑥	2.31	0.65	0.55~0.69	135°	仰身直肢	不详	不详	高领罐、陶罐、圈足罐残片		第一期
M486	V	T3809	④a→M486→⑤	1.30	0.51	0.15	305°	不详	不详	不详	少许残片	未成年墓葬，墓葬中部被晚期沟破坏	第二期
M487	V	T3809	⑤→M487→⑥	1.61	0.64~0.70	0.10	47°	不详	不详	未成年	尖底杯（Aa型Ⅰ式、Aa型Ⅱ式）、尖底盏（Bc型Ⅱ式）	未成年墓葬，系双人合葬墓	第一期中段

续附表三

墓号	区号	探方	叠压打破关系	尺寸（米）			墓向	葬式	性别	年龄	随葬品种类及数量（无数量者皆为1）	备注	分期
				长	宽	深							
M488	V	T4013	④a→M488→⑤	1.50	0.40	0.10	318°	不详	不详	不详	陶片、陶罐		第二期
M489	V	T3608	⑤→M489→⑥	0.90	0.27	0.10	145°	不详	不详	不详	无		第一期
M490	V	T2441	⑤→M490→⑥	1.00	0.34	0.11	130°	不详	不详	不详	无	墓底呈斜坡状	第一期
M491	V	T2314	⑤→M491→⑥	1.45	0.40~0.50	0.21	125°	不详	不详	未成年	尖底盏（Ab型Ⅱ式）	未成年墓葬	第一期晚段早期
M492	V	T2314	⑤→M492→⑥	0.81	0.29	0.15	145°	不详	不详	未成年	无	未成年墓葬	第一期
M493	V	T2313	⑤→M493→⑥	2.30	0.60~0.62	0.30~0.50	145°	不详	不详	不详	尖底盏（Ab型Ⅱ式）		第一期晚段早期
M494	V	T2314	⑤→M494→⑥	0.91	0.37	0.15	132°	不详	不详	不详	无		第一期
M495	V	T2413	⑤→M495→⑥	1.05	0.35	0.15	135°	不详	不详	不详	无		第一期
M496	V	T2310	④a→M496→⑤	1.80	0.38	0.07~0.15	125°	不详	不详	不详	无		第一期
M497	V	T2310	⑤→M497→⑥	2.10	0.60	0.10	110°	不详	不详	不详	陶罐、少许陶片、残片		第一期
M498	V	T2511	⑤→M498→⑥	2.00	0.60	0.39	142°	仰身直肢	不详	不详	陶器遗物、少许陶片、残片		第一期
M499	V	T2513	④a→M499→⑤	1.41	0.50	0.06	115°	不详	不详	不详	陶器、尖底杯、少许陶片、残片		第二期
M500	V	T2513	④a→M500→⑤	1.50	0.50	0.14	160°	不详	不详	不详	纺轮（B型）		第二期

续附表三

墓号	区号	探方	叠压打破关系	尺寸（米）			墓向	葬式	性别	年龄	随葬品种类及数量（无数量者皆为1）	备注	分期
				长	宽	深							
M639	V	T3614	⑤→M639→⑥	2.20	0.69	0.18	310°	不详	不详	不详	尖底杯、陶罐、圈足罐残片		第一期
M640	V	T3812	④a→M640→⑤	1.71	0.49	0.10	305°	不详	不详	不详	无		第二期
M641	V	T3812	④a→M641→⑥	1.66	0.52	0.27~0.31	125°	侧身屈肢	不详	不详	无	侧身屈肢葬	第二期
M642	V	T3708	④a→M642→⑤	1.18	0.60	0.10	145°	不详	不详	不详	无		第二期
M643	V	T3808	⑤→M643→⑥	1.91	0.70	0.30~0.32	125°	仰身直肢	不详	不详	尖底盏（Ab型Ⅲ式）		第一期晚段晚期
M644	V	T3707	⑤→M644→⑥	1.40	0.60	0.40	140°	不详	不详	未成年	陶纺轮（1个）	未成年墓葬	第一期
M645	V	T3927	④a→M645→⑤	1.45	0.45	0.14	370°	不详	不详	不详	无		第二期
M646	V	T3927	④a→M646→⑤	1.93	0.50	0.10	310°	不详	不详	不详	陶罐、陶片		第二期
M647	V	T3927	④a→M647→⑤	2.00	0.69	0.10	310°	不详	不详	不详	圈足罐、陶罐残片		第二期
M648	V	T4028	⑤→M648→⑥	1.13	0.44	0.14	300°	不详	不详	不详	少许陶片（1袋）		第一期
M649	V	T3926	⑤→M649→⑥	1.89	0.40~0.35	0.18~0.22	145°	仰身直肢	不详	不详	尖底盏（Aa型Ⅲ式）	骨架上铺一层厚厚的陶片	第一期晚段晚期
M650	V	T3825	⑤→M650→⑥	1.90	0.54	0.20	293°	不详	不详	不详	少许陶片（1袋）		第一期
M687	V	T2513	④a→M687→⑤	2.00	0.60	0.18	125°	仰身直肢	不详	不详	少许陶片（1袋）		第二期

续附表三

墓号	区号	探方	叠压打破关系	尺寸（米）			墓向	葬式	性别	年龄	随葬品种类及数量（无数量者皆为1）	备注	分期
				长	宽	深							
M688	V	T2613	⑤→M688→⑥	2.50	0.80~0.89	0.20~0.22	126°	不详	不详	不详	少许陶片、尖底盏		第一期晚段晚期
M689	V	T2514	⑤→M689→⑥	1.80	0.69	0.26	130°	不详	不详	不详	尖底杯、陶罐、陶片、高柄豆		第一期
M690	V	T2512	④a→M690→⑤	2.00	0.54	0.10	145°	不详	不详	不详	尖底杯、陶罐、陶片、陶器		第二期
M691	V	T2312	⑤→M691→⑥	2.12	0.70	0.26~0.40	145°	不详	不详	不详	豆柄（A型）		第一期
M692	V	T2312	⑤→M692→⑥	2.10	0.60	0.35	125°	不详	不详	不详	无		第一期
M693	V	T2411	⑤→M693→⑥	2.01	0.59	0.26	140°	不详	不详	不详	陶罐、圈足罐、陶缸		第一期
M694	V	T2311	⑤→M694→⑥	1.80	0.60	0.18	137°	不详	不详	不详	尖底杯、尖底盏、圈足罐	疑为二次葬	第一期
M695	V	T2411	⑤→M695→⑥	1.10	0.50	0.24	135°	不详	不详	不详	尖底盏（Ab型Ⅳ式）		第一期晚段晚期
M696	V	T2311	⑤→M696→⑥	1.30	0.60	0.15	140°	不详	不详	不详	少许陶片	二次葬	第一期
M697	V	T2312	⑤→M697→⑥	1.31	0.44	0.31~0.33	145°	不详	不详	不详	尖底杯（Bb型Ⅲ式）		第一期晚段早期
M698	V	T2312	⑤→M698→⑥	1.80	0.57	0.18	137°	不详	不详	不详	无	被M697打破	第一期
M699	V	T3904	⑤→M699→⑥	2.15	0.52~0.69	0.21~0.27	115°	仰身直肢	不详	不详	陶罐、圈足罐、少许陶片	被灰坑破坏	第一期
M700	V	T2614	⑤→M700→⑥	2.50	0.83	0.33	125°	不详	不详	不详	尖底杯（Bb型Ⅱ式）、纺轮（D型）	二次墓葬，四周留有熟土	第一期中段
M701	V	T2412	⑤→M701→⑥	2.14~2.35	1.54~1.69	0.56	115°	不详	不详	不详	尖底盏（Bc型Ⅱ式）	右侧留有生土二层台	第一期中段

续附表三

墓号	区号	探方	叠压打破关系	尺寸（米）			墓向	葬式	性别	年龄	随葬品种类及数量（无数量者皆为1）	备注	分期
				长	宽	深							
M702	V	T2414	④a→M702→⑤	1.45	0.56	0.25	285°	不详	不详	不详	陶器、尖底杯		第二期
M703	V	T2414	⑤→M703→⑥	2.20	0.70~0.80	0.57	132°	不详	不详	不详	瓮（Cc型）、纺轮（Ab型）	随葬陶纺轮1件	第一期
M704	V	T2313	⑤→M704→⑥	1.65	0.49~0.58	0.21	140°	不详	不详	不详	少许陶器遗物、圈足罐残片		第一期
M705	Ⅲ	T4404	④a→M705→⑤	1.85	0.50	0.10	325°	不详	不详	不详	含陶器残片		第二期
M706	Ⅲ	T4304	④a→M706→⑤	1.86	0.52	0.10	145°	不详	不详	不详	含陶器残片、陶罐		第二期
M707	V	T4504	④a→M707→⑤	1.77	0.50~0.57	0.06	335°	屈肢葬	不详	不详	束颈罐（Bc型Ⅱ式）	M707：1，夹砂灰褐陶。圆唇，喇叭状圈足。口径15.9、腹径16.2、足径9.3、通高14.6厘米（图三二四，11）	第二期早段
M708	Ⅲ	T4305	④a→M708→⑤	2.10	0.50	0.15	325°	不详	不详	不详	无		第二期
M709	Ⅷ	T4405	④a→M709→⑤	2.00	0.54~0.60	0.10	325°	不详	不详	不详	高领罐(Ab型)		第二期
M710	Ⅲ	T4406	④a→M710→⑤	1.85	0.51	0.15	170°	不详	不详	不详	含陶器残片（1袋）		第二期
M711	V	T4805	⑤→M711→⑥	1.37	0.55	0.10	315°	不详	不详	不详	含陶器残片		第二期
M712	Ⅷ	T4607	④a→M712→⑤	1.60	0.50	0.14	330°	不详	不详	不详	陶罐残片	二次墓葬	第二期
M713	Ⅷ	T4508	④a→M713→⑤	1.90	0.54	0.10	345°	仰身直肢	不详	不详	含陶器残片		第二期

续附表三

墓号	区号	探方	叠压打破关系	尺寸（米）			墓向	葬式	性别	年龄	随葬品种类及数量（无数量者皆为1）	备注	分期
				长	宽	深							
M714	Ⅷ	T4706	④a→M714→⑤	2.10	0.55	0.10	305°	不详	不详	不详	耳玦，3件。全部出土于墓葬中，器形较小。M714：1，石质同磨石相近，为灰绿色卵石，单面穿孔。一大两小，三个大小、厚薄不一。M714：1-1，直径1.7~2.1、内径0.7，厚0.2厘米。M714：1-2，直径1.5~1.8、内径0.6，厚0.1厘米。M714：1-3，直径1.3~1.8、内径0.6，厚0.1厘米（图三二四，8、6、9）		第二期
M715	Ⅷ	T4705	④a→M715→⑤	1.85	0.50	0.11	335°	不详	不详	不详	无		第二期早段
M716	Ⅴ	T4705	④a→M716→⑤	0.67	0.50	0.10	140°	不详	不详	不详	无		第二期
M717	Ⅷ	T4805	④a→M717→⑤	1.02	0.40	0.15	315°	不详	不详	不详	零星陶片		第二期
M718	Ⅷ	T4505	④a→M718→⑤	1.91	0.45~0.54	0.15~0.18	142°	不详	不详	不详	少许陶罐残片		第二期早段
M719	Ⅴ	T4605	④a→M719→⑤	1.10	0.32	0.10	327°	不详	不详	未成年	无	未成年人墓葬	第二期
M720	Ⅴ	T4906	④a→M720→⑤	1.65	0.54	0.06	148°	不详	不详	不详	少许陶器残片，包括尖底杯		第二期

续附表三

墓号	区号	探方	叠压打破关系	尺寸（米）			墓向	葬式	性别	年龄	随葬品种类及数量（无数量者皆为1）	备注	分期
				长	宽	深							
M721	V	T4906	④a→M721→⑤	1.60	0.55	0.10	140°	仰身曲肢	不详	不详	无		第二期
M722	V	T4906	④a→M722→⑤	1.10	0.47	0.09	330°	不详	不详	未成年	少许陶器：残片、陶罐	未成年人墓葬	第二期
M723	V	T4707	④a→M723→⑤	1.50	0.40	0.09	345°	不详	不详	不详	少许陶器、残片		第二期
M724	V	T4508	④a→M724→⑤	1.25	0.61	0.09	340°	不详	不详	不详	无	二次葬，骨架极其凌乱	第二期
M725	Ⅷ	T4508	④a→M725→⑤	1.33	0.45	0.09	330°	不详	不详	不详	夹有少许陶片		第二期
M726	V	T4409	④a→M726→⑤	2.50	0.80	0.26	325°	不详	不详	不详	陶器残片、圈足器、陶罐等；Bb型器座，M726T：1，夹砂灰褐陶。领部呈箍状，束腰。口径56.0、残高16.3厘米（图三〇二，2）		第二期
M727	Ⅷ	T4309	④a→M727→⑤	3.30（包含二层台）	1.32~1.44	0.23~0.36	142°	不详	不详	不详	磨石	二人合葬墓，葬具均为船形棺。各墓室形状为狭长型，两墓室间留有二层台	第二期晚段
M728	Ⅷ	T4509	④a→M728→⑤	0.85	0.34	0.08	220°	不详	不详	不详	无		第二期
M729	Ⅷ	T4307	④a→M729→⑤	1.43	0.40	0.10	326°	不详	不详	不详	无		第二期
M730	V	T4308	④a→M730→⑤	1.36	0.62	0.10	140°	不详	不详	不详	尖底杯、圈足器、陶罐残片		第二期
M731	V	T5007	④a→M731→⑤	1.90	0.44~0.50	0.50	140°	仰身直肢	不详	不详	盆（Cb型）		第二期

续附表三

墓号	区号	探方	叠压打破关系	尺寸（米）			墓向	葬式	性别	年龄	随葬品种类及数量（无数量者皆为1）	备注	分期
				长	宽	深							
M732	V	T4908	④a→M732→⑤	1.40	0.50	0.09	297°	不详	不详	不详	无	此墓为二次葬	第二期
M733	V	T5008	④a→M733→⑤	0.67	0.50	0.10	297°	不详	不详	不详	尖底盏、陶片、陶罐		第二期
M734	V	T4804	④a→M734→⑤	1.20	0.64	0.07	320°	不详	不详	未成年	少许陶片（1袋）		第二期
M735	V	T4502	④a→M735→⑤	1.90	0.50	0.08	305°	不详	不详	不详	无		第二期
M736	Ⅷ	T4409	④a→M736→⑤	1.52~2.07	0.61~0.64	0.30~0.32	142°	不详	不详	不详	无	骨架下有一层青膏泥，葬具为船形棺	第二期早段
M737	Ⅷ	T4608	④a→M737→⑤	1.75	0.45	0.10	335°	不详	不详	不详	无		第二期
M738	V	T4507	④a→M738→⑤	1.50	0.51	0.10	355°	不详	不详	不详	Cc型器盖，1件。M738:1，夹砂灰褐陶。直径7.9、通高0.9厘米（图三二四,7）。		第二期
M739	Ⅷ	T4606	④a→M739→⑤	1.80	0.40	0.09	310°	不详	不详	不详	无		第二期
M740	V	T4606	④a→M740→⑤	1.71	0.40	0.10	310°	不详	不详	不详	无		第二期
M741	Ⅷ	T4408	④a→M741→⑤	2.82	1.35~1.45	0.11~0.19	154°	不详	不详	不详	磨石、石料	此墓为二人合葬墓	第二期晚段
M742	Ⅷ	T4407	④a→M742→⑤	2.84	0.53~0.66	0.16~0.21	330°	不详	不详	不详	高领罐、陶罐、尖底杯、少许陶片等	葬具为船棺葬	第二期早段
M743	Ⅷ	T4707	④a→M743→⑤	2.60	0.53	0.10~0.12	330°	不详	不详	不详	圈足器、陶罐、少许陶片	骨架下有膏泥痕，葬具为木板，含有大量卵石	第二期早段

续附表三

墓号	区号	探方	叠压打破关系	尺寸（米）			墓向	葬式	性别	年龄	随葬品种类及数量（无数量者皆为1）	备注	分期
				长	宽	深							
M744	V	T5009	⑤→M744→⑥	1.45	0.50	0.20	302°	不详	不详	不详	无	被晚期沟破坏	第二期
M745	V	T4506	⑤→M745→⑥	2.25	0.70	0.10~0.15	335°	不详	不详	不详	束颈罐（Ab型）		第一期晚段晚期
M746	V	T4907	④a→M746→⑤	1.85	0.81	0.21	145°	不详	不详	不详	无		第二期
M747	V	T4503	④a→M747→⑤	1.35	0.35	0.10	100°	仰身直肢	不详	不详	无		第二期
M748	Ⅷ	T4807	④a→M748→⑤	2.80	0.50	0.09	330°	不详	不详	不详	尖底杯、圈足罐、少许陶片	骨架下有青膏泥痕迹，葬具为木板，墓内有大量卵石	第二期
M749	Ⅷ	T4807	④a→M749→⑤	2.40	0.57	0.11	330°	不详	不详	不详	少许陶片	人骨架保存较差，葬具为木板，墓内有大量卵石	第二期
M750	Ⅷ	T4708	④a→M750→⑤	2.40	0.50	0.10	322°	不详	不详	不详	磨石	此墓为二次葬，填土中含有较多卵石	第二期早段
M751	Ⅷ	T4608	④a→M751→⑤	3.09	1.24~1.32	0.11~0.19	328°	不详	不详	不详	无	此墓为二人合葬墓，葬具为船棺葬	第二期晚段
M752	Ⅷ	T4404	④a→M752→⑤	1.99	0.51	0.15	138°	仰身直肢	不详	不详	含少许陶器残片、陶罐、尖底杯		第二期
M753	Ⅷ	T4407	④a→M753→⑤	3.40	0.47~0.66	0.26	334°	不详	不详	不详	包含物稀少，少许陶器残片		第二期晚段
M754	V	T4303	④a→M754→⑤	1.96	0.50	0.10	335°	仰身直肢	不详	不详	含少许陶器残片		第二期
M755	V	T4305	④a→M755→⑤	1.92	0.47	0.10	327°	不详	不详	不详	含少许陶器残片（1袋）		第二期
M756	V	T4504	④a→M756→⑤	1.85	0.52	0.35	117°	不详	不详	不详	含少许陶片、陶器、磨石		第二期

续附表三

墓号	区号	探方	叠压打破关系	尺寸（米）			墓向	葬式	性别	年龄	随葬品种类及数量（无数量者皆为1）	备注	分期
				长	宽	深							
M757	V	T5007	④a→M757→⑤	1.49	0.58	0.11	325°	不详	不详	不详	无		第二期
M758	V	T4902	④a→M758→⑤	1.60	0.37	0.09	293°	不详	不详	不详	无		第二期晚段
M759	V	T4802	④a→M759→⑤	2.05	0.45	0.09	297°	不详	不详	不详	含少许陶片（1袋）		第二期
M760	V	T4801	④a→M760→⑤	1.90	0.60	0.09	324°	不详	不详	不详	陶器、残片、陶罐	骨架保存极差，头骨不存	第二期
M761	Ⅷ	T4906	④a→M761→⑤	2.00	0.50	0.05~0.10	320°	不详	不详	不详	无		第二期
M762	Ⅷ	T5001	④a→M762→⑤	1.56	0.46	0.10	328°	不详	不详	不详	含少许陶片		第二期
M763	Ⅷ	T5002	④a→M763→⑤	3.10~3.27	1.45~1.64	0.25~0.40	334°	不详	不详	不详	磨石	此墓为二人合葬墓，葬具均为船形棺。各墓室形状为狭长形，两墓室间留有二层台	第二期晚段
M764	Ⅷ	T5002	④a→M764→⑤	2.78	0.89	0.21	143°	不详	不详	不详	无	有青膏泥痕迹	第二期
M765	Ⅷ	T4006	④a→M765→⑤	0.80	0.28	0.14	322°	不详	不详	婴儿	无		第二期
M766	Ⅷ	T4606	④a→M766→⑤	1.20	0.46	0.10	355°	不详	不详	未成年	少许陶片		第二期
M767	Ⅷ	T4807	④a→M767→⑤	1.48	0.51	0.10	154°	仰身直肢	不详	不详	陶片、陶罐、卵石等		第二期
M768	Ⅷ	T4806	④a→M768→⑤	1.80	0.42	0.10	146°	仰身直肢	不详	不详	少许陶片（1袋）		第二期

续附表三

墓号	区号	探方	叠压打破关系	尺寸（米）			墓向	葬式	性别	年龄	随葬品种类及数量（无数量者皆为1）	备注	分期
				长	宽	深							
M769	Ⅷ	T4806	④a→M769→⑤	0.59	0.20	0.08	343°	不详	不详	不详	无		第二期
M770	Ⅴ	T4707	④a→M770→⑤	2.00	0.51	0.13	145°	不详	不详	不详	陶片、陶罐等残片。磨石1件。M770：1，灰绿色卵石（或透闪石），平面形状呈不规则三角形。两面磨制。长5.0、宽4.4、厚1.8厘米（图三二五，6）		第二期早段
M771	Ⅷ	T4405	④a→M771→⑤	1.95	0.48	0.10	308°	仰身直肢	不详	不详	无		第二期
M772	Ⅷ	T4406	④a→M772→⑤	1.65	0.42	0.13	330°	不详	不详	不详	无		第二期晚段
M773	Ⅷ	T4406	④a→M773→⑤	2.07	0.52	0.12	300°	不详	不详	不详	无		第二期
M774	Ⅷ	T4508	④a→M774→⑤	2.30	0.47	0.10	328°	仰身直肢	不详	不详	少许陶片		第二期晚段
M775	Ⅷ	T4910	④a→M775→⑤	0.65~1.00	0.49	0.10	130°	不详	不详	不详	C型石凿，1件。M775：1，平面形状呈舌状，弧刃。顶部残。残长8.4、厚0.8厘米。	墓葬被晚期沟破坏，残存腰部以上，区域头向右侧下颌骨随葬有玉制品一件，含有一定数量的卵石	第二期早段
M776	Ⅷ	T5010	④a→M776→⑤	1.69	0.50	0.20	135°	不详	不详	不详	无	含有一定数量的卵石	第二期
M777	Ⅴ	T4707	④a→M777→⑤	2.00	0.50~0.60	0.05~0.19	322°	不详	不详	不详	蝉、剑	骨架保存极差，有葬具，骨架下有土漆痕迹，推测有漆器随葬	第二期晚段

续附表三

墓号	区号	探方	叠压打破关系	尺寸（米）			墓向	葬式	性别	年龄	随葬品种类及数量（无数量者皆为1）	备注	分期
				长	宽	深							
M778	Ⅷ	T4708	④a→M778→⑤	2.37	0.39	0.10	320°	不详	不详	不详	零星陶片	含有一定数量的卵石	第二期
M779	Ⅴ	T4508	⑤→M779→⑥	1.77	0.60	0.16	147°	不详	不详	不详	无		第一期
M780	Ⅷ	T5006	④a→M780→⑤	2.70	1.08	0.10~0.14	327°	不详	不详	不详	零星陶片	此墓为双人合葬墓，含有一定数量的卵石	第二期晚段
M781	Ⅷ	T4905	④a→M781→⑤	1.45~1.80	0.50	0.16	320°	不详	不详	不详	石料	此墓为二次葬	第二期晚段
M782	Ⅷ	T4605	⑤→M782→⑥	1.80	0.39	0.15	327°	仰身直肢	不详	未成年	无		第一期
M783	Ⅴ	T3216	④a→M783→⑤	1.23	0.56	0.09	153°	不详	不详	不详	无		第二期
M784	Ⅴ	T3115	④a→M784→⑤	1.80	0.55	0.15	323°	仰身屈肢	不详	不详	无		第二期
M785	Ⅴ	T3115	④a→M785→⑤	1.90	0.53	0.10	320°	仰身直肢	不详	不详	无		第二期
M786	Ⅴ	T2913	④a→M786→⑤	1.85	0.50	0.11	325°	不详	不详	不详	少许陶器残片（1袋）、圈足罐（残）		第二期
M787	Ⅴ	T3120	④a→M787→⑤	1.80	0.40	0.10	314°	不详	不详	不详	陶片（1袋）		第二期
M788	Ⅴ	T3120	⑤→M788→⑥	0.85	0.36	0.20	125°	不详	不详	不详	陶片（1袋）		第一期
M789	Ⅴ	T3120	⑤→M789→⑥	1.50	0.45	0.20	308°	不详	不详	不详	无		第二期
M790	Ⅴ	T3222	④a→M790→⑤	1.90	0.46	0.10	310°	仰身直肢	不详	不详	陶片（1袋）		第二期

续附表三

墓号	区号	探方	叠压打破关系	尺寸（米）			墓向	葬式	性别	年龄	随葬品种类及数量（无数量者皆为1）	备注	分期
				长	宽	深							
M791	V	T3222	④a→M791→⑤	1.80	0.49	0.10	320°	仰身直肢	不详	不详	陶片（1袋）		第二期
M792	V	T3122	④a→M792→⑤	1.20	0.43	0.10	330°	不详	不详	不详	陶片（1袋）		第二期
M793	V	T3222	④a→M793→⑤	1.28~1.70	0.49	0.14	315°	仰身屈肢	不详	不详	陶片（1袋）		第二期
M794	V	T3222	④a→M794→⑤	1.80	0.43	0.10~0.21	315°	仰身直肢	不详	不详	陶片（1袋）		第二期
M795	V	T2717	⑤→M795→⑥	1.65	0.74（包含二层台）	0.43	132°	不详	不详	不详	陶片（1袋）	左侧留有二层台	第一期
M796	V	T2815	⑤→M796→⑥	2.00	0.65	0.40	130°	不详	不详	不详	陶片（1袋）		第一期
M797	V	T2718	⑤→M797→⑥	1.20	0.60	0.26	140°	不详	不详	不详	陶片（1袋）		第一期
M798	V	T4710	④a→M798→⑤	1.97	0.52	0.09	310°	仰身直肢	不详	不详	陶片（1袋）		第二期
M799	Ⅷ	T3902	④a→M799→⑤	2.10	0.39	0.15	328°	仰身直肢	不详	不详	陶片（1袋）	石料，1件。M799：1，褐色卵石（石质和其他差异较大。或为砂岩），平面形状呈不规则状。长5.5、宽5.4厘米（图三二六，2）	第二期
M800	V	T4709	④a→M800→⑤	1.96	0.55	0.08	298°	仰身直肢	不详	不详	陶片（1袋）		第二期
M801	V	T4809	④a→M801→⑤	1.83	0.47	0.15	395°	不详	不详	不详	零星陶片（1袋）、卵石		第二期

续附表三

墓号	区号	探方	叠压打破关系	尺寸（米）			墓向	葬式	性别	年龄	随葬品种类及数量（无数量者皆为1）	备注	分期
				长	宽	深							
M802	V	T4111	④a→M802→⑤	1.80	0.52	0.10	303°	不详	不详	不详	无		第二期
M803	V	T4215	④a→M803→⑤	1.80	0.50	0.10	297°	不详	不详	不详	无		第二期
M804	V	T4316	④a→M804→⑤	1.85	0.5	0.13	318°	不详	不详	不详	无		第二期
M805	V	T4914	④a→M805→⑤	1.90	0.49	0.09	130°	不详	不详	不详	陶器残片		第二期
M806	V	T5013	④a→M806→⑤	1.85	0.49	0.19	295°	不详	不详	不详	无		第二期
M807	V	T5014	④a→M807→⑤	1.80	0.50	0.10	102°	不详	不详	不详	无	含有一定数量的卵石	第二期
M808	V	T5014	④a→M808→⑤	1.80	0.50	0.10	282°	不详	不详	不详	石芯	石芯，1件。平面形状呈圆形。M808：1，黑色页岩，含砂重，质地脆碎。直径3.1、厚0.6厘米。为石壁钻孔形成。作为随葬品，对于墓主人身份讨论具有特殊意义，可能为制玉工匠	第二期早段
M809	V	T5209	④a→M809→⑤	2.10	0.70	0.15	310°	仰身直肢	不详	不详	无		第二期
M810	V	T4710	④a→M810→⑤	1.70	0.48	0.06~0.10	300°	不详	不详	不详	无		第二期
M811	V	T5212	④a→M811→⑤	1.90	0.41	0.10	95°	仰身直肢	不详	不详	无		第二期

续附表三

墓号	区号	探方	叠压打破关系	尺寸（米）			墓向	葬式	性别	年龄	随葬品种类及数量（无数量者皆为1）	备注	分期
				长	宽	深							
M812	V	T5209	④ a →M812→⑤	1.90	0.44	0.11	325°	不详	不详	不详	无		第二期
M813	V	T5012	④ a →M813→⑤	1.30	0.50	0.10	130°	不详	不详	不详	无		第二期
M814	V	T4912	④ a →M814→⑤	1.90	0.50	0.15	144°	不详	不详	不详	陶片（1袋）		第二期
M815	V	T4715	④ a →M815→⑤	2.00	0.60	0.15	317°	不详	不详	不详	陶片（1袋）		第二期
M816	V	T4711	④ a →M816→⑤	1.90	0.50~0.60	0.10	305°	不详	不详	不详	磨石		第二期早段
M817	V	T4914	④ a →M817→⑤	1.40	0.40	0.10	123°	不详	不详	不详	陶片		第二期

附录一　阳光地带二期地点出土人骨初步鉴定

原海兵　周志清
（原海兵：四川大学考古学实验教学中心；周志清：成都文物考古研究所）

金沙遗址阳光地带二期地点位于成都市西郊金牛区营门口乡黄忠村六组。地处摸底河北岸，北临金都花园，东接芙蓉苑，南连龙嘴小区，西依御都花园。该地点是金沙遗址的重要组成部分，东距金沙遗址"祭祀区"约1000米，距黄忠村"宫殿区"约500米，西南临博雅庭韵地点、春雨花间地点，南部紧邻龙嘴小区地点，整体处于金沙遗址西北部。2004年，为配合阳光地带二期房地产项目建设，成都市文物考古工作队对其进行了抢救性清理、发掘。该地点出土了包括102个灰坑、290座墓葬、49座窑址的丰富遗迹以及大量陶器、少量的玉、石器等文化遗物。

该批墓葬均为长方形竖穴土坑墓，分布密集。墓葬均不同程度被扰动。人骨葬式主要为仰身直肢葬，少量屈肢葬；一次葬为主，二次葬较少；多无随葬品，随葬器物以陶器为主，少量玉石条、磨石、石器、铜器等。墓葬遗存主要分为两期，第一期时代上限约为距今3400~3300年，下限约为距今3200~3100年，第二期时代上限约为距今3100~3000年，下限约为距今3000~2900年。

该地点墓葬群出土人骨大多保存不良，多数仅剩骨痕，难以进行进一步判定。针对保存相对较好的古代人骨（主要为牙齿），发掘者进行了认真细致的采集和初步整理。2016年3月，发掘者将这批标本运送至四川大学考古学实验教学中心生物考古实验室，我们在室内对其进行了人类学的初步观察与鉴定。

一　观察及鉴定标准

1. 观察鉴定标准

本文对古代人骨性别及年龄的观察与鉴定主要依据吴汝康等在《人体测量方法》[1]、邵象清在《人体测量手册》[2]中总结的相关参照标准。性别鉴定主要依据骨盆及颅骨的性别特征，并参考长骨骨骼发育状况进行综合判定；年龄鉴定主要依据耻骨联合面形态变化等级、骨化点的出现与骨骺的愈合程度、颅骨骨缝的愈合以及牙齿的萌出与磨耗等情况综合判定。此外，笔者还采用肉眼与放大镜、显微镜观察相结合的方式对标本进行了骨骼病理、创伤和异常形态的检查。

[1] 吴汝康、吴新智、张振标：《人体测量方法》，科学出版社，1984年。
[2] 邵象清：《人体测量手册》，上海辞书出版社，1985年。

2．骨骼保存状况描述方式

根据标本实际保存现状，采用标记骨骼保存状况与人骨性别年龄鉴定相结合的方式进行描述。由于多数个体骨骼残碎，不便于进行精确描述，故对人体骨骼采用一般性语言描述。而为了准确、方便地记录每颗牙齿在齿列中的位置、顺序、类别和相互关系，我们采用象限法表示：

				5	4	3	2	1	1	2	3	4	5				
右上	8	7	6	V	Ⅳ	Ⅲ	Ⅱ	Ⅰ	Ⅰ	Ⅱ	Ⅲ	Ⅳ	V	6	7	8	左上
右下	8	7	6	V	Ⅳ	Ⅲ	Ⅱ	Ⅰ	Ⅰ	Ⅱ	Ⅲ	Ⅳ	V	6	7	8	左下
				5	4	3	2	1	1	2	3	4	5				

注：乳齿：Ⅰ表示乳中门齿，Ⅱ表示乳侧门齿，Ⅲ表示乳犬齿，Ⅳ表示乳第一臼齿，V表示乳第二臼齿；恒齿：1表示中门齿，2表示侧门齿，3表示犬齿，4表示第一臼齿，5表示第二前臼齿，6表示第一臼齿，7表示第二臼齿，8表示第三臼齿；○表示牙齿存在，△表示牙齿未萌出，□表示该牙齿齿列部位齿槽闭合，☆表示该牙齿仅剩齿根。

二　保存状况及人骨鉴定

阳光地带二期地点人骨标本由于受成都平原特殊埋藏环境影响，保存状况普遍不佳，多数只能看到骨骼痕迹，很难进一步提取鉴定。从这批材料来看，可供观察的17例个体多数为残碎的颅骨片和牙齿，且酥脆易损（表一）。仅M423、M425两例个体保存相对较多的残碎骨骼（除颅骨外，还有长骨和体骨等）。如下：

1．M132
仅保留部分残碎的颅骨片。根据骨骼厚度、大小推断其为成年个体，性别不详。

2．M140
仅保留部分残碎的颅骨片。残留骨骼不足以判定性别和年龄，故性别不详，年龄不详。

3．M386
仅保留部分残碎的颅骨片和牙齿。该个体的枕外隆突发育程度纤弱，整体不发育，其可能为女性个体。此外，其上颌两侧第一臼齿均有不同程度磨耗，左侧第一臼齿磨耗较轻为二级，右侧相对较重，达到三级；而上颌两侧第二臼齿均在二级磨耗范围内，综合判定其死亡年龄大致在30岁左右。

				5	④	3	2	1	1	②	③	④	⑤				
右上	⑧	⑦	⑥	V	Ⅳ	Ⅲ	Ⅱ	Ⅰ	Ⅰ	Ⅱ	Ⅲ	Ⅳ	V	⑥	⑦	⑧	左上
右下	8	7	6	V	Ⅳ	Ⅲ	Ⅱ	Ⅰ	Ⅰ	Ⅱ	Ⅲ	Ⅳ	V	6	7	8	左下
				5	4	3	2	1	1	2	3	4	5				

M386 齿列牙齿保存状况

4．M387
保留大部分颅骨片和部分牙齿，均残。该个体眉弓发育不显著，乳突发育不明显，但是下颌两侧颏结节发育明显，颏型为方形，其可能为男性个体。此外，其下颌右侧第一臼齿磨耗较重为四级，两侧第二臼齿磨耗均为二级，其死亡年龄大致在 35~40 岁之间。

值得注意的是该个体顶骨可见多孔性骨肥厚骨骼形态改变。

				⑤	4	3	2	①		①	②	③	4	5				
右上	8	7	6	V	IV	III	II	I		I	II	III	IV	V	6	7	8	左上
右下	8	⑦	⑥	V	IV	III	II	I		I	II	III	IV	V	6	⑦	8	左下
				⑤	④	③	②	①		①	②	③	④	5				

M387 齿列牙齿保存状况

5.M422

保留部分残碎颅骨片及牙齿，左侧下颌体保存基本完好。该个体乳突较大，枕外隆突发育明显，左侧颏结节发育明显，当为男性个体。此外，其上下颌两侧第一臼齿磨耗较重均达四级，两侧第二臼齿磨耗均达三级，其死亡年龄大致在 40 岁左右。

				5	④	3	②	1		①	②	③	④	⑤				
右上	8	⑦	⑥	V	IV	III	II	I		I	II	III	IV	V	6	7	8	左上
右下	⑧	⑦	⑥	V	IV	III	II	I		I	II	III	IV	V	⑥	⑦	⑧	左下
				⑤	④	③	②	①		①	2	③	4	⑤				

M422 齿列牙齿保存状况

6.M423

保留残损两侧髋骨、长骨等。该个体左侧坐骨大切迹内收，右侧肱骨远端外侧髁上嵴肌嵴发育显著，应当为男性个体。从其肱骨、股骨两端来看，骨骺愈合，为成年个体。

7.M424

仅保留部分残碎颅骨片及牙齿。该个体颅骨片轻薄，残存下颌体低矮，牙齿体积相对较小，可能为女性个体。此外，其下颌两侧第一臼齿磨耗三级，第二臼齿磨耗二级，其死亡年龄大致在 30 岁左右。

				5	4	3	2	1		1	2	3	4	5				
右上	8	7	6	V	IV	III	II	I		I	II	III	IV	V	6	7	8	左上
右下	⑧	⑦	⑥	V	IV	III	II	I		I	II	III	IV	V	⑥	⑦	8	左下
				5	4	3	2	1		1	2	3	4	⑤				

M424 齿列牙齿保存状况

8.M425

保留大部分颅骨片、牙齿、髋骨、长骨、体骨等，均残损。该个体髋骨体积较大、骨壁厚、髋臼较大，坐骨大切迹内收；颅骨眉弓发育显著，两侧眶上缘圆钝，乳突较大，综合判定其为男性个体。另外，其上颌两侧第一臼齿磨耗较重已达四级，下颌两侧第一臼齿磨耗相对较轻为三级，上下颌两侧第二臼齿磨耗均达三级，其死亡年龄大致在 40 岁左右。

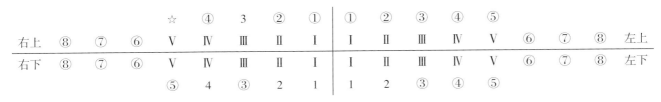

				☆	④	3	②	①	①	②	③	④	⑤				
右上	⑧	⑦	⑥	V	IV	III	II	I	I	II	III	IV	V	⑥	⑦	⑧	左上
右下	⑧	⑦	⑥	V	IV	III	II	I	I	II	III	IV	V	⑥	⑦	⑧	左下
				⑤	4	③	2	1	1	2	③	④	⑤				

M425 齿列牙齿保存状况

9. M432

仅保留部分残碎颅骨片及牙齿。该个体颅骨片轻薄，眶上缘薄锐，同时保留有乳齿列和恒齿列牙齿。从牙齿萌出来看，其已经萌出上下颌第一臼齿、中门齿，另可见上下颌恒齿列的犬齿、第一前臼齿、第二前臼齿齿根均未发育完全，第二臼齿仅为牙胚。其应当属于 8 岁左右的少年期死亡个体，性别不详。

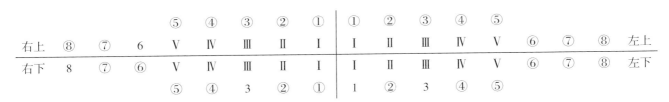

			⑤	④	③	2	①	①	②	③	④	⑤				
右上	8	⑦	6	Ⓥ	Ⓥ	Ⓜ	Ⓘ	I	I	Ⓘ	III	Ⓥ	Ⓥ	6	⑦	8	左上
右下	8	⑦	⑥	Ⓥ	Ⓥ	III	II	I	I	II	III	IV	Ⓥ	⑥	⑦	8	左下
			5	④	3	②	①	①	②	③	④	⑤				

M432 齿列牙齿保存状况

10. M478

仅保留部分残碎颅骨片及牙齿。该个体颅骨片较厚，残存下颌体较高且略粗壮，牙齿体积相对较大，可能为男性个体。此外，其上下颌两侧第一臼齿磨耗三级，第二臼齿磨耗二级偏重，其死亡年龄大致在 30~35 岁。

			⑤	④	③	②	①	①	②	③	④	⑤				
右上	⑧	⑦	6	V	IV	III	II	I	I	II	III	IV	V	⑥	⑦	⑧	左上
右下	8	⑦	⑥	V	IV	III	II	I	I	II	III	IV	V	⑥	⑦	⑧	左下
			⑤	④	3	②	①	1	②	3	④	⑤				

M478 齿列牙齿保存状况

11. M496

仅保留部分残碎颅骨片及牙齿。该个体颅骨片较薄，残存下颌体较低，发育较弱，更多的呈现出女性个体特征。此外，其上下颌两侧第一臼齿磨耗二级，第二臼齿略有磨耗，其死亡年龄大致在 25 岁左右。

				⑤	④	③	②	①	①	②	③	④	⑤				
右上	⑧	⑦	⑥	V	IV	III	II	I	I	II	III	IV	V	⑥	⑦	8	左上
右下	8	⑦	⑥	V	IV	III	II	I	I	II	III	IV	V	⑥	7	8	左下
				⑤	④	③	②	①	①	②	③	4	5				

M496 齿列牙齿保存状况

12. M649

保留大部分残碎颅骨片及部分牙齿。该个体颅骨粗壮、枕外隆突发育显著，下颌体较高且发育粗壮，综合判定其为男性个体。另外，其上下颌两侧第一臼齿磨耗较重已达四级，上颌两侧第二臼齿磨耗为三级偏重，其死亡年龄大致在45岁左右。

				⑤	④	③	②	1	1	②	③	④	⑤				
右上	8	⑦	⑥	V	IV	III	II	I	I	II	III	IV	V	⑥	⑦	⑧	左上
右下	8	7	⑥	V	IV	III	II	I	I	II	III	IV	V	⑥	7	8	左下
				5	4	③	2	①	①	2	③	④	5				

M649 齿列牙齿保存状况

13. M707

仅保留部分牙齿。该个体无可鉴定性别材料，性别不详。其上下颌第一臼齿磨耗三级，第二臼齿磨耗二级，其死亡年龄大致在30~35岁。

				⑤	④	③	②	①	①	②	③	4	⑤				
右上	8	⑦	⑥	V	IV	III	II	I	I	II	III	IV	V	⑥	⑦	⑧	左上
右下	8	⑦	⑥	V	IV	III	II	I	I	II	III	IV	V	⑥	⑦	⑧	左下
				5	4	3	2	1	1	2	③	④	⑤				

M707 齿列牙齿保存状况

14. M713

仅保留部分残碎颅骨片及牙齿。该个体残存材料不足以鉴定性别，性别不详。其上颌两侧第一臼齿磨耗四级，第二臼齿磨耗三级，其死亡年龄大致在40~45岁。

				⑤	4	3	2	1	1	2	3	4	5				
右上	8	⑦	⑥	V	IV	III	II	I	I	II	III	IV	V	⑥	⑦	8	左上
右下	8	7	6	V	IV	III	II	I	I	II	III	IV	V	6	7	8	左下
				5	4	3	2	1	1	2	3	4	5				

M713 齿列牙齿保存状况

15．M747

仅保留部分残碎颅骨片及牙齿。该个体残存材料不足以鉴定性别，且为未成年个体，性别不详。从牙齿萌出情况来看，上颌两侧第二前臼齿已经萌出，下颌两侧第二乳臼齿尚未脱落，上下颌两侧第二臼齿仅为牙胚，其大致为 10~11 岁的少年期个体。

				⑤	4	③	2	①	①	2	③	④	⑤				
右上	8	⑦	6	V	IV	III	II	I	I	II	III	IV	V	⑥	⑦	8	左上
右下	8	⑦	6	Ⓥ	IV	III	II	I	I	II	III	IV	Ⓥ	⑥	⑦	8	左下
				5	4	3	②	①	1	2	3	④	5				

M747 齿列牙齿保存状况

16．M756

仅保留部分残碎颅骨片及牙齿。该个体眉弓较发育，颅骨骨片较厚，可能为男性个体。此外，其上颌两侧第一臼齿磨耗较重已达四级，下颌两侧第一臼齿磨耗也达三级且偏重，但下颌两侧第二臼齿磨耗较轻为二级，综合判定其死亡年龄大致在 35~40 岁。

				5	4	3	②	1	1	②	3	4	5				
右上	8	7	⑥	V	IV	III	II	I	I	II	III	IV	V	⑥	7	8	左上
右下	8	⑦	⑥	V	IV	III	II	I	I	II	III	IV	V	⑥	⑦	8	左下
				⑤	4	3	2	1	1	2	3	4	⑤				

M756 齿列牙齿保存状况

17．M771

仅保留少部分残碎颅骨片及牙齿。该个体残存材料不足以判定性别，性别不详。此外，其上颌两侧第一臼齿磨耗较重已达四级，下颌两侧第一臼齿磨耗也达三级，上颌两侧第二臼齿轻微磨耗，下颌两侧第二臼齿磨耗为二级，综合判定其死亡年龄大致在 35~40 岁。

				⑤	④	3	②	1	①	2	③	④	⑤				
右上	8	⑦	⑥	V	IV	III	II	I	I	II	III	IV	V	⑥	⑦	8	左上
右下	⑧	⑦	⑥	V	IV	III	II	I	I	II	III	IV	V	⑥	⑦	⑧	左下
				⑤	④	③	2	1	1	2	3	④	⑤				

M771 齿列牙齿保存状况

需要说明的是，以上鉴定的标本多数保存较差，有的个体仅为牙齿，没有可供参考矫正性别、年龄的骨骼，结论可能有一定的局限性。

表一　阳光地带二期地点出土人骨性别与年龄鉴定统计表

期别	序号	墓号	葬式	性别	年龄
第一期	01	M386	不详	女?	30 岁左右
	02	M387	仰身直肢	男?	35~40 岁
	03	M422	仰身直肢	男	40 岁左右
	04	M423	仰身直肢	男	成年
	05	M432	仰身直肢	不详	8 岁左右
	06	M478	不详	男?	30~35 岁
	07	M496	不详	女	25 岁左右
	08	M649	仰身直肢	男	45 岁左右
第二期	01	M132	不详	不详	成年
	02	M140	不详	不详	不详
	03	M424	不详	女	30 岁左右
	04	M425	仰身直肢	男	40 岁左右
	05	M707	屈肢葬	不详	30~35 岁
	06	M713	仰身直肢	不详	40~45 岁
	07	M747	仰身直肢	不详	10~11 岁
	08	M756	不详	男?	35~40 岁
	09	M771	仰身直肢	不详	35~40 岁

注：男? 表示倾向男性特征个体，女? 表示倾向女性特征个体。

附录二　阳光地带二期地点出土动物骨骼研究

何锟宇

（成都文物考古研究所）

金沙遗址阳光地带二期地点出土动物骨骼的地层单位较少，主要来自 T3619 ⑤、T3905 ⑤、T4030 ⑤、T5310 ⑥、Y59、H1339、H1336、H1349、H1332 共 9 个地层单位。遗址共出土动物骨骼 56 件，其中可鉴定标本 23 件，碎骨 33 件，代表最小个体数 10 个，详细情况见表一。为报告编写方便，本报告动物骨骼标本采用单独编号。

1. 大中型鹿

可鉴定标本只有鹿角 2 件，代表最小个体数 2 个。

鹿角　2 件。标本 T3619 ⑤：1，右角，保存角柄及部分角干（彩版一〇一，1）。标本 H1336：1，角柄，从角盘处自然脱落（彩版一〇一，2）。

2. 家猪

可鉴定标本 9 件，因出土于 6 个不同地层单位，M_3 最多可代表最小个体数 6 个。

右下颌　3 件。标本 H1332：1，齿列保存有 M_3，长 34.91、宽 17.08 毫米（彩版一〇一，3）。

左下颌　1 件。标本 H1332：2，齿列保存有部分 M_3（彩版一〇一，4）。

下颌联合　1 件。下颌联合骨缝已经愈合。

从出土 4 件下颌骨及部分保存 M_3 的大小、磨蚀程度看，当为家猪。

右肱骨　1 件，右跟骨 1 件，骨缝均未愈合。左髋骨 1 件，较残。

3. 牛

可鉴定标本 12 件，因出土于 2 个不同地层单位，最多可代表最小个体数 2 个。

左肱骨　1 件。标本 H1332：3，残（彩版一〇一，5）。

左股骨　1 件。标本 H1332：4，远端长 145.37、宽 130.36 毫米（彩版一〇一，6）。

左胫骨　1 件。标本 H1332：5，近端关节骨缝未愈合。

左跖骨　1 件。标本 H1332：8，远端长 36.59、宽 70.38 毫米（彩版一〇二，1）。

左距骨　1 件。标本 H1332：6，外侧长 80.57、前端宽 57.65、后端宽 50.89、厚 40.48 毫米（彩版一〇二，2）。

左跟骨　1 件。标本 H1332：7，长 175.02、宽 64.14、高 67.40 毫米（彩版一〇二，3）。

近端趾骨　2 件。标本 H1332：9，近端长 44.40、宽 37.06、远端长 29.98、宽 36.95、全

表一　阳光地带二期地点出土哺乳动物骨骼统计表

出土单位	种属	上颌骨左	上颌骨右	下颌骨左	下颌骨右	下颌骨联合	角	肩胛骨左	肩胛骨右	肱骨左	肱骨右	尺骨左	尺骨右	桡骨左	桡骨右	腕骨左	腕骨右	掌骨左	掌骨右	指骨左	指骨右	髋骨左	髋骨右	股骨左	股骨右	胫骨左	胫骨右	髌骨左	髌骨右	跖骨左	跖骨右	趾骨左	趾骨右	距骨左	距骨右	跟骨左	跟骨右	NISP	MNI
T3619⑤	大中型鹿						1																																1	1
T4030⑤	牛								1																														1	1
T5310⑥	家猪			1																																			1	1
Y59	家猪									1																													1	1
H1336	家猪											1																											1	1
H1336	大中型鹿						1																																1	1
H1319	家猪																						1																1	1
H1349	家猪																							1													1	2	1
H1332	家猪																														1			1		1		3	1
H1332	牛	1		1	1					1														1		1						5						11	1
合计																																						23	10

备注：阳光地带二期地点除本表所列的可鉴定出土标本外，另有碎骨 32 件出自 H1332，1件脊椎骨出自 T3905⑤层。

长 78.31 毫米（彩版一〇二，4、5 右上）。标本 H1332：10，近端长 45.95、宽 35.58、远端长 28.04、宽 33.47、全长 77.33 毫米（彩版一〇二，4、5 左上）。

中间趾骨　2 件。标本 H1332：11，近端长 39.18、宽 35.29、远端长 35.85、宽 28.84、全长 53.65 毫米（彩版一〇二，4、5 左中）。标本 H1332：12，近端长 56.32、宽 36.52、远端长 35.38、宽 28.54、全长 56.86 毫米（彩版一〇二，4、5 右中）。

远端趾骨　1 件。标本 H1332：13，长 71.68、高 44.87 毫米，宽度因破损无法测量（彩版一〇二，4、5 下）。

金沙遗址阳光地带二期地点出土的动物骨骼数量较少，所代表的动物种类也只有 3 种，并不能完全反映当时成都平原腹地野生动物资源和家畜饲养的种群和结构特征。但其附近的金沙遗址"梅苑"祭祀区[1]、十二桥[2]、新一村[3]等出土了大量的动物骨骼，可供参考。

［1］成都文物考古研究所：《成都金沙遗址 I 区"梅苑"东北部地点发掘一期简报》，《成都考古发现（2002）》，科学出版社，2004 年。
［2］何锟宇：《动物骨骼及其相关问题研究》，《成都十二桥》，科学出版社，2009 年，第 206~220 页。
［3］何锟宇：《成都市十二桥遗址新一村地点动物骨骼报告》，《成都考古发现（2012）》，科学出版社，2014 年。

附录三　阳光地带二期地点浮选结果分析报告

闫雪　姜铭　周志清

（成都文物考古研究所）

一　遗址简介

阳光地带二期地点位于成都市金牛区营门口乡黄忠村六组，地处摸底河北岸。地理坐标为北纬30°41′38.4″，东经104°00′31.3″；海拔488米（ⅤT3530西北角）。阳光地带二期地点是金沙遗址的重要组成部分，地处金沙遗址的西北部。该地点北接金都花园地点，东接"芙蓉苑"地点，距离黄忠村宫殿区约500米，西南临博雅庭韵地点、春雨花间地点、南部隔龙嘴小区地点。

2003年12月底至2004年5月初，成都文物考古研究所对该地点进行了发掘。布探方158个，共计发掘面积15800平方米，实际发掘面积14200平方米。该地点遗迹丰富，共清理窑址44座、灰坑102个、墓葬288座。测年结果为距今3400~2900年，属于十二桥文化时期。

二　采样与浮选

本次发掘中，对部分重要灰坑、窑址进行了针对性采样，针对14个灰坑采集样品18份，2个窑址采集样品2份，1个不明单位采集样品1份，共计17个单位采集样品21份。

浮选土样在成都文物考古研究所北湖基地采用小水桶法进行浮选，并用0.2毫米网筛收样。轻浮标本阴干后，在成都文物考古研究所科技考古中心植物考古实验室进行了分类和植物种属鉴定。

三　浮选结果

通过实验室整理，我们将浮选出的植物遗存分为炭屑与炭化果实、种子两大类。该地点17个单位土样炭屑密度0.095克/升，果实、种子密度0.012克/升。17个单位中，12个单位>1毫米炭屑密度在0~0.100克/升，3个单位>1毫米炭屑密度在0.100~0.250克/升，3个单位密度较大，H1169密度是0.422克/升，H1362密度是0.345克/升，Y29密度是0.335克/升。17个单位中，15个单位炭化果实和种子密度在0~0.015克/升，有2个单位密度较大，H1169密度是0.152克/升，H1362密度是0.062克/升（图一）。比较阳光地带二期地点各单位出土>1毫米炭屑密度和炭化果实、种子密度可以看出，H1169和H1362炭屑和炭化果实、种子密度均较高，而Y29炭屑密度较高，炭化果实、种子密度较低，这可能反映了不同的植物组合。接下来要结合 3 个单位出土炭化种子种类，进一步分析这种差异产生的原因。

（一）炭屑

目前实验室仅对阳光地带二期发现的大于 1 毫米炭屑进行了称重和记录，下一步将展开树种鉴定工作。

（二）植物种子

17 个单位共计采样量 41 升。17 个采样单位中 12 个单位发现炭化种子，共计 252 粒（包括未知，不包括＜ 1/2 稻谷、稻谷基盘、碎种），平均密度为 6.15 粒 / 升。

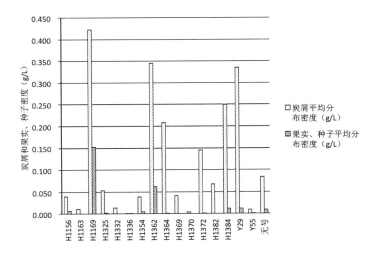

图一　各单位出土炭屑和果实、种子遗存密度

与四川地区其他遗址种子密度相比，阳光地带二期地点种子密度较高[1]。

阳光地带二期地点可鉴定炭化种子共 12 个种属（彩版一〇三），有稻（Oryza sativa L.）、粟［Setariaitalic (L.) Beauv.］、黍（Panicum miliaceum L.）、早熟禾亚科（PooideaMacf. et Wats.）、狗尾草属（Setaria Beauv.）、黍属（Panicum L.）、稗属（Echinochloa Beauv.）、马唐属（Digitaria Hall.）、豇豆属（Vigna L.）、唇形科（Labiatae）、葡萄科（Vitaceae）、马鞭草（Verbena officinalis L.）。

出土种子可以分为作物与杂草两类。作物种子共 218 粒，包括稻、粟、黍，占种子总数的 86.51%；11 个单位出土作物种子，出土概率为 64.71%。杂草种子共 34 粒，包括早熟禾亚科、狗尾草属、黍属、稗属、豇豆属等，占种子总数的 13.49%；8 个单位出土杂草种子，出土概率为 47.06%（图二、三）。

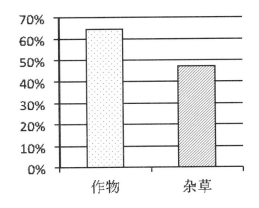

图二　作物、杂草出土概率

1．作物

218 粒农作物包括 92 粒稻、114 粒粟和 12 粒黍（表一）。

稻谷共有 92 粒，占农作物总量的 42.20%（图四）。稻粒表面有两条明显的纵棱，侧生胚明显。我们将稻谷分成成熟和未成熟两类。成熟稻谷个体较大，横切面为椭圆形，长 3.51~5.10、宽 1.46~2.65 毫米。未成熟稻谷个体较小，非常扁平。

粟共 114 粒，占农作物总量的 52.29%（图四）。粟粒

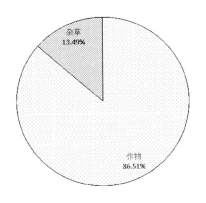

图三　作物、杂草数量百分比

---

[1] 闫雪等：《四川阆中市郑家坝遗址浮选结果及分析——兼谈四川地区先秦时期炭化植物遗存》，《四川文物》2013 年第 4 期。

表一　作物种子数量统计表

单位号	稻谷				粟	黍	合计
	稻谷（整）	≥1/2稻谷	<1/2稻谷	稻谷基盘			
H1156	1	1	6	0	4	1	7
H1163	0	0	0	0	0	0	0
H1169	9	10	43	3	19	2	40
H1325	1	0	1	0	0	0	1
H1332	0	0	0	0	0	0	0
H1336	0	0	0	0	2	0	2
H1354	2	0	8	0	3	1	6
H1362	14	50	76	0	76	5	145
H1364	0	0	0	0	2	1	3
H1369	0	0	0	0	0	0	0
H1370	0	0	0	0	0	0	0
H1372	0	0	0	0	2	0	2
H1382	0	0	0	0	0	0	0
H1384	0	0	1	0	4	1	5
Y29	1	0	9	0	1	0	2
Y55	0	0	1	0	0	0	0
无号	2	1	5	1	1	1	5
合计	30	62	150	4	114	12	218

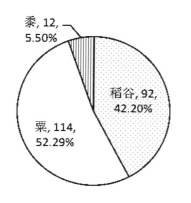

图四　稻谷、粟、黍数量百分比

（饼图标注：黍, 12, 5.50%；稻谷, 92, 42.20%；粟, 114, 52.29%）

近圆球形，胚呈"U"形，长度约为颖果的2/3。我们同样将粟分为成熟和未成熟两类，形状圆满、饱满，个体较大的粟粒定为成熟粟。长0.84~1.53、宽0.85~1.33毫米。个体扁平、尺寸较小的定为未成熟粟。

黍共12粒，占作物总量的5.50%（图四）。黍有两种粒型。一种呈宽椭圆形，胚区约为颖果的1/3。一种近圆球形，胚区约为颖果的1/2。两种粒型胚区均呈"V"型。黍成熟与未成熟的分类标准与粟一致。

2. 杂草类

杂草种子共34粒（表二）。杂草种子以禾本科种子为主，包括早熟禾亚科和黍亚科。早熟禾亚科种子仅发现1粒，已经破损，胚部缺失，背部略隆起，腹沟较浅。黍亚科种子数量较多，

表二　杂草种子数量统计表

单位号	禾本科					豆科	唇形科	葡萄科	马鞭草科	未知	合计
	早熟禾亚科	黍亚科				豇豆属			马鞭草属		
		狗尾草属	黍属	稗属	马唐属				马鞭草		
H1156	0	1	0	1	0	0	0	0	0	0	2
H1163	0	0	0	0	0	0	0	0	0	0	0
H1169	0	0	1	0	0	0	1	0	0	0	2
H1325	0	0	0	0	0	0	0	0	0	0	0
H1332	0	0	0	0	0	0	0	0	0	0	0
H1336	0	0	0	0	0	0	0	0	0	0	0
H1354	0	0	0	0	0	0	0	0	0	1	1
H1362	0	1	0	7	0	0	0	1	0	8	11
H1364	0	0	0	0	0	0	0	0	0	0	0
H1370	0	0	0	0	0	0	0	0	0	0	0
H1372	0	0	0	0	0	0	0	0	0	0	0
H1382	0	0	0	0	0	0	0	0	0	0	0
H1384	0	0	0	0	1	0	0	0	0	1	2
Y29	1	1	0	2	1	2	0	0	0	0	7
Y55	0	0	0	0	1	0	0	0	0	0	1
无号	0	0	0	1	0	0	0	0	1	0	2
合计	1	3	1	11	3	2	1	1	1	10	34
	19					5				10	34

共 19 粒，占杂草总数的 55.88%（图五）。根据形态特征可以进一步分为狗尾草属、黍属、稗属、马唐属。

除了禾本科外，还发现有豇豆属种子 2 粒，唇形科种子 1 粒，葡萄科种子 1 粒，马鞭草科种子 1 粒。2 粒豇豆属种子都只剩一半子叶，模糊可见胚芽痕迹。胚芽形态是对豇豆属内种子进行区分重要鉴定标准[1]，这 2 粒种子胚芽形态不明显，因此未将其鉴定至种。唇形科种子特点明显，呈卵圆形，外皮破损，难以观察其表面纹饰，因此未进行进一步鉴定。鉴定为葡萄科种子存疑，该种子形态特征明显，与葡萄属种子相似，腹部有两条并列的深槽，但未发现背面中部内凹的合点。马鞭草种子长矩圆形，呈三面体状，背面隆起，有 3 条较明显纵肋，腹面由纵脊分成两个侧面。这 4 种杂草数量较少。

---

[1] Dorian Q Fuller, Emma L. Harvet, "The archaeobotany of India pulses: identification, processing and evidence for cultivation", Environmental Archaeology, vol.11 (2006) No.2, pp. 219-246.

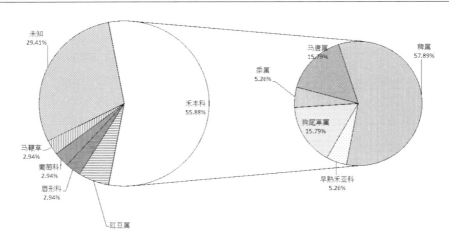

图五　各类杂草数量百分比

四　讨论

（一）阳光地带二期地点采样单位的时空分布

阳光地带二期地点属于金沙遗址组成部分，北接金都和御都花园地点，东接"芙蓉苑"地点。该地点是目前金沙遗址发现陶窑最为集中的区域，也发现大量墓葬，属于金沙遗址制陶作坊区和墓葬区。金都和御都花园地点发现大量灰坑和少量墓葬和陶窑，同阳光地带二期地点功能分区相同。"芙蓉苑"地点有数量可观的建筑遗迹，该区域应为生活居址[1]。从遗址背景看，这三个地点应该属于同一个聚落内不同的功能区域。

阳光地带二期地点十二桥文化可以分为第一期和第二期，其中一期可以分为早、中、晚段，二期可以分为早、晚两段。随着时间变化，阳光地带二期地点区域功能有所转变，发掘者认为第一期制陶工业由小变大，土坑竖穴墓在第一期中段开始出现，第一期晚段是该地点制陶工业最为兴盛的时期，具体表现为陶窑和与陶窑附属遗迹众多，出土遗物丰富，土坑竖穴墓亦有较多分布，在该期偏晚阶段新出现了船棺葬。到第二期早段，该地点制陶工业急剧衰落，与之相关遗存骤减，随着作坊区的废弃，该地点逐渐成为墓地，土坑竖穴墓仍然占据主流，但船棺葬逐渐发展开来。发掘者推测船棺葬使用者可能反映了某类特定的人群。该地点进行了浮选采样的灰坑和窑址都是第一期遗迹。由于缺乏二期的对比材料，我们已无法得知伴随着人群的变化、时代的发展、聚落功能的改变，该地点植物组合是否发生变化。

阳光地带二期地点灰坑发现较多，分布区域较广，坑口平面形状有圆形、椭圆形、长方形、不规则状，其中圆形和椭圆形最为多见，形状差异并无功能上的差异，这些灰坑往往集中分布于陶窑周边和建筑遗存附近，它可能与陶窑或建筑有着密切的关系。阳光地带二期地点十二桥文化第一期共发掘灰坑102个，窑址49个，采样单位仅有发掘灰坑、窑址单位数量的约1/10（图六、七）。此外，17个单位共采集土样41升，每个单位采样量在0.5~6升。阳光地带二期地点

---

[1]　成都文物考古研究所：《金沙村遗址芙蓉苑南地点发掘简报》，《成都考古发现（2003）》，科学出版社，2015年。

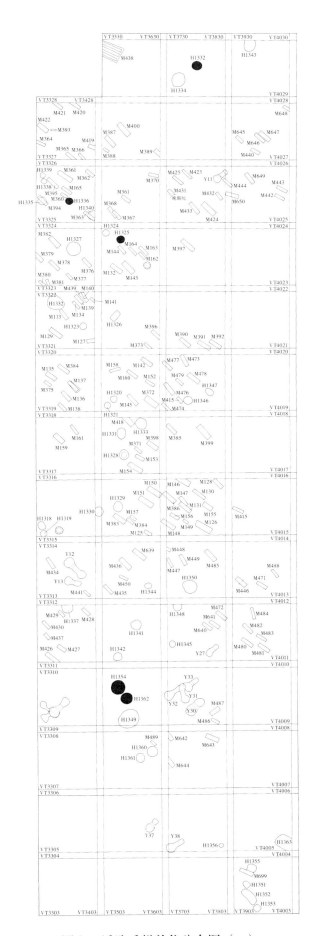

图六　浮选采样单位分布图（一）

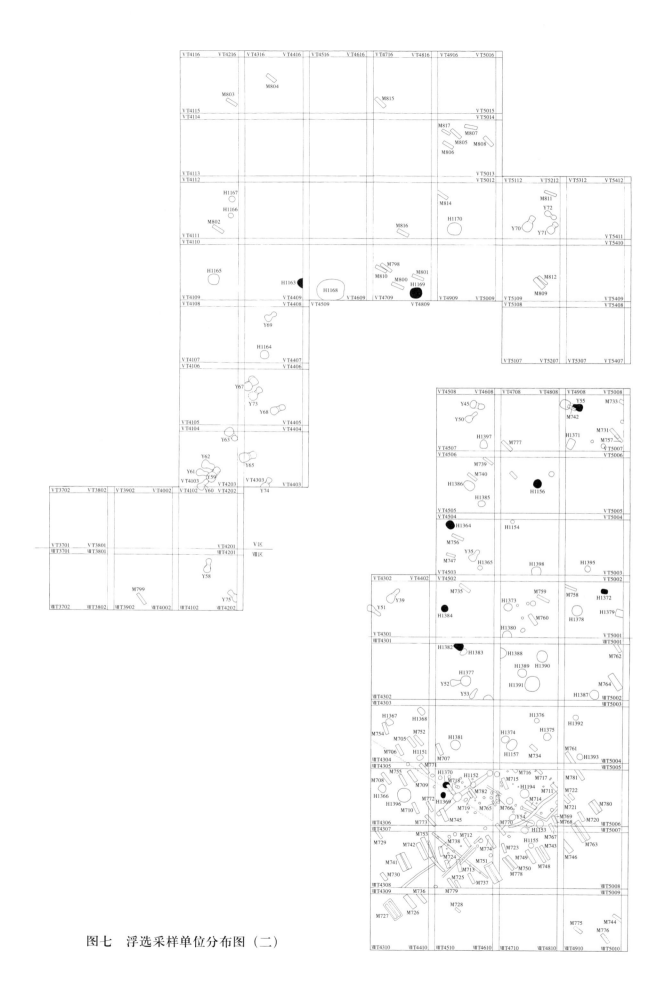

图七　浮选采样单位分布图（二）

采样单位数量和采集土样体积都偏少。由于采样单位有限，我们未对遗迹单位进行纵向时段上的进一步划分，探讨一期早、中、晚三段之间植物组合的差异；此外，也较难分辨该地点有建筑迹象的生活区域与制陶工作区域是否存在植物组合上的差异。阳光地带二期地点植物材料的局限性提醒我们在今后发掘工作中，要尽量系统的采集浮选土样，以提供更多不同时间和平面空间上的植物遗存对比材料。

金沙遗址是目前成都平原地区十二桥文化时期比较完整的聚落遗址，该遗址发掘面积大，聚落的功能分区比较清晰，包括居住区、祭祀区、作坊区、墓葬区等。接下来，希望可以针对该遗址的浮选样品进行系统鉴定，并进一步结合遗址的功能分区探讨与植物相关的人类活动。

从空间分布来看，阳光地带二期地点采样单位分布在发掘区域的各处地点，基本能够反映这一区域十二桥文化第一期植物组合的整体特点。下文中主要讨论制陶区域内的植物组合特点。

（二）阳光地带二期地点植物食物资源

阳光地带二期地点植物食物资源包括作物和杂草中的可食用或药用植物两种。

该地点出土的 218 粒作物中，稻谷共有 92 粒，占农作物总量的 42.20%；粟共 114 粒，占农作物总量的 52.29%；黍共 12 粒，占作物总量的 5.50%。从出土概率来看，共 9 个单位出土稻谷，出土概率为 52.94%，共 10 个单位出土粟，出土概率为 58.82%。可见，粟、黍的数量比例和出土概率均高于稻谷。具体到出土单位，H1169 和 H1362 种子出土密度远高于该地点其他单位，对该地点作物数量比例有决定性作用，并直接影响平均水平。我们将其作为异常值去掉后，余下 15 个单位出土 9 粒稻谷，24 粒粟和黍。粟和黍的数量依然多于稻谷。可见，阳光地带二期地点粟和黍在作物结构中处于优势地位。

杂草种子中，大多数是田间的伴生杂草。阳光地带二期地点发现的禾本科中狗尾草属、黍属、马唐属、稗属现在都是十分常见的旱田或稻田杂草。这些杂草可能与作物一起被人类收获进入聚落。除去禾本科杂草，其余杂草植物均可作为食用资源。

豇豆属中豇豆、绿豆、红豆都属于食用豆类，具有丰富的淀粉、蛋白质、维生素和矿物质[1]，其中绿豆、红豆可做粮食，豇豆可做蔬菜，三者有不同的食补和药用价值。食用豆类是以收获籽粒兼做蔬菜供人类食用的豆科作物的总称，与禾谷类、薯类共同构成人类三大食用作物。食用豆类在作物中的地位仅次于禾谷类[2]。由于阳光地带二期地点出土豇豆属种子未能鉴定至种，我们较难判断具体的食用方法与目的。

唇形科植物以富含多种芳香油而著称，其中较多芳香油成分可供药用[3]，是盛产药用植物的大科，例如藿香、益母草、夏枯草等都是常见中草药。唇形科还有些植物在具有药用价值的同时，兼具食用价值，例如紫苏、百里香、薄荷等均可作为调味料食用。唇形科是遗址中常见的草本植物，可能说明是先民生活中常接触的植物种类，主要用途可能是药用或作为调味料使用。马鞭草全草可供药用，有凉血、散瘀、清热解毒、驱虫止痒等功效[4]，可以治疗感冒发热、咽喉肿痛痢疾、

［1］傅翠真、李安智、张丰德、刘冬生：《中国食用豆类营养品质分析研究与评价》，《中国粮油学报》1991 年 11 月第 6 卷第 4 期。
［2］宗绪晓、关建平：《食用豆类的植物学特征、营养特点及产业化》，《中国食物与营养》2003 年第 11 期。
［3］中国科学院中国植物志编辑委员会：《中国植物志（第六十五卷第二分册）》，科学出版社，1977 年，第 3 页。
［4］中国科学院中国植物志编辑委员会：《中国植物志（第六十五卷第一分册）》，科学出版社，1982 年，第 16 页。

疟疾、跌打损伤等功效，是传统的中药资源[1]。阳光地带二期地点唇形科植物种子和马鞭草的发现说明先民可能开始了解和利用植物的药用价值。

阳光地带二期地点种子均以炭化形式保存下来，说明种子在进入埋藏环境之前经过了火烤。聚落内的火通常与人类的炊煮、取暖等行为有关。食物资源有较多接触火的机会，如炊煮过程中溢出容器落入火塘，加工时产生的废弃物作为燃料丢入火塘等。作物及其伴生杂草种子进入聚落的机制将在下文进行讨论。豇豆属植物种子是可食用资源，所以不管是作为野生资源被采集，还是作为栽培作物被收获，均有较高的机会进入聚落接触到火源。唇形科和马鞭草可利用部分主要是植株，考虑到植物结籽时植株已经难以直接食用，这两种植物的种子能够进入聚落，有两种可能：一是先民不直接食用已结籽的植株，而是以水煮或其他方式获得其药效和味道；二是先民已经开始储存种子，种植、管理这两种植物。需要说明的是，豇豆属、唇形科、马鞭草均属于食物资源，但目前并无直接证据证明其已被先民利用，因此我们不排除其作为作物伴生杂草一起被收获进入聚落的可能性。

（三）阳光地带二期地点草本燃料的利用

阳光地带二期地点采样单位有灰坑和窑址两种遗迹类型。上文中我们提到，H1169和H1362炭屑和炭化果实、种子密度均较高，而Y29炭屑密度较高，炭化果实、种子密度较低，可能反映了不同的植物组合。进一步比较3个单位出土植物种子组合发现，H1169和H1362出土植物种子以作物为主，数量比例分别达到约95%、90%，杂草比例很低，与其余灰坑种子组合基本相同。Y29出土植物种子以杂草为主，数量比例近80%，作物比例较低。综合Y29出土木炭和种子特点，推测该遗迹出土炭化物是制陶燃料。

Y29出土炭化种子以禾本科为主，数量较少但种类较多。草本植物燃烧性能存在较大差异，热值高、燃烧性能强的可作为植物燃料，燃烧性差的植物则可以用于生物防火[2]。禾本科草本植物中较多植株高大、生长速度快、生物质产量高的种类，可以直接作为燃料使用，也可以用作能源生产的草类植物[3]。Y29中禾本科植物的出现说明先民可能将一些热值高、燃烧性能优良的禾本科草本植物作为制陶燃料。Y29>1毫米炭屑密度较高，接下来我们将对木炭进行种类鉴定，了解先民对木本燃料的利用情况。

与"阳光地带二期地点"同属十二桥早期阶段的成都郫县菠萝村遗址Y1工作坑出土大量稻谷基盘，而稻谷谷粒不多[4]。稻谷基盘通常产生于稻谷脱壳阶段的加工阶段，与稻壳一起成为脱壳阶段的副产品。稻壳是优良的能源燃料，可燃成分达70%以上，发热量12.5~14.6mJ/kg，约是标准煤的一半；稻壳挥发分高，达50%以上，易着火燃烧[5]。大量稻谷基盘在陶窑出现说明先民可能将稻壳作为燃料或者引火材料。

长期以来，植物种子遗存的研究主要集中在复原先民食谱，缺乏对草本燃料植物的关注。

[1] 杨海光、方莲花、杜冠华：《马鞭草药理作用及临床应用研究进展》，《中国药学杂志》2013年6月第48卷第12期。
[2] 李世友、马长乐、范珍珍等：《7种草本植物燃烧性及应用的初步研究》，《浙江林业科技》2008年9月第28卷第5期。王小雪：《黑龙江省主要草本可燃物燃烧性研究》，东北林业大学博士论文，2012年。
[3] 李平、孙小龙、韩建国、刘天明：《能源植物新看点——草类能源植物》，《中国草地学报》2010年9月第32卷第5期。曾汉元、张伍佰、刘光华、刘选明：《中国热带和亚热带地区能源草资源调查与初步筛选》，《中国农学通报》2013年第29卷第20期。
[4] 姜铭：《郫县菠萝村遗址"宽锦"地点2011年浮选结果及分析》，《成都考古发现（2012）》，科学出版社，2014年。
[5] 周肇秋、马隆龙、李海滨、吴创之：《中国稻壳资源状况及其气化/燃烧发电前景》，《可再生资源》2004年第6期。

窑址遗迹性质特殊，能够保留较多燃料信息。阳光地带二期地点和菠萝村遗址窑址出土植物都属于优良的引火材料或燃料，说明先民可能对植物的燃烧性能有一定的认识。

（四）植物种子组合体现的作物加工阶段特点

1．阳光地带二期地点制陶区内种子组合特点

植物从收获到食用要经过加工、储存、烹饪等一系列过程，每个步骤都会产生不同的植物组合。如果将作物加工、储存、烹饪等步骤中产生的种子组合特点，与聚落功能分区结合分析，就能进一步了解植物的加工、消费与遗址功能分区的关系。

傅稻镰在颍河流域植物考古工作中已经提出不成熟粟、黍比例，杂草比例可以作为判断作物加工阶段的指标[1]。一般认为在打谷脱粒阶段副产品中会有较多带壳和未成熟的谷粒；脱壳和扬场阶段则有较多不带壳和成熟的谷粒。作物加工早期阶段的副产品中一般较多小且轻的杂草种子且杂草比例高，而后期阶段则较多大且重的杂草种子，杂草比例低[2]。宋吉香通过粟的作物加工实验肯定了傅在颍河流域研究报告中指出的不成熟和成熟粟、黍比例可以作为判断作物加工阶段的指标。实验数据说明在脱粒、扬场阶段的副产品中，不成熟粟和成熟的比值应该大于1.68[3]。根据作物加工理论，可以通过分析作物和杂草数量比、成熟作物和未成熟作物比、带壳作物和不带壳作物数量比，判断遗址出土植物组合更接近于哪一加工阶段遗存。

作物和杂草数量比是判断作物加工阶段的标准之一，我们需要对可能与作物一同收获进入聚落的杂草有一定的判断。田间杂草主要依附于人类的生产和生活存在于某种人工生态环境中。作为田间杂草，不同的品种往往伴随着与其在形态上、生长习性上和对生态环境的需求上都十分接近的农作物[4]。粟所属的狗尾草属、黍所属的黍属、马唐属都属于旱地草类，以种植粟、黍的旱田较多伴生杂草都属于这三属。稗属属于湿地草类，是常见的水田杂草[5]。豇豆属、唇形科、马鞭草均可作食用资源，可能作为食物被先民带入聚落，此外，豇豆属、葡萄科是藤本植物，较难与直立草本作物一同被收获。但是考虑到之前关于作物加工研究中通常仅将出土植物种子划分为作物和杂草，目前我们也较难判断这些植物是否作为食物资源被先民利用，以下分析中我们同样将这几类植物归入杂草与作物数量进行比较。

阳光地带二期地点采样单位有灰坑和窑址两种遗迹类型。灰坑单位中，作物数量远高于杂草数量，且有些单位仅发现了作物未发现杂草（图八）。稻谷和粟未成熟与成熟种子比值约0.3（表三），低于宋的实验结果。此外，该地点仅发现4粒带壳粟。植物组合更接近于粟和稻谷加工后期脱壳、扬场阶段或食用阶段的遗存。作物脱壳阶段除了产生不带壳和成熟的谷粒外，还会产生壳和基盘等遗存。阳光地带二期地点仅在H1169发现4粒稻谷基盘，稻谷基盘是稻谷脱壳

[1] Fuller DQ（傅稻镰）：《颍河中上游谷地植物考古调查的初步报告》，《登封王城岗考古发现与研究（2002~2005）》（下），（附录四），大象出版社，2007年。Fuller DQ（傅稻镰）、张海：《再谈植物遗存与作物加工方式》，《中国文物报》2010年1月8日第7版。

[2] Fuller DQ（傅稻镰）：《颍河中上游谷地植物考古调查的初步报告》，《登封王城岗考古发现与研究（2002~2005）》（下），（附录四），大象出版社，2007年。Fuller DQ（傅稻镰）、张海：《再谈植物遗存与作物加工方式》，《中国文物报》2010年1月8日第7版。Emma L. Haevey, Dorian Q Fuller, "Investigating crop processing using phytolith analysis:the example of rice and millets", Journal of Archaeological Science, vol. 32 (2005), pp. 739–752.

[3] 宋吉香、赵志军、傅稻镰：《不成熟粟、黍的植物考古学意义——粟的作物加工实验》，《南方文物》2014年第3期。

[4] 赵志军、何驽：《山西襄汾陶寺遗址2002年度浮选结果及分析》，《考古》2006年第5期。

[5] 肖小华、刘春、吴洪华等：《重庆市秀山县农田杂草种类调查》，《杂草科学》2014年第32卷第4期。罗文、何澍然、周平等：《云南昆明地区常见农田杂草种类组成与原产地研究》，《杂草学报》2016年第34卷第1期。

表三　成熟和未成熟稻谷、粟数量统计表

单位号	稻谷			粟		
	成熟	未成熟	未成熟／成熟	成熟	未成熟	未成熟／成熟
H1156	2	0	0	3	1	0.33
H1169	19	0	0	15	4	0.27
H1325	1	0	0	0	0	—
H1336	0	0	0	1	1	1.00
H1354	2	0	0	2	1	0.5
H1362	43	21	0.49	59	17	0.29
H1364	0	0	—	2	0	0
H1372	0	0	—	2	0	0
H1384	0	0	—	3	1	0.33
Y29	1	0	—	1	0	0
无号	2	1	0.5	1	0	0
合计	70	22	0.31	89	25	0.28

阶段产生的副产品，遗址内发现的基盘数量极少，且炭化物中也未发现稻壳，说明该地点可能未保留稻谷脱壳阶段遗存。粟的基盘细小，难以保存。考虑到炭化物中未发现粟壳，我们所以推测该地点可能并未保留粟脱壳阶段遗存。综合来看，该地点应该保存了食用阶段的稻谷和粟。

　　Y29 出土植物种子以杂草为主，数量比例近 80%，比例非常高（图八）。杂草种类以旱地、水田杂草为主。推测该堆积可能混合了几种作物加工早期阶段脱粒、扬场的副产品。综合来看，陶窑区出土种子可能混合了作物加工最初的脱粒、扬场阶段的副产品和食用阶段的谷物。

　　谷物籽粒的外壳坚硬，可以防潮、防蛀。我们在西昌市大兴乡进行植物考古调查时发现，稻谷一般是带壳储藏，分次定量去壳，可供一段时间内食用。据当地人反映稻谷去壳后容易生虫不利于长时间储藏。制陶区域发现与作物脱壳相关的副产品和带壳谷物数量都极少，可能说明该区域并没有集中存储过谷物。陶匠应该是从聚落生活区或作物储藏区将已完全加工好的粟和

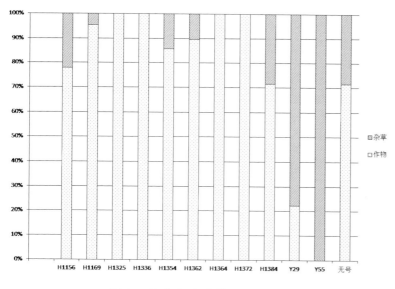

图八　作物和杂草数量百分比

稻谷带入制陶区供短时间内食用。制陶区内烧制陶器和饮食都需要燃料，作物脱粒、扬场阶段产生的茎叶等副产品很可能被用作燃料带入该区域，并与食用过程中损失的谷物经过移动和混合在遗址中一起保存下来。

2. 成都平原十二桥文化早期阶段作物结构特点

目前成都平原地区已经积累了较多十二桥文化早期阶段遗址出土的炭化种子遗存数据，包括中海国际社区遗址[1]、菠萝村遗址[2]、三官堂遗址[3]、城乡一体化工程金牛区5号C地点[4]、永福村遗址、褚家村遗址、燕塘村遗址、太平村遗址[5]等9处遗址。在以往成都平原十二桥文化早期阶段作物结构研究中，主要有两个研究方向，一是关注单个遗址的作物结构，二是关注作物结构的历时性变化，将该时期遗址数据进行整合后与其他时期进行纵向比较。关于十二桥文化早期阶段作物结构的横向比较探讨不足，本文将对十二桥文化早期阶段遗址作物结构展开横向比较，探讨这一时期成都平原地区内部是否存在小的区域格局。

9处遗址出土植物种子可以分为三类，作物、田间杂草、可食用植物。三类种子组合相近，作物主要是旱地作物粟、黍，极少发现麦类作物，田间杂草有狗尾草属、马唐属、黍属、稗属、莎草属、蘆草属、飘拂草属，可食用植物有野豌豆属、豇豆属、唇形科、紫苏、藜科、十字花科等。从植物组合种类情况看，各聚落均是稻粟黍混作为主的作物结构，作物伴生的杂草种类相近，可食用的资源相近，反映了相近的农业环境。

中海国际社区遗址、永福村遗址、褚家村遗址、燕塘村遗址、太平村遗址稻谷的统计方法与阳光地带二期地点是相同的，仅统计了≥1/2个体数。比较6处遗址稻谷数量比例发现，阳光地带二期地点、褚家村遗址、燕塘村遗址、太平村遗址在40%~50%之间，永福村遗址约60%，中海国际社区遗址超过80%（图九）。

菠萝村遗址、三官堂遗址、城乡一体化工程金牛区5号C地点稻谷数量的统计方法是将完整稻谷和碎种全部纳入统计数据，因此我们将阳光地带二期地点、中海国际社区遗址等6处遗址出土完整、≥1/2、<1/2稻谷进行统计后，实现9个遗址间作物结构差异的比较。将全部稻谷碎块纳入稻谷数量后，9处遗址稻谷数量比例均达到了60%以上，阳光地带二期地点、褚家村遗址、燕塘村遗址、太平村遗址在60%~70%之间，三官堂遗址、城乡一体化工程金牛区5号C地点、永福村遗址75%~85%之间，中海国际社区遗址、菠萝村遗址达到90%以上（图一〇）。我们比

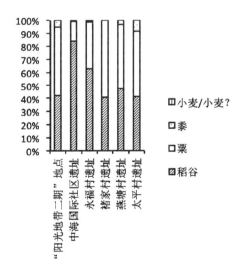

图九　各遗址出土作物种子数量百分比
（未统计<1/2稻谷数量）

［1］闫雪、周志清、姜铭：《成都市中海国际社区遗址浮选结果及初步分析》，《成都考古发现（2012）》，科学出版社，2014年。
［2］姜铭、刘雨茂、杨占风：《郫县菠萝村遗址"宽锦"地点2011年浮选结果及分析》，《成都考古发现（2012）》，科学出版社，2014年。
［3］姜铭、黄伟、刘雨茂等：《双流县三官堂遗址2009~2010年度植物大遗存浮选结果及其初步研究》，《成都考古发现（2013）》，科学出版社，2015年。
［4］姜铭、赵德云、黄伟等：《四川成都城乡一体化工程金牛区5号C地点考古出土植物遗存分析报告》，《南方文物》2011年第3期。
［5］石涛：《成都平原先秦时期植物遗存研究》，北京大学硕士论文，2012年。

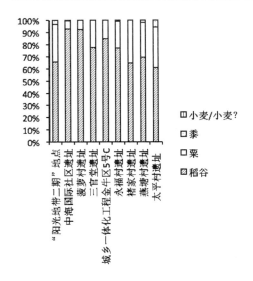

图一〇　各遗址出土作物数量百分比
（统计＜1/2 稻谷数量）

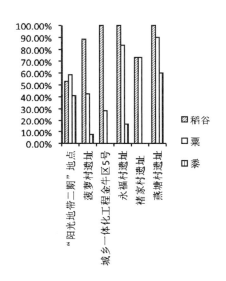

图一一　各遗址出土作物出土概率

较浮选单位在 5 个以上遗址稻、粟、黍的出土概率发现，稻谷数量比例偏高的遗址，稻谷的出土概率明显高于粟，稻谷数量比例偏低的遗址，稻谷的出土概率与粟相近（图一一）。

稻谷数量的统计方法对作物数量比例影响很大，目前较难判断哪种统计方法更为科学，因此我们不通过出土作物数量比例对十二桥文化早期阶段作物种植结构下定论。上文中分别采用两种方法统计稻谷数量，均发现十二桥文化早期阶段遗址间存在作物结构的差异。根据遗址出土植物遗存的定性和定量分析讨论作物结构的研究思路对于单个遗址整体的把握是普遍适用的方法，但在解决遗址内部功能分区时，需要更全面地考虑作物从收获到食用所经过的加工、储藏、烹煮的过程中产生的种子组合特点，并与考古背景结合进行分析。笔者对宝墩遗址植物遗存进行分区研究时发现，鼓墩子地点和田角林地点出土了作物不同加工阶段产生的种子组合。田角林地点是聚落的中心区域，是主要的生活区，种子组合以食用阶段种子为主。鼓墩子地点，以鼓墩子北为中心，可能是粟加工早期阶段扬场的场所，也是稻谷脱壳阶段的加工场所。鼓墩子地点粟在作物数量比例中高于田角林地点，可能与该点作为粟的加工场所有关[1]。考虑到采样地点可能属于聚落不同的功能区域，不同作物加工阶段产生的植物组合存在差异，我们不排除十二桥文化早期阶段遗址间的作物结构区别可能与保存了作物不同加工阶段的副产品有关。

9 处遗址中进行过粟、黍成熟和未成熟分类（麦类作物未进行分类，且发现数量很少，不作统计；永福村遗址 H17 出土 1 粒黍，未进行分类）的遗址共有 5 个。除阳光地带二期地点外，其他几处遗址均未进行作物带壳和未带壳分类，稻谷的成熟和未成熟分类。我们较难以目前材料进行作物加工阶段的分析，进而判断遗址间的作物结构区别是否与保存了作物不同加工阶段的副产品有关。

假设在保存了较近阶段的副产品的情况下仍然存在这种作物结构的差异，那需要结合成都平原内地域环境差异和文化差异探讨这种不同产生的原因。我们将在今后的研究中注意持续关注这个问题。此外，接下来的鉴定工作中，我们将对作物种子进行成熟和未成熟分类，观察炭化植物中是否有植物茎干、叶片、以及作物外壳。这将为判断遗址出土植物组合性质提供更多证据。

　　［1］闫雪、姜铭、何锟宇等：《新津宝墩遗址 2013~2014 年出土植物遗存分析报告》，《成都考古发现（2013）》，科学出版社，2015 年。

（五）十二桥文化早期阶段作物种子尺寸特征

成都市阳光地带二期地点共出土完整稻 30 粒，我们将其中的 21 粒进行了数据测量。统计数据显示，稻粒平均长 4.258、宽 2.139、厚 1.612 毫米，长宽比 2.022（表四）。

上文中讨论的 9 处进行了炭化种子鉴定的遗址都公布了稻谷尺寸信息。石涛对褚家村遗址、太平村遗址、燕塘村遗址、永福村遗址的 254 粒稻谷进行了数据测量，与宝墩文化时期、晚期巴蜀时期的稻谷数据进行了比较分析。从各时期稻米粒形分布散点图中可以观察到，十二桥文化早期阶段稻谷的长、宽数据比较分散，长度大致分布在 3.0~6.5 毫米，宽度分布在 1.0~3.5 毫米，厚度分布在 1.0~2.5 毫米。我们将可以获得测量数据的阳光地带二期地点、中海国际社区遗址、菠萝村遗址、三官堂遗址、城乡一体化工程金牛区 5 号 C 地点等 5 处遗址的 136 粒稻谷长、宽、厚进行了统计，发现整体测量数据与石涛测量结果较为吻合。

表四　阳光地带二期地点出土炭化稻测量数据统计表　　　　　（单位：毫米）

遗迹单位	长	宽	厚	长宽比
H1169	4.853	2.25	1.919	2.157
	3.999	1.863	1.611	2.147
	4.376	2.073	1.917	2.111
H1362	3.936	1.457	1.116	2.701
	3.513	1.682	1.435	2.089
	5.104	2.426	1.584	2.104
	4.486	2.083	1.497	2.154
	4.214	2.376	1.914	1.774
	4.157	2.097	1.473	1.982
	5.011	2.423	1.593	2.068
	3.625	2.028	1.513	1.787
	4.231	2.018	1.803	2.097
	4.334	2.34	1.654	1.852
	3.899	2.38	1.928	1.638
	3.662	1.621	1.236	2.259
H1354	3.734	1.776	1.082	2.102
	4.296	2.458	1.878	1.748
H1156	4.917	2.651	1.911	1.855
H1325	3.725	2.576	1.389	1.446
无号	4.727	2.466	1.6	1.917
	4.628	1.869	1.801	2.476
平均值	4.258	2.139	1.612	2.022

　　作物的形态差异常与人类对作物的栽培、作物的生长环境、基因等因素有关。因此，我们可以根据不同时代、不同地域的作物粒型特点，探讨作物的栽培和传播等问题。根据阳光地带二期地点、中海国际社区遗址、菠萝村遗址、三官堂遗址、城乡一体化工程金牛区 5 号 C 地点等 5 处遗址稻谷长、宽分布散点图可以看出（图一二），阳光地带二期地点、城乡一体化工程金牛区 5 号 C 地点稻谷数据大多落在长小于 4.5 毫米区间内，宽度区分不明显；菠萝村遗址和三官堂遗址稻谷大多落在长大于 4.5 毫米，宽大于 2.5 毫米区间内。这似乎可以划为两种不同的粒型。根据稻谷长、厚分布散点图可以看出（图一三），阳光地带二期地点和城乡一体化工程金牛区 5 号 C 地点部分稻谷厚度小于 1.5 毫米，其他遗址差别不明显。根据 5 处遗址稻谷长、宽、厚度特点，我们将阳光地带二期地点、城乡一体化工程金牛区 5 号 C 地点主体稻谷定为偏小粒型，菠萝村遗址、三官堂遗址主体稻谷定为偏大粒型。中海国际社区遗址同时包括两种粒型稻谷，且以偏大粒型为主。

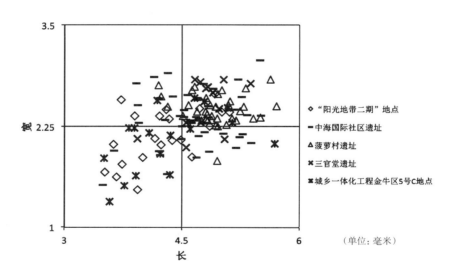

图一二　遗址出土稻谷长、宽分布散点图

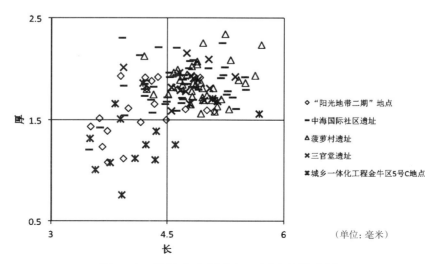

图一三　遗址出土稻谷长、厚分布散点图

阳光地带二期地点共出土炭化粟 104 粒，其中保存完整可测量长宽的成熟稻谷有 39 粒。统计数据显示，平均长 1.176、宽 1.064 毫米，长宽比 1.109（表五）。

目前阳光地带二期地点、中海国际社区遗址、菠萝村遗址、三官堂遗址 4 处遗址共有 73 粒粟的测量数据。根据 73 粒粟的长、宽散点分布图可以看出（图一四），粟长度大致分布在 0.8~1.5毫米，宽度分布在 0.8~1.4 毫米，且 4 个遗址粟的粒形差异不大。

通过对十二桥文化早期阶段成都平原地区不同遗址稻谷和粟的形态比较发现，遗址间稻谷形态差异明显，粟形态特征基本相同。十二桥文化早期阶段 9 处遗址出土的植物组合反映几个聚落的农业环境基本相同，说明这一时期先民对农业的管理水平可能相近。假设同一时代先民对作物的栽培和管理水平相差不大，那么 5 处遗址稻谷的粒型差异可能与遗址所在区域的微环

表五　阳光地带二期地点出土炭化粟测量数据统计表　　　　（单位：毫米）

遗迹单位	长	宽	长宽比	遗迹单位	长	宽	长宽比
H1169	1.275	1.064	1.198	H1362	1.219	1.225	0.995
	1.011	0.959	1.054		1.197	0.952	1.257
	1.235	1.114	1.109		1.102	1.199	0.919
	1.165	1.098	1.061		0.839	0.896	0.936
	1.102	0.951	1.159		0.865	0.848	1.020
	1.167	1.109	1.052		1.053	1.147	0.918
H1362	1.310	1.133	1.156		0.859	0.834	1.03
	1.274	1.325	0.962		1.220	0.982	1.242
	1.216	1.154	1.054		0.900	0.898	1.002
	1.136	1.065	1.067	H1354	1.145	1.152	0.994
	1.233	1.047	1.178		1.339	1.154	1.16
H1362	1.036	0.980	1.057	H1156	1.188	0.977	1.216
	1.377	1.026	1.342	H1364	1.525	1.098	1.389
	1.328	1.162	1.143	H1372	1.002	1.029	0.974
	1.243	1.126	1.104	Y29	1.349	1.061	1.271
	1.109	1.031	1.076		1.353	1.069	1.266
	1.235	0.99	1.247	H1384	1.360	1.326	1.026
	1.19	1.023	1.163		1.186	1.081	1.097
	1.203	0.911	1.321	无号	1.278	1.285	0.995
	1.042	1.005	1.037	平均值	1.176	1.064	1.109

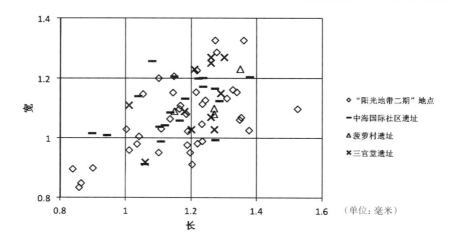

图一四　遗址出土粟长、宽散点分布图

境有关，或者与水稻品种相关。目前积累的十二桥文化早期阶段的稻谷测量数据不多，希望在今后的工作中，统一测量标准，增加测量数据，检验稻谷的形态差异是否存在。在此基础上，可以进一步讨论人类的栽培和生长环境对作物性状的影响、作物品种的稳定性或外来作物品种等相关问题。

五　结语

阳光地带二期地点是一处金沙遗址制陶作坊区域，陶窑区出土种子可能混合了作物加工最初的脱粒、扬场阶段的副产品和食用阶段的谷物。结合遗迹性质，我们推测陶工直接食用已加工好的干净粮食，并且可能将作物加工早期阶段遗存做制陶燃料。陶工日常主食包括粟、黍和稻谷。除了粮食作物外，可食用资源还包括豇豆属、唇形科、马鞭草。

阳光地带二期地点出土粟和黍在作物结构中处于优势地位，数量比例超过稻谷。比较成都平原十二桥文化早期阶段 9 处遗址出土作物数量比例发现，遗址间存在差异。在今后的研究中，我们将持续关注成都平原内部作物结构是否有小的区域格局。此外，接下来的鉴定工作中，我们将对作物种子进行成熟和未成熟分类，观察炭化植物中是否有植物茎干、叶片、以及作物外壳。这将为判断遗址出土植物组合性质提供更多证据。

通过对十二桥文化早期阶段不同遗址作物尺寸的比较，发现稻谷可以划为偏大粒型和偏小粒型，粟的尺寸差异不明显。不同遗址的稻谷尺寸是否存在差异还需要进一步检验。

注：阳光地带二期地点出土植物遗存鉴定结果已于 2014 年刊布于《成都考古发现（2012）》。后来为了研究需要，将稻谷、粟、黍进一步划分成熟和未成熟时，发现原来有些未成熟粟或黍被归入狗尾草属或黍属。现已改正，最终鉴定结果以本文为准。

附录四　阳光地带二期墓葬出土玉石器分析

杨颖东　　周志清

（成都文物考古研究所）

一　玉石器出土背景

1. 阳光地带二期概述

　　阳光地带二期地点是金沙遗址的重要组成部分，位于整个金沙遗址范围的西北部，东距金沙遗址"祭祀区——'梅苑'东北部地点[1]"约 1000 米，紧邻摸底河北岸。2003 年 12 月底至 2004 年 5 月初，成都文物考古研究所对阳光地带二期地点进行抢救性考古发掘，共计发掘面积 15800 平方米，发现有非常丰富的商周时期遗存，计有灰坑 102 个、墓葬 290 座、陶窑 49 座，以及少量建筑遗迹。另外还出土有大量陶片。墓葬是该地点发现最多的一类遗迹，均为长方形竖穴土坑墓，时代初步推测为西周。墓葬呈片状集中分布，墓地事先应有一定的规划；墓室多数未见葬具，部分使用船棺。墓葬坑口均被扰动，存在墓坑较浅，甚至仅存墓底。墓室内填土为灰褐色黏砂土，结构较疏松，填土中多无遗物。墓底人骨葬式多为仰身直肢葬，少量为屈肢葬；葬法多为一次葬，少数为二次葬；多数墓室内无随葬品，少量墓葬有随葬品，一般仅 1~3 件，且以陶器居多，另有少量磨石；仅个别墓葬随葬较多的玉石条、陶器、纺轮、卵石等。

2. 出土玉石器的四座墓状况

　　本次分析所取玉石器出自 M397、M399、M696 和 M700 四座墓，为了清楚展现玉石器出土时状况及共存器物，对四座墓状况分述如下：

　　M397　位于 V T3724 东南。开口于⑤层下，打破第⑥层。方向 135°（彩版一〇四，1）。平面形状呈长方形，直壁，平底。口径长 2.45、宽 0.83~1.01、深 0.60 米。填土为灰黑色黏砂土，结构紧密，包含物有陶片。葬法为二次葬，骨架摆放凌乱。头部以下随葬有尖底罐、尖底盏、圈足罐、罐等 6 件陶器，另有玉石条数根置于头部两侧。

　　M399　位于 V T3818 西北。开口于⑤层下，打破第⑥层。方向 320°（彩版一〇四，2）。平面形状呈长方形，直壁，平底。口径长 2.82、宽 0.84、深 0.23 米。填土为灰黑色黏砂土，结构紧密，包含物有陶片，可辨器形有小平底罐、尖底杯、高领罐、圈足罐等。葬法为二次葬，骨架摆放凌乱。随葬品置于头部，多为石质较差的灰白色长条形石条，另有椭圆形灰白色石片 2

　　[1]王方、朱章义、张擎：《成都金沙遗址 I 区"梅苑"东北部地点发掘一期简报》，《金沙遗址考古发掘资料集（一）》，科学出版社，2003 年，第 69~141 页。

件，石条和石片上有明显的切割痕迹。另外在头部东北还有 1 个未经加工的卵石。

　　M696　位于 VT2311 西南角，西段进入 VT2211 东隔梁。开口于⑤层下，打破第⑥层。方向 140°（彩版一〇四，3）。平面形状呈圆角长方形，直壁，平底。墓口残长 1.30、宽 0.60、残深 0.15 米。填土为深黑色黏砂土，质地结构紧密，包含物有少量陶。陶片残碎，器形不可辨。葬法为二次葬。头骨随葬数根长条形灰白色玉石条。

　　M700　位于 VT2614 东北角，南部一段进入 VT2613 北隔梁。开口于⑤层下，打破第⑥层。方向 125°（彩版一〇四，4）。平面形状呈长方形，直壁，平底。墓口长 2.50、宽 0.83、残深 0.33 米。墓室东壁有一熟土二层台，长 0.83、宽 0.15、高 0.26 米。填土为灰褐色黏砂土，质地结构紧密，包含物有少量陶片，器形不可辨。骨架摆放凌乱，葬法为二次葬。人骨集中处随葬数根条形灰白色玉石条和 1 块椭圆状形石片及陶纺轮，北壁靠骨架处随葬尖底杯和罐；南壁则为 2 件罐；墓底西南角随葬 1 件罐；二层台东北角放置 1 件陶罐。

　　这四座墓年代推测为西周早期，是该地点时代较早的一组墓葬。在阳光地带二期 290 座墓葬当中仅此 4 座随葬玉石器，占比 1.38%，数量非常少。另外，从墓葬规模、葬具、葬法等方面信息观察，凸显这四座墓的特殊性。从墓葬规模和结构而言，其体量大于不出此类遗物的墓葬，个别墓葬使用二层台；此类墓葬未见葬具，不同于使用船棺的墓葬；此类墓葬随葬品组合中不见磨石与玉石共存的情形。从葬法上，可见此类墓葬特殊之处——均为二次葬，不见一次葬。另外，相对应其他墓葬而言，出土随葬品较为丰富。此类墓葬随葬品最大的特征是在死者头胸部随葬玉石条，此类器形未见成型的，初步推测可能为玉石器生产或加工中产生的边角料或坯料，但目前也不排除特意生产的可能性。这类玉石器上遗留有明显的加工痕迹，由此可推测墓主人具有特殊的身份和地位。以笔者之见，其职业身份指向性特征更为显著，当然其可能还有财富的象征意义。囿于目前金沙遗址，乃至整个成都平原尚未发现同时期的高等级墓葬。而玉石在商周时期的蜀人社会中是礼神、祭神的重器，它在墓葬中的出现，当有其特殊的含义，死者的身份由此得以彰显。

　　在人头、胸部随葬条状玉石器是成都平原商周时期墓葬随葬习俗中一大特征，在金沙遗址阳光地带二期中此类情形最为突出。为了进一步了解此类墓葬随葬玉石器的特质和相关信息，认识此种墓葬随葬玉石器的选料特点，从该地点 4 座墓葬中选择样品，进行了材质分析，并对一件石片上的染红现象进行了分析。

二　石器样品

　　从四座墓葬中共选取 20 个样品（彩版一〇五，1、2）进行了分析，所取样的玉石器颜色整体呈现灰白色、有的表面沁斑呈黄色、淡绿色、褐色等，硬度普遍较低，很容易碎断。取样时仅从对应玉石样品上刮取少量粉末，满足检测需求即可。样品编号依次为 M397-1~9，M399-1~5，M696-1~4，M700-1、2。分别进行 X 射线荧光（XRF）元素成分和 X 射线衍射（XRD）矿物物相分析，两种检测方法用同一粉末样品先后进行检测。

三　玉石器检测分析

1. 成分检测

采用 Niton XL3t950 型 X 射线荧光能谱仪分析 20 件样品的元素成分。仪器检测时设置为矿石模式，此模式含主、轻、高、低四种元素滤波片，可以检测相应的元素。银靶，激发电压 20kV 左右，扫描时间 130s。该仪器仅能检测出 Na 以上原子序数元素，分析结果为定性和半定量。

分析结果：见表一、彩版一〇六，1~4，彩版一〇七，1。

表一　玉石器成分分析结果／wt%

样品编号	检测序号	SiO_2	MgO	Fe_2O_3	Al_2O_3	CaO	TiO_2	K_2O	Cr_2O_3
M397-1	951	53.83	15.05	3.07	0.28	0.06	0.02	0.00	0.00
M397-2	952	56.98	12.03	2.39	1.53	4.63	0.07	0.10	0.00
M397-3	953	60.49	9.35	2.26	2.42	6.59	0.08	0.37	0.01
M397-4	954	62.19	17.43	1.66	0.28	0.00	0.00	0.00	0.00
M397-5	955	59.38	15.62	2.50	0.91	0.35	0.03	0.05	0.01
M397-6	956	61.11	16.50	0.80	0.38	0.00	0.03	0.05	0.01
M397-7	957	56.81	14.22	3.80	2.97	0.14	0.12	0.30	0.01
M397-8	958	48.06	13.60	3.71	8.52	4.93	0.07	0.11	0.00
M397-9	959	60.17	15.88	0.96	0.81	0.06	0.03	0.08	0.00
M399-1	781	52.01	12.26	3.39	3.15	0.27	0.16	0.39	0.01
M399-2	782	52.72	14.63	2.20	1.38	0.16	0.12	0.09	0.01
M399-3	783	60.32	17.57	2.43	0.90	0.06	0.06	0.04	0.01
M399-4	784	55.76	16.22	2.74	1.84	0.16	0.17	0.06	0.01
M399-5	785	71.38	16.66	2.80	2.76	8.42	0.08	0.10	0.01
M696-1	786	58.56	17.26	3.90	1.21	0.24	0.12	0.08	0.02
M696-2	787	55.18	15.52	2.57	0.78	0.11	0.06	0.03	0.01
M696-3	788	60.51	17.21	3.65	3.10	0.22	0.10	0.25	0.02
M696-4	789	65.07	18.86	2.27	1.49	0.05	0.06	0.20	0.01
M700-1	790	61.70	14.53	1.88	3.72	0.26	0.14	0.63	0.01
M700-2	791	70.17	21.61	0.65	0.72	0.00	0.02	0.00	0.00

注："0.00"表示该数据经有效数字处理后的显示。

2．矿物物相分析

矿物组成分析采用 X 射线衍射（XRD）分析方法。此项分析在国土资源部西南矿产资源监督检测中心检测，粉末样品。仪器型号：荷兰帕纳科 X′Pert Pro MPD，铜靶，管电流 40mA，管电压 40kV。

分析结果见表二、彩版一〇七，2~4，彩版一〇八，1。

表二　玉石器矿物物相分析结果

样品编号	矿物组成 /wt%			
M397-1	利蛇纹石 66%	纤蛇纹石 30%	铁橄榄石 4%	
M397-2	透闪石 50%	利蛇纹石 24%	磷铝矿 26%	蛭石
M397-3	透闪石 79%	利蛇纹石 12%	石英 2%	菱沸石 7%
M397-4	利蛇纹石 59%	磷铝矿 32%	富锂石榴石 8%	方铁矿 1%
M397-5	纤蛇纹石 92%	方铁矿 4%	钾盐 1%	二氧化锆 3%
M397-6	利蛇纹石 25%	方铁矿 2%	透锂长石 67%	滑石 5%
M397-7	绿泥石 38%	斜绿泥石 37%	铁蛇纹石 20%	镁黄长石 5%
M397-8	斜绿泥石 71%	透闪石 15%	透辉石 14%	
M397-9	利蛇纹石 80%	碳硅石 4%	方铁矿 5%	磁铁矿 9%	石英 1%
M399-1	利蛇纹石 49%	纤蛇纹石 23%	斜绿泥石 21%	碳硅石 7%
M399-2	利蛇纹石 74%	斜绿泥石 9%	方铁矿 3%	氯铜绿钒 12%	石英 1%
M399-3	利蛇纹石 88%	方铁矿 2%	石英 1%	红旗矿 2%	磁铁矿 4%
M399-4	利蛇纹石 51%	纤蛇纹石 36%	斜绿泥石 13%	
M399-5	叶蛇纹石 48%	透闪石 44%	斜绿泥石 8%	
M696-1	利蛇纹石 47%	斜绿泥石 33%	石英 1%	
M696-2	利蛇纹石 69%	斜绿泥石 17%	镁铝榴石 13%	石英 1%
M696-3	利蛇纹石 74%	斜绿泥石 16%	钾碱沸石 7%	磁铁矿 3%
M696-4	利蛇纹石 93%	石英 1%	镁橄榄石 5%	石榴石 2%
M700-1	利蛇纹石 55%	白云母 24%	方钠石 10%	磁铁矿 2%	石英 6%
M700-2	纤蛇纹石 50%	利蛇纹石 11%	透辉石 4%	磷铝矿 34%

3．分析结果讨论

从 XRF 分析结果相对含量上，这批玉石器样品主要含有硅（SiO_2）、镁（MgO）元素，另外部分含有少量钙（CaO）、铁（Fe_2O_3）、铝（Al_2O_3）等。

XRD 物相分析结果显示，这批玉石器矿物组成具有以下几个特点：（1）所含矿物种类非常丰富，包括叶蛇纹石（Antigorite）、利蛇纹石（Lizardite）、纤蛇纹石（Chrysotile）、铁蛇纹石（Greenalite）、绿泥石（Chlorite）、斜绿泥石（Clinochlore）、铁橄榄石（Fayalite）、镁橄
榄石（Forsterite）、透闪石（Tremolite）、透辉石（Diopside）、磷铝矿（Berlinite）、菱沸石（Chabazite）、
钾碱沸石（Ferrierite）、富锂石榴石［Garnet（Li-rich）］、石榴石（Garnet）、镁铝榴石（Pyrope）、
氧化锆（Zirconia）、镁黄长石（Akermanite）、透锂长石（Petalite）、滑石（Talc 1A）、碳硅
石（Moissanite）、方铁矿（Wuestite）、石英（Quartz low）、氯铜铝钒（Spangolite）、磁铁矿（Magnetite）、
红旗矿（Hongquiite）、方钠石（Sodalite）、白云母（Muscovite）约 28 种，主要是硅酸盐矿物，
涉及不同结构状的橄榄石族、辉石族、蛇纹石 - 高岭石族、滑石 - 叶腊石族、云母族、绿泥石族、
长石族、石榴石族等。（2）样品矿物组成以蛇纹石矿物为主。20 个样品中有 19 个皆含有蛇纹
石，而且蛇纹石矿在每个样品中的相对含量基本都超过 50%，为主要矿物。蛇纹石包括叶蛇纹石、
利蛇纹石和纤蛇纹石三种结构，本次以利蛇纹石居多、纤蛇纹石次之，叶蛇纹石相对很少。（3）
透闪石矿物很少，仅在 4 个样品中出现，且含量≥50% 的只有两个。

　　蛇纹石｛$Mg_6[Si_4O_{10}](OH)_8$｝与透闪石｛$Ca_2Mg_5[Si_4O_{11}]_2(OH)_2$｝从元素的区别上主要在于钙、
镁。透闪石含有钙元素而蛇纹石则不含。这一点，将 XRD 分析结果与 XRF 分析结果结合起来看，
就非常一致，说明分析结果是准确可靠的。

　　蛇纹石｛Serpentine，$Mg_6[Si_4O_{10}](OH)_8$｝理论组成为 MgO 43.63%、SiO_2 43.36%、H_2O
13.01%，主要成分为 MgO 和 SiO_2，两者理论含量非常接近。但本次 XRF 分析结果显示出，MgO
（9.35%~21.61%）和 SiO_2（48.06%~71.38%）二者含量相差很大，这种情况有两方面原因，一
方面是便携式 X 射线荧光能谱仪对 Na 以下元素无法识别，导致硅酸盐类矿物中所含 H 和 O 被
忽略，因此 Si 的占比升高。另一方面，与古代玉石自身特点有关。古代玉石器由于埋藏环境的
浸滤，往往导致 MgO 含量低于 SiO_2 含量。阳光地带二期这批玉石器，结构酥松，孔隙较大，沁
斑明显，因此出现 SiO_2 远高于 MgO 的现象就不觉奇怪了。

四　玉石器制作工艺观察

　　这批玉石器的制作工艺痕迹比较清楚，仅凭肉眼观察便清晰可见：在 M397-1、M397-2、
M397-6、M397-8、M399-1、M399-3、M399-5、M696-1、M696-2、M696-3、M696-4 这 11 件
玉石器上，均存在笔直的切割线，切割面平整光滑，在 M399-5，除了在一面存在笔直的切割
线之外，另一面还有平直的凹槽（彩版一○五，3~6）。由此可以看出，这批玉石器与金沙遗
址[1]、三星堆遗址、以及在新都新繁镇同盟村遗址[2]出土玉石器的一些加工工艺相似——采
用片切割工艺制成。只是这批玉石器体量较小，器型简单，没有出现更为复杂的加工工艺，如
镂空、掏雕、绳锯、对钻等。

五　红色颜料分析

　　M700 出土一石片，石片下紧挨人骨头，石片一面残留少许斑斑驳驳的红色颜料（彩版一○五，

---

[1] 成都文物考古研究所：《金沙玉器》，科学出版社，2006 年，第 27 页。
[2] 杨颖东、陈云洪：《成都市新都区新繁镇同盟村遗址 M7 出土玉石器分析研究》，《南方民族考古（第九辑）》，科学出版社，
2003 年。

7），可能起装饰或其他意义。红色初步估计可能为朱砂或者铁红。为了验证，利用便携式 X 射线荧光能谱仪，对石片上面的红色颜料进行原位无损分析确定元素，通过元素判断颜料性质。

检测时使用了 X 射线能谱仪的两种模式：矿石模式（Mining）和土壤模式（Soil）。

矿石模式：检测孔径 3 毫米，检测点相对精准一些，该模式对硫（S）元素反应敏感，无法检测到汞（Hg）元素。

土壤模式：检测孔径较大，为 6 毫米，检测点位稍显宽泛，该模式能够检测汞（Hg）元素和硫（S）元素等，但是对轻元素硫（S）不敏感。

因此利用两种模式进行了检测。并且为了参照对比，对无红色颜料残留的地方也进行了扫描。检测结果：见表三、彩版一〇八，2、3。

表三　红色颜料元素分析结果 /wt%

检测点	颜色	模式	Si	Al	Mg	Fe	P	S	K	Ca	Zn	Pb	Hg
1	红色	Soil				1.09		–	–	–	0.02	0.00	0.18
2	红色	Mining	21.22	3.44	3.92	1.16	2.85	5.74	0.60	2.05	0.04	0.01	
3	无色	Mining	25.87	3.75	4.42	1.56	0.25		0.80	1.02	0.00	–	
4	红色	Mining	21.48	2.66	4.11	0.75	2.11	5.20	0.50	0.85	0.02	–	
5	红色	Mining	23.76	3.46	5.24	0.98	1.69	4.33	0.54	0.65	0.02	–	
6	无色	Mining	27.87	4.32	3.99	1.61	0.37	0.02	1.01	0.97	0.00	–	
7	红色	Soil				0.93		–	–	–	0.02	0.00	0.12
8	无色	Soil				1.11					0.01	0.00	0.01

注："–"表示已检测到，但是含量低于仪器检出限。

检测结果显示：在石片表面红色颜料检测点均检测出较高含量的 Hg 和 S 元素，无色处均没有检测出或者仅检测出含量极低的 Hg 和 S 元素。在同一检测模式（Soil）下，1 和 7 两处红色的 Hg 含量均是无色处 8 的 10 倍以上，在相同的 Mining 检测模式下，红色检测点 2、4、5 三处的 S 元素含量均明显远远高于 3、6 两个无色检测点。另外 Fe 和 Pb 元素的氧化物在古代红色颜料中亦常见，然而通过对比数据发现，Fe 元素在红色和无色处均含量很低，且差别很小，Pb 元素含量极低或根本不存在。这说明 Fe 和 Pb 元素是土壤中的固有元素，Hg 和 S 是红色颜料的成色元素。因此，确定该残留的红色颜料为朱砂（HgS）。

六　关于用玉和选材等问题的探讨

1. 与同盟村遗址和金沙遗址随葬玉石器的比较

2011 年 11 月，在新都同盟村遗址发掘出一座商代晚期至西周早期的土坑墓 M7，经过分析死者头胸部随葬的条形玉石器，确定其材质为绿泥石和蛇纹石软玉[1]，与同盟村遗址出土玉石

---

[1] 杨颖东、陈云洪：《成都市新都区新繁镇同盟村遗址 M7 出土玉石器分析研究》，《南方民族考古（第九辑）》，科学出版社，2003 年。

器相比，阳光地带二期墓葬出土玉石器材质组成更为丰富多样。这可能与本次分析选用的样本量较大有关系（同盟村遗址分析3件），另一方面，毕竟阳光地带二期属于金沙遗址这个大聚落的一部分，金沙遗址出土的玉石器，尽管仍以透闪石软玉为主，但是矿物还包括阳起石、透辉石、大理石、绿泥石、叶腊石、闪长石等[1][2]，矿物组成亦相当丰富，而且制作方式上都采用有片切割加工工艺，因此其丰富的矿物组成和具有相同加工工艺的特点恰恰说明了其本来就是金沙遗址聚落的一小部分而已，所以与以往金沙遗址出土玉石器具有一些共性、与同盟村遗址出土玉石器具有一些区别，这反而显得是正常不过的事情了。

但与同盟村遗址最大的相同之处在于随葬形式和用玉材质上——在死者头胸部随葬玉石器的形式和都以蛇纹石软玉为材料制作器物的特点是相同的，这是其最具特质的地方。随葬的玉石器形状亦相似——均为条形或片状、体量较小，不成型，玉器上遗留有显著加工痕迹。同盟村和金沙遗址，虽不属于同一聚落，但属于同一考古学文化体系——十二桥文化，且都有相同的丧葬习俗和葬玉材质，这说明商周时期蜀人社会已经有了比较统一的玉器随葬习俗，值得深思。

目前金沙遗址出土的大量玉、石器，主要来自梅苑东北部地点的"祭祀区"，该地点出土的玉、石器的材质主要是透闪石软玉（尽管发现有少量石器如石跪人像、石蛇、卧虎、盘蛇等为蛇纹石化橄榄岩、蛇纹岩、蛇纹石大理岩、砂岩等[3]，但这只是少数几件），不同于其他地点墓葬中出土的玉器质地，而在不同的遗存中使用不同的玉材，恰恰正是其社会分层在考古遗存中的反映，它是社会复杂化的标志之一。尽管这些墓主人未能享用在祭祀区才能使用透闪石软玉这样的主流玉器，但也显示其与不出玉石器墓葬主人之间身份与社会差异。商周时期的蜀人社会中，用玉材质的选择是与社会身份和地位相对应的。

2. 涂红现象认识

另外在石片上涂抹朱砂进行装饰的现象，在金沙遗址商周时期遗存中发现较多，其中以祭祀区最为突出，埋藏背景有祭祀遗存、文化堆积中的石器、墓葬等；墓葬中尤以星河路M2725[4]中最为显著。涂朱现象是金沙遗址商周时期文化传统一个固有的习俗，其使用范围广泛，延续时间久远，可能具有特定的涵义，其应以中国广大地区古代文化中的涂朱习俗有着共同的信仰传统和背景。

七　结论

通过以上分析，可以初步得出以下几点结论[5]：

（1）金沙遗址阳光地带二期地点墓葬在人头胸部随葬的玉石器，其材质以蛇纹石软玉为主，与金沙遗址祭祀区大量出土的以透闪石软玉为主流特点的玉石器不同。由于金沙遗址目前尚未发现高等级的墓葬，而出土玉石器的墓葬是目前该遗址中所见最为特殊的墓葬形式，此类墓葬

[1] 成都文物考古研究所：《金沙玉器》，科学出版社，2006年，第16页。
[2] 杨永富、李奎、常嗣和：《金沙村遗址玉、石器材料鉴定及初步研究》，《金沙淘珍》，文物出版社，2002年，第193~203页。
[3] 杨永富、李奎、常嗣和：《金沙村遗址玉、石器材料鉴定及初步研究》，《金沙淘珍》，文物出版社，2002年，第193~203页。
[4] 王林、周志清：《金沙遗址星河路西延线地点发掘简报》，《成都考古发现（2008）》，科学出版社，2012年，第75~134页。
[5] 本文与最初刊登在《成都考古发现（2012）》中题目为《成都市金沙遗址"阳光地带二期"地点墓葬出土玉石器分析》略有改动，以本次发表内容为准。

的与众不同和与祭祀区使用玉石器材质的差异，恰恰显示墓主的特殊身份和地位——其拥有对玉石此类物质资源的生产或加工控制权，同时也可占有一定数量的玉石，尽管体量较小，但也是凸显其阶层分化的标志，既是财富的标志，也是身份的符号。不同材质的玉石选择和不同的埋藏背景具有特定的关联性，而祭祀区或高等级墓葬使用高等级透闪石软玉，低等级阶层使用蛇纹石或其他非主流的软玉材质，这可能是神权政治在蜀人社会结构中的深刻烙印体现。

（2）同盟村遗址和阳光地带二期墓葬在人头胸部随葬相同质地、相同风格大小的玉石器，说明在商周时期古蜀人对玉石材质除有一定辨别能力，并且能够根据不同等级要求和用途，选择相应材质的玉料制作玉石器之外，在成都平原地区还存在较为统一的用玉习俗，主要广泛存在于西周时期。这种习俗存在地域范围大小，应当根据以后同类墓葬发现和分布范围确定。

（3）用朱砂对石片的涂红装饰，可能是万物有灵信仰习俗的孑遗，在金沙遗址的商周时期遗存中有着广泛的分布。

后　记

　　"阳关地带二期"地点是金沙遗址聚落群的重要组成部分，该地点发现了丰富遗迹并出土了大量遗物，如此丰富的文化遗存发掘与研究为金沙遗址的聚落研究提供了重要的考古资料。由于各种原因，该地点发掘资料一直没有得到系统整理，致使报告一直未能按时出版。

　　在各方的共同努力之下，时隔十二年之后，《金沙遗址——阳光地带二期地点发掘报告》终于付梓出版了。在此之际，首先，感谢国家文物局和四川省文物管理局对发掘与整理工作的大力支持。同时，感谢成都文物考古研究所王毅所长和江章华副所长，他们从发掘至整理提供了诸多的学术建议，并使得一系列学术问题得以厘清。另外，成都文物考古研究所蒋成副所长和金沙遗址博物馆朱章义副馆长对发掘和整理提供了稳定而充足的后勤保障，免除了整理工作中的后顾之忧，有力地支持发掘与整理工作的顺利进行，使得本报得以顺利完成。

　　报告绘图由寇家强、孙智辉、钟雅丽、李福秀完成；拓片由戴福尧、严兵完成；出土器物照片由周志清拍摄，发掘现场照片由周志清、杨永鹏拍摄；陶器修复由张家秀、张希存完成；浮选工作由成都文物考古研究所科技考古实验室姜铭完成，铜器金相分析由成都文物考古研究所科技考古实验室杨颖东先生完成，人骨鉴定由四川大学考古系原海兵博士完成，动物鉴定由成都文物考古研究所何锟宇完成；陶片微量元素分析由北京大学考古文博学院崔剑锋博士完成。

　　最后，感谢参与金沙遗址阳光地带二期地点发掘与整理的工作团队，他们是成都文物考古研究所王毅、张擎、朱章义、段炳刚、宋世友、刘翔宇、何锟宇、杨颖东、姜铭、邱艳、闫雪、田建波、杨永鹏、王天佑，正是在你们的帮助下，本报告得以完成。另外，特别致谢金沙遗址博物馆刘珂女士给予文物借调的便利。

　　本报告第一章至第八章由周志清撰写；植物鉴定报告由闫雪撰写，铜器金相分析报告由杨颖东撰写，动物鉴定报告由何锟宇撰写，人骨鉴定报告由四川大学考古系原海兵博士撰写，田建波全程参与报告校对工作。英文提要由中央民族大学黄义军教授翻译。

　　文物出版社责任编辑秦彧对报告编辑付出了大量的辛勤劳动，在此一并致谢！

　　由于本报告是正式出版的第一本金沙遗址考古发掘报告，一些想法和认识难免不成熟，囿于笔者学术水平限制，报告缺憾毋需赘言，欢迎广大学者同仁不吝批评指正！

编者

1. 发掘区西部和中部局部全景(北—南)

2. 发掘区东南部局部全景(西南—东北)

彩版一 金沙遗址阳光地带二期发掘现场

1. 发掘区中部局部全景（西南—东北）

2. 发掘区中部局部全景（南—北）

彩版二　金沙遗址阳光地带二期发掘现场

1. 发掘区中部局部全景（南—北）

2. 发掘区东南部揭露表土全景（西南—东北）

彩版三　金沙遗址阳光地带二期发掘现场

1. 发掘区西部全景（东南—西北）

2. 发掘区墓葬和灰坑局部（南—北）

彩版四　金沙遗址阳光地带二期发掘现场

1. 发掘区东南角部墓葬局部（北—南）

2. 发掘区东南部墓葬局部（西北—东南）

彩版五　金沙遗址阳光地带二期发掘现场

1. 发掘区东南部墓葬局部
（东北—西南）

2. T2909、T3009、T2910、T3010
内建筑遗迹（北—南）

彩版六　金沙遗址阳光地带二期发掘现场

1. 发掘现场

2. 清理灰坑与墓葬

彩版七　金沙遗址阳光地带二期发掘现场

1. 清理灰坑

2. 清理墓葬

彩版八　金沙遗址阳光地带二期发掘现场

1. 发掘现场

2. 提取墓葬人骨 DNA 样本

彩版九　金沙遗址阳光地带二期发掘现场

1. Aa 型纺轮 T4304 ⑥：1

2. Ab 型纺轮 T4713 ⑥：1

3. Cb 型纺轮 T4913 ⑥：1

4. F 型纺轮 T4505 ⑥：9

5. 玉斧 VT2513 ⑥：1

6. 玉斧 VT2513 ⑥：1

7. 石凿 T4302 ⑥：19

彩版一〇　第⑥层出土遗物

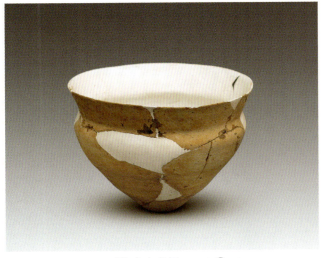

1. Aa 型 I 式尖底杯 T2414 ⑤：1

2. Aa 型 II 式尖底杯 T4301 ⑤：1

3. Ea 型尖底杯 T3916 ⑤：1

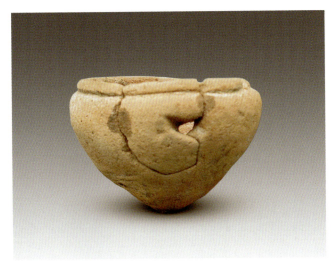

4. Eb 型尖底杯 T3916 ⑤：2

5. Aa 型 II 式尖底盏 T3415 ⑤：1

6. Aa 型 III 式尖底盏 T4805 ⑤：2

彩版一一　第⑤层出土陶器

1. Ac 型Ⅳ式尖底盏 T3221 ⑤：2

2. Ad 型Ⅲ式尖底盏 T3324 ⑤：1

3. A 型尖底盂 T3926 ⑤：6

4. A 型尖底盂 T3926 ⑤：6

5. B 型尖底盂 T3824 ⑤：11

6. B 型尖底盂 T3824 ⑤：11

彩版一二　第⑤层出土陶器

1. Ac 型Ⅱ式束颈罐 T3905 ⑤：1

3. Cb 型 Ⅱ式器盖 T4901 ⑤：45

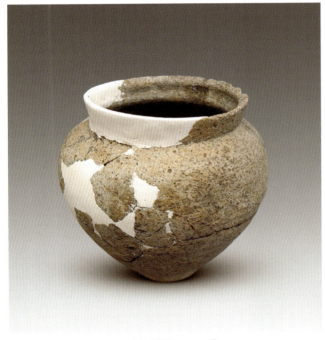

2. Eb 型束颈罐 T3221 ⑤：1

4. 陶臼 T4503 ⑤：1

5. 陶臼 T4503 ⑤：1

1. Aa 型纺轮 T4004 ⑤：8

2. Aa 型纺轮 T3527 ⑤：55

3. Ab 型纺轮 T4004 ⑤：61

4. Ab 型纺轮 T5110 ⑤：39

5. B 型纺轮 T2814 ⑤：34

6. B 型纺轮 T3012 ⑤：38

7. B 型纺轮 T3529 ⑤：1

8. B 型纺轮 T3802 ⑤：29

彩版一四　第⑤层出土陶纺轮

1. D 型纺轮 T3826 ⑤：1

2. D 型纺轮 T3527 ⑤：65

3. D 型纺轮 T3629 ⑤：1

4. F 型纺轮 T3227 ⑤：6

5. 玉料半成品 T4910 ⑤：1

6. 玉料半成品 T4910 ⑤：1

7. A 型石锛 T4508 ⑤：1

8. 磨石Ⅷ T4504 ⑤：1

彩版一五　第⑤层出土遗物

1. 铜刀 T3529 ⑤：11

2. 铜刀 T3529 ⑤：11

3. 铜刻刀 VT4302 ⑤：1

4. Aa 型铜镞Ⅷ T4809 ⑤：1

5. Ab 型铜镞 T4026 ⑤：1

6. B 型铜镞 T3422 ⑤：1

7. D 型铜镞 T3730 ⑤：1

8. 铜块 T2309 ⑤：1

1. B 型纺轮 C：3

4. 磨石 C：1

2. B 型纺轮 C：2

5. 磨石 C：1

3. B 型纺轮 C：2

1. H1154

2. Bc 型 I 式束颈罐 H1154：1

3. H1162

彩版一八　灰坑 H1154、H1162

1. H1321

2. H1324

3. H1325

4. 铜渣浮游物 H1327：19

彩版一九　灰坑 H1321、H1324、H1325 及 H1327 采集物

1. H1336

2. H1340

3. H1346

彩版二〇　灰坑 H1336、H1340、H1346

1. H1346 局部

2. Ba 型 II 式尖底杯 H1346：1

3. Ab 型 II 式尖底盏 H1346：3

4. Aa 型束颈罐 H1346：21

5. Ab 型器盖 H1346：4

彩版二一　灰坑 H1346 及出土陶器

1. H1355

4. H1356

2. Fb 型器盖 H1355：1

5. Fa 型器盖 H1356：1

3. Bd 型Ⅰ式束颈罐 H1354：1

6. Ac 型Ⅱ式尖底盏 H1362：1

彩版二二　灰坑 H1355、H1356 及出土遗物

1. H1375

2. H1377

3. H1365

彩版二三　灰坑 H1375、H1377、H1365

1. H1155

2. Ad 型 I 式尖底盏 H1320：1

3. Ab 型器盖 H1320：2

4. H1344

彩版二四　灰坑 H1155、H1344 与 H1320 出土遗物

1. H1332

4. 唢呐形器 H1332：3

2. H1332 局部

5. 唢呐形器 H1332：3

3. Ab 型器盖 H1332：2

彩版二五　灰坑 H1332 及出土遗物

1. H1335

2. Bb 型 II 式尖底杯 H1335：6

3. Ba 型高领罐 H1335：5

4. Bd 型 I 式束颈罐 H1335：3

5. Ab 型器盖 H1335：2

彩版二六　灰坑 H1335 及出土遗物

1. H1160

2. H1161

3. H1338

彩版二七　灰坑 H1160、H1161、H1338

1. Bb 型 III 式尖底杯 H1353：1

2. Ab 型 I 式尖底盏 H1353：9

3. Aa 型 I 式尖底杯 H1371：2

4. Ab 型 I 式尖底杯 H1371：1

5. Bc 型 I 式束颈罐 H1371：5

彩版二八　灰坑 H1353 与 H1371 出土遗物

1. H1371

2. H1372

3. 钵 H1363：2

4. 钵 H1363：2

5. 钵 H1363：1

彩版二九　灰坑 H1371、H1372 及 H1363 出土遗物

1. H1152

2. H1331

3. Aa 型Ⅱ式尖底盏 H1331：1

4. H1339

彩版三〇 灰坑 H1152、H1331、H1339

1. H1364

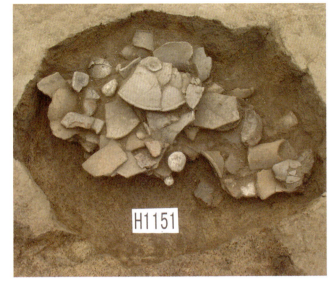

2. H1151

3. H1153

4. Ba 型尖底盏 H1153：1

彩版三一　灰坑 H1364、H1151、H1153 及出土遗物

1. H1347

2. Ab 型 II 式尖底盏 H1350：1

3. Bb 型 I 式尖底盏 H1350：2

4. Ba 型 I 式尖底杯 H1367：1

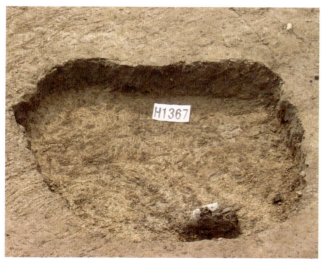

5. H1367

彩版三二　灰坑 H1347、H1350、H1367 及出土遗物

1. H1328

2. H1328 局部

彩版三三　灰坑 H1328

1. Aa 型 I 式尖底盏 H1328：4

2. Ac 型 I 式束颈罐 H1328：3

3. Ac 型 I 式尖底杯 H1156：1

4. Ac 型 I 式尖底杯 H1156：2

彩版三四　灰坑 H1328 与 H1156 出土遗物

1. Y11

2. Y11

3. Y11

彩版三五　陶窑 Y11

1. Y12

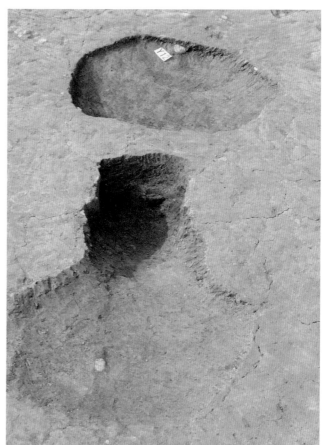

2. Y12

3. Y12

彩版三六　陶窑 Y12

1. Y13

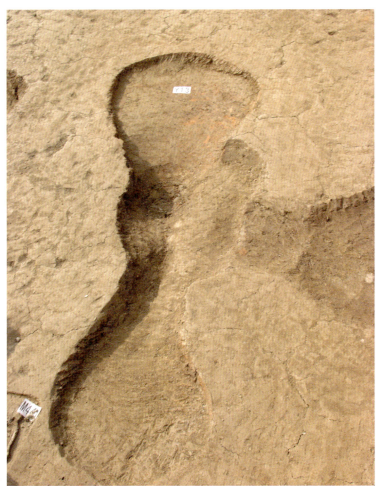

2. Y13

1. Y14

2. Y14

3. Y14

彩版三八　陶窑 Y14

1. Y15

2. Y15

3. Bb 型Ⅱ式尖底杯 Y15：7

彩版三九　陶窑 Y15 及出土遗物

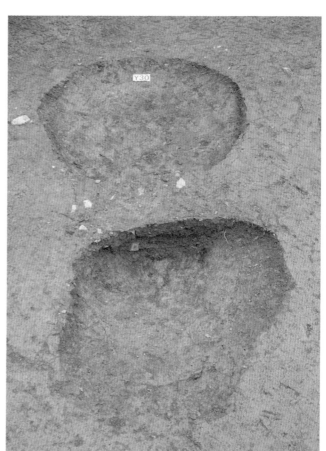

1. Y29

2. Y30

3. Y30

彩版四〇　陶窑 Y29、Y30

1. Y31

2. Y31

彩版四一　陶窑 Y31

1. Y32

2. Y33

3. Y33

彩版四二　陶窑 Y32、Y33

1. Y35

2. Y35

彩版四三　陶窑 Y35

1. Y45

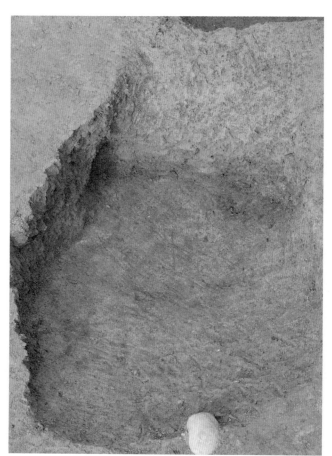

2. Y45

3. Y45

彩版四四　陶窑 Y45

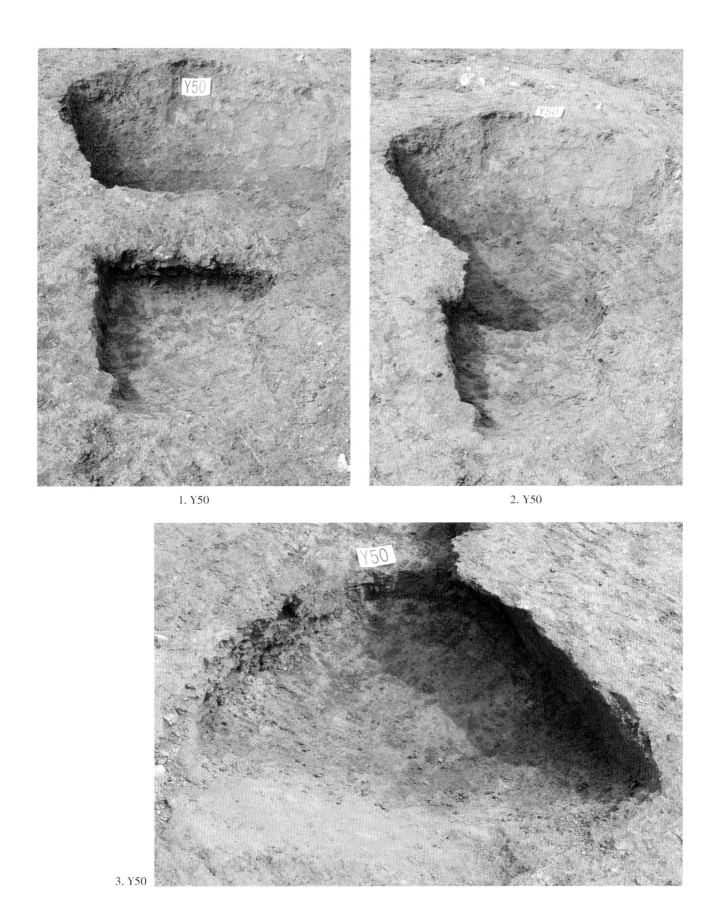

1. Y50

2. Y50

3. Y50

彩版四五　陶窑 Y50

1. Y51

2. Y54

彩版四六　陶窑 Y51、Y54

1. Y54

2. Y54

3. Y54

彩版四七　陶窑 Y54

1. Y55

2. Y55 局部

3. Y55 局部

4. Y55 局部

彩版四八　陶窑 Y55

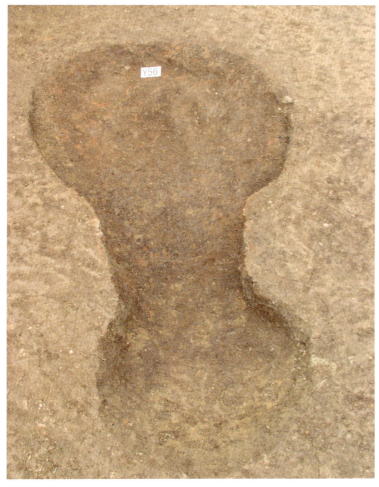

1. Y56

2. Y56

彩版四九　陶窑 Y56

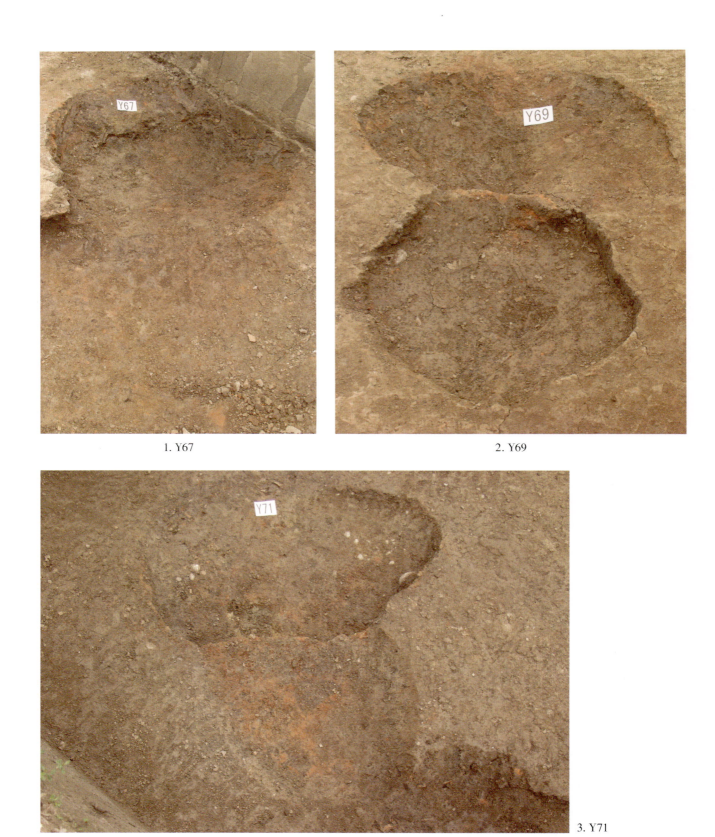

1. Y67

2. Y69

3. Y71

彩版五〇　陶窑 Y67、Y69、Y71

1. M129

2. M131

彩版五一　墓葬 M129、M131

1. M137　　　　　　　　　　　　　　　　2. M138

彩版五二　墓葬 M137、M138

1. M140

2. M146

彩版五三　墓葬 M140、M146

1. M158

2. M160

1. M161

2. M374

3. M374

彩版五五　墓葬 M161、M374

1. M378

2. Bb 型 II 式尖底盏 M378：2

3. A 型石凿 M378：1

4. A 型石凿 M378：1

彩版五六　墓葬 M378 及出土遗物

1. M381

2. M381

3. M383

彩版五七　墓葬 M381、M383

1. M391

2. M391 局部

3. Bb 型高领罐 M391：4

4. M400

彩版五八　墓葬 M391、M400 及出土遗物

1. M418

2. M422

彩版五九　墓葬 M418、M422

1. M423

2. M423

彩版六〇　墓葬 M423

1. M424

2. M424

3. M424 局部

彩版六一　墓葬 M424

1. A 型 II 式尖底罐 M424：1

2. A 型 II 式尖底罐 M424：2

3. Bb 型高领罐 M424：3

4. Aa 型 II 式尖底杯 M433：1

彩版六二　墓葬 M424、M433 出土遗物

1. M425

2. M436

1. M445

2. M449

彩版六四　墓葬 M445、M449

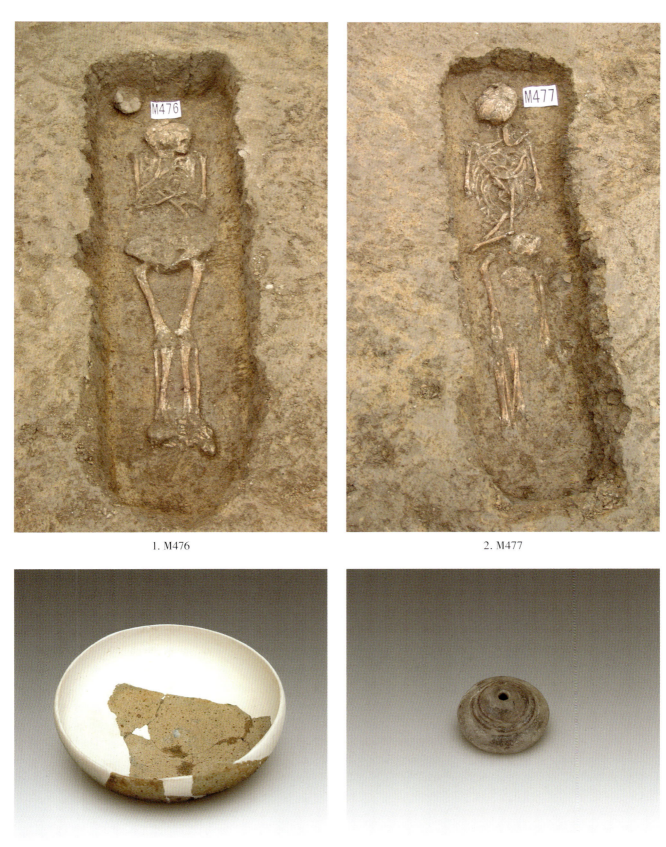

1. M476

2. M477

3. Aa 型Ⅳ式尖底盏 M477：2

4. Ca 型纺轮 M477：1

彩版六五　墓葬 M476、M477 及出土遗物

1. M478

2. M497

彩版六六　墓葬 M478、M497

1. M498

2. M643

彩版六七　墓葬 M498、M643

1. M649

3. M688

2. Aa 型 III 式尖底盏 M649：1

彩版六八　墓葬 M649、M688 及出土遗物

1. M691

2. M694

彩版六九　墓葬 M691、M694

1. M699

2. Bc 型 II 式尖底盏 M701∶1

3. Ab 型纺轮 M703∶1

4. 石芯 M808∶1

彩版七〇　墓葬 M699 与 M701、M703、M808 出土遗物

1. M777

2. M777 局部

3. 铜蝉

4. 铜剑

彩版七一　墓葬 M777 及出土遗物

1. 铜蝉 M777：1-1

2. 铜蝉 M777：1-2

3. 铜蝉 M777：1-3

4. 铜蝉 M777：1-4

5. 铜蝉 M777：1-5

6. 铜剑 M777：2-1

7. 铜剑 M777：2-2

彩版七二　墓葬 M777 出土遗物

1. M141

2. M155

3. M155 局部

彩版七三　墓葬 M141、M155

1. M157

2. Ad 型 II 式尖底盏 M157：1

3. M375

彩版七四　墓葬 M157、M375 及出土遗物

1. M376

3. M377

2. Ad 型束颈罐 M376：2

4. Bc 型Ⅱ式束颈罐 M377：1

彩版七五　墓葬 M376、M377 及出土遗物

1. M430

3. M479

2. Ae 型 Ⅲ 式束颈罐 M430：1

4. Bb 型 Ⅱ 式尖底杯 M475：2

彩版七六　墓葬 M430、M479 及 M475 出土遗物

1. M490

2. M491

3. Ab 型 II 式尖底盏 M491：1

彩版七七　墓葬 M490、M491 及出土遗物

1. M500

2. M500 局部

3. B 型纺轮 M500：1

彩版七八　墓葬 M500 及出土遗物

1. M644

2. M695

3. Ab 型Ⅳ式尖底盏 M695：1

彩版七九　墓葬 M644、M695 及出土遗物

1. M697

2. Bc 型 II 式束颈罐 M707：1

3. M784

彩版八〇　墓葬 M697、M784 及 M707 出土遗物

1. M496

2. M641

3. M721

彩版八一　墓葬 M496、M641、M721

1. M386

2. M386 局部

彩版八二　墓葬 M386

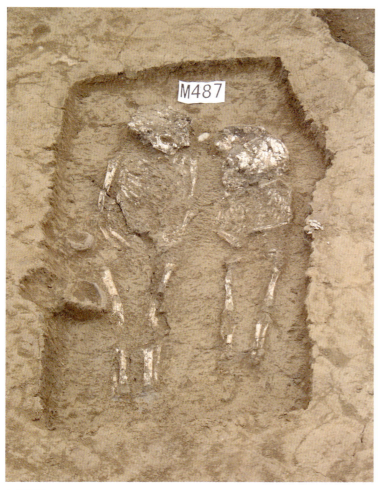

1. M487

2. M364

彩版八三　墓葬 M487、M364

1. M372

2. 束颈罐 M372：2

3. M398

4. Cc 型纺轮 M398：1

彩版八四　墓葬 M372、M398 及出土遗物

1. M397

2. M397

彩版八五　墓葬 M397

1. M397 局部

2. M397 局部

3. M397 局部

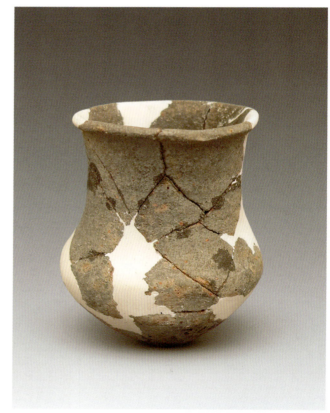

4. A 型 I 式尖底罐 M397：2

彩版八六　墓葬 M397 及出土遗物

1. M384

2. M399

3. M399 局部

彩版八七　墓葬 M384、M399

1. M696

2. M700

3. M700 局部

4. D 型纺轮 M700：5

彩版八八　墓葬 M696、M700 及出土遗物

1. M154

2. M154

彩版八九　墓葬 M154

1. M742

2. M742

彩版九〇　墓葬 M742

1. M743

2. M753

彩版九一　墓葬 M743、M753

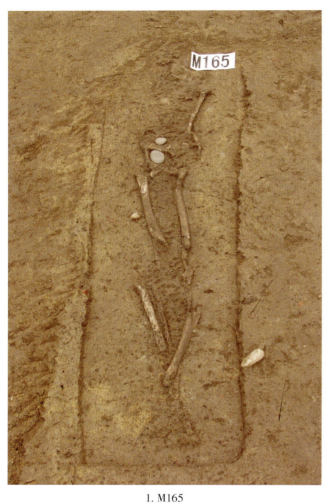

1. M165

3. 磨石 M165：2

2. 磨石 M165：1

4. M715

彩版九二　墓葬 M165、M715 及出土遗物

1. M394

2. M394 局部

3. 磨石 M394：1

4. 磨石 M394：1

彩版九三　墓葬 M394 及出土遗物

1. M718

2. M750

3. 磨石 M750：1

4. 磨石 M750：1

彩版九四　墓葬 M718、M750 及出土遗物

1. M774

2. M775

3. M775局部

彩版九五　墓葬 M774、M775

1. M816

2. 磨石 M816：1

3. 石料 M781：1

彩版九六　墓葬 M816、M781 及出土遗物

1. M727

3. 磨石 M727：1

4. 磨石 M727：1

2. M727 局部

彩版九七　墓葬 M727 及出土遗物

1. M763

2. M763 局部

3. 磨石 M763：1

4. M438

彩版九八　墓葬 M763、M438

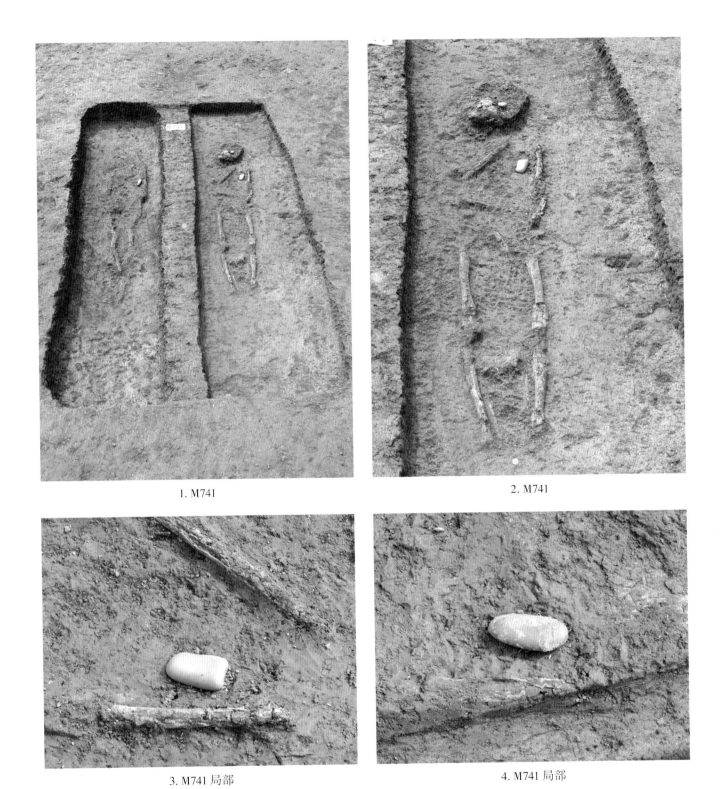

1. M741

2. M741

3. M741 局部

4. M741 局部

彩版九九　墓葬 M741

1. 磨石 M741：2

2. 石料 M741：1

3. M751

彩版一〇〇　墓葬 M741、M751 及出土遗物

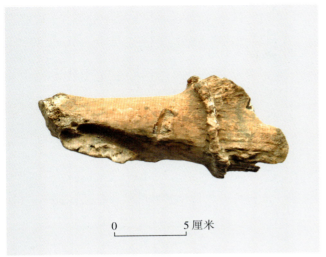

1. 鹿角 T3619 ⑤：1

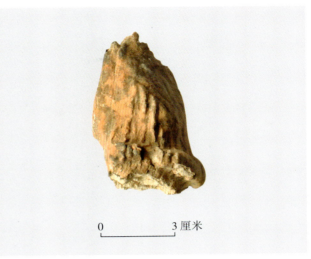

2. 鹿角 H1336：1

3. 猪右下颌 H1332：1

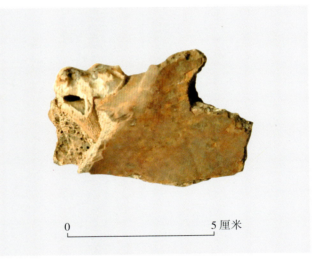

4. 猪左下颌 H1332：2

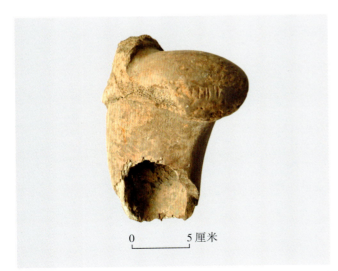

5. 牛左肱骨 H1332：3

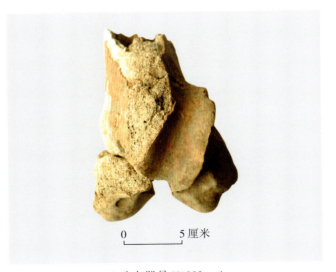

6. 牛左股骨 H1332：4

彩版一〇一　金沙遗址出土动物骨骼

1. 牛左距骨 H1332：8

2. 牛左距骨 H1332：6

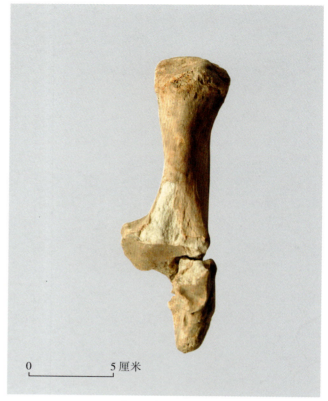

3. 牛左跟骨 H1332：7

4. 牛趾骨 H1332：10、9、11~13

5. 牛趾骨 H1332：10、9、11~13

彩版一〇二　金沙遗址出土动物骨骼

1. 成熟稻（H1362）

0　2毫米

2. 未成熟稻（H1362）

0　1毫米

3. 成熟粟（H1362）

0　1毫米

4. 未成熟粟（H1362）

0　1毫米

5. 成熟黍（H1362）

0　1毫米

6. 未成熟黍（H1362）

0　1毫米

7. 稗属（H1362）

0　1毫米

8. 狗尾草属H1362）

0　1毫米

9. 黍属（H1169）

0　1毫米

10. 马唐属（H1384）

0　1毫米

11. 早熟禾亚科（Y29）

0　3毫米

12. 豇豆属（Y29）

0　3毫米

13. 唇形科（H1169）

0　1毫米

14. 马鞭草（无号）

0　1毫米

15. 葡萄科（H1362）

0　1毫米

彩版一○三　金沙遗址出土植物标本

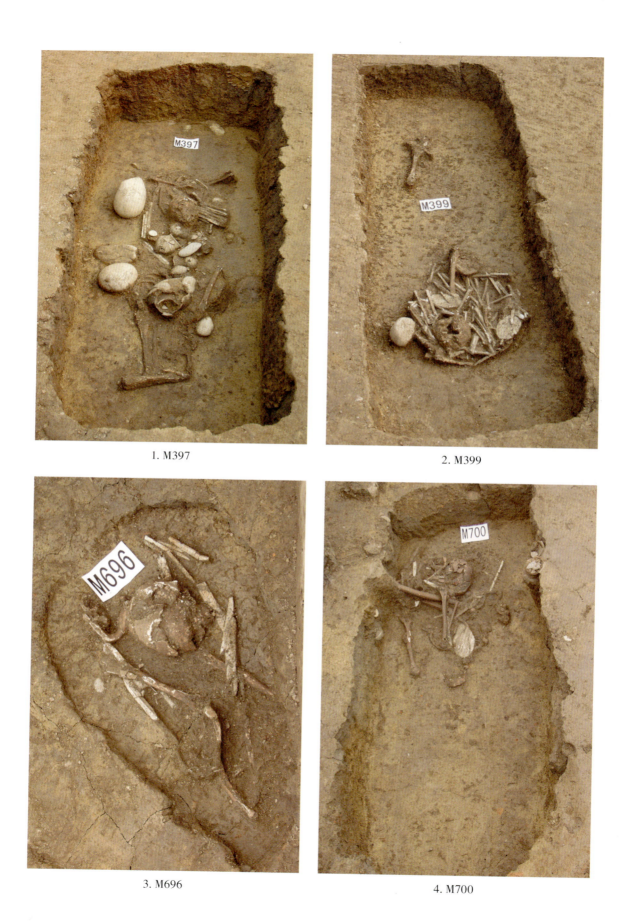

1. M397

2. M399

3. M696

4. M700

彩版一○四　玉石器在墓葬中出土情况

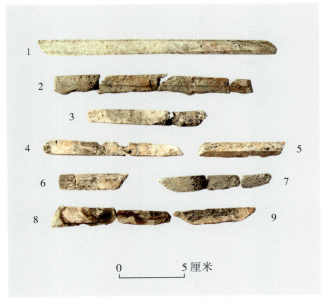

1. M397 玉石器样品及编号

4. M399-1 平行切割线

5. M696-3 切割线

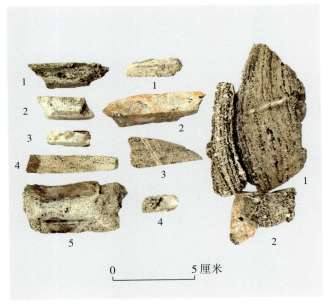

2. M399、M696、M700 玉石器样品及编号

6. M399-5 切割痕迹

3. M399-3 平行切割线

7. M700 出土石片上残留红色颜料

彩版一〇五　玉石器样品及工艺、颜料图

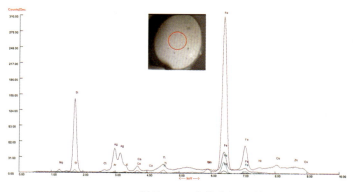

1. 399-1 样品 XRF 成分分析图谱

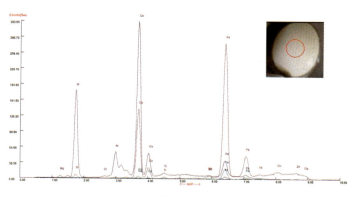

2. M399-5 样品 XRF 成分分析图谱

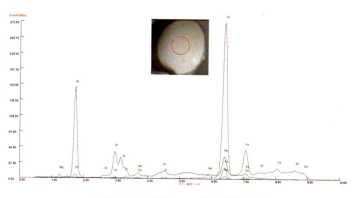

3. M696-4 样品 XRF 成分分析图谱

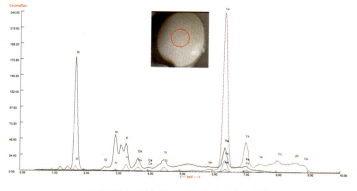

4. M700-1 样品 XRF 成分分析图谱

彩版一〇六　玉石器检测图谱

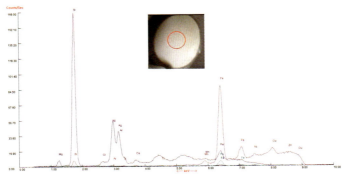

1. M700-2 样品 XRF 成分分析图谱

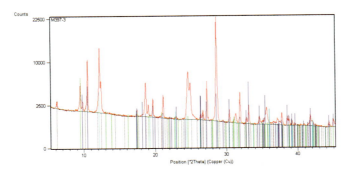

2. M397-3XRD 图谱（透闪石）

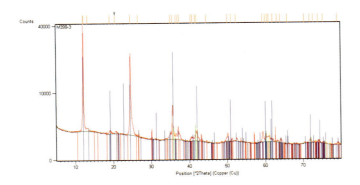

3. M399-3XRD 图谱（利蛇纹石）

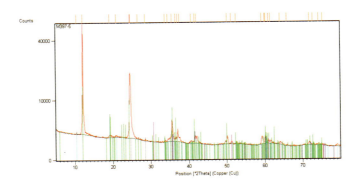

4. M397-5XRD 图谱（纤蛇纹石）

彩版一○七　玉石器检测图谱

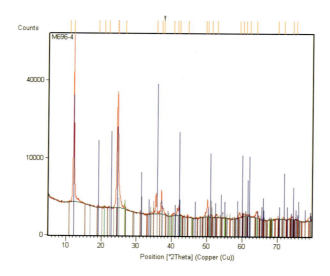

1. M696-4 XRD 图谱（利蛇纹石）

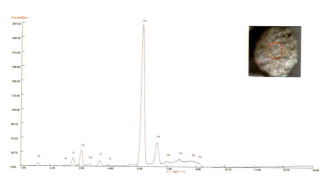

2. M700 出土石片检测点 3 无色处 XRF 图谱

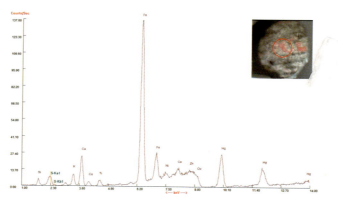

3. M700 出土石片检测点 4 红色颜料处 XRF 图谱

彩版一〇八　玉石器、颜料检测图谱